最高人民法院
第一巡回法庭案例指导丛书

最高人民法院
第一巡回法庭
典型行政案件裁判观点与文书指导
（第1卷）

最高人民法院第一巡回法庭◎编著

中国法制出版社
CHINA LEGAL PUBLISHING HOUSE

序 言

2014年10月，党的十八届四中全会通过《中共中央关于全面推进依法治国若干重大问题的决定》，决定明确要求，最高人民法院设立巡回法庭，审理跨行政区域重大行政和民商事案件。2015年1月28日，最高人民法院第一巡回法庭（以下简称第一巡回法庭）在广东省深圳市挂牌成立，2月2日开始受理案件。为了深入总结审判经验，2016年年初，最高人民法院副部级审判委员会专职委员、时任第一巡回法庭庭长刘贵祥同志主编了《最高人民法院第一巡回法庭精选案例裁判思路解析（一）》（法律出版社2016年7月版），从850余件案件中精心挑选出11件具有代表性的经典案例，由承办案件的主审法官真实叙述案件裁判时的思维历程和心证过程，取得了很好的指导效果，引起了积极的社会反响。

2017年以来，第一巡回法庭审理的案件数量成倍上升，案件类型更加多元化，许多案件更加新型，事实关系更加复杂，法律关系错综交织。我们认为，有必要继续总结第一巡回法庭审判工作面临的新情况，研究案件审理中发现的新问题，向社会介绍和分享主审法官在审判案件中的新经验，以便为法学理论界和司法实务部门提供更加鲜活的素材。

据统计，2017年，第一巡回法庭共收案1874件，其中民事557件，行政1265件，刑事52件；结案1850件，其中民事558件，行政1244件，刑事48件。2018年，第一巡回法庭共收案2528件，其中民事603件，行政1867件，刑事58件；结案2528件，其中民事611件，行政1858件，刑事59件。2019年，第一巡回法庭共收案3441件，其中民事859件，行政2523件，刑事59件；结案3190件，其中民事792件，行政2343件，刑事55件。

与此同时，为了认真研究重大复杂疑难案件的法律适用问题，2017年第一巡回法庭共召开19次主审法官会议，讨论了21件民事案件，17件行政案件，3件刑事案件；2018年共召开21次民事主审法官会议，讨论了114件民事案件，召开11次行政主审法官会议，讨论了54件行政案件，召开11次全体主审法官会议，讨论了11件案件（其中有4件行政案件，2件民事案件，5件刑事案件）；2019年共召开29次民事主审法官会议，讨论了137件民事案件，召开23次行政主审法官会议，讨论了85件行政案件，召开11次全体主审法官会议，讨论了8件案件（其中有3件民事案件，2件刑事案件，3件行政案件）。

统计结果显示，2017年至2019年，第一巡回法庭共审理7568件民商事和行政、刑事案件；主审法官会议共讨论450件民商事和行政、刑事案件。在这些案件中，有许多案件是事实关系复杂，法律适用争议较大，具有重大社会影响的案件。这些案件的审理和裁判，凝结着第一巡回法庭主审法官的知识、经验和智慧，对审理同类案件具有较高的借鉴意义和参考价值。在第一巡回法庭成立五周年之际，为了全面总结2017年以来第一巡回法庭在案件审理方面的经验和成果，进一步加强对巡回区法院审判工作的指导，不断提升巡回区民商事和行政审判水平，根据法学理论界和司法实务部门、特别是巡回区各级法院的建议和中国法制出版社的邀请，我们从已经审理的案件中，精心挑选出部分具有代表性的典型案件，按照一定的逻辑体例进行编辑整理，形成《最高人民法院第一巡回法庭案例指导丛书》。

该丛书共分5册，其中民商事审判类2册，分别是：《最高人民法院第一巡回法庭典型民商事案件裁判观点与文书指导（第1卷）》《最高人民法院第一巡回法庭民商事主审法官会议纪要（第1卷）》；行政审判类3册，分别是：《最高人民法院第一巡回法庭典型行政案件裁判观点与文书指导（第1卷）》《最高人民法院第一巡回法庭行政主审法官会议纪要（第1卷）》《最高人民法院第一巡回法庭行政案件裁判精要》。丛书中的“裁判观点与文书指导”重在归纳案件的裁判要旨，为同类案件审理提供裁判规则；“主审法官会议纪要”则重在对案件审理中不同法律适用观点进行评析和对案件审理结果进行阐释。

我们编辑这套指导丛书的初衷，就是希望通过该丛书的编写和出版，向社会公开展示第一巡回法庭审理案件的基本思路，揭示案件裁判背后的法理，进一步统一巡回区民商事案件和行政案件法律适用标准和裁判尺度，不断提升辖区四级法院民商事案件和行政案件裁判质量和审判工作水平。

应当看到，近年来，随着人民法院司法改革的逐渐深化，“裁判尺度统一”日益成为审判实践的重点问题、热点问题以及难点问题。实现“同案同判”，既是对法官职业素养的考验，也是维护司法权威的迫切需要。当然，每一个案件的具体情况不同，真正意义的“同案”司法实践中并不多见。但是，类似案件应当在适用法律上保持一致，这是维护国家法治统一，树立法律尊严和权威，建设中国特色社会主义法治国家的基本要求。

最高人民法院在解决全国法院“裁判尺度统一”的问题上下了许多功夫，出台了一系列措施，包括开通中国裁判文书网、生效裁判文书原则上要求全部上网公开、发布指导性案例、强制对类案进行检索、制定审判监督管理工作意见等，力求裁判结果与同类生效案件裁判规则保持一致。各地法院也越来越重视“裁判尺度统一”的重要性，纷纷出台相应措施，强调类案的指导意义。

第一巡回法庭自成立以来，就肩负着对巡回区法院进行业务指导的职能，其中一个重要方面就是统一法律适用标准。为此，我们在2018、2019年连续两年召开巡回区民商事、行政审判工作会议，主要目的就是结合巡回区法院的具体情况，对一些司法实践中经常遇到的具体法律适用问题达成较为统一的认识。

需要说明的是，这套指导丛书是第一巡回法庭全体主审法官集体智慧的结晶。当然，其中的观点更多地代表了编写者对有关案件裁判思路的理解和阐释。如果指导丛书中的内容与最高人民法院的司法解释或审判委员会的意见不一致，请以最高人民法院的司法解释或审判委员会的意见为准。我们希望，这套指导丛书的出版对于全国各级法院法官审理类似案件能够发挥一定的指导作用，对其他各界法律人士亦能起到较好的参考作用。

最后，感谢第一巡回法庭历任领导、主审法官和参与本书编写工作同志的辛勤付出，感谢巡回区法院同仁及社会各界人士对第一巡回法庭工作的理解与支持，感谢中国法制出版社刘时山总编辑和陈兴、谢雯等其他编辑同志的关心和帮助！让我们共同努力，不断推动第一巡回法庭及巡回区法院审判工作水平迈向新台阶！

最高人民法院审判委员会副部级专职委员
第一巡回法庭分党组书记、庭长

裴显鼎

2020年6月

目　录

Contents

最高人民法院第一巡回法庭2017年典型行政案件

一、起诉条件

【裁判要旨】二审过程中发现被告不适格的，人民法院应当向原告释明。原告同意变更被告的，人民法院可以裁定撤销一审判决，发回一审法院或者指令有管辖权的法院重新审理；原告不同意变更被告的，人民法院才能够裁定驳回起诉。

【裁判要旨】《中华人民共和国村民委员会组织法》第三十六条第二款规定，村民委员会不依照法律、法规的规定履行法定义务的，由乡、民族乡、镇的人民政府责令改正。实践中，一些地方的城市规划区范围扩大，依法撤销乡、镇政府，设立街道办事处，由街道办事处对辖区内的村民委员会、集体经济组织实施监督管理职权。在此情形下，街道办事处对所辖村民委员会、集体经济组织具有前述规定中乡、镇政府依法享有的法定监督职权。

【裁判要旨】根据《中华人民共和国行政复议法》第三十条第二款和《最高人民法院关于适用〈中华人民共和国行政复议法〉第三十条第二款有关问题的答复》规定，省级人民政府作出的征收土地决定及其行政复议决定，属于法律规定的最终裁决行为，不属于行政诉讼的受案范围。但是，上述规定并未限制当事人对省级人民政府作出的征收土地决定通过行政复议寻求救济。公民、法人或者其他组织不服省级人民政府作出的征收土地决定申请行政复议，同时符合其他复议受理条件的，复议机关应予受理。

【裁判要旨】《中华人民共和国行政诉讼法》第七十四条第一款第一项规定，行政行为依法应当撤销，但撤销会给国家利益、社会公共利益造成重大损害的，人民法院应当判决确认违法，但不撤销行政行为。《中华人民共和国物权法》第一百零六条规定，无处分权人将不

最高人民法院第一巡回法庭2018年典型行政案件

一、起诉条件

或召开会议形成政府会议纪要，仅是对双方签订行政协议的意向性表达，未对双方具体权利义务作出承诺或约定的，属于对当事人权利义务不产生实际影响的过程性行政行为，不可诉。反之，订立意向性协议已经为当事人设定具体明确的义务，可能对当事人人身权、财产权等合法权益造成损害的，属于可诉的订立行政协议的行为。

【裁判要旨】县级以上地方人民政府依照《中华人民共和国城乡规划法》第六十八条规定，“责成”有关部门采取查封施工现场、强制拆除等措施的行为，属于政府依法对行政机关内部职权的分配行为，对当事人的权利义务不产生实际影响，不属于行政诉讼的受案范围。

【裁判要旨】以旧换新、未改变原证的权利义务关系的换证行为，对当事人的权利义务不产生实际影响。依照《最高人民法院关于适用〈中华人民共和国行政诉讼法〉的解释》第一条第二款第十项的规定，不属于行政诉讼的受案范围。

【裁判要旨】《中华人民共和国村民委员会组织法》第三条第二款规定，村民委员会的设立、撤销、范围调整，由乡、民族乡、镇的人民政府提出，经村民会议讨论同意，报县级人民政府批准。建制村的合并涉及村行政区划的调整，同时涉及村集体资产及债务的合并，该行为对合并前的村集体经济组织财产权益必然产生实际影响。县级人民政府批准建制村的合并的行为，属于行政诉讼的受案范围。

【裁判要旨】集体土地征收补偿安置方案，是确定被征收土地的土地补偿费、安置补助费、地上附着物和青苗补偿的标准、支付方式以及其他有关征地补偿、安置具体措施的行政行为，直接影响被征收人的合法权益，属于行政复议的受案范围。根据土地管理法实施条例第二十五条，以及国法〔2011〕35 号《国务院法制办公室关于依法做好

二、审理规则

三、实体裁判

政实施纲要》第二十条规定，复议机关作出对第三人不利的行政复议决定之前，应当告知第三人，并给予其陈述和申辩的机会，否则行政复议行为违反正当程序原则。

【裁判要旨】为了公共利益的需要，行政机关可以依法变更或者撤回已经生效的行政许可。由此给公民、法人或者其他组织造成财产损失的，行政机关应当依法给予补偿。为了加强煤炭安全生产、维护公共利益，市、县人民政府依照国家宏观政策调整，决定关闭正在合法生产经营的小煤矿的，根据信赖保护原则，对由此而造成的业主合法权益损失，应当给予行政补偿。

【裁判要旨】行政诉讼不仅要保护公民、法人和其他组织的合法权益，同时还应当依法维护国家利益、公共利益。再审申请人的再审理由不能成立，但是，经审查认为生效裁判可能损害国家、公共利益的，人民法院应当依职权主动启动再审程序。

四、赔偿补偿

【裁判要旨】根据《中华人民共和国国家赔偿法》第九条，《最高人民法院关于审理行政赔偿案件若干问题的规定》第二十一条第四、五项规定，赔偿请求人单独提起行政赔偿诉讼的，应当以加害的行政行为被确认违法，且申请人向赔偿义务机关提出赔偿申请，赔偿义务机关已先行处理或超过法定期限不予处理为前提。侵权的行政行为未被法定程序确认违法，或者未经赔偿义务机关先行处理程序，赔偿请

最高人民法院第一巡回法庭
2017 年典型行政案件

一、起诉条件

001

原告就同一行政行为以相同或近似的理由再次起诉的，属于重复起诉

【裁判要旨】

人民法院裁定准予撤回起诉后，原告对同一行政行为不得以相同理由再次提起行政诉讼，有不同于第一次起诉理由的其他"正当理由"的除外。所谓"正当理由"，通常是指不同于第一次起诉的、符合常理的其他有合理解释的理由。原告就同一行政行为以相同或近似的理由再次提起行政诉讼的，属于重复起诉，人民法院应当不予受理，并可以告知当事人，对生效裁判不服，应当通过审判监督途径救济。

中华人民共和国最高人民法院

行政裁定书

（2017）最高法行申5526号

再审申请人（一审原告、二审上诉人）：林某。

被申请人（一审被告、二审被上诉人）：海南省儋州市人民政府。

法定代表人：朱洪武。

原审第三人：儋州市东成镇东成村委会东成经济合作社。

法定代表人：何子贤。

原审第三人：金某。

再审申请人林某因诉被申请人海南省儋州市人民政府（以下简称儋州市政府）及原审第三人儋州市东成镇东成村委会东成经济合作社（以下简称东成经济社）、金某颁发国有土地使用证一案，不服海南省高级人民法院于2014年11月24日作出的（2014）琼立一终字第236号行政裁定，向本院申请再审。本院于2017年7月26日立案受理，依法组成合议庭进行审查。案件现已审查终结。

2006年9月19日，儋州市政府向金某颁发儋国用（东成）第017114号《国有土地使用证》（以下简称017114号土地证），确认金某对位于儋州市东成镇东兴路、面积274.13平方米的国有土地享有使用权。该土地四至：东至国税所、西至李某用地、南至东兴大道、北至东成粮食管理所。金某获得土地使用权后，发现林某已在从其土地通往南面道路的土地上建房，遂于2011年以林某建房侵害其土地通行权为由，向儋州市人民法院提起民事诉讼。为此，林某于2011年6月29日对儋州市政府颁发017114号土地证行为提起行政诉讼，理由是其使用的土地是1985年向东成经济社购买所得，请求撤销017114号土地证。海南省第二中级人民法院作出（2011）海南二中行初字第68号行政判决，驳回林某的诉讼请求。林某不服并提起上诉。二审期间，在海南省高级人民法院的主持下，林某与金某于2011年12月14日达成和解协议，主要内容：1. 金某自愿撤回对林某侵害土地使用权一案的民事起诉。金某签订协议时已经撤回起诉，儋州市人民法院已于2011年8月19日作出（2011）儋民初字第682号民事裁定，准予撤回起诉，裁定书送达双方当事人；2. 林某撤回请求撤销017114号土地证一案的上诉；3.（2011）海南二中行初字第68号行政判决不再执行。根据上述和解协议，海南省高级人民法院于2011年12月16日作出（2011）琼行终字第156号行政裁定，准许林某撤回上诉。后林某对涉案房屋进行翻修，金某认为林某在其土地的南边通道上翻建房屋，阻碍其通行权，再次提起民事诉讼。儋州市人民法院于2014年5月12日作出（2014）儋民初字第545号民事判决，责令林某排除妨碍并于判决生效后10日内自行拆除由金某土地通往南面道路上的瓦房。林某不服并提起上诉，海南省第二中级人民法院于2014年9月18日作出（2014）海南二中民一终字第405号民事判决，驳回上诉，维持原判。与此同时，林某于2014年8月19日亦向海南省第二中级人民法院提起本案行政诉讼，以自己在1985年购买的土地上建房不存在阻碍金某通行为由，请求撤销017114号土地证。

海南省第二中级人民法院（2014）海南二中行初字第246号行政裁定认为，林某2011年曾提起行政诉讼，请求撤销017114号土地证，该案审理过程中，林某已知道被诉行政行为内容。根据《最高人民法院关于执行〈中华人民共和国行政诉讼法〉若干问题的解释》第四十一条第一款规定，林某于2014年8月19日提起本案行政诉讼，显然已超过2年法定起诉期限。依照《最高人民法院关于执行〈中华人民共和国行政诉讼法〉若干问题的解释》第四十四条第一款第六项的规定，裁定驳回林某的起诉。林某不服，提起上诉。

海南省高级人民法院（2014）琼立一终字第236号行政裁定认为，金某此次起诉的是相邻通行权纠纷，而非土地使用权侵权纠纷，故林某主张金某违反前案和解协议重新提起土地权属纠纷无事实根据。林某实际使用的土地与金某持有的017114号土地证记载的土地界线清楚、互不相干，颁发017114号土地证的行为没有侵犯林某实际使用的土地，与林某没有利害关系，林某不具有本案原告主体资格。一审裁定处理结果并无不当。林某与金某土地相邻关系属于民事法律关系，可依法按照民事诉讼途径处理。依照《中华人民共和国行政诉讼法》第六十一条第一项之规定，裁定驳回上诉，维持原裁定。

林某申请再审称：1. 本案并未超过起诉期限。金某违反2011年和解协议，以同样的诉讼请求和理由重复起诉，双方再次发生土地权属纠纷。林某为维护自己的权利，于2014年8月提起本案诉讼，此种情况属于非因林某自身原因被耽误的时间，不应计算在起诉期间内。2. 林某与017114号土地证具有利害关系。金某主张的相邻权，是对017114号土地证使用权的扩张，同时也是对林某土地使用权的限制。金某合法持有017114号土地证，才有主张相邻权的权利。3. 颁发017114号土地证不合法。儋州市政府办证期间，没有按照规定通知相邻人到场指界，办证程序违法，土地权属来源存在问题。请求撤销一、二审裁定，指令一审法院继续审理。

儋州市政府答辩称：林某2011年曾提起行政诉讼，该案上诉期间，其以达成了和解协议为由申请撤诉，并经二审法院准许。现林某于2014年8月19日提起本案行政诉讼，已超过起诉期限。儋州市政府颁发017114号土地证事实清楚、程序合法，林某使用的国有土地未经确权，妨碍了金某的相邻权。颁发017114号土地证的行为没有侵犯林某的合法权益，林某不是利害关系人，不具有本案的原告主体资格。请求驳回林某的再审申请。

金某答辩称：1. 林某未合法取得涉案土地使用权。根据儋州市政府的总体规划，林某使用的土地在市政配套的公共用地范围内。2.（2011）琼行终字第156号行政裁定的内容与本案无关。金某2011年起诉是认为林某使用的土地在017114号土地证用地范围内。2014年金某起诉是认为林某的行为侵犯其相邻权，要求排除妨害，该起诉不违反（2011）琼行终字第156号案和解协议，不属于重复起诉。3. 林某2011年、2014年两次对同一行政行为起诉，应当驳回起诉。请求驳回林某的再审申请。

东成经济社未提交书面答辩意见。

本院经审查认为，《最高人民法院关于执行〈中华人民共和国行政诉讼法〉若干问题的解释》第四十四条第一款第九项规定，已撤回起诉，无正当理由再行起诉的，人民法院应当裁定不予受理，已经受理的，裁定驳回起诉。原则上，人民法院裁定准予撤回起诉后，原告对同一行政行为不得以相同理由再次提起行政诉讼，有不同于第一次起诉理由的其他“正当理由”的除外。所谓“正当理由”，通常是指不同于第一次起诉的、常理能够说得通的其他有合理解释的理由。本案中，2011年6月29日林某对017114号土地证提起行政诉讼，二审中林某与金某达成和解协议，终审裁定准许林某撤回上诉，一审判决不再执行，该项裁定实质是同意林某撤回对颁发017114号土地证的全部起诉。后因林某修建房屋，金某以阻碍其通行权为由，再次提起民事诉讼，在一审判决林某败诉后，林某提起本案行政诉讼，第二次请求撤销017114号土地证。林某2011年、2014年两次起诉的被诉行政行为均是颁发017114号土地证的行为，且两次起诉的理由均为“在自己1985年购买的土地上建房，不侵害金某通行权”，再次起诉并非基于“正当理由”。因此，一、二审裁定驳回林某起诉，处理结果并无不当。林某主张颁发017114号土地证不合法，颁证行为程序违法，权属来源不清。但是，本案一、二审裁定是驳回起诉，并未对被诉行政行为的合法性进行审理、判决，以此为由申请再审，理由不能成立。

应当指出的是，《最高人民法院关于执行〈中华人民共和国行政诉讼法〉若干问题的解释》第十三条第一项规定，被诉行政行为涉及其相邻权的，公民、法人或者其他组织可以依法提起行政诉讼。土地使用权人或实际使用人与行政机关将相邻土地给第三人颁发土地使用证的行为有利害关系，具有原告资格。林某作为从金某土地通往南面道路上的房屋建造者，与金某存在相邻关系，与颁发017114号土地证行为当然具有利害关系。二审认为林某与颁证行为不具有利害关系，没有本案原告资格不妥，本院予以指正。还应当指出的是，当事人第一次起诉，经人民法院审查认为符合法定起诉条件已经受理，终审裁判未以不符合起诉条件为由裁定驳回起诉的，除非通过再审改判，不存在超过起诉期限的问题。原告就同一行政行为以相同或近似的理由再次提起行政诉讼的，只能认定是重复起诉。一审裁定以超过起诉期限为由裁定驳回林某的起诉，适用法律不妥，本院亦予以指正。

林某的再审申请不符合《中华人民共和国行政诉讼法》第九十一条第三、四项规定的情形。依照《最高人民法院关于执行〈中华人民共和国行政诉讼法〉若干问题的解释》第七十四条的规定，裁定如下：

驳回林某的再审申请。

审判长：郭修江；审判员：龚斌、曹刚；书记员：陈清玲；

二〇一七年九月二十一日

002

对申诉的重复处理行为不属于行政诉讼的受案范围

【裁判要旨】

当事人向行政机关提交申请，请求对已处理过的事项予以纠正或再次作出处理，该申请属于名为申请履行法定职责，实为重复申诉的行为。行政机关就该申请作出的未改变原先处理意见的答复，实质是对申诉的重复处理，对当事人的权利义务不产生实际影响，不属于行政诉讼的受案范围。

中华人民共和国最高人民法院
行政裁定书

（2017）最高法行申1256号

再审申请人（一审原告、二审上诉人）：简某。

再审申请人（一审原告、二审上诉人）：谢甲。

再审申请人（一审原告、二审上诉人）：谢乙。

上述再审申请人的共同委托代理人谢丙，系简某之子，谢甲、谢乙之父。

被申请人（一审被告、二审被上诉人）：广东省新兴县人民政府。

法定代表人：唐谊，县长。

再审申请人简某、谢甲、谢乙（以下简称简某等三人）诉被申请人广东省新兴县人民政府（以下简称新兴县政府）不履行撤销行政许可法定职责一案，广东省云浮市中级人民法院于2014年12月2日作出（2014）云中法行初字第18号行政判决，驳回简某等三人的诉讼请求。简某等三人不服提起上诉，广东省高级人民法院于2015年3月19日作出（2015）粤高法行终字第98号行政判决，驳回上诉，维持原判。简某等三人仍不服，在法定期限内向本院申请再审。本院依法组成合议庭对本案进行了审查，现已审查终结。

一、二审法院查明，简某等三人曾就新兴县新城镇茅园社区居民委员会第八居民小组的居民黎某申请坐落在茅园社区居民委员会庙背塘基48平方米宅基地的行政许可一事到新兴县国土资源局信访，新兴县国土资源局于2014年2月27日作出信访回复，简某等三人不服，向云浮市国土资源和城乡规划管理局提出复查申请，云浮市国土资源和城乡规划管理局于2014年4月15日作出信访复查意见，维持了新兴县国土资源局的信访回复。为此，简某等三人向广东省国土资源厅申请复核，广东省国土资源厅于2014年6月11日作出复核意见，维持了云浮市国土资源和城乡规划管理局的信访复查意见。简某等三人于2014年6月13日以挂号信函邮寄的方式向新兴县政府提出《撤销行政许可请求书》，请求撤销该府于2012年2月15日作出的准予新兴县新城镇茅园社区居民委员会第八居民小组居民黎某申请坐落在新城镇茅园社区居民委员会庙背塘基48平方米宅基地的行政许可。新兴县政府收到简某等三人的申请后，将申请转交由新兴县国土资源局办理，新兴县国土资源局对申请内容作了回复。简某等三人以其不是向新兴县国土资源局提出申请，新兴县国土资源局作出的答复不能代表新兴县政府，新兴县政府在本案中存在行政不作为为由，提起本案行政诉讼，请求判令新兴县政府履行撤销行政许可法定职责。

另，新兴县国土资源局作出的《关于要求撤销行政许可的回复》认为“黎某是依法取得坐落在新城镇茅园社区居民委员会庙背塘基的48平方米宅基地使用权的，你们提出的要求是没有依据的。因此，我局不同意撤销黎某48平方米宅基地的行政许可”。

广东省云浮市中级人民法院一审认为，根据《中华人民共和国土地管理法》第五条的规定，新兴县国土资源局作为本辖区土地行政主管部门，对新兴县政府交办的有关土地事项有权依法进行审查和作出答复。新兴县政府收到简某等三人的申请后，将简某等三人提出的申请事项转交由新兴县国土资源局处理并无不当，新兴县国土资源局亦对简某等三人提出的申请事项作了回复。新兴县政府在本案中已履行了法定职责，不存在行政不作为的情形。依照修改前的《中华人民共和国行政诉讼法》第四十八条、《最高人民法院关于执行〈中华人民共和国行政诉讼法〉若干问题的解释》第五十六条第一项的规定，判决驳回简某等三人的诉讼请求。

广东省高级人民法院二审认为，简某等三人不服新兴县政府对案外人黎某作出的宅基地许可，请求新兴县政府自行撤销。新兴县政府将该申请交给新兴县国土资源局具体经办并无不妥。因无需撤销新兴县政府作出的许可，所以由新兴县国土资源局代表新兴县政府回复简某等三人，并不构成不作为。简某等三人主张新兴县政府无权将其申请交由新兴县国土资源局办理，只能由政府自行办理，缺乏法律依据。依照修改前的《中华人民共和国行政诉讼法》第六十一条第一项的规定，判决驳回上诉，维持原判。

简某等三人申请再审称，请求依法撤销一、二审判决，判令新兴县政府履行撤销行政许可的法定职责。主要理由为：1. 再审申请人于2014年10月13日向一审法院提起行政诉讼，但一审法院收到起诉状后，故意拖延至2014年11月4日才立案受理，立案受理程序违法。2. 一审判决审理程序违法。一审判决书故意不确定案由和不叙述案由；对新兴县政府提交证据的关联性、合法性未作出审核认定；对答辩意见、辩论意见、代理意见是否采纳未阐述理由等。3. 一审判决认定事实不清。4. 一审判决适用法律错误。5. 一审判决没有争议焦点的叙述。6. 二审法院袒护一审法院在立案受理程序和审理程序中的违法行为。7. 二审法院未根据法律、法规、司法解释的有关规定对本案进行分析论证。8. 二审判决没有引用法律条文作审判依据。9. 二审法院认为新兴县政府将撤销行政许可申请转交给新兴县国土资源局具体经办、由新兴县国土资源局代表新兴县政府作出回复并不构成不作为，没有法律依据。

新兴县政府提交书面意见称：1. 新兴县政府将简某等三人寄送的《撤销行政许可请求书》转交给职能部门新兴县国土资源局依法处理和答复，是有法律依据的。新兴县国土资源局的回复代表了新兴县政府的意见。新兴县政府将简某等三人的《撤销行政许可请求书》交由本地区的土地行政主管部门新兴县国土资源局进行审查和答复，符合《中华人民共和国土地管理法》的规定。2. 与本案有关的“黎某48平方米宅基地的行政许可”已经被广东省高级人民法院（2016）粤行终1275号行政判决予以撤销。请求驳回再审申请。

本院认为，根据《最高人民法院关于执行〈中华人民共和国行政诉讼法〉若干问题的解释》第一条第二款第五项的规定，驳回当事人对行政行为提起申诉的重复处理行为，不属于人民法院行政诉讼的受案范围。《最高人民法院关于不服信访工作机构依据〈信访条例〉处理信访事项的行为提起行政诉讼人民法院是否受理的复函》亦规定，对信访事项有权处理的行政机关根据《信访条例》作出的处理意见、复查意见、复核意见和不再受理决定，信访人不服提起行政诉讼的，人民法院不予受理。本案中，再审申请人因不服新兴县政府对案外人黎某作出的宅基地许可进行信访，新兴县、云浮市、广东省三级国土部门分别作出处理意见、复查意见和复核意见。再审申请人不服，又向新兴县政府邮寄《撤销行政许可请求书》，新兴县政府将该请求书转交新兴县国土资源局办理，新兴县国土资源局作出的《关于要求撤销行政许可的回复》，属于驳回再审申请人提起申诉的重复处理行为，依法不属于行政诉讼的受案范围。再审申请人以新兴县政府不履行职责为由提起行政诉讼，没有事实和法律依据。鉴于本案原审已经驳回其诉讼请求，已无必要通过审判监督程序再行裁定驳回起诉。

再审申请人提出一审法院延迟立案的问题。根据修改前的《中华人民共和国行政诉讼法》第四十二条的规定，人民法院接到起诉状，经审查，应当在七日内立案或者作出裁定不予受理。一审法院收到起诉材料的时间是2014年10月17日，立案日期为2014年11月4日，有违上述法律规定，本院予以指正。至于再审申请人提出一审判决认定事实不清、适用法律错误、未阐述争议焦点，二审判决错误等主张。经查，一审法院对原、被告提供的证据经过庭审质证并进行了认证，据此对本案的事实作出认定，新兴县政府将再审申请人提出的申请事项转交县国土部门处理，不存在行政不作为的情形。该主张缺乏事实和法律依据，本院不予支持。

综上，简某、谢甲、谢乙的再审申请不符合《中华人民共和国行政诉讼法》第九十一条规定的情形。依照《最高人民法院关于执行〈中华人民共和国行政诉讼法〉若干问题的解释》第七十四条之规定，裁定如下：

驳回简某、谢甲、谢乙的再审申请。

审判长：龚斌；审判员：熊俊勇、陈宏宇；法官助理：李竺娉；书记员：潘海蓉

二〇一七年六月三十日

003

当事人的实质诉求是对信访事项不服提起诉讼的，不属于行政诉讼的受案范围

【裁判要旨】

当事人为规避对信访事项重复处理不可诉的规定，将对信访事项处理结果不服，转变为请求行政机关履行相关事项法定职责案件提起行政诉讼的，其实质仍然是对信访事项的处理结果不服提起的诉讼，不属于行政诉讼的受案范围。人民法院应当裁定不予立案；已经立案的，裁定驳回起诉。

中华人民共和国最高人民法院
行政裁定书

（2017）最高法行申6506号

再审申请人：谢甲等137人（名单及基本情况本书予以省略）。

诉讼代表人：谢甲、谢乙、杨某。

被申请人（一审被告、二审被上诉人）：湖南省城步苗族自治县人民政府。

法定代表人：杨博理。

一审原告、二审上诉人：陈某等12人（名单及基本情况本书予以省略）

再审申请人谢甲等137人因诉被申请人湖南省城步苗族自治县人民政府（以下简称城步县政府）养老保险待遇一案，不服2016年12月29日湖南省高级人民法院作出的（2016）湘行终531号行政裁定，向本院申请再审。本院于2017年8月21日立案受理，依法组成合议庭进行审查。案件现已审查终结。

再审申请人谢甲等137人系城步苗族自治县土桥农场（以下简称土桥农场）下属水泥厂的职工和退休人员，土桥农场系副县级企业单位。2003年5月6日，城步苗族自治县土桥农场管理区（以下简称农场管理区）成立，并保留原“城步苗族自治县土桥农场”牌子。土桥农场体制改革后，原城步苗族自治县劳动和社会保障局（以下简称原城步劳保局）将农场管理区纳入国有农垦企业职工基本养

老保险，土桥农场原已退休人员的基本养老金按照湘政办发（2003）44号《湖南省人民政府办公厅关于转发省劳动保障厅、省财政厅、省农厅〈湖南省国有农垦企业职工基本养老保险实施办法〉的通知》（以下简称44号文件）的有关规定核定并发放。2012年，谢甲等9名水泥厂退休人员请求城步苗族自治县人力资源和社会保障局（以下简称城步人社局）将其纳入城镇企业基本养老保险，并按规定发放基本养老金。2012年10月9日，城步人社局作出答复意见，认为按照44号文件规定，水泥厂9名退休人员目前只能执行国有农垦企业基本养老保险政策，享受国有农垦企业退休人员待遇。谢甲等9人不服，向邵阳市人力资源和社会保障局（以下简称邵阳人社局）申请复查。2012年11月19日，邵阳人社局作出信访事项复查意见书，维持城步人社局的答复意见。谢甲等9人仍不服，向湖南省人力资源和社会保障厅（以下简称湖南人社厅）申请复核。2013年4月7日，湖南人社厅作出湘人社信复核（2013）第02号《谢甲等同志信访事项复核意见书》，维持邵阳人社局的复查意见。2015年8月2日，谢甲等人提起本案行政诉讼，请求判令城步县政府将城步县二水泥厂职工和退休人员纳入城镇企业职工基本养老保险。

邵阳市中级人民法院（2015）邵中行初字第113号行政裁定认为，当事人要求行政机关依据政策性文件作出行政行为，行政机关不予认可的，不属于行政诉讼受案范围。谢甲等人起诉不符合法定条件。依照《中华人民共和国行政诉讼法》第四十九条第四项和《最高人民法院关于适用〈中华人民共和国行政诉讼法〉若干问题的解释》第三条第一款第一项规定，裁定驳回谢甲等人的起诉。谢甲等人不服，提起上诉。

湖南省高级人民法院（2016）湘行终531号行政裁定认为，谢甲等人要求城步县政府将土桥农场县二水泥厂职工和退休人员纳入城镇企业职工基本养老保险，实质是对三级人社部门信访处理意见不服。已经三级信访终结的事项，人民法院不予受理。依照《中华人民共和国行政诉讼法》第八十九条第一款第一项规定，裁定驳回上诉，维持原裁定。

谢甲等137人申请再审称：城步县二水泥厂职工和退休人员没有按文件规定纳入城镇企业职工基本养老保险。水泥厂关停经费181万元，只给职工50万元，其余131万元不知下落，应依法追回安置职工。请求将谢甲等137人依政策纳入城镇企业职工基本养老保险，判令行政机关承担职工参保企业应缴纳的费用，赔偿退休经济损失，依法追回被贪污挪用的关停经费给职工。

城步县政府答辩称：谢甲等137人就信访事项提起行政诉讼，不属于行政诉讼的受案范围，且答辩人无权直接决定谢甲等137人是否可以纳入城镇企业职工基本养老保险。请求驳回谢甲等137人的再审申请。

本院经审查认为，《最高人民法院关于执行〈中华人民共和国行政诉讼法〉若干问题的解释》第一条第二款第五项规定，驳回当事人对行政行为提起申诉的重复处理行为，不属于行政诉讼的受案范围。（2005）行立他字第4号《最高人民法院关于不服信访工作机构依据〈信访条例〉处理信访事项的行为提起行政诉讼人民法院是否受理的复函》第二条规定，对信访事项有权处理的行政机关，依据《信访条例》作出的处理意见、复查意见、复核意见和不再受理决定，信访人不服提起行政诉讼的，人民法院不予受理。也就是说，当事人对信访事项不服，提起行政诉讼，只要有关该信访事项的行政行为未对当事人的权利义务产生实际影响，就不属于行政诉讼的受案范围。当事人为了规避有关信访事项处理的行政行为不属于行政诉讼受案范围的规定，将对信访事项处理结果不服，转变为请求行政机关履行法定职责案件提起诉讼，其实质仍然是对信访事项的处理结果不服提起的诉讼，人民法院应当按照其实质诉求，依法作出处理。本案中，2003年土桥农场体制改革后，原城步劳保局已经按照44号文件规定，将农场管理区相关退休人员纳入国有农垦企业职工基本养老保险。2012年谢甲等9名水泥厂退休人员请求城步人社局将其纳入城镇企业基本养老保险，实质是对已经办理的退休待遇不服提出的申诉。城步人社局作出信访答复意见，认为按照44号文件规定，不能支持其请求。后经信访复查、复核程序，邵阳人社局、湖南人社厅均驳回其信访请求。2015年8月，谢甲等人又以城步县政府为被告，提起本案行政诉讼，请求判令将其纳入城镇企业基本养老保险，实质仍然是对信访事项不服提起的诉讼。根据上述规定，谢甲等人的起诉事项不属于行政诉讼的受案范围，一、二审裁定驳回其起诉，并无不当。谢甲等137人主张，城步县二水泥厂职工和退休人员按规定应当纳入城镇企业职工基本养老保险。但是，本案一、二审系裁定驳回起诉，是否应当纳入城镇企业职工基本养老保险，属于案件实体审理范围的事项，不属于本案的审查范围。谢甲等137人还主张，依法追回131万元关停经费安置职工，请求判令行政机关承担职工参保企业应缴纳的费用，赔偿退休经济损失等。上述主张并非一审中提出的诉讼请求，申请再审中提出新的诉讼请求，本院不予支持。

综上，谢甲等137人的再审申请不符合《中华人民共和国行政诉讼法》第九十一条第一、四项规定的情形。依照《最高人民法院关于执行〈中华人民共和国行政诉讼法〉若干问题的解释》第七十四条的规定，裁定如下：

驳回谢甲等137人的再审申请。

审判长：郭修江；审判员：司明灯、熊俊勇；法官助理：黄宁晖；书记员：陈清玲

二〇一七年十一月二十一日

004

对已经处理的信访事项不予答复的行为不属于行政诉讼的受案范围

【裁判要旨】

当事人的申请事项为已经处理的信访事项，行政机关不负有作出重新处理的法定职责。对信访事项的不予重复答复行为，对当事人的权利义务不产生实际影响，不属于行政诉讼的受案范围。

中华人民共和国最高人民法院

行政裁定书

（2017）最高法行申8478号

再审申请人（一审原告、二审上诉人）：林立夏。

再审申请人（一审原告、二审上诉人）：林夏至。

再审申请人（一审原告、二审上诉人）：林春分。系一审原告林立春之子。

再审申请人（一审原告、二审上诉人）：郭某。系一审原告林立春之妻。

上述四再审申请人共同委托代理人：林立夏。

被申请人（一审被告、二审被上诉人）：广西壮族自治区龙州县人民政府。

法定代表人：钟磊。

委托代理人：邓流强。

委托代理人：黎飞宇。

再审申请人林立夏、林夏至、林春分、郭某（以下简称林立夏等四人）因诉被申请人广西壮族自治区龙州县人民政府（以下简称龙州县政府）不履行行政职责一案，不服广西壮族自治区高级人民法院于2017年4月27日作出的（2016）桂行终673号行政裁定，向本院申请再审。本院于2017年11月8日立案受理，依法组成合议庭进行审查。案件现已审查终结。

万某系林立春的母亲，林立春与林立夏系堂兄妹关系，林夏至系林立春的侄子，郭某、林春分分别系林立春的妻子、儿子。本案二审过程中，林立春于2016

年6月17日去世，郭某、林春分以林立春法定继承人的身份参加诉讼。涉案土地位于龙州县龙州镇（门牌号为××、××、××）。1976年经龙州镇人民政府收回，建新华幼儿园和康平社区居民委员会（以下简称康平居委会）厕所。1995年、2000年、2006年，新华幼儿园、康平居委会、龙州县公共投资有限公司分别取得龙州县政府颁发的《房屋所有权证》《国有土地使用证》。万某、林立夏、林立春（以下简称万某等三人）认为，其祖业宅基地被侵占，多次向有关部门反映，要求返还宅基地或给予补偿。2009年9月1日、2010年11月3日，龙州县政府分别作出龙政函（2009）173号、龙政函（2010）154号《答复函》（以下简称173、154号答复），认为原××、××、××号地块权属清楚，不支持其诉求。万某等三人不服，申请行政复议。2011年3月11日，崇左市人民政府（以下简称崇左市政府）作出崇政复决字（2011）4号行政复议决定（以下简称4号复议决定），维持173、154号答复。2011年3月25日，万某等三人向龙州县人民法院提起行政诉讼。要求撤销龙州县政府作出的两份答复，撤销龙州县政府颁发给新华幼儿园、康平居委会的房产证。2011年12月12日，龙州县人民法院作出（2011）龙行初字第3号行政判决，支持万某等三人的部分诉讼请求。万某等三人不服，提起上诉。2012年5月25日，崇左市中级人民法院作出（2012）崇行终字第10号行政裁定，以涉案争议属于历史遗留问题，不属于行政诉讼受案范围为由，撤销一审行政判决，驳回万某等三人的起诉。万某等三人仍不服，申请再审。崇左市中级人民法院作出（2013）崇行申字第22号通知，驳回其再审申请。2014年4月21日，万某去世，此后，林立夏等人多次向龙州县有关部门及龙州县委、县政府有关领导反映，要求解决新华幼儿园侵占其祖业宅基地的问题，并要求返还土地。因反映的问题一直未得到答复和解决，2016年1月18日，林立夏、林立春、林夏至（以下简称林立夏等三人）提起本案诉讼，请求确认龙州县政府行政不作为行为违法，判令龙州县政府作出行政行为，责令龙州县政府退还侵占的位于原××、××、××号的其祖业宅基地，并将上述土地登记至其名下。

崇左市中级人民法院（2016）桂14行初9号行政裁定认为，林立夏等三人一直以书信方式，反映其祖业宅基地被侵占问题。林立夏等三人不服龙州县政府对信访事项未作出答复行为提起行政诉讼，不属于人民法院行政诉讼受案范围。依照《中华人民共和国行政诉讼法》第四十九条第四项及《最高人民法院关于适用

〈中华人民共和国行政诉讼法〉若干问题的解释》第三条第一款第一项的规定，裁定驳回林立夏等三人的起诉。林立夏等三人不服，提起上诉。

广西壮族自治区高级人民法院（2016）桂行终673号行政裁定认为，生效的崇左市中级人民法院（2012）崇行终字第10号行政裁定，已认定林立夏等四人对处理诉争房屋及土地权属等问题的诉求，属于历史遗留的落实政策性质的房地产纠纷，应由当地政府依据有关法律、法规及政策进行处理，不属于人民法院行政诉讼的受案范围。现林立夏等四人主张龙州县政府不受理和不处理诉争房屋及土地权属等问题，均涉及对历史遗留的落实政策性质的房地产权属的认定，不属于人民法院主管事项的范围。依照《中华人民共和国行政诉讼法》第八十九条第一款的规定，裁定驳回上诉，维持原裁定。

林立夏等四人申请再审称：林立夏等四人已向龙州县政府提出申请，请求返还祖业宅基地。龙州县政府召集相关部门讨论，并多次与林立夏等人协商。在协商未果的情况下，龙州县政府至今未作出决定，属于不履行法定职责行为。不履行法定职责行为属于行政诉讼的受案范围，一、二审裁定驳回起诉错误。请求撤销一、二审裁定，依法对本案予以再审，支持林立夏等四人的一审诉讼请求。

龙州县政府答辩称：龙州县政法委已经多次召集相关主管部门召开分析研究会，并多次与林立夏等人进行协商，因各方意见分歧较大未果，故不存在行政不作为的情形。一、二审裁定认定事实清楚，适用法律正确，请求驳回林立夏等四人的再审申请。

本院经审查认为，《最高人民法院关于执行〈中华人民共和国行政诉讼法〉若干问题的解释》第一条第二款第六项规定，对公民、法人或者其他组织权利义务不产生实际影响的行为，不属于行政诉讼的受案范围。《最高人民法院关于不服县级以上人民政府信访行政管理部门、负责受理信访事项的行政管理机关以及镇（乡）人民政府作出的处理意见或者不再受理决定而提起的行政诉讼人民法院是否受理的批复》规定，信访人对信访工作机构不履行《信访条例》规定的职责不服提起行政诉讼的，人民法院不予受理。本案中，林立夏等四人就涉案宅基地的权属问题长期上访，经过龙州县政府答复、崇左市政府行政复议处理后，再次请求龙州县政府解决新华幼儿园侵占其祖业宅基地的问题并返还土地，实质是对过去已经处理过的信访事项再次请求处理，龙州县政府对其再次提起的信访处理请求不予答复，不属于行政诉讼的受案范围。一、二审裁定驳回林立夏等四人起诉，裁定结果并无不当。林立夏等四人主张已经提出返还祖业宅基地的申请，龙州县政府经讨论、协商后未作出处理决定，是不履行法定职责的行为，属于行政诉讼的受案范围。但是，因其申请事项系已经处理过的信访事项，龙州县政府不具有再次作出重复处理的法定职责，不予重复答复不属于不履行法定职责的行为，对当事人的权利义务不产生实际影响，不属于行政诉讼的受案范围。以此为由申请再审不成立，本院不予支持。

综上，林立夏等四人的再审申请不符合《中华人民共和国行政诉讼法》第九十一条第一、四项规定的情形。依照《最高人民法院关于执行〈中华人民共和国行政诉讼法〉若干问题的解释》第七十四条的规定，裁定如下：

驳回林立夏、林夏至、林春分、郭某的再审申请。

审判长：郭修江；审判员：司明灯、熊俊勇；法官助理：黄宁晖；书记员：陈清玲

二〇一七年十二月二十七日

005

公务员对年度考评结果的申诉被驳回后，又以申请政府信息公开的形式提起诉讼的，不属于行政诉讼的受案范围

【裁判要旨】

公务员不服年度考评结果的再申诉被驳回后，又以申请公开再申诉处理决定的依据、事实根据、法律依据等名义申请政府信息公开的，实质是对再申诉处理决定不服继续提起的申诉。行政机关对公务员的政府信息公开申请作出的答复，是对其继续申诉行为的重复处理行为，对公务员的权利义务不产生实际影响，不属于行政诉讼的受案范围。

中华人民共和国最高人民法院
行政裁定书

（2017）最高法行申5411号

再审申请人（一审原告、二审上诉人）：黄某。

被申请人（一审被告、二审被上诉人）：广东省地方税务局。

法定代表人：吴紫骊。

委托代理人：陆阳铭。

委托代理人：刘义忠。

被申请人（一审被告、二审被上诉人）：广东省人民政府。

法定代表人：马兴瑞。

委托代理人：吴笛。

委托代理人：胡晓坚。

再审申请人黄某因诉被申请人广东省地方税务局（以下简称广东省地税局）、广东省人民政府（以下简称广东省政府）信息公开答复及行政复议决定一案，不服广东省高级人民法院于2017年1月19日作出的（2016）粤行终1568号行政判决，向本院申请再审。本院于2017年7月24日立案受理，依法组成合议庭审查

本案。案件现已审查终结。

黄某是广州市越秀区地方税务局（以下简称越秀区地税局）科员。2008 年年度考评中，黄某被评定为不称职等次，按规定不发年终一次性奖金和年度综合奖，并扣发当年度工作岗位津贴，黄某不服并申诉。2009 年 11 月 6 日，广州市地方税务局（以下简称广州市地税局）作出穗地税申决字（2009）第 1 号《申诉处理决定书》（以下简称 1 号处理决定），维持越秀区地税局对黄某作出的处理，黄某不服，继续申诉。2009 年 12 月 23 日，广东省地税局依据《公务员申诉规定（试行）》受理黄某的再申诉。2010 年 2 月 23 日，广东省地税局公务员申诉公正委员会作出粤地税申决字（2010）第 1 号《再申诉处理决定书》（以下简称 1 号再处理决定），维持广州市地税局作出的 1 号处理决定，并送达黄某。2015 年 10 月 13 日，黄某向广东省地税局递交《政府信息公开申请表》，申请公开内容：1. 公务员申诉公正委员会作出 1 号再处理决定的依据；2. 1 号再处理决定“认定事实清楚”的依据；3. 认定“不存在考核结果未生效就进行扣发问题”的依据；4. 认定“不存在考核结果在群众测评前评定问题”的依据。同日，广东省地税局收到该申请。2015 年 11 月 2 日，广东省地税局作出粤地税公开（2015）3 号《关于政府信息公开申请的答复》（以下简称 3 号答复），内容如下：“关于您申请公开的第一项内容，可通过查询《公务员申诉规定（试行）》第六条、第二十八条、第二十九条等规定获悉。关于您申请的第二、三、四项内容，粤地税申决字（2010）第 1 号《广东省地税局再申诉处理决定书》已对相关问题予以列明，上述决定已送达至您本人。”3 号答复已送达黄某。

2015 年 11 月 18 日，黄某不服广东省地税局作出的上述答复，向广东省政府递交《行政复议申请书》，请求撤销 3 号答复，责令广东省地税局重新作出答复；3 号答复对请求公开内容没有举证，请求公开听证审理。2015 年 11 月 24 日，广东省政府经审查决定受理黄某的复议申请，并于同日邮寄送达《行政复议受理通知书》，向广东省地税局送达《提出行政复议答复通知书》。因有关证据、依据材料需进一步核查，广东省政府于 2016 年 1 月 12 日决定延长复议审查期限 30 日，并于同日向黄某、广东省地税局邮寄送达《延长行政复议审查期限通知书》。2016 年 2 月 1 日，广东省人民政府作出粤府行复（2015）585 号《行政复议决定书》（以下简称 585 号复议决定），认为黄某向广东省地税局申请公开四项政府信息，广东省地税局经审核后，根据《中华人民共和国政府信息公开条例》第二条、第二十一条第一项、第二十四条、第二十六条的规定，并结合各项信息的实际情况，于法定期限内按照黄某要求的形式与方式，作出书面答复，逐一回复告知黄某。该答复认定事实清楚，适用依据正确，处理适当，程序合法。依据《中华人民共和国行政复议法》第二十八条第一款第一项的规定，决定维持广东省地税局作出的3号答复。黄某遂提起本案行政诉讼，请求撤销3号答复和585号复议决定，责令广东省地税局对其申请重新作出答复。另查明，二审中，黄某向广东省高级人民法院提供工作分工表、心电图报告、单位体检报告、病假单、《广州市地税局公务员申诉处理决定》、录音等数十份证据材料，证实其患病原因及身体健康状况，以及被评为不称职的理由。

广州铁路运输中级法院（2016）粤71行初72号行政判决认为，《中华人民共和国政府信息公开条例》第二十一条规定，对申请公开的政府信息，属于公开范围的，应当告知申请人获取该政府信息的方式和途径。第二十四条规定，行政机关收到政府信息公开申请，不能当场答复的，应当自收到申请之日起15个工作日内予以答复。第二十六条规定，行政机关依申请公开政府信息，应当按照申请人要求的形式予以提供。依据上述规定，广东省地税局在收到黄某的申请后，于法定期限内向黄某作出书面答复，告知其获取政府信息的方式和途径。3号答复适用法律、法规正确，符合法定程序。《中华人民共和国行政复议法》第三十一条规定，行政复议机关应当自受理申请之日起六十日内作出行政复议决定。情况复杂，不能在规定期限内作出行政复议决定的，经行政复议机关的负责人批准，可以适当延长，并告知申请人和被申请人，延长期限最多不超过三十日。本案中，广东省政府收到黄某的行政复议申请后，依据相关法律规定进行审查，并在法定期限内作出585号复议决定，该决定认定事实清楚，适用法律正确，程序合法。依照《中华人民共和国行政诉讼法》第六十九条的规定，判决驳回黄某的诉讼请求。黄某不服，提起上诉。

广东省高级人民法院（2016）粤行终1568号行政判决认为，广东省地税局收到黄某政府信息公开申请后，根据《中华人民共和国政府信息公开条例》第二条、第二十一条规定，经审核结合各项信息的实际情况，在法定期限内按照黄某要求的形式与方式，作出3号答复，告知其各项申请获取政府信息的方式和途径。该答复认定事实清楚，适用依据正确，程序合法。广东省政府收到黄某的行政复议申请后，依据《中华人民共和国行政复议法》第十七条、第二十三条第一款、第二十八条第一款第一项和第二十一条的规定进行审查、认定，并在法定期限内作出585号复议决定，该决定亦属认定事实清楚，程序合法。依照《中华人民共和国行政诉讼法》第八十九条第一款第一项的规定，判决驳回上诉，维持一审判决。

黄某申请再审称：1. 3号答复称，“由公务员申诉公正委员会”作出1号再处理决定，与人力资源社会保障部的《告知书》中指出的“受理和作出申诉（再申诉）处理决定的主体为机关而非机关内部处室”相冲突。2. 审判人员未采纳黄某提出的补充证据，也未作出说明，违反《中华人民共和国行政诉讼法》第四十三条的规定。请求撤销一、二审判决，撤销585号复议决定和3号答复。

广东省地税局答辩称：已依法履行相关信息公开法定职责，一、二审判决认定事实清楚，适用法律法规正确。请求驳回黄某的再审申请。

广东省政府答辩称：585号复议决定的受理、审查以及作出决定程序合法，黄某申请再审理由不成立。请求驳回黄某的再审申请。

本院经审查认为，《中华人民共和国政府信息公开条例》第二十一条第一项、第二十四条第一、二款、第二十六条规定，申请公开政府信息，属于公开范围的，被申请人应当告知申请人获取该政府信息的方式和途径。行政机关收到政府信息公开申请，能够当场答复的，应当当场予以答复，不能当场答复的，应当自收到申请之日起15个工作日内予以答复；如需延长答复期限的，应当经政府信息公开工作机构负责人同意，并告知申请人，延长答复的期限最长不得超过15个工作日。行政机关依申请公开政府信息，应当按照申请人要求的形式予以提供。本案中，广东省地税局收到黄某的政府信息公开申请后，在法定期限内对黄某提出的四项政府信息公开申请，逐一予以回复。3号答复程序、内容符合法律规定，一、二审判决驳回黄某的诉讼请求，并无不当。黄某主张，3号答复称“由公务员申诉公正委员会”作出1号再处理决定与人力资源社会保障部《告知书》关于“受理和作出申诉（再申诉）处理决定的主体为机关而非机关内部处室”的规定相冲突。但是，根据《公务员申诉规定（试行）》第六条第一、二款规定，公务员申诉公正委员会是负责受理和审理公务员申诉案件的法定机构，公务员申诉公正委员会在受理申诉后，应当对案件事实、适用法规、工作程序等进行全面审议，并向受理机关提出明确的审理意见，受理机关经审核依法作出处理。本案中，广东省地税局所属公务员申诉公正委员会是处理黄某公务员申诉事项的法定机构，有权受理并审查黄某的申诉，并提出处理意见，报经广东省地税局审核同意后，以广东省地税局的名义作出3号答复，答复不违反上述法律规范的规定，本院予以支持。黄某的上述主张缺乏事实和法律根据，本院不予支持。黄某还主张，法官未采纳其提出的补充证据，也未作出说明，审判程序违法。但是，《最高人民法院关于行政诉讼证据若干问题的规定》第七条规定，原告应当在开庭审理前或者人民法院指定的交换证据之日提供证据。逾期提供证据的，视为放弃举证权利。原告在第一审程序中无正当事由未提供，在第二审程序中提供的证据，人民法院不予接纳。黄某无正当理由超过举证期限于二审中提交证据，二审法官不予采信，并不违反法定诉讼程序。黄某以此为由申请再审，理由不能成立。

应当指出的是，黄某申请公开1号再处理决定的依据、事实根据、法律依据等，名义上是政府信息公开申请，实质是对1号再处理决定不服继续提起的申诉。公务员法定再申诉程序结束后，黄某继续申诉行为属于一般申诉上访行为。行政机关对当事人申诉上访行为作出的未对当事人权利义务产生实际影响的重复处理行为，不属于人民法院行政诉讼的受案范围。同时，根据《中华人民共和国行政诉讼法》第十三条第三项规定，对公务员的奖惩、任免等决定不属于行政诉讼的受案范围。广东省地税局、广东省政府以及一、二审均将本案作为政府信息公开案件处理不妥，本院予以指正。

综上，黄某的再审申请不符合《中华人民共和国行政诉讼法》第九十一条第三、四项规定的情形。依照《最高人民法院关于执行〈中华人民共和国行政诉讼法〉若干问题的解释》第七十四条的规定，裁定如下：

驳回黄某的再审申请。

审判长：郭修江；审判员：王毓莹、熊俊勇；书记员：陈清玲

二〇一七年八月三十一日

006

起诉行政机关不履行法定职责，起诉人应当提供证据初步证明其享有相应的合法权益、行政机关具有相关法定职责

【裁判要旨】

行政机关不履行保护人身权、财产权等合法权益法定职责的行为，属于可诉的行政行为。但是，提起诉讼时，起诉人应当提供证据初步证明其享有相应的合法权益、行政机关具有相应的法定职责义务。不能初步证明的，起诉缺乏事实根据，不符合法定起诉条件。

中华人民共和国最高人民法院

行政裁定书

（2017）最高法行申6384号

再审申请人：刘甲等48人（名单及基本情况本书予以省略）。

诉讼代表人：刘甲、江某、李某、谢某、刘乙、宋乙。

再审申请人刘甲等48人因诉广西壮族自治区贺州市人民政府（以下简称贺州市政府）不履行责成改制企业支付资产股受益款法定职责一案，不服广西壮族自治区高级人民法院于2017年1月22日作出的（2016）桂行终904号行政裁定，向本院申请再审。本院于2017年8月14日立案受理，依法组成合议庭进行审查。案件现已审查终结。

刘甲等48人诉称：刘甲等48人原系国营贺州市（县级）汽车运输总公司职工。2001年企业改制过程中，刘甲等48人与贺州市汽车运输总公司签订《离岗退养（内退）合同书》，48人在国企实有工龄总计1542年，以每年500元计算，安置费共771000元，折成资产股，交由民营公司持股会管理股权。于2001年7月12日通过的《贺州市汽车运输有限公司章程》第十八条第二款第二项规定："市政府批准转换职工身份生活安置费折成资产股，按个人工龄计算到个人名下。资产股只有收益权，没有所有权，职工调离、辞（退）职、除名、开除的，资产

股归公司。”2004年5月20日，贺州市八步区企业改革整顿领导小组办公室根据区党委办公厅、区政府办公厅桂办发（1998）31号和贺州市委办、贺州市政府办（2000）165号文件精神，作出贺八企发（2004）1号《关于建议改制企业修改公司章程中资产股处置问题的函》，主要内容为：“改制企业需修改公司章程中对资产股处置的条款，资产股属置换身份生活安置费，与现金股相同，应有收益权，也有所有权和继承权。”自公司改制至今，刘甲等48人未享受收益权，股本亦未予退还。经多年交涉无果，向贺州市八步区人民法院提起民事诉讼，并上诉至贺州市中级人民法院，请求改制后的广西贺州华安汽车运输股份有限公司（以下简称华安公司）支付股权收入，法院均以“原告（上诉人）针对《离岗退养（内退）合同书》提起诉讼，实质上是华安公司由国有企业改制成民营企业过程中，安置企业内部职工引起的遗留问题，具有很强的政策性，应由政府相关部门按照有关政策解决”为由，裁定不予受理。2015年12月23日，刘甲等48人向广西壮族自治区贺州市八步区人民政府（以下简称八步区政府）提出调查处理申请。2016年6月，八步区政府口头答复，应由贺州市政府处理。2016年7月21日，刘甲等48人向贺州市政府提交《关于请求政府履行保护公民财产权利申请书》。2016年7月23日，贺州市政府收到刘甲等48人的申请，但未予答复。2016年10月19日，刘甲等48人提起本案行政诉讼，请求贺州市政府对刘甲等48人的申请作出处理决定，责成华安公司支付资产股受益款15420000元（暂以1:20计算）。

贺州市中级人民法院（2016）桂11行初65号行政裁定认为，刘甲等48人诉请贺州市政府责成华安公司支付其资产股收益，贺州市政府对于股权收益分配并没有法律、法规规定的权力，也并不存在应当积极作为履行保护其收益权利法定义务的情形，该诉请不符合《中华人民共和国行政诉讼法》第十二条第一款第六项规定，不属于行政诉讼受案范围，依照《中华人民共和国行政诉讼法》第五十一条第二款之规定，裁定对刘甲等48人的起诉不予立案。刘甲等48人不服，提起上诉。

广西壮族自治区高级人民法院（2016）桂行终904号行政裁定认为，刘甲等48人的诉请涉及落实国有企业改制职工安置待遇的历史遗留问题，不属于人民法院行政诉讼的受案范围。依照《中华人民共和国行政诉讼法》第八十九条第一款第一项之规定，裁定驳回上诉，维持原裁定。

刘甲等48人申请再审称：贺州市政府对刘甲等48人的申请不予答复，属于行政诉讼的范围。请求撤销一、二审裁定，依法对本案予以再审。

本院经审查认为，《中华人民共和国行政诉讼法》第四十九条第三项规定，提起行政诉讼，要有具体的诉讼请求和事实根据。第十二条第一款规定，申请行政机关履行保护人身权、财产权等合法权益的法定职责，行政机关拒绝履行或者不予答复的，属于行政诉讼的受案范围。行政机关不履行保护人身权、财产权等合法权益法定职责的行为可诉，应当同时具备两个前提条件：一是公民、法人或者其他组织具有合法的、值得法律保护的权益；二是行政机关依照法律规定、行政协议约定或者先前行为产生的附随义务等，具有保护当事人合法权益的职责义务。《最高人民法院关于行政诉讼证据若干问题的规定》第四条第一款规定，公民、法人或者其他组织向人民法院起诉时，应当提供其符合起诉条件的相应的证据材料。提起不履行法定职责诉讼，起诉人应当提供证据初步证明其享有相应的合法权益，行政机关具有相应的法定职责义务。不能初步证明的，起诉不符合法定条件。本案中，刘甲等48人主张华安公司应当支付其资产股受益款15420000元。但是，即便作为公司股东，是否能够实现分红的权利，也要根据公司的盈利情况，由股东大会决议是否分红以及分红的具体形式和数额。股东的收益与公司的经营风险、盈利状况直接相关联，并非只要是股东就必然会有收益。刘甲等48人以享有华安公司资产股为由，主张华安公司应当向其支付资产股受益款15420000元，其主张缺乏事实和法律根据。同时，刘甲等48人提起本案行政诉讼，并未提供证据初步证明，根据法律、法规、规章规定，或者行政协议约定，或者因先前行为产生的附随义务，在华安公司拒不支付刘甲等48人资产收益款的情形下，贺州市政府具有责令华安公司支付相应款项的法定义务。因此，刘甲等48人以贺州市政府为被告提起本案行政诉讼，请求判令贺州市政府履行责令华安公司支付资产收益款法定职责，起诉缺乏基本的事实根据。一、二审裁定不予立案，处理结果并无不当。刘甲等48人主张，诉请贺州市政府履行法定职责属于行政诉讼的受案范围，其主张本身并无错误。但是，鉴于起诉时，刘甲等48人没有提供证据证明起诉具有初步的事实根据，以此为由申请再审，本院不予支持。

应当指出的是，作为改制企业，将职工安置费折成资产股，交由改制后的民营公司持股会管理，且公司章程明确规定“资产股只有收益权，没有所有权，职工调离、辞（退）职、除名、开除，资产股归公司”，上述约定侵犯改制企业职工的合法权益。从维护社会和谐稳定，处理好企业改制过程中的历史遗留问题的角度考虑，作为国有企业改制主导方的贺州市政府及其职能部门，应当积极协调处理好改制后的民营企业与改制企业职工的利益平衡关系，通过组织各方协商谈判等方式，尽可能妥善解决改制企业职工合法权益的保护问题。同时，作为改制企业职工，在自愿签订《离岗退养（内退）合同书》，同意将职工安置费折成资产股，交民营公司持股会管理后，也应当对自己当初的选择承担相应的投资风险责任，要面对现实，实事求是地主张权利，积极配合贺州市政府及其职能部门的协调处理工作，依法维护自身合法权利。

综上，刘甲等48人的再审申请不符合《中华人民共和国行政诉讼法》第九十一条第一、四项规定的情形。依照《最高人民法院关于执行〈中华人民共和国行政诉讼法〉若干问题的解释》第七十四条的规定，裁定如下：

驳回刘甲等48人的再审申请。

审判长：郭修江；审判员：奚向阳、龚斌；法官助理：黄宁晖；书记员：陈清玲

二〇一七年十月三十一日

007

民事诉讼败诉后，原告对同一争议提起行政诉讼的，属于重复起诉

【裁判要旨】

重复起诉，通常是指原告对同一被诉行政行为提起诉讼，经人民法院依法判决败诉后，又以同一事实和理由再次提起诉讼的情形。审判实践中，一些纠纷应当通过民事诉讼途径还是行政诉讼途径解决存有争议，但无论何种途径，当事人只能选择一种途径进行救济。当事人在提起民事诉讼败诉后，又对同一争议所涉的行政行为再次提起行政诉讼的，亦属于重复起诉的情形。当然，如果是民事诉讼原告之外的其他利害关系人，对受生效民事判决拘束的相关行政行为提起行政诉讼的，则属于“诉讼标的为生效判决羁束”的情形，起诉亦不符合法定条件。

中华人民共和国最高人民法院
行政裁定书

（2017）最高法行申5519号

再审申请人（一审原告，二审上诉人）：郑某。

再审申请人（一审原告，二审上诉人）：岳甲。

再审申请人（一审原告，二审上诉人）：伍某。

再审申请人（一审原告，二审上诉人）：岳乙。

再审申请人（一审原告，二审上诉人）：岳丙。

上述再审申请人共同委托代理人：阮某。

上述再审申请人共同委托代理人：栾某。

被申请人（一审被告、二审被上诉人）：湖南省邵阳市大祥区人民政府。

法定代表人：黄艳娥。

委托代理人：黎青。

委托代理人：朱文。

再审申请人郑某、岳甲、伍某、岳乙、岳丙（以下简称郑某等人）因诉被申

请人湖南省邵阳市大祥区人民政府（以下简称大祥区政府）签订征收补偿协议行为一案，不服湖南省高级人民法院于2017年3月17日作出的（2016）湘行终869号行政裁定，向本院申请再审。本院于2017年7月26日立案，依法组成合议庭进行审查。案件现已审查终结。

郑某与岳甲、伍某与岳乙、阮某与岳丙，均系夫妻关系，岳甲、岳丙、岳乙系向某之女。向某病故后，在邵阳市××园艺××场下马队留有房屋。根据国有土地使用权登记卡记载，该房屋用地来源为划拨，用途为居住，用地类别为住宅，用地面积108.9平方米，建筑占地75.6平方米。2013年，大祥区政府因娄邵、怀邵衡铁路建设项目，需要征收涉案房屋。2013年7月25日，邵阳市人民政府（以下简称邵阳市政府）发布（2013）第6号《房屋征收公告》。公告发布后，大祥区政府成立的邵阳市大祥区铁路建设项目援建指挥部（以下简称援建指挥部）工作人员与郑某等人协商房屋拆迁安置补偿事宜。2013年8月15日，岳甲、岳乙及岳丙之夫阮某与援建指挥部签订《协议书》，约定按照《中华人民共和国土地管理法》《湖南省实施〈中华人民共和国土地管理法〉办法》及邵阳市政府市政发（2013）2号《邵阳市集体土地上房屋征收与补偿安置办法》（以下简称2号安置办法）的规定，以集体土地上房屋征收补偿标准进行补偿，并于同日领取房屋拆迁安置补偿款，将房屋腾空后交付给援建指挥部，该房屋已被拆除完毕。2015年4月7日，郑某、伍某以岳甲、岳乙、阮某无权擅自与援建指挥部签订征收补偿协议，涉案房屋为国有土地上房屋，协议约定按集体土地上房屋征收补偿价格予以补偿，违反法律、行政法规的强制性规定无效为由，向大祥区人民法院提起民事诉讼，请求确认该征收补偿协议无效。2015年6月20日，大祥区人民法院作出（2015）大民初字第365号民事判决，驳回郑某、伍某的诉讼请求。郑某、伍某、岳甲、岳丙、岳乙不服并提起上诉，邵阳市中级人民法院作出（2015）邵中民三终字第19号民事判决，认为向某系原××一园艺场职工，其房屋宅基地位于原××一园艺场内，根据2号安置办法第二条第三款规定，援建指挥部按照集体土地上房屋补偿标准进行补偿符合法律规定。案外人李某、何某的原有房屋在2000年修建潭邵高速公路时被征收拆迁，统一安置在西湖南路高速公路连接线旁，现已成为城市主干道，所安置的宅基地性质已转为国有建设用地，所以其补偿标准适用国有土地上房屋征收补偿标准，而涉案房屋坐落位置与李某、何某不属同一地段，不适用国有土地上房屋征收的相关规定。房屋征收补偿协议系双方真实意思表示，不违反法律强制性规定，一审确认该协议有效并无不当。二审判决驳回上诉，维持原判。2015 年 11 月 17 日，郑某等人提起本案行政诉讼，以补偿标准过低，显失公平；援建指挥部误导当事人，告知各户都是按照集体土地上房屋征收补偿标准予以补偿，签署协议存在重大误解为由，请求撤销与援建指挥部签订的征收补偿协议。

邵阳市中级人民法院（2015）邵中行初字第 183 号行政裁定认为，岳甲、岳丙、阮某与援建指挥部签订协议后即领取安置补偿款，协议已履行完毕，大祥区政府没有不依法履行、未按照约定履行协议，或者单方变更、解除补偿协议的情形，郑某等人请求撤销征收补偿协议，不属于行政案件受案范围。依照《最高人民法院关于执行〈中华人民共和国行政诉讼法〉若干问题的解释》第四十四条第一款第一项之规定，裁定驳回郑某等人的起诉。郑某等人不服，提起上诉。

湖南省高级人民法院（2016）湘行终 869 号行政裁定认为，郑某等人于 2015 年 4 月提起民事诉讼，请求确认涉案征收补偿协议无效，该案终审判决确认补偿标准问题并无不当，该协议应认定为有效。现郑某等人再次提起行政诉讼，以补偿标准过低为由，请求撤销前述协议，属于《最高人民法院关于执行〈中华人民共和国行政诉讼法〉若干问题的解释》第四十四条第一款第十项规定的“诉讼标的为生效判决的效力所羁束的”情形。一审认定郑某等人的起诉不属于行政案件受案范围不妥，但裁定对本案驳回起诉并无不当。依照《中华人民共和国行政诉讼法》第八十九条第一款第一项之规定，裁定驳回上诉，维持原裁定。

郑某等人申请再审称：在 2015 年 5 月 1 日后，征收补偿协议可以作为行政案件受理，不应适用《最高人民法院关于执行〈中华人民共和国行政诉讼法〉若干问题的解释》第四十四条第一款第十项规定。请求撤销一、二审裁定，对本案予以再审。

大祥区政府答辩称：本案不属于行政诉讼受案范围，双方已就协议履行完毕。郑某等人曾以协议无效为由提起过民事诉讼，并被终审判决驳回诉讼请求，再次起诉受生效判决约束。请求驳回郑某等人的再审申请。

本院经审查认为，《最高人民法院关于执行〈中华人民共和国行政诉讼法〉若干问题的解释》第四十四条第一款第八项规定，起诉人重复起诉的，人民法院不予受理；第十项规定，诉讼标的为生效判决的效力所羁束的，人民法院不予受理。所谓重复起诉，是指当事人对同一被诉行政行为提起诉讼，经人民法院依法处理后，再次提起诉讼的情形。其特点是原告和被诉行政行为均为同一个。对于一些案件究竟应当通过民事诉讼途径解决，还是通过行政诉讼途径解决，实践中存有争议的，当事人只能选择一种途径进行救济。当事人提起民事诉讼败诉后，又对同一争议所涉行政行为再次提起行政诉讼的，亦属于重复起诉的情形。所谓“诉讼标的为生效判决羁束”是指当事人起诉所指向的诉讼标的已经不具有可争议性，诉讼标的物的归属或者法律关系的性质，已经被生效的人民法院判决所确认。此种情形中，起诉人并非一定是生效判决的起诉人，包括生效判决案件的诉讼当事人，也包括其他相关联的案外人。生效判决具有对世的法律效力，不仅对案件当事人有拘束力，对案件当事人之外的公民、法人或者其他组织同样具有拘束力。本案中，郑某、伍某曾就征收补偿协议的效力问题以援建指挥部为被告提起过民事诉讼。征收补偿协议的效力争议，与本案对签订协议行为提起的行政诉讼，实质属于同一纠纷。在《中华人民共和国行政诉讼法》修改之前，征收补偿协议争议究竟应当通过行政诉讼途径解决还是通过民事诉讼途径解决，确实存在争议。但是，无论是选择民事诉讼还是行政诉讼，当事人对同一纠纷只能选择一次救济。郑某、伍某在民事诉讼败诉后，再次提起行政诉讼，属于重复起诉，一、二审裁定驳回两人的起诉，处理结果并无不当。对岳甲、岳乙、岳丙而言，先前并未提起过民事诉讼，但是终审民事判决的结果已经对其本次提起的行政诉讼的诉讼标的——征收补偿协议的效力作出明确确认，协议效力已经不具有可争议性。郑某等人又针对该协议的效力问题提起行政诉讼，受民事生效判决的羁束。一、二审裁定驳回郑某等人的起诉，亦无不当。郑某等人主张，2015年5月1日后征收补偿协议属于行政诉讼的受案范围，起诉不属于受生效判决羁束的情形，系对法律条文的错误理解。以此为由申请再审，本院不予支持。

应当指出的是，行政协议案件属于行政诉讼的受案范围，是指行政协议行为属于行政诉讼的受案范围。行政协议行为既包括行政机关不依法履行、未按照约定履行或者单方变更、解除行政协议的行为，也包括行政机关与协议相对人签订行政协议的行为。一审裁定将签订行政协议行为排除在行政诉讼受案范围之外不妥，二审裁定予以纠正，符合法律规定。修改后的《中华人民共和国行政诉讼法》

第十二条第一款第十一项列举的可诉行政协议行为并非完全列举，凡是有可能对公民、法人或者其他组织人身权、财产权等合法权益造成侵害或者不利影响的行政协议行为，包括本案签订协议的行为，都是可诉的行政行为，均属于行政诉讼的受案范围。

综上，郑某等人的再审申请不符合《中华人民共和国行政诉讼法》第九十一条第一、三、四项规定的情形。依照《最高人民法院关于执行〈中华人民共和国行政诉讼法〉若干问题的解释》第七十四条的规定，裁定如下：

驳回郑某、岳甲、伍某、岳乙、岳丙的再审申请。

审判长：郭修江；审判员：张颖新、熊俊勇；书记员：陈清玲

二〇一七年九月二十日

008

提起行政诉讼首先要明确被诉行政行为，起诉多个关联行政行为可以决定合并审理

【裁判要旨】

提起诉讼应当有具体的诉讼请求和事实根据。所谓具体的诉讼请求，关键是要有明确的被诉行政行为。起诉人提起诉讼的被诉行政行为不明确的，人民法院应当予以指导和释明，经释明起诉人仍然不能明确被诉行政行为的，人民法院应当裁定不予立案；已经受理的，裁定驳回起诉。但是，经释明起诉人明确被诉行政行为的，无论起诉人明确起诉的是一个行政行为，还是数个行政行为，人民法院都应当对被诉行政行为是否符合其他起诉条件逐一进行审查，不得以起诉多个行政行为为由不予受理。

通常情况下，市、县人民政府根据省级人民政府征地批复作出的征地公告行为，仅仅是对征地批复内容的告知，是一个对当事人的权利义务不产生实际影响的程序性行为，不属于行政诉讼的受案范围。但是，如果被征收人以征收公告范围与征地批复不一致为由，对征收公告提起行政诉讼，并提供初步的事实根据的，人民法院就不能以前述理由简单裁定不予立案或驳回起诉。

中华人民共和国最高人民法院

行政裁定书

（2017）最高法行申6929号

再审申请人（一审原告、二审上诉人）：姚某。

委托代理人：黄家章。

委托代理人：刘平。

被申请人（一审被告、二审被上诉人）：广东省广州市从化区人民政府。

法定代表人：蔡澍。

委托代理人：黄锦新。

委托代理人：胡海源。

再审申请人姚某因诉被申请人广东省广州市从化区人民政府（以下简称从化区政府）征收土地公告及行政赔偿一案，不服广东省高级人民法院（2016）粤行终1580号行政判决，向本院申请再审。本院于2017年9月5日立案，依法组成合议庭进行审查。案件现已审查终结。

2005年2月24日，经广东省人民政府同意，广东省国土资源厅作出粤国土资（建）字（2005）44号《关于从化市2003年度第三批次城镇建设用地的批复》（以下简称44号批复），同意广州市人民政府上报的农用地专用和征收土地方案，将从化市神岗、江埔、棋杆、良口、城郊、鳌头、街口、民乐、温泉、桃园等镇属下的村委会的集体农用地，和国有民乐茶场的国有农用地，共计20.5783公顷转为建设用地，并办理征用土地手续；同意征用上述村委会的集体建设用地15.1362公顷，未利用地0.6842公顷；同意收回和使用国有民乐茶场的国有建设用地0.7915公顷，国有未利用地0.033公顷。上述土地37.2232公顷，经完善征用和收回手续后，同意作为从化市的城镇建设用地。2006年12月18日，从化市人民政府（以下简称从化市政府）发布从府（2006）75号《从化市人民政府征用土地公告》（以下简称75号公告），对44号批复中的第十三号地块在网上予以公告，公告内容包括批准文号、建设用地项目名称、征收土地位置、被征地村及面积、土地补偿安置标准等事项。2006年12月20日，从化市政府通过直接送达的方式，将从府征补（2007）1号《从化市人民政府征地补偿安置方案公告》（以下简称1号公告）送达给街口街城郊村民委员会（以下简称城郊村委会）。2007年1月4日，从化市政府发布1号公告，将征地补偿安置的内容，包括被征地单位、地类名称、征收面积、补偿类别、补偿标准、补偿金额、支付对象、支付方式，进行公告并征求意见。姚某的承包地在本次公告征收范围内。2011年9月28日和2012年8月6日，从化市街口街道办事处（以下简称街口街道办）与城郊村第十八经济合作社分别签订三份《征用土地协议书》。2011年9月30日，街口街道办与城郊村第十七经济合作社签订《征用土地协议书》，上述协议合计征收土地85.1013亩。2012年12月12日，城郊村委会及所涉经济合作社出具书面材料，证明征地补偿款已全部付清。2012年11月7日，从化市国土资源和房屋管理局（以下简称从化国土局）作出从国房群字（2012）59号《关于限期办理征地补偿登记的公告》，主要内容为：一、征地范围内尚未办理征地（含房屋、青苗等地上附着物）补偿登记的权益人，请于本公告发布之日起7天之内向街口街道办办理补偿登记手续。二、对逾期不办理征地补偿登记的，视为放弃办理登记，将实行证据登记保全，并按照从府（2010）51号《关于印发从化市征收集体土地暂行规定的通知》标准核算补偿款，交由市公证处提存，视为已完成登记和落实补偿的手续。待调查登记的权益人明晰并无争议后，权益人可向街口街道办申请办理领取提存补偿款手续。三、对逾期不办理征地补偿登记的，按上述办法公证提存后，将配合街口街道办及相关职能部门，按相关法律法规开展征地清场工作。2012年12月12日，从化国土局向姚某发出从国房群字（2012）75号《关于逾期未办理征地补偿登记依法实施证据保全并办理补偿款提存手续及告知听证权利的通知》以及送达补偿数额通知和提存通知，姚某未申请听证，其补偿款予以公证提存。2013年1月11日，从化国土局作出从国房群字（2013）12号《责令交出土地决定书》，要求姚某自收到决定书之日起七日内配合完成地上建筑物及地上附着物的清障工作，同时办理领取补偿款手续。姚某不服并申请行政复议，广州市国土资源和房屋管理局（以下简称广州国土局）于2013年1月29日受理该案。2013年2月1日，姚某承包地上的青苗等附着物被强制清除。2013年5月27日，从化国土局根据从化市土地储备开发中心的申请作出从国土用结字（2013）013号《同意用地结案书》，同意终结2003年度第三批次第十三号地块的征地程序。2014年5月26日，广州国土局作出穗国房行复（2014）12号行政复议决定（以下简称12号复议决定），认为从化国土局未在举证期限内提交证据材料证明其履行拟定并公告征地补偿安置方案的法定职责，应视为该行政行为没有证据、依据，决定撤销《责令交出土地决定书》。姚某对12号复议决定查明事实及处理意见仍不服，提起行政诉讼，请求撤销12号复议决定。2015年1月30日，广州市中级人民法院作出（2014）穗中法行终字第1551号行政判决，认为12号复议决定处理结果正确，未对姚某的合法权益造成实际影响，判决驳回姚某的诉讼请求。2015年6月，姚某提起本案行政诉讼，请求确认从化市政府发布征收土地公告、批准发布征收补偿安置方案以及清障活动等征收行为违法；停止非法建设行为、恢复土地原状，赔偿经济损失87900元。

广州市中级人民法院（2015）穗中法行初字第349号行政判决认为，从化区政府（原从化市政府）没有提供其在姚某所在村集体进行公告的证据，不能视为姚某已经知道征地行为的内容，姚某提起本案诉讼没有超出法律规定的最长保护期限，故起诉未超过法定期限。姚某诉请确认从化区政府发布征地公告、批准并发布征地补偿安置方案以及清障活动违法。上述诉讼请求包含多个行政行为，虽经释明姚某仍坚持全部诉讼请求，依法只审查从化区政府发布征地公告的合法性问题。根据《中华人民共和国土地管理法》第四十六条及《中华人民共和国土地管理法实施条例》第二十五条的规定，广东省国土资源厅作出44号批复，批准征用涉案土地。从化区政府作出75号公告，将44号批复的批准文号、建设用地项目名称、征收土地位置、被征地村及面积、土地补偿安置标准等事项进行公告，符合上述法律、法规规定。从化区政府发布征收公告行为合法，姚某请求行政赔偿缺乏事实和法律根据。依照《中华人民共和国行政诉讼法》第六十九条规定，判决驳回姚某的诉讼请求。姚某不服，提起上诉。

广东省高级人民法院（2016）粤行终1580号行政判决认为，一审只审查从化区政府发布征地公告行为的合法性，不影响姚某就其他行政行为另循救济途径，并无不妥。从化区政府依据44号批复作出75号公告并在网上发布，将征地补偿安置方案公告直接送达城郊村委会，虽然没有证据证明其在征收范围内张贴公告，程序不规范，但鉴于被征收集体经济组织已经与征收部门签订征收土地协议，并付清全部征地补偿款，该项程序问题不足以确认涉案征收土地公告行为违法。征收土地公告行为不违法，姚某主张行政赔偿亦不能成立。依照《中华人民共和国行政诉讼法》第八十九条第一款第一项的规定，判决驳回上诉，维持原判。

姚某申请再审称：1. 44号批复项下的征地呈报资料中第十三号地块与案涉土地接近，但仍无法证明案涉土地属于征收范围。75号公告存在超范围超面积征地情形。2. 一、二审仅审查征地公告行为的合法性，未审查征地批复及其后续行为的合法性，亦未审查行政赔偿的事实与请求。请求撤销一、二审判决，确认从化区政府所作的征地行为违法，判令其停止建设、恢复土地原状，交还姚某耕种，并赔偿姚某经济损失87900元。

从化区政府答辩称：44号批复附件上载明第十三号地块为街口村、城郊村12. 8251公顷。75号公告上载明征地包含街口村、城郊村、城南村、雄锋村12. 8251公顷。75号公告增加城南村和雄锋村的原因是，地块权属详查时发现，涉案地块的边界少数飞地涉及上述两村，但没有增加范围和面积。请求驳回姚某的再审申请。

本院经审查认为，《中华人民共和国土地管理法》第四十六条第一款规定，国家征收土地依照法定程序批准后，由县级以上地方人民政府予以公告并组织实施。《中华人民共和国土地管理法实施条例》第二十五条第一款规定，征收土地方案经依法批准后，由被征收土地所在地的市、县人民政府组织实施，并将批准征地机关、批准文号、征收土地的用途、范围、面积以及征地补偿标准、农业人员安置办法和办理征地补偿的期限等，在被征收土地所在地予以公告。《广东省实施〈中华人民共和国土地管理法〉办法》第三十二条第一项规定，国家征收土地，依照法定程序批准后，市、县人民政府应当在被征收土地所在地的乡（镇）、村范围内发布征地公告。根据上述规定，征收土地方案依法经省级人民政府批准后，市、县人民政府应当将批准征地机关、批准文号、征收土地的用途、范围、面积以及征地补偿标准、农业人员安置办法和办理征地补偿的期限等，在被征收土地所在地予以公告。但是，法律、行政法规、广东省的地方性法规均未对公告的具体方式作出明确规定。实践中，通常采取在征收范围内予以张贴，并在纸质媒体刊登、互联网政府官方网站发布的方式实施。本案中，经广东省人民政府批准同意，下发44号批复后，从化区政府通过互联网发布75号公告，将批准文号、建设用地项目名称、征收土地位置、被征地村及面积、土地补偿安置标准等事项在网上予以公告。之后，将草拟的征地补偿方案直接送达给城郊村委会，并发布1号公告，征求被征收人意见。从化区政府发布征收公告的程序和内容不违反法律、行政法规和地方性法规的规定。从化区政府未提供证据证明在征收范围内的乡（镇）、村予以张贴，程序不符合土地征收的通常做法不妥，但不构成程序违法。一、二审判决驳回姚某确认从化区政府发布公告行为违法的诉讼请求，并无不当。姚某主张75号公告征收的土地不在44号批复征收范围内，并提供44号批复附件作为新证据提交本院。经审查，44号批复附件一“建设用地项目呈报说明书”中第十三号地块所指的12.8251公顷被征收土地，包括街口村、城郊村，且有勘测定界的具体界址点坐标。75号公告内容与44号批复第十三号地块的征地面积完全一致，征收范围基本相同。姚某仅以44号批复附件为新证据否定75号公告征地范围在44号批复批准的征地范围内，证据不足，本院不予采信。姚某还主张，一、二审未审查征地批复及其后续行为的合法性，亦未审查行政赔偿的事实与请求。首先，征地批复是广东省人民政府作出的最终裁决行为，且不属于本案被诉行政行为，一、二审未予审查并无不当；其次，征地批复的后续征收行为包含一系列行政行为，所诉对象不明确，一、二审不予审查亦无不当；最后，一、二审对行政赔偿请求已经作出明确回应，认为征收土地公告行为不违法，行政赔偿不能成立，姚某的该项主张没有事实根据。

应当指出的是，《中华人民共和国行政诉讼法》第四十九条第三项规定，提起诉讼应当有具体的诉讼请求和事实根据。所谓具体的诉讼请求，关键是要有明确的被诉行政行为。起诉人提起诉讼的被诉行政行为不明确的，人民法院应当根据《中华人民共和国行政诉讼法》第五十一条第三款规定予以指导和释明，经释明起诉人仍然不能明确被诉行政行为的，人民法院应当根据《最高人民法院关于执行〈中华人民共和国行政诉讼法〉若干问题的解释》第四十四条第一款第十一项规定，裁定不予立案；已经受理的，裁定驳回起诉。但是，经释明起诉人明确被诉行政行为的，无论起诉人明确起诉的是一个行政行为，还是数个行政行为，人民法院都应当对被诉行政行为是否符合其他起诉条件逐一进行审查，不得以起诉多个行政行为为由不予受理。本案中，姚某起诉时的诉讼请求是确认从化区政府的征收土地行为违法，诉讼请求不明确。经一审释明后，姚某将其诉讼请求进一步细化为确认从化区政府发布征地公告、批准并发布征地补偿安置方案以及“清障活动”违法。释明后的诉讼请求尽管包含多个行政行为，但被诉行政行为已经具体明确，一审本应围绕姚某提出的三个相互关联的行政行为，分别审查是否符合法定起诉条件，并作出裁判。但是，一审却以姚某的诉讼请求包含多个行政行为为由，要求姚某进一步予以明确，在姚某仍坚持其全部诉讼请求时，一审又自主决定只审查从化区政府发布征地公告的合法性，这一做法没有法律根据，本院予以指正。鉴于批准并发布征地补偿安置方案行为属于行政机关内部程序性行为，对当事人的权利义务不产生实际影响，因此不可诉。“清障活动”发生于2013年2月1日，姚某于2015年6月提起行政诉讼，超过2年法定起诉期限。在此情形下，再以漏审批准并发布征地补偿安置方案和“清障活动”为由，对本案予以再审，没有实际意义，本案不予再审。

还应指出的是，《中华人民共和国行政诉讼法》第二十五条第一款规定，行政行为的相对人以及其他与行政行为有利害关系的公民、法人或者其他组织，有权提起诉讼。征收土地案件中，被征收人获得征收补偿，对征收决定超过法定起诉期限不起诉，自起诉期限届满之日起，丧失对被征收房屋及相应土地的权利。之后又针对行政机关就涉案房屋、土地作出的行政行为提起行政诉讼，与被诉行政行为没有利害关系，不具有原告资格。2012年12月，从化国土局已经将征收补偿数额告知姚某并对征收补偿款予以公证提存，至2014年年底，姚某未对该补偿决定提起行政诉讼，丧失对涉案土地的权利，2015年6月对75号公告提起行政诉讼，已经丧失原告资格。同时，根据《最高人民法院关于审理涉及农村集体土地行政案件若干问题的规定》第九条规定，涉及农村集体土地的行政决定以公告方式送达的，起诉期限应当自公告确定的期限届满之日起计算。75号公告于2006年12月在网上予以公告，2015年6月姚某提起诉讼，显然超过法定2年起诉期限，且无正当理由。为此，一、二审受理姚某对75号公告行为的起诉不妥，本院亦予以指正。鉴于姚某申请再审，人民法院不宜作出对再审申请人更为不利的裁判，本案不予再审。

再要指出的是，通常情况下，市、县人民政府根据省级人民政府征地批复作出的征地公告行为，仅仅是对征地批复内容的告知，是一个对当事人的权利义务不产生实际影响的程序性行为，不属于行政诉讼的受案范围。但是，如果被征收人以征收公告范围与征地批复不一致为由，对征收公告提起行政诉讼，并提供初步的事实根据的，人民法院就不能以前述理由简单裁定不予立案或驳回起诉，姚某起诉的理由即是如此。所以本案不能以75号公告属于对被征收人权利义务不产生实际影响的程序性行为为由不予受理。

综上，姚某的再审申请不符合《中华人民共和国行政诉讼法》第九十一条第三、四项规定的情形。依照《最高人民法院关于执行〈中华人民共和国行政诉讼法〉若干问题的解释》第七十四条的规定，裁定如下：

驳回姚某的再审申请。

审判长：张勇健；审判员：郭修江、龚斌；法官助理：黄宁晖；书记员：陈清玲

二〇一七年九月二十七日

009

地上附着物、青苗的所有权人，对征收补偿决定或协议不服起诉，具有原告资格

【裁判要旨】

被征收土地的实际经营权人，对地上附着物、青苗依法享有所有权，不服行政机关对地上附着物、青苗作出的征收补偿决定或达成的征收补偿协议行为而提起行政诉讼的，具有原告主体资格。

原告对征收补偿方案或征收补偿决定不服起诉，应当先行由县级以上人民政府协调，协调不成向上一级人民政府申请裁决，不得直接提起行政诉讼；对地上附着物、青苗补偿协议行为不服直接向人民法院提起行政诉讼的，人民法院应当予以受理。

中华人民共和国最高人民法院
行政裁定书

（2017）最高法行再96号

再审申请人（一审原告、二审上诉人）：陈某。

委托代理人：张琨，广西涌流律师事务所律师。

被申请人（一审被告、二审被上诉人）：防城港市防城区人民政府。

法定代表人：荣毅宏，区长。

委托代理人：盘永昆，该府法制办工作人员。

委托代理人：陈忠，广西幸程律师事务所律师。

原审第三人：邓某。

委托代理人：张元将，广西鹏源律师事务所律师。

再审申请人陈某因诉被申请人防城港市防城区人民政府（以下简称防城区政府）、原审第三人邓某行政征收补偿一案，不服广西壮族自治区高级人民法院于2016年10月20日作出的（2016）桂行终593号行政裁定，向本院申请再审。本

院于2017年7月31日立案，并于2017年9月28日作出（2017）最高法行申5662号裁定提审本案。2017年12月11日，本案编立提审案号，依法组成合议庭进行审理，并于2017年12月21日下午在本院第一巡回法庭第二法庭公开开庭审理本案。再审申请人陈某及其委托代理人张琨，被申请人防城区政府的委托代理人盘永昆、陈忠，原审第三人邓某的委托代理人张元将，到庭参加诉讼。案件现已审理终结。

防城港市中级人民法院经审理查明：1999年7月18日，邱某、杨某与防城区附城乡人民政府签订合同，约定由邱某、杨某承包位于大王江针鱼岭、长榄海滩。2003年7月，邱某、杨某承包的独榄大围塘堤坝被台风冲毁，委托大王江村江朝贵支书召集人力、出资进行抢修，并由江朝贵负责管理。江朝贵召集了邓某等人共同出资共9份股份进行修建。2004年2月20日，经集资修塘人员协商，该塘由邓某承包一年。2005年3月12日，江朝贵、邓某与陈某签订协议，将该塘租给陈某养殖使用。2010年1月1日，经大王江村委会同意，邱某、杨某与陈某签订协议，将独榄大围塘的经营权转让给陈某。后因建设需要，防城港市人民政府征用上述土地。防城港市防城区防城镇人民政府（以下简称防城镇政府）于2010年4月30日和6月12日，与陈某分别签订大围塘青苗补偿协议及征用大围塘补偿协议，补偿陈某青苗费1659926.15元及补偿费2260000元（其中100000元为奖励金）。2010年5月21日，中共防城港市防城区防城镇委员会、防城镇政府与邓某签订征收大围塘补偿协议，补偿大围塘两座水门和大围塘塌缺堤抢修所建设的防海堤共899960元，并由邓某领取。陈某知悉后向防城港市防城区人民法院提起民事诉讼，请求判决邓某返还其899960元。2015年1月19日，防城港市中级人民法院作出（2014）防市民一终字第538号民事终审裁定，以陈某提出的诉讼请求实质是认为原防城镇政府补偿对象错误而对补偿行为有异议、不属于民事诉讼的受案范围为由，驳回陈某的起诉，并告知陈某先向政府相关部门申请解决。2015年5月19日，陈某向防城区政府提出申请，请求撤销中共防城港市防城区防城镇委员会、防城镇政府与邓某签订的补偿协议，将上述补偿款899960元确认给其所有。2015年7月6日，防城区政府办公室给陈某答复，原防城镇政府与邓某签订的补偿协议属法院调整或双方当事人协调的范畴，若申请人认为补偿协议的约定侵犯其合法权益，建议申请人到经侦大队报案。2015年12月1日，陈某提起本案行政诉讼，请求判令防城区政府补偿其因承包经营的防城区防城镇大王江针鱼岭独揽大围塘水门防海堤补偿款899960元，邓某承担连带责任。在庭审中，陈某提出增加诉讼请求，确认原中共防城港市防城区防城镇委员会、防城镇政府与邓某于2010年5月21日签订补偿大围塘的水门、防海堤抢修费899960元的协议无效。

防城港市中级人民法院（2016）桂06行初22号行政裁定认为，本案涉及对大围塘征收引发的补偿纠纷，属于征地补偿安置行为的一个环节，对补偿标准、补偿对象的异议，实际上是对补偿安置的争议。本案陈某的起诉实质也是对政府征地补偿的争议。根据《中华人民共和国土地管理法实施条例》第二十五条以及《最高人民法院关于审理涉及农村集体土地行政案件若干问题的规定》第十条规定，农村征地补偿安置的争议应先以行政协调和裁决为前置条件，土地权利人对组织实施过程中确定的土地补偿有异议，未经行政协调和裁决，不具有可诉性。本案中，陈某对征地补偿安置有异议，但未经行政协调和裁决程序，其起诉不符合人民法院直接受理的条件。同时，本案中，陈某基于对大围塘的承包使用因政府征地应得的补偿，防城镇政府已与其签订协议，给予补偿，陈某若认为双方签订的协议有误，或政府补偿不足额，应就本身涉及的与政府签订的协议、领取的款项向政府提出异议，而非就政府与邓某签订的补偿协议、领取的补偿款提出异议，如政府与邓某签订的补偿协议以及邓某领取的补偿款存在损害公共利益或其他人的合法权益等问题，应由政府自行纠正，或由相应的机关进行处理。依照《中华人民共和国行政诉讼法》第四十九条第四项、《中华人民共和国土地管理法实施条例》第二十五条、《最高人民法院关于审理涉及农村集体土地行政案件若干问题的规定》第十条、《最高人民法院关于适用〈中华人民共和国行政诉讼法〉若干问题的解释》第三条第一款第三项之规定，裁定驳回陈某的起诉。陈某不服一审裁定，提起上诉。

广西壮族自治区高级人民法院（2016）桂行终593号行政裁定认为，防城区政府认为防城镇政府于2010年4月30日和6月12日与陈某分别签订大围塘青苗补偿协议及征用大围塘补偿协议，该补偿是一次性足额补偿，陈某该得的补偿已经全部补偿，本案899960元与陈某没有关系。而陈某则认为216万元只是国有滩涂216亩围塘的造塘费，陈某承包经营的是700多亩，上述216万元与本案没有关联性。防城镇政府和陈某的意见分歧表明双方当事人对补偿标准、范围和金额存在争议。根据《中华人民共和国土地管理法实施条例》第二十五条规定，陈某应申请县级以上地方人民政府协调；协调不成的，由批准征收土地的人民政府裁决。陈某的起诉不符合行政诉讼案件受理条件，一审裁定驳回陈某的起诉正确。依照《中华人民共和国行政诉讼法》第八十六条、第八十九条第一款第一项之规定，裁定驳回陈某的上诉，维持一审裁定。

陈某申请再审称：1. 一、二审认定事实不清。案涉被征收虾塘仍有造塘费（另案处理）及本案所涉补偿款未支付给陈某；包括水门和防海堤在内的所有地上附着物的所有权及征收补偿均应由陈某所有；陈某已履行向政府申请处理的前置程序而法院未予认定。2. 一、二审适用法律错误。本案不属于征收补偿标准争议及行政裁决前置处理的纠纷，故驳回陈某的起诉不当。3. 即使本案属于征收补偿标准争议，陈某也已依法履行向政府申请处理等前置程序。请求撤销一、二审裁定，并指令一审法院审理本案，一、二审诉讼费用由防城区政府承担。

防城区政府答辩称：1. 陈某领取征收全部补偿款项，补偿款项含青苗补偿费及土地补偿费。2. 陈某提出的海堤、水门不属于征地补偿范围。3. 征地补偿纠纷根据法律、司法解释规定应先申请行政裁决。4. 陈某认为其已经依法申请行政裁决不符合事实，该府没有收到其申请书；陈某系通过信访的方式申请，该府通过信访的方式回复。请求驳回陈某的再审申请。

邓某陈述称：同意区政府的答辩意见。实体方面，邓某取得的征地补偿款与陈某没有关联性，陈某应该获取的补偿款已经全部获取。邓某承包虾塘期间，对虾塘修建水塘海堤，其取得899960元征地补偿款有法律依据。陈某提起的再审申请无事实和法律依据，其应当向政府先行申请裁决，陈某提起的民事诉讼已经被法院驳回，且陈某起诉已经超过6个月的起诉期限。邓某取得征地补偿款已经被生效刑事判决羁束。请求驳回陈某的再审申请。

本院另查明，邓某于2010年5月10日，以其曾出资90多万元抢修加固周墩大围塘为由，向防城镇政府提出书面申请，要求补偿90万元造塘建设费。后经防城镇党委书记张群才和防城镇镇长陈铭发同意，以水门补偿和大围塘防海堤补偿为名补偿899960元给邓某。邓某收到补偿款后，将存有10万元的借记卡送给张群才使用。张群才因犯受贿罪被判处有期徒刑五年。2014年4月15日，防城港市防城区人民法院作出（2013）防刑初字第153号刑事判决，判决邓某犯行贿罪，免予刑事处罚；违法所得899960元予以没收，上缴国库。在办理邓某涉嫌行贿罪案件过程中，陈某作为证人被防城港市防城区人民检察院询问，并于2013年5月14日得知邓某与政府签订案涉补偿协议并领取899960元征地补偿款的事实。2013年6月16日，陈某向防城港市防城区人民法院提起民事诉讼，请求判决邓某返还其899960元。2015年1月19日，防城港市中级人民法院作出（2014）防市民一终字第538号民事终审裁定，告知陈某应向政府申请解决。

本院认为，根据《最高人民法院关于适用〈中华人民共和国行政诉讼法〉若干问题的解释》第十一条第二款第二项规定，公民、法人或者其他组织就土地征收补偿协议提起行政诉讼的，人民法院应当依法受理。防城港市人民政府因建设需要，征收包括案涉大围塘在内的土地。2010年5月21日，防城镇政府与邓某就案涉大围塘的水门及防海堤补偿签订补偿协议，该协议属于行政审判的受案范围。陈某作为案涉大围塘的实际经营权人，对于涉及该围塘的补偿协议具有利害关系，具备原告主体资格。陈某认为防城区政府将其承包的大围塘的相关补偿费用补偿给邓某错误，并要求撤销补偿协议，返还补偿费，符合法定立案条件，人民法院应予以受理并进行实体审理。《最高人民法院关于审理涉及农村集体土地行政案件若干问题的规定》第十条规定，土地权利人对土地管理部门组织实施过程中确定的土地补偿有异议，直接向人民法院提起诉讼的，人民法院不予受理，但应当告知土地权利人先申请行政机关裁决。这里的先行裁决程序，主要是指《中华人民共和国土地管理法实施条例》第二十五条第三款规定的对补偿标准有争议时的裁决。根据《中华人民共和国土地管理法实施条例》第二十五条第三款的规定，对补偿标准有争议的，由县级以上地方人民政府协调；协调不成的，由批准征收土地的人民政府裁决。也就是说，土地权利人对征地补偿安置方案中确定的补偿标准不服，应当先行协调或裁决。根据该条第一款的规定，征用土地方案中需要公告的内容包括批准征地机关、批准文号、征用土地的用途、范围、面积以及征地补偿标准、农业人员安置办法和办理征地补偿的期限等，补偿标准只是其中一方面的内容。本案中，陈某对于案涉土地征收的补偿标准并无异议，其诉讼请求是请求确认防城区政府与邓某签订的征收补偿协议无效，并对其进行补偿。一、二审以陈某的起诉不符合行政诉讼案件受理条件为由，裁定驳回陈某的起诉，适用法律错误，本院予以纠正。

关于起诉期限问题，《最高人民法院关于适用〈中华人民共和国行政诉讼法〉若干问题的解释》第二十六条第一款规定：“2015年5月1日前起诉期限尚未届满的，适用修改后的行政诉讼法关于起诉期限的规定。”也就是说，2015年5月1日行政诉讼法实施之后，当事人对修改后的行政诉讼法实施之前的行政行为提起行政诉讼的，人民法院首先要审查，至2015年5月1日，其起诉期限是否届满。超过法定起诉期限的，人民法院不再立案受理；未超过法定起诉期限的，按照修改后的行政诉讼法规定的起诉期限计算。根据法不溯及既往原则，人民法院应当适用修改前的行政诉讼法及其司法解释，对当事人的起诉期限至2015年5月1日是否届满进行审查。至2015年5月1日，当事人起诉期限尚未届满，剩余起诉期限超过修改后的行政诉讼法规定的六个月期限的，以六个月为限；剩余期限不足六个月的，原则上以剩余起诉期限为限。本案中，陈某所诉征收补偿协议行为发生于2010年5月21日，行政机关未告知陈某诉权和起诉期限，应当适用《最高人民法院关于执行〈中华人民共和国行政诉讼法〉若干问题的解释》第四十一条第一款规定的2年起诉期限，自陈某知道或者应当诉权或者起诉期限之日起计算。陈某于2013年5月14日得知防城区政府与邓某签订案涉补偿协议并领取899960元征地补偿款的事实，同年6月16日，陈某提起民事诉讼，请求判决邓某返还其899960元。2015年1月19日，防城港市中级人民法院作出民事终审裁定，告知陈某应向政府申请解决该事项。2015年5月19日，陈某向防城镇政府提出申请，请求撤销协议并将上述补偿款899960元确认给其所有。2015年7月6日，防城区政府办公室给陈某答复。2015年12月1日，陈某提起本案行政诉讼。根据《中华人民共和国行政诉讼法》第四十八条规定，陈某提起民事诉讼及等待政府作出答复的期间，系不属于陈某自身原因耽误起诉期限，应予以扣除。至2015年5月1日，2年起诉期限尚未届满。因剩余起诉期限超过六个月，陈某的法定起诉期限本应至2015年11月1日结束。但由于2015年5月19日至2015年7月6日的期间应予扣除，故陈某于2015年12月1日提起本案诉讼，未超过法定起诉期限。

综上，一、二审裁定适用法律错误。依照《最高人民法院关于执行〈中华人民共和国行政诉讼法〉若干问题的解释》第七十六条第一款、第七十九条第三项之规定，裁定如下：

一、撤销广西壮族自治区防城港市中级人民法院2016年5月29日作出的

（2016）桂06行初22号行政裁定；

二、撤销广西壮族自治区高级人民法院2016年10月20日作出的（2016）桂行终593号行政裁定；

三、本案指令广西壮族自治区防城港市中级人民法院继续审理。

本裁定为终审裁定。

审判长：熊俊勇；审判员：钱小红、龚斌；法官助理：牛延佳；书记员：余逸纯

二〇一七年十二月二十六日

010

除非与被诉行政行为有特别的利害关系，村民个人原则上对征收集体土地的行为没有原告资格

【裁判要旨】

只有村民委员会或者农村集体经济组织或者超过半数的村民，有权对涉及村民整体利益的农村集体土地征收、补偿的行政行为提起行政诉讼，村民个人原则上没有原告资格。但是，有证据初步证明，土地使用权人或者实际使用人等，与被诉土地征收决定、征收补偿决定等行为，有不同于其他村民的特别利益关系，征收决定、征收补偿决定等行政行为可能造成该村民有不同于其他村民的特定利益受损的（如征收决定将造成其丧失土地使用权，或征收补偿决定涉及该村民所有的地上附着物、青苗补偿等），则该村民对相关行政征收行为具有原告主体资格。

中华人民共和国最高人民法院
行政裁定书

（2017）最高法行申6718号

再审申请人（一审原告、二审上诉人）：欧某。

被申请人（一审被告、二审被上诉人）：广东省中山市人民政府。

法定代表人：焦兰生。

委托代理人：谢怀斌。

委托代理人：陈润。

被申请人（一审被告、二审被上诉人）：广东省中山市国土资源局。

法定代表人：吴伟强。

委托代理人：胡彬、陈润。

原审第三人：中山市古镇镇海洲村股份合作经济联合社。

法定代表人：袁锦华。

再审申请人欧某因诉被申请人广东省中山市人民政府（以下简称中山市政府）、广东省中山市国土资源局（以下简称中山市国土局）及原审第三人中山市古镇镇海洲村股份合作经济联合社（以下简称海洲经联社）不履行征收土地公告、听证法定职责一案，不服广东省高级人民法院于2017年2月16日作出的（2016）粤行终1855号行政裁定，向本院申请再审。本院于2017年8月28日立案受理，依法组成合议庭进行审查。案件现已审查终结。

欧某为广东省中山市古镇镇海洲村北海股份合作经济社（现已合并至海洲经联社）的股民。2015年6月19日，欧某向中山市国土局申请政府信息公开。2015年7月3日，中山市国土局作出中土公告（2015）372号《关于政府信息公开申请的答复》，公开欧某申请的政府信息，并附有粤国土资（建）字（2007）63号《关于中山市古镇镇2006年度第一批次城镇建设用地的批复》（以下简称63号批复）。欧某认为，63号批复所涉土地为其所在集体经济组织海洲经联社的集体用地，2007年中山市政府实施征收时，未依法发布征地公告、征收补偿安置方案，亦未举行听证会听取被征收人的意见。2016年3月8日，欧某提起本案行政诉讼，请求确认中山市政府、中山市国土局在征收土地过程中未依法发布征收土地公告、未在补偿安置方案确定后依法举行听证程序听取农民意见，损害被征收土地农民的利益。一审二次开庭后，欧某提交变更第三人申请书，申请追加中山市古镇镇海洲村民委员会（以下简称海洲村委会）为本案第三人。

中山市中级人民法院（2016）粤20行初9号行政裁定认为，根据《中华人民共和国土地管理法》第四十六条第一款、第四十八条以及《征收土地公告办法》第四条、第十条第一款的规定，本案中，发布征收土地公告职责在于中山市政府，而举行征地补偿安置方案听证程序的职责在于中山市国土局，故欧某起诉认为未发布征地公告以及未在征地补偿安置方案确定后依法举行听证程序，听取被征地的农村集体经济组织和农民的意见的行政行为，在国家征收土地的过程中为两个不同阶段的程序，是两个不同行政机关的行政行为，欧某经法院依法释明后，仍然坚持其前述诉讼请求，其诉讼请求显然不明确，故欧某的诉讼主张不符合《中华人民共和国行政诉讼法》第四十九条所规定的起诉条件，对欧某的起诉予以驳回。海洲村委会与本案的处理结果无利害关系，不予追加为第三人。综上，依据《中华人民共和国行政诉讼法》第四十九条及《最高人民法院关于适用〈中华人民共和国行政诉讼法〉若干问题的解释》第三条第一款第一项的规定，裁定驳回欧某的起诉。欧某不服，提起上诉。

广东省高级人民法院（2016）粤行终1855号行政裁定认为，依据《最高人民法院关于审理涉及农村集体土地行政案件若干问题的规定》第三条第一款、第四条的规定，欧某以相关行政机关不履行征地过程中的公告、听证意见等程序义务，侵害其作为集体经济组织成员的合法权益为由提起本案诉讼。由于集体经济组织成员的权益附属于其所在村集体的整体权益，集体经济组织成员认为行政行为侵害村集体的权益从而间接损害其作为村集体成员的合法权益，应当以村集体的名义寻求救济。且欧某也未能证明其为涉案土地的使用权人或者实际使用人，以个人名义提起本案诉讼，不符合法定受理条件，依照《中华人民共和国行政诉讼法》第八十九条第一款第一项的规定，裁定驳回上诉，维持原裁定。

欧某申请再审称：1. 海洲村的村民代表未按照《中华人民共和国村民委员会组织法》选举产生，村委会委任代表及代表同意不听证没有效力。2. 中山市政府征收土地公告只在村府大院内公布且模糊不清，其他九个社区均未贴过征地公告，更未上户派发征地公告内容，海洲村民全不知情。请求撤销（2016）粤行终1855号行政裁定，依法再审。

中山市政府、中山市国土局答辩称：1. 欧某提起行政诉讼主体不适格，其应以村集体名义寻求救济，或证明其为涉案土地的使用权人或实际使用人。2. 被申请人已在涉案土地征收过程中履行发布征地公告的法定职责，在海洲村委会公告栏公示《征地补偿安置方案公告》，公告照片已经过古镇镇人民政府盖章确认。3. 中山市国土局发出听证通知，海洲村委会放弃听证。请求驳回欧某的再审申请。

本院经审查认为，《最高人民法院关于审理涉及农村集体土地行政案件若干问题的规定》第三条第一款、第四条规定，村民委员会或者农村集体经济组织对涉及农村集体土地的行政行为不起诉的，过半数的村民可以以集体经济组织名义提起诉讼。土地使用权人或者实际使用人对行政机关作出涉及其使用或实际使用的集体土地的行政行为不服的，可以以自己的名义提起诉讼。也就是说，只有村民委员会或者农村集体经济组织、超过半数的村民，以及土地使用权人或者实际使用人，有权对涉及农村集体土地的行政行为提起行政诉讼，村民个人起诉没有原告资格。本案中，欧某请求确认中山市政府、中山市国土局在征收土地过程中未依法发布征收土地公告、未在补偿安置方案确定后依法举行听证程序听取农民意见，实质是对涉及农村集体土地的征收公告行为、征收补偿方案行为不服提起的行政诉讼。欧某作为村民个人，在未提供证据证明是被征收土地的使用权人或者实际使用人的情况下，对上述行政行为提起诉讼，没有原告资格。一、二审裁定不予立案，并无不当。欧某主张，海洲村村民代表未依法选举产生，村委会委任代表和代表同意不听证没有效力；中山市政府征收土地公告模糊不清，未在全部社区张贴。但是，上述主张均是关于被诉行政行为实体上是否合法的理由，本案一、二审结果是裁定驳回起诉，并不涉及被诉行政行为合法性问题，以此为由申请再审，理由不能成立。

综上，欧某的再审申请不符合《中华人民共和国行政诉讼法》第九十一条第一、四项规定的情形。依照《最高人民法院关于执行〈中华人民共和国行政诉讼法〉若干问题的解释》第七十四条的规定，裁定如下：

驳回欧某的再审申请。

审判长：郭修江；审判员：奚向阳、龚斌；法官助理：黄宁晖；书记员：陈清玲

二〇一七年十一月二十八日

011

未经清算的组织仍应具有诉讼主体的资格

【裁判要旨】

市场登记证并非取得经营机构主体资格的证明文件，更不是取得相关市场土地使用权的证明文件。依照该项许可成立的相关组织，没有依法办理工商营业执照，不能取得企业法人资格。但是，作为经营性法人组织的筹备单位，未经发起单位组织清算，终结其主体资格，即便市场登记证过期失效，该组织对筹备过程中形成的权利义务关系，仍应当具有诉讼主体的资格。

中华人民共和国最高人民法院
行政裁定书

（2017）最高法行申5037号

再审申请人（一审原告、二审上诉人）：咸池坳农贸市场管理委员会。

负责人：舒代良。

被申请人（一审被告、二审被上诉人）：湖南省麻阳苗族自治县人民政府。

法定代表人：李仕忠。

委托代理人：任凌。

再审申请人咸池坳农贸市场管理委员会（以下简称咸池坳市管会）因诉被申请人湖南省麻阳苗族自治县人民政府（以下简称麻阳县政府）不履行土地变更登记法定职责一案，不服湖南省高级人民法院于2017年1月12日作出的（2016）湘行终776号行政裁定，向本院申请再审。本院于2017年7月12日立案受理，依法组成合议庭进行审查。案件现已审查终结。

2002年9月，麻阳苗族自治县谭家寨乡梅场村第2、3、4村民小组，跃坪村第3村民小组，拟在谭家寨乡咸池坳通过旧市场改建方式，建立一个占地面积约5亩的新市场。经申请，谭家寨乡人民政府批示同意“在群众无争议的情况下修建市场”。2003年12月8日，麻阳苗族自治县工商行政管理局（以下简称麻阳县工商局）为咸池坳市管会颁发（2003）麻工商市字01号市场登记证，主办单位为麻阳苗族自治县谭家寨乡梅场村村民委员会，负责人为舒代良。但是，咸池坳市管会至今未依法办理工商营业执照，未到质量技术监督部门申请组织机构代码证，其公章亦未在麻阳苗族自治县公安局登记备案。经2004年、2005年两年年检后，咸池坳市管会未再进行年检。该市场经营范围内的土地分属谭家寨乡梅场村和跃平村，土地性质为农村集体土地。咸池坳市管会未取得涉案土地的承包、经营使用权。后咸池坳市场内的部分土地被征收，性质变更为国有建设用地。部分土地通过拍卖等形式分配给舒甲、舒乙、吴某等村民使用。2005年以后，商户没有到咸池坳农贸市场内经营，咸池坳农贸市场已不存在。咸池坳市管会因对相关政府及部门批准舒甲等村民使用涉案土地的行政行为不服，多次向人民法院提起行政诉讼，已经发生法律效力的怀化市中级人民法院（2008）怀中行终字第32、33、34号行政裁定，均以咸池坳市管会从2006年起不参加年检、不按照规定办理工商营业执照，原市场登记证已经失去效力为由，裁定驳回其起诉。2016年年初，咸池坳市管会提起本案行政诉讼称，咸池坳农贸市场的土地是梅场村第2、3、4村民小组及跃坪村第3村民小组“两村四组”的阴阳宅基地。2003年12月咸池坳市管会取得市场登记证，即已取得市场的承包经营权和市场土地的使用权。从2003年起，咸池坳市管会不断提出对咸池坳农贸市场内的土地进行变更登记发证的请求，麻阳县政府一直未履行变更登记的法定职责。请求判令麻阳县政府履行对市场内土地进行变更登记发证的法定职责。

怀化市中级人民法院（2016）湘12行初79号行政裁定认为，咸池坳市管会从2006年起既不参加年检，又不按照规定办理工商营业执照，原市场登记证已经失去效力，咸池坳市管会作为非法人的社会组织，2004年8月31日就已经消灭终止，不属于合法机构。依照《最高人民法院关于适用〈中华人民共和国行政诉讼法〉若干问题的解释》第三条第一款第一、二项之规定，裁定驳回咸池坳市管会的起诉。咸池坳市管会不服，提起上诉。

湖南省高级人民法院（2016）湘行终776号行政裁定认为，咸池坳市管会作为非法人组织已经消灭终止，也没有承受其权利的法人或其他组织，不符合《中华人民共和国行政诉讼法》第二十五条规定的条件，故不具备原告主体资格。依照《中华人民共和国行政诉讼法》第八十九条第一款第一项的规定，裁定驳回上诉，维持一审裁定。

咸池坳市管会申请再审称：2003年12月8日，麻阳县工商局给咸池坳市管会登记发证，咸池坳市管会是争议土地的使用权人。开办市场过程中，咸池坳市管会进行实际投入，出钱从吴某等人手中赎回祖遗屠行及前排6个铺面。咸池坳市管会对咸池坳市场进行原址改建，得到相关领导的批准同意。工商部门没有下达咸池坳农贸市场登记证失效的通知，也没有登报注销咸池坳市管会公章，咸池坳市管会具有原告主体资格。一、二审裁定认定事实不清，适用法律错误。请求撤销一、二审裁定，依法再审。

麻阳县政府答辩称：麻阳县政府给舒乙颁发（2006）字－11－02号《集体土地建设用地使用证》的行为合法。咸池坳市管会对该颁证行为不服提起行政诉讼，怀化市中级人民法院作出（2008）怀中行终字第32号行政裁定，驳回其起诉。麻阳县政府的确认行为事实清楚、程序合法。请求驳回咸池坳市管会的再审申请。

本院经审查认为，《中华人民共和国行政诉讼法》第二十五条第一款规定，行政行为的相对人以及其他与行政行为有利害关系的公民、法人、其他组织有权提起诉讼。《最高人民法院关于行政诉讼证据若干问题的规定》第四条规定，公民、法人或者其他组织向人民法院起诉时，应当提供其符合起诉条件的相应的证据材料。在诉行政机关不履行法定职责案件中，起诉人应当提供初步证据证明，诉请行政机关履行法定职责，有一定的事实根据和法律依据。如果起诉人起诉行政机关履行法定职责，但没有任何的事实根据和法律依据，其请求明显不能成立，行政机关不履行相关法定职责不可能侵犯其合法权益的，起诉人与被诉不履行法定职责行为没有利害关系，不具有原告资格。本案中，咸池坳市场经营范围内的土地原分属谭家寨乡梅场村和跃平村，咸池坳市管会未取得涉案土地的承包、经营使用权。后咸池坳市场内的部分土地被征收，性质变更为国有建设用地；部分土地分配给舒甲、舒乙、吴某等村民使用。咸池坳市管会对政府批准他人使用涉案土地的行政行为不服提起行政诉讼，二审法院维持一审驳回起诉的裁定，相关批准使用行为已经发生法律效力。咸池坳市管会在涉案土地已经登记在他人名下、未取得涉案土地任何合法权利的情况下，请求麻阳县政府履行土地权属变更登记法定职责，没有事实和法律根据，其请求变更登记的主张明显不能成立。麻阳县政府不履行变更登记法定职责的行为，不可能侵犯其合法权益。因此，咸池坳市管会与麻阳县政府不履行法定职责行为没有利害关系，不具有本案原告主体资格。一、二审裁定驳回咸池坳市管会起诉，并无不当。咸池坳市管会主张，其已取得麻阳县工商局颁发的市场登记证，是争议土地的使用权人，具有本案原告资格。其该项主张是对市场登记证法律性质的错误理解。根据《商品交易市场登记管理办法》第十二条、第十六条规定，市场登记证是依法开办市场的凭证，市场开办单位设立经营机构的，应当在办理市场登记注册后，申请机构的登记注册。市场登记证并非取得经营机构主体资格的证明文件，更不是取得相关市场土地使用权的证明文件。咸池坳市管会以此为由申请再审，理由不能成立。咸池坳市管会还主张，开办市场过程中赎买屠行和铺面，改建市场得到相关领导的批准，具有原告资格。但是，现有证据不足以证明相关赎买协议已经得到实际履行，咸池坳市管会已经取得相关土地及铺面合法权益，个别行政机关负责人批准改建市场，也不是咸池坳市管会取得涉案土地合法权益的证明文件。咸池坳市管会的上述主张，缺乏事实根据，本院亦不予支持。

应当指出的是，咸池坳市管会尽管没有依法办理工商营业执照，取得企业法人资格。但是，作为改建咸池坳市场的筹备单位，未经发起单位组织清算，终结其主体资格，即便市场登记证过期失效，其对筹备过程中形成的权利义务关系，仍应当具有诉讼主体的资格。一、二审裁定在没有证据证明咸池坳市管会已由发起人清算终结的情况下，以其不属于合法组织为由，否定咸池坳市管会的原告资格，裁判理由不妥，本院予以指正。

综上，咸池坳市管会的再审申请不符合《中华人民共和国行政诉讼法》第九十一条第三、四项规定的情形。依照《最高人民法院关于执行〈中华人民共和国行政诉讼法〉若干问题的解释》第七十四条的规定，裁定如下：

驳回咸池坳农贸市场管理委员会的再审申请。

审判长：郭修江；审判员：龚斌、王毓莹；书记员：陈清玲

二〇一七年八月三十一日

012

起诉人对与被诉行政行为存在“利害关系”应当承担初步证明责任

【裁判要旨】

根据《最高人民法院关于行政诉讼证据若干问题的规定》第四条规定，公民、法人或者其他组织向人民法院起诉时，应当提供其符合起诉条件的相应的证据材料，初步证明起诉人与被诉行政行为有利害关系。因此，公民、法人或者其他组织提起行政诉讼，原告资格中的“利害关系”，应当以存在侵权的“可能性”为标准。只要起诉人提供证据初步证明，被诉行政行为有可能侵犯其合法权益，即具有原告资格。至于事实上被诉行政行为是否侵犯其合法权益或者对其合法权益造成不利影响，则是进入实体审理后，需要法官进一步查明的事实，不属于原告资格的审查范畴。

中华人民共和国最高人民法院
行政裁定书

（2017）最高法行再41号

再审申请人（一审原告、二审被上诉人）：徐闻县迈陈镇迈陈村讨墩经济合作社。

负责人：邓广盛，主任。

委托代理人：邓国云。

被申请人（一审第三人、二审上诉人）：徐闻县迈陈镇迈陈村潭板经济合作社。

负责人：陈水，主任。

被申请人（一审第三人、二审上诉人）：陈甲。

委托代理人：何丰，广东择正律师事务所律师。

原审被告：徐闻县人民政府。

法定代表人：吴康秀，县长。

行政机关负责人：吴宗燕，副县长。

委托代理人：何世俊，徐闻县国土资源局干部。

再审申请人徐闻县迈陈镇迈陈村讨墩经济合作社（以下简称讨墩合作社）因诉原审被告徐闻县人民政府（以下简称徐闻县政府）、被申请人徐闻县迈陈镇迈陈村潭板经济合作社（以下简称潭板合作社）及陈甲土地行政登记一案，不服广东省高级人民法院于2016年6月15日作出的（2016）粤行终325号行政裁定，向本院申请再审。本院于2017年3月31日作出（2017）最高法行申113号行政裁定，提审本案，并于2017年5月9日编立提审案号。本院依法组成合议庭审理本案，案件现已审理终结。

讨墩合作社与潭板合作社均属徐闻县迈陈镇迈陈村委会（以下简称迈陈村委会）管辖下的自然村，陈甲系潭板合作社村民。涉案土地坐落于徐闻县陈某路右侧，面积为81平方米，四至为：东至潭板村道路，南至空地，西至空地，北至陈乙用地。20世纪90年代，陈甲在该土地建起平房使用。2004年10月1日，陈甲以住宅拥挤为由申请新地路右侧（潭板西）的宅基地，同日，潭板合作社召开会议对陈甲申请宅基地事项进行表决后同意陈甲申请宅基地。2004年10月2日，迈陈村委会在申请审批表的村委会审查意见栏签署的审查意见为：申请人所填写情况属实，符合一户一处宅基地的规定，并经村民会议通过；同意上报。随后徐闻县国土资源局迈陈管理所、徐闻县迈陈镇建设委员会、徐闻县迈陈镇人民政府、徐闻县国土资源局、徐闻县政府分别签署“同意”意见，并加盖公章。2005年7月25日，徐闻县国土资源局作出徐集建字（2005）302号《关于批准陈甲使用宅基地的通知》。该通知的主要内容为：1. 同意陈甲使用涉案的宅基地；2. 持批准用地申请审批表等办理集体土地使用权登记手续。同日，该局就涉案土地发出《土地登记申请审核情况公告》，要求对涉案的土地使用权、所有权及他项权利有异议者于2005年8月25日前提出。2006年6月23日，徐闻县政府给陈甲颁发徐集用（2006）字第265号《集体土地使用证》（以下简称265号土地证）。徐闻县政府提供的涉案土地《地籍调查土地登记审批表》中“邻宗地”一栏空白，并没有邻宗地指界人签名。265号土地证登记类型为集体土地使用权设定登记；土地坐落为迈陈新地路右侧（潭板西）；权属性质为集体土地使用权；土地所有者为潭板村；使用权类型为划拨；土地用途为住宅；面积为81平方米。2014年8月底，陈甲在涉案土地上拆除原有房屋重新建房，讨墩合作社提出该土地为其村集体所有、陈甲并非其合作社社员，引起纠纷。2014年9月11日，讨墩合作社出具证明认为涉案的土地属其所有，迈陈村委会在该证明上签署“属实”意见，并加盖公章。讨墩合作社遂向湛江市人民政府申请行政复议。2014年12月8日，湛江市人民政府作出湛府行复（2014）82号行政复议决定，维持徐闻县政府的颁证行为。2014年12月25日，讨墩合作社提起本案行政诉讼，请求撤销徐闻县政府颁发给陈甲的265号土地证。

广东省湛江市中级人民法院（2015）湛中法行初字第10号行政判决认为，讨墩合作社以涉案土地属其村所有，徐闻县政府颁发涉案的土地证侵犯其合法权益为由提起本案诉讼，符合《最高人民法院关于执行〈中华人民共和国行政诉讼法〉若干问题的解释》第十二条的规定，具有原告主体资格。涉案土地位于徐闻县管辖辖区内，徐闻县政府具有对涉案土地核发土地权属证书的法定职权。根据《土地登记规则》（1996年2月1日实施）第十三条“土地管理部门负责组织辖区内的地籍调查。地籍调查规程由国家土地管理局制定”、第十四条“土地管理部门应当根据地籍调查和土地定级估价成果，对土地权属、面积、用途、等级、价格等逐宗进行全面审核，填写土地登记审批表……”以及《城镇地籍调查规程》“3. 2. 6. 1界址的认定必须由本宗地及相邻宗地使用者亲自到现场共同指界”的规定，徐闻县政府受理陈甲的土地登记申请后，在未依照上述规定通知邻宗地指界人签名的情况下，即在《地籍调查土地登记审批表》注明“经调查，该宗地权属合法，面积准确，无争议，情况属实，可以提供登记”，属于程序违法。另外，在涉案土地的权属来源上，徐闻县政府以迈陈村委会2004年10月2日的证明涉案土地属潭板合作社所有并由该村分配给陈甲作为涉案土地权属来源依据而颁发265号土地证；但2015年1月5日该村委会又在另一份证明中证实涉案的土地属讨墩合作社所有，即同一村委会对涉案土地的权属证明内容前后矛盾，从而导致涉案土地权属不清，徐闻县政府给陈甲颁发涉案土地证的证据不足。徐闻县政府于2006年6月23日给陈甲颁发265号土地证事实不清、证据不足、程序违法；陈甲、潭板村的辩解缺乏事实与法律依据，不予支持。依照《中华人民共和国行政诉讼法》第七十条第一、三项的规定，判决撤销徐闻县政府于2006年6月23日给陈甲颁发265号土地证的行政行为。陈甲、潭板合作社不服一审判决，提起上诉。

广东省高级人民法院（2016）粤行终325号行政裁定认为，《中华人民共和国行政诉讼法》第二条第一款规定："公民、法人或者其他组织认为行政机关和行政机关工作人员的行政行为侵犯其合法权益，有权依照本法向人民法院提起诉讼。"讨墩合作社以陈甲修建房屋占用的涉案地块应属其所有为由提起诉讼，提交了其自行书写，内容载明涉案地块为讨墩合作社所有的《证明》，并由迈陈村委会签署同意加盖公章。但讨墩合作社提交的该《证明》既非行政机关核发的土地权属证明，又非相关职权部门出具的有效法律文书，该《证明》不能充分证明讨墩合作社对涉案地块享有所有权或使用权，即讨墩合作社未能举证证明徐闻县政府向陈甲核发265号土地证侵犯了其合法权益，其提起本案诉讼不具有原告主体资格，其起诉依法应予驳回。一审受理讨墩合作社的起诉并作出实体判决认定事实不清，适用法律错误，应予撤销。讨墩合作社如主张其对涉案土地享有所有权，应当依照土地管理的相关法律规定，循法律途径解决。依照《中华人民共和国行政诉讼法》第八十九条第一款第二项、《最高人民法院关于执行〈中华人民共和国行政诉讼法〉若干问题的解释》第七十九条第一项的规定，裁定：撤销一审判决，驳回讨墩合作社的起诉。

讨墩合作社申请再审称，二审适用法律错误，适用《最高人民法院关于执行〈中华人民共和国行政诉讼法〉若干问题的解释》认定讨墩合作社的原告诉讼主体资格，与2015年《最高人民法院关于适用〈中华人民共和国行政诉讼法〉若干问题的解释》第十二条的规定不一致，讨墩合作社与涉案土地具有利害关系，有权提起诉讼。徐闻县政府向陈甲颁发《集体土地使用证》是非法批地。请求撤销二审裁定，支持一审判决。

徐闻县政府答辩称，讨墩合作社仅提供的《证明》不能证明其对涉案土地享有所有权或使用权，二审裁定驳回讨墩合作社的起诉适用法律正确；其府向陈甲核发265号土地证事实清楚、依据充分、程序合法，不存在违法批地的情况。请求驳回讨墩合作社的再审申请。

潭板合作社及陈甲答辩称，案涉争议土地是潭板村的，陈甲早在1993年就已经在该地块上建房，直到2014年因台风毁坏该房屋重新在该地建房挖地基时，讨墩合作社才提出异议。陈甲建房经过了潭板村的审批。讨墩合作社与本案的颁证行为之间不具有法律意义上的利害关系，对涉案土地没有任何实体权利，二审裁定驳回讨墩合作社的起诉正确。请求驳回讨墩合作社的再审申请。

本院认为，《中华人民共和国行政诉讼法》第二条第一款规定，公民、法人或者其他组织认为行政机关和行政机关工作人员的具体行政行为侵犯其合法权益，有权依照本法向人民法院提起诉讼。该法第四十九条第一项、第二十五条则进一步规定，提起行政诉讼的原告应当是符合该法规定的公民、法人或者其他组织，即必须是行政行为的相对人以及其他与行政行为有利害关系的公民、法人或者其他组织。在审查原告资格时，原告主张的合法权益仅是可能存在，经过实体审查后可能出现两种结果，一种结果是原告主张的合法权益实际存在，其诉讼请求可以获得支持；还有一种结果是原告的诉讼请求不成立，没有可以保护的合法权益。但不能以实体审查标准中的事实上的利害关系代替原告资格审查中有可能性的利害关系。公民、法人或者其他组织提起行政诉讼，其原告资格中的利害关系应当以“可能性”为标准，只要原告的主张与被诉行政行为存在利害关系的可能性即具有利害关系。至于是否事实上存在利害关系则不属于原告资格的审查范畴，而是实体审查的范畴。因为原告资格本身的利益之诉中，所谓的利益无论是民事诉讼还是行政诉讼，都是一种存在可保护合法利益的可能性。如果要求原告资格中就必须有实际的利害关系，也就是要求原告在起诉的时候就必须有胜诉的绝对把握，这是不符合诉讼规律的。诉讼本身就是以存在争议为前提，只要争议存在，与争议有关的各方当事人就具有诉讼当事人的资格，而不是说只有绝对胜诉的一方才具有当事人的资格。进一步而言，在原告资格存在的情况下，如果被诉行政行为事实清楚、证据充分，适用法律、法规正确，符合法定程序，不存在主体越权情况和滥用职权、行政处罚显失公正等情况，应当判决驳回原告的诉讼请求。如果行政行为存在轻微违法，但对原告权利不产生实际影响的，可以判决确认违法。这样的判决方式有利于体现人民法院对被诉行政行为实质审查的结果，有利于体现行政诉讼实质性解决纠纷的诉讼目的。如果进入实体审查，审查完毕却作出一个驳回原告起诉的程序性裁定，则完全抹杀了人民法院实体审查的成果，未从实体上作出判决也不利于对被诉行政行为合法性的监督，更不利于当事人服判息诉。

《最高人民法院关于行政诉讼证据若干问题的规定》第四条规定，公民、法人或者其他组织向人民法院起诉时，应当提供其符合起诉条件的相应的证据材料。

结合前述有关原告资格的规定，则公民、法人或者其他组织向人民法院起诉时，应当对其与被诉行为有利害关系提供证据材料，但此时其仅需承担初步的证明责任。本案中，徐闻县政府向陈甲颁发集体土地使用证，而讨墩合作社认为颁证地块属该村所有，政府的颁证行为与该村具有利害关系。讨墩合作社提供的《证明》虽系该村书写，但迈陈村委会在该证明上签署“属实”意见，并加盖公章，应视为迈陈村委会出具证明的行为。徐闻县政府给陈甲颁发265号土地证，就是以迈陈村委会2004年10月2日的证明涉案土地属潭板合作社所有并由该村分配给陈甲作为涉案土地权属来源依据，但2015年1月5日该村委会又出具证明证实涉案土地属讨墩合作社所有，同一村委会对涉案土地的权属证明内容明显前后矛盾。如前所述，只要原告的主张与被诉行政行为存在利害关系的可能性即具有利害关系，讨墩合作社提交迈陈村委会的证明，证明对涉案土地颁证行为的权属来源依据可能存在问题，已经完成了初步证明责任。至于迈陈村委会提交的两份证明的证明力，则属于实体审查的范畴，不属于原告资格审查的范畴。二审认为，讨墩合作社提交的该《证明》既非行政机关核发的土地权属证明，又非相关职权部门出具的有效法律文书，因此该《证明》不能充分证明讨墩合作社对涉案地块享有所有权或使用权，即讨墩合作社未能举证证明徐闻县政府向陈甲核发涉案《集体土地使用证》侵犯了其合法权益，其提起本案诉讼不具有原告主体资格。二审要求讨墩合作社提供证据以“充分证明”对涉案地块享有所有权或使用权，实际上是将原告提供初步证据的标准提升到足以证明其具有胜诉权的标准，理由不能成立，适用法律错误，应予纠正。

综上，讨墩合作社的再审申请符合《中华人民共和国行政诉讼法》第九十一条第一、四项的规定，二审裁定驳回起诉错误。依照《中华人民共和国行政诉讼法》第九十二条第二款、《最高人民法院关于执行〈中华人民共和国行政诉讼法〉若干问题的解释》第七十八条之规定，裁定如下：

一、撤销广东省高级人民法院于2016年6月15日作出的（2016）粤行终325号行政裁定；

二、指令广东省高级人民法院继续审理本案。

审判长：熊俊勇；审判员：龚斌、王毓莹；法官助理：牛延佳；书记员：余逸纯

二〇一七年六月三十日

013

受害人对行政机关违规批准设立经营性企业、不履行抽象的法定监管职责行为提起诉讼，不具有原告资格

【裁判要旨】

行政机关违规批准设立经营性企业、不履行抽象的法定监管职责，企业违规从事经营活动，有可能造成社会不特定多数人的人身、财产损害。但是，行政机关的审批行为、不履行抽象的监管法定职责行为，可能造成的危害后果是针对全社会不特定多数人的，而受害人的损失是企业违规经营行为造成的，与行政机关的审批行为、不履行抽象的监管法定职责行为，不具有直接的利害关系，受害人起诉行政机关的批准设立经营性企业、不履行抽象的监管法定职责行为，没有原告资格。

中华人民共和国最高人民法院

行政裁定书

（2017）最高法行申5239号

再审申请人（一审起诉人、二审上诉人）：张甲。

再审申请人（一审起诉人、二审上诉人）：张乙。

再审申请人（一审起诉人、二审上诉人）：张丙。

委托代理人：李慧兰。

委托代理人：苏旺。

再审申请人张甲、张乙、张丙（以下简称张甲等人）因诉湖南省湘潭市人民政府（以下简称湘潭市政府）行政审批行为及不履行行政监督职责一案，不服湖南省高级人民法院于2017年3月21日作出的（2016）湘行终754号行政裁定，向本院申请再审。本院于2017年7月19日立案，依法组成合议庭进行审查。案件现已审查终结。

2016年5月12日，张甲等人提起本案行政诉讼诉称，湘潭市政府于2013年期间分别作出潭金证办（2013）06号《关于成立“湘潭市民间资金登记服务中

心”的批复》《关于同意筹建湘潭市民间资金登记服务中心有限责任公司的批复》，以及潭金证办（2013）08号《湘潭市人民政府金融工作办公室关于同意湘潭市民间资金登记服务中心有限责任公司开业的批复》三项行政审批行为，批准成立湘潭市民间资金登记服务中心有限责任公司（以下简称民资中心）。2014年，张甲等人基于对湘潭市政府金融办公室行政审批设立的民资中心的信任，在该中心办理资金出借业务，并由该中心出具代偿本金和利息的担保承诺书。现因湘潭市政府违法审批及监管不力，造成张甲等人给民资中心的出借款170万元无法收回。请求确认湘潭市政府三项行政审批行为违法，确认湘潭市政府对民资中心的设立、运营没有履行监督职责行为违法。

湘潭市中级人民法院（2016）湘03行初56号行政裁定认为，公民、法人或者其他组织认为行政机关和行政机关工作人员的行政行为侵犯其合法权益，有权向人民法院提起诉讼。本案中，湘潭市政府作出的行政审批行为，不是针对张甲等起诉人，即起诉人不是特定的相对人，该行为与张甲等人没有法律上的利害关系，起诉不符合立案条件。根据《中华人民共和国行政诉讼法》第二十五条第一款、第四十九条、《最高人民法院关于适用〈中华人民共和国行政诉讼法〉若干问题的解释》第一条之规定，裁定对张甲等人的起诉不予立案。

湖南省高级人民法院（2016）湘行终754号行政裁定认为，湘潭市政府下属的金融办公室，对民资中心所作审批行为和监管行为，与张甲等人并无直接的法律上的利害关系，属于《最高人民法院关于执行〈中华人民共和国行政诉讼法〉若干问题的解释》第一条第二款第六项所指的“对公民、法人或者其他组织权利义务不产生实际影响的行为”，一审裁定对本案不予立案，并无不当。依照《中华人民共和国行政诉讼法》第八十九条第一款第一项之规定，裁定驳回上诉，维持原裁定。

张甲等人申请再审称：1. 张甲等人是民资中心的资金供给方，属于三项行政审批行为的利害关系人。2. 一审作出不予立案裁定用时超过法定七天期限，审判程序违法。请求撤销一、二审裁定，指令立案并再审本案。

本院经审查认为，《中华人民共和国行政诉讼法》第二十五条第一款规定，行政行为的相对人以及其他与行政行为有利害关系的公民、法人或者其他组织，有权提起诉讼。所谓“利害关系”应当是指被诉行政行为对起诉人的合法权益可能造成现实的、特别的直接损害或者不利影响。行政机关违规批准设立经营性企业、不履行相关的法定监管职责，企业违规从事经营活动，将来可能会造成社会不特定人员的人身、财产损害。但是，由于行政机关的审批行为、不履行监管法定职责行为，可能造成的危害后果是针对不特定多数人的，除该行政审批行为的行政相对人以及竞争权人外，不特定多数人对这种潜在的损害后果，并没有区别于普通人的、特别的合法权益值得保护，与相关行政审批行为、不履行监管职责行为没有利害关系，不具有原告资格。本案中，张甲等人并非民资中心成立审批行为的行政相对人或者竞争权人，湘潭市政府批准成立民资中心、不履行对民资中心的监管职责行为，不会直接影响张甲等人的合法权益，张甲等人与被诉的批准成立民资中心行为以及不履行对民资中心监管职责的行为，并无区别于其他普通人的、特别的合法权益需要保护，与该被诉行政行为没有利害关系，不具有提起本案诉讼的原告资格。张甲等人主张，作为民资中心的借资方，与被诉行政行为有利害关系。但是，出借资金给民资中心造成损失，主要是其投资风险的直接后果，并非湘潭市政府批准成立民资中心、不履行监管职责行为直接所致。以此为由申请再审，理由不能成立。

《中华人民共和国行政诉讼法》第五十一条规定，对当场不能判定是否符合本法规定的起诉条件的，应当接收起诉状，出具注明收到日期的书面凭证，并在七日内决定是否立案。《最高人民法院关于适用〈中华人民共和国行政诉讼法〉若干问题的解释》第一条进一步明确，七日内仍不能作出判断的，应当先予立案。本案中，湘潭市中级人民法院于2016年5月12日收到张甲等人提交的起诉状，2016年6月2日作出不予立案裁定，超过法定七日的期限。一审超期作出不予立案裁定不妥，本院予以指正。因该项违反诉讼程序问题对案件的公正审判并未产生实际影响，不符合再审的法定条件，张甲等人以此为由申请再审，本院亦不予支持。

综上，张甲等人的再审申请不符合《中华人民共和国行政诉讼法》第九十一条第一、四、五项规定的情形。依照《最高人民法院关于执行〈中华人民共和国行政诉讼法〉若干问题的解释》第七十四条的规定，裁定如下：

驳回张甲、张乙、张丙的再审申请。

审判长：郭修江；审判员：钱小红、熊俊勇；书记员：陈清玲

二〇一七年八月二十五日

014

未对当事人权利义务产生实际影响的内部请示、批复行为，不属于行政诉讼的受案范围

【裁判要旨】

上级行政机关对下级行政机关请示事项作出的内部批复、答复意见即便外化，只要未对当事人的权利义务直接作出处理，仍需下级行政机关根据上级行政机关的批复、答复意见，依职权另行作出行政处理决定的，上级行政机关的批复、答复意见，属于行政机关的内部行为，未对当事人的权利义务产生实际影响，不属于行政诉讼的受案范围。

中华人民共和国最高人民法院

行政裁定书

（2017）最高法行申2821号

再审申请人（一审原告、二审上诉人）：黄某。

委托代理人：刘江。

被申请人（一审被告、二审被上诉人）：湖南省宁乡县人民政府。

法定代表人：王雄文，县长。

委托代理人：吴泽平，湖南省宁乡县人民政府法制办公室工作人员。

委托代理人：朱启，湖南省宁乡县人民政府办公室工作人员。

再审申请人黄某诉被申请人湖南省宁乡县人民政府（以下简称宁乡县政府）行政批准行为一案，湖南省长沙市中级人民法院于2016年1月4日作出的（2015）长中行征初字第00155号行政裁定，驳回黄某的起诉。黄某不服提起上诉，湖南省高级人民法院于2016年9月14日作出（2016）湘行终344号行政裁定，驳回上诉，维持原裁定。黄某仍不服，在法定期限内向本院申请再审。本院依法组成合议庭对本案进行了审查，现已审查终结。

黄某起诉称，2013年10月30日，其房屋被宁乡县灰汤镇人民政府及相关公

安、国土、城管、村干部等强制拆除。2014年1月，其针对宁乡县灰汤镇人民政府的行政强制行为提起诉讼，该案经过审理，宁乡县人民法院以被告不适格为由裁定驳回起诉，该裁定书中明确宁乡县政府委托宁乡县国土资源局具体实施强拆，且明确了委托强拆的依据为宁政函〔2013〕075号文，其因此提起本案诉讼，请求判决确认宁乡县政府批复拆除其房屋建筑的行政行为违法，判决恢复其房屋建筑原状。

湖南省长沙市中级人民法院一审认为，《最高人民法院关于执行〈中华人民共和国行政诉讼法〉若干问题的解释》第十九条规定："当事人不服经上级行政机关批准的具体行政行为，向人民法院提起诉讼的，应当以在对外发生法律效力的文书上署名的机关为被告。"本案中，宁乡县政府作出了宁政函〔2013〕075号《宁乡县人民政府关于依法拆除黄某户非法占用土地上建筑物的批复》，批准宁乡县国土资源局的行政强制执法行为，但这仅仅是一种行政机关的内部审批，根据上述法律规定，黄某应以在对外发生法律效力的文书上署名的机关为被告。经查，黄某、刘江不服宁乡县灰汤镇人民政府、宁乡县城市管理和行政执法局、宁乡县国土资源局、宁乡县公安局、宁乡县政府行政强制行为一案，该院已指定湖南省长沙市开福区人民法院立案受理，黄某就同一行政行为再次提起诉讼属于重复起诉的情形，应予驳回起诉。据此，裁定驳回黄某的起诉。

湖南省高级人民法院二审认为，宁政函〔2013〕075号《宁乡县人民政府关于依法拆除黄某户非法占用土地上建筑物的批复》，与宁乡县国土资源局根据该批复具体组织实施的强制拆除行为，因行政行为的主体、内容和对应的行政法律关系均不相同，并非同一诉讼标的。一审认为黄某就上述两个行为分别进行的诉讼属于重复起诉的情形不当，应予以纠正。该批复从形式上看是宁乡县政府针对宁乡县国土资源局关于拆除行为内部请示的一种审批，而宁乡县国土资源局直接根据该批复组织实施了对黄某户房屋的强制拆除行为，故该批复对黄某的权利义务产生了实际影响。但因长沙市中级人民法院（2015）长中行征终字第00139号行政判决已经确认强制拆除行为违法，且被拆房屋系黄某未经批准而擅自建设的，黄某提出在原地块上恢复房屋原状没有法律依据，故一审裁定驳回起诉的结论并未影响到黄某的实体权利义务，黄某的上诉理由不能成立，不予支持。裁定驳回上诉，维持原裁定。

黄某申请再审称，1. 一审裁定驳回起诉确有错误。一审认定其系重复起诉，二审法院已经予以纠正。二审法院还认定该批复从形式上看是宁乡县政府针对宁乡县国土资源局关于拆除行为内部请示的一种审批，而宁乡县国土资源局直接根据该批复组织实施了对其房屋的强制拆除行为，故该批复对其权利义务产生了实际影响。2. 有新的证据足以推翻原裁定。二审法院以“因长沙市中级人民法院（2015）长中行征终字第00139号行政判决已经确认强制拆除行为违法，且被拆房屋系黄某未经批准而擅自建设”为由，认为其所提出的恢复房屋原状的主张没有法律依据，因此一审裁定驳回起诉的结论并未影响其实体权利义务。但是，（2015）长中行征终字第00139号行政判决认定批复是行政机关内部审批行为，不是对外发生法律效力的文书。而二审法院认定该批复对其权利义务产生了实际影响。二审对关键事实的认定相矛盾，结论与其依据相矛盾。3. 二审法院认定事实的主要证据不足。（2015）开行初字第00070号案、（2015）长中行征终字第00139号案及本案的一、二审均未对涉案房屋的合法性进行审查，二审法院在裁定中变相、简单地认定涉案房屋为违章建筑没有事实依据及法律依据。综上，请求撤销一、二审行政裁定；判决确认被申请人批复拆除其房屋建筑的行为违法；判决被申请人恢复其房屋建筑原状。

宁乡县政府提交意见称，1. 一、二审裁定认定事实清楚，适用法律准确，判决结果正确。鉴于被拆房屋地块未获建房批准，且涉案建筑已被实际拆除，客观上不能恢复，再审申请人提出在原地块上恢复房屋原状没有法律依据，故其诉讼请求不能成立。2. 再审申请人的理由不能成立。批复作为内部行为，不是对再审申请人直接送达的法律文书，其外部表现形式为宁乡县国土资源局作出的《责令限期拆除通知书》。事实上，长沙市中级人民法院（2015）长中行征终字第00139号行政判决已经确认强制拆除行为违法，本案一、二审法院根据客观事实及已生效判决认定的事实，驳回再审申请人的诉求，并未影响到再审申请人实体上的权利义务。因再审申请人并未在诉讼请求中提出国家赔偿，二审法院依法告知其可以根据《中华人民共和国国家赔偿法》的规定另行主张权利，亦并无不当。综上，请求驳回再审申请人的再审申请。

本院认为，本案争议焦点是被申请人宁乡县政府作出的涉案批复行为是否属于行政诉讼受案范围。

本案被诉的宁乡县政府宁政函〔2013〕075号《宁乡县人民政府关于依法拆除黄某户非法占用土地上建筑物的批复》，系对宁乡县国土资源局《关于拆除黄某户非法占用土地上建筑物的请示》的批复，其行文对象系宁乡县国土资源局，属于上级行政机关对于下级行政机关请求事项作出批复的内部行政行为。宁乡县国土资源局以此批复为依据，与宁乡县灰汤镇人民政府等相关单位配合，将黄某的违法建筑予以拆除，据此对黄某产生了实际影响。被诉批复行为的内容虽然涉及黄某户建筑物的拆除，但无证据证明该批复已送达黄某，该内部行政行为尚未对外发生法律效力，并未对黄某的权利义务产生实际影响。对黄某的权利义务产生实际影响的是宁乡县国土资源局等单位的强制拆除行为。根据《最高人民法院关于执行〈中华人民共和国行政诉讼法〉若干问题的解释》第一条第二款第六项“对公民、法人或者其他组织权利义务不产生实际影响的行为，公民、法人或者其他组织提起诉讼的，不属于人民法院行政诉讼的受案范围”的规定以及《最高人民法院关于适用〈中华人民共和国行政诉讼法〉若干问题的解释》第三条第一款第八项“行政行为对其合法权益明显不产生实际影响的，已经立案的，应当裁定驳回起诉”的规定，依法应当裁定驳回黄某的起诉。

一审法院认定黄某属于重复起诉情形，因前后两案被诉行为分别是行政批复行为与行政强制行为，不属重复起诉，二审法院对此予以纠正，并无不当。但二审法院认为宁乡县国土资源局根据该批复组织实施了对黄某房屋的强制拆除行为，就认定该批复对黄某的权利义务产生了实际影响，依据不足。一审法院裁定驳回黄某的起诉，二审法院裁定驳回上诉，维持原裁定，虽然理由不妥，但裁定结论正确。因此，黄某的申请再审理由不能成立，其要求撤销一、二审行政裁定，判决确认被诉批复行为违法，恢复其房屋建筑原状的主张，本院不予支持。

综上，黄某的再审申请不符合《中华人民共和国行政诉讼法》第九十一条规定的情形。依照《最高人民法院关于执行〈中华人民共和国行政诉讼法〉若干问题的解释》第七十四条之规定，裁定如下：

驳回黄某的再审申请。

审判长：龚斌；审判员：王毓莹、熊俊勇；法官助理：陈伏发；书记员：黄洁

二〇一七年六月十六日

015

重复征收公告内容的通告是催告履行行为，不属于行政诉讼的受案范围

【裁判要旨】

征收安置补偿方案公告已经明确被征收人停止经营活动、限期腾地的内容后，为进一步督促被征收人及时停止生产经营活动，在规定的期限内自行搬迁，国土资源部门再次发布终止经营活动、限期搬迁的通告，该通告行为属于行政强制法规定的催告履行行为，未额外增加被征收人负担、减损其合法权益，对被征收人的合法权益不产生实际影响，不属于行政诉讼的受案范围。

中华人民共和国最高人民法院
行政裁定书

（2017）最高法行申3044号

再审申请人（一审原告、二审上诉人）：戴某。

被申请人（一审被告、二审被上诉人）：湖南省长沙市开福区人民政府。

法定代表人：刘拥兵，区长。

委托代理人：刘小鸥，长沙市开福区人民政府法制办公室工作人员。

委托代理人：艾超，湖南成法律师事务所律师。

再审申请人戴某因诉被申请人湖南省长沙市开福区人民政府（以下简称开福区政府）土地行政征收一案，湖南省长沙市中级人民法院于2015年12月29日作出（2015）长中行初字第00158号行政裁定，驳回戴某的起诉。戴某不服提起上诉，湖南省高级人民法院于2016年9月27日作出（2016）湘行终350号行政裁定，驳回上诉，维持原裁定。戴某仍不服，在法定期限内向本院申请再审。本院依法组成合议庭对本案进行了审查，现已审查终结。

一、二审法院查明，开福区政府于2014年5月20日发布〔2014〕第015号《征收土地方案公告》，对长沙市国营综合农场朝阳分场和马栏山分场土地实施征收。2014年8月13日、10月14日，长沙市国土资源局开福区分局先后作出

〔2014〕第015号《征地补偿安置方案征求意见公告》、〔2014〕第015号《征地补偿安置方案实施公告》。2014年10月30日，开福区政府发布开政发〔2014〕36号《关于在征地范围内停止经营等事项的通告》（以下简称36号通告），要求征地范围内包括戴某在内的自营或租赁经营的业主必须在2014年11月5日前终止经营活动，妥善处理门面、房屋租赁关系。戴某不服，提起本案诉讼，请求确认36号通告违法并予以撤销。

2012年，戴某将其房屋租赁给熊××、邱××用于经营餐馆，以熊××的名义办理了个体工商户营业执照，以邱××的名义办理了餐饮服务许可证。后租赁关系终止，戴某在其房屋自营餐馆至今。2015年4月16日，长沙市国土资源局开福区分局作出的长国土资开腾〔2015〕63号《限期腾地决定书》，确定了戴某的房屋在涉案征地范围内的事实。

湖南省长沙市中级人民法院一审认为，开福区政府在其与长沙市国土资源局开福区分局分别作出《征收土地方案公告》《征地补偿安置方案征求意见公告》《征地补偿安置方案实施公告》之后，针对征地范围内相关行政职能部门的管理及被征地人的注意事项发布36号通告。36号通告中含有告知包括戴某在内的被征地人必须终止经营活动，妥善处理门面、房屋租赁关系的内容，其目的是督促被征地单位和个人按时履行腾地义务。故36号通告属于程序性告知行为，对戴某的合法权益明显不产生实际影响。依照《最高人民法院关于适用〈中华人民共和国行政诉讼法〉若干问题的解释》第三条第一款第八项的规定，裁定驳回戴某的起诉。

湖南省高级人民法院二审认为，《最高人民法院关于适用〈中华人民共和国行政诉讼法〉若干问题的解释》第三条第一款第八项规定："有下列情形之一，已经立案的，应当裁定驳回起诉：……（八）行政行为对其合法权益明显不产生实际影响的……"本案中，开福区政府发布的36号通告是在有关《征收土地方案公告》《征地补偿安置方案征求意见公告》《征地补偿安置方案实施公告》的基础上发布的，是对涉案征地补偿安置实施中有关具体工作的安排及有关事项的告知，其内容与上述三公告具有承接关系。36号通告第二条虽然明确要求涉案征地范围内的经营业主在2014年11月5日前终止经营活动，但并未规定没有在规定期限内停止经营活动的相应不利后果。且从二审查明的事实来看，36号通告内容对戴某并未实际执行，涉诉房屋至今尚未被拆除，戴某的经营活动并未因36号通告而终止。故36号通告本身对戴某的合法权益并不产生实际影响，戴某提起的本案起诉依法应予驳回。综上，戴某的上诉理由不成立，依法不予支持。一审法院驳回其起诉的处理结果并无不当，依法应予维持。依照《中华人民共和国行政诉讼法》第八十九条第一款第一项的规定，裁定驳回上诉，维持原裁定。

戴某申请再审称，其在征地范围内有房屋出租用于开办饭店，亦系出租房屋的合法经营者，在营业执照未被工商部门吊销、注销的情况下，出租房屋及合法经营权受法律保护。36号通告虽未规定相应不利后果，但通告行为本身无疑已增加了再审申请人等经营户的义务，对其必将产生不利后果。36号通告与上述三公告涉及的内容不同，不具有承接关系，非程序性告知行为，其本身系独立的行政行为，对再审申请人权利义务有实质影响。而且，被申请人作出36号通告没有法律依据。因此，一、二审法院认定36号通告对其合法权益不产生实际影响并以此为由裁定驳回起诉确有错误。请求撤销一、二审行政裁定，指令一审法院继续审理。

开福区政府提交意见称，36号通告是对征地补偿安置实施中有关具体工作的安排，对再审申请人的权利义务不产生实际影响，不属于人民法院行政诉讼的受案范围，一、二审法院裁定驳回起诉是正确的。《征地补偿安置方案实施公告》确定了拆迁腾地期限，包括再审申请人在内的被征地单位、个人和其他权利人负有在规定期限内腾地的法定义务。在征地范围内相关主体已承担腾地义务的前提下，开福区政府发出36号通告告知其必须终止经营活动，妥善处理门面、房屋租赁关系，仅为组织实施征地活动中的阶段性、程序性的告知行为，没有额外增加被征地权利人的义务。36号通告并不是独立的可诉的行政行为，而是阶段性、不可诉的程序告知行为。36号通告不存在侵害经营权的可能，也不存在对再审申请人产生不利后果的事实，而且再审申请人事实上也没有任何证据证明其实际经营受到了36号通告的影响。因此，戴某的申请再审理由不成立。

本院认为，本案的争议焦点是36号通告对戴某的合法权益是否产生实际影响。

本案被诉的开福区政府在36号通告中，要求戴某等征地范围内自营或租赁经营的业主必须在2014年11月5日前终止经营活动，妥善处理门面、房屋租赁关系。在此之前，开福区政府及长沙市国土资源局开福区分局已发布《征收土地方案公告》《征地补偿安置方案征求意见公告》，并发布《征地补偿安置方案实施公告》明确被征地单位和个人应在2014年10月14日至2014年12月5日以前实施拆迁腾地。根据《长沙市征地补偿安置条例》第十五条第一款的规定，被征地的农村集体经济组织、村民和其他权利人应当在征地补偿安置方案实施公告规定的期限内腾地。据此，戴某应于2014年10月14日至2014年12月5日以前实施拆迁腾地。可见，36号通告要求戴某在2014年11月5日前终止经营活动，妥善处理门面、房屋租赁关系，并未额外增加其负担，亦未减损其合法权益，因此对其合法权益不产生实际影响。一、二审法院依据《最高人民法院关于适用〈中华人民共和国行政诉讼法〉若干问题的解释》第三条第一款第八项“行政行为对其合法权益明显不产生实际影响的，已经立案的，应当裁定驳回起诉”的规定，裁定驳回其起诉，并无不当。因此，戴某关于36号通告系独立的行政行为、对其产生不利影响的申请再审理由不能成立，其要求依法撤销一、二审行政裁定，指令一审法院继续审理的请求，本院不予支持。

综上，戴某的再审申请不符合《中华人民共和国行政诉讼法》第九十一条规定的情形。依照《最高人民法院关于执行〈中华人民共和国行政诉讼法〉若干问题的解释》第七十四条之规定，裁定如下：

驳回戴某的再审申请。

审判长：龚斌；审判员：曹刚、熊俊勇；法官助理：陈伏发；书记员：黄洁

二〇一七年五月二十四日

016

人民法院应当主动对起诉期限问题予以审查

【裁判要旨】

行政诉讼中的起诉期限，不同于民事诉讼时效，是法律设定的起诉条件之一，解决的是起诉事项能否进入司法实体审查的门槛问题。行政行为具有公定力，不仅关系到行政相对人的权利义务，还影响到社会公众对行政机关的信赖利益。法律规定起诉期限的目的，就是督促当事人及时提起诉讼，尽早解决行政纠纷，使社会关系达到稳定的状态。因此，即使被告和第三人未对起诉期限问题提出抗辩，人民法院也应主动进行审查，并以此判断起诉是否符合法定条件。

中华人民共和国最高人民法院

行政裁定书

（2017）最高法行再9号

再审申请人（原审第三人）：文昌向海娱乐有限公司。

法定代表人：××，总经理。

委托代理人：冯大伟，海南天皓律师事务所律师。

被申请人（一审原告、二审上诉人）：海口向海娱乐有限公司清算组。

负责人：陈其亮。

委托代理人：刘向，海南昌宇律师事务所律师。

一审被告、二审被上诉人：文昌市人民政府。

法定代表人：王晓桥，市长。

委托代理人：陈杰钦，文昌市人民政府法制办工作人员。

委托代理人：伍一叶，海南外经律师事务所律师。

再审申请人文昌向海娱乐有限公司（以下简称文昌向海公司）因被申请人海口向海娱乐有限公司清算组（以下简称清算组）诉文昌市人民政府（以下简称文昌市政府）土地行政登记一案，不服海南省高级人民法院于2016年7月20日作出的（2016）琼行终252号行政判决，向本院申请再审。本院于2017年1月22日作出（2016）最高法行申5140号行政裁定，提审本案。2017年2月24日，本院编立案号（2017）最高法行再9号，依法组成合议庭，并于2017年3月24日上午在海南省高级人民法院第三审判庭巡回审判，公开开庭审理了本案。再审申请人文昌向海公司的委托代理人冯大伟，被申请人清算组的委托代理人刘向，文昌市政府的委托代理人陈杰钦、伍一叶到庭参加诉讼，陈某作为证人出庭作证。本案现已审理终结。

本院经审理查明：1992年9月25日，海口市人民政府作出市外经合函（1992）427号《关于同意设立外资企业海口向海娱乐有限公司的通知》，同年9月27日海南省人民政府核发外经贸琼外资字（1992）554号《中华人民共和国外资企业批准证书》，批准设立海口向海娱乐有限公司（以下简称1992海口向海公司）。1992年11月3日，海口市工商行政管理局（以下简称海口市工商局）为1992海口向海公司颁发企业法人营业执照。该公司企业登记档案显示，企业名称为“海口向海娱乐有限公司”，营业执照编号为工商企独琼海字190411号，企业类别为外商独资企业，投资人为新加坡籍人陈序传（TANSEESWAN），注册资本为港币70万元，法定代表人为陈序传，经营期限30年（1992年11月3日至2022年11月2日），公司地址为海口市义龙路民主大楼。1996年11月4日，1992海口向海公司依法取得文昌市铺前镇虎威岭东侧79680平方米国有土地使用权，在文昌市国土资源局作了土地登记，文昌市政府颁发了文国用（96）字第2200723号《国有土地使用证》（以下简称96年国土证），土地使用年限70年，主要用途为旅游。2000年8月18日，1992海口向海公司因多年未依法年检被海口市工商局吊销营业执照至今，但一直未予注销。2000年8月31日，经1992海口向海公司申请，文昌市政府向该公司换发新版土地使用权证——文国用（2000）字第W2200457号《国有土地使用证》（以下简称2000年国土证），除登记面积略微变化（79681.24平方米），土地四至、用途及使用期限等内容均没有改变。1992海口向海公司取得该土地使用权后，一直没有进行开发建设。

2007年1月15日，陈序传向陈某出具《授权委托书》，授权陈某代理其“在中国海南省海口向海娱乐有限公司、海南文昌向海开发有限公司向海南省人民政府提出行政复议、行政诉讼、民事诉讼”“受委托人陈某的代理权限为：代为办理法院诉讼，办理一切诉讼与请求，进行取回，反诉，上诉，申请执行，公司名下的海南产业的处置与相关事项全权代理”。该《授权委托书》经中国驻新加坡大使馆领事部认证，陈某收执。2008 年 6 月 16 日，陈序传之子陈其亮将陈序传的身份材料邮寄给陈某，并注明请其代办一切手续。2008 年 7 月 6 日，陈序传和香港籍人蔡鸿能委托陈某办理海口向海娱乐有限公司（以下简称 2008 海口向海公司）设立登记事宜，向海口市工商局提交《外商投资公司设立登记申请书》申请公司设立登记。同年 7 月 8 日，海口市政府作出市商资函（2008）33 号《关于设立独资企业海口向海娱乐有限公司的批复》，批准设立 2008 海口向海公司，投资人为新加坡籍人陈序传和香港籍人蔡鸿能，注册资本为人民币 200 万元（陈序传出资人民币 110 万元，占 55%；蔡鸿能出资人民币 90 万元，占 45%）。同年 7 月 10 日，海口市工商局作出《核准设立登记通知书》，核准 2008 海口向海公司设立登记，“核准的登记事项”载明：企业法人营业执照编号为 460100400002594，企业名称“海口向海娱乐有限公司”，地址“海口市义龙路民主大楼三楼”，法定代表人“陈序传（TANSEESWAN）”，企业类型“外商独资经营”，经营期限 30 年（2008 年 7 月 10 日至 2038 年 7 月 10 日），成立日期“2008 年 7 月 10 日”。海口市工商局同日颁发了该公司营业执照，该公司企业登记档案显示，该公司注册登记属“企业开业登记”。2008 年 8 月 18 日，2008 海口向海公司向文昌市工商行政管理局（以下简称文昌市工商局）申请公司迁移。2008 年 9 月 26 日，文昌市工商局作出《核准迁入登记通知书》，批准 2008 海口向海公司迁入文昌市，同时核准两项变更登记：公司名称由“海口向海娱乐有限公司”变更为“文昌向海娱乐有限公司”，公司住所由“海口市义龙路民主大楼三楼”变更为“文昌市文建路诒喜市场 24 号房”。

2008 年 10 月 18 日，文昌向海公司向文昌市国土资源局提交《关于变更土地使用证号的申请报告》，申请“将原海口向海娱乐有限公司 2000 年国土证变更为文昌向海娱乐有限公司名下”。2008 年 9 月 26 日，文昌市工商局出具《证明书》：“原海口向海娱乐有限公司复活后，因项目开发的需要，经海口市人民政府与文昌市人民政府审批同意，将海口向海娱乐有限公司迁至文昌，区域地址改变后公司名称为文昌向海娱乐有限公司，该公司的法人代表和债权债务不变。”2008 年 10 月 20 日，文昌地方税务局铺前税务所出具《证明书》：“经调查……原海口向海娱乐有限公司2000年国土证要求随同变更土地使用者为文昌向海娱乐有限公司，土地使用权面积79681.24平方米资产不变属实，其变更不存在涉税行为。”2008年10月27日，文昌市农税局向文昌市国土资源局出具《证明书》：“经调查……现需要将原海口向海娱乐有限公司2000年国土证变更为文昌向海娱乐有限公司，土地使用面积79681.24平方米办理土地使用权更名时不征收契税。”2008年11月12日，经文昌市国土资源局审查同意并上报文昌市政府批准，文昌市政府颁发文国用（2008）第W2200457号《国有土地使用证》（以下简称2008年国土证），除登记的土地使用权人变更为文昌向海公司外，其他登记内容与2000年国土证内容相同。2008年12月28日，陈序传在新加坡病逝，其儿子陈其亮、陈其玉依法继承其遗产。

2009年1月11日《股权转让协议书》约定，将陈序传持有的文昌向海公司55%股权转让给蔡翰霆、蔡群力。同年4月8日，文昌市公证处对该《股权转让协议书》进行公证。同年4月16日，文昌市政府作出文府函（2009）163号《关于同意文昌向海娱乐有限公司股权转让的批复》，批准文昌向海公司上述股权转让事宜及公司章程修正案，公司股权变更为蔡鸿能出资人民币90万元，占45%，蔡翰霆出资人民币56万元，占28%，蔡群力出资人民币54万元，占27%。同年4月21日，文昌向海公司向文昌市工商局提交《关于公司股权变更事宜的请求》，指定陈某持2007年1月15日陈序传出具的《授权委托书》申请办理该公司股权变更登记手续。文昌市工商局经审查批准办理了文昌向海公司的变更登记，并颁发新的公司营业执照，公司股东变更为蔡鸿能、蔡翰霆、蔡群力，法定代表人变更为蔡鸿能。

2010年3月9日，蔡鸿能、蔡翰霆、蔡群力与××、刘小白签订《股权转让协议书》和《股权转让补充协议书》，约定将文昌向海公司股权以人民币200万元、文昌向海公司名下的2008年国土证项下国有土地使用权以人民币1353.786万元，计总价款为人民币1553.786万元一并转让给××和刘小白。2010年3月29日，文昌市政府作出文府函（2010）161号《关于文昌向海娱乐有限公司股权转让并变更为内资企业的批复》，同意文昌向海公司股东蔡鸿能、蔡翰霆、蔡群力的股权转让给××、刘小白，公司变更为内资企业。文昌向海公司的法定代表人变更为××。

2012年12月3日，海南省高级人民法院以（2012）琼执字第7号执行裁定、（2012）琼执字第7－2号协助执行通知，通知文昌市国土资源局查封文昌向海公司持有的2008年国土证项下国有土地使用权，查封期限为二年。2014年3月3日，海口海事法院以（2013）琼海法执字第260－4号执行裁定、（2014）琼海法执字第260－4号协助执行通知，通知文昌市国土资源局查封文昌向海公司持有的2008年国土证项下国有土地使用权，查封期限为二年（轮候查封）。其后上述法院又依法作了续查封，该土地处于查封之中，土地现状为空地，未进行开发建设。

2014年5月19日，陈其亮、陈其玉向海口市工商局提出1992海口向海公司清算申请，海口市工商局予以核准备案，清算组负责人为陈其亮、清算组成员陈其玉。2014年9月10日，清算组提起本案行政诉讼，请求撤销文昌市政府于2008年11月12日给文昌向海公司颁发的2008年国土证，恢复2000年国土证的效力并换发新的国有土地使用证。

海南省第一中级人民法院（2014）海南一中行初字第210号判决认为：文昌向海公司系经过企业设立、法定地址变更、股权转让从2008海口向海公司变更登记而来，文昌市政府给文昌向海公司颁发2008年国土证，是土地变更登记，也即换发新的土地证行政行为。该土地变更登记的土地权属亦来源于企业设立、法定地址变更以及股权转让。文昌市政府作出的土地变更登记行政行为事实清楚，并无不当。清算组所举证据不足以证实其提出的2008海口向海公司的工商注册登记的陈序传签名为假冒、1992海口向海公司从来没有进行过公司股权转让、也没有对公司的土地进行过转让等主张。清算组诉请文昌市政府颁发新的国有土地使用证，侵犯其合法权益的理由不能成立，对其诉讼请求不予支持。依照《最高人民法院关于执行〈中华人民共和国行政诉讼法〉若干问题的解释》第五十六条第四项之规定，判决驳回清算组的诉讼请求。清算组不服一审判决，提起上诉。

海南省高级人民法院（2016）琼行终252号判决认为，本案被诉行政行为是文昌市政府对争议地的土地登记行政行为，案件争议的焦点主要是：1992海口向海公司与2008海口向海公司是同一公司（企业法人）还是两个独立的公司（企业法人）；争议地土地使用权是否已经从1992海口向海公司向2008海口向海公司发生了转移。从查明事实来看，1992海口向海公司和2008海口向海公司应属于两个独立的企业法人，理由如下：（一）关于企业法人资格的取得，根据《中华人民共和国民法通则》第四十一条、《中华人民共和国公司法》第六条及第七条的规定，1992海口向海公司与2008海口向海公司设立登记时均为外资企业，分别获得了海口市政府的批文，已经依法办理批准手续，符合法律法规规定的设立条件；从企业登记内容来看，两家企业均有符合国家规定的资金数额，有组织章程、组织机构和场所，有独立承担民事责任能力，已经报经主管机关核准登记，颁发公司营业执照，取得法人资格。（二）《中华人民共和国企业法人登记管理条例》规定，公司登记分开业登记和变更登记。2008海口向海公司工商登记档案明确记载，该公司成立日期为2008年7月10日，成立时的登记是开业登记，不是变更登记，没有证据表明该公司是从1992海口向海公司变更登记而来。（三）2008海口向海公司于2008年8月18日经工商登记管理机关核准变更登记为“文昌向海娱乐有限公司”，换发了公司营业执照，现仍有效、正常营业；1992海口向海公司于2000年8月18日被海口市工商局吊销营业执照，但一直未予注销，2014年5月19日海口市工商局核准成立清算组。此事实表明，工商行政管理机关并不认可1992海口向海公司和2008海口向海公司是同一公司，否则不会在文昌向海公司（2008海口向海公司）仍正常营业的情况下核准其成立清算组进行清算。因此，1992海口向海公司和2008海口向海公司虽然原名称相同，但应属于两个独立的企业法人，而非同一企业法人。文昌市政府和文昌向海公司认为两公司属于同一企业法人证据不足，不予认定。一审对此事实未予查清，予以纠正。本案争议的发生，源于2008年10月18日文昌向海公司向文昌市政府提交报告，申请将2000年国土证变更为文昌向海公司名下，即文昌向海公司将原属于1992海口向海公司的本案争议地申请变更登记至其名下。文昌市政府依申请作出土地使用权变更登记，向文昌向海公司颁发2008年国土证的合法性，首先取决于文昌向海公司是否拥有该地土地使用权。根据查明的事实，文昌向海公司系从2008海口向海公司变更登记而来，但与1992海口向海公司并非同一公司而是两个相互独立的公司。争议土地使用权原属1992海口向海公司，没有证据表明该土地使用权已经从1992海口向海公司向2008海口向海公司发生了转移。2008年陈序传、蔡鸿能投资设立2008海口向海公司的时候，注册资本系现金入股，陈序传并没有将该土地使用权作价入股，此为其一；其二，1992海口向海公司也没有与2008海口向海公司签订合同转让该土地使用权。《中华人民共和国城镇国有土地使用权出让和转让暂行条例》第二十条规定，土地使用权转让应当签订转让合同。根据陈某的陈述，是陈某受陈序传的委托，通过公司股权转让的方式把该地使用权转让给蔡鸿能，但清算组对此不予认可。经审查，工商登记档案显示，陈某代为办理的公司股权转让，系文昌向海公司的股权转让，即将陈序传持有的文昌向海公司的55%股权转让予蔡翰霆、蔡群力，文昌向海公司股东变更为蔡鸿能、蔡翰霆、蔡群力，法定代表人变更为蔡鸿能；陈序传向陈某出具的授权委托书并没有明确授权陈某转让该土地使用权。没有证据表明1992海口向海公司的股权发生了转让。因此，陈某称其以公司股权转让的方式将1992海口向海公司土地使用权进行了转让的说法不能成立，不予采信。文昌市政府和文昌向海公司认为文昌向海公司（2008海口向海公司）已经取得该地土地使用权的主张证据不足，不予认定。一审对此事实认定错误，予以纠正。基于以上事实，本案争议地土地使用权属1992海口向海公司所有，没有证据证明该土地使用权已经从1992海口向海公司向文昌向海公司（2008海口向海公司）发生了转移，文昌向海公司不拥有该土地使用权。2008年11月12日文昌市政府将1992海口向海公司2000年国土证变更登记至文昌向海公司名下，并向文昌向海公司颁发2008年国土证的行政行为，缺乏事实依据，主要证据不足。文昌市政府根据文昌向海公司的申请所作出的上述土地使用权变更登记行为，未尽谨慎审查之责，损害1992海口向海公司土地使用权，根据《中华人民共和国行政诉讼法》第七十条的规定，应予以纠正，文昌市政府应重新作出行政行为，依法将该土地使用权恢复登记至1992海口向海公司名下。清算组的诉讼请求依法应予支持。一审判决认定事实错误，适用法律、法规错误，判决结果不当，予以纠正。依照《中华人民共和国行政诉讼法》第七十条、第八十九条第一款第二、三项的规定，判决：一、撤销一审判决；二、撤销文昌市政府2008年11月12日向文昌向海公司颁发的2008年国土证；三、文昌市政府重新作出行政行为，于本判决发生法律效力之日起30日内依法将2008年国土证项下的土地使用权恢复登记至海口向海娱乐有限公司（1992海口向海公司）名下。

文昌向海公司申请再审称：1. 清算组不是本案适格的诉讼主体。一、二审将其列为原告和上诉人是违反法律规定的诉讼程序，必然导致错误的判决。本案行政行为的相对人为海口向海公司而非清算组，亦即只有海口向海公司才有权提起本案的诉讼。2. 二审认定“1992海口向海公司和2008海口向海公司应属于两个独立的企业法人”证据不足，事实认定错误。2000年8月18日，1992海口向海公司因逾期未年检被海口市工商局予以吊销工商营业执照。2008年7月10日，海口市工商局根据当事人申请和海口市政府批复，又核准（复活）成立海口向海公司，对于2008年这次公司变动的情况海口市工商局使用了一个“核准复活成立”的行文而非“核准成立”。就该问题二审在庭审中也向各方提出了疑问，文昌市政府答复，当时公司处于被吊销营业执照的情形，此处的复活就是指使公司进入正常的经营状态，该陈述符合当时的历史客观情况。从字面意思看，只有原先是真正存在的，才存在复活的问题，本案中如果是初始登记就不存在复活。因此，2008年的工商登记是对2000年吊销营业执照的再次处理和企业信息的变更登记，而非二审认定的开业登记。3. 有新的证据足以推翻原判决。陈某的证言及付款凭证证实陈序传作为1992海口向海公司唯一的股东，委托陈某通过股权转让的方式已将涉案土地转让给蔡鸿能及其子女蔡翰霆、蔡群力。从陈某的证言可以看出，重新成立2008海口向海公司，目的是通过股权转让的方式将涉案土地转让给蔡鸿能及其家属。同时蔡鸿能将280万元土地转让款支付至陈某账户后，陈某第一时间就通知了陈序传的儿子陈其亮，陈其亮派自己的母亲和弟弟亲自到文昌市办理取款手续。因此，陈序传、陈其亮、陈其玉对陈某代陈序传通过股权转让的方式将涉案土地转让给蔡鸿能及其子女蔡翰霆、蔡群力是明知的。陈某是接受陈序传公证委托，代为出售、过户涉案土地并接受涉案土地转让款的受委托人，他的证言较为真实可信。结合280万元土地款转款凭证，能够充分证明土地使用权从1992海口向海公司转移至2008海口向海公司的事实。文昌市政府在颁发涉案土地的使用权证时认定事实清楚，程序合法。二审判决存在行政诉讼法第九十条、第九十一条第二、三、四项规定的情形，请求予以撤销。

清算组答辩称：1. 清算组是本案适格的诉讼主体。《最高人民法院关于适用〈中华人民共和国民事诉讼法〉若干问题的意见》第五十一条规定，企业法人未经清算即被撤销，有清算组织的，以该清算组织为当事人，没有清算组织的，以作出撤销决定的机构为当事人。1992海口向海公司已成立清算组，应当以该清算组织为当事人直接参与诉讼。2. 依据工商登记资料记载内容显示，1992海口向海公司和文昌向海公司分别获得了法律规定的外资企业设立的批准文件，都向海口市工商局申请设立登记并已注册成立，都领取了企业法人营业执照，两家公司目前法人资格依然存续。1992 海口向海公司 2000 年已被吊销营业执照，2014 年成立清算组但未注销，其法人主体资格依然存在。2008 海口向海公司是由 1992 海口向海公司复活变更而来是同一家公司的说法无事实和法律依据。3. 文昌市工商局出具的《证明书》来源不合法，真实性无法认定，其记载的内容与工商登记资料记载的内容明显不一致，不能作为定案依据。4. 涉案土地使用权是否转让不属于法院行政诉讼的审查范围。本案应当围绕因公司名称变更而进行的土地变更登记是否合法进行审查；没有证据证明涉案土地使用权已经转让。依照土地使用权转让的相关规定，土地使用权转让应当签署转让合同，支付转让价款，缴纳交易税费，申请变更登记。涉案土地为 1992 海口向海公司从文昌市政府合法取得，1992 海口向海公司从未进行过股权转让和股权变更，也未与文昌向海公司发生过土地使用权转让交易，更未向相关税务机关缴纳税费，没有证据证明涉案土地使用权已经转让。5. 文昌市政府的颁证行为认定事实错误，主要证据不足，依法应当予以撤销。2008 年 11 月，文昌市政府在给文昌向海公司办理涉案土地使用权变更登记的时候，没有认真核实文昌向海公司提交的公司名称变更材料是否属实，误将本属于 1992 海口向海公司的土地使用权，变更登记到文昌向海公司名下，该错误的行政行为应当予以撤销。请求驳回文昌向海公司的再审申请。

文昌市政府答辩称：1. 该府给文昌向海公司颁发 2008 年土地证的行政行为认定事实清楚，程序合法，适用法律正确，依法应予维持。2008 年 10 月，文昌向海公司以该公司的名称及地址变更为由，依法向文昌市国土环境资源局申请办理涉案土地使用权的变更登记。文昌市国土环境资源局对该公司的变更情况及涉案土地的权属情况进行了核查及审批。2008 年 11 月 12 日，文昌市政府给文昌向海公司颁发 2008 土地证，依法将涉案土地使用权变更登记至文昌向海公司名下。变更登记后土地的四至、面积等内容均没有改变。2. 文昌市政府在实施颁证行为过程中已经尽到了审核职责。文昌市政府在办理涉案土地使用权变更登记时，文昌市工商局、文昌地方税务局铺前税务所、文昌市农税局等相关单位均对文昌向海公司与涉案土地使用权之间的关系出具了《证明书》，证实文昌向海公司系从海口向海公司变更登记而来，文昌市政府将涉案土地使用权变更（更名）登记到文昌向海公司名下，认定事实清楚。清算组提供的证据无法证明工商登记资料中 2008 海口向海公司提交的资料中陈序传的签名为假冒。3. 海口向海公司的股权是否有转让以及涉案土地使用权是否进行过转让均与本案无关，如海口向海公司原法定代表人陈序传的继承人与文昌向海公司之间存有股权转让纠纷或土地使用权转让纠纷，应当另案处理，此纠纷不属于本案的审查范围。二审对海口向海公司的股权转让情况进行审查及认定的审判行为，不但超出行政审判权限，也不利于向海公司各股东通过民事程序解决股权纠纷。请求撤销二审判决，维持一审判决。

在本院开庭审理时，文昌向海公司申请出庭作证的证人陈某称：陈序传是其族叔，2007年1月委托其通过股权转让的方式将涉案土地转让给蔡鸿能，并代为收取了280万元土地转让款，土地转让款后由陈其玉及其母回国转账取走。文昌向海公司向法庭提交了2016年9月20日《调查笔录》、2009年11月25日中国建设银行存款凭条和取款凭条及《外商投资企业备案通知书》三份证据，以证明陈序传委托陈某通过股权转让的方式将涉案土地转让给蔡鸿能，2009年11月25日陈某将土地转让款280万元支付给了陈其玉及其母。清算组向法庭提交2017年3月22日文昌市工商局《关于文昌向海娱乐有限公司的情况说明》，以证明文昌向海公司是2008年在海口市工商局新注册成立的公司，不是由1992海口向海公司更名或者复活而来，文昌市工商局2008年出具的《证明书》上的行政许可专用章为无效使用。

经庭审质证，陈某的证言与2009年11月25日中国建设银行存款凭条和取款凭条证实的内容，能够相互印证，而清算组并未提交相反的证据和理由进行反驳，故本院对于2009年11月25日陈其玉及其母回国，并从陈某处将蔡鸿能支付的280万元土地转让款取走的事实，予以确认。清算组提交的《关于文昌向海娱乐有限公司的情况说明》，仅是对文昌向海公司基本情况及注册、名称变更及股权变更的陈述，并未说明文昌向海公司是新注册成立的公司；该说明中关于印章使用说明的内容，也不能说明2008年文昌市工商局出具的《证明书》上的行政许可专用章为无效使用。

本院认为，《中华人民共和国行政诉讼法》第四十九条规定了提起行政诉讼应当符合的四项条件，即具有原告资格、明确的被告、具体的诉讼请求和事实根据、属于人民法院受案范围和受诉人民法院管辖。但是，根据行政诉讼法及司法解释的规定，行政诉讼中的起诉条件还应包括起诉期限在内。行政诉讼中的起诉期限不同于民事诉讼中的诉讼时效，是法律设定的起诉条件之一，解决的是行政起诉能否进入司法实体审查的问题。行政行为具有公定力，行政行为作出后除了关系到行政相对人的权利义务，还影响到社会公众对行政机关的信赖利益。如果允许当事人超过起诉期限提起行政诉讼，则会使行政行为一直处于效力不明的状态，面临随时可能被撤销或变更的可能。一旦行政行为被撤销或变更，行政相对人、利害关系人、相关行政机关的权利义务都可能随之发生变化，导致社会成本提高，行政机关的社会公信力降低。法律规定起诉期限的目的，就是督促当事人及时提起诉讼，尽早解决行政纠纷，使社会关系达到稳定的状态。因此，即使当事人未提出有关起诉期限问题的抗辩，人民法院也应主动进行审查，并据以判断是否立案或继续审理。

根据《最高人民法院关于执行〈中华人民共和国行政诉讼法〉若干问题的解释》第四十四条第六项的规定，起诉超过法定期限且无正当理由的，应当裁定不予受理，已经受理的，裁定驳回起诉。《最高人民法院关于适用〈中华人民共和国行政诉讼法〉若干问题的解释》第三条第一款第二项作了相同的规定。可见，对于行政诉讼起诉期限应当作为起诉条件进行审查，司法解释的制度安排在行政诉讼法修改前后并未发生变化，即对于行政起诉期限的审查应当贯穿于立案受理和审理阶段，在立案受理阶段发现应当裁定不予立案，如果进入审理阶段则应裁定驳回起诉。而且目前的行政诉讼法律及司法解释中均没有关于法院对行政起诉期限不应主动审查的规定。虽然《最高人民法院关于行政诉讼证据若干问题的规定》第四条第三款规定，被告认为原告起诉超过法定期限的，由被告承担举证责任。但该条规定仅是对举证责任的分配，即当被告在诉讼中提出原告超过起诉期限的抗辩理由时，应当提交证据对其主张予以证明，否则将承担举证不能的不利后果。但是，从该条规定无法得出法院不能主动审查起诉期限的结论。

《最高人民法院关于执行〈中华人民共和国行政诉讼法〉若干问题的解释》第四十一条第一款规定，行政机关作出具体行政行为时，未告知公民、法人或者其他组织诉权或者起诉期限的，起诉期限从公民、法人或者其他组织知道或者应当知道诉权或者起诉期限之日起计算，但从知道或者应当知道具体行政行为内容之日起最长不得超过2年。2015年5月1日起施行的《中华人民共和国行政诉讼法》第四十六条第一款规定，公民、法人或者其他组织直接向人民法院提起诉讼的，应当自知道或者应当知道作出行政行为之日起六个月内提出，法律另有规定的除外。根据上述法律及司法解释的规定，起诉期限应当从当事人知道或者应当知道行政行为作出之日起计算，且最长不得超过2年。本案中被诉的行政行为系文昌市政府于2008年11月12日给文昌向海公司颁发2008年国土证的行为。文昌市政府颁发的2008年国土证项下的土地，系1996年国土证及2000年国土证项下的土地，而两份国土证均在1992海口向海公司名下，故1992海口向海公司对于颁发2008年国土证的行为具有利害关系，可以依法提起诉讼。1992海口向海公司已被吊销，清算组系为了对1992海口向海公司进行清算而经批准成立的，可以执行清算事务并代表1992海口向海公司行使权利义务。2014年9月10日，清算组提起本案行政诉讼，则对于清算组的起诉是否超过法定起诉期限，法院应当予以审查。清算组对于被诉行为的诉权，源自1992海口向海公司，虽然清算组成立于2014年5月19日，但对本案被诉行为的起诉期限则应以1992海口向海公司知道或者应当知道文昌市政府作出被诉行为之日起开始计算。陈序传作为1992海口向海公司的唯一股东及法定代表人，于2007年1月15日授权陈某对1992海口向海公司名下的海南产业的处置与相关事项全权代理，2008年6月16日陈其亮将陈序传的身份材料邮寄给陈某，并注明请其代办一切手续。陈某根据陈序传的委托，于2008年7月6日代为办理2008海口向海公司设立登记事宜，投资人为陈序传与蔡鸿能；2008年9月26日，2008海口向海公司变更名称为文昌向海公司；2008年10月18日，文昌向海公司申请变更涉案土地国土证，随后获颁2008年国土证；2009年4月，陈某持陈序传的委托手续申请办理文昌向海公司股权变更登记手续，公司股东变更为蔡鸿能、蔡翰霆、蔡群力，法定代表人变更为蔡鸿能；2009年11月25日，陈其玉及其母回国从陈某处将土地转让款280万元通过转账方式取走。陈序传系1992海口向海公司的法定代表人及2008海口向海公司的投资人，陈某受其委托实施的2008海口向海公司设立及名称变更、申请颁发2008年土地证等行为，陈序传对于上述事实应当是明知的。即使陈序传不知道这些事实，但是在陈序传逝世后，其继承人之一陈其玉回国取走280万元土地转让款，也足以证明陈其亮和陈其玉至迟在2009年11月25日以前已经知道被诉行政行为。1992海口向海公司的起诉期限应当自2009年11月25日起算，则至迟应当在2011年11月25日前提起诉讼，但清算组直至2014年9月10日才向人民法院提起诉讼，明显超过了法定的2年起诉期限，应裁定驳回起诉。一、二审均未审查起诉期限问题，进行实体审理并作出判决，适用法律错误，应予纠正。

综上，一、二审判决均未审查起诉期限问题，应予纠正。依照《最高人民法院关于适用〈中华人民共和国行政诉讼法〉若干问题的解释》第三条、《最高人民法院关于执行〈中华人民共和国行政诉讼法〉若干问题的解释》第七十六条、第七十八条之规定，裁定如下：

一、撤销海南省第一中级人民法院2015年10月19日作出的（2014）海南一中行初字第210号行政判决；

二、撤销海南省高级人民法院2016年7月20日作出的（2016）琼行终252号行政判决；

三、驳回海口向海娱乐有限公司清算组的起诉。

本案不收取案件受理费，文昌市人民政府在一、二审期间缴纳的案件受理费予以退还。

本裁定为终审裁定。

审判长：熊俊勇；审判员：龚斌、陈宏宇；法官助理：刘月；书记员：余逸纯

二〇一七年五月二十四日

017

行政复议最长申请期限参照最长起诉期限，人民法院应予支持

【裁判要旨】

《中华人民共和国行政复议法》《中华人民共和国行政复议法实施条例》均未规定申请行政复议的最长期限。但是，基于行政诉讼与行政复议的衔接关系，以及稳定行政法律关系的需要，复议机关参照《中华人民共和国行政诉讼法》第四十六条第二款关于最长起诉期限的规定办理，即因不动产申请行政复议的案件，自行政行为作出之日起超过二十年，其他行政复议案件自行政行为作出之日起超过五年申请行政复议的，复议机关不予受理，人民法院应予支持。

中华人民共和国最高人民法院
行政裁定书

（2017）最高法行申114号

再审申请人（一审原告、二审上诉人）：惠东县平山街道办事处蕉田社区居民委员会和兴村民小组。

负责人：卢潭生，组长。

委托代理人：王树民，河北冀港律师事务所律师。

被申请人（一审被告、二审被上诉人）：广东省人民政府。

法定代表人：马兴瑞，省长。

委托代理人：邓凯，该府法制办工作人员。

委托代理人：黄允鑫，该府法制办工作人员。

再审申请人惠东县平山街道办事处蕉田社区居民委员会和兴村民小组（以下简称和兴村民小组）因诉被申请人广东省人民政府土地行政复议一案，不服广东省高级人民法院（2016）粤行终199号行政判决，向本院申请再审。本院依法组成合议庭对本案进行了审查，现已审查终结。

一、二审法院查明，1991年10月16日，原广东省国土厅经广东省人民政府

同意作出粤地政［1991］273号《关于惠东县永泰发展公司征地的批复》，同意惠东县永泰发展公司征用大岭镇蕉田管理区土地等内容。2015年1月8日，和兴村民小组向广东省人民政府邮寄提交行政复议申请书，请求广东省人民政府撤销该征地批复。2015年3月23日，广东省人民政府作出粤府行复［2015］28号《驳回行政复议申请决定书》，认为和兴村民小组的行政复议申请已超过《最高人民法院关于执行〈中华人民共和国行政诉讼法〉若干问题的解释》第四十二条规定的“涉及不动产的具体行政行为从作出之日起超过20年”的最长保护期限，不符合法定受理条件，根据《中华人民共和国行政复议法实施条例》第四十八条第一款第二项之规定，决定驳回和兴村民小组的行政复议申请。和兴村民小组不服该决定，遂于2015年4月10日提起本案行政诉讼，请求撤销广东省人民政府作出的粤府行复［2015］28号《驳回行政复议申请决定书》，判令广东省人民政府重新作出复议决定。

广州市中级人民法院一审认为，当事人不服涉及不动产的行政行为寻求司法救济的最长保护期限为该行政行为作出之日起20年。行政诉讼作为解决行政争议的最后手段，涉及不动产的行政行为可纳入行政复议的期限不宜超过该最长保护期限。和兴村民小组的行政复议申请超过该用地批复寻求司法救济的最长保护期限20年，广东省人民政府据此作出驳回行政复议申请决定并无不当，判决驳回和兴村民小组的诉讼请求。和兴村民小组提出上诉。

广东省高级人民法院二审认为，虽然《中华人民共和国行政复议法》对于行政行为作出之日起可申请复议的最长期限未作规定，但根据《最高人民法院关于执行〈中华人民共和国行政诉讼法〉若干问题的解释》第四十二条关于最长起诉期限的规定，当事人不服涉及不动产的行政行为寻求司法救济的最长保护期限为该行政行为作出之日起20年。行政诉讼作为最终解决行政争议的法定救济途径，基于行政诉讼与行政复议的衔接关系，涉及不动产的行政行为可纳入行政复议的期限亦不宜超过该行政行为寻求司法救济的最长保护期限。因此，广东省人民政府认为和兴村民小组的行政复议申请超过该用地批复寻求司法救济的最长保护期限20年，驳回和兴村民小组的行政复议申请，并无不当，判决驳回上诉，维持原判。

和兴村民小组申请再审称，一、二审判决认定事实的主要证据不足，适用法律、法规确有错误，请求依法撤销一、二审判决并再审改判。具体理由：1. 一、二审判决认定事实的主要证据不足。一、二审判决认定被申请人程序合法的主要证据不足。被申请人无证据证明在审理行政复议案件时由两名工作人员进行审理，违反了《中华人民共和国行政复议法实施条例》第三十二条的规定。另外，被申请人无证据证明延期审理已经过行政复议机关负责人批准，违反了《中华人民共和国行政复议法》第二十一条第一款的规定。2. 一、二审判决适用法律、法规确实错误。被申请人参照《最高人民法院关于执行〈中华人民共和国行政诉讼法〉若干问题的解释》第四十二条的规定，认定申请人提出的行政复议申请不符合法定的受理条件。但是，《中华人民共和国行政复议法》和《中华人民共和国行政复议法实施条例》并未授权被申请人在受理行政复议申请、作出行政复议决定时参照最高人民法院的司法解释。另外，《中华人民共和国行政复议法实施条例》第四十八条第一款第二项明确规定，行政复议申请只有不符合行政复议法及其实施条例规定的受理条件的，行政复议机关才能驳回行政复议申请。而《中华人民共和国行政复议法》和《中华人民共和国行政复议法实施条例》规定的法定申请期限是"自知道该具体行政行为之日起六十日内提出行政复议申请"。3. 国务院法制办公室对黑龙江省人民政府法制办公室《关于审查城市宗教房地产纠纷复议案件适用法律问题的请示》的答复（国法秘函〔2003〕85号），针对的就是涉及不动产的行政行为超过20年但知道后60日内提起行政复议如何适用法律问题的答复，答复第二项明确规定："根据《中华人民共和国行政复议法》第九条第一款规定，申请行政复议的期限，应当自公民、法人或者其他组织知道具体行政行为之日起计算，行政复议机关对于符合《中华人民共和国行政复议法》规定的行政复议申请，应当受理。"

广东省人民政府提交意见称，一、粤府行复［2015］28号《驳回行政复议申请决定书》认定事实清楚、证据确凿、适用法律正确。和兴村民小组的行政复议申请已经超过《最高人民法院关于执行〈中华人民共和国行政诉讼法〉若干问题的解释》第四十二条规定的最长保护期限。二、粤府行复［2015］28号《驳回行政复议申请决定书》符合法定程序。申请人未能提出新的证据证实其申请符合再审的法定条件，其主张没有事实和法律依据，请求依法裁定驳回其再审申请。

本院认为，本案的争议焦点是广东省人民政府驳回和兴村民小组的行政复议申请参照《最高人民法院关于执行〈中华人民共和国行政诉讼法〉若干问题的解释》关于最长起诉期限的有关规定是否正确。

《中华人民共和国行政复议法》第九条第一款规定，公民、法人或者其他组织认为具体行政行为侵犯其合法权益的，可以自知道该具体行政行为之日起六十日内提出行政复议申请；但是法律规定的申请期限超过六十日的除外。关于行政行为作出之后的行政复议最长申请期限，《中华人民共和国行政复议法》《中华人民共和国行政复议法实施条例》均未作出明确规定。为稳定行政法律关系的需要，且因行政诉讼与行政复议的衔接关系，涉及不动产的行政行为的申请行政复议最长期限，可参照《最高人民法院关于执行〈中华人民共和国行政诉讼法〉若干问题的解释》第四十二条关于最长起诉期限的规定。该条规定，公民、法人或者其他组织不知道行政机关作出的具体行政行为内容的，其起诉期限从知道或者应当知道该具体行政行为内容之日起计算。对涉及不动产的具体行政行为从作出之日起超过20年，其他具体行政行为从作出之日起超过5年提起诉讼的，人民法院不予受理。本案中，原广东省国土厅经广东省人民政府同意于1991年10月16日作出粤地政［1991］273号《关于惠东县永泰发展公司征地的批复》。和兴村民小组不服该批复，于2015年1月8日向广东省人民政府申请行政复议，已明显超过上述最长保护期限。因此，广东省人民政府作出粤府行复［2015］28号《驳回行政复议申请决定书》，驳回和兴村民小组对广东省人民政府提出的行政复议申请，一审判决驳回诉讼请求，二审判决驳回上诉，均无不当。和兴村民小组关于原审判决适用法律、法规确实错误的再审申请理由不能成立。

此外，和兴村民小组关于广东省人民政府应当根据国务院法制办公室国法秘函［2003］85号的答复意见受理其复议申请的主张，因该答复系落实宗教团体房产政策而作为特殊问题进行的处理，不适用于本案情形，该主张本院不予支持。至于和兴村民小组关于行政复议程序不合法的主张，其复议申请是因已过申请期限、不符合受理条件而被驳回，因此被申请人收到复议申请后在法定期限内决定不予受理，程序并无不当，该主张本院亦不予支持。

综上，和兴村民小组的再审申请不符合《中华人民共和国行政诉讼法》第九十一条规定的情形。依照《最高人民法院关于执行〈中华人民共和国行政诉讼法〉若干问题的解释》第七十四条之规定，裁定如下：

驳回惠东县平山街道办事处蕉田社区居民委员会和兴村民小组的再审申请。

审判长：龚斌；审判员：奚向阳、熊俊勇；法官助理：陈伏发；书记员：潘海蓉

二〇一七年三月三十一日

018

当事人依据政府部门出具答复函的指引提起民事诉讼耽误的起诉期限，应当予以扣除

【裁判要旨】

当事人根据行政机关作出的答复函错误指引，提起民事诉讼的，自起诉之日至人民法院作出终审民事裁定驳回起诉之日，属于非因当事人自身原因造成提起行政诉讼的期限被耽误的情形，应当予以扣除。但是，当事人在法定扣除起诉期限的事由终止后，放弃行使行政诉讼救济权利，单方向有关部门申诉信访，因申诉信访耽误的期间，没有可保护的信赖利益，不属于应予扣除起诉期限的情形。

中华人民共和国最高人民法院

行政裁定书

（2017）最高法行申2040号

再审申请人（一审原告、二审上诉人）：韦某。

被申请人（一审被告、二审被上诉人）：南丹县人民政府。

法定代表人：覃康平，县长。

委托代理人：陆俊飞，该府法制办工作人员。

委托代理人：韦福恩，广西大壮律师事务所律师。

原审第三人：南丹县山口林场。

法定代表人：黄恒川，场长。

委托代理人：莫友法，广西弘生联合律师事务所律师。

再审申请人韦某因诉被申请人南丹县人民政府（以下简称南丹县政府）及原审第三人南丹县山口林场（以下简称山口林场）土地行政答复一案，不服广西壮族自治区高级人民法院于2016年6月27日作出的（2016）桂行终323号行政裁定，向本院申请再审。本院于2017年3月27日立案，依法组成合议庭进行审查。案件现已审查终结。

1990年3月28日，为开荒造林，南丹县松柏村将未使用到的荒山划归山口林场使用，同时将部分已造林的林地转让给山口林场使用，通过协议划定了林场与相关村屯的界限。其后，山口林场与南丹县刘寨镇政府、韦某所在的红挂队相继签订补充协议，明确了松柏村划给山口林场造林的土地面积为1.7万亩和界限等事项。1991年，山口林场以承包方式，将松柏站范围的部分林地给松柏村各队群众进行造林，松柏村村民韦某也参与造林。2002年10月14日，山口林场验收了韦某的造林情况，制作《六寨镇松柏村农户承包造林验收的结果》，韦某的妻子覃某签字认可。为了将松柏站林区范围内所有遗留空地进行造林绿化，山口林场计划将韦某于1994年、1995年在红挂交拾坡所造的部分林地砍林还土，并于2009年8月21日向韦某发出通知，韦某与山口林场发生林木权属纠纷。2009年11月13日，南丹县政府作出《关于六寨镇松柏村红挂屯韦某反映与山口林场林木纠纷问题的答复函》（以下简称《答复函》），内容为：经核实，韦某所反映存在的10个造林点的情况为：（一）山口林场已验收并付款的争议林有7个，分别是：1.“可浪坡”点位于验收图纸的10号图，面积45.8亩，林场已验收付款；2.“的沙坡”点位于验收图纸33、34号内，面积119.3亩，已验收付款；3.“可浪坡”点约10亩，位于验收图纸的11号图内，验收时韦某妻子覃某指认后单独从35号图中单列出来的，已验收付款；4.“下单搞坡”点约30亩、“坡算坡”点约30亩，都在验收图36号内，总面积679.8亩，已验收付款；5.“巴内坡”点约19亩，位于验收图37号内，总面积180亩，已验收付款；6.“710坡”点约140.1亩，位于验收图38号内，总面积180亩，已验收付款。（二）山口林场验收错误的争议林有3个，分别是：1.“可校坡”8亩杉林，这片林位于验收图36号内，在此范围内的8亩杉木林应是韦某个人的林木；2.“拉望瓦厂”的杉林，这片林有38.7亩的杉林，是韦某种植的，林木应归韦某所有，但韦某应退回山口林场已支付的承包金，并给予合理的补偿；3.“交拾坡”约30亩的杉林，这片林位于山口林场发包的造林范围内，这片林应属山口林场所有，但山口林场应补充验收这片林，向韦某支付造林承包费并给予合理的补偿。上述10个争议林木，除“拉望瓦厂”“可校坡”两处之外，其余8处林木应属山口林场所有。如韦某对工作组核查的上述林权权属结论没有异议，可继续向南丹县林业局申请调解；如韦某对工作组核查的上述林权权属结论有异议，应通过向法院提起民事诉讼来解决。2009

年11月26日，韦某从南丹县林业局获得该《答复函》。2010年3月12日，韦某向南丹县人民法院提起民事诉讼，请求判决确认争议林木归其所有。2010年3月17日，南丹县人民法院作出（2010）丹民初字第224号民事裁定，认为韦某没有提供对所争议的林木享有权属的任何证据和事实依据，其诉讼请求不属于人民法院民事诉讼的受案范围，裁定对韦某的起诉不予受理。之后韦某不断进行上访。2015年6月2日，韦某提起本案行政诉讼，请求撤销《答复函》，重新确认林地权属。

河池市中级人民法院（2015）河市行初字第22号行政裁定认为，根据《中华人民共和国行政诉讼法》第四十六条、《最高人民法院关于执行〈中华人民共和国行政诉讼法〉若干问题的解释》第四十一条的规定，韦某认为与山口林场发生林木权属争议，向南丹县政府提出解决，该政府经调查核实，作出《答复函》，认定韦某在山口林场林地范围内种植的林木属山口林场所有，不在山口林场林地范围内种植的林木属韦某所有。韦某于2009年11月26日取得该《答复函》，并于2015年6月2日提起本案行政诉讼请求撤销《答复函》，明显超过了法律规定的起诉期限。依照《最高人民法院关于适用〈中华人民共和国行政诉讼法〉若干问题的解释》第三条第一款第二项的规定，裁定驳回韦某的起诉。韦某不服一审裁定，提起上诉。

广西壮族自治区高级人民法院（2016）桂行终323号行政裁定认为，本案的争议焦点是韦某因不服《答复函》提起本案行政诉讼前，先后向人民法院提起民事诉讼和向行政机关信访反映诉求，是否符合起诉期限扣除的条件。1. 民事诉讼期间可予以扣除行政起诉期限。韦某于2009年11月26日从南丹县林业局取得《答复函》后，提起民事诉讼请求判决确认争议林木归其所有。南丹县人民法院经审查，以韦某的诉讼请求不属于人民法院民事诉讼的受理范围为由，裁定不予受理起诉，该裁定已发生法律效力。鉴于韦某系根据《答复函》告知内容提起上述民事诉讼，由此耽误提起行政诉讼，可视为不能归责于韦某自身原因的情形，根据《中华人民共和国行政诉讼法》第四十八条第一款规定，民事诉讼期间应从本案行政起诉期限予以扣除。2. 本案信访期间不予以扣除行政起诉期限。韦某在民事起诉被法院裁定驳回后，于2010年3月29日向南丹县政府信访要求根据《中华人民共和国森林法》第十七条第二款规定，给予依法处理未果，此后继续以信访方式反映诉求，鉴于信访处理并非解决本案纠纷的法定程序，故不符合《中华人民共和国行政诉讼法》第四十八条第一款规定的情形，不符合起诉期限扣除的条件。因此，自2010年3月29日韦某向行政机关信访时起算，至其2015年6月2日起诉时止，期间已超过2年。一审认定韦某的起诉超过起诉期限，事实清楚，适用法律正确。依照《中华人民共和国行政诉讼法》第八十九条第一款第一项的规定，裁定驳回上诉，维持一审裁定。

韦某申请再审称：《答复函》不属于行政机关作出的具体行政行为，不受起诉期限限制。且韦某一直通过信访维权，诉讼期限一直有中断的情形，起诉时间应自收到《信访事项不予受理告知单》之日起计算，没有超过法定起诉期限，请求撤销一、二审裁定。

南丹县政府答辩称：韦某的起诉超过法定起诉期限，一、二审裁定认定事实清楚，适用法律正确，请求驳回韦某的再审申请。

山口林场答辩称：韦某的起诉超过法定起诉期限，林地权属于山口林场，《答复函》符合法律规定，一、二审裁定认定事实清楚，适用法律正确，请求驳回韦某的再审申请。

本院经审查认为，《最高人民法院关于执行〈中华人民共和国行政诉讼法〉若干问题的解释》第四十一条第一款规定："行政机关作出具体行政行为时，未告知公民、法人或者其他组织诉权或者起诉期限的，起诉期限从公民、法人或者其他组织知道或者应当知道诉权或者起诉期限之日起计算，但从知道或者应当知道具体行政行为内容之日起最长不得超过2年。"《最高人民法院关于执行〈中华人民共和国行政诉讼法〉若干问题的解释》第四十三条规定："由于不属于起诉人自身的原因超过起诉期限的，被耽误的时间不计算在起诉期间内。因人身自由受到限制而不能提起诉讼的，被限制人身自由的时间不计算在起诉期间内。"本案中，韦某于2009年11月26日从南丹县林业局取得《答复函》，该《答复函》告知韦某可以提起民事诉讼。韦某于2010年3月12日向南丹县人民法院提起民事诉讼，直至南丹县人民法院于2010年3月17日作出（2010）丹民初字第224号民事裁定的期间，并非由于韦某本人的原因造成，应当予以扣除。但是，其后韦某并未提起行政诉讼，而是通过信访要求解决问题。《最高人民法院关于执行〈中华人民共和国行政诉讼法〉若干问题的解释》第四十三条中"不属于起诉人自身的原因超过起诉期限”应予扣除的规定，是指基于地震、洪水等客观因素耽误的期间，或者基于对相关国家机关的信赖，等待其就相关争议事项进行处理的期间等不属于起诉人自身的原因被耽误的时间的情形。当事人单方向有关部门申诉信访，因申诉信访耽误的期间，没有可保护的信赖利益，属于当事人自身放弃通过法定诉讼途径解决争议耽误起诉期限的情形，不应予以扣除。韦某因信访行为而耽误的时间不能从起诉期限中予以扣除。因此，韦某于2010年3月29日向行政机关信访至其于2015年6月2日提起本案行政诉讼，已经远超2年的法定起诉期限。故一、二审裁定驳回韦某的起诉，并无不当，本院予以支持。

综上，韦某的再审申请不符合《中华人民共和国行政诉讼法》第九十一条第一、四项规定的情形。依照《最高人民法院关于执行〈中华人民共和国行政诉讼法〉若干问题的解释》第七十四条的规定，裁定如下：

驳回韦某的再审申请。

审判长：熊俊勇；审判员：龚斌、陈宏宇；法官助理：刘清启；书记员：余逸纯

二〇一七年六月二十六日

019

当事人的法定代表人、负责人在外经商不能行使起诉权耽误期限的，不属于应当扣除起诉期限的情形

【裁判要旨】

《中华人民共和国行政诉讼法》第四十八条第一款规定的“不属于其自身原因耽误起诉期限”，是指在有效起诉期限内，基于地震、洪水等客观原因无法起诉而耽误的期间，或者基于对有关国家机关答应处理涉案争议的信赖，等待其处理结果而耽误的期间。因当事人的法定代表人或负责人长期在外经商等原因耽误起诉期限的，不属于依法应当扣除起诉期限的情形。

中华人民共和国最高人民法院
行政裁定书

（2017）最高法行申7741号

再审申请人（一审原告、二审上诉人）：海南省文昌市翁田镇明月村民委员会上崀三村民小组。

诉讼代表人：钟冠。

委托代理人：朱绵茂。

被申请人（一审被告、二审被上诉人）：海南省文昌市人民政府。

法定代表人：王晓桥。

被申请人（一审被告、二审被上诉人）：海南省人民政府。

法定代表人：沈晓明。

委托代理人：陈莉。

原审第三人：海南省文昌市翁田镇明月村民委员会上崀上村民小组。

诉讼代表人：卢章耀。

再审申请人海南省文昌市翁田镇明月村民委员会上崀三村民小组（以下简称上崀三组）因诉被申请人海南省文昌市人民政府（以下简称文昌市政府）、海南

省人民政府（以下简称海南省政府）及原审第三人海南省文昌市翁田镇明月村民委员会上良上村民小组（以下简称上良上组）土地确权及行政复议一案，不服海南省高级人民法院于2016年12月12日作出的（2016）琼行终494号行政裁定，向本院申请再审。本院于2017年10月16日立案受理，依法组成合议庭进行审查。案件现已审查终结。

争议土地位于文昌市明月村委会邦古坡（又称加丁坡），面积13.3公顷。1995年，上良三组和上良上组因土地权属发生争议。1996年8月22日，文昌市政府作出文府（1996）100号《关于土地权属争议的处理决定》（以下简称100号处理决定），确认争议土地的所有权属国家，使用权归上良上组。上良三组不服，申请行政复议。1997年2月13日，海南省政府作出琼府复决字（1997）02号《行政复议决定书》（以下简称2号复议决定），维持100号处理决定，并告知上良三组收到复议决定书后15日内，可以向人民法院提起行政诉讼。上良三组未在法定期限内向人民法院提起行政诉讼。2012年3月31日，文昌市政府给上良上组颁发文国用（2012）第W1900615号《国有土地使用证》（以下简称W1900615号土地证）并予以公告，公告载明：根据100号处理决定，该宗地所有权属国家，使用权归上良上组。2012年6月26日，上良三组提起行政诉讼，请求撤销该W1900615号土地证。该案诉讼过程中，文昌市政府及上良上组提交100号处理决定和2号复议决定作为证据材料，并经过双方当事人举证、质证。2012年9月3日，海南省第一中级人民法院作出（2012）海南一中行初字第84号行政判决（以下简称84号案件），驳回上良三组的诉讼请求。上良三组不服，提起上诉称，海南省政府作出2号复议决定维持100号处理决定，其因没有经济能力无法继续维权。2012年12月10日，海南省高级人民法院作出（2012）琼行终字第198号行政判决，判决驳回上诉、维持原判。2015年8月25日，文昌市国土环境资源局与上良上组签订《收回国有土地补偿协议》，收回争议土地使用权，并向上良上组支付补偿费。2016年1月27日，上良三组提起本案行政诉讼，请求撤销100号处理决定和2号复议决定，确认争议土地属于上良三组所有，并将政府征地款划拨给上良三组。

海南省第一中级人民法院（2016）琼96行初25号行政裁定认为，84号案件审理中，上良三组已经知晓100号处理决定和2号复议决定，2016年1月27日提起行政诉讼，显然超过法定起诉期限。依据《最高人民法院关于适用〈中华人民共和国行政诉讼法〉若干问题的解释》第三条第一款第一、二项之规定，裁定驳回上崀三组的起诉。上崀三组不服，提起上诉。

海南省高级人民法院（2016）琼行终494号行政裁定认为，1996年，上崀三组不服100号处理决定申请行政复议，海南省政府于1997年2月作出2号复议决定，并告知诉权。但上崀三组未在法定期限内起诉。2012年，上崀三组在起诉W1900615号土地证一案中，已经知晓100号处理决定和2号复议决定的具体内容，对两决定不服应当在两年内提起行政诉讼。上崀三组于2016年1月27日提起本案诉讼，显然超过法定起诉期限。争议土地已由100号处理决定确认属于国家所有，文昌市政府向上崀上组拨付征地补偿款的行为对上崀三组的合法权益不产生实际影响。依据《中华人民共和国行政诉讼法》第八十九条第一款第一项之规定，裁定驳回上诉，维持原裁定。

上崀三组申请再审称：上崀三组从1997年2月海南省政府作出2号复议决定以来一直提出异议，一、二审裁定以超过起诉期限为由驳回起诉没有法律依据。土地确权中，没有查清权属事实，100号处理决定和2号复议决定将争议土地确权给上崀上组，没有事实根据。颁发W1900615号土地证，没有通知相邻的加丁村和上崀三组到场指界，程序违法。将争议土地的征地款拨给上崀上组错误。请求予以撤销一、二审裁定，依法对本案予以再审。

海南省政府答辩称：海南省政府于1997年2月作出2号复议决定后，依法送达上崀三组，并明确告知诉权和起诉期限；在84号案件审理中，其向人民法院提交2号复议决定作为证据并予以质证。上崀三组于2016年1月27日起诉，超过法定期限，且无正当理由。其主张没有超过起诉期限，缺乏事实和法律依据。请求驳回上崀三组的再审申请。

上崀上组答辩称：上崀三组对100号处理决定及2号复议决定的起诉已超过法定期限，且无正当理由。翁田镇人民政府作出的处理意见因超越职权已经被撤销，文昌市政府颁发土地证行为符合案件事实和法律规定。上崀三组诉请划拨征地款项于法无据。请求驳回上崀三组的再审申请。

文昌市政府未提交书面答辩意见。

本院经审查认为，《中华人民共和国行政诉讼法》第四十五条规定，公民、法人或者其他组织不服复议决定的，可以在收到复议决定书之日起十五日内向人民法院提起诉讼。本案中，海南省政府于1997年2月作出2号复议决定，决定书中明确告知诉权和起诉期限。2号复议决定送达后，上良三组未在法定15日内提起行政诉讼，其于2016年1月27日起诉，显然已经远远超过法定15日的起诉期限。上良三组主张从1997年2月海南省政府作出2号复议决定以来一直提出异议，未超过法定起诉期限。但是，《中华人民共和国行政诉讼法》第四十八条第一款规定，只有因不可抗力或者其他不属于其自身的原因耽误起诉期限的，被耽误的时间才不计算在起诉期限内。所谓“不属于其自身原因耽误起诉期限”，是指在有效起诉期限内，基于地震、洪水等客观原因无法起诉而耽误的期间，或者基于对有关国家机关答应处理涉案争议的信赖，等待其处理结果而耽误的期间。因放弃法定起诉救济权利申诉上访、或者所谓“没有经济能力维权”、村民组长长期在外经商等原因耽误法定起诉期限的，均不属于依法应当扣除起诉期限的情形。上良三组主张一直提出异议，但没有举证证明存在依法应当扣除起诉期限的情形，其认为未超过法定起诉期限，缺乏事实和法律根据。以此为由申请再审，本院不予支持。上良三组还主张，100号处理决定和2号复议决定将争议土地确权给上良上组没有事实根据，颁发W1900615号土地证程序违法，征地款拨给上良上组错误。但是，本案一、二审是程序上裁定驳回上良三组的起诉，100号处理决定及2号复议决定是否合法，颁发W1900615号土地证是否违反法定程序，将征地补偿款划拨给上良上组是否正确，均不属于本案的审理范围，以此为由申请再审，理由不能成立。

综上，上良三组的再审申请不符合《中华人民共和国行政诉讼法》第九十一条第三、四项规定的情形。依照《最高人民法院关于执行〈中华人民共和国行政诉讼法〉若干问题的解释》第七十四条的规定，裁定如下：

驳回海南省文昌市翁田镇明月村民委员会上良三村民小组的再审申请。

审判长：郭修江；审判员：龚斌、陈宏宇；法官助理：黄宁晖；书记员：陈清玲

二〇一七年十二月二十七日

020

对于土地被征收人知晓征地行为的推定

【裁判要旨】

被征收人主张不知道发布征收土地公告、作出征收补偿决定或签订征收补偿协议等征收土地行政行为的内容，但有证据证明其参与地上附着物清点调查、领取地上附着物和土地补偿款的，可以推定被征收人自领取补偿款之日起应当知道土地征收的相关行政行为的内容。但是，行政机关在被征收人领取补偿款之前未作出被诉行政行为的除外。

中华人民共和国最高人民法院
行政裁定书

（2017）最高法行申2606号

再审申请人（一审原告、二审上诉人）：李甲等26人（再审申请人名单及基本身份情况本书予以省略）。

诉讼代表人：杨某。

诉讼代表人：李乙。

委托代理人：吕宏科，广西九宇律师事务所律师。

被申请人（一审被告、二审被上诉人）：广西壮族自治区桂林市七星区人民政府。

法定代表人：郑平，区长。

委托代理人：张征祥，广西壮族自治区桂林市七星区人民政府法制办公室工作人员。

委托代理人：苏洁，桂林市七星区人民政府法制办公室工作人员。

原审第三人：广西壮族自治区桂林市七星区穿山街道办事处李家里二组。

诉讼代表人：李建民，组长。

诉讼代表人：李旭杰，组长。

一审原告、二审上诉人：李丙。

一审原告、二审上诉人：李丁。

一审原告、二审上诉人：李戊。

一审原告、二审上诉人：秦某。

再审申请人李甲等26人及李丙、李丁、李戊、秦某诉被申请人广西壮族自治区桂林市七星区人民政府（以下简称七星区政府）、原审第三人广西壮族自治区桂林市七星区穿山街道办事处李家里二组（以下简称李家里二组）土地行政征收一案，广西壮族自治区桂林市中级人民法院于2015年4月8日作出（2015）桂市行初字第5号行政裁定，驳回李甲等26人及李丙、李丁、李戊、秦某的起诉。李甲等26人及李丙、李丁、李戊、秦某不服提起上诉，广西壮族自治区高级人民法院于2015年8月19日作出（2015）桂立行终字第72号行政裁定，驳回上诉，维持原裁定。李甲等26人仍不服，在法定期限内向本院申请再审。本院依法组成合议庭对本案进行了审查，现已审查终结。

李甲等26人及李丙、李丁、李戊、秦某向一审法院诉称，2006年12月6日，李某春、李某夏、李某秋、李某冬四人在未召开村民会议的情况下，以穿山街道办事处和平村委李家村的名义与七星区政府签订了《征收土地协议书》，将其承包的土地出卖给七星区政府，对失地人员没有给予合理安置补偿，严重侵害其合法权益，因此提起本案诉讼，请求确认七星区政府征收其家庭承包土地的行政行为程序违法，撤销七星区政府与李某春、李某夏、李某秋、李某冬于2006年12月6日签订的《征收土地协议书》。

广西壮族自治区桂林市中级人民法院一审认为，七星区政府在2006年12月与李家里二组签订《征收土地协议书》后，对被征土地上的地面附着物进行了清点，并通过和平村委会支付了补偿费。李甲等人于2007年2月底先后以借款形式向村委领取征地补偿款共计269.75万元，可以推定李甲等人在2007年2月就已知道七星区政府对李家村集体土地征收的行为。庭审中，李甲等人陈述从2010年就征地补偿问题多次向桂林市、七星区政府有关部门反映，有关部门给予信访答复，充分证明其已知道土地被征收的事实。李甲等人在2015年1月才提起诉讼，已超过法定期限，据此裁定驳回其起诉。

广西壮族自治区高级人民法院二审认为，本案诉争土地从2006年开始征地，七星区政府在征地过程中发布了征地预公告，并与李甲等人所在的村集体签订了征收土地协议书，之后政府将补偿费、安置补偿费、青苗补偿费等汇入了村委。从2007年2月起，李甲等人以借款形式领取了征地补偿款，这说明七星区政府的征地行为李甲等人是清楚的。李甲等人从2007年2月就知道或应当知道征地行为，但直到2015年1月才提起本案诉讼，已超过法定起诉期限，一审裁定驳回李甲等人的起诉正确，依法予以支持，裁定驳回上诉，维持原裁定。

李甲等26人申请再审称，1. 一、二审法院裁定认定的基本事实缺乏证据证明，其对自己的土地是否被征收、被征收的具体面积都无法作出判断，从而无法知晓自己的权利受到侵犯，无法准确主张自己的权利。部分再审申请人向桂林市七星区和平村村民委员会借钱，不能证明及推定李甲等26人知道征收土地的具体内容、诉权及起诉期限。即便李甲等26人自2010年就征地补偿问题多次向桂林市、七星区政府有关部门反映，有关部门也给予了信访答复，这也不能推定七星区政府作出行政行为时已告知李甲等26人有关行政行为的内容、诉权及起诉期限。2. 一、二审法院适用法律错误。该案涉及不动产，起诉期限应当为行政行为作出之日起的20年。行政诉讼的起诉期限也应当适用民事诉讼时效中止、中断的有关规定。李甲等26人的代表杨某一直在信访，依法信访属于时效中断情形。李甲等26人基于对桂林市国土资源局所作承诺的信赖而耽误的时间应予扣除，不应计算在起诉期限之内。一、二审法院适用2年的起诉期限，是对相关规定的片面理解。综上所述，请求撤销一、二审裁定，依法将案件发回重新进行审理。

七星区政府提交意见称，李甲等人提起行政诉讼已超过法定起诉期限，一、二审法院作出的行政裁定认定事实清楚，适用法律正确。李甲等人起诉请求撤销《征收土地协议书》没有法律依据，依法应裁定驳回起诉。李甲等人申请再审已超过六个月申请再审期限。综上，请求依法驳回再审申请。

本院认为，本案的争议焦点是李甲等人提起诉讼是否超过起诉期限。李甲等人向一审法院提起诉讼的请求是确认七星区政府征收其家庭承包土地的行政行为违法，以及撤销七星区政府与李某春、李某夏、李某秋、李某冬于2006年12月6日签订的《征收土地协议书》。《最高人民法院关于执行〈中华人民共和国行政诉讼法〉若干问题的解释》第四十一条第一款规定："行政机关作出具体行政行为时，未告知公民、法人或者其他组织诉权或者起诉期限的，起诉期限从公民、法人或者其他组织知道或者应当知道诉权或者起诉期限之日起计算，但从知道或者应当知道具体行政行为内容之日起最长不得超过2年。”因此，李甲等人应当从知道或者应当知道其所诉的七星区政府实施征收其家庭承包土地以及签订《征收土地协议书》的行政行为内容之日起2年内提起诉讼。

对于本案诉争土地，桂林市国土资源局于2006年7月28日发布征收土地预公告，广西壮族自治区人民政府于2006年11月2日作出桂政土批函［2006］85号《关于桂林市2006年第六批次城市建设用地的批复》。之后，七星区政府于2006年12月6日与穿山街道办事处和平村委李家村代表李某春等人签订《征收土地协议书》。《征收土地协议书》约定了土地补偿费、安置补助费、青苗补偿费的具体计算标准。七星区政府向一审法院提交了《和平村069征地2组附着物补偿表》、穿山街道办事处和平村民委员会于2007年2月8日开具签章的注明征地补偿款项的《行政事业单位一般收款收据》，以及和平村委会所制《2006年征地后和平村委李家里村各户历年来借款（支付征地补偿费）明细》，这些证据相互印证，可以证明李甲等人参加地面附着物清点调查以及从2007年2月起以借款形式领取征地补偿款的事实。李甲等人虽主张其不知道七星区政府实施征地及签订《征收土地协议书》的内容，但这些内容是调查清点地面附着物、计算支取补偿费的前提、依据与标准，李甲等人参加地面附着物的清点调查，领取了征地补偿款及地面附着物补偿款，就可推定应当知道这些行政行为的内容。李甲等人主张，再审申请人借款不能推定知道被诉行政行为的具体内容、知道土地被征收也不能推定知道征收的具体内容、未借款的再审申请人不知道被诉行政行为具体内容，这些申请再审理由均不能成立。李甲等人信访耽误的时间，并非《最高人民法院关于执行〈中华人民共和国行政诉讼法〉若干问题的解释》第四十三条“不属于起诉人自身的原因超过起诉期限”的情形，不应当予以扣除，其关于行政诉讼起诉期限应当适用民事诉讼时效中止、中断有关规定的主张也没有法律依据。因此，李甲等人直到2015年1月才提起本案诉讼，已超过法定起诉期限。一审法院裁定驳回李甲等人的起诉，二审法院裁定驳回上诉、维持原裁定，并无不当。李甲等人要求撤销一、二审裁定，依法将案件发回重新审理的主张，本院不予支持。

综上，李甲等人的再审申请不符合《中华人民共和国行政诉讼法》第九十一条规定的情形。依照《最高人民法院关于执行〈中华人民共和国行政诉讼法〉若干问题的解释》第七十四条之规定，裁定如下：

驳回李甲等人的再审申请。

审判长：龚斌；审判员：熊俊勇、陈宏宇；法官助理：陈伏发；书记员：黄洁

二〇一七年六月十六日

021

当事人的合法权益因被申请复议的行政行为受到减损或不利影响的，具有复议申请人资格

【裁判要旨】

行政复议申请人与被申请复议的行政行为有利害关系，是指申请人的合法权益可能受到行政行为的侵害，或对其合法权益产生不利的影响。这种减损或不利影响，既包括当事人实际权益的直接减少或消除，也包括当事人合法权益的相对减少，或造成不利影响。

中华人民共和国最高人民法院
行政判决书

（2017）最高法行再94号

再审申请人（一审原告、二审上诉人）：吉某等七人。

上述再审申请人诉讼代表人：张某。

上述再审申请人共同委托代理人：周密、黄振杰，广东大观律师事务所律师。

被申请人（一审被告、二审上诉人）：广东省人民政府。

法定代表人：马兴瑞，省长。

委托代理人：郭伟、黄允鑫，广东省法制办工作人员。

再审申请人吉某等七人因诉被申请人广东省人民政府（以下简称广东省政府）行政复议决定一案，不服广东省高级人民法院于2016年11月16日作出的（2016）粤行终1158号行政判决，向本院申请再审。本院于2017年3月9日立案审查，并于2017年7月31日作出（2017）最高法行申1253号行政裁定，提审该案。2017年12月11日，本院编立提审案号，依法组成合议庭审理本案。案件现已审理终结。

吉某等七人是原广东省清远市清城区清城中学2013年8月31日前退休的高中教师。2013年6月18日，清远市人民政府（以下简称清远市政府）下发清府

办（2013）62号《关于做好市中心区域布局调整学校人员分流工作总体方案的通知》（以下简称62号通知），对清远市中心区域布局调整，对学校教职员工进行分流安置并确定分流人员不同的工资待遇：对原属清城区管理的清城中学、石角梓琛中学实行初高中分离，高中部成立或并入市直中学，归市属管理；2013年8月31日前退休的清城中学离退休人员划归清城区管理，梓琛中学退休高中教师归市直管理；清城区源潭中学、职业技术学校整体移交市属管理，该两校的离退休人员整体由市直接收；原清城区学校在编在职教职员工（含退休人员）划归市直管理后，工资待遇按照市直学校在编在职教职员工标准核算。吉某等七人对62号通知中未将其作为退休高中教师划归清远市管理不服，申请行政复议。广东省政府分别于2014年10月21日、2014年11月10日、2014年11月17日立案受理，因案情复杂，分别于2014年12月19日、2014年12月31日、2015年1月9日延长该十宗案的审查期限30天。2015年1月14日，清远市人民政府以与吉某等七人协商解决问题为由，申请中止对该十宗案的审查。2015年1月15日，广东省政府中止对该十宗案的审查。因协调不成，广东省政府于2015年12月21日恢复对该十宗案的审查，同日作出粤府行复（2014）348、368－374、382、383号《驳回行政复议申请决定书》（以下简称驳回决定），主要内容为："62号通知中关于'清城中学2013年8月31日前退休的离退休人员划归清城区管理'的内容并未对吉某等七人作出调整，吉某等七人原先为清城区管理，在62号通知发布后仍归清城区管理，吉某等七人与清城中学的劳动合同关系并未因该内容变更。上述内容并未改变吉某等七人的权利义务，也未侵犯吉某等七人的合法权益，吉某等七人与涉案通知没有法律上的利害关系。依据《中华人民共和国行政复议法实施条例》第二十八条第二项之规定，决定驳回吉某等七人的行政复议申请。"2016年1月6日，吉某等七人提起本案行政诉讼，请求判决撤销广东省政府作出的驳回决定；广东省政府在60日内重新作出行政复议决定。

广州铁路运输中级法院（2016）粤71行初21号行政判决认为，2013年6月18日，清远市人民政府下发涉案通知，对清远市中心区域学校布局调整，并对学校教职员进行分流调整，其中关于"清城中学2013年8月31日前退休的离退休人员划归清城区管理"的内容并未对吉某等七人作出调整，吉某等七人原先为清城区管理，在涉案通知发布后仍归清城区管理，吉某等七人与清城中学的劳动合同关系并未因该内容变更。上述内容并未改变吉某等七人的权利义务，也未侵犯吉某等七人的合法权益。故广东省政府认为吉某等七人与涉案通知没有法律上的利害关系，不符合《中华人民共和国行政复议法实施条例》第二十八条第二项规定的受理条件，并无不当。广东省政府根据《中华人民共和国行政复议法实施条例》第四十八条第一款规定作出上述驳回行政复议申请决定证据确凿，适用法律法规正确。根据《中华人民共和国行政复议法》第十七条第一款、第三十一条第一款，《中华人民共和国行政复议法实施条例》第四十一条规定，广东省政府立案受理行政复议申请，因案情复杂延长审查期限，其间因协商中止审查、协调不成后恢复审查、作出驳回决定，符合法定程序。依照《中华人民共和国行政诉讼法》第六十九条的规定，判决驳回吉某等七人的诉讼请求。吉某等七人不服一审判决，提起上诉。

广东省高级人民法院（2016）粤行终1158号行政判决认为，根据《中华人民共和国行政复议法》第二条，《中华人民共和国行政复议法实施条例》第二十七条、第二十八条、第四十八条第一款规定，吉某等七人作为清城中学2013年8月31日前退休的高中教师原先为清城区管理，在62号通知发布后仍归清城区管理，故该通知中关于“清城中学2013年8月31日前退休的离退休人员划归清城区管理”的内容未改变吉某等七人的权利义务，亦未变更吉某等七人与清城中学的劳动合同关系。广东省政府认为62号通知未侵犯吉某等七人的合法权益，吉某等七人与62号通知没有法律上的利害关系，不符合法律法规规定的行政复议受理条件，决定驳回吉某等七人的行政复议申请，并无不当。广东省政府作出驳回决定，符合法定程序，适用法律法规正确。依照《中华人民共和国行政诉讼法》第八十九条第一款第一项的规定，判决驳回上诉，维持一审判决。

吉某等七人申请再审称：1. 一、二审认定再审申请人与申请复议的行政行为没有法律上的利害关系，适用法律错误。申请人是广东省清远市中心区域中学教职工，在清远市政府制定和实施的清远市中心区域学校人员分流方案中是分流对象，是行政相对人。行政相对人认为行政主体的行政行为损害其合法权益的，依法有权申请行政复议或提起行政诉讼。2. 广东省政府中止行政复议审查的理由显属非法，且经申请人两次书面申请仍没有及时恢复行政复议审查，导致拖沓一年零两个月才作出复议决定，复议程序明显违法，其驳回决定依法应予撤销。3. 二审在未经开庭审理也未履行询问当事人的法定审理程序的条件下径行作出判决，剥夺申请人的诉讼权利，违反法定程序。请求撤销一、二审判决，裁定对本案进行再审。

广东省政府答辩称：被诉驳回决定认定事实清楚，适用依据正确，符合法定程序。二审判决认定事实清楚，适用依据正确，吉某等七人提出的再审申请不成立。请求依法驳回吉某等七人的再审申请。

本院认为，《中华人民共和国行政复议法》第二条规定："公民、法人或者其他组织认为具体行政行为侵犯其合法权益，向行政机关提出行政复议申请，行政机关受理行政复议申请、作出行政复议决定，适用本法。"《中华人民共和国行政复议法实施条例》第二十七条规定："公民、法人或者其他组织认为行政机关的具体行政行为侵犯其合法权益提出行政复议申请，除不符合行政复议法和本条例规定的申请条件的，行政复议机关必须受理。"第二十八条规定："行政复议申请符合下列规定的，应当予以受理：……（二）申请人与具体行政行为有利害关系……"这里的利害关系，是申请人的合法权益可能受到行政行为的侵害所产生的法律关系，这里只要求行政行为客观上具有影响申请人权益的可能性就足够，至于是否受到侵害则是在审查中需要解决的问题。对申请人合法权益的影响，通常情况下应当是一种不利的影响，而是否产生不利的影响则要结合具体的行政行为及该行为的具体效果进行综合分析与判断。行政行为导致申请人的权益受到减损，可以认为申请人的权益受到不利影响。这种减损应当是一种综合考量的标准，既包括当事人实际权益的直接减少或消除，也包括当事人实际权益的相对减少。本案中，清远市政府作出62号通知对清远市中心区域布局调整，对学校教职员工进行分流安置并确定分流人员不同的工资待遇。该通知确定的分流原则有三：一是对于在编在职教师，符合方案规定的相应条件的，分流到高中学校，归市直管理，不符合的分流到初中学校归清城区管理；二是2013年8月31日前退休的教师，如调整前后其所在学校均隶属市直的由市直管理，调整前后其所在学校均隶属清城区的由清城区管理，如调整前后隶属关系发生变化的，则2013年8月31日退休前当年为高中教师的归市直管理，当年为初中和小学及其他类别的归清城区管理；三是由市直整体接收的学校，在编在职教职员工及离退休人员均整体由市直接收管理。经询问了解，划归清城区管理与划归市直管理，在退休待遇上存在一定差距。吉某等七人作为清城中学2013年8月31日前退休的高中教师，是62号通知中分流安置的对象。根据分流方案确定的分流原则，2013年8月31日前退休的教师，存在划归市直管理和清城区管理两种情况，而吉某等七人属于未能划归市直管理的部分人员。虽然吉某等人在分流前后均归清城区管理，但其工资待遇与划归市直管理的退休教师出现差距，其权利义务受到实际影响。吉某等七人与清远市政府作出62号通知的行为具有利害关系，提起行政复议申请符合法律规定，应当予以受理。广东省政府以62号通知与吉某等七人没有法律上的利害关系为由决定驳回吉某等七人的行政复议申请，适用法律错误，应予纠正。一、二审判决维持广东省政府的驳回决定，亦应予以纠正。

吉某等七人主张广东省政府中止行政复议审查理由非法，没有及时恢复行政复议审查，程序明显违法。根据《中华人民共和国行政复议法实施条例》第四十一条的规定，行政复议期间有其他需要中止行政复议的情形，影响行政复议案件审理的，行政复议中止；行政复议中止的原因消除后，应当及时恢复行政复议案件的审理；行政复议机构中止、恢复行政复议案件的审理，应当告知有关当事人。2015年1月14日，清远市政府以协商解决问题为由提出中止审查的申请，广东省政府中止审查并不违反法律规定，且进行协调有利于化解争议、解决纠纷。后因协调不成，广东省政府于2015年12月21日恢复审查并于同日作出驳回决定。广东省政府在行政复议中止的原因消除后，恢复行政复议案件的审理，符合法定程序。吉某等七人的该项主张没有法律依据，本院不予支持。吉某等七人还主张二审未经开庭审理也未询问径行判决违反法定程序。根据《中华人民共和国行政诉讼法》第八十六条的规定，人民法院对上诉案件，经过阅卷、调查和询问当事人，对没有提出新的事实、证据或者理由，合议庭认为不需要开庭审理的，也可以不开庭审理。二审合议庭阅卷、调查和询问并不是每一个案件都必经的程序。吉某等七人的该项主张没有法律依据，本院亦不予支持。

综上，一、二审判决适用法律错误，依照《中华人民共和国行政诉讼法》第七十条第二项、《最高人民法院关于执行〈中华人民共和国行政诉讼法〉若干问题的解释》第七十六条第一款、第七十八条之规定，判决如下：

一、撤销广州铁路运输中级法院2016年7月13日作出的（2016）粤71号行初21号行政判决；

二、撤销广东省高级人民法院2016年11月16日作出的（2016）粤行终1158号行政判决；

三、撤销广东省人民政府2015年12月21日作出的粤府行复（2014）348、368—374、382、383号驳回行政复议申请决定；

四、责令广东省人民政府于本判决生效60日内重新作出行政复议决定。

一审案件受理费50元、二审案件受理费50元，由广东省人民政府负担。吉某等七人缴纳的一审案件受理费50元、二审案件受理费50元，予以退还。

本判决为终审判决。

审判长：熊俊勇；审判员：龚斌、陈宏宇；法官助理：牛延佳；书记员：余逸纯

二〇一七年十二月二十六日

二、审理规则

022

提起行政诉讼应当符合级别管辖的规定

【裁判要旨】

经过复议，复议机关维持原行政行为的，当事人可以选择作出原行政行为的行政机关所在地人民法院管辖，也可以选择复议机关所在地人民法院管辖。但是，原行政行为的作出机关属于市、县政府职能部门的，通常应当向有管辖权的基层人民法院提起诉讼。当事人直接向中级人民法院起诉的，中级人民法院应当向当事人释明，经释明当事人仍坚持向中级人民法院起诉的，相关中级人民法院应当以没有管辖权，不符合法定起诉条件为由，裁定不予立案或驳回起诉。当然，相关中级人民法院也可以根据行政诉讼法的规定，结合案件的性质、疑难程度、规则价值、社会影响等全面分析考量，决定提级审理。是否提级审理，不受原告诉请的限制。

中华人民共和国最高人民法院

行政裁定书

（2017）最高法行再22号

再审申请人（一审原告、二审上诉人）：许某。

被申请人（一审被告、二审被上诉人）：广东省质量技术监督局。

法定代表人：任小铁，局长。

委托代理人：李铮、张华锋，该局工作人员。

再审申请人许某因与被申请人广东省质量技术监督局（以下简称广东省质监局）行政复议决定一案，不服广东省高级人民法院于2015年11月29日作出的（2015）粤高法行终字第611号行政裁定，向本院申请再审。2016年12月29日，本院作出（2016）最高法行申5138号行政裁定，提审本案。2017年3月1日，本院编立提审案件案号后，依法组成合议庭进行审理。2017年5月22日上午，本院组织双方当事人在第一巡回法庭第一法庭公开询问，再审申请人许某，被申请人广东省质监局的委托代理人李铮、张华锋，均到庭参加询问。案件现已审理终结。

一、二审经审理查明：2014年12月30日，深圳市市场监督管理局（以下简称深圳市监管局）作出深市监处告字（2014）龙华00764号《行政处理结果告知书》（以下简称764号《处理告知》），主要内容为：该局于2014年10月11日收到许某关于深圳市优米互联科技有限公司涉嫌未经认证擅自出厂销售手机的举报材料，已作出处罚决定，责令停止生产销售违法产品，没收违法所得1485元，罚款13455元。2015年1月8日，深圳市监管局作出《举报奖励领取通知书》（以下简称《奖励通知》），主要内容为：许某举报的深圳市优米互联科技有限公司涉嫌未经认证擅自出厂销售手机案已依法处理，由于许某在该案中举报有功，依据《深圳市工商行政管理局（物价局）整顿和规范市场经济秩序举报奖励实施细则的规定》，给予奖励，本案罚没款入库14940元，许某的举报等级为三级，奖金149.40元。2015年5月8日，许某申请行政复议，请求撤销764号《处理告知》和《奖励通知》。2015年6月11日，广东省质监局作出（粤）质监行复字（2015）28号《行政复议决定》（以下简称28号复议决定），维持深圳市监管局行政764号《处理告知》及《奖励通知》。2015年6月16日，许某向广州市中级人民法院提起行政诉讼，请求撤销广东省质监局作出的28号复议决定，同时递交《原告起诉声明》，声明在本案中坚持只起诉复议机关，不起诉作出原行政行为的行政机关。

广东省广州市中级人民法院（2015）穗中法行初字第324号行政裁定认为，根据《中华人民共和国行政诉讼法》第二十六条第二款、《最高人民法院关于适用〈中华人民共和国行政诉讼法〉若干问题的解释》第九条的规定，人民法院对维持原行政行为的复议决定程序的合法性审查，是建立在对原行政行为合法性一并进行审查的基础上，两者不可割裂。本案中，广东省质监局作出的28号复议决定维持了深圳市监管局的原行政行为，许某不服，应当以作出原行政行为的深圳市监管局和复议机关广东省质监局为共同被告。而许某在本案中仅对广东省质监局的行政复议决定提起诉讼，并明确表示只起诉复议机关，不起诉作出原行政行为的行政机关，则其提起的本案诉讼不符合上述法律及司法解释规定的起诉要件。依照《最高人民法院关于适用〈中华人民共和国行政诉讼法〉若干问题的解释》第三条第一款第十项、第二款的规定，裁定驳回许某的起诉。许某不服一审裁定，提起上诉。

广东省高级人民法院（2015）粤高法行终字第611号行政裁定认为，许某一审时坚持只单独起诉复议机关并要求撤销复议决定，不起诉作出原具体行政行为的深圳市监管局，应当尊重当事人起诉意愿。一审依照《最高人民法院关于适用〈中华人民共和国行政诉讼法〉若干问题的解释》第三条第一款第十项、第二款之规定裁定驳回许某起诉并无不当，依照《中华人民共和国行政诉讼法》第八十九条第一款第一项之规定，裁定驳回上诉，维持一审裁定。

许某申请再审称：1. 申请人起诉符合法律规定。根据《中华人民共和国行政诉讼法》第十八条以及《最高人民法院关于适用〈中华人民共和国行政诉讼法〉若干问题的解释》第七条的规定，许某将复议机关作为唯一被告且在起诉中坚持只起诉复议机关，不起诉作出原行政行为的行政机关，系申请人的法定选择权，没有违反法律规定。许某只起诉复议机关，且在复议机关的管辖中级法院提起诉讼，没有违反级别管辖原则。许某的选择权不影响人民法院依法将作出原行政行为的行政机关列为共同被告的权利。2. 一、二审适用法律错误。一、二审适用《最高人民法院关于适用〈中华人民共和国行政诉讼法〉若干问题的解释》第九条的规定系适用法律错误，《中华人民共和国行政诉讼法》第二十六条第二款并没有禁止当事人选择复议机关作为单独被告提起诉讼的权利，《最高人民法院关于适用〈中华人民共和国行政诉讼法〉若干问题的解释》第七条规定了当事人可以选择只起诉作出原行政行为的行政机关或者复议机关的权利，对于当事人只选择单独行政机关作为被告的复议案件，在不违反级别管辖的前提下，人民法院应当将另一机关列为共同被告，而不是裁定驳回起诉。请求依法撤销一、二审行政裁定，依法审理并支持许某的诉讼请求。

广东省质监局答辩称：1. 许某将其作为本案的唯一被告不符合法律规定，其诉求应予驳回。根据《中华人民共和国行政诉讼法》第二十六条第二款以及《最高人民法院关于适用〈中华人民共和国行政诉讼法〉若干问题的解释》第七条规定，应当将深圳市监管局与该局一同作为本案的共同被告。2. 一审及二审行政裁定合法有效，应予维持。许某在本案中仅对复议决定提起诉讼，并明确表示只起诉复议机关，不起诉作出原行政行为的行政机关，不符合《中华人民共和国行政诉讼法》第二十六条第二款以及《最高人民法院关于适用〈中华人民共和国行政诉讼法〉若干问题的解释》第八条规定的起诉要件。3. 二审行政裁定之所以适用《最高人民法院关于适用〈中华人民共和国行政诉讼法〉若干问题的解释》第九条的相关规定，其主要目的是明确"法院审查的对象是原行政行为和复议决定的合法性"，以及确保"作出原行政行为的行政机关和复议机关对原行政行为合法性共同承担举证责任"，从而更好地体现作出原行政行为的行政机关和复议机关"一体化"的思路，更为符合《中华人民共和国行政诉讼法》第二十六条第二款的立法精神。请求依法驳回许某的再审诉求，维持二审行政裁定。

本院经审理对原一、二审查明的事实均予以确认。另查明，2015年12月31日，许某以深圳市监管局和广东省质监局为共同被告，向深圳市福田区人民法院提起行政诉讼，要求撤销深圳市监管局2014年12月30日作出的764号《处理告知》及2015年1月8日作出的《奖励通知》，撤销广东省质监局于2015年6月11日作出的28号复议决定。2016年1月4日，深圳市福田区人民法院作出（2016）粤0304行初4号行政裁定，以许某超过起诉期限为由，裁定驳回起诉。许某不服，提起上诉。2016年3月24日，深圳市中级人民法院作出（2016）粤03行终206号裁定，驳回上诉，维持一审裁定。2016年4月1日，许某向本院第一巡回法庭提出再审申请，请求撤销广东省高级人民法院作出的（2015）粤高法行终字第611号行政裁定。

本院认为，根据《中华人民共和国行政诉讼法》第二十六条第二款的规定，经复议的案件，复议机关决定维持原行政行为的，作出原行政行为的行政机关和复议机关是共同被告；复议机关改变原行政行为的，复议机关是被告。《最高人民法院关于适用〈中华人民共和国行政诉讼法〉若干问题的解释》第七条规定，复议机关决定维持原行政行为的，作出原行政行为的行政机关和复议机关是共同被告。原告只起诉作出原行政行为的行政机关或者复议机关的，人民法院应当告知原告追加被告。原告不同意追加的，人民法院应当将另一机关列为共同被告。本案中，许某不服复议机关的复议维持决定，应当以作出原行政行为的行政机关深圳市监管局和复议机关广东省质监局为共同被告。许某在起诉时只将复议机关广东省质监局列为被告，并明确表示不将作出原行政行为的机关深圳市监管局作为被告，一审应当向许某释明，要求其追加被告，如果许某仍不同意追加深圳市监管局为共同被告，则一审应当根据上述规定直接将深圳市监管局列为共同被告。

《中华人民共和国行政诉讼法》第十八条规定，行政案件由最初作出行政行为的行政机关所在地人民法院管辖。经复议的案件，也可以由复议机关所在地人民法院管辖。《最高人民法院关于适用〈中华人民共和国行政诉讼法〉若干问题的解释》第八条规定，作出原行政行为的行政机关和复议机关为共同被告的，以作出原行政行为的行政机关确定案件的级别管辖。也就是说，基于方便当事人诉讼的考虑，当事人对于经过复议维持的行为不服提起行政诉讼，在提起诉讼时既可以选择以作出原行政行为的行政机关所在地人民法院管辖，也可以选择复议机关所在地人民法院管辖。但是应当明确，虽然当事人在提起诉讼时享有地域管辖的选择权，仍应遵循有关级别管辖的规定。如前所述，本案属于经复议机关决定维持原行政行为，应以作出原行政行为的行政机关和复议机关为共同被告的案件，当事人提起行政诉讼，应当以作出原行政行为的行政机关即深圳市监管局的级别来确定案件的级别管辖。本案并不属于《中华人民共和国行政诉讼法》第十五条所规定的中级人民法院管辖的第一审行政案件的情形，应当由基层人民法院管辖。根据《中华人民共和国行政诉讼法》第二十四条第一款规定，上级人民法院有权审理下级人民法院管辖的第一审行政案件。也就是说，行政诉讼法并未完全排除上级法院对下级法院管辖案件的提级管辖权，即在非法定由上级人民法院管辖的一审行政案件中，上级法院有权提级审理。但是，这种提级管辖应当由法院根据案件的性质、疑难程度、规则价值、社会影响等全面分析考量，自由裁量权应当由上级人民法院行使，而不以当事人的意志和请求为准，否则行政诉讼法关于级别管辖的规定将形同虚设。广州市中级人民法院发现案件应由基层法院管辖，且不认同该案存在提级管辖的必要性的情况下，可以向当事人释明后由当事人另行向有管辖权的基层人民法院提起诉讼，或者将案件直接移送至有管辖权的基层人民法院。本案中，一、二审直接裁定驳回许某的起诉，处理方式确有不当，但当事人的诉权已经通过直接到基层人民法院起诉的方式得以行使。在本案二审裁定作出后，许某已经根据该裁定的指引，向深圳市福田区人民法院提起行政诉讼。故本案无需再通过指令的方式要求某一基层法院对同一诉讼请求继续审理，原一、二审裁定处理结果并无不当，应予维持。

需要指出的是，许某在本院询问时声称，其在本案中之所以只起诉复议机关而不起诉作出原行政行为的行政机关，就是为了规避基层人民法院的管辖。在深圳市福田区人民法院及深圳市中级人民法院均以超过法定起诉期限为由裁定驳回许某的起诉后，许某如不服该一、二审裁定，应当按照行政诉讼法的规定提出相应的再审申请。但是许某继而又向本院提出本案的再审申请，请求撤销广州市中级人民法院及广东省高级人民法院的裁定。许某在再审申请书中隐瞒其已经就相同诉讼请求向深圳市两级法院提起了诉讼且已有生效裁定的事实，在本院询问过程中拒绝陈述在深圳市两级法院进行诉讼的具体时间及过程，并拒不向本院提供相应的法律文书。本院在询问结束后向深圳市中级人民法院核实情况并调取相关法律文书，才查明相关事实。许某通过规避法律规定提高级别管辖、隐瞒相关事实申请再审，其性质不同于部分当事人因不熟悉行政诉讼法律规定、对相关法律条文存在错误理解而实施的需要法院予以释明并加以指引的诉讼行为，不属于依法行使诉权的行为，有违诉讼诚信原则。许某的前述行为增加了被申请人的诉累，导致法院程序空转，耗费司法资源，不具有正当性和可保护性。

综上，许某的再审申请理由不成立，根据《最高人民法院关于执行〈中华人民共和国行政诉讼法〉若干问题的解释》第七十六条的规定，裁定如下：

维持广东省高级人民法院（2015）粤高法行终字第611号行政裁定。

本裁定为终审裁定。

审判长：熊俊勇；审判员：龚斌、陈宏宇；法官助理：牛延佳；书记员：余逸纯

二〇一七年六月二十日

023

起诉多个无关联行政行为的，人民法院应当向起诉人释明分别起诉

【裁判要旨】

当事人对数个相互关联的行政行为同时提起诉讼的，人民法院可以合并为一个案件受理，并作出裁判。但是，是否合并审理，属于人民法院的裁量权。如果人民法院认为当事人起诉的数个行政行为之间不具有关联性，不宜合并审理的，人民法院应当对当事人给予指导和释明，指引其分别提起行政诉讼。当事人坚持要求合并审理，不分别起诉的，人民法院应当以起诉不符合其他法定条件为由，裁定不予立案或驳回起诉。人民法院不得在其中自行选择被诉行政行为予以受理并作出裁判。

中华人民共和国最高人民法院

行政裁定书

（2017）最高法行申 2799 号

再审申请人（一审原告、二审上诉人）：雷某。

委托代理人：梁增。

被申请人（一审被告、二审被上诉人）：南宁市人民政府。

法定代表人：周红波，市长。

委托代理人：吕吉，该府工作人员。

委托代理人：农剑勋，广西崇泰律师事务所律师。

原审第三人：南宁交通资产管理有限责任公司。

法定代表人：陈远程，执行董事。

委托代理人：黄庆生、廖原，广西创想律师事务所律师。

再审申请人雷某因诉被申请人南宁市人民政府（以下简称南宁市政府）、原审第三人南宁交通资产管理有限责任公司（以下简称交资公司）土地征收行政纠纷一案，不服广西壮族自治区高级人民法院 2016 年 6 月 28 日作出的（2016）桂行

终163号行政裁定，向本院申请再审。本院于2017年4月18日立案受理，依法组成合议庭审查本案。2017年5月23日下午，本院组织各方当事人在最高人民法院第一巡回法庭进行公开询问，再审申请人雷某及其委托代理人梁增，被申请人南宁市政府的委托代理人吕吉、农剑勋，原审第三人交资公司的委托代理人黄庆生，到庭参加询问。案件现已审查终结。

案涉房屋系坐落于南宁市郊亭子××北××里××（××为××组××）的一座三进老式旧房屋，共有12间房，系祖遗房屋。1996年8月26日，南宁市中级人民法院作出的（1996）南民终字第187号民事判决认定，案涉房屋系苏某、凌某（雷某之母）、莫某三户共同共有，平均分割。2004年，因江南堤路园项目建设征用项目需要，需征收案涉房屋，此时的房屋共有人为谢某、何某、雷某。动迁公司在谢某、何某的监督下进行实地测量，按建筑规范计算并经江南区征地拆迁办、谢某、何某的确认，房屋总面积共计718.17平方米，三人的房屋面积分别为239.39平方米。2005年7月23日，谢某签订了货币补偿安置协议，次日何某签订了产权调换安置协议，并先后将其房屋交付拆除。雷某因对房屋分割有异议，主张718.17平方米房屋均为其个人所有，未能与被拆迁人达成一致意见，涉案房屋一直未签订安置补偿协议。雷某多次上访投诉未果，在此期间其女儿死亡。2009年4月14日，雷某提起本案行政诉讼，并在经过南宁市中级人民法院的释明后，将其诉讼请求调整为：1. 判决南宁市政府将雷某的信访材料转交第三人交资公司，南宁市监察局将雷某的信访材料转交南宁市江南区信访办，违反《信访条例》第二十三条和《中共中央纪律检察委员会、中华人民共和国监察部关于保护检举、控告人的规定》第六条，造成雷某两次被伤害、其大女儿被杀害，是行政违法之一造成的严重后果，依法追究行政违法并赔偿造成雷某身心伤害和女儿被杀害的损失共计100万元人民币；2. 判决南宁市政府和第三人交资公司在建设江南堤路园市政工程中违法用地、违法强制分割××北××里35号房产所有权、违法拆迁、违法建设共四项行政违法行为。南宁市政府和交资公司应当依照该座房屋建设时的工艺和技术还原第一进屋和第二进屋及背面花果园围墙，并在第三进屋原址上建20平方米房屋作厨房、卫生间用。竣工后南宁市政府要依法给予雷某等人发放宅基地使用证和房屋产权所有证，并依法赔偿违法拆迁造成的财物损失和精神伤害费用共30万元人民币；3. 判决交资公司：《公示》××北××里35

号三进一廊屋共12间，三间厅堂，四个院子，一个花果园和一间厕所总建筑面积718.17平方米，谢某、莫某、雷某三人平均分割，雷某得239.39平方米，是横行霸道、以少充多，诈骗我们房地产；交资公司和谢某、何某签订的房屋拆迁协议是故意违背《中华人民共和国合同法》第五十二条第一款第二、三、五项规定；认为江南堤路园市政工程按50年一遇防洪标准扩建，待与百色水利枢纽联合运用，可将防洪标准提高到接近100年一遇，是劳民伤财和对江南区人民的重大欺诈；4. 判决南宁市政府对交资公司的欺诈、诈骗行为熟视无睹，是行政不作为给予庇护。

南宁市中级人民法院（2015）南市行二初字第86号行政裁定认为，根据行政诉讼全面审查原则和当事人诉辩意见，本案的争议焦点在于雷某的四项诉讼请求能否在本案中一并处理及对被诉土地征收行政行为的起诉是否超过法定期限。关于雷某的四项诉讼请求能否在本案中一并处理的问题。雷某提出的四项诉讼请求包含不同的法律关系，其中：第一项诉讼请求属于对信访转办程序提出的异议，第三项诉讼请求实质是对交资公司在集体土地地上附着物安置补偿过程中对案涉房屋进行公示和与其他相关利害关系人签订安置补偿协议的行为提出的异议，第四项诉求属于对行政机关的信访投诉。根据《中华人民共和国行政诉讼法》第十二条关于行政诉讼受案范围之规定，上述请求事项依法均不属于行政诉讼受案范围，雷某可以通过其他合法途径加以解决。第二项诉讼请求是要求确认南宁市政府和交资公司违法用地、违法强制分割35号房所有权、违法拆迁、违法建设，该请求事项包含不同的法律关系，亦不属于可以合并审理的情形，根据一行为一诉的原则，不应在本案中一并处理。对此该院依法向雷某进行了释明，但雷某坚持不变更诉讼请求。为保障其行政诉权，该院决定在本案中对所涉江南堤路园（中兴大桥—水塘江口段）项目集体土地征收行为合法性进行审查，至于雷某该项诉请中的其他符合行政诉讼受案范围的请求事项，可以另行起诉。关于雷某对被诉土地征收行政行为的起诉是否超过法定期限的问题。雷某要求确认本案所涉堤路园项目市政工程中兴大桥之水塘江口段土地征收行为违法，由于没有证据证明行政机关在进行土地征收时已经告知雷某诉权或者起诉期限，故对本案土地征收行为的起诉期限应当适用《最高人民法院关于执行〈中华人民共和国行政诉讼法〉若干问题的解释》第四十一条第一款的规定，但最长不得超过2年。雷某在庭审中自述其于2005年7月31日案涉房屋被拆除时才知晓被诉土地征收行为，即使按其在起诉时提交的诉状载明的起诉时间2009年4月14日起算，其起诉亦已超过规定的起诉期限。本案在已经受理的情况下，依法应对该项起诉予以驳回。依照《最高人民法院关于执行〈中华人民共和国行政诉讼法〉若干问题的解释》第四十四条第一款第一、六项之规定，裁定驳回雷某对南宁市政府征收江南堤路园（中兴大桥—水塘江口段）项目集体土地征收行为的起诉。雷某不服一审裁定，提起上诉。

广西壮族自治区高级人民法院（2016）桂行终163号行政裁定认为，提起行政诉讼，应当符合行政诉讼法规定的起诉条件。雷某的第一项诉讼请求系针对南宁市政府将其信访材料转交交资公司的行为，第四项诉讼请求系针对南宁市政府对雷某投诉交资公司的欺诈、诈骗不进行处理的行为，上述行为对信访人不具有强制力，对信访人的实体权利义务不产生实际影响，根据《最高人民法院关于执行〈中华人民共和国行政诉讼法〉若干问题的解释》第一条第二款第六项之规定，不属于人民法院行政诉讼的受案范围。雷某的第二、三项诉讼请求中关于对交资公司的行为的起诉，根据《中华人民共和国行政诉讼法》第二条的规定，交资公司既不属于行政机关也不属于法律、法规、规章授权的组织，其作出的行为不是行政行为，故雷某起诉交资公司不属于《中华人民共和国行政诉讼法》第十二条规定的行政诉讼受案范围。雷某的第二项诉讼请求主要针对南宁市政府征地、分割案涉房屋所有权、拆迁和建设等行政行为。关于征地行为和拆迁行为，由于雷某在原审庭审中自认在2005年7月31日知晓其房屋被拆迁时已经知道被诉征地行为，即使按照雷某在起诉状中载明的2009年4月14日作为起诉时间计算，也超过了两年的起诉期限，依法应当驳回起诉。关于“分割房产”的行为，实质上是南宁市政府在征地拆迁过程中作出的不具有行政强制执行力的程序性行为，对雷某的实体权利义务不产生实际影响，根据《最高人民法院关于执行〈中华人民共和国行政诉讼法〉若干问题的解释》第一条第二款第六项之规定，不属于人民法院行政诉讼的受案范围。关于建设本案所涉堤路园项目市政工程的行为，不属于行政机关作出的行政行为，依法亦不属于《中华人民共和国行政诉讼法》第十二条规定的行政诉讼受案范围。依照《中华人民共和国行政诉讼法》第八十九条第一款第一项的规定，裁定驳回上诉，维持一审裁定。

雷某申请再审称：二审隐瞒了五个违法行政事实。根据《中华人民共和国行政诉讼法》第十二条第一款第十二项规定，南宁市政府江南堤路园市政工程建设过程中存在五个违法行为。请求：1. 撤销一、二审裁定，立案再审。2. 还原第一、二进屋及围墙，并在原址上回建20平方米房屋，依法发放宅基地使用证和房屋所有权证并赔偿。3. 判决南宁市政府和南宁市监察局将雷某的控告材料转交给交资公司和江南区信访办行为违法并赔偿。4. 判决交资公司借拆迁诈骗江南区利害关系人违法。5. 请求对江南堤路园市政工程的相关地点进行科学勘查检验，认定南宁市政府认为该市政工程项目用地属抢险救灾急需用地是诈骗。

南宁市政府答辩称：雷某的起诉超过法定起诉期限，南宁市政府的征收行为合法。一、二审裁定认定事实清楚，适用法律正确，程序合法，请求驳回雷某的再审申请。

交资公司答辩称：雷某的起诉超过法定起诉期限，案涉征收行为和拆迁行为合法，请求驳回雷某的再审请求。

本院经审查认为，虽然一行为一诉是行政诉讼立案受理的基本原则，但是并非强制性规定，司法实践中亦不排除在同一诉讼中审理多个行政行为，行政诉讼法也规定了合并审理制度。如果当事人同时对同一行政机关作出的具有关联性的数个行政行为提起诉讼，要求一并审理，人民法院作为一个案件予以受理，可以减少当事人的诉累，以达到实质性解决纠纷的目的，并不违反法律规定。但是，是否一并审理属于人民法院的裁量权，如果人民法院认为当事人所诉的数个行为是由不同的主体作出，或者一个主体作出的数个行为之间不具有关联性，或者存在其他不宜一并审理的情况，则可以不予一并审理。在立案阶段人民法院应当对当事人给予指导和释明，要求其调整诉讼请求，指引当事人分别提起诉讼。如果已经立案，则人民法院应向当事人释明并要求其明确其中一项诉讼请求后，对该项诉讼请求继续审理；如果当事人坚持不明确其诉讼请求，则应当根据《最高人民法院关于适用〈中华人民共和国行政诉讼法〉若干问题的解释》第三条第一款第一项的规定，裁定驳回起诉。本案中，雷某在一审中提出了四项诉讼请求，一审认为四项诉讼请求包含不同的法律关系，其中第一项、第三项、第四项诉讼请求均不属于行政诉讼受案范围，二审对该三项诉讼请求亦进行了充分阐述，一、二审对该三项诉讼请求裁定驳回起诉并无不当，本院予以支持。

雷某提出的第二项诉讼请求是要求确认南宁市政府和交资公司违法用地、违法强制分割涉案房屋所有权、违法拆迁、违法建设，实质上是四个诉讼请求。一审认为该四个请求事项包含不同的法律关系，不属于可以合并审理的情形，向雷某进行了释明，处理得当。但是一审在雷某坚持不变更诉讼请求的情况下，决定将诉讼请求固定为对所涉江南堤路园项目集体土地征收行为合法性进行审查，侵犯了雷某的诉权。行政诉权是当事人请求人民法院提供司法保护或者帮助的权利，对于诉权的保障既包含对当事人起诉权的保障，也包含对当事人诉讼请求的选择权的保障。当事人行使诉权必须遵守行政诉讼法的规定，依照法定的程序和起诉条件来行使行政诉权，但如何行使诉权（包括选择和固定诉讼请求）则是当事人的权利，人民法院不能代为行使。一审在雷某的四项诉讼请求中自行决定其中一项并进行审理，处理方式不当，本院予以指正。二审实际上对雷某第二项诉讼请求中包含的四个行政行为均进行了审理，对于征地行为和拆迁行为亦认为超过法定起诉期限，对于其他三个行为，认为或者对雷某的实体权利义务不产生实际影响，或者不属于行政机关作出的行政行为，均不属于行政诉讼受案范围。二审的处理纠正了一审的不当，适用法律正确，本院亦予以支持。

在本院询问过程中，雷某表示尊重法院的一、二审裁判，仅要求对征地行为的合法性进行审查。雷某主张其至今不知道征地行为的内容，应当适用《最高人民法院关于执行〈中华人民共和国行政诉讼法〉若干问题的解释》第四十二条的规定，请求确认征地和拆迁行政行为违法并未超过法定期限。本院认为，根据《最高人民法院关于执行〈中华人民共和国行政诉讼法〉若干问题的解释》第四十一条第一款规定，行政机关作出具体行政行为时，未告知公民、法人或者其他组织诉权或者起诉期限的，起诉期限从公民、法人或者其他组织知道或者应当知道诉权或者起诉期限之日起计算，但从知道或者应当知道具体行政行为内容之日起最长不得超过2年。本案中，现有证据无法证明南宁市政府在实施征地行为时是否告知过雷某诉权及起诉期限，故应当适用上述规定的2年起诉期限。一、二审业已查明，雷某明确表示其在2005年7月31日房屋拆迁时知道了土地征收行为，自称于2009年4月14日提交了行政诉状，其起诉明显超过法定的2年起诉期限且无正当理由。

综上，雷某提起本案再审申请不符合《中华人民共和国行政诉讼法》第九十一条第三项规定的情形。依照《最高人民法院关于执行〈中华人民共和国行政诉讼法〉若干问题的解释》第七十四条的规定，裁定如下：

驳回雷某的再审申请。

审判长：熊俊勇；审判员：龚斌、曹刚；法官助理：牛延佳；书记员：黄雅媚

二〇一七年六月十九日

024

审理行政协议案件应优先适用行政法律规范

【裁判要旨】

人民法院审查行政机关签订行政协议行为是否合法，是否依法履行、按照约定履行协议，或者单方变更、解除协议是否合法，应当按照行政诉讼的规定，以法律和行政法规、地方性法规为依据，参照规章；规章以下的规范性文件合法有效的，可以作为人民法院审查被诉行政协议行为合法性的参考。只有在没有行政法律规范规定的情况下，才能够适用与行政法基本原则不相抵触的民事法律规范。

中华人民共和国最高人民法院
行政裁定书

（2017）最高法行申6880号

再审申请人（一审原告、二审上诉人）：谢某。

再审申请人（一审第三人、二审上诉人）：何某。

以上再审申请人共同委托代理人：栾金光，北京市盛廷律师事务所律师。

被申请人（一审被告、二审被上诉人）：邵阳市大祥区人民政府。

法定代表人：黄艳娥，区长。

委托代理人：黎青，该府工作人员。

委托代理人：许婷，湖南东放明律师事务所律师。

原审第三人：邵阳市桃花体育中心片区建设有限责任公司。

法定代表人：罗少林，总经理。

再审申请人谢某、何某因谢某诉被申请人邵阳市大祥区人民政府（以下简称大祥区政府）及原审第三人邵阳市桃花体育中心片区建设有限责任公司（以下简称桃花公司）签订房屋征收协议一案，不服湖南省高级人民法院于2017年3月23日作出的（2016）湘行终1478号行政判决，向本院申请再审。本院于2017年9

月 4 日立案受理本案，依法组成合议庭进行审查。案件现已审查终结。

谢某与何某系夫妻关系。2008 年，两人共同在邵阳市购买××区城南乡××座房屋，登记在何某名下。2013 年 2 月 26 日，为推动邵阳市体育新城建设，大祥区政府成立大祥区邵阳体育中心项目建设援建指挥部（以下简称指挥部）。2013 年 5 月 28 日，邵阳市人民政府发布邵预征字（2013）第 11 号《公告》，对预征地的范围、征地补偿标准等事项予以公告。2014 年 1 月 19 日，指挥部在紫霞村对何某等人的房屋征收面积、结构情况进行第一次张榜公示。同年 5 月 30 日，指挥部在紫霞村对何某等人的房屋征收补偿金额进行第二次张榜公示。同年 6 月 3 日，指挥部发出《通告》，对征收启动时间及相关事项予以通告。同年 6 月 17 日，何某与指挥部签订《集体土地上房屋征收协议书》（以下简称《征收协议》）。双方约定，对登记在何某名下的房屋进行征收并选择货币安置的方式进行补偿，何某必须在协议签订七日内搬迁腾地。同年 7 月 16 日，邵阳市桃花公园第一期项目用地经湖南省人民政府批准办理农用地转用、土地征收审批手续。同年 10 月 13 日，因何某提出其存在实际困难需安置房一套，指挥部与何某签订《邵阳市建设工程房屋拆迁补充协议》（以下简称《补充协议》），约定何某购买安置房一套，房款从原《征收协议》约定的补偿款中予以扣除。同年 10 月 31 日，邵阳市征地拆迁事务处将补偿款足额打入何某的银行账户。因谢某有事未参与协议的签订，在协议签订过程中，谢某的父亲全程参与协议的洽谈事宜。2016 年 4 月 14 日，谢某提起本案行政诉讼，请求确认何某与指挥部签订的《征收协议》无效。

邵阳市中级人民法院（2016）湘 05 行初 76 号行政判决认为，本案争议的焦点是何某与指挥部签订的《征收协议》是否有效。本案涉案房屋的《集体土地使用证》《建设用地规划许可证》上登记的权利人为何某，指挥部与何某签订《征收协议》并未违反法律规定。在签订房屋拆迁协议前，指挥部在拆迁范围内多处张贴邵阳市人民政府发布的《房屋征收公告》，负责拆迁工作的工作人员也多次入户做工作，谢某的父亲一直参与协议签订的洽谈，经充分协商，何某于 2014 年 6 月 17 日在《征收协议》上签字。2014 年 10 月 13 日，指挥部与何某就有关遗漏问题签订《补充协议》，何某领取房屋拆迁补偿款。从上述事实看，谢某对何某代表其夫妻与指挥部签订《征收协议》应当知情。谢某主张对签订协议不知情，何某隐瞒其与指挥部签订《征收协议》的主张与客观事实不符，不予采信。何某与指挥部签订的《征收协议》系双方当事人真实意思表示，内容真实、合法，不存在《中华人民共和国合同法》第五十二条规定的无效情形，应为有效。大祥区政府提出本案不属于行政诉讼受案范围、本案已经超过起诉期限，根据《最高人民法院关于适用〈中华人民共和国行政诉讼法〉若干问题的解释》第十一条的规定，公民就房屋征收补偿协议提起行政诉讼的，人民法院应当受理，谢某的起诉属于行政诉讼受案范围。根据《最高人民法院关于适用〈中华人民共和国行政诉讼法〉若干问题的解释》第十二条的规定，被征收人请求确认协议无效的，应参照民事法律规范关于诉讼时效的规定，适用二年起诉期限的规定。故对大祥区政府的上述主张，不予采纳。依照《最高人民法院关于执行〈中华人民共和国行政诉讼法〉若干问题的解释》第五十六条第四项的规定，判决驳回谢某的诉讼请求。谢某、何某均不服一审判决，提起上诉。

湖南省高级人民法院（2016）湘行终1478号行政判决认为，涉案房屋的《集体土地使用证》《建设用地规划许可证》上登记的权利人为何某，指挥部与何某签订《征收协议》并无不当。在签订《征收协议》前，征收工作人员入户进行调查，且经过三榜公示两级审核。谢某的父亲也一直参与协议签订的洽谈。2014年10月13日，指挥部与何某就有关遗漏问题又签订《补充协议》。同年10月31日，邵阳市征地拆迁事务处将补偿款足额打入何某的银行账户。从上述事实看，谢某对何某与指挥部签订《征收协议》应当是知情的。何某与指挥部签订的《征收协议》系双方当事人真实意思表示，内容真实、合法，不存在《中华人民共和国合同法》第五十二条规定的无效情形，应认定为有效。一审判决驳回谢某的诉讼请求具有事实和法律依据。

根据《中华人民共和国行政诉讼法》第八十九条第一款第一项之规定，判决驳回上诉，维持一审判决。

谢某、何某申请再审称：1. 何某在谢某不知情的情况下与指挥部签订《征收协议》构成无权处分，侵犯共有人谢某的权利。2. 一、二审未依据《中华人民共和国合同法》第五十二条确认协议无效，属适用法律错误。请求撤销一、二审判决，并指令湖南省高级人民法院重审；确认《征收协议》及《补充协议》无效。

大祥区政府答辩称：何某与指挥部签订的《征收协议》及《补充协议》系双方真实意思表示，且已经全部履行完毕；《征收协议》及《补充协议》系何某和谢某的夫妻共同意思表示，不存在无权处分的情形；《征收协议》及《补充协议》不具有合同法第五十二条规定的合同无效情形。请求驳回谢某、何某的再审申请。

桃花公司未提供书面答辩意见。

本院经审查认为，根据《中华人民共和国物权法》第四十二条第一款、第三款的规定，为了公共利益的需要，依照法律规定的权限和程序可以征收集体所有的土地和单位、个人的房屋及其他不动产；征收单位、个人的房屋及其他不动产，应当依法给予拆迁补偿，维护被征收人的合法权益；征收个人住宅的，还应当保障被征收人的居住条件。《中华人民共和国土地管理法实施条例》第二十五条规定，征收土地方案经依法批准后，由被征收土地所在地的市、县人民政府组织实施，并将批准征地机关、批准文号、征收土地的用途、范围、面积以及征地补偿标准、农业人员安置办法和办理征地补偿的期限等，在被征收土地所在地的乡（镇）、村予以公告；被征收土地的所有权人、使用权人应当在公告规定的期限内，持土地权属证书到公告指定的人民政府土地行政主管部门办理征地补偿登记；市、县人民政府土地行政主管部门根据经批准的征收土地方案，会同有关部门拟订征地补偿、安置方案，在被征收土地所在地的乡（镇）、村予以公告，听取被征收土地的农村集体经济组织和农民的意见；征地补偿、安置方案报市、县人民政府批准后，由市、县人民政府土地行政主管部门组织实施。根据上述规定，征收集体土地，应当对被征收人给予公平补偿。一般情况下，被征收人应为被征收土地上房屋及其他不动产的土地权利人。本案中，涉案房屋的《集体土地使用证》《建设用地规划许可证》上登记的权利人为何某。邵阳市人民政府自2013年5月发布征地预公告，至2014年6月及10月与何某签订《征收协议》及《补充协议》，历时一年多时间，谢某对于其共有房屋属于征收范围应当知情。征收期间，指挥部工作人员就房屋补偿安置事宜多次入户做工作，谢某之父一直参与协议签订的洽谈，且征收部门进行入户调查后进行三榜公示两级审核，在完成上述法定程序后，何某与指挥部签订《征收协议》。谢某主张何某隐瞒其与指挥部签订《征收协议》，不符合常理，亦无相应证据予以佐证，本院不予采信。指挥部与何某签订《征收协议》前，已经查明被征收人户的实际情况。在实际征收中，要求每一户被征收人家庭全体成员均参与补偿协议的协商与签订，既无必要也缺乏可操作性。在谢某并未提出过对被征收补偿的异议和权利主张的情况下，指挥部以何某作为户代表并与其签订补偿协议，并不违反法律规定，也符合农村的风俗习惯。指挥部与何某签订的补偿协议，以土地管理法及《邵阳市集体土地上房屋征收与补偿安置办法》为依据，达成的补偿标准符合邵阳市人民政府和邵阳市国土资源局发布的征收补偿安置方案的标准，内容合法，没有违反法律禁止性规定，应予维持。一、二审判决驳回谢某的诉讼请求，认定事实清楚，适用法律正确，本院予以支持。

谢某主张一、二审未依据《中华人民共和国合同法》第五十二条确认协议无效，属适用法律错误。根据《中华人民共和国行政诉讼法》第六十三条、第六十四条的规定，人民法院审理行政案件，以法律和行政法规、地方性法规为依据，参照规章，规章以下的规范性文件合法有效的，可以作为人民法院审查被诉行政行为合法性的参考。《最高人民法院关于适用〈中华人民共和国行政诉讼法〉若干问题的解释》第十四条规定，人民法院审查行政机关是否依法履行、按照约定履行协议或者单方变更、解除协议是否合法，在适用行政法律规范的同时，可以适用不违反行政法和行政诉讼法强制性规定的民事法律规范。根据上述规定，审理行政协议案件，应当优先适用行政法律规范的规定，只有在没有行政法律规范规定的情况下，才适用与行政法基本原则不相抵触的民事法律规范。本案中，被诉行为是指挥部与何某签订的《征收协议》与《补充协议》。如前所述，两份行政协议的签订符合土地管理法及邵阳市有关集体土地上房屋征收补偿的规范性文件的规定，内容合法有效。对两份协议合法性的审查判断，尚不需要适用《中华人民共和国合同法》的相关规定。谢某的该项主张没有法律根据，本院不予支持。应当指出的是，当事人应当依法行使诉权，不应当滥用诉权、无理缠诉。本案中，何某与指挥部签订《征收协议》及《补充协议》，并已领取房屋拆迁补偿款后，协议已经全部履行完毕，事实清楚，证据确凿。何某在谢某提起的行政诉讼中，在二审程序中提出上诉并向本院申请再审，称两份协议系其在隐瞒谢某的情况下所签，明显与客观实际情况不符。退一步讲，若两份协议确系何某隐瞒其夫签订，则相应的不利后果也应由其自身承担，双方应通过民事途径解决其家庭内部的利益分配问题，而非通过对行政机关提起诉讼来谋求更多利益。何某申请再审的行为违反诚实信用原则，其诉请缺乏事实根据，徒增被申请人诉累、挤占司法资源。

综上，谢某、何某的再审申请不符合《中华人民共和国行政诉讼法》第九十一条第三、四项规定的情形。依照《最高人民法院关于执行〈中华人民共和国行政诉讼法〉若干问题的解释》第七十四条的规定，裁定如下：

驳回谢某、何某的再审申请。

审判长：熊俊勇；审判员：司明灯、龚斌；法官助理：牛延佳；书记员：余逸纯

二〇一七年十一月三十日

025

《土地房产所有权证》存根具有与原件同等的证明效力

【裁判要旨】

《中华人民共和国物权法》第十七条规定，不动产权属证书是权利人享有该不动产物权的证明。不动产权属证书记载的事项，应当与不动产登记簿一致；记载不一致的，除有证据证明不动产登记簿确有错误外，以不动产登记簿为准。《土地房产所有权证》存根系国家或地方档案馆的存档材料，即便当事人持有的《土地房产所有权证》原件丢失，该存根与《土地房产所有权证》原件具有同等的证明效力。

中华人民共和国最高人民法院
行政判决书

（2017）最高法行再65号

再审申请人（一审原告、二审上诉人）：博白县亚山镇白花村元福岭队。

诉讼代表人：蒙业祯，队长。

委托代理人：余文杰，北京市天伦怡达律师事务所律师。

委托代理人：蒙世南，广西邦泰律师事务所律师。

被申请人（一审被告、二审被上诉人）：博白县人民政府。

法定代表人：罗培球，县长。

委托代理人：张标，博白县法制办工作人员。

委托代理人：朱小昆，博白县林业局工作人员。

被申请人（一审被告、二审被上诉人）：玉林市人民政府。

法定代表人：苏海棠，市长。

委托代理人：周苏影、黄洁，玉林市法制办工作人员。

原审第三人：博白县亚山镇白花村鱼塘坡队。

诉讼代表人：李异福，队长。

委托代理人：张九尚，广西杜坤律师事务所律师。

再审申请人博白县亚山镇白花村元福岭队（以下简称元福岭队）因诉被申请人博白县人民政府（以下简称博白县政府）土地确权及被申请人玉林市人民政府（以下简称玉林市政府）行政复议决定一案，不服广西壮族自治区高级人民法院于2016年5月23日作出的（2016）桂行终158号行政判决，向本院申请再审。本院于2017年4月18日立案审查，并于2017年6月30日作出（2017）最高法行申2848号行政裁定，提审该案。2017年10月10日，本院编立提审案号，依法组成合议庭审理本案，并于2017年11月3日在本院第一巡回法庭第二法庭公开开庭审理本案。再审申请人元福岭队的委托代理人余文杰、蒙世南，被申请人博白县政府的委托代理人张标、朱小昆，被申请人玉林市政府的委托代理人周苏影、黄洁，原审第三人博白县亚山镇白花村鱼塘坡队（以下简称鱼塘坡队）的诉讼代表人李异福及委托代理人张九尚，均到庭参加诉讼。案件现已审理终结。

一审经审理查明，元福岭队与鱼塘坡队争议的大岭排山岭位于博白县××白花村境内，四至界址为：西以石子颈为界，北以龟颈为界，东北以大岭排岭脚上边小路为界，东分别以蒙业生果场、蒙英祥果场、蒙业文果场和蒙业芳果场的上边为界，南以大岭排岭脚为界，面积约30亩，讼争山岭生长有速丰桉树、桉树和竹。讼争山岭在解放前是城厢大平坡屯及亚山镇白花村鱼塘坡屯李姓群众的祖宗岭。二十世纪土改时，博白县政府把讼争山岭登记落实给鱼塘坡屯的李甲等7户共41人所有，博白县档案局和鱼塘坡队保存有1952年土改时博白县政府颁发的《土地房产所有证》，该证注明讼争山岭的四至为东到岭胫，南到田边，西到田边，北到田边，讼争山岭全部登记在鱼塘坡屯的《土地房产所有证》的四至范围内。而县档案局和元福岭队保存的元福岭屯蒙某等5户共16人的《土地房产所有证存根》中记载的大岭排岭脚，是指争议山岭的东北面小路底下的岭脚，该岭脚不在讼争山岭的范围内。合作化、高级社时，讼争山岭入白花高级社，属白花高级社所有。1961年间，白花大队分为康田、油甘、大冲和白花四个大队，元福岭队和鱼塘坡队均属大冲大队管辖。1962年“四固定”时，大冲大队把讼争山岭固定给鱼塘坡队所有。二十世纪七八十年代，两方群众均在讼争山岭上种植桉树。1991年造林灭荒时期白花大队组织学生到讼争山岭上种湿地松，白花村委会现不主张该林地林木的权属。1999年5月间，鱼塘坡队群众到讼争山岭葬坟时，遭元福岭队群众阻挠，引起权属纠纷。1999年8月28日，鱼塘坡队向博白县政府提出确权申请。在调处过程中，鱼塘坡队放弃对元福岭队4名社员在讼争山岭所种植的5.2亩地的果树、竹木权属主张。2000年12月19日，博白县政府作出博政发（2000）84号处理决定（以下简称84号处理决定），将讼争山岭中元福岭队管理使用部分确权属元福岭队所有，其余属鱼塘坡队所有。元福岭队不服该处理决定，申请行政复议。2001年3月26日，玉林市政府作出玉政复决字（2001）第14号行政复议决定（以下简称14号复议决定），维持博白县政府的84号处理决定。元福岭队仍不服，提起行政诉讼。2001年8月1日，博白县人民法院作出（2001）博行初字第14号行政判决，维持84号处理决定。元福岭队提起上诉。2002年1月22日，玉林市中级人民法院作出（2002）玉中行终字第3号行政判决（以下简称3号行政判决），认为博白县政府84号处理决定认定事实不清、证据不足，判决撤销一审行政判决和博白县政府的84号处理决定，由博白县政府重新作出具体行政行为。2006年元福岭队在讼争山岭上种植速丰桉，鱼塘坡队制止无效，再次向博白县政府申请确权。2015年6月16日，博白县政府作出博政决（2015）3号行政处理决定（以下简称3号处理决定），主要内容为："1952年土改时，政府把争议山岭登记落实给鱼塘坡屯群众所有。1962年'四固定'时，大冲大队按原有为基础的原则把争议山岭固定给鱼塘坡队所有。'四固定'后鱼塘坡队在争议山岭种上桉树进行管理，鱼塘坡队主张争议的山岭权属理由充分，证据充足，应予支持。元福岭队主张争议山岭权属证据不足，理由不当，不予支持。决定：一、将争议的大岭排山岭（林地）权属处理给鱼塘坡队所有，西以石子颈为界，北以龟颈为界，东北以大岭排岭脚上边小路为界，东分别以蒙甲果场、蒙乙果场、蒙丙果场和蒙丁果场的上边为界，南以大岭排岭脚为界，面积约30亩。二、争议山岭上种植的速丰桉成材后砍伐，收益实行3:7的比例分成，即山权者鱼塘坡队得3成，种植者元福岭队得7成。砍伐第一代速丰桉后，萌芽树归鱼塘坡队所有。"元福岭队不服3号处理决定，申请行政复议。2015年9月28日，玉林市政府作出玉政复决字（2015）第44号行政复议决定（以下简称44号复议决定），维持3号处理决定。2015年10月21日，元福岭队提起本案行政诉讼，请求撤销博白县政府作出的3号处理决定和玉林市政府作出的44号复议决定，判令博白县政府对本案讼争山岭重新确权给元福岭队所有。

玉林市中级人民法院（2015）玉中行初字第72号行政判决认为，元福岭队主张讼争山岭的权属，依法负有举证责任。由于元福岭队提供的《山权林权证登记底册（存根）》来源不清楚，不具备合法性，该存根记载的内容亦无法证实讼争山岭当时已登记为元福岭队一方的村民所有（管理）；且元福岭队是在有权属纠纷期间开始在讼争山岭种植速丰桉，此事实不属于法律意义上的管理事实，不能作为元福岭队主张讼争山岭权属的依据。元福岭队举证不能，其关于撤销3号处理决定和44号复议决定的诉讼请求，不予支持。依照《最高人民法院关于执行〈中华人民共和国行政诉讼法〉若干问题的解释》第五十六条第四项之规定，判决驳回元福岭队的诉讼请求。元福岭队不服一审判决，提起上诉。

广西壮族自治区高级人民法院（2016）桂行终158号行政判决认为，争议地大岭排在土改时期，已经博白县政府登记落实给鱼塘坡屯的李某等7户共41人所有，有鱼塘坡队保存的1952年土改时博白县政府颁发的《土地房产所有证》及博白县档案局保存的7份《土地房产所有证存根》为证，《土地房产所有证》上注明有争议地“大岭排”，四至界址：东到岭胫，南到田边，西到田边，北到田边，7份《土地房产所有证存根》上均记载有争议地“大岭排”，均各载明亩数。1962年“四固定”时，争议双方所在的大冲大队把争议山岭固定给鱼塘坡队所有，二十世纪七八十年代间争议双方群众均在讼争山岭上种植桉树。上述事实有博白县政府对当时的大队干部梁有文、冯远富、梁富兰等人的调查笔录及知情人的证言证实。上述证据及事实相互印证，形成证据链。博白县政府根据上述查明的事实，依据《中华人民共和国森林法》第十七条、《国务院批转广西壮族自治区关于处理土地山林水利纠纷的情况报告》（国发〔1980〕135号）第三点第二项、《林业部关于个人种植的林木所有权问题的答复》（79）林护字26号及《广西壮族自治区土地山林水利权属纠纷调解处理条例》第三十四条第二项的规定，作出3号处理决定，有事实和法律依据。关于元福岭队提出争议山岭面积应为50亩的问题。虽然争议双方原争议面积是50亩，但在此次纠纷调解过程中，鱼塘坡队放弃对元福岭队村民在争议地上果园的林地权属要求。博白县政府于2013年5月24日组织争议双方进行现场勘查时，争议双方确定：争议的山岭坐落在亚山镇境内，山岭名称大岭排，其四至界址是：西以石子颈为界，北以龟颈为界，东北以大岭排岭脚上边小路为界，东分别以蒙甲果场、蒙乙果场、蒙丙果场和蒙丁果场的上边为界，南以大岭排岭脚为界，面积约30亩。现场勘查记录上有元福岭队队长、鱼塘坡队队长签字认可。故元福岭队上诉称本案争议地面积应为50亩，与事实不符。关于元福岭队提出争议地在土改时已登记给元福岭队所有，元福岭队有7份《土地房产所有证存根》予以证实的问题。经核实，元福岭队提供的《土地房产所有证存根》填写有争议地“大岭排”5份（5户共16人），其中2份登记的是“大岭排岭脚”，另外3份虽登记有“大岭排”，但均没有载明四至界址和面积，亦没有《土地房产所有证》原件佐证。根据2013年6月20日博白县林业局组织争议双方调解的会议记录，元福岭队认可“大岭排岭脚”是指争议地东北面的蒙业文果场。本案争议地并没有包括大岭排岭脚元福岭队村民的果园用地，故元福岭队以其提供的《土地房产所有证存根》主张争议地权属，证据不足。关于元福岭队主张“四固定”时争议地的权属仍归元福岭队所有的问题。由于元福岭队提供的证据无法证实争议地在土改时已登记为其一方村民所有，亦无其他证据佐证“四固定”时期争议地已固定给其队所有。故元福岭队此项主张，没有事实依据。关于元福岭队主张“林业三定”时白花大队已把争议地大岭排登记给其所有的问题。由于元福岭队提供的《山权林权所有证登记底册（存根）》，没有政府印章，没有填表人、核对人签名或盖章，不具备证据的合法性，不具有证明效力，不予采信。关于元福岭队诉称玉林市中级人民法院3号行政判决认定“元福岭队长期以来一直对争议地大岭排行使有效的管理使用权”，该认定应作为本案事实依据的问题。从查明事实看，二十世纪七八十年代间，争议双方群众均有在争议地山岭上种植桉树的管业行为，1991年造林灭荒时期白花大队组织学生到争议山岭上种植湿地松。现讼争山岭上生长着的速丰桉树木为本案权属纠纷发生后元福岭队所种植。元福岭队主张其单方管理争议地与事实不符。由于本案争议范围与玉林市中级人民法院3号行政判决一案中争议范围有所不同，即没有包括元福岭队村民的果园，故3号行政判决对“元福岭队长期以来一直对争议地大岭排行使有效的管理使用权”的认定不影响本案的认定。依照《中华人民共和国行政诉讼法》第八十九条第一款第一项的规定，判决驳回上诉，维持一审判决。

元福岭队申请再审称：1. 一、二审判决事实认定错误。（1）本案争议的大岭排面积约为45亩，而一、二审认定约为30亩。（2）鱼塘坡队在一、二审程序中提交七份1952年土改时的《土地房产所有证存根》，已于2002年经玉林市中级人民法院3号行政判决在“经审理查明”部分认定其也没有四至方面的登记内容，但一、二审却以《土地房产所有证》的记载为依据作出判决。(3)一、二审因该队提供的“四固定”证据不能证明争议地已固定归其所有，而支持确权给鱼塘坡队，事实认定错误。(4)“林业三定”时争议地已登记给该队，一、二审却予以否定。(5)一、二审认定该队在有权属纠纷期间才开始在讼争山岭种植树木、对争议地行使实际管理权，认定错误。2. 一、二审未经法定程序即否定生效的3号行政判决认定的事实，程序违法。3. 博白县政府作出的3号处理决定，系对84号处理决定处理之争议的重复处理，一、二审未予认定，系事实认定错误、程序违法。请求撤销一、二审判决，依法改判撤销3号处理决定和44号复议决定，并责令博白县政府对本案争议的山岭（林地）重新确权给元福岭队所有。

博白县政府答辩称：鱼塘坡队享有争议山岭所有权，元福岭队的再审事由没有事实依据和法律依据。1. 争议的大岭排面积经该府组织双方当事人现场勘查，双方签字认可为30亩。2. 争议山岭在土改时期已经登记落实给鱼塘坡队群众李某等7户共41人所有，有1952年土改时的《土地房产所有权证》和博白县档案局保存的7份存根为证。3. 1962年“四固定”时，大冲大队以“原有为基础”将争议山岭固定给鱼塘坡队所有，有“四固定”时期的大队干部和有关生产队干部及知情人证实，该证人证言与1952年《土地房产所有证存根》和《土地房产所有证》形成强有力的证据链。4. 1983年“林业三定”时，整个白花大队“林业三定”工作不完善，元福岭队提供的《山权林权所有证登记底册（存根)》，没有政府印章，没有填表人、核对人签名或盖章，不具备合法性，不具有证明效力，不应采信。5. 元福岭队主张争议山岭历史以来由其单方管理使用不符合实际事实，该府作出的处理决定第二项按照3:7比例分成速丰桉，符合客观事实。6. 3号行政判决并没有对争议山岭归属问题进行认定判决，且该案中争议山岭面积约50亩，本次争议山岭面积30亩，即没有包括元福岭队村民的果园。7. 该府根据鱼塘坡队提交的《林地林权确权申请书》，严格按照《广西壮族自治区林地山林水利权属纠纷调解处理条例》的规定程序对纠纷进行调查取证，依法作出处理决定，程序合法、适用法律正确。综上，3号处理决定调查认定事实清楚，证据充分，程序合法，适用法律准确。请求驳回元福岭队的再审申请。

玉林市政府答辩称：博白县政府作出的3号处理决定正确合法；该府作出的

44号复议决定程序合法；元福岭队的诉讼请求没有事实和法律依据；一、二审认定事实清楚、程序合法、适用法律正确。请求驳回元福岭队的再审申请。

鱼塘坡队陈述称：1. 元福岭队不具备提起诉讼的主体资格，其再审申请仅有生产队盖章，而生产队依法无权刻制印章，其诉请并未得到生产队长的委托，不符合法律要求。2. 元福岭队的诉讼请求要求法院判决博白县政府对讼争山岭重新确权给元福岭队，超出法院审理范围。3. 一、二审认定事实清楚、程序合法、适用依据正确，争议的土地属该队所有，事实清楚、证据确凿。请求驳回元福岭队的再审申请。

本院经审查对一、二审认定的基本事实予以认可。

本院另查明，鱼塘坡队提供的7份1952年的《土地房产所有权证》载明的土地总面积为8.75亩，其中李甲、李乙的《土地房产所有证》中的四至为“东至岭胫，西、南、北至田”。元福岭队提供的5份《土地房产所有权证存根》中有3份载明“大岭排”，没有写明四至。玉林市中级人民法院作出的3号行政判决查明的相关事实为：“土改时，元福岭队和鱼塘坡队各自的社员的土地所有权证均登记有讼争之地，其中元福岭队的证件存根共7份载明登记了讼争之地，但没有面积和四至的登记内容，鱼塘坡队也有这样的存根7份，总登记面积为8.75亩，也没有四至方面的登记内容，相应的土地房产所有权证有4份，登记的总面积2亩多，载明四至到田……四固定时，元福岭队和鱼塘坡队均认定，大冲大队的固定原则是原有为基础，各队管回各队的山岭。1982年实行生产承包责任制后，元福岭队的社员蒙业生、蒙业芳、蒙业文、蒙英祥在讼争之地种植面积5.2亩的果树、竹木……博白县政府作出的处理决定予以认定，鱼塘坡队对此无异议。”

本院认为，本案争议的主要焦点问题为，博白县政府作出的3号处理决定认定事实是否清楚，处理是否符合法律规定。根据《国务院转批广西壮族自治区关于处理土地山林水利纠纷的情况报告》第三点第二项的精神，处理土地山林水利纠纷，一般应以土改、合作化、“四固定”时期的定论为依据，对于解放后党政机关的处理决定和双方商定的协议，应当维护。根据《林木林地权属争议处理办法》第七条、第八条的规定，尚未取得林权证的，土地改革时期人民政府依法颁发的土地证可以作为处理林权争议的依据；土地改革、合作化时期有关林木、林地权属的其他凭证可以作为处理林权争议的参考依据。2013年《广西壮族自治区土地山林水利权属纠纷调解处理条例》第三十四条亦规定，土地改革时期依法取得的土地房产所有权证或者登记发证的档案清册或者林木、林地等权属登记的档案清册；农业合作化时期或者实行劳力、土地、耕畜、农具四固定时期，确定土地、林地权属归农民集体所有或者归农民个人使用的决议、决定和其他文件材料，可以作为土地山林水利权属纠纷确权处理的证据材料。本案中，争议双方均未取得讼争土地的林权证，根据上述规定，处理争议的依据应当是土改时期的土地房产所有权证，“四固定”时期的材料可以作为参考依据。博白县政府作出的3号处理决定，对于相关事实认定不清，证据不充分，作出的处理决定缺乏事实根据。下面分述如下：

一、关于土改时期证据材料的认定

博白县政府作出的3号处理决定认为，元福岭队提交的《土地房产所有证存根》中记载的大岭排岭脚不在讼争山岭范围内；一、二审判决则认为元福岭队提供的证据无法证明与讼争山岭有关，且登记底册（存根）来源不清楚，不具备合法性。首先，《中华人民共和国物权法》第十七条规定，不动产权属证书是权利人享有该不动产物权的证明。不动产权属证书记载的事项，应当与不动产登记簿一致；记载不一致的，除有证据证明不动产登记簿确有错误外，以不动产登记簿为准。即当不动产权证与登记簿不一致时，除有证据证明不动产登记簿确有错误外，以不动产登记簿为准。本案中，元福岭队提供1952年《土地房产所有权证存根》系博白县档案馆的存档，虽然其遗失《土地房产所有权证》原件，但不能因此否认存根的效力。该存根作为证据材料具有真实性，来源合法，其效力等同于《土地房产所有证》。其次，元福岭队提交的5份《土地房产所有证存根》中，虽有2份载明为大岭排岭脚，但另3份载明为大岭排，在讼争山岭范围内。最后，虽然元福岭队提交的《土地房产所有证存根》没有面积和四至的登记内容，但是鱼塘坡队提交的7份《土地房产所有证存根》也没有四至方面的登记内容，总登记面积为8.75亩，相应的土地房产所有权证中登记的总面积2亩多，载明四至到田，亦属于四至不清，且面积与讼争山岭面积相去甚远。综上所述，讼争山岭在土改时，元福岭队及鱼塘坡队均提供1952年土改时博白县政府颁发的《土地房产所有证》及《土地房产所有证存根》作为证据材料，双方各自的土地所有权证均登记有讼争山岭。3号处理决定及一、二审判决对该部分事实认定证据不足，应予纠正。

二、关于“四固定”时期证据材料的认定

3号处理决定认定，1962年“四固定”时大冲大队按原有为基础把讼争山岭固定给鱼塘坡队所有。根据《最高人民法院关于行政诉讼证据若干问题的规定》第七十条的规定，生效的人民法院裁判文书或者仲裁机构裁决文书确认的事实，可以作为定案依据。玉林市中级人民法院作出的3号行政判决，在审理查明部分认定“四固定时，元福岭队和鱼塘坡队均认定，大冲大队的固定原则是原有为基础，各队管回各队的山岭”，该院认为“四固定时讼争之地是以原有为基础进行固定，原有应指土改时的确权，博白县政府据此认定讼争之地四固定时已固定给鱼塘坡队主要证据不足，因为相关的土改时的证件不能证实讼争之地已全部确权给鱼塘坡队所有之事。”据此，生效的行政判决已对博白县政府认定讼争山岭在四固定时已固定给鱼塘坡队的事实予以否定。博白县政府在没有调取其他新证据的情况下，在3号处理决定中仍然作出同样的事实认定，明显缺乏事实根据。一、二审判决对该部分事实的认定亦不符合证据规则，认定事实不清，应予纠正。玉林市中级人民法院作出的3号行政判决，对于该部分的事实认定证据确凿，本院予以认可。

三、关于3号处理决定的合法性问题

根据《林木林地权属争议处理办法》第三条及2013年《广西壮族自治区土地山林水利权属纠纷调解处理条例》第四条的规定，调处土地山林权属纠纷，必须以事实为依据，以法律为准绳，考虑历史和现实状况，积极疏导，充分协商，遵循有利于安定团结、有利于生产生活、有利于经营管理的原则。《林木林地权属争议处理办法》第十一条规定，当事人对同一起林权争议都能够出具合法凭证的，应当协商解决；经协商不能解决的，由当事人共同的人民政府按照双方各半的原则，并结合实际情况确定其权属。第十二条规定，土地改革后营造的林木，按照“谁造林、谁管护、权属归谁所有”的原则确定其权属，但明知林地权属有争议而抢造的林木或者法律、法规另有规定的除外。2013年《广西壮族自治区土地山林水利权属纠纷调解处理条例》第三十条规定，人民政府处理土地、山林和水利权属纠纷，在查明事实的基础上，根据不同情况作如下处理：（一）申请人的主张有确实、充分证据的，做出支持其主张的决定；（二）权属纠纷当事人各方均有一定证据，但证据不足以支持权属主张的，可以在兼顾各方利益的基础上作出处理决定。本案中，元福岭队及鱼塘坡队均对讼争山岭具有土改时的土地房产所有证作为权属依据，在四固定时也是以土改时的所有权状况为基础进行固定，一十世纪七八十年代两方群众均在讼争山岭上种植桉树，目前讼争山岭上的速丰桉系元福岭队种植，双方均有对讼争山岭的管用事实。博白县政府本应结合上述客观事实，依据相关规定，在兼顾各方利益的基础上作出相应处理决定。但博白县政府作出3号处理决定，未能正确反映土改、四固定时的客观事实以及各方管用事实，确权结果不具有合法性。

综上，博白县政府作出3号处理决定，认定元福岭队没有权属依据，将讼争土地处理给鱼塘坡队所有，属认定事实不清，证据不足，应予撤销。玉林市政府作出44号复议决定，维持博白县政府的3号处理决定，亦应予以撤销。一、二审判决驳回元福岭队的诉讼请求认定事实不清，证据不足，亦应予以撤销。元福岭队的再审申请符合《中华人民共和国行政诉讼法》第九十一条第三、四项的规定，一、二审判决认定事实不清，适用法律错误。依照《中华人民共和国行政诉讼法》第七十条第一项，《最高人民法院关于执行〈中华人民共和国行政诉讼法〉若干问题的解释》第七十六条第一款、第七十八条之规定，判决如下：

一、撤销广西壮族自治区玉林市中级人民法院于2015年12月22日作出的（2015）玉中行初字第72号行政判决；

二、撤销广西壮族自治区高级人民法院于2016年5月23日作出的（2016）桂行终158号行政判决；

三、撤销博白县人民政府于2015年6月16日作出的博政决（2015）3号行政处理决定；

四、撤销玉林市人民政府于2015年9月28日作出的玉政复决字（2015）第44号行政复议决定；

五、责令博白县人民政府于本判决生效六个月内对讼争山岭重新作出处理决定。

本案一审诉讼费用50元，二审诉讼费用50元，全部由博白县人民政府负担。

本判决为终审判决。

审判长：熊俊勇；审判员：龚斌、陈宏宇；法官助理：牛延佳；书记员：余逸纯

二〇一七年十二月十一日

026

人民法院应当在综合分析全部证据材料的基础上作出相关事实的认定

【裁判要旨】

人民法院对证据进行分析判断时，既要注重对单个证据证明力的判断，更要综合分析全部证据材料，运用逻辑推理和生活经验，对争议事实作出客观、公正的认定。孤立分析证据、认定事实的论证方式，不符合行政诉讼证据分析、事实认定的基本规则。

中华人民共和国最高人民法院
行政裁定书

（2017）最高法行申6059号

再审申请人（一审原告、二审上诉人）：罗甲。

被申请人（一审被告、二审被上诉人）：广东省人民政府。

法定代表人：马兴瑞。

委托代理人：杨扬。

委托代理人：黄允鑫。

再审申请人罗甲因诉被申请人广东省人民政府（以下简称广东省政府）驳回行政复议申请一案，不服广东省高级人民法院于2016年11月30日作出的（2016）粤行终1592号行政判决，向本院申请再审。本院于2017年8月7日立案受理，依法组成合议庭进行审查。案件现已审查终结。

2013年10月10日，经广东省政府批准，广东省国土资源厅向梅州市人民政府（以下简称梅州市政府）作出粤国土资（建）字（2013）952号《关于梅州市2013年度第八批次城镇建设用地的批复》（以下简称952号批复），同意梅州市政府将梅江区城北镇黄留村委会、黄明村委会、西郊街道办事处黄塘村委会下属的集体土地1.4196公顷转为建设用地，与上述集体建设用地13.6428公顷，一并办理征收为国有土地手续。梅州市梅江区人民政府（以下简称梅江区政府）收到

952号批复后，分别作出梅区府（2013）30号《关于征收土地的公告》（以下简称30号公告）和梅区府（2013）31号《关于房屋征收决定的公告》。30号公告中包含952号批复的作出机关、批准文号、批准用途，以及被征收土地的所有权人、位置、征地补偿标准等内容。2013年11月5日，梅州市梅江区城北镇人民政府、梅江区城北镇黄留村民委员会将上述两份公告张贴在黄留村十六村民小组罗氏祖屋、罗乙屋侧墙处。2015年1月12日，罗甲领取征地补偿款，并在《黄留十六队征地补偿分红表（现金）》上签字确认。2015年4月22日，梅州市梅江区土地房屋征收安置中心将应支付给罗甲、罗丙的房屋征收补偿款970306元提存至广东省梅州市嘉应公证处（以下简称嘉应公证处）。2015年4月23日，嘉应公证处在《梅州日报》刊登《公告》，告知罗甲相关提存事项。2015年4月30日，嘉应公证处作出（2015）粤梅嘉应第008333号《公证书》（以下简称8333号公证书），证明梅州市梅江区土地房屋征收安置中心将房屋征收款提存至嘉应公证处。2015年12月11日，罗甲不服952号批复，申请行政复议。2016年2月1日，广东省政府作出粤府行复（2015）631号《驳回行政复议申请决定书》（以下简称631号复议决定），认为罗甲的行政复议申请已超过法定60日申请期限，决定驳回罗甲的行政复议申请。罗甲不服，提起本案行政诉讼，请求撤销631号复议决定。

广州铁路运输中级法院（2016）粤71行初106号行政判决认为，梅江区政府于2013年11月5日向被征地集体及其成员发布30号公告，罗甲亦领取土地补偿及安置补助费，地上附着物补偿费也被提存至嘉应公证处。罗甲当时应当知道952号批复。2015年12月11日，罗甲申请行政复议，超过法定60日行政复议申请期限，广东省政府驳回罗甲的行政复议申请，并无不当。依照《中华人民共和国行政诉讼法》第六十九条的规定，判决驳回罗甲的诉讼请求。罗甲不服，提起上诉。

广东省高级人民法院（2016）粤行终1592号行政判决认为，2013年11月5日发布的30号公告的事实足以认定，30号公告发布时罗甲就应当知道952号批复的主要内容，2015年12月11日其申请行政复议，超过法定申请期限。广东省政府驳回其复议申请，并无不当。依照《中华人民共和国行政诉讼法》第八十九条第一款第一项之规定，判决驳回上诉，维持原判。

罗甲申请再审称：认定梅江区政府于2013年11月5日发布30号公告，证据不足。提存地上附着物、在分红表上签字，并不能证明罗甲知道952号批复。请求撤销一、二审判决，依法对本案予以再审。

广东省政府答辩称：广东省政府作出的复议决定认定事实清楚，适用法律依据正确，复议程序合法。一、二审判决驳回诉讼请求并无不当。请求驳回罗甲的再审申请。

本院经审查认为，《中华人民共和国行政诉讼法》第三十四条第一款规定，被告对作出的行政行为负有举证责任，应当提供作出该行政行为的证据。《最高人民法院关于行政诉讼证据若干问题的规定》第五十四条规定，法庭应当对经过庭审质证的证据和无需质证的证据进行逐一审查和对全部证据综合审查，遵循法官职业道德，运用逻辑推理和生活经验，进行全面、客观和公正地分析判断，确定证据材料与案件事实之间的证明关系，排除不具有关联性的证据材料，准确认定案件事实。也就是说，人民法院对证据进行分析判断时，既要注重对单个证据证明力的判断，更要综合分析全部证据材料，运用逻辑推理和生活经验，对争议事实作出客观、公正的认定。本案中，广东省政府作出被诉的631号复议决定，对该行政行为的合法性负有举证责任，应当向人民法院提供其作出该复议决定时所依据的全部证据材料。一审中，广东省政府提供30号公告、张贴30号公告的照片、梅江区城北镇人民政府和黄留村民委员会分别提供的证明公告已经张贴的《证明》，以及《黄留十六队征地补偿分红表（现金）》、8333号公证书、邮单详情等证据材料。上述书证材料均有原件为证，综合分析上述证据，足以认定30号公告于2013年11月5日在黄留村十六村民小组予以张贴的事实。广东省政府完成了对30号公告当时已经张贴的举证责任。罗甲认为，上述证据不能证明30号公告当时已经张贴的事实，但没有提供相反证据予以佐证。同时，罗甲主张张贴公告的照片没有拍照日期、罗甲作为村民没有看到当时张贴的30号公告、签字领取的土地款和公告提存地上附着物补偿款不能直接证明30号公告张贴的事实。如果孤立地分析上述证据材料，确实存在罗甲提出质疑的问题。但是，综合分析相关证据材料，照片证明30号公告已经张贴，被征收土地所有权人及基层政府证明张贴的具体时间和位置，罗甲领取土地补偿款知道土地征收事实，上述各项证据足以认定30号公告于2013年11月5日在黄留村十六村民小组予以张贴的事实。罗甲孤立分析证据、认定事实的论证方式，不符合行政诉讼证据分析、事实认定的基本规则，对其主张本院不予支持。

国法〔2014〕40号《国务院法制办公室关于认定被征地农民“知道”征收土地决定有关问题的意见》（以下简称40号意见）第六条规定，行政机关在征收土地决定作出后，没有告知被征地农民申请行政复议的权利、行政复议机关或者申请期限的，行政复议申请期限参照《最高人民法院关于执行〈中华人民共和国行政诉讼法〉若干问题的解释》第四十一条办理，即行政复议申请期限从公民、法人或者其他组织知道或者应当知道申请行政复议的权利、行政复议机关或者申请期限之日起计算，但从知道或者应当知道征收土地决定内容之日起最长不得超过2年。参照《最高人民法院关于审理涉及农村集体土地行政案件若干问题的规定》第九条规定，以公告方式送达的行政决定，行政复议期限应当自公告确定的期限届满之日起计算。又参照40号意见第三条规定，公告没有确定期限的，可以视为申请人自公告张贴之日起满10个工作日起知道征收土地决定。《征收土地公告办法》第四条规定，被征收土地所在地的市、县人民政府应当在收到征收土地方案批准文件之日起10个工作日内进行征收土地公告，该市、县人民政府土地行政主管部门负责具体实施。本案中，952号批复属于依法应当通过公告方式送达被征收人的行政决定，952号批复的主要内容于2013年11月5日通过30号公告在黄留村十六村民小组予以张贴，30号公告未告知被征收人对952号批复不服申请行政复议的权利和期限，亦未明确公告期限。根据40号意见的上述规定，罗甲于2013年11月15日应当知道952号批复的主要内容，最迟应于2015年11月15日申请行政复议。又因2015年5月1日起，修改后的《中华人民共和国行政诉讼法》开始实施，《最高人民法院关于执行〈中华人民共和国行政诉讼法〉若干问题的解释》第四十一条中有关2年起诉期限的规定与修改后的《中华人民共和国行政诉讼法》第四十六条规定不一致，故不再适用，40号意见第六条关于参照《最高人民法院关于执行〈中华人民共和国行政诉讼法〉若干问题的解释》第四十一条规定执行的内容也同时丧失参照的根据。自2015年5月1日起，当事人参照《最高人民法院关于执行〈中华人民共和国行政诉讼法〉若干问题的解释》第四十一条规定享有的2年申请行政复议期限尚未届满的，最多只能保留《中华人民共和国行政复议法》第九条第一款规定的60天复议申请期限。至2015年6月29日，罗甲的法定申请行政复议期限已经届满。罗甲于2015年12月11日申请行政复议，显然已超过法定的申请期限。广东省政府以罗甲的复议申请不符合受理条件为由，决定驳回其行政复议申请，处理结果并无不当。罗甲主张其于2015年11月13日通过政府信息公开知悉952号批复，申请行政复议未超过法定期限，其主张缺乏事实和法律根据，本院不予支持。

综上，罗甲的再审申请不符合《中华人民共和国行政诉讼法》第九十一条第三、四项规定的情形。依照《最高人民法院关于执行〈中华人民共和国行政诉讼法〉若干问题的解释》第七十四条的规定，裁定如下：

驳回罗甲的再审申请。

审判长：郭修江；审判员：王毓莹、熊俊勇；法官助理：黄宁晖；书记员：陈清玲

二〇一七年十月三十一日

027

行政程序中为达成调解协议对相关事实的认可，不能作为作出行政决定时认定事实的证据

【裁判要旨】

为解决纠纷，在行政程序中，经协商、妥协，各方达成的、未最终履行的调解协议所认定的事实，是各方协商、妥协的结果，并非当事人双方对争议事实的自认，不能作为行政机关作出行政决定时认定事实的证据。

中华人民共和国最高人民法院
行政裁定书

（2017）最高法行申 6051 号

再审申请人（一审原告、二审上诉人）：广东省阳江市阳东区北惯镇彭村村民委员会大陂头村民小组。

诉讼代表人：林进东。

被申请人（一审被告、二审被上诉人）：广东省阳江市阳东区人民政府。

法定代表人：冯富基。

原审第三人：广东省阳江市阳东区合山镇里寮村民委员会旧村村民小组。

诉讼代表人：李卫南。

委托代理人：何燕君。

再审申请人广东省阳江市阳东区北惯镇彭村村民委员会大陂头村民小组（以下简称大陂头村）因诉被申请人广东省阳江市阳东区人民政府（以下简称阳东区政府）及原审第三人广东省阳江市阳东区合山镇里寮村民委员会旧村村民小组（以下简称里寮村委会旧村）颁发林权证一案，不服广东省高级人民法院于 2016 年 9 月 2 日作出的（2016）粤行终 851 号行政判决，向本院申请再审。本院于 2017 年 8 月 7 日立案受理，依法组成合议庭进行审查。案件现已审查终结。

里寮村委会旧村与原阳东县北惯镇彭村经济联合社，早期对横岭山、风吹鹤

斗山的权属存在争议。1983年6月7日，原阳江县人民政府稳定山权林权办公室在组织各方调处达成调解协议后，作出江稳仲字（1983）07号《关于合山公社里廖大队、大迳大队与北惯公社彭村大队山林权界至调解协定的通知》（以下简称7号通知），认为争议双方填发山林权证应按协议书签字的界至为准。但双方达成的调解协议未得到落实，纠纷仍未解决，里寮村委会旧村随后申请土地确权。1996年9月3日，阳东区政府（原阳东县人民政府）作出东府发（1996）27号《关于横岭、风吹鹤斗山林权属纠纷的裁决》（以下简称27号裁决），将横岭山、风吹鹤斗山，面积约500多亩的林地、林木，确定属里寮村委会旧村农民集体所有，并附四至范围图。原阳东县北惯镇彭村经济联合社不服，申请行政复议。1997年11月26日，阳江市人民政府作出阳府复决（1997）04号《行政复议决定书》，维持27号裁决。原阳东县北惯镇彭村经济联合社仍不服，提起行政诉讼，请求撤销27号裁决。因其未在规定的期限内预交案件受理费，原阳东县人民法院于1998年4月17日作出（1998）东行初字第4号行政裁定，裁定按撤诉处理。

2012年8月6日，里寮村委会旧村向原阳东县合山镇林地林权登记换发证工作领导小组办公室（以下简称合山镇林权办）递交《广东省林地林权登记申请表》，申请对坐落在阳东区合山镇里寮村委会旧村地名为横岭、风吹鹤斗一带，面积为593.8亩的林地所有权、林地使用权、森林或林木所有权、森林或林木使用权申请初始登记，申请登记的林地主要树种有松树及其他杂树。里寮村委会旧村同时提交27号裁决及相关司法文书等申请登记材料。合山镇林权办受理里寮村委会旧村的申请后，于2012年8月6日组织里寮村委会旧村村民代表、毗邻交界的合山镇大迳村委会大村村民小组代表和技术人员进行现场勘界审核，由技术人员制作《林地林木权属勘查登记卡》，绘制《森林、林木、林地四至范围图》，确认登记林地的界至范围。合山镇林权办根据里寮村委会旧村提供的权利依据材料，结合现场踏查情况，认为里寮村委会旧村对申请登记的林地、林木具有所有权和使用权，权属来源明确清晰，遂于2012年8月12日至同年9月12日，在合山镇里寮村委会、合山镇大迳村委会、北惯镇彭村村委会的办公楼外墙张贴进行公示，公示期间无人提出异议。合山镇人民政府随后报原阳东县农业和林业局审批。2012年12月27日，原阳东县农业和林业局在里寮村委会旧村的林权登记申请表上加注“情况属实，同意报县政府审批”的意见。2012年12月29日，阳东区政府经审批同意后发证。2013 年 1 月 14 日，阳东区政府向里寮村委会旧村颁发东林证字（2013）第 0700003 号《林权证》（以下简称 700003 号林权证），将坐落在阳东区合山镇里寮村委会旧村，地名为横岭、风吹鹤斗，四至为：东至沙咀垌仔村塘为界，南至水口庙为界，西至火龙门、火龙坑为界，北至佛仔迳为界，面积为 593.8 亩的林地所有权、林地使用权、森林或林木所有权、森林或林木使用权，均登记为里寮村委会旧村所有。2015 年 10 月 19 日，大陂头村提起本案行政诉讼，请求撤销 700003 号林权证。

阳江市中级人民法院（2015）阳中法行初字第 33 号行政判决认为，没有证据证实大陂头村于 2013 年 1 月 14 日颁发 700003 号林权证时，就知道或者应当知道该颁证行为，其于 2015 年 10 月 19 日提起行政诉讼，未超过法律规定的起诉期限。里寮村委会旧村申请颁发 700003 号林权证时，涉案林地、林木已经政府确定权属，确权决定已发生法律效力。7 号通知只是通知争议双方填发山林权证应按协议书签字的界至为准，并非政府确定权属处理决定，也不是权属凭证。大陂头村以此主张 700003 号林权证存在权属争议，不予采纳。阳东区政府颁发 700003 号林权证前，经过现场勘界审核、逐级审批、公示公告等，程序合法。依照《中华人民共和国行政诉讼法》第六十九条规定，判决驳回大陂头村的诉讼请求。大陂头村不服，提起上诉。

广东省高级人民法院（2016）粤行终 851 号行政判决认为，里寮村委会旧村申请林权登记时，提供 27 号裁决等林权证明材料。27 号裁决将争议的林地、山地确权给里寮村委会旧村农民集体所有。经现场勘界、公告公示，公示期满无异议等程序后，阳东区政府向里寮村委会旧村颁发 700003 号林权证，颁证行为符合法律、法规规定。依照《中华人民共和国行政诉讼法》第八十九条第一款第一项之规定，判决驳回上诉，维持原判。

大陂头村申请再审称：7 号通知确定以双方签订的调解协议为准划分权属界至，调解协议经双方协商一致签字认可，是各方真实意思表示，应当作为确权的依据。27 号裁决依法应予以撤销，阳东区政府以 27 号裁决为依据颁发 700003 号林权证，主要事实不清，证据不足。请求撤销一、二审判决，对本案进行再审。

里寮村委会旧村答辩称：7 号通知不是政府确权处理决定，也不是权属证明。争议山林的四至已经阳东县、阳江市两级政府裁决，法律上已无权属争议。阳东区政府经现场勘界、公告公示，公示期满无异议后颁发700003号林权证，颁证程序合法。请求驳回大陂头村的再审申请。

阳东区政府未提交书面答辩意见。

本院经审查认为，《林木和林地权属登记管理办法》第五条、第十条、第十一条规定，林权权利人应当根据森林法及其实施条例的规定提出登记申请，并提交林权登记申请表、身份证明、林木和林地权属证明文件等材料。登记机关对已经受理的登记申请，应当自受理之日起10个工作日内，在森林、林木和林地所在地进行公告，公告期为30天。经审查认为申请登记的森林、林木和林地位置、四至界限、林种、面积或者株数等数据准确，林权证明材料合法有效，不存在权属争议，附图中标明的界桩、明显地物标志与实地相符合的，登记机关应当自受理申请之日起3个月内予以登记。本案中，里寮村委会旧村申请林地林权初始登记，填写林权申请登记表，提交证明林木和林地权属的27号裁决等相关材料；合山镇林权办受理申请后，依法进行公告，30天公告期内无人提出异议；经现场勘界，审查认为里寮村委会旧村申请登记林木和林地位置、四至界限清楚，林权、林地证明材料合法有效，不存在权属争议，阳东区政府给里寮村委会旧村颁发700003号林权证，颁证行为认定事实清楚，主要证据充分。大陂头村主张，涉案林权、林地权属的界至应按7号通知确认、双方签字认可的调解协议为准，700003号林权证以27号裁决为依据，主要事实不清。但是，27号裁决是行政机关经调查、审核，依法作出的已经发生法律效力的林地权属处理决定；7号通知要求双方填发山林权证时按调解协议办理，而事实上调解协议并未实际履行。调解协议仅仅是双方为解决纠纷达成的协议，并非国家机关公文。双方反悔，则调解协议不发生法律效力。根据《最高人民法院关于行政诉讼证据若干问题的规定》第六十三条第一项并参照第六十六条规定，作为国家机关公文文书的27号裁决，与未实际发生法律效力的双方当事人之间签订的调解协议相比较，国家机关公文文书的证明效力显然高于调解协议的效力；同时，行政程序中，为解决纠纷，双方经协商妥协达成的、未最终执行的调解协议，并非当事人双方对争议事实的认可，也不能作为行政机关作出行政决定的根据。大陂头村主张27号裁决未根据调解协议作出确权决定应予撤销，阳东区政府根据27号裁决颁发700003号林权证主要事实不清，理由不能成立。以此为由申请再审，本院不予支持。

综上，大陂头村的再审申请不符合《中华人民共和国行政诉讼法》第九十一条第三、四项规定的情形。依照《最高人民法院关于执行〈中华人民共和国行政诉讼法〉若干问题的解释》第七十四条的规定，裁定如下：

驳回广东省阳江市阳东区北惯镇彭村村民委员会大陂头村民小组的再审申请。

审判长：郭修江；审判员：奚向阳、龚斌；法官助理：黄宁晖；书记员：陈清玲

二〇一七年十月三十一日

028

当事人所在社区、单位推荐的公民原则上应当是推荐单位的成员；代理人提供虚假证明材料的应当予以处罚

【裁判要旨】

参照《最高人民法院关于适用〈中华人民共和国行政诉讼法〉的解释》第三十三条第一款第四项规定，当事人所在社区、单位推荐的公民担任代理人的，原则上代理人应当是该社区、单位的负责人或者与该社区、单位有合法劳动人事关系的工作人员。当事人所在社区、单位推荐非本单位的人作为委托代理人的，人民法院应当严格审查代理人的资格。对曾经有过虚假诉讼或者诉讼失信行为，可能对被代理人的权益造成损害、妨碍正常的诉讼活动的人，人民法院应当不认可其代理人资格，要求当事人重新委托代理人。

代理人在行政诉讼中提供虚假证明材料的，属于滥用诉权、恶意诉讼的行为，人民法院应当根据《中华人民共和国行政诉讼法》第五十九条第一款第二项的规定，对代理人作出处罚。

中华人民共和国最高人民法院
行政裁定书

（2017）最高法行申8568号

再审申请人（一审原告、二审上诉人）：胡某。

委托代理人：邓年光。

被申请人（一审被告、二审被上诉人）：南宁青秀山风景名胜旅游区管理委员会。

法定代表人：蓝飞，主任。

行政机关负责人：黄春妹，副主任。

委托代理人：秦谢华，该委工作人员。

委托代理人：唐楚安，广西谦行律师事务所律师。

被申请人（一审被告、二审被上诉人）：南宁市人民政府。

法定代表人：周红波，市长。

委托代理人：黄志斌、潘金凤，该府法制办工作人员。

再审申请人胡某因诉被申请人南宁青秀山风景名胜旅游区管理委员会（以下简称青秀山管委会）、南宁市人民政府（以下简称南宁市政府）强制拆除及行政赔偿一案，不服广西壮族自治区高级人民法院于2017年8月16日作出的（2017）桂行终647号行政判决，向本院申请再审。本院于2017年11月13日立案，依法组成合议庭进行审查，并于2017年11月28日上午在本院第一巡回法庭第二法庭组织各方当事人进行询问。再审申请人胡某的委托代理人邓年光，被申请人青秀山管委会的负责人黄春妹及委托代理人秦谢华、唐楚安，被申请人南宁市政府的委托代理人黄志斌、潘金凤，均到庭参加询问。案件现已审查终结。

胡某在南宁市××区青山园艺××瓦窑村建设有两栋房屋。因为国家建设需要，该房屋被纳入征地拆迁范围。征地办亦对该房屋及地上附着物进行登记作价，登记测量结果分别为：砖木老房154平方米、砖木老房30平方米。南宁市青秀区人民政府青政发（2008）24号文件印发《南宁市青秀区人民政府关于整体搬迁青山园艺场的房屋拆迁补偿安置方案》，该方案明确规定“由于历史原因，青山园艺场所有房屋都无用地及建房批准手续，因此在本次拆迁中首先涉及对群众现有房屋可给予货币补偿面积的确认……按照这样的标准，住宅房屋的人均建筑面积应确认为80平方米”。南宁市政府南府发（2009）62号《南宁市人民政府关于推进被征地拆迁农民补偿安置工作的指导意见》记载：“没有或仅有部分建房手续证明的房屋，应从尊重历史事实，维护村民合法权益的角度考虑，对房屋的建设情况进行鉴定和审查，符合建设规定的，给予补办相关手续证明并给予补偿。”根据南府办函（2013）269号《关于印发实施青山、凤岭、三岸、三屋等四个园艺场集体土地统征工作实施方案的通知》所确定的补偿标准，确定涉案房屋的补偿数额为人民币301760元。在青秀山管委会对涉案房屋编号为W632、W633之后，青秀山管委会对涉案房屋实施强制拆除行为。胡某不服，申请行政复议。2015年5月29日，南宁市政府作出南府复议（2015）130号行政复议决定（以下简称130号复议决定），确认青秀山管委会强制拆除涉案房屋的行为违法，驳回要求赔偿的请求。2015年6月29日，胡某提起行政诉讼，请求：1. 撤销南宁市政府作出的130

号复议决定的第二项决定；2. 由青秀山管委会赔偿损失6200万元。在诉讼过程中，胡某将第二项诉讼请求变更为“判令被告赔偿原告房屋、地上附着物以及其他财产损失”。青秀山管委会对此予以同意，一审法院予以准许。

南宁市中级人民法院（2015）南市行一初字第398号行政判决认为，对于青秀山管委会强制拆除涉案房屋的行为违法这一事实已经130号复议决定确认，各方当事人对该事实均无异议，该院亦予以确认。本案的争议焦点在于胡某所主张的房屋损失以及相关物品损失是否有相应的事实及法律依据，南宁市政府作出的复议决定第二项驳回胡某赔偿请求是否正确。涉案房屋是在征地预公告发布之前建设于农村集体土地上，虽然未取得相关规划许可，但未能取得规划许可存在一定的历史原因。因此，根据本案的具体情况，不宜将其完全按照违法建设来处理。青秀山管委会对于其违法拆除行为所造成的胡某房屋及其附着物的损失应当予以赔偿。南宁市政府作出的被诉行政复议决定认为涉案房屋属于违法建设进而驳回其赔偿申请不当，予以纠正。对于上述损失数额如何确定的问题，由于涉案房屋已被强制拆除，不具备估价条件，而该房屋位于征地拆迁范围内，可以参照征地拆迁补偿标准来确定赔偿数额。根据南府办函（2013）269号《关于印发实施青山、凤岭、三岸、三屋等四个园艺场集体土地统征工作实施方案的通知》所确定的补偿标准，确定胡某房屋的赔偿数额为人民币301760元。对于胡某所主张的物品损失赔偿的问题，虽然胡某列举众多损失物品清单，但从胡某提供的这些物品的照片等证据无法反映出这些物品是否损失、是否因青秀山管委会的强拆行为而损失，而从青秀山管委会所提供的强拆现场的照片和视频中亦没有发现胡某所列举的损失物品。胡某的证据不能证明其所列举物品损失的存在、亦不能证明该物品损失与青秀山管委会的强拆行为存在因果关系。胡某认为其存在物品损失进而要求赔偿的主张不成立，不予以支持。依据《中华人民共和国行政诉讼法》第七十条第一项、第七十六条的规定，判决撤销南宁市政府作出的130号复议决定的第二项决定；由青秀山管委会于本判决生效之日起60日内赔偿胡某房屋损失人民币301760元。胡某不服一审判决，提起上诉。

广西壮族自治区高级人民法院（2017）桂行终647号行政判决认为，一审根据该房屋位于征地拆迁范围内的事实，从公平角度出发，参照南府办函（2013）269号《关于印发实施青山、凤岭、三岸、三屋等四个园艺场集体土地统征工作实施方案的通知》所确定的补偿标准，由青秀山管委会对胡某给予赔偿，并无不当。至于胡某提出南府办函（2013）269号文件所确定的补偿标准未经人大讨论通过，从而不具有法律效力的意见，没有法律依据，不予采纳。因为给予胡某的赔偿，是参照征收集体土地时地上附着物的补偿标准，并非完全按房屋的价值给予赔偿，其补偿标准中除考虑房屋实际面积因素外，还考虑安置人口数量、人均建筑面积等因素，所以不完全按照被拆除房屋的实际面积计算赔偿金额，对于其他已经签订拆迁协议的农户来说，是公平合理的。关于古董、家具、电器的损失问题，胡某依法应负有举证责任，但其未能提交证据证明其存在损失，一审对该项请求不予支持，并无不当。胡某主张解决居住问题，属于安置问题，不属本案审理范围，一审判决对其提出解决居住问题的诉讼请求不予支持并无不当。关于胡某主张一审未对其“恢复房屋原状”的诉讼请求进行审理的意见，经查实，胡某在起诉状中提出的“恢复房屋原状”的请求经一审法院释明后，胡某已取消，故一审无需对“恢复房屋原状”的诉讼请求进行审理。一审据以认定涉案房屋及地上附着物数据的征地办的测量结果，虽未经涉案房屋建设人胡某确认，但测量操作人员是征地办的工作人员，他们与测量结果无利害关系，客观性、公正性较有保障，在胡某未能提供有效证据推翻该测量结果情况下，一审采信征地办处理结果是正确的，对胡某的该意见不予以采纳。依照《中华人民共和国行政诉讼法》第八十九条第一款第一项的规定，判决驳回上诉，维持一审判决。

胡某申请再审称：青秀山管委会强拆行为违法已经构成犯罪，应当将本案材料移送公安、检察机关，追究主管和直接责任人员的违法责任；涉案房屋原集体土地已被征收，转为国有土地，应当按照国有土地上房屋予以补偿；一审查明事实不清，适用法律不当，违背一事一议原则，遗漏了其在一审提出的客观财产损失，依法应当改判。请求：依法撤销二审判决和一审判决第二、三项；依法应当将本案有关材料移送公安、检察机关，分别追究其主管人员和直接责任人员的法律责任；改判青秀山管委会恢复房屋原状或者按南府发（2013）11号文件第二十七条第四款规定确定应补偿的比例进行换算给胡某，最少（在南宁市青山园艺场范围内）按南府发（2013）10号文第二十五条第二款和第三十条的规定，赔偿产权调换（人均60平方米）160平方米房屋给胡某；改判支持一审提出的第二、三项诉讼请求。

青秀山管委会答辩称：涉案房屋系违法建设，依法应不予赔偿。申请人提出的赔偿请求没有事实和法律根据，一、二审以征收集体土地时地上建筑物附着物的补偿标准判决给予赔偿，已经充分考虑历史，兼顾公平合理，并无不当。申请人对于其主张的经济损失未能提供证据证实，原审对其该部分主张不予支持并无不当。申请人关于住房问题不能解决的陈述与事实不符，青山园艺场回建安置用地亦划拨到位，包括申请人在内的2010年6月前园艺场实际在册人口均可参与回建安置，在建设过程中均有临时过渡住房。请求驳回再审申请。

南宁市政府答辩称：青秀山管委会在未依法进行催告、作出强制执行决定等程序的情况下，即对涉案房屋实施强制拆除，违反法律规定。涉案房屋未取得城乡规划建设部门批准，属于违法建设。被申请人要求赔偿没有法律依据和事实根据，依法不予支持。该府作出的复议决定认定事实清楚，适用法律正确，程序合法。请求驳回再审申请。

在本院询问过程中，申请人的委托代理人坚称其财产损失为6200万元，具体项目与一审时提交的损失清单中所列财产一致。青秀山管委会称对案涉房屋实施强制拆除后，已将申请人的屋内物品移送至分配给其的过渡房内存放。2017年12月14日下午，本院组织双方当事人到青秀山管委会提供的过渡房小区进行查看，为申请人保留的过渡房内确有日常生活用品若干。申请人称该部分物品虽系其所有，但并非本案所诉强制拆除时其屋内的物品，而是青秀山管委会之后再次拆除其临时搭建的构筑物内的物品。申请人的代理人邓年光亦自认，申请人提出的巨额财产损失没有事实根据，其目的在于引起法院重视和注意。

本院认为，青秀山管委会未依照《中华人民共和国行政强制法》第三十五条、第三十七条的规定，依照法定程序对涉案房屋进行拆除，南宁市政府复议决定确认强制拆除行为违法，依法有据。双方当事人对此并无异议，本院亦予以认可。案涉房屋缺乏合法有效的规划、批建手续，一、二审从尊重历史事实，维护村民合法权益的角度考虑，参考该地段的拆迁补偿安置方案中确定的标准，结合涉案房屋及地上附着物的测量结果，确定对案涉房屋予以赔偿，已经充分保护申请人的合法权益。一、二审判决认定事实清楚，适用法律正确，本院予以支持。

《中华人民共和国行政诉讼法》第三十八条第二款规定，在行政赔偿、补偿的案件中，原告应当对行政行为造成的损害提供证据；因被告的原因导致原告无法举证的，由被告承担举证责任。本案中，青秀山管委会违反法定程序，强制拆除涉案房屋，对于涉案房屋内的物品损失，应予赔偿。青秀山管委会在强制拆除过程中，应当依法妥善处置并保全证据，以证明其在强制拆除过程中已尽慎重、妥善之注意义务，对申请人涉案房屋中的合法财产已予清空并妥善处理。但青秀山管委会未能提供相关证据，未尽到举证责任。由于青秀山管委会的违法强制拆除，申请人仅能提供相关现场照片及财产损失清单，业已穷尽举证手段以证明动产损失的存在，基于公平原则，对于案涉动产损失及赔偿数额的确定，应适用上述法律所规定的举证责任倒置，即由青秀山管委会承担举证不能的不利后果并负相应的赔偿责任。尽管申请人不能证明其屋内物品损失的具体情况，对合理的物品损失，青秀山管委会亦应予以赔偿。一、二审判决认为申请人的证据不能证明其物品损失的存在，对申请人存在物品损失并要求赔偿的主张不予支持，认定事实不清、适用法律不当，应予纠正。在本院询问过程中，青秀山管委会主张已将涉案房屋中的物品搬至过渡房存放。申请人可对其过渡房内的物品进行清点核实，确定是否存在物品损失。如申请人经清点后仍然认为存在相应物品损失，可就该部分损失另行提起赔偿诉讼寻求救济。

《最高人民法院关于行政诉讼证据若干问题的规定》第五十四条规定，法庭应当对经过庭审质证的证据和无需质证的证据进行逐一审查和对全部证据综合审查，遵循法官职业道德，运用逻辑推理和生活经验，进行全面、客观和公正地分析判断，确定证据材料与案件事实之间的证明关系，排除不具有关联性的证据材料，准确认定案件事实。本案中，申请人提出的物品损失数额特别巨大，明显与其经济状况不相符，其提交的物品损失清单及赔偿数额，亦与其委托代理人邓年光一并代理的其他数起案件的物品雷同，不符合常理。邓年光在本院查验过渡房物品时自认提交的物品损失清单存在夸大数额等虚假陈述。根据《中华人民共和国行政诉讼法》第五十九条第一款第二项的规定，诉讼参与人伪造、隐藏、毁灭证据或者提供虚假证明材料，妨碍人民法院审理案件的，人民法院可以根据情节轻重，予以训诫、责令具结悔过或者处以一万元以下的罚款，十五日以下的拘留。申请人提供的物品损失清单明显不符合常理，属于虚假夸大的证明材料，本应予以相应处罚。考虑到申请人对行政诉讼法相关规定缺乏了解，夸大损失数额系因遭受强制拆除引起，故本院对申请人不予处罚。邓年光作为多起行政诉讼的公民代理人，理应熟悉行政诉讼法及相关规定，应当引导当事人依法行使行政诉权。但是在本案所涉强制拆除的数起关联案件中，邓年光作为委托代理人，明显对数起案件中当事人提供相类似的虚假证明材料等行为起到主要作用，属于滥用诉权、恶意诉讼的行为。其行为既挤占司法资源，也影响当事人诉权的正常行使，不利于被代理人合法权益的保护。根据《中华人民共和国行政诉讼法》第五十九条第一款第二项的规定，对邓年光处以罚款处罚。

根据《中华人民共和国行政诉讼法》第三十一条第二款的规定，当事人所在社区、单位以及有关社会团体推荐的公民，可以被委托为诉讼代理人。虽然该条款并未严格要求推荐的公民应属于该社区及单位，但是人民法院是否准许其他公民作为诉讼代理人，应当考虑该公民的行为能力、是否存在法定的回避情形、是否可能损害被代理人利益以及是否可能妨碍诉讼活动等因素，予以综合考量。社区及单位为保护居民或者职工利益，可以为居民、职工推荐法律知识水平高、诉讼能力强并经当事人的同意和授权的公民作为委托诉讼代理人。这里的社区，应当包括村民委员会、村民小组、居民委员会、乡镇、街道等。当事人所在社区、单位推荐的公民，主要应当是该社区、单位的人。因为只有社区、单位内的人，才能相互了解，方便代理，方便提供法律援助。作为推荐人的社区和单位，对本社区和单位以外的人，则不具有管理、服务的职能，不存在推荐的条件和前提。如果社区、单位坚持推荐本社区和单位以外的人，则人民法院应当予以严格审查，以充分保护被代理人的合法权益。对于社区、单位以外的人作为委托代理人曾经存在虚假诉讼或者诉讼失信行为的，可能对被代理人的权益造成损害、妨碍正常的诉讼活动，对其今后作为代理人参与诉讼时，人民法院应当依法审查其代理资格。

综上，胡某的再审申请不符合《中华人民共和国行政诉讼法》第九十一条第三项规定的情形。依照《最高人民法院关于执行〈中华人民共和国行政诉讼法〉若干问题的解释》第七十四条的规定，裁定如下：

驳回胡某的再审申请。

审判长：熊俊勇；审判员：司明灯、龚斌；法官助理：牛延佳；书记员：余逸纯

二〇一七年十二月二十八日

029

自复议申请人领取征收土地补偿款之日起，可以视为其已经知道征收土地决定的主要内容

【裁判要旨】

根据国法〔2014〕40号《国务院法制办公室关于认定被征地农民“知道”征收土地决定有关问题的意见》第四条第三项规定，行政机关不能提供发布征收土地公告或者征收土地补偿安置公告的证据，但是能够举证证明申请人在征收土地决定作出后，被征收人已经领取征收土地补偿款的，自申请人领取征收土地补偿款之日起，可以视为申请人知道征收土地决定的内容。

中华人民共和国最高人民法院
行政裁定书

（2017）最高法行申6219号

再审申请人（一审原告、二审上诉人）：韩某。

委托代理人：李群辉。

被申请人（一审被告、二审被上诉人）：湖南省人民政府。

法定代表人：许达哲。

委托代理人：孙运山。

委托代理人：冉义。

再审申请人韩某因诉被申请人湖南省人民政府（以下简称湖南省政府）驳回行政复议申请一案，不服湖南省高级人民法院于2017年4月27日作出的（2016）湘行终808号行政判决，向本院申请再审。本院于2017年8月9日立案受理，依法组成合议庭进行审查，并于2017年11月7日在湖南省高级人民法院218法庭组织各方当事人开庭询问，申请人韩某及委托代理人李群辉，被申请人湖南省政府的委托代理人孙运山、冉义到庭参加询问活动，湖南省政府的行政机关负责人因会议安排冲突未到庭，向本院提交书面说明。案件现已审查终结。

2005年8月7日，湖南省政府作出（2005）政国土字第385号《农用地转用、土地征用审批单》（以下简称385号审批单），批准“望城县2004年第十七批次”建设用地申请，同意将高塘岭镇高冲村、仁和村28.7799公顷的农业用地转为建设用地，并与8.3276公顷城镇村庄、工矿用地一并办理集体土地征收手续，合计征收集体土地37.1075公顷。韩某的房屋和设施位于385号审批单批准征地的红线范围内。2005年6月11日，望城县政府作出望政发（2005）106号《关于望城县2004年第17批次建设项目征用土地的公告》（以下简称106号征用土地公告），该公告内容包括批准征地的385号审批单文号、征地位置和范围、征地补偿标准和安置办法等内容，并送达高冲村、仁和村村民委员会。两村委会均证明于2005年7月分别将106号征用土地公告在本村予以张贴。2006年11月22日，征地单位制作《工业房产用地（高冲）房屋、设施补偿费用汇总表》，载明韩某的房屋总面积、房屋合法面积、房屋补偿费、设施补偿费及总金额，韩某于当日在该表上签名确认，并于2007年后陆续领取补偿款。2013年3月27日，韩某的房屋被望城经济技术开发区管理委员会（以下简称望城经开区管委会）强制拆除。2014年12月4日，韩某不服强制拆除行为，提起行政诉讼。长沙市望城区人民法院于2015年3月4日作出（2014）望行初字第00044号行政判决，确认望城经开区管委会强拆行为违法，驳回韩某的其他诉讼请求，该判决已发生法律效力。2015年5月3日，韩某不服385号审批单，向湖南省政府邮寄行政复议申请书。2015年5月5日，湖南省政府收到韩某的邮寄申请。2015年6月17日，湖南省政府以韩某申请复议超过法定期限为由，作出湘府复驳字（2015）25号《驳回行政复议申请决定书》（以下简称25号复议决定），决定驳回韩某的行政复议申请。韩某不服，于2015年11月16日提起本案行政诉讼，请求撤销25号复议决定，责令湖南省政府重新作出行政复议决定。

长沙市中级人民法院（2015）长中行征初字第00300号行政判决认为，385号审批单的主要内容已经2005年6月11日望城县人民政府发布的106号征用土地公告予以公告。望城区人民法院审理强制拆除案时，385号审批单及106号征用土地公告均作为证据在该案的庭审中予以质证，可以确信韩某至迟在2015年3月4日庭审活动之前已经明确知悉385号审批单及106号征用土地公告的内容。韩某不服385号审批单，应自知道该行政行为之日起六十日内申请复议，2015年5月

3日申请行政复议，明显超过法定期限。依照《中华人民共和国行政诉讼法》第六十九条的规定，判决驳回韩某的诉讼请求。韩某不服，提起上诉。

湖南省高级人民法院（2016）湘行终808号行政判决认为，韩某于2006年11月22日在《工业房产用地（高冲）房屋、设施补偿费用汇总表》上签名，该签名行为表明韩某当时就应当知道土地被征收的事实，应以上述日期作为计算韩某申请行政复议期限的起算时间。湖南省政府没有提供证据证明告知韩某申请行政复议权利和期限，应当适用国法〔2014〕40号《国务院法制办公室关于认定被征地农民“知道”征收土地决定有关问题的意见》（以下简称国务院法制办40号意见）中第六条的规定，参照《最高人民法院关于执行〈中华人民共和国行政诉讼法〉若干问题的解释》第四十一条规定，复议期限从知道或者应当知道行政行为之日起最长不超过2年。韩某直至2015年5月3日申请行政复议，确已超过行政复议的申请期限。依照《中华人民共和国行政诉讼法》第八十九条第一款第一项之规定，判决驳回上诉，维持原判。

韩某申请再审称：从（2014）望行初字第00044号案件中得知385号审批单，行政复议期限为两年，申请人于2015年5月3日提起行政复议，未超过法定申请行政复议期限。请求撤销一、二审判决，责令湖南省政府受理其行政复议申请。

湖南省政府答辩称：湖南省政府作出的复议决定认定事实清楚，适用依据正确，复议程序合法。一、二审判决驳回其诉讼请求并无不当。请求驳回韩某的再审申请。

本院经审查认为，国务院法制办40号意见第六条规定，行政机关在征收土地决定作出后，没有告知被征地农民申请行政复议的权利、行政复议机关或者申请期限的，行政复议申请期限参照《最高人民法院关于执行〈中华人民共和国行政诉讼法〉若干问题的解释》第四十一条办理，即行政复议申请期限从公民、法人或者其他组织知道或者应当知道申请行政复议的权利、行政复议机关或者申请期限之日起计算，但从知道或者应当知道征收土地决定内容之日起最长不得超过2年。国务院法制办40号意见第四条第三项还规定，行政机关不能提供发布征收土地公告或者征收土地补偿安置公告的证据，但是能够举证证明申请人在征收土地决定作出后，被征收人已经领取征收土地补偿款的，自申请人领取征收土地补偿款之日起，可以视为申请人知道征收土地决定。本案中，106号征用土地公告是否在韩某所在的高冲村张贴，没有充分证据证明，且公告没有告知被征收人申请行政复议的权利和期限。但是，韩某于2006年11月22日在《工业房产用地（高冲）房屋、设施补偿费用汇总表》上签字确认后，在2007年后陆续领取补偿款。自2007年领取补偿款时，韩某应当知道385号审批单的主要内容，2009年年底，韩某申请行政复议的期限已经届满，2015年5月3日申请行政复议，显然已超过法定的申请期限。湖南省政府以韩某的复议申请超过法定期限为由，决定驳回其行政复议申请，处理结果并无不当。韩某主张从（2014）望行初字第00044号案件审理中得知385号审批单，申请行政复议未超过法定期限，其主张缺乏事实和法律根据，本院不予支持。

综上，韩某的再审申请不符合《中华人民共和国行政诉讼法》第九十一条第三、四项规定的情形。依照《最高人民法院关于执行〈中华人民共和国行政诉讼法〉若干问题的解释》第七十四条的规定，裁定如下：

驳回韩某的再审申请。

审判长：郭修江；审判员：钱小红、龚斌；法官助理：黄宁晖；书记员：陈清玲

二〇一七年十一月三十日

030

在纸质媒体和互联网上公告征收土地方案和征地补偿、安置方案，不能替代在征收范围内予以书面公告

【裁判要旨】

《征收土地公告办法》第三条规定，征收农民集体所有土地的，征收土地方案和征地补偿、安置方案应当在被征收土地所在地的村、组内以书面形式公告。其中，征收乡（镇）农民集体所有土地的，在乡（镇）人民政府所在地进行公告。因此，行政机关在相关报纸、杂志等纸质媒体和互联网上公告征收土地方案和征地补偿、安置方案，不能替代其在被征收土地所在地的村、组内，或乡（镇）人民政府所在地，以张贴书面公告形式予以公告的法定义务。

中华人民共和国最高人民法院
行政裁定书

（2017）最高法行申5231号

再审申请人（一审原告、二审上诉人）：杨某。

被申请人（一审被告、二审被上诉人）：广东省梅州市梅江区人民政府。

法定代表人：肖卫华。

委托代理人：温永红。

委托代理人：吴利利。

再审申请人杨某因诉被申请人广东省梅州市梅江区人民政府（以下简称梅江区政府）土地征收公告、土地征收补偿方案一案，不服广东省高级人民法院于2017年3月8日作出的（2016）粤行终1918号行政裁定，向本院申请再审。本院于2017年7月19日立案，依法组成合议庭进行审查。案件现已审查终结。

为建设芹洋半岛品牌战略发展区，梅江区政府经广东省人民政府同意，决定征收位于梅江区××街道××村、福长村，东、西、南三面毗邻梅江河，北至S223线的芹洋半岛地块。2012年7月31日，房屋征收部门梅江土地房屋征收安

置中心对梅江芹洋半岛品牌战略发展区开发项目进行社会稳定风险评估，评估意见风险识别和等级为C级绿色，工作建议是实施。2012年10月9日，梅州市梅江芹洋半岛品牌战略发展区开发建设领导小组举行听证会，对《梅州市梅江芹洋半岛品牌战略发展区征收集体土地及国有土地上房屋补偿安置系列文件》（征求意见稿）以及芹洋半岛品牌战略发展区开发建设有关事项进行听证。2013年1月14日，梅江区政府作出梅区府（2013）5号《关于房屋征收决定的公告》（以下简称5号公告）及梅区府（2013）6号《梅江芹洋半岛品牌战略发展区房屋征收补偿安置方案》（以下简称6号方案）。2013年1月19日、2月15日，梅江区政府分别在《梅州日报》、梅江区政府门户网站政务公开栏发布5号公告，其中第十条告知被征收人诉权和起诉期限。2013年3月13日，梅江区政府在梅江区政府门户网站政务公开栏发布6号方案。同时，梅江区政府还将5号公告及6号方案等文件编制成宣传册，在征收范围内发放。杨某的房屋位于此次征收范围内。由于未能在方案规定的期限内达成征收补偿协议，梅江区政府于2015年9月7日对杨某作出梅区府征补（2015）第19号《房屋征收补偿决定书》（以下简称19号补偿决定）。杨某不服该补偿决定，于2015年9月22日向梅州市中级人民法院提起行政诉讼。2016年7月6日，杨某以其在诉讼过程中得知梅江区政府作出的5号公告及6号方案内容为由，提起本案行政诉讼，请求确认5号公告、6号方案违法。

梅州市中级人民法院（2016）粤14行初103号行政裁定认为，梅江区政府作出5号公告和6号方案后，已经履行公告义务。杨某在公告时应当知道5号公告及6号方案的主要内容。其中，6号方案未告知诉权和起诉期限，应当在梅江区政府门户网站公布之日起2年内起诉。杨某于2016年7月6日对5号公告及6号方案提起行政诉讼，明显超过法定起诉期限，且无正当理由。依照《最高人民法院关于适用〈中华人民共和国行政诉讼法〉若干问题的解释》第三条第二项之规定，裁定驳回杨某的起诉。杨某不服，提起上诉。

广东省高级人民法院（2016）粤行终1918号行政裁定认为，5号公告于2013年1月19日在《梅州日报》上公布，并于2013年2月15日起在梅江区政府门户网站政务公开栏进行公开发布；6号方案于2013年3月13日起在梅江区政府门户网站政务公开栏进行公开发布。梅江区政府已履行公告义务，杨某应当在公布时即已知道5号公告、6号方案的内容，其于2016年7月6日提起行政诉讼，已明显超过法定起诉期限，且无正当理由。依照《中华人民共和国行政诉讼法》第八十九条第一款第一项之规定，裁定驳回上诉，维持一审裁定。

杨某申请再审称：1. 2015 年 9 月 14 日，梅江区政府向杨某送达 19 号补偿决定，杨某不服并起诉，一、二审裁定均驳回杨某的诉讼请求。在对 19 号补偿决定的诉讼过程中，杨某发现 5 号公告、6 号方案并提起本案诉讼，一、二审回避两被诉行政行为违法问题，驳回起诉错误。2. 梅江区政府的证据在一审开庭后才提供原件，违反法定程序。请求撤销一、二审裁定，依法再审本案。

梅江区政府答辩称：1. 5 号公告及 6 号方案均符合法律规定，对杨某案涉房屋所作 19 号补偿决定是依据 5 号公告及 6 号方案作出，是合法有效的行政行为，且经生效裁判文书确认。杨某未在法定时间内提起行政诉讼，起诉应当驳回。2. 梅江区政府提供的部分证据庭后补充提交原件予以核对，经过杨某的同意并核对，证据的出示及质证均符合法定程序。请求驳回杨某的再审申请。

本院经审查认为，修改前的《中华人民共和国行政诉讼法》第三十九条规定，公民、法人或者其他组织直接向人民法院提起诉讼的，应当在知道作出行政行为之日起三个月内提出。《最高人民法院关于执行〈中华人民共和国行政诉讼法〉若干问题的解释》第四十一条第一款规定，行政机关作出具体行政行为时，未告知公民、法人或者其他组织诉权或者起诉期限的，起诉期限从公民、法人或者其他组织知道或者应当知道被诉行政行为内容之日起最长不得超过 2 年。《最高人民法院关于审理涉及农村集体土地行政案件若干问题的规定》第九条规定，涉及农村集体土地的行政决定以公告方式送达的，起诉期限自公告确定的期限届满之日起计算。《中华人民共和国土地管理法》第四十六条第一款规定，国家征收土地的，依照法定程序批准后，由县级以上地方人民政府予以公告并组织实施。《中华人民共和国土地管理法实施条例》第二十五条第一款规定，征收土地方案经依法批准后，由被征收土地所在地的市、县人民政府组织实施，并将批准征地机关、批准文号、征收土地的用途、范围、面积以及征地补偿标准、农业人员安置办法和办理征地补偿的期限等，在被征收土地所在地的乡（镇）、村予以公告。《征收土地公告办法》第七条规定，有关市、县人民政府土地行政主管部门会同有关部门根据批准的征收土地方案，在征收土地公告之日起 45 日内，以被征收土地的所有权人为单位拟订征地补偿、安置方案并予以公告。根据上述规定，征收土地方案和征地补偿、安置方案均属于法律、行政法规、规章规定应当通过公告方式送达的行政决定。以公告方式送达的行政决定，被征收人的起诉期限从公告确定的期限届满之日起计算。告知诉权和起诉期限的，起诉期限为3个月，未告知诉权和起诉期限的，起诉期限最长从公告期限届满之日起不超过两年。本案中，5号公告于2013年1月19日在《梅州日报》上公布，并告知诉权和起诉期限，至2013年4月起诉期限已经届满，杨某于2016年7月6日对5号公告提起行政诉讼，远远超过三个月的起诉期限。6号方案于2013年3月13日在梅江区政府门户网站政务公开栏公开发布，未告知诉权和起诉期限，至2015年3月起诉期限也已届满，杨某于2016年7月6日对6号方案提起行政诉讼，也已超过2年法定起诉期限。一、二审裁定驳回其起诉，并无不当。杨某主张在对19号补偿决定案件的诉讼中才知道5号公告和6号方案的内容，未超过法定起诉期限，其主张与法律和司法解释的规定不符，本院不予支持。杨某还主张，梅江区政府的证据在一审开庭后才提供原件，违反法定程序。本院认为，梅江区政府一审庭后提供证据原件进行质证确有不妥，二审应当予以指正。但是，该项违反法定诉讼程序行为并未影响案件的公正审判，杨某以此为由申请再审，理由不能成立。

应当指出的是，在纸质媒体和互联网上公告土地征收相关行政决定内容，有利于被征收人查询。但是，并不能因此取消行政机关在征收范围采取传统的张贴公告方式告知被征收人相关行政决定内容的义务。本案中，没有证据证明梅江区政府及其相关职能部门在征收范围内张贴5号公告和6号方案，对此本院予以指正。

综上，杨某的再审申请不符合《中华人民共和国行政诉讼法》第九十一条第一、三、五项规定的情形。依照《最高人民法院关于执行〈中华人民共和国行政诉讼法〉若干问题的解释》第七十四条的规定，裁定如下：

驳回杨某的再审申请。

审判长：郭修江；审判员：曹刚、熊俊勇；书记员：陈清玲

二〇一七年八月二十五日

031

人民法院对鉴定意见应当进行证据审查

【裁判要旨】

评估报告是行政诉讼证据中的鉴定意见，是人民法院认定事实的证据材料之一。严重违反评估程序，评估结论没有事实依据，或者评估机构、人员不具有相应评估资质的，该评估报告不具有证明效力，不能作为认定案件事实的证据。

中华人民共和国最高人民法院
行政赔偿调解书

（2017）最高法行再40号

再审申请人（一审被告、二审上诉人）：某某县人民政府。

被申请人（一审原告、二审上诉人）：吴某。

原审第三人：某某县某某镇人民政府。

再审申请人某某县人民政府（以下简称某某县政府）因被申请人吴某诉其及原审第三人某某县某某镇人民政府（以下简称某某镇政府）工程管理行政强制及行政赔偿一案，不服二审判决，向本院申请再审，本院提审本案。本院依法组成合议庭，并于2017年5月26日在湖南省高级人民法院129法庭巡回审判，公开开庭审理本案。各方当事人均到庭参加诉讼。本案现已审理终结。

某某县政府申请再审称：1. 吴某不是涉案强制拆除行为的相对人，《建筑工程施工总承包合同》的双方是某泉公司与某建公司，如果强制清场行为违法，有权提起行政诉讼的主体应当是某建公司而非吴某。2. 原审判决认定损失的唯一依据××号评估报告无效，不能作为判决认定损失的依据。某某咨询公司不具备作出损失评估的司法鉴定资质；从报告书的形式上看属于咨询报告；某某咨询公司未与委托人签订委托合同，程序违法；评估报告系非法注册登记在某某咨询公司的肖某一人作出，鉴定过程违法；评估报告应有两名鉴定人员作出且应签字确认，但本案中只有一人盖章，并无签字，事实上该鉴定人员亦没有参与鉴定，该鉴定结论无效；评估报告初稿、正稿未向该府出具及送达，鉴定程序违法；某某咨询公司因发现鉴定存在严重错误，已主动撤销该报告，原判据以判决认定的主要证据已不存在。3. 有新的证据足以证实除工地设施损失的149××××.××元外，××号评估报告所认定的其他损失1014××××.××元不存在，且吴某一直自认的损失为228万元左右。4. 原审未对××号评估报告尽审查义务，且适用法律错误，赔偿范围应仅限于行政相对人的直接损失，对于未涉及的建筑、构筑物上留存及未拆卸的配套设施不应纳入国家赔偿范围。请求撤销原一、二审判决，再审本案。

吴某答辩称：1. 某某县政府的行政强制行为的违法性已经明确。关于赔偿问题，某某县政府对涉案场地进行强制清场，吴某能够找到的只有公证书、现场记录和光盘。强制清场造成损失1300余万元。双方对于机器设备341万元损失无争议，有争议的是钢管扣件，金额1000多万元。钢管扣件与事实上的赔偿数额不同，××号评估报告还是少了。2. 举证责任问题，某某县政府在没有当事人在场的情况下强制清场，客观上导致吴某难以举证。根据《中华人民共和国行政诉讼法》第三十八条规定，应当由某某县政府承担举证责任。请求驳回某某县政府的再审申请。

某某镇政府陈述称：根据《中华人民共和国行政诉讼法》的规定，钢管扣件的损失问题，应当由吴某举证证明，该钢管扣件是吴某独立承包的，所有的证据都在吴某处保存。

本院认为，某某县政府在吴某与某泉温泉项目建设过程中，采取强制清场的行政强制措施并委托某泉公司具体实施，违反了《中华人民共和国行政强制法》第十六条第一款、第十七条第一款及第十八条的规定，一、二审判决确认强制清场行为违法，双方并无异议，本院亦予确认。某某县政府违法强制清场造成吴某的财产损失，应当依法赔偿。一、二审依据某某咨询公司作出的××号评估报告，判决某某县政府赔偿吴某因强制清场行为造成的各种建筑材料和建筑设备设施损失1163××××.××元。但是，某某咨询公司接受吴某及某某县政府的委托作出的××号评估报告，严重违反评估程序，评估结论没有事实依据，不具有证明效力，不能作为认定涉案强制清场中造成的建筑材料和建筑设备设施损失数额的依据。主要理由如下：

（一）缺少司法鉴定协议

根据《司法鉴定程序通则》第十六条的规定，司法鉴定机构决定受理鉴定委托的，应当与委托人在协商一致的基础上签订司法鉴定协议书。《建设工程司法鉴定程序规范》第4.2.2条亦规定，司法鉴定机构决定受理鉴定委托的，应在与委托人协商一致的基础上签订《建设工程司法鉴定协议书》。本案中，吴某与某某县政府于2015年某月某日向长沙市中级人民法院提交《委托司法鉴定申请书》，同意共同委托由某某咨询公司进行评估鉴定。但某某咨询公司接受委托后，并未根据上述规定，与委托人签订司法鉴定协议。而某某咨询公司出具的××号评估报告第五点“评估责任”中载明：“我公司的责任是根据与委托方签订的委托评估合同、委托方提供的与本工程相关的全部资料，进行评估并发表评估结论。”某某咨询公司未与委托人签订司法鉴定协议的行为，明显违反相关规定。

（二）司法鉴定结论与受托事项不一致

吴某与某某县政府提交的《委托司法鉴定申请书》中，申请事项的表述为：“两申请人共同申请对吴某诉某某县政府行政诉讼一案中关于强制拆除某泉温泉大酒店项目建设工地的各种建筑材料和各种建筑设备设施的损失进行价值评估咨询鉴定。”××号评估报告的全称为“某某县某泉温泉大酒店项目临时设施、工地建材等损失评估报告书”，与吴某及某某县政府的委托事项一致。但是，××号评估报告第七项“评估范围”则表述为“本工程项目的临时设施、工地建材等”，第十项“评估结论”为“本工程评估造价为壹仟壹佰陆拾叁万某仟某佰某拾元某分整（¥1163××××.××元）”。评估结论与受托事项明显不一致。

（三）鉴定人员违反法律规定

《最新建设工程造价鉴定规程（2012）》第1.0.6条规定，鉴定机构中主办工程造价鉴定的人员必须是按照《注册造价工程师管理办法》注册于该鉴定机构的执业造价工程师，但因故意犯罪或者职务过失犯罪受过刑事处罚的，受过开除公职处分的人员，不得从事鉴定业务。××号评估报告中，鉴定人员肖某虽具有全国注册造价工程师资质，但在进行鉴定时为某某咨询公司试用期员工，造价师证书仍在浙江某建设有限公司。评估报告中使用的铅印系杨某的造价师证号，而当时杨某亦已不属于某某咨询公司员工。彭某某作为鉴定人之一在评估报告上盖章，但彭某某当庭自述其自始至终没有参与本次评估，对于评估过程及结论概不知情，印章系公司其他人代盖。评估报告中的鉴定人或者不属于某某咨询公司员工，或者未参与评估即盖章，严重违反相关规定。

（四）鉴定程序存在严重瑕疵

《建设工程司法程序鉴定规范》第7.1.12条规定，司法鉴定人完成受鉴项目鉴定造价初稿后，应通过委托人向各方当事人提交征求意见稿。各方当事人在规定的时间内对征求意见稿提出的异议，司法鉴定人应进行核对和答复。当事人对征求意见稿的异议具有相应证据或者依据的，司法鉴定人应对征求意见稿进行调整并出具鉴定意见。本案中，某某咨询公司在鉴定过程中，并未向各方当事人送达评估报告初稿并征求意见，在评估报告正稿出具后亦未向某某县政府送达。

（五）评估报告关于工地剩余材料的计算没有事实根据

××号评估报告中所附的《某温泉项目工地设施、工地建材造价表》中第二部分为“工地剩余材料（根据建筑面积34000平方米，参照长沙同类工程消耗量计算）”，合计996××××.××元，其中主要包括脚手架用钢管、钢支撑及扣件、模板支撑钢管及扣件等内容。但是，某某咨询公司进行评估时依据的主要是2007年的某证字第×××号公证书及附带光盘，对于工地剩余材料的去向并未进行调查，即把此部分内容作为损失评估计入报告中，且在评估报告中未进行提示或者说明。

综上，××号评估报告程序违法，鉴定结论严重失实，不能作为确定涉案工程项目剩余材料及设备设施赔偿数额的依据。一、二审未按照相关证据规则审查××号评估报告的证明效力，即作为本案赔偿数额的依据，且是确定赔偿数额的唯一依据，认定事实错误，应予纠正。案涉的强制清场行为发生在2008年3月底，而作为鉴定时用以确定剩余材料的主要依据为2007年某月某日作出的公证书及附带的录像资料，并不能完全和准确地显示当时工地的全貌及剩余材料状况。从公证处进行现场勘测记录到实施强制清场期间长达5个月，现场的状况是否发生变化、剩余的材料是否有转移的情况，都缺乏证据。从现有情况看，本案已不具备重新进行鉴定的条件，难以通过鉴定对强制清场造成的损失予以认定。

《中华人民共和国行政诉讼法》第三十八条第二款规定，在行政赔偿、补偿的案件中，原告应当对行政行为造成的损害提供证据；因被告的原因导致原告无法举证的，由被告承担举证责任。本案中，某某县政府在实施强制清场过程中，吴某并不在场，且某某县政府亦未采取任何证据保全措施，应当对于吴某因强制清场造成的损失承担举证责任。在本院庭审过程中，吴某及某某县政府均表示对××号评估报告中确定的第一部分“工地设施”和第三部分“工地损失常用机械设备”的损失数额没有异议，××号评估报告虽然程序严重违反规定，但是结合鉴定人员对鉴定过程的陈述和质证，对于该评估报告中第一、第三部分的损失数额的鉴定意见，也可以作为确定强制清场行为中相关损失的参照。至于第二部分“工地剩余材料”则是双方争议的焦点所在，尤其是对于钢管扣件的损失。某某县政府及某某镇政府提供证人证言、租赁费结算单等证据，用以证明强制清场行为并未造成吴某在工地上的钢管扣件的损失，其中部分证人出庭作证，但是部分人员所称其出租钢管扣件的收回时间在强制清场之前；某某镇政府提交的钢管扣件租赁费结算单中部分有吴某的签字认可，但也有部分不能确定就是钢管扣件租赁费用结算的凭证。吴某庭审中称其为开展涉案工程项目建设购买了480吨左右的钢管扣件，但不能提供购买的时间、途径及往来款项等任何证据材料。吴某认可出庭证人在2006年至2008年期间向其出租钢管扣件的事实，但称这些钢管扣件不是在被强制清场工地上使用。吴某亦认可迄今为止其本人没有任何涉及强制清场造成租赁来钢管扣件损失的诉讼或纠纷。结合目前的证据来看，某某县政府虽然对在强制清场中造成的“工地剩余材料”损失承担了部分举证责任，但是其提交的证据并不足以证明吴某不存在该部分损失。但是，吴某也未证明其所受损失达到甚至高于××号评估报告第二部分确定的数额。综上，对于原一、二审确定的关于“工地剩余材料”部分的赔偿数额，应当予以部分酌减。

根据《中华人民共和国行政诉讼法》第六十条的规定，行政赔偿、补偿以及行政机关行使法律、法规规定的自由裁量权的案件可以调解。庭审中，吴某及某某县政府均同意进行调解。

经本院主持调解，2017年7月5日，某某县人民政府（甲方）与吴某（乙方）、某某县某某镇人民政府（丙方）三方自愿达成调解协议，符合《中华人民共和国行政诉讼》第六十条以及其他相关法律的规定，本院予以确认。

本调解书经双方当事人签收后，即具有法律效力。

审判长：熊俊勇；审判员：龚斌、张颖新；法官助理：牛延佳；

书记员：余逸纯、陈清玲

二〇一七年七月四日

032

举报人获得举报奖励应当符合相应的奖励条件

【裁判要旨】

举报人获得举报事项奖励的条件是，所提供的违法线索事先未被相关机构掌握，或者针对相关机构已掌握的违法、违规行为，举报人提供新情况，且对查清该案事实有直接作用。举报人提供的线索事先已经为相关机构掌握，或者提供的相关线索，对查清案件事实没有直接作用的，行政机关不予奖励的行为，不违反法律规定。

中华人民共和国最高人民法院
行政裁定书

（2017）最高法行申2771号

再审申请人（一审原告、二审上诉人）：何某。

委托代理人：罗映辉，广东尚玖律师事务所律师。

委托代理人：张君林，广东尚玖律师事务所实习律师。

被申请人（一审被告、二审被上诉人）：国家能源局南方监管局。

法定代表人：陈建长，局长。

委托代理人：刘昊雯，国家能源局南方监管局工作人员。

再审申请人何某因诉被申请人国家能源局南方监管局（以下简称南方监管局）不履行法定职责一案，不服广东省高级人民法院于2016年7月4日作出的（2016）粤行终598号行政判决，向本院申请再审。本院于2017年4月14日立案，依法组成合议庭进行审查，并于2017年4月27日上午在本院第一巡回法庭第二法庭组织各方当事人进行询问，再审申请人何某的委托代理人罗映辉、张君林，被申请人南方监管局的委托代理人刘昊雯，到庭参加询问活动。案件现已审查终结。

2012年6月25日，原国家电力监管委员会南方监管局（南方监管局更名前名称）对广东省龙川县稔坑水电站（以下简称稔坑水电站）未取得电力业务许可发电的行为发出南方电监资质整字［2012］第009号《责令整改通知书》；2013年12月11日，南方监管局对龙川县龙潭水电站（以下简称龙潭水电站）未取得电力业务许可发电的行为发出南方能监综资质［2013］第1号《责令整改通知书》；2014年12月19日至20日，南方监管局对稔坑水电站、龙潭水电站及广东电网公司河源供电局（以下简称河源供电局）等进行现场检查，分别作出三份《责令整改通知书》。2014年12月4日，何某向南方监管局邮寄《举报（投诉）信》《举报信》。落款日期为2014年12月3日的《举报（投诉）信》中，举报有单位在没有取得《电力业务许可证》（发电类企业）的情况下在稔坑水电站从事电力业务经营活动，请南方监管局依法查处违法行为，在法定时间内将查处结果函复举报（投诉）人，并根据《电力监管条例》第五条等规定对举报（投诉）人给予奖励。在落款日期为2014年12月3日《举报信》中向南方监管局举报有单位在没有取得《电力业务许可证》（发电类企业）的情况下在龙潭水电站从事电力业务经营活动，请南方监管局依法查处违法行为，将查处结果函复举报人，并根据《电力监管条例》第五条等规定对举报人给予奖励。南方监管局于2015年12月5日收到上述二封举报信。2015年1月11日、14日，南方监管局先后受理了稔坑水电站和龙潭水电站的电力业务许可证业务申请并颁发许可证。何某撰写落款日期为2015年1月20日的《举报（投诉）信》并邮寄给南方监管局，举报龙川供电局在龙川县育茗实业发展有限公司（及龙川稔坑水电站有限公司）未取得《电力业务许可证》（发电类企业）的情况下，收购该公司经营的稔坑水电站所生产的电力，请求依法查处违法行为，在法定时间内将查处结果函复举报人，并根据《电力监管条例》第五条等规定对举报人给予奖励。2015年2月3日，南方监管局作出《关于何某先生反映问题的复函》（以下简称《复函》），告知何某稔坑水电站和龙潭水电站未取得电力业务许可证的情况，该局分别于2012年6月和2013年12月查明并按照规定进行了处理，两家水电站目前已申请办理了电力许可证；龙川供电局收购未取得电力业务许可证的水电站所生产的电力情况，该局在调查时已经发现此问题并于2014年12月24日发出了监管整改通知；何某提出的奖励请求不符合《电力监管条例》第五条、《电力监管机构举报处理规定》第十七条、《电力监管机构举报奖励暂行办法》第三条的规定，不予支持。2015年2月4日，南方监管局将复函邮寄给何某。2015年4月1日，何某提起本案行政诉讼，请求撤销南方监管局2015年2月3日作出的《复函》，责令该局重新答复何某于2014年12月3日撰写的《举报（投诉）信》《举报信》和2015年1月20日撰写的《举报（投诉）信》。2015年4月8日，广州市中级人民法院向南方监管局寄送起诉状副本。2015年5月29日，何某于一审开庭当日提交规范性文件合法审查请求，申请审查《电力监管机构举报奖励暂行办法》第三条的合法性。

广州市中级人民法院（2015）穗中法行初字第138号行政判决认为，何某举报稔坑水电站、龙潭水电站及河源供电局有违反电力监管行为，南方监管局对其举报作出复函，依据《电力监管条例》第五条、第六条及《电力监管机构举报处理规定》第十条第一款的规定，南方监管局主体适格。南方监管局在何某投诉举报前已于2012年6月和2013年12月查明被举报的两家电站未申请发电类电力业务许可证从事发电业务，并作出责令整改通知。2014年12月19日至20日，南方监管局对稔坑水电站、龙潭水电站及河源供电局等进行现场检查，分别作出处理并责令整改。2015年1月11日、14日，南方监管局先后受理了稔坑水电站和龙潭水电站的电力业务许可证业务申请并颁发许可证，南方监管局对何某的三次举报作出复函并决定不给予何某奖励符合《电力监管条例》第二十四条、《电力监管机构举报奖励暂行办法》第三条的规定。南方监管局对何某的三次举报作出涉案复函决定并送达给何某符合《电力监管机构举报处理规定》第十三条、第十四条的程序规定。关于何某申请审查《电力监管机构举报奖励暂行办法》第三条的合法性是否应该审理的问题。根据《最高人民法院关于适用〈中华人民共和国行政诉讼法〉若干问题的解释》第二十六条第二款及《最高人民法院关于执行〈中华人民共和国行政诉讼法〉若干问题的解释》第四十五条的规定，何某于2015年4月1日提起本案诉讼，该院2015年4月8日向国家能源局南方监管局寄送起诉状副本，何某于2015年5月29日开庭当日才提交《规范性文件合法审查请求书》，且修改前的《中华人民共和国行政诉讼法》并没有关于规范性文件一并审查的规定，该院依据上述规定对何某的该项申请不予审理。依照《中华人民共和国行政诉讼法》第六十九条的规定，判决驳回何某的诉讼请求。何某不服一审判决，提起上诉。

广东省高级人民法院（2016）粤行终598号行政判决认为，南方监管局在投诉举报前已查明被举报的两家电站未申请发电类电力业务许可证从事发电业务，并作出责令整改通知，并于2014年12月19日至20日对稔坑水电站、龙潭水电站及河源供电局等进行现场检查，分别作出处理并责令整改。故何某举报事项不属于《电力监管机构举报奖励暂行办法》第三条规定的“举报人提供的线索事先未被电力监管机构掌握”的情形，故南方监管局作出《复函》决定不给予何某奖励符合上述规定。南方监管局对何某举报作出涉案《复函》且送达给何某符合法律规定。依照《中华人民共和国行政诉讼法》第八十九条第一款第一项之规定，判决驳回上诉，维持一审判决。

何某申请再审称：1. 一、二审判决认定事实错误。南方监管局称于2012年6月和2013年12月查明相关事实并作出了两份《责令整改通知书》。但南方监管局并没有提供将上述责令整改通知送达行政相对人的证据材料，也没有提供其据以作出两份责令整改通知的相关材料。南方监管局提供的两份责令整改通知是事后单方面制作的，并没有送达相对人，现有证据不足以证明南方监管局在其投诉前进行了行政处理。2. 一、二审认定南方监管局的答复合法属于适用法律错误。鉴于两份责令整改通知极有可能是南方监管局事后单方面制作的，在此基础上判决驳回其诉讼请求属于适用法律错误；一、二审没有对相关规范性文件进行合法性审查也属于适用法律错误。何某在一审开庭审理前提出规范性文件合法性审查请求，符合《最高人民法院关于适用〈中华人民共和国行政诉讼法〉若干问题的解释》第二十条的相关规定。一、二审法院援引该司法解释第二十六条的规定和《最高人民法院关于执行〈中华人民共和国行政诉讼法〉若干问题的解释》第四十五条的规定，不对何某提出的规范性文件合法性审查请求进行审查，属于适用法律错误。依据立法法规定的新法优先的原则，应当优先适用《最高人民法院关于适用〈中华人民共和国行政诉讼法〉若干问题的解释》第二十条的规定。请求撤销一、二审行政判决，支持其诉讼请求。

南方监管局答辩称：一、二审认定事实清楚、适用法律正确，该局完全履行了法定职责。请求驳回何某的再审申请。

本院认为，《电力监管机构举报奖励暂行办法》第三条规定：“获得本办法规定的举报奖励应当具备以下条件：（一）举报事项属于电力监管机构的职责范围；（二）有明确、具体的电力违法违规行为及违法违规行为的实施主体；（三）举报人提供的线索事先未被电力监管机构掌握；（四）经查证，举报的情况属实；（五）举报方式为实名举报。对电力监管机构已掌握的违法违规行为，举报人提供新情况，且对查清该案有直接作用的，可以酌情给予奖励。”本案中，南方监管局分别于2012年6月25日、2013年12月11日对稔坑水电站、龙潭水电站未取得电力业务许可发电的行为发出责令整改通知，于2014年12月19日至20日对上述两水电站及河源供电局进行现场检查，分别作出处理并责令整改。南方监管局的上述行为均在何某举报行为之前，故何某的举报不属于《电力监管机构举报奖励暂行办法》第三条规定的“举报人提供的线索事先未被电力监管机构掌握”，从而可以获得举报奖励的情形。南方监管局作出《复函》，决定不给予何某奖励符合相关规定。一、二审法院驳回何某诉讼请求并无不当，本院予以支持。

何某主张南方监管局提供的两份《责令整改通知书》是其事后单方面制作，并没有送达行政相对人，但何某并未对该项主张提供任何证据加以证明。南方监管局于2015年1月11日、1月14日先后受理稔坑水电站、龙潭水电站两水电站的电力业务许可证业务申请并颁发许可证，可以对该局对两家水电站作出过责令整改通知的事实予以佐证。何某的该项主张没有事实根据，本院不予支持。何某还主张一、二审没有对《电力监管机构举报奖励暂行办法》第三条进行合法性审查，属于适用法律错误。本院认为，《最高人民法院关于适用〈中华人民共和国行政诉讼法〉若干问题的解释》第二十六条第二款规定：“2015年5月1日前尚未审结案件的审理期限，适用修改前的行政诉讼法关于审理期限的规定。依照修改前的行政诉讼法已经完成的程序事项，仍然有效。”《最高人民法院关于执行〈中华人民共和国行政诉讼法〉若干问题的解释》第四十五条规定：“起诉状副本送达被告后，原告提出新的诉讼请求的，人民法院不予准许，但有正当理由的除外。”本案中，何某于2015年4月1日提起行政诉讼，一审法院于2015年4月8日向南方监管局寄送起诉状副本，何某于2015年5月29日开庭当日才提交规范性文件合法审查请求，且并无正当理由。送达起诉状副本、增加诉讼请求等事项，均属于程序性事项，一审依据《最高人民法院关于执行〈中华人民共和国行政诉讼法〉若干问题的解释》第四十五条的规定，对何某提出的新的诉讼请求不予准许，适用法律正确，本院予以支持。修改后的行政诉讼法于2015年5月1日施行，《最高人民法院关于适用〈中华人民共和国行政诉讼法〉若干问题的解释》

第二十七条规定，最高人民法院以前发布的司法解释与本解释不一致的，以本解释为准。《最高人民法院关于执行〈中华人民共和国行政诉讼法〉若干问题的解释》第四十五条的规定，与修改后的行政诉讼法的基本原则并不冲突，仍然可以继续适用。故何某的该项主张没有法律根据，本院亦不予支持。

综上，何某的再审申请不符合《中华人民共和国行政诉讼法》第九十一条第三、四项规定的情形。依照《最高人民法院关于执行〈中华人民共和国行政诉讼法〉若干问题的解释》第七十四条的规定，裁定如下：

驳回何某的再审申请。

审判长：熊俊勇；审判员：龚斌、钱小红；法官助理：刘清启；书记员：余逸纯

二〇一七年四月二十八日

033

行政机关签订行政协议应当在其自由裁量权范围内行使，不得损害行政相对人的合法权益

【裁判要旨】

凡是违反法律、行政法规、地方性法规、合法有效的规章以及规章以下规范性文件的行政协议行为，均属于违法的行政行为。行政机关签订行政协议，应当在其自由裁量权范围内行使，不得侵犯国家利益、公共利益和他人合法权益，也不得以协议为名，损害行政协议相对人的合法权益。

行政协议行为违法并不当然判决撤销或无效，行政协议行为程序轻微违法但未损害原告合法权益，或判决撤销将损害国家利益、公共利益的，应当判决确认签订行政协议行为违法，不撤销，保留行政协议相关条款的法律效力。

中华人民共和国最高人民法院

行政裁定书

（2017）最高法行申5250号

再审申请人（一审被告、二审上诉人）：海南省三亚市海棠区人民政府。

法定代表人：孙耿，区长。

委托代理人：邓振海。

被申请人（一审原告、二审被上诉人）：翟甲。

被申请人（一审原告、二审被上诉人）：刘某。

被申请人（一审原告、二审被上诉人）：翟乙。

被申请人（一审原告、二审被上诉人）：黎某。

被申请人（一审原告、二审被上诉人）：翟丙。

上述五位被申请人的委托代理人：林圣全。

再审申请人海南省三亚市海棠区人民政府（以下简称海棠区政府）因被申请人翟甲、刘某、翟乙、黎某、翟丙（以下简称翟甲等人）诉其签订征收补偿协议

行为和不履行依法安置法定职责一案，不服海南省高级人民法院于2016年11月22日作出的（2016）琼行终422号行政判决，向本院申请再审。本院于2017年7月19日立案，依法组成合议庭进行审查。案件现已审查终结。

翟甲等人原籍为河南省获嘉县黄堤镇张翟庄村委会。1994年经三亚市海棠区庄大村民委员会（以下简称庄大村委会）同意，并经当地公安管理部门准许，全家迁移落户到庄大村委会第一村民小组，由庄大村委会划分宅基地建房居住至今。2007年11月22日，因海棠湾旅游度假开发区及道路项目建设需要，征用翟甲等人宅基地及房屋，翟甲等人与海棠区政府签订《庄大村征地拆迁补偿安置协议书》，约定以公寓楼形式安置，安置标准按三府（2007）107号文执行。协议签订后，双方均未按该协议约定履行。2012年7月17日，三亚市人民政府（以下简称三亚市政府）批准同意实施《海棠湾镇征地拆迁补偿安置方案》（以下简称2012年安置方案）。为做好安置工作，海棠区政府2013年制定《海棠湾镇安置工作实施细则》（以下简称2013年安置细则），进一步明确安置分户原则、安置对象确定条件、安置分户及对象确认程序和具体安置办法。其中，第二条规定，被征收人以“户”为单位进行安置；安置对象为征地拆迁范围内拥有合法房产并在该集体经济组织内部享有权利和承担义务的被征收人及其家庭成员。第三条规定，海棠湾征地拆迁安置为连排住宅风情小镇，对开发建设项目征地拆迁的失地农民，原则上以村（居）委会为单位，按风情小镇建设片区就近集中安置。连排住宅风情小镇分150平方米、200平方米、250平方米、300平方米四种户型，安置标准为每人50平方米。如以户为单位的人口数超出安置片区风情小镇最大户型安置标准确定的人口数，超出的人口按每人60平方米安置在公寓楼。翟甲等人作为被征收户，其户内符合安置条件的人口为翟甲、刘某、翟乙、黎某、翟丙5人。2009年、2010年、2015年，因庄大村委会不按同等村民待遇给翟甲等人分配征地补偿款，翟甲等人三次提起诉讼，三亚市中级人民法院和三亚市城郊人民法院分别作出（2009）三亚民一终字第60号、（2010）城民一初字第615号、（2015）三亚民一终字第262号民事判决，均确认翟甲等人具有庄大村委会第一村民小组集体经济组织成员资格，庄大村委会应按同等村民待遇给付翟甲等人相应征地补偿款。2015年9月7日，海棠区政府为加快海棠区中区水系建设项目，再次与翟甲等人签订《海棠区被拆迁人员房屋征收补偿安置协议书》（以下简称2015年补偿协议），主要内容：翟甲等人被征收房屋面积143.91平方米，安置人数5人；以产权置换的方式进行安置，安置房屋为林旺北风情小镇公寓楼，面积120平方米。协议签订后，海棠区政府于2015年9月8日、9日将翟甲等人房屋拆除。2015年11月5日，翟甲等人向海棠区政府提出纠正违法安置申请，海棠区政府未予以答复。2016年1月11日，翟甲等人提起本案行政诉讼，以2015年补偿协议是受胁迫、违背真实意思签订为由，请求确认2015年补偿协议中给予翟甲等人补偿120平方米公寓楼内容无效，并依照2013年安置细则给予250平方米林旺北风情小镇连排住宅一处。

海南省三亚市中级人民法院（2016）琼02行初185号行政判决认为，2012年安置方案及2013年安置细则，均属《海南省土地征收补偿安置管理办法》第五条第四、五项规定的征地补偿安置具体方案。安置方案经批准后，具有约束力。海棠区政府应按安置方案及其细则规定的安置方式、安置标准等，与被征收人签订征收补偿安置协议。发生法律效力的三份民事判决，已确认翟甲等人具有集体经济组织成员资格，翟甲等人以户作为安置对象，符合2013年安置细则第二条第二项第1目规定的安置条件，按该细则第三条第一项规定，翟甲等人安置人口为5人，安置标准每人50平方米，翟甲等人应取得连排住宅风情小镇250平方米户型安置房屋的资格。海棠区政府仅给予翟甲等人安置林旺北风情小镇面积120平方米的公寓楼，侵害翟甲等人的合法权益。2015年补偿协议内容违反《中华人民共和国土地管理法实施条例》（以下简称土管法实施条例）第二十五条第三款“征地补偿、安置方案报市、县人民政府批准后，由市、县人民政府土地行政主管部门组织实施”的强制性规定，依《中华人民共和国合同法》第五十二条第五项规定，2015年补偿协议约定给予翟甲等人安置林旺北风情小镇面积120平方米公寓楼内容无效。根据《最高人民法院关于适用〈中华人民共和国行政诉讼法〉若干问题的解释》第十五条第二款的规定，翟甲等人请求判令海棠区政府依2013年安置细则中确定的补偿方式和补偿标准，履行给予翟甲等人安置林旺北风情小镇连排住宅面积250平方米安置房的安置补偿义务的诉讼请求，依法予以支持。依照《中华人民共和国合同法》第五十二条第五项、《最高人民法院关于适用〈中华人民共和国行政诉讼法〉若干问题的解释》第十五条第二款、《中华人民共和国土地管理法实施条例》第二十五条第三款之规定，判决确认2015年补偿协议中海棠区政府给予翟甲等人安置120平方米公寓楼的内容无效；海棠区政府应按照2013年安置细则给予翟甲等人安置林旺北风情小镇连排住宅面积250平方米安置房。海棠区政府不服，提起上诉。

海南省高级人民法院（2016）琼行终422号行政判决认为，根据土管法实施条例第二十五条第三款规定，海棠区政府应根据经批准的2012年安置方案以及自行制定的2013年安置细则实施安置。本案中，翟甲等人被征收房屋面积143.91平方米，且翟甲等人的集体经济组织成员资格已经生效民事判决确认，翟甲等人符合2013年安置细则中有关安置对象的规定。翟甲等人安置人口为5人，按2013年安置细则规定每人50平方米计算，海棠区政府应安置翟甲等人连排住宅风情小镇250平方米户型房屋。海棠区政府仅给予翟甲等人补偿120平方米公寓楼，明显不符合2012年安置方案规定，侵犯翟甲等人的合法权益。海棠区政府主张应追加庄大村委会第一村民小组参加诉讼，因本案涉及的是对被征收人安置问题，与庄大村委会第一村民小组并无利害关系，海棠区政府的上述主张没有事实和法律根据。依照《中华人民共和国行政诉讼法》第八十九条第一款第一项规定，判决驳回上诉，维持原判。

海棠区政府申请再审称：1. 一、二审判决认定翟甲等人为安置对象，缺乏证据证明。2013年安置细则规定，安置对象除具备集体经济组织成员资格外，还须履行集体经济组织成员的义务。没有证据证明翟甲等人履行过相关义务。2. 一、二审判决依据《中华人民共和国合同法》第五十二条规定，认定2015年补偿协议无效，适用法律错误。土管法实施条例第二十五条不是效力性的强制规定，而是调整征收补偿安置协议的法律规范。2012年安置方案和2013年安置细则是海棠区政府制定，经三亚市政府批准同意的文件，不是法律、行政法规。不论2015年补偿协议是否违反上述两文件，都不影响协议的效力。3. 一、二审判决遗漏应当参加诉讼的当事人，审判程序违法。翟甲等人是否具有集体经济组织成员资格、是否履行相关义务、是否应当被安置，与庄大村委会第一村民小组具有利害关系，该村民小组应当作为第三人参加诉讼。请求撤销一、二审判决，依法改判驳回翟甲等人的诉讼请求。

被申请人翟甲等人答辩称：1. 生效民事判决已经确认翟甲等人集体经济组织成员资格。翟甲等人自1994年迁至庄大村委会20余年来，依法参加村自治组织的选举、计划生育宣传、村道整修、为计划生育夫妇提供医疗服务等活动，积极履行集体经济组织成员义务，民事生效判决对此已经确认。2.《中华人民共和国土地管理法实施条例》第二十五条第三款规定属于行政法规的效力性强制规定，适用《中华人民共和国合同法》第五十二条规定，判决认定2015年补偿协议无效，适用法律正确。3. 庄大村委会第一村民小组与2015年补偿协议无关，且判决亦未让其承担义务，无需追加为第三人。请求驳回海棠区政府的再审申请。

本院经审查认为，《最高人民法院关于行政诉讼证据若干问题的规定》第七十条规定，生效的人民法院裁判文书确认的事实，可以作为定案依据。本案中，(2009) 三亚民一终字第60号、(2010) 城民一初字第615号、(2015) 三亚民一终字第262号三份生效的民事判决，均已确认翟甲等人庄大村委会第一村民小组集体经济组织成员资格，同时还确认翟甲等人参与村委会基层组织民主选举活动、响应村委会计划生育政策宣传、在村委会整修公路时捐款、从事个体医疗服务村民等履行集体经济组织成员义务的事实。本案一、二审判决根据上述三份生效民事判决确认的事实，认定翟甲等人具有庄大村委会第一村民小组集体经济组织成员资格，履行了相关义务，符合行政诉讼证据采信及事实认定规则。海棠区政府主张，一、二审判决认定翟甲等人为安置对象缺乏证据证明，亦没有证据证明翟甲等人履行集体经济组织成员义务。但是，海棠区政府并未举出足以否定三份生效民事判决认定事实的相关证据，其主张没有事实根据，本院不予支持。

《中华人民共和国行政诉讼法》第六十三条规定，人民法院审理行政案件，以法律和行政法规、地方性法规为依据，参照规章。《关于审理行政案件适用法律规范问题的座谈会纪要》第一部分第三段规定，行政审判实践中，经常涉及有关部门为指导法律执行或者实施行政措施而作出的具体应用解释和制定的其他规范性文件，这些具体应用解释和规范性文件不是正式的法律渊源，对人民法院不具有法律规范意义上的约束力。但是，人民法院经审查认为被诉行政行为依据的具体应用解释和其他规范性文件合法、有效并合理、适当的，在认定被诉具体行政行为合法性时应承认其效力。行政协议案件涉及行政管理职能的履行和公共管理目标的实现，作为行政案件审理，必须按照行政诉讼法的规定，对被诉的行政协议行为进行合法性审查。凡是违反法律、行政法规、地方性法规、合法有效的规章以及规章以下规范性文件的行政协议行为，均属于违法的行政行为。行政机关签订行政协议，应当在其自由裁量权范围内行使，不得侵犯国家利益、公共利益和他人合法权益，也不得以协议为名，损害行政协议相对人的合法权益。本案中，2013年安置细则不存在违反上位法规定的情形，属于合法有效的行政规范性文件，应当作为判断被诉的海棠区政府与翟甲等人签订2015年补偿协议行为以及不履行依法安置法定职责行为是否合法的根据。从2015年补偿协议内容与2013年安置细则规定的比较可以看出，2015年补偿协议有关对翟甲等人安置房屋的约定，明显与2013年安置细则规定不符，严重损害翟甲等人依照细则应当获得的补偿安置权利，海棠区政府负有按照2013年安置细则规定依法给予翟甲等人进行安置的职责义务。据此，一、二审判决否定海棠区政府签订2015年补偿协议行为中关于对翟甲等人的补偿安置内容的合法性效力，责令海棠区政府按照2013年安置细则给予翟甲等人安置林旺北风情小镇连排住宅面积250平方米安置房，判决结果并无不当。应当指出的是，一、二审判决在行政诉讼法和行政法律规范有相应的判断标准的情况下，援引《中华人民共和国合同法》第五十二条规定判决确认2015年补偿协议无效不妥，本院予以指正。因该项援引法律问题并未影响一、二审判决结果的合法性，本案不予再审。

《中华人民共和国行政诉讼法》第二十九条规定，公民、法人或者其他组织与被诉行政行为有利害关系但没有提起诉讼，或者同案件处理结果有利害关系的，可以作为第三人申请参加诉讼，或者由人民法院通知参加诉讼。第九十一条第五项规定，原判决遗漏当事人严重违反法定程序的，裁定撤销原判决，发回原审人民法院重审。本案中，被诉行政行为是海棠区政府与翟甲等人签订安置补偿协议的行为和海棠区政府不履行依法安置法定职责的行为，翟甲等人所在的庄大村委会第一村民小组与两个被诉行政行为均不存在利害关系，且与本案的判决结果也没有任何关联性，本案的判决结果没有减少庄大村委会第一村民小组的任何权利，也未增加其任何义务。因此，庄大村委会第一村民小组并非必须参加诉讼的第三人，一、二审未将其追加为第三人参加诉讼，不违反法定的诉讼程序。海棠区政府主张庄大村委会第一村民小组与本案有利害关系，理由不充分。以此为由申请再审，本院不予支持。

综上，海棠区政府的再审申请不符合《中华人民共和国行政诉讼法》第九十一条第三、四、五项规定的情形。依照《最高人民法院关于执行〈中华人民共和国行政诉讼法〉若干问题的解释》第七十四条的规定，裁定如下：

驳回海南省三亚市海棠区人民政府的再审申请。

审判长：郭修江；审判员：龚斌、王毓莹；书记员：陈清玲

二〇一七年八月二十五日

034

乡镇政府有权纠正集体经济组织作出的侵犯离婚妇女合法权益的相关决定

【裁判要旨】

离婚并非农村集体经济组织成员资格丧失的法定条件，离婚后户口未迁出，仍然在夫家所在地居住生活的，并不丧失所在村村集体组织成员的资格，只要继续尽村民的义务，就应当享有与该村村民同等的权利。村民委员会、集体经济组织制定村规民约、规章制度、财产分配方案等，不得违反法律、法规规定的男女平等、村民平权等基本原则，侵犯离婚妇女的合法权益。否则，乡、镇政府有权依法予以纠正。

中华人民共和国最高人民法院

行政裁定书

（2017）最高法行申5157号

再审申请人（一审原告、二审上诉人）：中山市石岐区张溪股份合作经济联合社。

法定代表人：苏剑雄。

委托代理人：何展宏。

再审申请人（一审原告、二审上诉人）：中山市石岐区张溪第八股份合作经济社。

法定代表人：杜国源。

被申请人（一审被告、二审被上诉人）：广东省中山市人民政府。

法定代表人：焦兰生。

委托代理人：谢怀斌。

委托代理人：刘柱辉。

原审第三人：杨某。

再审申请人中山市石岐区张溪股份合作经济联合社（以下简称张溪经联社）、中山市石岐区张溪第八股份合作经济社（以下简称第八经济社）因诉被申请人广东省中山市人民政府（以下简称中山市政府），原审第三人杨某驳回行政复议申请一案，不服广东省高级人民法院于2016年9月30日作出的（2016）粤行终1030号行政判决，向本院申请再审。本院于2017年7月17日立案受理，依法组成合议庭进行审查。案件现已审查终结。

杨某原是广西平南县大安镇地村坑四队村民。1989年5月5日，杨某与原张溪村村民黄某登记结婚。1991年8月19日，杨某的户口从原户籍地迁入××第八生产队，至今未再迁出。1998年6月10日，杨某与黄某离婚。1999年，第八经济社成立，原张溪村第八生产队的经济事务相应由第八经济社管理。1999年，第八经济社表决通过《张溪村第八经济社股份制章程》（以下简称第八经济社章程），章程规定的股份类型有资产股、土地股和发展股，发展股为每五年一周期确定。其中，享有发展股的股东包括2000年1月1日属原张溪村在册的农业人口。自2000年起第二轮土地承包中，因受城市化的影响，原张溪村基本无需再承包责任田。2001年2月12日，杨某与莫某（非原张溪村村民）登记结婚。2002年，原张溪村进行农村股份合作制改革，成立张溪经联社。原张溪村的经济事务相应由张溪经联社管理。同年，张溪经联社表决通过《中山市石岐区张溪（村级）股份合作经济联合社章程》（以下简称张溪经联社章程）。该章程第四条规定，1985年1月1日零时在册的农业人口均可配置0～40个股份单位，其中，1985年有承包责任田的社员，每人均可配置40个股份单位；2000年1月1日零时在册的农业人口均可配置40个股份单位；2003年1月1日零时在册的农业人口均可配置20个股份单位。上述股份比例的计算可叠加。章程第五条第二款第三项还规定，外地嫁入本村，户口已迁入，离异后与村外的其他人再婚的妇女及随其生活的子女，不予配置股权。2004年6月4日，张溪经联社表决通过《张溪（村）安居工程受惠对象确权界定方案》（以下简称安居工程确权方案），方案第一条规定，属2000年有第二轮土地承包责任权，2004年12月31日24时在册的原村民，可享受安居工程股1份（即100%）的配置（在册是指健在且户口在公安局登记备案的状态）。方案第三条还规定，外地嫁入本村，户口已迁入，离异后与村外的其他人再婚的妇女及随其生活的子女（属人户分离），作挂靠户处理，不予配置股权。2011

年，张溪经联社从轻轨中山北站约320亩的征地款中提留20%的款项，作为村政建设提留款，并按照村级股的比例，对成员进行分配。2003年，原张溪村进行“撤村改居”工作。2006年，第八经济社表决通过《张溪第八股份经济社补充章程》（以下简称补充章程），自2007年1月1日起执行。补充章程第二条规定，第一周期发展股已于2004年12月31日期满，在第二轮土地承包期30年余下的有效期内，实行“生不加、死不减”的固化承包及分配原则，取消原章程中关于发展股每五年为一周期的规定。补充章程第四条第三款还规定，第一期已配发展股，后与丈夫离异（或丧偶），与非本经联社发展股股东再婚，本期收回配置股份。杨某享有40%的村级股（张溪经联社）。2014年9月22日，杨某向中山市人民政府石岐区办事处（以下简称石岐区办事处）提出处理申请，请求：1. 确认张溪经联社章程、第八经济社章程和补充章程、安居工程确权方案中有关女性股民离婚应迁未迁和应即迁未即迁而被剥夺股份的条款违反国家法律法规规定，责令张溪经联社、第八经济社修改章程；2. 确认杨某享有张溪经联社农村集体经济组织成员100%的安居工程股和村级股；3. 确认杨某享有第八经济社农村集体经济组织成员100%的发展股；4. 责令张溪经联社补发杨某安居工程股分配款和轻轨征地补偿股份分红226631.03元；5. 责令张溪经联社、第八经济社为杨某购买2008年1月1日至2014年9月10日的社会养老保险和医疗保险。石岐区办事处经调查，于2015年3月16日作出中石调处字（2014）65号行政处理决定（以下简称65号决定），认为杨某没有证据证实其户口迁入时，已被张溪经联社、第八经济社成员大会或有权机构表决确定其成员资格及相应权利，张溪经联社、第八经济社认定杨某不属于其在册农业人口并无不妥。根据有关章程规定，杨某不享有发展股、村级股及安居工程股，驳回杨某的请求。2015年4月9日，杨某不服65号决定，申请行政复议，同日中山市政府受理其复议申请。2015年6月11日，中山市政府以案情复杂为由，作出《延长行政复议审查期限通知书》，通知各方延长复议期限30天。2015年7月3日，中山市政府以案情复杂、需要进一步核实有关证据及依据为由，通知各方中止复议审查。2015年8月31日，中山市政府通知复议各方恢复行政复议案件审查。2015年9月9日，中山市政府作出中府行复（2015）170号行政复议决定（以下简称170号复议决定），认为张溪经联社章程第五条第二款、补充章程第四条、安居工程确权方案第三条，关于外地嫁入本村、户口已迁入、离异后与村外的其他人再婚的妇女不予配置股份的规定，违反《中华人民共和国妇女权益保护法》第三十三条规定，决定撤销65号决定，要求石岐区办事处限期重新作出行政处理决定。张溪经联社、第八经济社不服并提起本案行政诉讼，请求撤销170号复议决定。

中山市中级人民法院（2015）中中法行初字第61号行政判决认为，农村集体经济组织成员资格是一项基本权利，是农民生存权和发展权的基础，不应因农民婚姻状态改变而改变。张溪经联社章程第五条第二款、补充章程第四条第三项、安居工程确权方案第三条关于外地嫁入本村、户口已迁入、离异后与村外的其他人再婚的妇女不予配置股份的规定，违反《中华人民共和国妇女权益保护法》第三十三条规定，侵害妇女婚姻自由权利。65号决定驳回杨某的请求，行政行为明显不当。中山市政府撤销65号决定，责令石岐区办事处重新作出行政决定，事实清楚，程序合法，适用法律正确。依据《中华人民共和国行政诉讼法》第六十九条之规定，判决驳回张溪经联社、第八经济社的诉讼请求。张溪经联社、第八经济社不服，提起上诉。

广东省高级人民法院（2016）粤行终1030号行政判决认为，张溪经联社章程第五条第二款第三项、补充章程第四条第三项、安居工程确权方案第三条中关于外地女性嫁入本村，户口已迁入，离异后与村外的其他人再婚的妇女不予配置股份的规定，违反《中华人民共和国妇女权益保障法》第三十三条之规定，侵害妇女合法权益。170号复议决定撤销65号决定，责令石岐区办事处重新作出行政决定，认定事实清楚，适用法律正确。依照《中华人民共和国行政诉讼法》第八十九条第一款第一项之规定，判决驳回上诉，维持原判。

张溪经联社、第八经济社申请再审称：1. 二审判决确认杨某在与黄某分户前具有社员股东成员资格，与事实不符。庭审中，张溪经联社、第八经济社明确否认杨某婚姻存续期间的股民资格，只是确认其拥有40股村级股。张溪村原村民取得股民资格不需前提条件，迁入人群取得股份分配权有前提条件，杨某类似挂靠户，取得40股村级股仅是福利分配，不享有村级股股东资格。2. 二审认定杨某应享受村级股股东资格，也不能在章程没有任何规定的情况下推定其享有其他股权或股东资格。根据《广东省农村集体经济组织管理规定》第十五条，杨某作为外村村民，其股民资格必须按照章程规定并经社委会或理事会、成员大会表决确定。

请求撤销二审判决及170号复议决定，维持石岐区办事处作出的65号决定。

中山市政府答辩称：170号复议决定以及一、二审判决，均只对65号决定的合法性进行审查，并未对杨某是否应当享有股权等问题作出实质性认定。杨某是否享有股权，应由石岐区办事处在重新作出行政处理决定中予以调处。请求驳回张溪经联社、第八经济社的再审申请。

杨某未提交书面答辩意见。

本院经审查认为，《中华人民共和国妇女权益保障法》第三十三条规定，任何组织和个人不得以妇女未婚、结婚、离婚、丧偶等为由，侵害妇女在农村集体经济组织中的各项权益。《广东省农村集体经济组织管理规定》第十五条第四款规定，农村集体经济组织成员户口注销的，其成员资格随之取消。广东省委农办、省妇联，省信访局发布的粤委办（2006）142号《关于切实维护农村妇女土地承包和集体收益分配权益的意见》规定，农村集体经济组织成员中的妇女，因离婚、丧偶，户口仍在夫家所在地并尽义务的，享有与所在地男子平等权益。根据上述规定，离婚并非农村集体经济组织成员资格丧失的法定条件，离婚后户口未迁出，仍然在夫家所在地的，并不丧失所在村村集体组织成员的资格，只要继续尽村民的义务，就应当享有与该村村民同等的权利。村民集体经济组织制定的村规民约、规章制度、财产分配方案等，不得违反法律、法规以及有效规章和行政规范性文件规定的男女平等、村民平权等基本原则。本案中，张溪经联社、第八经济社制定的相关章程、方案中规定，外地嫁入本村，户口已经迁入，离异后与外村的其他人再婚的妇女及随其生活的子女不分配股权，违背男女平等、村民平权的基本原则，是对离婚后再嫁其他村村民妇女的歧视，违反上述相关法律法规、规章及规范性文件的规定。杨某提出监督处理申请，石岐区办事处未依法行使监督权，中山市政府作出170号复议决定，撤销65号决定，并无不当。张溪经联社、第八经济社主张，二审庭审中未认可杨某在与黄某离婚前具有社员股东成员资格，杨某不享有村级股股东资格。但是，根据《广东省农村集体经济组织管理规定》第十五条第四款规定，判断是否享有农村集体经济组织成员资格的主要依据是户籍，杨某与黄某结婚后户口迁入第八经济社，就当然具有第八经济社成员的资格。依法享有第八经济社成员资格，就有平等获得集体经济组织股权的权利，不能因为已经离异外嫁其他村村民即剥夺其平等获得股权分配的权利。据此，无论张溪经联社、第八经济社是否在二审法庭上认可杨某的股东成员资格，均不影响二审判决认定事实的结论。以此为由申请再审，理由不能成立。张溪经联社、第八经济社还主张，即便二审认定杨某应享受村级股股东资格，也不能在章程没有任何规定的情况下推定其享有其他股权或股东资格。本院认为，村集体组织依法享有自主决定自治范围内事项的权利。但是，必须符合法律、法规以及合法有效规章、规范性文件的规定，不得剥夺村集体组织成员的依法应当享有的基本权利。如果村集体组织作出的决议违反法律、法规规定，侵犯村民合法权益，村民有权向基层政府控告、检举，请求予以监督。依照《中华人民共和国村民委员会组织法》第三十六条第二款的规定，基层政府收到村民的举报申请后，依法负有监督并责令改正的法定职责义务。本案石岐区办事处收到杨某申请后，未依法行使监督权，中山市政府作出170号复议决定，撤销65号决定，并不违反法律规定。张溪经联社、第八经济社应当根据170号复议决定及本案二审生效判决，及时纠正相关章程、方案中的违法条款，依法维护离异外嫁妇女的合法权益。

综上，张溪经联社、第八经济社的再审申请不符合《中华人民共和国行政诉讼法》第九十一条第三、四项规定的情形。依照《最高人民法院关于执行〈中华人民共和国行政诉讼法〉若干问题的解释》第七十四条的规定，裁定如下：

驳回中山市石岐区张溪股份合作经济联合社、中山市石岐区张溪第八股份合作经济社的再审申请。

审判长：郭修江；审判员：龚斌、王毓莹；书记员：陈清玲

二〇一七年九月二十一日

035

征收集体土地不应直接适用《国有土地上房屋征收与补偿条例》的程序及补偿标准

【裁判要旨】

征收农民集体所有的土地，应当按照《中华人民共和国土地管理法》《中华人民共和国土地管理法实施条例》《征收土地公告办法》以及相关地方性法规、规章规定的程序和标准依法予以征收补偿。《中共中央纪委办公厅、监察部办公厅关于加强监督检查进一步规范征地拆迁行为的通知》第二部分关于“在土地管理法等法律法规作出修订之前，集体土地上房屋拆迁，要参照新颁布的《国有土地上房屋征收与补偿条例》的精神执行”的规定，意思是要参照国有土地上房屋征收补偿的精神，充分保障被征收土地农民的合法权益，不能将其理解为征收集体土地应当按照《国有土地上房屋征收与补偿条例》规定的征收补偿程序和标准进行征收补偿活动。

中华人民共和国最高人民法院
行政裁定书

（2017）最高法行申6215号

再审申请人（一审原告、二审上诉人）：曾某。

再审申请人（一审原告、二审上诉人）：卢某。

上述两申请人共同委托代理人：卢广宇。

被申请人（一审被告、二审被上诉人）：广东省兴宁市人民政府。

法定代表人：丘孝东。

委托代理人：何明瀚。

委托代理人：刘作明。

再审申请人曾某、卢某（以下简称曾某等人）因诉被申请人广东省兴宁市人民政府（以下简称兴宁市政府）房屋征收补偿决定一案，不服广东省高级人民法院于2016年7月20日作出的（2016）粤行终641号行政判决，向本院申请再审。本院于2017年8月9日立案受理，依法组成合议庭进行审查。案件现已审查终结。

2013年8月1日，经广东省人民政府批准，广东省国土资源厅作出粤国土资（建）字（2013）678号《关于兴宁市2013年度第七批次城镇建设用地的批复》（以下简称678号批复），同意兴宁市政府征收兴宁市福兴办事处（以下简称福兴办）黄畿、墨池、神光、向阳村委会和刁坊镇圩东、罗坝村民委员会属下的集体建设用地53.1619公顷，合并办理征收为国有土地手续，依照规划安排为兴宁市城镇建设用地。曾某等人位于兴宁市福兴墨池村巷一编号为N574的房屋在本次征收范围内。2013年8月8日，兴宁市政府发布兴市府（2013）34号《关于征收兴宁市南部新城福兴向阳村、墨池村、黄畿村和刁坊罗坝村房屋决定的公告》（以下简称34号征收公告），确定房屋征收部门是兴宁市土地房屋征收安置中心（以下简称征收安置中心），房屋征收实施单位是福兴办、刁坊镇人民政府，同时还明确征收范围、征收补偿标准及安置方式、签约期、被征收人的搬迁义务等内容。同日，兴宁市政府发布兴市府（2013）12号《房屋征收告知书》，告知被征收人征收范围、停止建设行为、开展房屋摸底调查、选定评估机构等事项。同日，征收安置中心发布《兴宁市南部新城福兴向阳村、墨池村、黄畿村和刁坊罗坝村房屋征收补偿安置方案》。2013年8月21日，兴宁市政府根据678号批复发布兴市府（2013）46号《关于征收福兴黄畿等村集体土地及补偿安置方案的公告》（以下简称46号补偿方案公告），将土地征收补偿标准、安置办法以及落实社会保障措施等内容予以公告。2015年3月25日，福兴办向曾某等人送达《测量评估催告通知书》，定于2015年4月3日对被征收房屋进行丈量登记，要求曾某等人配合，送达情况为张贴和留置家中，备注“见到曾某本人，不肯接收通知书”。2015年4月3日，福兴办工作人员会同兴宁市公证处、兴宁市城市建设测量队、广东世纪人土地与房地产评估咨询有限公司（以下简称世纪人公司）工作人员对被征收房屋依法丈量登记和保全证据公证。2015年4月13日，福兴办向曾某等人送达了兴宁市公证处对被征收房屋现场丈量登记的保全证据《公证书》、世纪人公司对被征收房屋的初评报告。同日，福兴办向曾某等人送达《告知书》，告知其在收到评估报告的10日内有提出陈述和申辩的权利。《告知书》和预评估报告的送达方式为张贴和留置家中。2015 年 4 月 16 日，福兴办向曾某等人送达粤世房评报字（2014）第 M0021－096 号房屋正式评估报告（以下简称 096 号评估报告）及告知书，送达方式为留置家中和张贴，告知曾某等人如对评估报告有异议，应在接到告知书 10 日内到福兴办提出陈述和申辩。2015 年 4 月 21 日，征收安置中心向曾某等人发出了《签约催告通知书》，催告曾某等人应在收到通知之日起 6 日内到福兴办签订房屋征收安置补偿协议书。规定期限内双方未达成补偿协议。2015 年 4 月 24 日，曾某就 096 号评估报告向征收安置中心提出《异议书》，同时向福兴办提出《申辩书》。《异议书》和《申辩书》均提出其将在合理期限内对 096 号评估报告提出详细的书面意见并保留重新评估的权利，《申辩书》还提出将申辩时间顺延 2 个月。2015 年 4 月 27 日，征收安置中心、福兴办对曾某提交的《异议书》《申辩书》作出《答复函》，告知曾某将陈述和申辩时间顺延 2 个月的要求不符合相关法律规定，同时告知如对评估结果有异议，应当在接到评估报告之日起十日内以书面申请书的方式申请评估机构对评估结果进行复核。曾某等人收到《答复函》后，未再以书面申请书的方式申请评估机构对评估结果进行复核。2015 年 5 月 21 日，兴宁市政府对曾某等人作出兴政征决（2015）82 号《房屋征收补偿决定书》（以下简称 82 号征收补偿决定），决定对曾某等人货币补偿项目和数额包括：1. 一次性支付 468.03 平方米房屋补偿款 629968 元；2. 建筑占地面积 217.72 平方米，补偿 413668 元；3. 已建成房屋的剩余用地 1674.39 平方米，补偿 855613 元；4. 房屋装修、地上附着物补偿 161631 元；5. 搬迁补助费按被征收房屋建筑面积每平方米 25 元计算，补偿 11701 元；6. 临时安置补助费按建筑面积每月每平方米 6 元计算，三个月一次性补偿 4500 元。上述六项合计 2077081 元。曾某等人选择房屋产权调换的，应在接到征收决定 3 日内，与房屋征收实施单位签订产权调换安置协议书，逾期未签订的，视作已选择货币补偿。82 号征收补偿决定的第四条告知了曾某等人相关的救济途径。2015 年 11 月 4 日，曾某提起本案行政诉讼，请求撤销 82 号征收补偿决定。

梅州市中级人民法院（2015）梅中法行初字第 71 号行政判决认为，曾某等人的房屋所在土地为集体建设用地，本应由《中华人民共和国土地管理法》（本案以下简称土地管理法）调整，兴宁市政府按照《中纪委办公厅、监察部办公厅关于加强监督检查进一步规范征地拆迁行为的通知》的要求，参照《国有土地上房屋征收与补偿条例》的规定，作出82号征收补偿决定，更有利于保障曾某等人得到公平的补偿。兴宁市政府提供的《福兴向阳村、墨池村、黄畿村，刁坊罗坝村房屋征收范围红线图》及《2013年第七批城镇建设用地勘测界定图》能够确认曾某等人的房屋在征收范围内。34号征收公告不属本案审查范围，且该公告的合法性已经（2014）粤高法行终字第189号终审判决确认。虽然评估机构的选定未经协商，但涉案房地产评估机构是在具有相应资质的四家房地产评估机构中通过摇珠方式确定的，公开、公平、公正。兴宁市政府提供的证据可以证实2015年4月16日兴宁市政府已将096号评估报告送达曾某等人。曾某等人收到096号评估报告后向兴宁市政府提出异议、申辩，兴宁市政府亦已书面告知对评估结果有异议，应以书面申请书的方式申请评估机构复核，但曾某等人在规定的期限内未向评估机构申请复核，视为放弃申请复核的权利。世纪人公司对曾某等人被征收房屋价值进行评估，并出具评估报告，曾某等人未提出异议，也未申请复核。签约期限内，曾某等人与福兴办未签订房屋征收补偿安置协议，兴宁市政府作出82号征收补偿决定，事实清楚，程序合法。《国有土地上房屋征收与补偿条例》第十一条规定，市、县级人民政府应当将征求意见情况和根据公众意见修改的情况及时公布。市、县级人民政府应当组织由被征收人和公众代表参加的听证会，并根据听证会情况修改方案。该规定指的是在作出房屋征收决定前，对征收补偿方案进行征求意见和听证。曾某等人认为兴宁市政府在作82号征收补偿决定前，应当征求意见和组织听证，没有法律依据。82号征收补偿决定已明确告知曾某等人选择货币补偿或产权调换的权利，曾某等人在规定的期限内未作出选择，应视为曾某等人放弃权利。依照《中华人民共和国行政诉讼法》第六十九条的规定，判决驳回曾某等人的诉讼请求。曾某等人不服，提出上诉。

广东省高级人民法院（2016）粤行终641号行政判决认为，兴宁市政府征收曾某等人集体土地上的房屋，参照《国有土地上房屋征收与补偿条例》进行补偿安置，对被征收房屋进行丈量登记和现场保全证据公证。曾某等人对096号评估报告提出了异议，但在兴宁市政府告知异议救济途径后，未再书面申请复核。因曾某等人未与房屋征收部门签订补偿安置协议，兴宁市政府作出82号征收补偿决定，并无不当。一审已查明涉案房屋在征收范围内。曾某等人主张兴宁市政府作出82号征收补偿决定书没有依法组织听证，缺乏法律依据。世纪人公司是通过摇珠方式确定的，符合公开、公平、公正的原则，曾某等人未对096号评估报告书面申请复核，属于放弃权利。82号征收补偿决定明确告知曾某等人选择货币补偿或产权调换的权利，曾某等人未在指定期限内作出选择，视为放弃产权调换的权利。一审查明涉案房屋在征收范围内。曾某等人提出征收补偿方案没有依法公告、征求公众意见少于30日、未进行社会稳定风险评估，该主张属于对征收补偿安置方案的异议，不属于本案的审理范围，应另循法律途径解决。依照《中华人民共和国行政诉讼法》第八十九条第一款第一项的规定，判决驳回上诉，维持原判。

曾某等人申请再审称：1. 新证据《征收范围红线图》和《房屋测绘成果报告书》证明，涉案房屋不在34号征收公告的征收范围内，足以推翻原判决。2. 曾某等人从未收到096号评估报告，不清楚评估机构是否具有资质，评估内容是否漏项，评估方法是否合理。请求撤销一、二审判决，依法对本案予以再审。

兴宁市政府答辩称：82号征收补偿决定对曾某等人的补偿依法合规，体现公平、公正的原则。补偿包括被征收房屋价值补偿、搬迁费补偿、临时安置费补偿等内容。曾某等人房屋价值由依法确定的、具有相应资质的评估机构，按照房屋征收评估办法评估确定，补偿内容合理。曾某等人的被征收房屋在34号征收公告配套红线图范围内。请求驳回曾某等人的再审申请。

本院经审查认为，土地管理法第四十五条规定，征收不超过七十公顷以上的集体建设用地，由省、自治区、直辖市人民政府批准。第四十七条规定，征收土地按照被征收土地原用途给予补偿。征收耕地的补偿费用包括土地补偿费、安置补助费以及地上附着物和青苗的补偿费。耕地补偿费为被征收耕地前三年平均年产值的六至十倍，安置补助费按照需要安置的农业人口数计算，每一个农业人口的安置补助费为被征收耕地前三年平均年产值的四至六倍。征收其他土地的土地补偿费和安置补助费标准，参照征收耕地补偿标准确定。依照规定支付土地补偿费和安置补助费尚不能使需要安置的农民保持原有生活水平的可以适当增加，但补偿费和安置费的总和不得超过土地被征收前三年平均年产值的三十倍。《征收土地公告办法》第四、七、九、十、十一条规定，市、县人民政府在收到征收土地方案批准文件之日起10个工作日内进行征收土地公告。土地行政主管部门会同有关部门根据批准的征收土地方案，在征收土地公告之日起45日内以被征收土地的所有权人为单位拟订征地补偿、安置方案并予以公告。被征地农村集体经济组织、农村村民或者其他权利人对征地补偿、安置方案有不同意见的或者要求举行听证会的，应当在征地补偿、安置方案公告之日起10个工作日内向有关市、县人民政府土地行政主管部门提出。土地行政主管部门应当研究被征地农村集体经济组织、农村村民或者其他权利人对征地补偿、安置方案的不同意见，依照有关法律、法规和批准的征收土地方案进行修改。征地补偿、安置方案经批准后，由土地行政主管部门组织实施。本案中，经广东省人民政府批准，同意征收案涉集体土地。兴宁市政府作出34号征收公告及46号补偿方案公告。在对曾某等人被征收房屋进行丈量登记后，福兴办向曾某等人送达世纪人公司作出的096号评估报告，在兴宁市政府告知异议救济途径后，曾某等人未对评估报告提出书面的复核申请。在规定的签约期内，曾某等人与征收管理部门未达成补偿安置协议，兴宁市政府作出被诉的82号征收补偿决定，按评估结果对房屋、土地及装修、地上附着物、搬迁补助费、临时安置补助费等予以补偿，同时给予曾某等人选择房屋产权调换的权利。曾某等人在规定的时间内没有选择房屋调换，视为选择货币补偿。82号征收补偿决定认定事实清楚，主要证据确凿、充分，符合法定程序。一、二审判决驳回曾某等人的诉讼请求，并无不当。曾某等人主张，《征收范围红线图》和《房屋测绘成果报告书》两份新证据，足以证明涉案房屋不在34号征收公告征收范围内。但是，34号征收公告确定的征收范围包括曾某等人被征收房屋所在的墨池村巷一，曾某等人的房屋在征收范围内。曾某等人申请再审时未说明两份“新证据”的来源，且两份“新证据”亦不足以否定34号公告和规划红线图的证明效力。以此为由申请再审，本院不予支持。曾某等人还主张，从未收到096号评估报告，对评估机构是否有资质、评估内容是否漏项、评估方法是否合理均不知情。但是，一审中兴宁市政府提供的评估报告、告知书及其送达回证证明，096号评估报告已经于2015年4月16日上午送达位于墨池村巷一的曾某等人家中，曾某等人接受评估报告但拒绝签名，司法所工作人员和墨池村村民作为见证人在送达回证上签字确认。世纪人公司的营业执照和《房地产估价机构资质证书》，能够证明该公司具有相应的评估资质。曾某等人对096号评估报告有异议，但未书面提出复查、复核申请，且至今未就该评估报告存在哪些问题提出具体的意见。以此为由申请再审，缺乏事实根据。

应当指出的是，集体土地征收补偿应当依照土地管理法的相关规定予以征收补偿安置。除非符合《最高人民法院关于审理涉及农村集体土地行政案件若干问题的规定》第十二条第二款规定的情形，一般不得按照《国有土地上房屋征收与补偿条例》进行安置补偿。《中共中央纪委办公厅、监察部办公厅关于加强监督检查进一步规范征地拆迁行为的通知》第二部分关于“在土地管理法等法律法规作出修订之前，集体土地上房屋拆迁，要参照新颁布的《国有土地上房屋征收与补偿条例》的精神执行”的规定，意思是要参照国有土地上房屋征收补偿的精神，充分保障被征收土地农民的合法权益。不能将其理解为集体土地征收过程中，应当按照国有土地征收补偿的程序和标准对被征收土地农民予以安置补偿。如此理解，违反土地管理法及其相关规定。兴宁市政府对曾某等人坐落于集体土地上的房屋，按照国有土地上房屋征收的补偿安置标准予以安置补偿不妥，本院予以指正。鉴于没有证据证明82号征收补偿决定的补偿数额，与根据土地管理法第四十七条规定给予曾某等人的补偿数额，存在重大差别、明显不合理的情形，本案不予再审。

综上，曾某、卢某的再审申请不符合《中华人民共和国行政诉讼法》第九十一条第三、四项规定的情形。依照《最高人民法院关于执行〈中华人民共和国行政诉讼法〉若干问题的解释》第七十四条的规定，裁定如下：

驳回曾某、卢某的再审申请。

审判长：郭修江；审判员：王毓莹、熊俊勇；法官助理：黄宁晖；书记员：陈清玲

二〇一七年九月二十八日

036

职工在家加班工作期间突发疾病视同工伤

【裁判要旨】

职工为了单位的利益，在家加班工作期间，突发疾病死亡的，属于《工伤保险条例》第十五条第一款第一项规定的“在工作时间和工作岗位，突发疾病死亡”应当视同工伤的情形。

中华人民共和国最高人民法院
行政裁定书

（2017）最高法行申6467号

再审申请人（一审被告、二审上诉人）：海南省海口市人力资源和社会保障局。

法定代表人：朱韶雄。

委托代理人：罗慧。

委托代理人：韩耀。

被申请人（一审原告、二审被上诉人）：俞某。

原审被告：海南省人力资源和社会保障厅。

法定代表人：何琳。

委托代理人：黄循海。

再审申请人海南省海口市人力资源和社会保障局（以下简称海口市人社局）因被申请人俞某诉其和原审被告海南省人力资源和社会保障厅（以下简称海南省人社厅）工伤认定行政确认、行政复议一案，不服海南省高级人民法院于2017年3月27日作出的（2017）琼行终82号行政判决，向本院申请再审。本院于2017年8月16日立案受理，依法组成合议庭审查本案。案件现已审查终结。

俞某的丈夫冯某，系琼山中学教师，担任该校高中部数学课教学和高中班主任工作。2011年11月15日晚，冯某任教的366、367两个班级进行测验考试。考试结束后，冯某回到家中。次日早上七点左右，同校老师在冯某家中发现其身体异常状况，立刻拨打海口市120急救中心电话，琼山人民医院到场进行抢救，冯某因抢救无效死亡。2011年12月20日，琼山人民医院出具《居民死亡医学证明书》，证明冯某因突发心肌梗塞，于2011年11月16日在家中死亡，发病到死亡的大概时间间隔为“不详”。《抢救记录》上记载：“抢救时间段2011年11月16日8时31分至9时32分”“到达现场时患者已无心跳、呼吸。”2011年12月15日，琼山中学以冯某因长期工作劳累过度，在工作时间、工作岗位中突发心肌梗塞死亡为由，向海口市人社局提出申请，要求认定冯某为工伤死亡。2011年12月13日，琼山中学数学组证明：“2011年11月15日晚，从20:30至22:30进行考试，冯某老师连夜评完两个班学生的数学试卷，并进行试卷分析，因每周三为我校数学教学研究时间。”2012年6月26日，琼山中学教师王某、陈某证明，事发当晚发现冯某行为异常，看见他偶尔用手摁一摁胸口，脸色不好。2013年3月11日，琼山中学出具书面证明：“2011年11月15日晚上，从20:30分22:30进行考试，为及时了解学生的学习状况，该老师连夜评完两个班学生的数学试卷（107份），并进行试卷分析。每次测试完毕都是当晚批卷，这是常规工作……”庭审中，证人黄某、胡某亦证实，冯某在2011年11月15日晚修时间，精神比往常差，气色苍白。

海口市人社局在受理琼山中学认定冯某为工伤的申请中，曾于2012年5月23日作出海人社工伤认字（2012）第223号《工伤认定决定书》（以下简称223号工伤决定），对冯某因病死亡不认定为工伤。俞某不服，申请复议。海南省人社厅作出琼人社复决（2012）2号《行政复议决定书》，维持海口市人社局223号工伤决定。俞某不服，提起行政诉讼。海口市秀英区人民法院判决驳回俞某的诉讼请求。俞某不服并提起上诉，海口市中级人民法院于2013年5月8日作出（2013）海中法行终字第47号行政判决，以223号工伤决定认定事实不清为由，判决撤销一审判决，撤销223号工伤决定，责令海口市人社局重新作出行政行为。海口市人社局不服并申请再审，海口市中级人民法院于2013年8月16日作出（2013）海中法行监字第28号《驳回再审申请通知书》，驳回其再审申请。海口市人社局仍不服，继续申诉。海南省高级人民法院于2014年2月14日作出（2013）琼行监字第69号《驳回再审申请通知书》，驳回其申请。2015年1月17日，海口市人社局重新作出海人社工伤认定字（2012）223－1号《不予认定工伤决定书》（以下简称223－1号工伤决定），认定事实如下：2011年11月16日上午8时20分许，冯某被其同事韦某发现在家趴卧床上，呼之不应，急拨120抢救。经120到场抢救约1小时，于当日9时32分宣告临床死亡。经查明，1. 2011年11月15日晚修时间，冯某约晚上10时带女儿离校回家；2. 冯某发病时已上床休息；3. 2011年11月16日上午学校并无安排数学教研活动；4. 学校规定，不得利用晚修时间上课或考试；5. 学校领导否认安排教师通宵改卷或要求任课老师必须当天改完作业或试卷。223－1号工伤决定据此认为，晚上进行考试不是学校安排的活动，学校也没有要求老师当天必须批改完作业或试卷的规定，冯某发病不是工作时间，也不在工作岗位上，不符合《工伤保险条例》第十四、十五条认定工伤或视为工伤的情形，决定不认定为工伤或视为工伤。俞某不服申请复议，海南省人社厅于2016年4月15日作出琼人社复决（2016）1号行政复议决定（以下简称1号复议决定），维持223－1号工伤决定。俞某仍不服，于2016年5月16日向海口市中级人民法院提起本案行政诉讼，请求撤销223－1号工伤决定和1号复议决定，认定冯某属于工伤。

海口市中级人民法院（2016）琼01行初180号行政判决认为，223－1号工伤决定认定“冯某发病时已上床休息”。但琼山人民医院《院前急救记录交接单》上记载抢救情况是，到达时死亡，《居民死亡医学证明书》上对冯某发病到死亡的大概时间间隔一栏上记载为“不详”，海口市人社局仅凭冯某同事到家中看见冯某卧于床上，认定冯某发病时已上床休息，明显证据不足。海口市人社局未提交琼山中学的相关规章制度，仅以琼山中学校长调查陈述认定“学校规定，不得利用晚修时间上课或考试”，冯某晚上安排测试，不是工作时间，事实认定依据不足。海口市人社局对冯某连夜工作与突发疾病是否存在因果关系，是否因长时间工作劳累造成心肌梗塞死亡等问题均未予认定，作出223－1号工伤决定，认定部分事实不清，证据不充分。依照《中华人民共和国行政诉讼法》第七十条第一项、第七十九条之规定，判决撤销223－1号工伤决定和1号复议决定，责令海口市人社局重新作出工伤认定。海口市人社局不服，提起上诉。

海南省高级人民法院（2017）琼行终82号行政判决认为，病亡视同工伤需满足三个条件，工作时间、工作岗位、突发疾病死亡或48小时内抢救无效死亡。冯某组织晚修测验及批改试卷即使不是学校的硬性要求，也与其工作明显相关，且符合中小学教师的职业特点，应属于工作时间和工作岗位的延伸。突发疾病发病到死亡有一个持续的阶段和过程，如冯某这样的“猝死”，也有从不明显到明显的发病至死亡的过程。琼山中学教师王某、陈某及冯某学生证明，冯某在2011年11月15日晚修期间已有身体不适的表现，理应认定冯某于2011年11月15日晚修时已开始发病。冯某在琼山人民医院医护人员到达时已无心跳和呼吸，其属于突发疾病死亡的情况，而不是《工伤保险条例》第十五条第一款第一项中“突发疾病在48小时之内经抢救无效死亡”的情况。依照《中华人民共和国行政诉讼法》第八十九条第一款第一项的规定，判决驳回上诉，维持原判。

海口市人社局申请再审称：1. 经申请人重新调查核实，冯某身体状况良好，并无证据证明其在工作期间发病，且医疗机构初次诊断时间不在15日晚修时间。2. 冯某系在家中死亡，并非死于工作岗位，一、二审扩大工作时间、工作地点的范围不当。3. 根据《工伤保险条例》及相关规定，在工作岗位发病，未送医抢救回家休息，及其他因疾病死亡的情形，只能按照病亡对待，不应认定为工伤。请求撤销一、二审判决，对本案予以再审。

海南省人社厅答辩称：1. 冯某系在家中死亡，不符合视同工伤情形，2. 冯某回家批改试卷并非学校安排的工作，不应认定为工作时间、工作岗位。3. 冯某于当日未有就诊记录，而是直接回家，不属于突发疾病。琼山中学主张其劳累过度，亦不属于工伤或视同工伤的情形。请求撤销一、二审判决，维持223－1号工伤决定。

俞某未提交书面答辩意见。

本院经审查认为，《工伤保险条例》第十五条第一款第一项规定，职工在工作时间和工作岗位，突发疾病死亡或者在48小时之内经抢救无效死亡的，视同工伤。该项规定视同工伤包括两种情形：一是在工作时间、工作岗位上，突发疾病死亡；二是在工作时间、工作岗位上，突发疾病，48小时内经抢救无效死亡。未经抢救死亡，可能存在两种情形：一是突发疾病，来不及抢救即已经死亡；二是发病时，没有其他人员在场，丧失抢救机会死亡。无论是经抢救无效死亡，还是未经抢救死亡，视为工伤的关键都在于，必须是在“工作时间和工作岗位”上突发疾病死亡。通常理解，“工作时间和工作岗位”应当是指单位规定的上班时间和上班地点。同时，我们认为，职工为了单位的利益，在家加班工作期间，也应当属于“工作时间和工作岗位”。主要理由是：第一，根据《工伤保险条例》第一条规定，制定和实施该条例的目的在于保障“因工作遭受事故伤害或者患职业病的职工获得医疗救治和经济补偿”。因此，理解“工作时间和工作岗位”，首先应当要看职工是否为了单位的利益从事本职工作。在单位规定的工作时间和地点突发疾病死亡视为工伤，为了单位的利益，将工作带回家，占用个人时间继续工作，期间突发疾病死亡，其权利更应当受到保护。只有这样理解，才符合倾斜保护职工权利的工伤认定立法目的。第二，《工伤保险条例》第十四条第一、二、三项认定工伤时的法定条件是“工作时间和工作场所”，而第十五条视为工伤时使用的是“工作时间和工作岗位”，相对于“工作场所”而言，“工作岗位”强调得更多的不是工作的处所和位置，而是岗位职责、工作任务。职工在家加班工作，就是为了完成岗位职责，当然应当属于第十五条规定的“工作时间和工作岗位”。第三，视为工伤是法律规范对工伤认定的扩大保护，的确不宜将其范围再进一步做扩大理解。但是，应当注意的是，第十五条将“工作场所”替换为“工作岗位”，本身就是法律规范对工作地点范围的进一步拓展，将“工作岗位”理解为包括在家加班工作，是对法律条文正常理解，不是扩大解释。本案中，冯某被发现时已经没有呼吸和心跳，属于深夜在家发病，无人发现、未经抢救死亡的情形，不属于经抢救无效48小时内死亡的情形。虽然冯某在家中死亡，但从本案查明的事实可以看出，冯某在被发现死亡的前一天晚10时许，组织学生晚修测验回家，连夜评完两个班学生的数学试卷，并进行试卷分析。显然是为学校的利益，在回家后利用个人休息时间，加班从事教学岗位职责工作，属于“在家加班工作”的情形。是否能够认定冯某属于工伤，关键是看其发病、死亡是否发生在“在家加班工作期间”。冯某的《居民死亡医学证明书》对其发病至死亡的时间认定为“不详”，这就造成冯某的发病时间究竟是在加班工作期间，还是在已上床睡觉期间难以判断。223－1号工伤决定根据冯某的同事第二天一早发现冯某趴卧床上的陈述，认定“冯某发病时已上床休息”。正如一、二审所述，这一认定显然是缺乏充分证据予以支持的。趴卧床上，有可能是在发病后，身体不适倒卧床上，并非一定是上床睡觉后发病死亡。本院认为，在职工发病和死亡是否发生在工作时间、工作岗位上缺乏相关证据证明、难以确定的情况下，根据工伤认定倾向性保护职工合法权益的原则，应当作出有利于职工的肯定性事实推定，而非否定性的事实认定。因此，一、二审判决以事实不清、主要证据不足为由，撤销223－1号工伤决定，判决理由和结果均无不当。海口市人社局申请再审的理由，均是建立在不认可在家加班工作期间应当认定为“工作时间、工作岗位”这一前提之下，其主张与工伤认定的立法精神不符，缺乏事实根据，本院不予支持。

应当指出的是，根据《工伤保险条例》第十六条规定，符合第十四条认定工伤或者第十五条视为工伤法定条件的，排除认定或视为工伤的是故意犯罪、醉酒或者吸毒、自残或者自杀三种情形。职工发生伤亡事故，是否存在违反单位相关规章制度的情形，并不是工伤认定应当考虑的因素。223－1号工伤决定在认定事实时，强调学校规定不得利用晚修时间上课或考试、学校领导否认安排教师通宵改卷或要求任课老师必须当天改完作业或试卷等事实，不属于工伤认定应当考虑的因素，海口市人社局的上述事实认定不妥，本院予以指正。

综上，海口市人社局的再审申请不符合《中华人民共和国行政诉讼法》第九十一条第三、四项规定的情形。依照《最高人民法院关于执行〈中华人民共和国行政诉讼法〉若干问题的解释》第七十四条的规定，裁定如下：

驳回海南省海口市人力资源和社会保障局的再审申请。

审判长：郭修江；审判员：熊俊勇、陈宏宇；法官助理：黄宁晖；书记员：陈清玲

二〇一七年十一月二十九日

037

普通的共同诉讼可以合并一案审理裁判，也可以分别立案、合并开庭审理、分别裁判

【裁判要旨】

共同诉讼存在两种情形：一是必要的共同诉讼，被诉行政行为为同一个，当事人一方或者双方为二人以上的，人民法院应当合并一案审理和裁判，分别立案审理和判决的，审判程序违法；二是普通的共同诉讼，被诉行政行为属同类，当事人一方或者双方为二人以上的，人民法院决定合并一案审理的，应当经过当事人同意。为节约司法成本、减少当事人诉累，审判实践中，有的人民法院将多个同类被诉行政行为的案件分别立案，在开庭时合并审理，最后又分别作出裁判。此种情形并非行政诉讼法第二十七条规定的共同诉讼，但合并开庭审理，并不属于审判程序违法的情形。

中华人民共和国最高人民法院
行政裁定书

（2017）最高法行申6606号

再审申请人（一审原告、二审上诉人）：攸县桃水机制砖厂。

法定代表人：夏秋江。

被申请人（一审被告、二审被上诉人）：湖南省攸县人民政府。

法定代表人：苏涛。

再审申请人攸县桃水机制砖厂（以下简称桃水砖厂）因诉被申请人湖南省攸县人民政府（以下简称攸县政府）关闭砖厂行政决定、关闭行政行为及行政赔偿一案，不服湖南省高级人民法院于2017年3月22日作出的（2016）湘行终950号行政判决，向本院申请再审。本院于2017年8月23日立案受理，依法组成合议庭进行审查。案件现已审查终结。

2005年6月6日，国务院办公厅发布国办发〔2005〕33号《关于进一步推进

墙体材料革新和推广节能建筑的通知》（以下简称33号国办推新通知）规定，逐步禁止生产和使用实心粘土砖。已限期禁止生产、使用实心粘土砖（包括瓦，下同）的170个城市，要向逐步淘汰粘土制品推进，并向郊区城镇延伸。其他城市要按照国家的统一部署，分期分批禁止或限制生产、使用实心粘土砖，并逐步向小城镇和农村延伸。2006年7月31日，湖南省人民代表大会常务委员会发布的《湖南省新型墙体材料推广应用条例》规定，禁止在城市规划区内新建、扩建粘土实心砖生产企业，禁止任何单位和个人占用耕地建窑或者在耕地上取土生产粘土实心砖。

2000年6月15日，桃水砖厂成立，生产粘土实心砖，营业执照有效期为2000年6月15日至2003年12月31日，核准的经营范围为：机制砖。2014年1月20日，攸县政府发布攸政告（2014）1号《关于禁止使用粘土实心砖的通告》（以下简称1号通告），主要内容为：一、在本县城市区划内，除列入历史文化保护的古建筑修缮等特殊工程外，不得在墙体中使用粘土实心砖。二、禁止在县城市规划区内新建、扩建粘土实心砖生产企业。禁止任何单位和个人占用耕地建窑或者在耕地上取土生产粘土实心砖。鼓励现有粘土实心砖生产企业进行技术改造，逐步转产新型墙体材料。2014年2月26日，国家发展和改革委员会办公厅（以下简称国家发改委办）发改办环资（2014）438号《关于公布第二批禁止使用实心粘土砖县城和限制使用粘土制品城市名单的通知》（以下简称438号第二批“禁实”县城通知），将攸县确定为第二批“禁实”县城，要求攸县在2015年年底前完成目标任务。2014年6月5日，攸县政府作出攸政办函（2014）27号《攸县禁止使用粘土实心砖推广应用新型墙体材料工作方案》（以下简称27号工作方案），该方案确定的目标任务为：（一）自2014年6月1日起，在县行政规划区内建设项目禁止使用粘土实心砖；（二）在2014年12月31日之前，全面依法取缔粘土实心砖企业，清理重点为无证照的粘土实心砖厂。2015年1月6日，攸县政府作出攸政办函（2015）2号《攸县粘土实心砖厂关闭退出及转产奖补方案》（以下简称2号奖补方案），主要内容为：一、奖补对象包括两类，一是2015年1月30日前自行关闭退出的合法粘土砖厂，砖厂应当设备设施齐全、窑体较为完整，基本具备生产条件；二是2015年6月30日前粘土实心砖厂转产新型墙体材料的厂家。超过期限不予奖补。二、奖补标准：关闭粘土砖厂按窑门数量进行补助，每门补

0.4万元，属隧道窑的每条补6万元；粘土实心砖厂转产新型墙体材料的，每个奖励10万元。但是，不与关闭退出重复享受，就高不就低。2015年6月9日，湖南省经济和信息化委员会发布湘经信原材料（2015）206号《湖南省经济和信息化委员会关于切实落实“十二五期间”限制使用粘土制品城市和禁止使用实心粘土砖县城工作目标任务的通知》（以下简称206号“禁实”通知）规定，在湖南公布的县城城镇规划区范围内，禁止使用实心粘土砖，坚持堵疏结合、禁产和禁用相结合的原则，采取有效措施，推进实心粘土砖厂的关停和转产，并要求于2015年12月31日前禁止使用实心粘土砖，株洲市下辖茶陵县、攸县、炎陵县被列入第二批“禁实”县城。27号工作方案实施后，桃水砖厂被拆除。2015年7月28日，桃水砖厂领取停产拆迁补偿款8万元。2015年11月，桃水砖厂提起本案行政诉讼，请求确认2号奖补方案违法，确认攸县政府作出的关闭桃水砖厂的行政行为违法，赔偿损失936000元。

株洲市中级人民法院（2015）株中法行初字第117号行政判决认为，根据《中华人民共和国土地管理法》第三条、《中华人民共和国循环经济促进法》第二十三条第三款、第五十四条，以及206号“禁实”通知、33号国办推新通知、《湖南省新型墙体材料推广应用条例》等相关规定，攸县政府制定27号工作方案，符合法律法规规定，在法律法规对关闭粘土砖厂是否应当给予补偿未作规定的情况下，攸县政府结合当地实际给予一定奖励性补偿，符合法律规定。桃水砖厂要求另行予以补偿没有法律根据。依照《中华人民共和国行政诉讼法》第六十九条之规定，判决驳回桃水砖厂的诉讼请求。桃水砖厂不服，提起上诉。

湖南省高级人民法院（2016）湘行终950号行政判决认为，攸县政府作出2号奖补方案，符合法律、法规及规范性文件的规定。攸县政府根据上述方案，对桃水砖厂予以关闭并无不当。桃水砖厂的经营期限在攸县政府作出2号奖补方案之前就已经到期，且法律法规对粘土实心砖厂关闭退出是否应予补偿没有相关规定。攸县政府为促进关闭顺利进行，根据砖厂的实际情况进行补偿。桃水砖厂提出补偿936000元，无事实和法律依据。桃水砖厂与其他五个案件的一审原告均为生产粘土实心砖的企业，被告均为攸县政府，案情均是砖厂认为政府的奖补方案及关闭行为违法，一审为方便诉讼、节约司法资源，将六个案件一起开庭，审理方式并不违反法律规定。依照《中华人民共和国行政诉讼法》第八十九条第一款第一项的规定，判决驳回上诉，维持原判。

桃水砖厂申请再审称：1. 攸县政府关闭桃水砖厂没有法律依据，超越其行政职权。2. 关闭砖厂不给予补偿不合法。3. 一审对六个砖厂案件合并开庭审理，未经桃水砖厂同意，审判程序严重违法。请求撤销一、二审判决，依法对本案予以再审。

攸县政府未提交书面答辩意见。

本院经审查认为，《中华人民共和国循环经济促进法》第二十三条第三款、第五十四条规定，在国务院或者省、自治区、直辖市人民政府规定的期限和区域内生产、销售和使用粘土砖的，由县级以上地方人民政府指定的部门责令限期改正。《湖南省新型墙体材料推广应用条例》第二十五条第一、二款、第三十条规定，禁止在城市规划区内新建、扩建粘土实心砖生产企业。禁止任何单位和个人占用耕地建窑或者在耕地上取土生产粘土实心砖。违反本条例第二十五条规定，新建、扩建的粘土实心砖生产企业，由县级以上人民政府予以取缔。国家发改委办438号第二批“禁实”县城通知将攸县确定为“禁实”县城，要求2015年年底前完成“禁实”目标任务。逐步禁止生产、销售和使用粘土砖，是国家推进循环经济，有效保护国家土地资源的重大举措。攸县政府依据法律、法规规定和国家发改委办的具体要求，作出27号工作方案，全面取缔攸县行政规划范围内的粘土实心砖企业，符合法律、法规规定和国家政策要求。桃水砖厂主张攸县政府关闭桃水砖厂没有法律依据、超越职权，理由不能成立。

《中华人民共和国行政许可法》第八条第二款规定，行政许可所依据的客观情况发生重大变化，为了公共利益的需要，行政机关可以依法变更或者撤回已经生效的行政许可。由此给公民、法人或者其他组织造成财产损失的，行政机关应当依法给予补偿。本案中，攸县政府在全面取缔粘土实心砖企业的同时，应当依法对取得合法行政许可手续的相关被取缔砖厂予以合理补偿。桃水砖厂从2000年开始进行粘土实心砖生产，营业执照在2003年12月31日后即已超过有效期。在此情形下，攸县政府给予桃水砖厂适当补偿，已经充分保护其合法权益。桃水砖厂主张关闭砖厂未予补偿，与事实不符。以此为由申请再审，本院不予支持。

《中华人民共和国行政诉讼法》第二十七条规定，当事人一方或者双方为二人以上，因同一行政行为发生的行政案件，或者因同类行政行为发生的行政案件、人民法院认为可以合并审理并经当事人同意的，为共同诉讼。即共同诉讼有两种情形，一是必要的共同诉讼，被诉行政行为为同一个，当事人一方或者双方为二人以上的，人民法院必须合并一案审理；二是普通的共同诉讼，被诉行政行为属同类，当事人一方或者双方为二人以上的，人民法院决定合并一案审理的，应当经过当事人同意。作为共同诉讼，无论是必要的共同诉讼，还是普通的共同诉讼，人民法院都仅作为一个案件予以立案审理和判决。但审判实践中，为节约司法成本，减少当事人诉累，人民法院将多个同类被诉行政行为案件，在开庭时予以合并审理，又分别作出判决，并非行政诉讼法第二十七条规定的共同诉讼。本案中，桃水砖厂与其他五个砖厂分属六个独立的个体工商户，攸县政府关闭六个砖厂，是基于同类情形作出的六个同类的关闭行政行为，并非同一行政行为。六个砖厂分别对攸县政府关闭行为提起行政诉讼，属于针对同类行政行为，一审将其作为六个案件分别立案、合并开庭审理、分别作出判决，不属于共同诉讼的情形。桃水砖厂主张合并开庭审理未经其同意，审判程序严重违法，没有法律根据。

综上，桃水砖厂的再审申请不符合《中华人民共和国行政诉讼法》第九十一条第三、四项规定的情形。依照《最高人民法院关于执行〈中华人民共和国行政诉讼法〉若干问题的解释》第七十四条的规定，裁定如下：

驳回攸县桃水机制砖厂的再审申请。

审判长：郭修江；审判员：钱小红、熊俊勇；法官助理：黄宁晖；书记员：陈清玲

二〇一七年九月二十八日

038

必要的共同诉讼应当作为一个案件立案、审理和裁判

【裁判要旨】

被诉行政行为为同一个，当事人一方或者双方为二人以上的，属于必要的共同诉讼，人民法院应当合并一案审理和裁判。分别立案，属于审判程序违法。

中华人民共和国最高人民法院
行政裁定书

（2017）最高法行申6972－6976、6978－6979、6981－6984号

再审申请人（一审原告、二审上诉人）：张甲。

再审申请人（一审原告、二审上诉人）：周某。

再审申请人（一审原告、二审上诉人）：雷某。

再审申请人（一审原告、二审上诉人）：文某。

再审申请人（一审原告、二审上诉人）：吴某。

再审申请人（一审原告、二审上诉人）：符某。

再审申请人（一审原告、二审上诉人）：刘某。

再审申请人（一审原告、二审上诉人）：包某。

再审申请人（一审原告、二审上诉人）：张乙。

再审申请人（一审原告、二审上诉人）：韩某。

再审申请人（一审原告、二审上诉人）：李某。

被申请人（一审被告、二审被上诉人）：海口市美兰区人民政府。

法定代表人：冯琳，区长。

委托代理人：吴玉琼，该区司法局工作人员。

委托代理人：黄运政，海南海地律师事务所律师。

被申请人（一审被告、二审被上诉人）：海口市人民政府。

法定代表人：倪强，市长。

委托代理人：曾子珊，该市法制局工作人员。

委托代理人：郑雯，该府法律顾问。

再审申请人张甲、周某、雷某、文某、吴某、符某、刘某、包某、张乙、韩某、李某因诉被申请人海口市美兰区人民政府（以下简称美兰区政府）、海口市人民政府（以下简称海口市政府）房屋征收决定等十一案，不服海南省高级人民法院于2017年3月22日作出的（2017）琼行终53号、57号、56号、49号、73号、45号、78号、76号、51号、71号、48号行政判决，向本院申请再审。本院于2017年9月5日立案，依法组成合议庭进行审查，并于2017年9月14日下午在本院第一巡回法庭第二法庭组织各方当事人进行询问，再审申请人符某，被申请人美兰区政府的委托代理人吴玉琼、黄运政，海口市政府的委托代理人曾子珊、郑雯，到庭参加询问活动。案件现已审查终结。

2015年7月10日，海口市政府办公厅印发《海口市2015年棚户区（城中村）改造计划调整方案》，将下洋瓦灶片区列为2015年棚改启动项目之一。2015年8月29日，美兰区住建局在《海口晚报》刊登《关于下洋、瓦灶、龙岐片区棚户区（城中村）改造项目房屋征收调查的通告》，在通告中明确了调查项目名称、调查单位、调查登记范围、调查要求、登记地址等有关事项。2015年9月6日，美兰区住建局发出《关于召开选定海口市美兰区下洋瓦灶片区棚户区（城中村）改造项目房地产价格评估机构会议的通告》，通告召开选定改造项目房地产价格评估机构会议的时间、地点、会议内容及注意事项等。2015年9月7日美兰区住建局召开由被征收人代表，美兰区房屋征收部门、美兰区棚改指挥部、蓝天街道办参加的会议，根据会议投票结果，海南首立房地产估价有限公司被选定为美兰区下洋瓦灶片区改造项目房地产价格评估机构。之后，海南首立房地产估价有限公司出具了琼首估（房）字（2015）第59号《房地产（基准价）估价报告》。海口市房屋拆迁与估价协会专家委员会接受海口市房屋征收局的委托，聘请专家组成专家组，对上述《房地产（基准价）估价报告》进行评审，并于2015年10月23日作出海估协审字［2015］030号《“海口市美兰区下洋瓦灶片区棚户区（城中村）改造项目”征收范围内被征收的土地使用权、房屋（包括室内装修）、附属物〈房地产（基准价）估价报告〉专家评审意见书》，对该估价报告提出调整修改意见。海南首立房地产估价有限公司根据专家评审意见对估价报告进行调整修改后，海口市房屋拆迁与估价协会专家委员会再次接受海口市房屋征收局的委托，聘请专家组成专家组对修改后的估价报告进行评审，并于2015年11月25日作出海估协审字（2015）030－1号《“海口市美兰区下洋瓦灶片区棚户区（城中村）改造项目”征收范围内被征收的土地使用权、房屋（包括室内装修）、附属物〈房地产（基准价）估价报告〉专家评审意见书》，同意通过该估价项目的评审。2015年10月8日，美兰区政府发布《海口市美兰区下洋瓦灶片区棚户区（城中村）改造项目征收补偿安置方案（征求意见稿）》，征求广大公众意见，并告知提出意见和建议的途径及接收意见和建议的部门、联系方式等。之后，美兰区政府作出《关于〈海口市美兰区下洋瓦灶片区棚户区（城中村）改造项目征收补偿安置方案〉征求意见情况及修改情况的说明》，并在被征收片区内进行公示。2015年10月9日，美兰区住建局向××委维护稳定工作领导办公室作出《海口市美兰区下洋瓦灶片区棚户区（城中村）改造项目社会稳定风险评估报告》，对项目改造房屋征收风险综合评价：“美兰区下洋瓦灶片区棚户区（城中村）改造项目社会稳定风险程度可定为低风险，但有可能发生少数居民群众因不满补偿标准而出现的矛盾冲突。”2015年12月9日，海口市发改委作出海发改金融函（2015）1672号《关于同意海口市下洋瓦灶片区棚户区（城中村）改造项目立项的复函》，函复美兰区政府同意建设海口市美兰区下洋瓦灶片区棚户区（城中村）改造项目。2015年12月8日，美兰区政府召开六届第七十次常务会议，会议原则通过《海口市美兰区下洋瓦灶片区棚户区（城中村）改造项目征收补偿方案》，同意发布《海口市美兰区人民政府关于下洋瓦灶片区建设项目房屋征收的决定》。2015年12月10日，美兰区政府作出公告，向社会公布海美府（2015）30号《关于下洋瓦灶片区建设项目房屋征收的决定》（以下简称30号征收决定）及《海口市美兰区下洋瓦灶片区棚户区（城中村）改造项目征收补偿方案》。30号征收决定明确了征收范围、房屋征收部门、征收补偿标准、签约期限，并告知被征收人如不服决定，可自公告之日起60日内依法向海口市政府申请行政复议，或在公告之日起6个月内依法向人民法院提起诉讼。2015年12月12日，美兰区政府作出《关于公示下洋瓦灶片区改造项目被征收人分户初步评估结果的通告》，将被征收人分户初步评估报告结果予以公示，并告知被征收人如对评估结果有异议，可以在10日内提出。申请人房屋在涉案征收范围内。2016年1月11日，包括申请人在内的静仙苑小区199名被征收人申请行政复议，请求撤销30号征收决定。2016年2月29日，海口市政府作出海府行复决（2016）6号行政复议决定（以下简称6号复议决定），维持30号征收决定。2016年3月3日，海口市政府送达复议决定。申请人遂提起行政诉讼，请求撤销6号复议决定和30号征收决定。

海口市中级人民法院（2016）琼01行初49号、54号、53号、45号、83号、41号、220号、200号、47号、80号、44号行政判决认为，美兰区政府征收申请人的房屋，目的是进行下洋瓦灶片区棚户区（城中村）改造，符合《国有土地上房屋征收与补偿条例》（本案以下简称《征补条例》）第八条第五项“由政府依照城乡规划法有关规定组织实施的对危房集中、基础设施落后等地段进行旧城区改建的需要”的征收情形。美兰区政府征收涉案房屋，经过立项、发布房屋征收调查公告并开展调查活动、将征收范围内房屋调查结果向被征收人公布、组织被征收人投票推选评估机构、拟定征收补偿安置方案并公示征求意见、公布征求公众意见情况和根据公众意见修改的情况、进行社会稳定风险评估并形成报告、召开政府常务会议讨论决定征收、公告征收决定等程序。因此，美兰区政府作出30号征收决定，并无不当。海口市政府作出6号复议决定予以维持30号征收决定，并无不妥。申请人所诉征收房屋的补偿问题，不属于本案审查征收决定的范畴，应另案处理。申请人的诉讼请求，缺乏事实根据和法律依据，应予驳回。依照《最高人民法院关于执行〈中华人民共和国行政诉讼法〉若干问题的解释》第五十六条第四项之规定，判决驳回申请人的诉讼请求。申请人不服一审判决，提起上诉。

海南省高级人民法院（2017）琼行终53号、57号、56号、49号、73号、45号、78号、76号、51号、71号、48号行政判决认为，关于美兰区政府作出30号征收决定对静仙苑小区范围内的房屋实施征收是否符合公共利益需要的问题。申请人上诉认为静仙苑小区既不是棚户区（城中村），更不是危房集中、基础设施落后的小区，美兰区政府未提供证据证明征收该小区是基于公共利益的需要且符合城市规划。根据本案查明的事实，美兰区政府作出30号征收决定，是按海口市政府2015年7月10日作出的《海口市2015年棚户区（城中村）改造计划调整方案》［海府办（2015）175号］启动的棚户区（城中村）改造项目，目的是对下洋瓦灶片区进行旧城区改造，其行为符合《征补条例》第八条第五项规定的“由政府依照城乡规划法有关规定组织实施的对危房集中、基础设施落后等地段进行旧城区改建的需要”的征收情形，属公共利益的需要。尽管无证据证明静仙苑小区属危房集中、基础设施落后小区，但美兰区政府基于下洋瓦灶地段的旧城区整体改造的实际需要，将静仙苑小区纳入征收范围，亦不违反上述行政法规规定。关于美兰区政府作出30号征收决定的程序是否合法的问题。根据本案查明的事实，在30号征收决定作出之前，美兰区政府进行了项目立项、发布房屋征收调查公告并开展调查活动、向被征收人公布房屋调查结果、组织被征收人投票推选评估机构并对被征收房屋进行评估、拟定征收补偿安置方案并公示征求意见、公布征求公众意见情况和根据公众意见修改的情况、进行社会稳定风险评估并形成报告、召开政府常务会议讨论决定征收事项等相关工作及程序，在作出30号征收决定之后亦予公告。因此，美兰区政府作出30号征收决定，其程序符合《征补条例》第九条至第十五条的规定。关于美兰区政府作出30号征收决定适用法律是否正确的问题。申请人房屋所在静仙苑小区用地属国有土地，美兰区政府依据《征补条例》将其房屋予以征收，适用法律并无不当。申请人上诉认为美兰区政府适用《征补条例》征收下洋村、瓦灶村集体土地，属适用法律错误。然而，申请人并没有举证证明下洋瓦灶片区的城中村土地属集体土地，其上诉理由无事实根据，不予支持。美兰区政府作出30号征收决定是基于下洋瓦灶片区棚户区（城中村）改造的公共利益需要，其程序符合法规规定，适用法律亦无不当。海口市政府作出6号复议决定予以维持，并无不当。依照《中华人民共和国行政诉讼法》第八十九条第一款第一项之规定，判决驳回上诉，维持一审判决。

申请人申请再审称：1. 征收目的不清，没有具体的项目名称与征收理由，没有项目性质及相应的项目规划，无证据证明系出于公共利益需要。2. 征收范围不清，四至没有形成闭环，把不属于征收范围的海府二横路以南房屋拆除，附件1中的规划红线图没有标注街道名称及方向坐标；同在征收范围内的盛达集团大楼及泽丰花园未列为征收对象。3. 征收房屋所属土地性质不清，涉征范围内的下洋村、瓦灶村的建设用地中有农村集体土地。4. 征收补偿方案是征收决定的附件却严重违法，一审允许质证，判决时却以补偿另案处理带过，事实认定不清。5. 没有证据证明美兰区政府在作出30号征收决定前征收补偿费用已足额到位。6. 一、二审判决存在枉法裁判行为，美兰区政府、海口市政府提交的证据不合法，一、二审法院未经质证即予以采纳。请求撤销一、二审判决，撤销30号征收决定及6

号复议决定，依法再审本案。

美兰区政府答辩称：该府30号征收决定系严格按照法律规定的程序作出，应予维持。征收行为符合公共利益的要求，没有违反城市规划，被征收土地属城中村，原集体土地上居民早已村改居，土地性质变为国有土地。一、二审判决认定事实清楚，适用法律正确，请求驳回申请人的再审申请。

海口市政府答辩称：该府作出的复议决定程序合法，应予维持。请求驳回申请人的再审申请。

本院经审查认为，2015年12月10日，美兰区政府作出30号征收决定，对申请人房屋所在的下洋瓦灶片区棚户区改造项目范围内国有土地上的房屋实施房屋征收，目的是进行城中村及棚户区改造。该房屋征收系基于公共利益需要作出，并严格履行相关法定程序，符合《征补条例》及相关法律的规定。海口市政府作出6号复议决定，维持30号征收决定，程序合法，亦无不当之处。申请人的再审申请理由均不能成立，分述如下：

一、关于被征收区域是否属于危房集中、基础设施落后的旧城区，征收是否符合公共利益需要的问题

根据《征补条例》第八条第五项的规定，依据城乡规划法有关规定组织实施的对危房集中、基础设施落后等地段进行旧城区改建的，符合公共利益的需要。美兰区政府作出的房屋征收决定中涉及的“下洋瓦灶片区”，系海口市政府制定美兰区政府负责开展的棚户区（城中村）改造项目之一，根据美兰区第六届人民代表大会第七次会议批准的国民经济和社会发展计划实施。该项目能够进一步改善群众居住条件，增强防灾减灾能力改善人民群众的居住条件，提升城市品位。棚户区是指城市和乡镇范围内适用年限久、简易结构房屋多、房屋质量差、人均建筑面积小、基础设施配套不齐全、交通不便利、治安和消防隐患大、环境卫生脏乱差的区域，这里的棚户区是一个区域性的概念，基于棚户区改造的整体规划和建设实际需要，对部分建设年限短、不属于危旧房屋的建筑纳入改造和征收范围，并不违反法律规定。申请人主张其所在的静仙苑小区建设时间不长，不属于棚户区和危旧房屋。静仙苑小区位置在下洋瓦灶片区改造区域内，被纳入征收范围，是基于该片区旧城区整体改造的目的，故申请人的该项主张不能成立。申请人还主张改造范围内有商业开发项目，因此不是出于公共利益征收。本院认为，在旧

城区改造的过程中，政府通过商业开发的形式来补充旧城改造资金的不足，其目的仍是改善被征收人的居住环境、提高生活品质。商业开发仅是房屋被征收后土地利用的一种手段，只要房屋征收补偿安置确保了被征收人获得安置补偿的选择权，就不能据此否定征收的公共利益目的。申请人的该项主张亦不能成立。

二、关于征收范围是否明确的问题

30号征收决定载明的征收范围为：东至美苑路、南至国兴大道、西至海府路、北至美祥路，并注明“以规划红线图为准，详见附件1”。但是美兰区政府公告的征收决定所附规划红线图过于简单，确实如申请人所称没有标注街道名称及方向坐标，仅从该图无法判断准确的征收范围。美兰区政府的公告存在瑕疵，确有不妥，应在今后工作中予以改进。美兰区政府在本院询问时提供了涉征土地准确的规划红线图，改造面积共403.09亩，涉拆总面积52.18万平方米，红线内的征收范围明确，与征收决定中的记载相一致。申请人称征收范围不明确的主张缺乏事实根据，本院不予采信。

三、关于美兰区政府作出房屋征收决定程序是否合法的问题

根据《征补条例》第十条的规定，房屋征收部门拟定征收补偿方案，报市、县级人民政府；市、县级人民政府应当组织有关部门对征收补偿方案进行论证并予以公布，征求公众意见。征求意见期限不得少于30日。第十一条规定，市、县级人民政府应当将征求意见情况和根据公众意见修改的情况及时公布；因旧城区改建需要征收房屋，多数被征收人认为征收补偿方案不符合本条例规定的，市、县级人民政府应当组织由被征收人和公众代表参加的听证会，并根据听证会情况修改方案。本案中，美兰区政府于2015年10月8日发布征收补偿安置方案（征求意见稿），征求意见及进行修改的情况在被征收片区内进行公示，最后形成征收补偿安置方案并与30号征收决定同时公布，符合上述规定。《征补条例》第十一条第二款规定的听证会并非必经程序，只有在多数被征收人不同意征收补偿方案的情况下才需要召开。美兰区政府提出大多数被征收人对征收补偿方案并无异议并签订了安置补偿协议，故未召开听证会，不违反相关规定。申请人对此提出异议，但并未提出充分证据予以反驳，对其异议本院不予支持。根据《征补条例》第十二条、第十三条的规定，作出房屋征收决定前，应当进行社会稳定风险评估，作出房屋征收决定后应当及时公告。原审业已查明，美兰区住建局于2015年10

月9日进行了社会稳定风险评估。房屋征收决定作出当日，美兰区政府即进行了公告，程序符合规定。申请人关于30号征收决定作出程序违法的主张，缺乏事实根据，本院不予支持。

四、关于被征收房屋所涉土地性质的问题

《征补条例》第一条规定："为了规范国有土地上房屋征收与补偿活动，维护公共利益，保障被征收房屋所有权人的合法权益，制定本条例。"也就是说，《征补条例》仅适用于国有土地上的房屋征收，如果属于集体土地上的房屋，原则上应当适用《中华人民共和国土地管理法》等有关集体土地征收的规定予以征收补偿安置。因此，涉案土地性质属于集体还是国有，直接关系到涉案征收决定适用法律、法规是否正确。本案中，申请人所在的静仙苑小区用地属国有建设用地，美兰区政府适用《征补条例》对该小区内房屋进行征收，适用法律正确。申请人主张涉征范围内的下洋村、瓦灶村的建设用地中有农村集体土地，但并未提交有效证据予以证明。美兰区政府称，涉案的下洋村及瓦灶村于2002年间已整体进行村改居，即由村民委员会改为居民委员会，该片区的居民已全部转为城市居民，该片区的土地也已转为国有土地。申请人的此项主张亦不能成立。

五、关于安置补偿资金是否足额到位的问题

《征补条例》第十二条第二款规定，作出房屋征收决定前，征收补偿费用应当足额到位、专户存储、专款专用。美兰区政府于2015年12月上报关于涉征片区改造项目征收补偿概算的函，并获海口市房屋征收局报海口市政府批准，2016年7月该项目房屋征收补偿的配套资金存入农业银行红城湖支行。申请人否认该项事实，但并未提供证据证明。根据本院询问了解的情况，该征收项目已经基本完成，绝大多数被征收人已经签订协议并进行安置补偿，该项事实也可以间接说明，安置补偿资金并不存在不足问题。

六、关于一审证据采信的问题

申请人主张，一审采信的证据涉嫌不合法不真实，主要包括：美兰区政府提交的《美兰区政府常务会议纪要》；美兰区住建局《关于召开选定海口市美兰区下洋瓦灶片区棚户区（城中村）改造项目房地产价格评估机构会议的通告》、照片、会议签到表、投票统计结果通告、选定结果公示照片；海口市房屋拆迁与估价协会《海口市美兰区下洋瓦灶片区棚户区（城中村）改造项目征收范围内被征收的土地使用权、房屋（包括室内装修）、附属物〈房地产（基准价）估价报告〉专家评审意见书》。上述证据均系美兰区政府在一审中提交的证据材料，且经过庭审质证后作为证据采纳，申请人虽否定上述证据的真实性与合法性，但并未提供任何证据予以证明，本院对其该项主张不予采信。

应当指出的是，《中华人民共和国行政诉讼法》第二十七条规定，当事人一方或者双方为二人以上，因同一行政行为发生的行政案件，或者因同类行政行为发生的行政案件、人民法院认为可以合并审理并经当事人同意的，为共同诉讼。人民法院既要充分保护当事人诉权的行使，也要遵循诉讼经济原则，尽量减少当事人诉累。对于应当作为一案受理、合并审理的案件，不宜分案受理，使案件数量虚增。包括本案申请人在内的30余名静仙苑小区业主提起的行政诉讼，其诉讼请求均为撤销30号征收决定及6号复议决定，属于因同一行政行为发生的行政案件，应当合并审理。海口市中级人民法院本应依法合并审理，却分案受理进行处理，确属不当，本院予以指正。另外需要指出的是，张丙等5人提起的诉讼请求中包括要求撤销6号复议决定，但是在海口市政府作出的6号复议决定中，复议申请人并不包括张丙等5人，张丙等5人的该项事实请求没有事实根据。一、二审未查清相关事实，即对该项诉讼请求作出驳回判决，确有不当，本院亦予以指正。

综上，申请人的再审申请不符合《中华人民共和国行政诉讼法》第九十一条第三、四项规定的情形。依照《最高人民法院关于执行〈中华人民共和国行政诉讼法〉若干问题的解释》第七十四条的规定，裁定如下：

驳回张甲、周某、雷某、文某、吴某、符某、刘某、包某、张乙、韩某、李某的再审申请。

审判长：熊俊勇；审判员：司明灯、龚斌；法官助理：牛延佳；书记员：余逸纯

二〇一七年九月二十二日

三、实体裁判

039

当事人笼统诉请确认行政协议行为违法，属于诉讼请求不明确

【裁判要旨】

《中华人民共和国行政诉讼法》第十二条第一款第十一项规定，认为行政机关不依法履行、未按照约定履行或者违法变更、解除行政协议的行为属于行政诉讼的受案范围。行政诉讼的第一要务是明确被诉行政行为。行政协议行为包括行政机关签订协议行为，不依法履行、未按照约定履行行政协议行为，单方变更、解除行政协议行为等一系列的行政行为。当事人针对行政协议行为提起诉讼，必须首先明确具体的被诉行政协议行为，笼统请求撤销或者确认行政协议行为违法或无效，属于诉讼请求不明确，起诉不符合法定条件。

中华人民共和国最高人民法院

行政裁定书

（2017）最高法行申3772号

再审申请人（一审原告、二审上诉人）：田某。

委托代理人：杨某。

被申请人（一审被告、二审被上诉人）：邵阳市双清区人民政府。

法定代表人：肖平，区长。

委托代理人：安运兴、欧阳山城，该府工作人员。

被申请人（一审被告、二审被上诉人）：邵阳市双清区火车站乡人民政府。

法定代表人：李洪军，乡长。

委托代理人：聂磊，该府工作人员。

再审申请人田某因诉被申请人邵阳市双清区人民政府（以下简称双清区政府）、邵阳市双清区火车站乡人民政府（以下简称火车站乡政府）房屋行政征收补偿协议一案，不服湖南省高级人民法院于2016年9月29日作出的（2016）湘行终302号行政裁定，向本院申请再审。本院于2017年5月24日立案受理，依法组成合议庭进行审查，并于2017年6月8日在本院第一巡回法庭第一法庭组织各方当事人进行公开询问，再审申请人田某的委托代理人杨某，被申请人双清区政府的委托代理人安运兴、欧阳山城，到庭参加询问活动。案件现已审查终结。

因邵阳市邵坪高速（L2）连接线建设的需要，需拆除田某的房屋及其建（构）筑物。2014年7月19日，邵阳市L2连接线建设双清区协调指挥部（甲方）、拆迁责任单位火车站乡政府与田某（乙方）签订了《邵阳市邵坪高速（L2）连接线建设项目双清段房屋拆迁协议书》（以下简称《拆迁协议》）。协议约定：拆迁安置方式确定为分散迁建安置，“拆迁内容及补偿”包括房屋补偿、装修及附属设施补偿、分散迁建安置土地及水电、路、超深基础补偿、搬家费、过渡费等，共251733元；乙方重建宅基地用地400平方米，应付给甲方重建宅基地用地费按70元/平方米计28000元；甲方应给予乙方各种奖励55188元；甲方向乙方实付金额278921元。协议还对双方其他权利义务进行了约定。田某于2014年7月24日领取房屋拆迁补偿款242129元，2014年8月11日领取房屋拆迁倒房奖励、配合奖励36792元。在协议履行过程中，火车站乡政府扣除了《拆迁协议》中约定的应当给付的每平方米70元宅基地调换补偿款的费用，后因无法通过分散迁建的方式找到合适的宅基地，双清区政府承诺可以采取集中安置的方式进行安置，但一直未交付安置地。2015年6月23日，田某提起本案诉讼，诉称：“1. 签订拆迁协议时没有填写协议内容，协议不是其真实意思表示；2. 协议显失公平，没有为被拆迁人办理社会保险的条款；3. 同一项目、同一地段且属同一个乡，泉塘村采用货币安置，对田某却采用所谓的分散迁建安置，签订协议时未释明分散迁建的含义；4. 该协议以分散迁建安置为名行统一迁建安置之实，大部分村民在征地后成为失地农民，无法自行寻找宅基地，协议中称安排宅基地，却要求支付宅基地费用和自行打基础；5. 双清区政府、火车站乡政府均不是合格的拆迁人，无权签订拆迁协议。”请求撤销《拆迁协议》，判决赔偿损失186877元（278921元×2‰/天×335天，计算到2015年6月19日，顺延另计）。

邵阳市中级人民法院（2015）邵中行初字第77号行政裁定认为，本案系房屋行政征收案件。田某集体土地上的房屋被征收，其本人已与邵阳市L2连接线建设双清区协调指挥部签订《拆迁协议》且补偿款已全部领取。现田某以同一地段的火车站××××村拆迁补偿标准高为由提起行政诉讼，要求撤销已签订的《拆迁协议》。根据《最高人民法院关于审理涉及农村集体土地行政案件若干问题的规定》第十条规定，田某对补偿标准有异议，应先向行政机关申请行政裁决。田某直接向人民法院提起行政诉讼，人民法院应不予受理。依照《最高人民法院关于审理涉及农村集体土地行政案件若干问题的规定》第十条、《最高人民法院关于适用〈中华人民共和国行政诉讼法〉若干问题的解释》第三条第一款第十项的规定，裁定驳回田某的起诉。田某不服一审裁定，提起上诉。

湖南省高级人民法院（2016）湘行终302号行政裁定认为，田某起诉的是请求撤销其与双清区政府、火车站乡政府签订的《拆迁协议》，未就双清区政府、火车站乡政府在征地过程中行政行为的合法性提起行政诉讼，也未向法院提起请求履行交付安置地之诉，故本案审理的焦点是《拆迁协议》。《拆迁协议》的补偿依据是《中华人民共和国土地管理法》、市政发（2013）2号文件《邵阳市集体土地上房屋征收与补偿安置办法》，并结合邵阳市邵坪高速（L2）连接线建设双清段的具体情况制定的本项目房屋拆迁补偿安置实施细则；房屋拆迁协议签订后，田某已领取了补偿款。田某以“同一项目、同一地段且属同一个乡，却采用了两种补偿安置标准”等为由，对土地补偿提出异议，起诉要求撤销已签订的《拆迁协议》，实际是对房屋拆迁协议中进行补偿所依据的补偿标准有异议。根据《中华人民共和国土地管理法实施条例》第二十五条第三款及《最高人民法院关于审理涉及农村集体土地行政案件若干问题的规定》第十条之规定，田某对土地补偿有异议，直接向人民法院提起行政诉讼的，人民法院应不予受理，但应告知其先申请行政机关裁决。根据《最高人民法院关于适用〈中华人民共和国行政诉讼法〉若干问题的解释》第三条第一款第十项之规定，对不符合法定起诉条件的案件，已经立案的，应当裁定驳回起诉。依照《中华人民共和国行政诉讼法》第八十九条第一款第一项之规定，裁定驳回上诉，维持一审裁定。

田某申请再审称：1. 本案是典型的行政合同纠纷，双清区政府和火车站乡政府作为签约方，没有完全履行合同义务，属于违约行为，田某请求的赔偿款属于违约金，争议的核心问题并不是对“土地行政管理部门组织实施过程中确定的土地补偿有异议”。一审裁定称该合同已履行完毕属于认定事实错误，该合同的履行包括补偿款的支付和安置地的交付，双清区政府和火车站乡政府只履行了补偿款的支付义务，至今未履行安置地的审批手续和土地的交付义务。2. 在本案审理过程中，邵阳市L2连接线双清区协调指挥部于2016年9月27日召开协调会议并作出双连线指纪字（2016）2号《关于研究邵阳市L2连接线双清区段建设相关问题的会议纪要》，该纪要的第一个问题就是“安置地相关问题”，足以证明双清区政府和火车站乡政府至今未将合法的安置地按照协议要求交付，同时证明本次拆迁实施的是整体迁建安置而非分散迁建安置，《拆迁协议》却将整体迁建安置规定为分散迁建安置，以合法形式掩盖非法目的。3. 一、二审裁定适用《最高人民法院关于审理涉及农村集体土地行政案件若干问题的规定》第十条以及《最高人民法院关于适用〈中华人民共和国行政诉讼法〉若干问题的解释》第三条第一款第十项的规定裁定驳回起诉和上诉，属于适用法律错误。4. 二审在受理上诉后未依法开庭审理，也未进行询问，从受理上诉到送达裁定的期间远远超过三个月，违反法定诉讼程序，可能影响公正审判。5. 协议中的补偿数额明显低于当时土地租金市场价，使田某利益遭受损害；该协议并非在自愿协商的基础上签订，违反《中华人民共和国土地管理法》第四十八条规定，且协议内容显失公平，依《中华人民共和国合同法》第五十四条规定为可变更或可撤销。请求：撤销一、二审行政裁定；责令邵阳市中级人民法院进行审理并判决赔偿损失。

双清区政府答辩称：1. 一、二审严格依照法律审理。2. 二审未开庭符合法律规定。3. 泉塘村的征收价格高于田某系因为泉塘村在城市规划区内。4. 本案协议约定的是分散迁建安置，不是集中安置。5. 安置地不到位存在多种原因。6. 本案应遵循合同法的规定，合同已经生效，田某从未提供证据证实本案合同有无效或可撤销的情形。请求驳回田某的再审申请。

火车站乡政府未提交书面答辩意见。

本院经审查认为，《中华人民共和国行政诉讼法》第二条规定，公民、法人或者其他组织认为行政机关和行政机关工作人员的行政行为侵犯其合法权益，有权依照本法向人民法院提起诉讼。《中华人民共和国行政诉讼法》第四十九条第三项规定，提起行政诉讼，应当有具体的诉讼请求和事实根据。根据上述规定，原告提起行政诉讼，必须要有明确的被诉行政行为，只有认为被诉行政行为侵犯其合法权益，对被诉行政行为提出具体的诉讼请求和理由，才符合法定的起诉条件。行政诉讼是对被诉行政行为的合法性进行审查，当事人所诉行政行为不明确，人民法院将无法进行案件的审理和裁判。根据《中华人民共和国行政诉讼法》第十二条第一款第十一项的规定，认为行政机关不依法履行、未按照约定履行行政协议的行为，属于行政诉讼的受案范围。但是，行政协议行为不是一个单一的行政行为，包括协议的签订、履行、变更以及解除等一系列行政行为。当事人针对行政协议行为提起诉讼，必须明确具体的被诉行政协议行为，笼统请求撤销或者确认行政协议行为违法，属于诉讼请求不明确。本案中，田某与火车站乡政府签订的《拆迁协议》属于行政协议，其一审的诉讼请求为撤销行政协议，但是其诉讼的具体理由中既包括了签订协议时的协议缺乏真实性、协议显失公平、对补偿标准提出异议，又包括了安置宅基地没有履行到位等履行问题。也就是说，田某在本案中既对行政协议的签订行为提出异议，又对行政协议的履行行为提出异议，其诉讼请求不够具体明确。

根据《中华人民共和国行政诉讼法》第五十一条第三款之规定，起诉状内容欠缺或者有其他错误的，应当给予指导和释明，并一次性告知当事人需要补正的内容；不得未经指导和释明即以起诉不符合条件为由不接收起诉状。指导和释明应当是人民法院的法定程序义务，未履行相应的指导和释明义务的，属于审判程序违法。在起诉状内容欠缺或者未正确表达诉讼请求的情况下，人民法院应当进行指导和释明，要求当事人完善起诉状内容、明确诉讼请求，尤其是要明确被诉行政行为。本案中，田某提交的起诉状中的诉讼请求并不明确。在此情形下，一审本应依法通过指导和释明方式，要求田某明确被诉行政行为包括哪些。但是一审未进行指导和释明，而是仅以田某对补偿标准有异议这一行为进行审查，给当事人行使诉权造成了一定的影响，程序存在瑕疵，本院予以指正。

在田某的诉讼请求不明确的情况下，一审将田某所诉的行政行为确定为签订《拆迁协议》的行为，针对其诉请的撤销该协议进行审查。根据《最高人民法院关于审理涉及农村集体土地行政案件若干问题的规定》第十条之规定，土地权利人对土地管理部门组织实施过程中确定的土地补偿有异议，直接向人民法院提起诉讼的，人民法院不予受理，但应当告知土地权利人先申请行政机关裁决。根据《征用土地公告办法》第十五条规定，因未按照依法批准的征收土地方案和征地补偿、安置方案进行补偿、安置引发争议的，由市、县人民政府协调；协调不成的，由上一级地方人民政府裁决。田某对签订协议行为不服，实质上是对补偿标准提出异议，应当先行申请裁决，一、二审就该项诉讼请求作出的认定和驳回起诉的处理结果并无不当。

《拆迁协议》中约定采用分散迁建方式，但是双清区政府从应付补偿款中扣除了重建安置宅基地用地费，并承诺由政府统一安置宅基地，实际上改变了《拆迁协议》中的拆迁安置方式。根据《最高人民法院关于适用〈中华人民共和国行政诉讼法〉若干问题的解释》第十五条第一款规定，原告主张被告不依法履行、未按照约定履行协议或者单方变更、解除协议违法，理由成立的，人民法院可以根据原告的诉讼请求判决确认协议有效、判决被告继续履行协议，并明确继续履行的具体内容；被告无法继续履行或者继续履行已无实际意义的，判决被告采取相应的补救措施；给原告造成损失的，判决被告予以赔偿。如果田某明确自己的诉讼请求是要求履行《拆迁协议》，则可以另行提起要求继续履行行政协议的诉讼，在符合其他起诉条件的情况下，人民法院应当依法进行实体审查。故即使田某认为自己的诉讼请求不是针对签订协议的行为，仍可以继续寻法律途径对履行协议行为进行救济。一、二审裁定驳回起诉，并未对其诉讼权利产生影响。

综上，田某的再审申请不符合《中华人民共和国行政诉讼法》第九十一条第一、四项规定的情形。依照《最高人民法院关于执行〈中华人民共和国行政诉讼法〉若干问题的解释》第七十四条的规定，裁定如下：

驳回田某的再审申请。

审判长：熊俊勇；审判员：奚向阳、龚斌；法官助理：牛延佳；书记员：黄雅媚

二〇一七年六月二十八日

040

二审中发现被告不适格，人民法院应当先予释明

【裁判要旨】

二审过程中发现被告不适格的，人民法院应当向原告释明。原告同意变更被告的，人民法院可以裁定撤销一审判决，发回一审法院或者指令有管辖权的法院重新审理；原告不同意变更被告的，人民法院才能够裁定驳回起诉。

中华人民共和国最高人民法院
行政裁定书

（2017）最高法行申5617号

再审申请人（一审原告、二审上诉人）：冯某。

委托代理人：冯尚文。

委托代理人：冯尚科。

被申请人（一审被告、二审被上诉人）：海南省儋州市人民政府。

法定代表人：朱洪武。

原审第三人：海南省儋州市中和镇人民政府。

法定代表人：李纪。

再审申请人冯某因诉被申请人海南省儋州市人民政府（以下简称儋州市政府）及原审第三人儋州市中和镇人民政府（以下简称中和镇政府）行政强制拆除行为一案，不服海南省高级人民法院于2017年3月30日作出的（2017）琼行终37号行政裁定，向本院申请再审。本院于2017年7月31日立案受理，依法组成合议庭审查本案。案件现已审查终结。

1998年8月12日，冯某向儋州市中和镇中和居民委员会（以下简称中和居委会）申请利用空闲用地建房。同年11月12日，中和居委会在冯某的申请书上注明“该申请人情况属实，特此证明”，并加盖中和居委会的公章。2001年3月25日，中和居委会出具《地基（房产）证明书》，将252平方米空地批准给冯某建

房使用。2012年3月13日，儋州市政府向中和镇政府出具委托书，委托中和镇政府对中和镇辖区范围内的违法建筑行使行政执法和管理职权，委托期限从2012年3月14日至2015年12月31日。2013年3月17日，冯某申请涉诉252平方米宅基地权属登记。2013年6月15日，儋州市政府向冯某颁发儋集用（2013）第02321号《集体土地使用证》（以下简称02321号土地证）。2015年4月，冯某在该宅基地上施工建房。2015年5月25日，中和镇政府向冯某发出《通知书》，主要内容：冯某所建房屋尚未申领《乡村建设规划许可证》，且私自改变土地利用性质，违反《中华人民共和国城乡规划法》《中华人民共和国土地管理法》《海南省农村居民建房审批办法》有关规定，责令冯某立即停止建设，在发文之日起7个工作日内拆除违法建筑。2015年6月8日，中和镇政府根据《中华人民共和国行政强制法》第五十四条规定作出《催告书》，要求冯某自收到《催告书》之日起十日内自行拆除违法建筑，十日后仍未自行拆除的，中和镇政府将依法组织人员强制拆除。2015年9月1日，中和镇政府作出《强制拆除决定书》，决定于2015年9月8日对冯某的建筑物实施强制拆除。同日，中和镇政府拟定行动方案报儋州市政府审核。行动方案明确，成立联合强制拆除总指挥，儋州市副市长符巨友担任总指挥长，儋州市政府副秘书长林满欢任副总指挥长。2015年9月6日，儋州市政府公文呈批单上的拟办意见是：同意中和镇政府的意见，请中和镇政府牵头，国土、住建、公安、城建部门配合及时处理，具体工作由中和镇政府落实。2015年9月7日，中和镇政府向儋州市国土环境资源局（以下简称儋州市国土局）去函，认为02321号土地证项下土地与土地利用总体规划图和土地利用现状图中的用途不符，且超出《冯家园村村庄建设规划》，请求注销02321号土地证。2015年9月9日，儋州市政府对冯某的建筑物实施强制拆除。2015年10月26日，儋州市国土局以02321号土地证项下的土地与土地利用总体规划图和土地利用现状图中的用途不符，且超出《冯家园村村庄建设规划》为由，请示儋州市政府批准注销02321号土地证。2015年11月3日，儋州市政府作出儋府函（2015）393号《关于注销中和镇中和居委会冯家园村冯某集体土地使用证的批复》（以下简称393号批复），同意注销02321号土地证，并按相关规定办理注销登记手续。冯某不服并提起诉讼，海南省第二中级人民法院于2016年5月30日作出（2016）琼97行初6号行政判决，撤销393号批复，该判决现已生效。2016年1月18日，冯某提起本案行政诉讼，请求确认儋州市政府强制拆除其在建房屋的行政行为违法。

海南省第二中级人民法院（2016）琼97行初37号行政判决认为，本案虽然以中和镇政府名义制作《通知书》《催告书》《强制拆除决定书》，但从儋州市政府给中和镇政府的委托书来看，中和镇政府作出的行为，是基于儋州市政府的委托，且在实施强制拆除前，中和镇政府向儋州市政府呈送拆除违法建筑请示、拟定行动方案，报儋州市政府审批，由儋州市政府副市长担任强制拆除行动总指挥。儋州市政府公文呈批单也证明，儋州市政府同意中和镇政府呈报的意见，由儋州市政府组织多部门联合实施强制拆除行为。因此，儋州市政府是本案的适格被告。冯某虽然持有02321号土地证，但没有证据证明其取得乡村建设规划许可、建设主管部门的施工许可等，冯某的建房行为属于擅自建设房屋。《中华人民共和国行政强制法》第三十七条、第四十四条规定，对违法建筑实施强制拆除前，行政机关应当告知当事人采取行政强制措施的理由、依据以及当事人依法享有的权利、救济途径。经催告，当事人逾期不自行拆除，且无正当理由的，行政机关可以作出强制执行决定。本案中，儋州市政府强制拆除前，委托中和镇政府制作《通知书》《催告书》《强制拆除决定书》，并采取留置送达的方式送达冯某，告知强制拆除的理由、依据，以及申请行政复议、提起行政诉讼的权利和期限。儋州市政府已经履行强制拆除的相关程序。冯某在规定限期内未自行拆除，儋州市政府对冯某的建筑物实施强制拆除，符合上述法律规定。依照《中华人民共和国行政诉讼法》第六十九条的规定，判决驳回冯某的诉讼请求。冯某不服，提出上诉。

海南省高级人民法院（2017）琼行终37号行政裁定认为，《中华人民共和国行政诉讼法》第二十六条第一款规定，公民、法人或者其他组织直接向人民法院提起诉讼的，作出行政行为的行政机关是被告。本案被诉强制拆除行为是中和镇政府作出，中和镇政府以自己的名义制作《强制拆除决定书》《通知书》《催告书》，并实施强制拆除行为。根据《中华人民共和国城乡规划法》第六十五条、《海南省城乡规划条例》第七十七条规定，在乡、村庄规划区内未取得乡村建设规划许可证或者未按照乡村建设规划许可证规定进行建设的，由乡、镇人民政府责令停止建设、限期改正；逾期不改正的，可以拆除。中和镇政府是法律规定行使上述拆除职权的行政机关。虽然儋州市政府与中和镇政府签订委托书，中和镇政府请示得到儋州市政府批准，拆除行为有儋州市政府其他部门参与，但这些都是行政机关内部行为，不足以否定中和镇政府法定职权及以其名义作出强制拆除决定并具体实施的事实。中和镇政府依法应当作为本案被告。一审判决以儋州市政府作为本案被告，不符合事实和法律规定，应予以纠正。依照《最高人民法院关于适用〈中华人民共和国行政诉讼法〉若干问题的解释》第三条第一款第三项、第二款，《最高人民法院关于执行〈中华人民共和国行政诉讼法〉若干问题的解释》第七十九条第一款第一项的规定，裁定撤销一审判决，驳回冯某的起诉。

冯某申请再审称：1. 儋州市政府是适格被告。虽然中和镇政府以本单位的名义作出《通知书》《催告书》《强制拆除决定书》，但从儋州市政府和中和镇政府签订的委托书来看，中和镇政府的行为是基于儋州市政府的委托而行使的。实施强制拆除前，中和镇政府向儋州市政府呈送拆除违法建筑请示，拟定行动方案，报儋州市政府审批，儋州市政府组织多部门联合实施强制拆除。2. 儋州市政府强制拆除冯某房屋的行政行为违法。冯某在自己的宅基地上建房，并未改变土地利用性质，不存在利用农用地建房、私自改变土地利用性质问题。2015 年 9 月 9 日前，海南全省农村还没有开展农村报建工作，冯某建房不需要《乡村建设规划许可证》。请求撤销二审裁定，依法再审本案，确认儋州市政府强制拆除行为违法，赔偿损失、恢复原状。

儋州市政府、中和镇政府均未提交书面答辩意见。

本院经审查认为，《中华人民共和国行政诉讼法》第二十六条第一款规定，公民、法人或者其他组织直接向人民法院提起诉讼的，作出行政行为的行政机关是被告。本案中，中和镇政府以冯某未获得《乡村建设规划许可证》为由，决定拆除冯某的在建房屋。在冯某未自行拆除的情况下，中和镇政府报经儋州市政府批准，在儋州市政府协调和市国土、住建、公安、城建部门的积极配合下，依据法律赋予的强制执行权，强制拆除冯某的在建房屋，中和镇政府是本案被诉强制拆除房屋行为的实施主体，系本案适格被告。冯某主张，儋州市政府才是本案适格被告。但是，儋州市政府作为中和镇政府的上级政府，在本案中仅仅是协调所属相关职能部门配合中和镇政府实施强制拆除，并非被诉强制拆除行为的具体实施主体。至于儋州市政府出具委托书，委托中和镇政府对违法建筑实施拆除的问题，本案中，中和镇政府依据《中华人民共和国城乡规划法》第六十五条和《海南省查处违法建筑若干规定》第十一条第二款规定，依法享有强制拆除的法定职权，且在实施本案强制拆除行为过程中，中和镇政府以自己的名义，而非以儋州市政府的名义，作出强制拆除决定、实施强制拆除行为，强制拆除行为显然与前述委托执法无关联。中和镇政府向儋州市政府请示、报送行动方案，目的在于获得上级政府及其职能部门的支持和协助、配合，也不是将其依法享有的强制拆除职权交由儋州市政府实施，同样不能证明儋州市政府是本案被诉强制拆除行为的实施主体。因此，冯某主张儋州市政府是本案适格被告，理由不能成立，本院不予支持。冯某还主张，儋州市政府强制拆除其在建房屋违法，但是本案二审裁定结果是驳回起诉，并不涉及强制拆除在建房屋行为的合法性问题，以此为由申请再审，理由亦不能成立。

应当指出的是，《最高人民法院关于适用〈中华人民共和国行政诉讼法〉若干问题的解释》第三条第一款第三项规定，错列被告且拒绝变更的，人民法院才能够裁定驳回起诉。二审过程中发现被告不适格的，人民法院亦应当向原告释明。原告同意变更被告的，人民法院可以裁定撤销一审判决，发回一审法院或者指令有管辖权的法院重新审理，原告不同意变更被告的，人民法院才能够裁定驳回起诉。本案中，二审裁定未说明是否已向冯某释明其应变更被告，即直接裁定驳回起诉不妥，本院予以指正。鉴于本案系对再审申请的审查，二审裁定驳回起诉并未对冯某依法另行起诉形成法律上的障碍，该项诉讼程序违法未影响案件的公正审判，本案不予再审。冯某在收到本裁定后，可以以中和镇政府为被告，对中和镇政府作出的强制拆除决定和强制拆除行为，向有管辖权的人民法院，依法另行提起行政诉讼。

综上，冯某的再审申请不符合《中华人民共和国行政诉讼法》第九十一条第一、三、四项规定的情形。依照《最高人民法院关于执行〈中华人民共和国行政诉讼法〉若干问题的解释》第七十四条的规定，裁定如下：

驳回冯某的再审申请。

审判长：郭修江；审判员：曹刚、熊俊勇；书记员：陈清玲

二〇一七年九月二十一日

041

街道办事处对所辖村民委员会、集体经济组织不履行法定义务违法侵害村民合法权益的行为有权进行监督

【裁判要旨】

《中华人民共和国村民委员会组织法》第三十六条第二款规定，村民委员会不依照法律、法规的规定履行法定义务的，由乡、民族乡、镇的人民政府责令改正。实践中，一些地方的城市规划区范围扩大，依法撤销乡、镇政府，设立街道办事处，由街道办事处对辖区内的村民委员会、集体经济组织实施监督管理职权。在此情形下，街道办事处对所辖村民委员会、集体经济组织具有前述规定中乡、镇政府依法享有的法定监督职权。

中华人民共和国最高人民法院
行政裁定书

（2017）最高法行申9032－9037号

再审申请人（一审原告、二审上诉人）：袁甲。

再审申请人（一审原告、二审上诉人）：袁乙。

再审申请人（一审原告、二审上诉人）：袁丙。

再审申请人（一审原告、二审上诉人）：钟某。

再审申请人（一审原告、二审上诉人）：袁丁。

再审申请人（一审原告、二审上诉人）：周某。

以上再审申请人共同委托代理人：黎启旺、陈葆森，广东仁之仁律师事务所律师。

被申请人（一审被告、二审被上诉人）：东莞市人民政府。

法定代表人：梁维东，市长。

委托代理人：萧映琴、杜灼尧，该府工作人员。

被申请人（一审被告、二审被上诉人）：东莞市东城街道办事处。

负责人：邵宏武，主任。

委托代理人：陈秋明，该办工作人员。

委托代理人：高领威，广东方中天律师事务所律师。

原审第三人：东莞市东城区办事处温塘社区居民委员会。

法定代表人：袁柏明，书记。

原审第三人：东莞市东城区温塘茶上股份经济合作社。

法定代表人：袁柱林，理事长。

以上两原审第三人共同委托代理人：刘蓉芳、邓芸，广东旗轩律师事务所律师及实习律师。

再审申请人袁甲、袁乙、袁丙、钟某、袁丁、周某（以下简称袁甲等六人）因诉被申请人东莞市人民政府（以下简称东莞市政府）、东莞市东城街道办事处（以下简称东城街道办）及原审第三人东莞市东城区办事处温塘社区居民委员会（以下简称温塘居委会）、东莞市东城区温塘茶上股份经济合作社（以下简称茶上经合社）纠正配股问题通知一案，不服广东省高级人民法院于2017年4月11日作出的（2016）粤行终219－224号行政判决，向本院申请再审。本院于2017年12月1日立案受理，依法组成合议庭审查本案，并于2017年12月8日上午巡回审判，组织各方当事人在东莞市中级人民法院大法庭进行公开询问。再审申请人袁甲等六人及六位再审申请人的共同委托代理人黎启旺，被申请人东莞市政府的委托代理人萧映琴、杜灼尧，被申请人东城街道办的委托代理人陈秋明、高领威，原审第三人温塘居委会和原审第三人茶上经合社的共同委托代理人刘蓉芳、邓芸，均到庭参加询问活动。案件现已审查终结。

2000年3月17日，经广东省人民政府批准，广东省民政厅下发粤民基（2000）18号《关于同意东莞市附城区街道办事处更名为东城街道办事处的批复》，同意东莞市附城区街道办事处更名东城街道办；更名后，东城街道办管辖原附城区街道办事处的管辖范围。由于历史习惯，当时并未根据该批复启用新名称，而使用东莞市东城区办事处（以下简称东城区办事处）的称谓，公章亦如是。东城区办事处取得的《组织机构代码证》显示，其负责人为刘学聪，机构类型为机关非法人。2001年12月3日，东莞市机构编制委员会印发《东莞市东城区机构改革方案》，明确东城区办事处是东莞市政府的派出机构，属镇一级基层政权机构，同样赋予镇一级政府的行政区域管理职能。2015年5月20日，东莞市机构编制委员会下发《关于进一步规范东城街道办事处机构名称和职能的通知》，对东城街道有关机构的名称及职责进一步规范如下：东城区办事处名称规范为东城街道办，东城街道办为东莞市政府派出机关，具有镇一级政府的行政管理职能；调整后，内设机构、人员编制、领导职数等维持不变，并按规定做好公章启用、牌匾更换、组织机构代码证变更等后续工作。东城区办事处现已更名为东城街道办，并于2015年9月6日取得新的《组织机构代码证》，代码与原《组织机构代码证》相同，均为00733052－0，机构类型则变更为机关法人。

2008年3月18日，茶上经合社制订《东城区温塘茶上股份经济合作社章程》（以下简称《章程》）。其中，第二章“股权配置和管理”之第十条规定：“2008年3月18日24:00时为配股对象界定日。至界定日止，原在册股民及本股份经济合作社新生已入户婴儿及其在届定日前出生（以出生证为准）由于计生原因未能入户的婴儿、以及在届定日前已婚迁入户和在2003年3月18日至2008年3月18日24时期间内已登记结婚（以结婚证为准）但由于政策原因尚未办理入户且在原地没配股的人员，均可一次性享有配股权……”第十四条规定：“凡于2003年3月18日24时至2008年3月18日24时出生入户的新生婴儿和在此期间婚迁入户的人员，属扩股对象范围（包括在上述时间出生但由于计生原因未能入户的新生婴儿及在上述时间登记结婚但由于政策原因尚未办理入户的人员）。”2008年7月2日，茶上经合社向袁甲等六人出具《申购股权确认书》。2008年8月28日，袁甲等六人向茶上经合社缴纳扩股款。2008年11月1日，茶上经合社向袁甲等六人填发《股权证书》。《常住人口登记卡》显示，袁甲、袁乙、钟某、袁丁、周某系2008年12月12日因搬迁移入，由莞城区花闸门35号迁来温塘居委会茶上居民小组。袁某系2008年12月12日因搬迁移入，由寮步镇横坑松元434号迁来温塘居委会茶上居民小组。

2015年2月6日，东城区办事处向温塘居委会发出《关于纠正袁灿怀等人配股问题的通知》（以下简称《通知》），主要内容为：根据茶上经合社股东反映，其对该社2008年扩股情况进行调查发现，袁甲等四户共15人在2008年3月18日获得的茶上经合社配股，不符合《章程》规定的“扩股对象”条件，要求温塘居委会迅速对上述人员配股问题予以纠正，并及时汇报有关整改情况。《温塘茶上股份经济合作社配股问题纠正对象名单》显示，纠正对象之三的户主为袁甲，家庭成员包括母亲钟某、妻子周某、儿子袁乙、女儿袁丁和孙女袁丙。随后，温塘居委会组织茶上经合社理事会就《通知》进行研讨，发现该《通知》指出存在的问题确实不符合《章程》的规定，进而停发袁甲等六人的分红。2015年4月23日，袁甲等六人向东莞市中级人民法院提起行政诉讼，请求确认东城区办事处作出《通知》的行政行为违法；撤销东城区办事处作出《通知》的行政行为。

袁甲等六人在一审庭审中当庭提交一份《申请报告书》复印件，该报告书显示：袁甲曾于2004年5月6日向温塘村委会和茶上村民小组提出申请，申请将其本人、母亲钟某、妻子周某、儿子袁乙、女儿袁丁、孙女袁丙以及儿媳钟甲共计7人的户口迁回温塘茶上居民小组；2004年5月12日，茶上经合社批注“上述申请属实，为解决本村民实际困难……现给予迁入”，时任董事长袁灿江签名确认，加盖茶上经合社公章；2007年12月22日，温塘居委会盖章并签注“情况属实、同意迁入”。东莞市政府与东城办事处表示未了解过该报告书，对其真实性不清楚，并认为即便其真实，也不符合《章程》第十条、第十四条有关配股与扩股对象的规定。温塘居委会与茶上经合社则表示庭后三个工作日提交书面质证意见，但至一审判决作出之时仍未提交。

东莞市中级人民法院（2015）东中法行初字第11－16号行政判决认为，本案争议焦点有三：东莞市政府是否为本案适格被告；东城区办事处作出的《通知》是否属于行政诉讼受案范围；如果《通知》具有可诉性，那么《通知》是否合法。

关于争议焦点一，袁甲等六人主张东城区办事处系由东莞市政府设立，其所作出的《通知》视同东莞市政府作出，故东莞市政府应对东城区办事处作出的《通知》承担相应法律责任。《中华人民共和国地方各级人民代表大会和地方各级人民政府组织法》第六十八条第三款规定：“市辖区、不设区的市的人民政府，经上一级人民政府批准，可以设立若干街道办事处，作为它的派出机关。”本案中，经广东省人民政府批准，广东省民政厅于2000年3月17日下发《关于同意东莞市附城区街道办事处更名为东城街道办事处的批复》，同意将附城区街道办事处更名为东城街道办。虽然东城区办事处的名称与上述批复不符，但根据东莞市机构编制委员会于2001年12月3日印发的《东莞市东城区机构改革方案》显示，东城区办事处是东莞市政府的派出机构，属镇一级基层政权机构，同样赋予镇一级政府的行政区域管理职能。同时，东莞市机构编制委员会在2015年5月20日又印发《关于进一步规范东城街道办事处机构名称和职能的通知》，除要求东城区办事处的名称规范为东城街道办外，亦再次明确东城街道办为东莞市政府的派出机关，具有镇一级政府行政管理职能，且调整后的内设机构、人员编制及领导职数等均维持不变。尔后，东城区办事处根据通知要求及时规范名称并变更登记为东城街道办。由此可见，东城区办事处系东莞市政府按派出机关的建制所申请设立，并行使镇一级政府的行政管理职能，现在也已就名称进行规范变更，只是该派出机关在作出《通知》时未严格依照前述批复启用东城街道办的新名称。东城区办事处名称虽然与派出机关的法定名称格式不符，存在形式瑕疵，但不能由此否定其系作为东莞市政府的派出机关所申请设立并行使镇一级政府行政管理职能的客观事实，况且现在也已就名称进行规范变更。依照《中华人民共和国城市居民委员会组织法》第二条第二款“不设区的市、市辖区的人民政府或者它的派出机关对居民委员会的工作给予指导、支持和帮助。居民委员会协助不设区的市、市辖区的人民政府或者它的派出机关开展工作”之规定，东城区办事处属于东莞市政府的派出机关，其有权对辖区范围内温塘居委会的工作给予指导，故东城区办事处享有独立的行政主体资格。由于《通知》系东城区办事处作出，因此东莞市政府不是本案适格的诉讼主体，袁甲等六人将东莞市政府列为共同被告缺乏法律依据。

关于争议焦点二，东城区办事处基于行政指导向温塘居委会发出《通知》，指出袁甲等六人在2008年3月18日获得的温塘茶上经合社配股不符合《章程》所规定扩股对象的条件，并要求温塘居委会对袁甲等六人的配股问题予以纠正，温塘居委会与茶上经合社在庭审中亦确认，如果东城区办事处没有发出《通知》，其也不会对上述配股问题进行纠正。据此，《通知》系具有强制力的行政指导行为，并已对袁甲等六人的权利义务产生实际影响，属于行政诉讼受案范围。

关于争议焦点三，根据《常住人口登记卡》显示，袁甲等六人系2008年12月12日因搬迁移入温塘居委会茶上居民小组，并不符合《章程》第十条、第十四条规定的配股或扩股对象的条件。此外，在袁甲等六人的户口尚未迁入温塘居委会茶上居民小组之前，茶上经合社便已向袁甲等六人填发《股权证书》。故东城区办事处向温塘居委会发出《通知》，指出袁甲等六人在2008年3月18日获得的温塘茶上经合社配股不符合《章程》所规定扩股对象的条件，并要求温塘居委会对袁甲等六人的配股问题予以纠正，并无不当。袁甲等六人当庭提交的《申请报告书》复印件，拟证明其在《章程》制定之前已申请将户口迁回温塘居委会茶上居民小组并获批准同意，且不论其是否真实，即便真实，亦不能证实其符合前述配股或扩股对象的条件。据此，袁甲等六人诉请撤销《通知》缺乏事实与法律依据，应予驳回。依照《最高人民法院关于执行〈中华人民共和国行政诉讼法〉若干问题的解释》第五十六条第四项的规定，判决驳回袁甲等六人的全部诉讼请求。袁甲等六人不服一审判决，提起上诉。

广东省高级人民法院（2016）粤行终219－224号行政判决认为，根据《中华人民共和国城市居民委员会组织法》第二条第二款的规定，东城街道办作为街道办事处，有权对辖区范围内居委会的工作给予指导、支持和帮助。东城街道办经过调查，向温塘居委会发出《通知》，指出袁甲等六人在2008年3月18日获得的茶上经合社配股不符合《章程》所规定扩股对象的条件，并要求温塘居委会对袁甲等六人的配股问题予以纠正，并无不当。袁甲等六人上诉提出的其他问题，亦因缺乏事实和法律依据，不予采纳。依照《中华人民共和国行政诉讼法》第六十九条第一款第一项的规定，判决驳回上诉，维持一审判决。

袁甲等六人申请再审称：一审认定东莞市政府不是本案适格的诉讼主体是错误的；一审虽正确认定《通知》具有可诉性，但认定《通知》性质上属于行政指导行为是错误的；一审认定《通知》具有合法性错误，该《通知》是无任何事实及证据证明的；一审没有审查东城街道办作出《通知》的法律根据及其有权作出《通知》的法律依据，属于遗漏审理重大事实；一、二审认为“东城街道办向温塘居委会发出《通知》，指出袁甲等六人在2008年3月18日获得的茶上经合社配股不符合《章程》所规定扩股对象的条件，并要求温塘居委会对袁甲等六人的配股问题予以纠正，并无不当”纯属错误，审理内容超出本案范围；二审判决严重违反法定程序，未经开庭即作出判决，并且遗漏争议焦点未进行审理。请求撤销一、二审行政判决，改判确认东城街道办作出《通知》的行政行为违法，撤销东城街道办作出《通知》的行政行为。

东莞市政府答辩称：东城街道办作为该府的派出机关，是独立的行政主体，能以自己的名义行使职权，并能独立承担由此产生的法律责任。《通知》系由东城街道办作出，与该府无关，该府不是本案适格的被告。一、二审认定事实清楚、适用法律正确，依法应予维持。请求驳回袁甲等六人的再审申请。

东城街道办答辩称：该办依法为东莞市政府的派出机关，亦是《通知》的作出主体，是本案适格的被告。《通知》是该办向温塘居委会发出的，是依法有据的行政指导行为。袁甲等六人认为集体经济组织的扩股事宜单纯是集体经济组织与股民的平等主体之间的民事法律关系，任何机关无权介入，完全是错误的法律认识。一、二审认定事实清楚、适用法律正确。请求驳回袁甲等六人的再审申请。

温塘居委会陈述称：居委会是根据《广东省农村集体经济组织管理规定》第四条的规定依法对集体经济组织行使监督职责，促使茶上经合社依法纠正违法配股问题，该行为是一个监督、配合的行为。茶上经合社是独立的农村集体经济组织，有自己的组织章程和分配模式，在东城区办事处和该居委会的监督下依法纠正配股问题，是茶上经合社的独立行为，本案将该居委会列为第三人不妥。请求驳回袁甲等六人的再审申请。

茶上经合社陈述称：东城区办事处作出《通知》依法有据，其作为一级行政机关依法应当对农村集体经济组织的工作进行指导监督、履行法定工作职责。袁甲等六人明显不符合《章程》规定，导致村民上访，东城区办事处作出《通知》有事实依据。在上级机关依法作出监督指令的情况下，该社依法应当采取矫正措施。请求驳回袁甲等六人的再审申请。

本院经审查认为，根据《中华人民共和国城市居民委员会组织法》第二条第二款规定，不设区的市、市辖区的人民政府或者它的派出机关对居民委员会的工作给予指导、支持和帮助。东城区办事处的名称虽与《中华人民共和国地方各级人民代表大会和地方各级人民政府组织法》第六十八条第三款规定的派出机关的名称格式不符，形式上存在瑕疵，但不能由此否定其作为东莞市政府派出机关并行使镇一级政府行政管理职能的客观事实，而且该机关的名称已经进行规范变更。一、二审据此认定东城区办事处享有独立的行政主体资格，有权对辖区范围内温塘居委会的工作给予指导，被诉《通知》系东城区办事处作出，东莞市政府不是本案适格被告，适用法律正确，本院予以支持。袁甲等六人主张一审认定东莞市政府不是本案适格被告错误，没有法律根据，本院不予支持。

根据《中华人民共和国地方各级人民代表大会和地方各级人民政府组织法》第六十一条第三项、《中华人民共和国城市居民委员会组织法》第二条、第二十条的规定，东城区办事处作为东莞市政府的派出机关，属于乡镇一级政府组织，有权对辖区内温塘居委会的工作给予指导，应当行使保护社会主义的全民所有的财产和劳动群众集体所有的财产，保护公民私人所有的合法财产，维护社会秩序，保障公民的人身权利、民主权利和其他权利的职权。东城区办事处依法具有作出案涉《通知》的职权依据。根据《广东省农村集体经济组织管理规定》第三条、第二十五条规定，温塘居委会依法应对集体经济组织即茶上经合社进行监督，并依法维护集体经济组织及其成员的合法权益。根据《中华人民共和国村民委员会组织法》第二十七条的规定，我国农村村民实行自治，由村民依法办理自己的事情，村民会议或者经村民会议授权的村民代表会议可以对涉及村民利益包括村集体经济所得收益的使用、土地承包经营方案等事项作出决定，村民会议可以制定和修改村民自治章程、村规民约。但是，村民自治章程、村规民约以及村民会议或者村民代表会议的决定不得与宪法、法律、法规和国家的政策相抵触，不得有侵犯村民的人身权利、民主权利和合法财产权利的内容。本案中，茶上经合社制定的《章程》，系该集体经济组织明晰产权、规范经营管理、保障该组织股民合法权益而制定，对该组织所属的全部经营性资产的股权配置和管理、盈利分配、机构和制度管理等作出规定，且不存在与宪法、法律、法规相抵触的情形，依法属于集体经济组织村民自治范围内的事项。权利与义务是对等的，没有无义务的权利，配股分红的对象界定、停发或者恢复分红等事项，必须严格依照《章程》的规定实施，如果存在不符合《章程》条款配置股权、参与分红，则会对其他集体经济组织成员的权益造成侵害。东城区办事处根据茶上经合社股东的反映，经调查发现茶上经合社未按《章程》规定，对不符合扩股对象的人进行配股。在此情况下，东城区办事处向温塘居委会发出《通知》，要求其履行对辖区内茶上经合社监督职责，纠正相关配股问题，系依法有据的行政行为。《常住人口登记卡》显示，袁甲等六人不符合《章程》规定的配股或扩股对象的条件。对此问题一、二审已经作出详尽阐释，本院予以认可，对此问题不再赘述。东城区办事处具有对辖区内的温塘居委会作出指导的法定职权，作出的《通知》依法有据，并无不当，应予维持。一、二审判决驳回袁甲等六人的诉讼请求，认定事实清楚，适用法律正确，本院予以支持。

袁甲等六人另主张，一审认为《通知》性质上属于行政指导行为，认定错误。行政指导是行政机关在其职责范围内为实现一定行政目的而采取的符合法律精神、原则、规则或政策的指导、劝告、建议等行为，一般不会产生直接的法律效果。东城区办事处向温塘居委会发出《通知》，“要求你社区迅速对袁甲等四户共15人的配股问题予以纠正，并及时汇报有关整改情况”。该《通知》的内容具有一定的强制力，但仍属于对相关问题提出建议，进行督促，并非行政命令，故一审认定《通知》系具有强制力的行政指导行为，并无不当。而且一、二审对《通知》的定性并未对袁甲等六人的诉权产生阻却，亦未影响本案实体处理结果。故袁甲等六人的该项主张没有事实根据和法律依据，本院不予支持。袁甲等六人还主张二审未开庭审理违反法定程序。《中华人民共和国行政诉讼法》第八十六条规定，人民法院对上诉案件，应当组成合议庭，开庭审理；经过阅卷、调查和询问当事人，对没有提出新的事实、证据或者理由，合议庭认为不需要开庭审理的，也可以不开庭审理。本案二审未开庭审理，并不违反法律规定。袁甲等六人的该项主张没有法律根据，本院亦不予支持。

应当指出的是，茶上经合社接到通知后，认为袁甲等人不符合《章程》规定的扩股对象的条件，进而停发袁甲等人的分红。但是，迄今为止，茶上经合社并未依照相关法律规定及《章程》的议事程序，通过召开理事会或者股东大会的形式，对袁甲等人的股东资格、已缴纳扩股款的处置、已分红款项的处理等问题作出最终决定或意见，袁甲等人的股东资格在长达两年多的时间内仍处于悬而未决的状态。东城街道办、温塘居委会应当按照《通知》的要求，对茶上经合社的整改工作继续进行有效监督和指导，以保证相关当事人的合法权益得到保护。

还应指出的是，《中华人民共和国行政诉讼法》第二十七条规定，当事人一方或者双方为二人以上，因同一行政行为发生的行政案件，或者因同类行政行为发生的行政案件、人民法院认为可以合并审理并经当事人同意的，为共同诉讼。人民法院既要充分保护当事人诉权的行使，也要遵循诉讼经济原则，尽量减少当事人诉累。对于应当作为一案受理、合并审理的案件，不宜分案受理，使案件数量虚增。本系列案中六位再审申请人提起的行政诉讼，其诉讼请求均为撤销《通知》并确认违法，属于因同一行政行为发生的行政案件，应当合并审理。东莞市中级人民法院本应依法合并审理，却分案受理进行处理，确属不当，本院予以指正。

综上，袁甲等六人提起本案再审申请不符合《中华人民共和国行政诉讼法》第九十一条第四、五项规定的情形。依照《最高人民法院关于执行〈中华人民共和国行政诉讼法〉若干问题的解释》第七十四条的规定，裁定如下：

驳回袁甲、袁乙、袁丙、钟某、袁丁、周某的再审申请。

审判长：熊俊勇；审判员：龚斌、陈宏宇法官助理：牛延佳；书记员：余逸纯

二〇一七年十二月十九日

042

省级人民政府作出的征收土地决定，属于行政复议的受理范围

【裁判要旨】

根据《中华人民共和国行政复议法》第三十条第二款和《最高人民法院关于适用〈中华人民共和国行政复议法〉第三十条第二款有关问题的答复》规定，省级人民政府作出的征收土地决定及其行政复议决定，属于法律规定的最终裁决行为，不属于行政诉讼的受案范围。但是，上述规定并未限制当事人对省级人民政府作出的征收土地决定通过行政复议寻求救济。公民、法人或者其他组织不服省级人民政府作出的征收土地决定申请行政复议，同时符合其他复议受理条件的，复议机关应予受理。

中华人民共和国最高人民法院
行政判决书

（2017）最高法行再92号

再审申请人（一审原告、二审上诉人）：刘甲等15人。（名单本书予以省略）

诉讼代表人：刘甲。

诉讼代表人：刘乙。

诉讼代表人：刘丙。

诉讼代表人：刘丁。

以上再审申请人的共同委托代理人：周涛，北京在明律师事务所律师。

以上再审申请人的共同委托代理人：梁增。

被申请人（一审被告、二审被上诉人）：广西壮族自治区人民政府。

法定代表人：陈武，主席。

委托代理人：潘东、陈武，该府工作人员。

再审申请人刘甲等15人因诉被申请人广西壮族自治区人民政府（以下简称广西壮族自治区政府）行政复议一案，不服广西壮族自治区高级人民法院于2016年

12月27日作出的（2016）桂行终626号行政判决，向本院申请再审。本院于2017年8月23日立案，并于2017年9月25日作出（2017）最高法行申6584号行政裁定，提审本案。2017年12月4日，本院编立提审案号，依法组成合议庭审理本案，并于2017年12月15日上午巡回审判，在广西壮族自治区高级人民法院第五法庭公开开庭审理本案。再审申请人刘甲等15人及全体再审申请人的共同委托代理人周涛、梁增，被申请人广西壮族自治区政府的委托代理人潘东、陈武，均到庭参加诉讼。案件现已审理终结。

南宁市中级人民法院经审理查明：2009年3月20日，广西壮族自治区政府作出桂政土批函（2009）170号《广西壮族自治区人民政府关于南宁市江南区2008年第六批次城镇建设用地的批复》（以下简称170号批复），经对南宁市人民政府就江南区2008年第六批次城镇建设用地农用地转用和征收土地手续的请示进行审核，同意南宁市沙井街道办事处同乐村、乐贤村的集体农用地48.444公顷、集体未利用地1.9803公顷转为建设用地并征收为国有。刘甲等15人系沙井镇同乐村村民，其对170号批复不服，于2015年6月15日提出行政复议申请。2015年6月19日，广西壮族自治区政府受理行政复议申请。2015年8月10日，广西壮族自治区政府作出桂政行复（2015）82号驳回行政复议申请决定（以下简称82号驳回决定），以170号批复属于《中华人民共和国行政复议法》第三十条第二款规定的行政机关最终裁决，不属于行政复议受案范围为由，依照《中华人民共和国行政复议法实施条例》第四十八条第一款第二项的规定，驳回刘甲等人的行政复议申请。刘甲等15人于2015年8月12日签收82号驳回决定。2015年8月26日，刘甲等15人提起行政诉讼，请求撤销广西壮族自治区政府作出的82号驳回决定，责令该府依法受理其复议申请。

南宁市中级人民法院（2015）南市行一初字第517号行政判决认为：《中华人民共和国行政复议法》第三十条第二款、《最高人民法院关于适用〈中华人民共和国行政复议法〉第三十条第二款有关问题的答复》规定，省级人民政府对土地征收征用所作的决定应属《中华人民共和国行政复议法》第三十条第二款规定的最终裁决类型之一。因本案170号批复是广西壮族自治区政府对南宁市政府报批的土地征收请示所作的批复决定，故广西壮族自治区政府认定该170号批复属于最终裁决事实清楚、于法有据。广西壮族自治区政府以170号批复是最终裁决行为为由驳回刘甲等15人的复议申请，属其依法行使行政复议权，且没有违反法律规定，应予支持。刘甲等15人通过司法途径要求行政机关对属于最终裁决的行为进行行政复议没有事实和法律依据，不予支持。综上，依照《中华人民共和国行政诉讼法》第六十九条之规定，判决驳回刘甲等15人的诉讼请求。刘甲等15人不服一审判决，提起上诉。

广西壮族自治区高级人民法院（2016）桂行终626号行政判决认为：广西壮族自治区政府作出的170号批复，是对南宁市政府报批的土地征收请示所作的批复，属于行政机关作出的最终裁决。刘甲等15人上诉主张170号批复不是行政机关作出的最终裁决的理由，与《中华人民共和国行政复议法》第三十条第二款、《最高人民法院关于适用〈中华人民共和国行政复议法〉第三十条第二款有关问题的答复》的规定不符，不予支持。广西壮族自治区政府以刘甲等15人的复议申请事项不属于《中华人民共和国行政复议法》第六条规定的行政复议范围为由，作出82号驳回决定，有事实和法律依据。依照《中华人民共和国行政诉讼法》第八十九条第一款第一项规定，判决驳回上诉，维持一审判决。

刘甲等15人不服二审判决，向本院申请再审称：（2005）行他字第23号答复内容与行政复议法相冲突，在形式和效力上不能作为广西壮族自治区政府作为审理复议案件的依据，更不能作为人民法院的审判依据；广西壮族自治区政府驳回刘甲等15人要求确认涉案批复违法的复议申请，与行政复议法立法本意相违背。请求撤销二审判决，指令再审。

广西壮族自治区政府答辩称：申请人对被申请人作出的涉案批复不服提起行政复议，根据《中华人民共和国行政复议法》第三条第二款的规定，申请人申请复议的事项为省级人民政府的征地批复，故作出驳回的复议决定。该复议决定认定事实清楚，适用法律正确，且程序合法。请求驳回刘甲等15人的再审申请。

本院经审理对一、二审认定的事实予以认可。

本院认为，公民、法人或者其他组织认为行政行为侵犯其合法权益，可以通过申请行政复议或者提起行政诉讼以寻求救济，相关法律亦已作出关于行政复议和行政诉讼相衔接的制度安排。根据《中华人民共和国土地管理法》第四十五条、第四十六条的规定，征收土地的，由国务院批准或者由省、自治区、直辖市人民政府批准，并报国务院备案；国家征收土地的，依照法定程序批准后，由县级以上地方人民政府予以公告并组织实施。因此，省级人民政府作出的征地批复必然对土地权利人的合法权益产生影响，应当属于行政复议范围。《中华人民共和国行政复议法实施条例》第二十五条亦规定，申请人依照行政复议法第三十条第二款的规定申请行政复议的，应当向省、自治区、直辖市人民政府提出行政复议申请。根据上述规定，土地权利人不服省级人民政府的征地批复提出复议申请，复议机关应当依法予以受理。

根据《中华人民共和国行政诉讼法》第十三条第四项的规定，人民法院不受理公民、法人或者其他组织对法律规定由行政机关最终裁决的行政行为提起的诉讼。（2005）行他字第23号《最高人民法院关于适用〈中华人民共和国行政复议法〉第三十条第二款有关问题的答复》规定："《中华人民共和国行政复议法》第三十条第二款规定的最终裁决应当包括两种情况：一是国务院或者省级人民政府对行政区划的勘定、调整或者征用土地的决定；二是省级人民政府据此确认自然资源的所有权或者使用权的行政复议决定。"依照上述法律和司法解释的规定，省级人民政府作出的征收土地决定，以及省级人民政府对征用土地决定作出的行政复议决定，属于法律规定的最终裁决行为，当事人对此类行政行为提起行政诉讼的，人民法院不予受理。但是，上述规定并未限制当事人对征收土地决定通过行政复议寻求救济。公民、法人或者其他组织不服省级人民政府作出的征收土地决定，有权申请行政复议，复议机关依法应予受理，进行实体审查并作出决定。本案中，刘甲等人不服广西壮族自治区政府作出的170号批复，向该府申请复议，符合行政复议法的相关规定，该府应当予以受理。广西壮族自治区政府以刘甲等人的申请不符合行政复议受案范围为由，作出82号驳回决定，适用法律错误。一、二审判决认为82号驳回决定适用法律正确，驳回刘甲等人的诉讼请求，亦属适用法律错误，应予纠正。

综上，一、二审判决适用法律错误，依照《中华人民共和国行政诉讼法》第七十条第二项、《最高人民法院关于执行〈中华人民共和国行政诉讼法〉若干问题的解释》第七十六条、第七十八条之规定，判决如下：

一、撤销广西壮族自治区南宁市中级人民法院2016年3月31日作出的（2015）南市行一初字第517号行政判决；

二、撤销广西壮族自治区高级人民法院2016年12月27日作出的（2016）桂行终626号行政判决；

三、撤销广西壮族自治区人民政府2015年8月10日作出的桂政行复（2015）82号《驳回行政复议申请决定》；

四、责令广西壮族自治区人民政府于本判决生效之日起六十日内重新作出行政复议决定。

一审案件受理费50元、二审案件受理费50元，由广西壮族自治区人民政府负担。刘甲等人缴纳的一审案件受理费50元、二审案件受理费50元，予以退还。

本判决为终审判决。

审判长：熊俊勇；审判员：龚斌、王毓莹；法官助理：牛延佳；书记员：余逸纯

二〇一七年十二月二十二日

043

撤销违法的土地登记行为将会损害善意第三人合法权益的，判决确认违法，但不撤销，保留其法律效力

【裁判要旨】

《中华人民共和国行政诉讼法》第七十四条第一款第一项规定，行政行为依法应当撤销，但撤销会给国家利益、社会公共利益造成重大损害的，人民法院应当判决确认违法，但不撤销行政行为。《中华人民共和国物权法》第一百零六条规定，无处分权人将不动产或者动产转让给第三人，善意第三人取得该不动产或者动产的所有权，原所有权人有权向无处分权人请求赔偿损失。对善意第三人合法权益的保护，立法目的在于维护社会交易的安全性和经济秩序的稳定性。撤销违法的土地登记行为，将会对善意第三人合法权益造成损害，违反物权法的前述规定，属于行政诉讼法第七十四条第一款第一项规定的撤销会损害公共利益的情形，人民法院应当判决确认被诉土地登记行为违法，但不撤销，保留其法律效力。

中华人民共和国最高人民法院
行政裁定书

（2017）最高法行再18号

申诉人（一审第三人、二审上诉人）：黄某。

委托代理人：郭华东。

委托代理人：周娉婷，北京市盈科（深圳）律师事务所律师。

被申诉人（一审被告、二审上诉人）：海丰县国土资源局。

法定代表人：林建军，局长。

委托代理人：周向荣，该局工作人员。

委托代理人：郭智明，广东愿力律师事务所律师。

被申诉人（一审原告、二审被上诉人）：李某，男，1965年10月18日出生，

汉族，住广东省海丰县。

委托代理人：苏振宇，广东华科律师事务所律师。

被申诉人（原审第三人）：海丰县林业科学研究所。

法定代表人：施雪原，所长。

原审第三人：赖某。

申诉人黄某因被申诉人李某诉被申诉人海丰县国土资源局（以下简称海丰县国土局）、被申诉人海丰县林业科学研究所（以下简称林科所）及原审第三人赖某土地行政登记一案，不服汕尾市中级人民法院于2014年11月13日作出的（2014）汕尾中法行终字第20号行政判决，向广东省高级人民法院提出申诉，该院作出（2016）粤访2161号行政案件申诉告知函，对其申诉不予受理。黄某向本院提出申诉，本院于2017年1月20日作出（2016）最高法行监102号行政裁定书，提审本案。2017年2月24日，本院编立提审案号，依法组成合议庭，并于2017年5月18日在本院第一巡回法庭第一法庭公开开庭审理本案。申诉人黄某及其委托代理人郭华东、周娉婷，被申诉人海丰县国土局的委托代理人周向荣，被申诉人李某及其委托代理人苏振宇，被申诉人林科所的法定代表人施雪原，到庭参加诉讼。本案现已审理终结。

本院经审理查明，1994年汕尾红海湾新华发展有限公司（以下简称新华公司）承包海城镇龙津西片工业开发区的土地平整工程。工程竣工后，海城镇人民政府以“以地养路”方式，安排位于庵埔莲花路口的土地一幅给新华公司，新华公司将其中部分转让给林科所作为宿舍用地。1995年7月17日，李某向其所在单位林科所购买位于海城镇新园居委龙津西片1栋2号（现1栋6号）宅地一块，面积80平方米，双方签订协议书，李某交付土地款人民币45000元，但至今未办理土地使用证。1998年11月16日，新华公司被汕尾市工商行政管理局红海湾分局吊销营业执照。1998年11月12日，林科所向海丰县人民政府（以下简称海丰县政府）申请补办用地手续。经海丰县国土局提出意见、海丰县建设局同意后，海丰县政府于2001年1月20日批准同意补办。2001年3月16日，海丰县国土局出具海国征补（2001）1号复函给新华公司，同意将包含涉案土地在内的5307.5平方米土地出让给新华公司及林科所作为职工宿舍用地。2001年10月8日，海丰县国土局与新华公司签订《国有土地使用权出让合同》，将包括涉案土地在内的

2600平方米土地出让给新华公司。2001年10月10日，林科所同时出具两份位置相同而面积略有差异的《安排住宅地证明书》和两份宗地图，一份是给李某的土地面积为80平方米；另一份是给赖某的土地面积为76平方米。赖某向海丰县国土局申请颁发涉案土地的土地使用证，提交的申请登记依据为：海丰县政府2001年1月20日的批示，海丰县国土局2001年3月16日海国征补（2001）1号复函，海丰县国土局与新华公司签订的《国有土地使用权出让合同》，住宅用地证明书。2002年5月30日，海丰县政府将涉案土地使用权向赖某颁发（2002）第0032444/01011172号《国有土地使用证》（以下简称02－444号土地证），使用权类型为出让，使用权面积76平方米，用途为住宅，终止日期为2071年10月7日，四至均为至墙。2006年1月4日，陈丽卿作为中介，促使李某（甲方）与黄某（乙方）签订协议书，将涉案土地以13万元价格卖给黄某。陈丽卿与李某并不相识，该协议未实际履行。2006年7月25日，赖某（甲方）与黄某（乙方）签订《土地转让协议书》，将涉案土地76平方米以3万元价格卖给黄某，由赖某负责办理国土证过户手续。2006年8月24日，海丰县政府将涉案国有土地使用权转让登记给黄某，并颁发（2006）第0032444/01011172号《国有土地使用证》（以下简称06－444号土地证）。2012年9月3日，李某提起本案诉讼，请求撤销02－444号土地证及06－444号土地证。案件一审庭审后，赖某去世。二审法院两次传唤赖某到庭参加诉讼未果，遂缺席审理本案。

海丰县人民法院（2012）汕海法行初字第4号行政判决认为，海丰县国土局于2001年10月8日与新华公司签订《国有土地使用权出让合同》，协议出让宗地中有林科所为其职工李某购买的涉案土地。2002年5月30日海丰县国土局将该土地证颁发给赖某，证号为02－444。新华公司已于1998年11月16日被汕尾市工商行政管理局红海湾分局吊销营业执照。该公司已不存在，海丰县国土局与不存在的公司签订国有土地使用权出让合同协议书，依法应属无效，其颁发给赖某《国有土地使用证》的具体行政行为主要证据不足，依法应予撤销。海丰县国土局于2006年8月24日将赖某的《国有土地使用证》过户给黄某，证号：06－444。因赖某的《国有土地使用证》已被撤销，故海丰县国土局将赖某的《国有土地使用证》过户给黄某也应属无效，依法应予撤销。林科所于2001年10月10日向李某和赖某同时出具了同一位置的土地的《安排住宅地证明书》和《宗地图》的行为是违法的，依法应承担相应的法律责任。依照《中华人民共和国行政诉讼法》第五十四条第二项第1目的规定，判决撤销海丰县国土局于2002年5月30日颁发给赖某的02－444号土地证的具体行政行为、撤销海国土资源局于2006年8月24日为黄某登记的06－444号土地证的具体行政行为。海丰县国土局及黄某均不服一审判决，提起上诉。

汕尾市中级人民法院（2014）汕尾中法行终字第20号行政判决认为，赖某申请颁发土地证的四份申请依据中，前三份依据无法证明其为该宗地的权利人，而第四份依据系加盖新华公司和林科所公章的住宅用地证明书，并无证据证明赖某系新华公司的员工或林科所职工，也无证据证明赖某与新华公司或林科所受让涉案土地，且依照《中华人民共和国企业法人登记管理条例》第三十三条的规定，新华公司已于1998年11月16日被吊销营业执照，未经清算使用应被收缴的公章而出具住宅用地证明书，且林科所也同时为李某出具住宅用地证明书，因此该证明书不足以证明赖某系涉案土地的权利人。海丰县国土局在为赖某办理土地使用证审查过程中，未依法认真调查核实，即为赖某办理国有土地使用证，属认定事实不清，主要证据不足，依法应予撤销。因赖某的国有土地使用证被撤销，黄某由赖某转让所取得的国有土地使用证也应予撤销。《最高人民法院关于企业法人营业执照被吊销后，其民事诉讼地位如何确定的函复》规定："企业法人被吊销营业执照后至被注销登记前，该企业法人仍应视为存续，可以自己的名义进行诉讼活动。"一审以新华公司已被吊销营业执照，而认定该公司已不存在，并以海丰县国土局与不存在的公司签订国有土地使用权出让合同协议书无效为由判决予以撤销不当，予以纠正。但实体处理并无不妥，予以维持。依据《中华人民共和国行政诉讼法》第六十一条第一项之规定，判决驳回上诉，维持一审判决。

黄某申诉称：赖某参加了一审庭审，后因病去世，二审法院没有通知变更诉讼主体，诉讼程序严重违法。一、二审没有客观公正查明事实，导致适用法律不当、判决错误。其充分了解赖某已依法取得涉案土地使用权，并按当时市场价格与赖某达成转让协议，交付土地价款与相关税费，经人民政府批准后依法办理土地变更登记，属于善意第三人。一、二审判决撤销其善意取得的国有土地使用证，严重损害其合法权益。请求撤销一、二审判决，改判驳回李某的诉讼请求。

海丰县国土局答辩称：涉案土地已经政府批准出让给新华公司及林科所作为

职工宿舍用地，新华公司和林科所已向赖某出具加盖两个单位印章的住宅用地证明书，该两个单位具有涉案土地的处分权，其根据赖某的申请及提供的材料颁证具有事实和法律根据。赖某是不是新华公司或林科所的职工，不属于国土局颁证时应依法审查的内容。一、二审没有客观公正认定事实，撤销其颁证行为错误。黄某的申诉理由具有事实和法律根据，请求依法撤销一、二审判决。

李某答辩称：黄某主张二审程序违法，没有法律依据。海丰县国土局在办理02－444号与06－444号土地证项下的国有土地使用权登记时，均未依法调查核实，属认定事实不清，主要证据不足。原一、二审判决认定事实清楚，适用法律正确。黄某仅与未经其授权的中介人陈丽卿签订协议，土地买卖款也交付给陈丽卿和赖某，属于无效合同，不属于善意取得。请求驳回黄某的申诉。

林科所未提交书面意见，庭审中称对一、二审判决无异议。

本院认为，本案二审在审理程序上存在问题，且一、二审在被告主体资格以及事实认定、法律适用等方面均存在问题，应予纠正。

首先，关于本案审理程序问题。《中华人民共和国行政诉讼法》第一百零一条规定，人民法院审理行政案件，关于期间、送达、财产保全、开庭审理、调解、中止诉讼、终结诉讼、简易程序、执行等，以及人民检察院对行政案件受理、审理、裁判、执行的监督，本法没有规定的，适用《中华人民共和国民事诉讼法》的相关规定。《最高人民法院关于适用〈中华人民共和国民事诉讼法〉的解释》第五十五条规定，在诉讼中，一方当事人死亡，需要等待继承人表明是否参加诉讼的，裁定中止诉讼；人民法院应当及时通知继承人作为当事人承担诉讼，被继承人已经进行的诉讼行为对承担诉讼的继承人有效。本案中，一审庭审后，原审第三人赖某去世，赖某的继承人依法有权参加诉讼。二审在审理过程中，应当依法查找赖某的继承人并通知其作为第三人参加诉讼，但二审并未开展相关工作，径行作出判决，属于《最高人民法院关于执行〈中华人民共和国行政诉讼法〉若干问题的解释》第八十条第三项“未经合法传唤当事人而缺席判决的”情形，审理程序违法。本案一、二审的焦点问题就是海丰县政府为赖某颁发的国有土地使用证是否合法有效，赖某虽系第三人，但亦属必须参与诉讼的当事人。二审在此问题上的程序违法，将直接影响案件审理结果的正确与否。

其次，关于被告主体资格问题。根据1998年修改施行的《中华人民共和国土地管理法》第十一条的规定，单位和个人依法使用的国有土地，由县级以上人民政府登记造册，核发证书，确认使用权。赖某的国有土地使用权证系2002年颁发，该证书虽由海丰县国土局填发，但发证机关系海丰县政府；黄某的国有土地使用权证系2006年颁发，该证亦由海丰县政府颁发。根据1998年以及2004年《中华人民共和国土地管理法》的规定，海丰县政府系具有法定职责的土地使用权证发证机关，依法应当对其核发的土地使用权证的合法性承担责任。根据修改前的《中华人民共和国行政诉讼法》第二十五条第一款以及《最高人民法院关于执行〈中华人民共和国行政诉讼法〉若干问题的解释》第二十三条第一款规定，李某以海丰县国土局为被告提起诉讼，要求撤销涉案的两个国有土地使用证，属于错列被告。海丰县法院应当依法向李某予以释明，告知其变更被告为海丰县政府。但海丰县人民法院未经告知和释明，直接进行实体审查，程序违法。考虑到自2015年3月1日《不动产登记暂行条例》施行后，不动产登记由不动产所在地的县级人民政府不动产登记机构办理。根据《中华人民共和国行政诉讼法》第二十六条第六款之规定，继续行使土地登记职责的部门是适格被告。海丰县政府确定为不动产登记机构的部门应当是本案的适格被告。

最后，关于本案事实认定问题。《最高人民法院关于审理房屋登记案件若干问题的规定》第五条第二款规定，因保护善意第三人确认在先房屋登记行为违法的，应当裁定驳回原告对后续转移登记行为的起诉。第十一条第三款规定，被诉房屋登记行为违法，但判决撤销将给公共利益造成重大损失或者房屋已为第三人善意取得的，判决确认被诉行为违法，不撤销登记行为。尽管在土地登记案件中没有明确的法律或者司法解释的规定，但相关的法律原理是一致的，该规定可以在审理土地登记案件中参照适用。本案中，黄某通过转让获得的涉案国有土地使用权是否属于善意取得，直接影响人民法院对于前后两个土地行政登记行为的判决方式。原一、二审对于黄某提交的证据进行质证后，并未对该关键事实予以认定，而是直接以前证主要证据不足为由予以撤销，并认定后证也因此应属无效，应予撤销。一、二审判决认定事实的主要证据不足，适用法律、法规确有错误。

综上，一、二审均未对黄某主张其系善意取得是否成立进行审理，属于认定事实不清，适用法律有误，且一、二审审理程序均存在违法之处。黄某的申诉符合《中华人民共和国行政诉讼法》第九十一条第三、四、五项之规定，依照《最高人民法院关于执行〈中华人民共和国行政诉讼法〉若干问题的解释》第七十八条、第八十条之规定，裁定如下：

一、撤销汕尾市中级人民法院于2014年11月13日作出的（2014）汕尾中法行终字第20号行政判决；

二、本案发回汕尾市中级人民法院重新审理。

审判长：熊俊勇；审判员：龚斌、陈宏宇；法官助理：牛延佳；书记员：余逸纯

二〇一七年八月三十一日

044

村民自治章程或村民会议决定，不得对其成员履行义务设置障碍或者进行不当限制

【裁判要旨】

是否属于集体经济组织成员、能够享有集体经济组织成员的相应权益，除户籍条件外，还应当考虑其是否履行集体经济组织章程或村民会议决定要求履行的义务。但是，如果村民自治章程、村民会议决定违反法律规定，对某些成员履行义务设置障碍，或者予以不当限制，导致该成员无法履行集体经济组织章程或村民会议决定规定的义务的，则不能以此为由剥夺其应当享有的集体经济组织成员的合法权益。

中华人民共和国最高人民法院
行政裁定书

（2017）最高法行申2853号

再审申请人（一审原告、二审上诉人）：中山市石岐区员峰股份合作经济联合社。

负责人：肖锡培，社长。

委托代理人：钱曾亿，广东中元（中山）律师事务所律师。

委托代理人：冯莉媛，广东中元（中山）律师事务所实习律师。

被申请人（一审被告、二审被上诉人）：中山市人民政府。

法定代表人：焦兰生，市长。

委托代理人：刘红斌、谢怀斌，中山市法制局工作人员。

原审第三人：中山市人民政府石岐区办事处。

法定代表人：徐成彬，主任。

委托代理人：钟莉，该办事处工作人员。

原审第三人：庞某。

再审申请人中山市石岐区员峰股份合作经济联合社（以下简称员峰经联社）因诉被申请人中山市人民政府（以下简称中山市政府）及第三人中山市人民政府石岐区办事处（以下简称石岐区办事处）、庞某行政复议决定一案，不服广东省高级人民法院于2016年11月10日作出的（2016）粤行终981号行政判决，向本院申请再审。本院于2017年4月18日立案受理，依法组成合议庭审查本案，并于2017年5月23日上午组织各方当事人在本院第一巡回法庭第一法庭进行公开询问。再审申请人员峰经联社的委托代理人钱曾亿、冯莉媛，被申请人中山市政府的委托代理人刘红斌、谢怀斌，原审第三人石岐区办事处的委托代理人钟莉，到庭参加询问活动。案件现已审查终结。

1992年9月10日，员峰村村民代表大会讨论通过《员峰村年终利益分配办法》，该办法第十条规定："只有女方享有分配权时，不管其丈夫户口是否在我村者，他们的第一胎小孩随母享有分配权，第二胎随父不享有分配权。"庞某的母亲林某是员峰村人，为员峰经联社的股东，庞某的父亲原为员峰村人，后转为工人。庞某是林某1986年合法生育的第二个孩子，随母亲入户在员峰经联社所在地，庞某的姐姐已享有员峰经联社的股份。1999年1月23日，员峰村民委员会制定的《员峰村民承包责任田方案》，对于享受承包责任田的条件作了规定。按照该方案，庞某所在家庭自1999年起的第二期土地承包份额中，并未包括庞某的份额。2002年11月10日，员峰村制定《员峰村级股份合作制股东确权界定草案》，该草案第四条第二点规定："虽然有员峰村农业户籍（含员峰社区居民），但没有资格参加1999年员峰村土地承包经营权者，不能成为员峰村级股份合作制的股民。"根据该项规定，庞某不享有员峰村股民资格。2013年11月13日，庞某就其要求享有员峰经联社集体经济组织成员股权份额及补发股份分红一事向石岐区办事处提出行政处理申请。石岐区办事处受理该申请后，调查了庞某的户籍情况，查明根据当时的计划生育政策，男性股民与非农业女性结婚不享有生育第二胎的权利，对所有的半工农家庭是同等执行上述股份配置文件方案的。石岐区办事处对员峰经联社的股份分配情况进行了调查，审查了有关章程等股份分配文件，认为庞某虽然户籍在员峰村，但是并未参加员峰村第一期和第二期的农村土地承包责任制，而员峰经联社章程规定女性股民与非本集体的非农业人员结婚所生的子女，只有一人获得权利分配并不违反法律规定。2015年3月16日，石岐区办事处作出中石调处字（2013）215号行政处理决定（以下简称215号处理决定），驳回庞某的申请请求。庞某不服该处理决定，提起行政复议。2015年11月5日，中山市政府作出中府行复（2015）226号行政复议决定（以下简称226号复议决定），认为员峰经联社章程中有关女性股民与非农业人员结婚所生两个子女，只有一个孩子能配置股份的规定，违反《广东省实施〈中华人民共和国妇女权益保障法〉办法》第二十四条第二款以及《广东省农村集体经济组织管理规定》第十五条第二款的规定，侵犯了集体经济组织女性成员所生子女的合法权益，撤销215号处理决定，并由石岐区办事处在法定期限内重新作出行政处理决定。2015年12月10日，员峰经联社提起行政诉讼，请求撤销中山市政府作出的226号复议决定，维持石岐区办事处作出的215号处理决定。

中山市中级人民法院（2015）中中法行初字第88号行政判决认为，中山市政府作出的226号复议决定，以石岐区办事处未予认定员峰经联社股权配置文件的相关条文违反法律法规的规定，事实不清、证据不足为由撤销215号处理决定，要求该办事处重做决定。故审查该复议决定是否合法有据，在于中山市政府认定员峰经联社股权配置文件违法的理据是否合法充分。从员峰经联社股权配置历年沿袭的几份文件的相关内容看，员峰经联社的股权及相应收益是基于户籍在员峰村的村民土地承包的实际状况配置的，其中对全农户家庭及半工农家庭根据土地承包的具体状况有所区别对待。员峰经联社的这些股权配置方案，以家庭人员与农村土地的依附、联系密切程度为分配原则，体现了权利与义务相对等的原则，这样的分配宗旨并不违反法律法规的相关规定。但是，员峰经联社的几份股权配置文件，在对半工农家庭股权配置的规定上，均是以女性村民与非农村户籍的男方婚嫁为描述基础的，文义上并不包括男性村民与非农村户籍的女方婚嫁的半工农家庭的情形，体现了将女性村民与男性村民予以区别对待。所以，中山市政府复议认为该规定违反男女平等的妇女权益保护原则，并无不妥。庞某属于员峰经联社女性村民与非农村户籍的男方结婚所生的第二胎子女，因其家庭属于半工农家庭，只有半数成员享有员峰村股份而不享有股份收益，中山市政府认为员峰经联社将其作为因女性村民婚嫁所生子女而股权受影响的情形，要求石岐区办事处重新作出处理决定并无不妥。石岐区办事处在重作行政决定时，应审查员峰经联社不予配置庞某股权的具体理由，即是属于权利义务相对等的原因不予配置，还是将“外嫁”非农业户籍的女性村民所生的子女予以区别对待所致，全面考量员峰经联社对庞某股权配置的做法是否符合权利与义务相对等的原则，结合员峰经联社股权配置的具体情况考察实际是否存在将女性村民及其所生子女予以区别对待的情形。同时，石岐区办事处应责令员峰经联社纠正上述股权配置文件中对女性股民区别对待的条款。至于员峰经联社认为中山市政府适用广东省的两部地方性法规处理本案，属于“以新法清算历史行为”的问题。我国宪法及《中华人民共和国妇女权益保障法》《中华人民共和国村民委员会组织法》均有关于保护妇女权益及农村集体经济组织、自治的法律规定，广东省的两部地方性法规是贯彻落实宪法及上述两部法律原则的具体办法，对于员峰经联社在股权分配等村民自治行为中是否存在违反国家法律之处具有溯及力。故中山市政府适用广东省的两部地方性法规作为本案复议审查的依据，适用法律正确。依照《中华人民共和国行政诉讼法》第六十九条的规定，判决驳回员峰经联社的诉讼请求。员峰经联社不服一审判决，提起上诉。

广东省高级人民法院（2016）粤行终981号行政判决认为，根据《中华人民共和国村民委员会组织法》第二十七条、《广东省农村集体经济组织管理规定》第十五条、《广东省实施〈中华人民共和国妇女权益保障法〉办法》第二十四条规定，符合生育规定及户口与妇女在同一农村集体经济组织所在地的子女，并履行法律法规和组织章程规定义务的，属于农村集体经济组织的成员。员峰村1992年9月10日制定的《员峰村年终利益分配办法》第十条规定以及2002年11月10日制订的施行至今的《员峰村级股份合作制股东确权界定草案》第四条第二点规定，对于女性股民与非农业人员结婚所生两个子女中只有一人能配置股份的规定，违反上述法律法规的规定，侵犯了集体经济组织女性成员所生子女的合法权益。石岐区办事处作出认定员峰经联社根据章程内容不予配置股份给庞某并无不妥的涉案行政处理决定，中山市政府经审查后，以石岐区办事处违反上述规定、认定事实不清以及证据不足为由，决定撤销涉案行政处理决定，由石岐区办事处重作，并无不当。依照《中华人民共和国行政诉讼法》第八十九条第一款第一项之规定，判决驳回上诉，维持一审判决。

员峰经联社申请再审称：1. 该社的股份配置规定并没有违反法律的规定，没有侵犯集体经济组织女性成员所生子女的合法权益。自1985年起开展的第一期农村土地承包责任制和自1999年开展的第二期农村土地承包责任制，庞某均没有参加。《员峰村级股份合作制股东确权界定草案》中以户籍及是否参加农村土地承包作为界定股东资格及股份配置比例的规定，并不违反法律规定，应合法有效。2. 该社的股份配置规定正好体现了权利与义务相对等的原则，并不存在将女性村民及其所生子女以区别对待的情形。庞某的父亲是工人，在农村集体经济组织并无权利义务，不能承包责任田。该社当年以家庭中夫妻双方的户籍性质以及在农村集体中履行义务为基础配置股权的政策，其中的一个目的就是减轻在家务农妇女的负担，半工农家庭的孩子跟随工人户口一方不参加责任田的承包。请求撤销原审判决，改判撤销226号复议决定、维持215号处理决定。

中山市政府答辩称：石岐区办事处作出的215号处理决定事实不清、证据不足。该府作出撤销215号处理决定的复议决定，符合法律规定。一、二审认定事实清楚、适用法律正确、审判程序合法。请求驳回员峰经联社的再审申请。

石岐区办事处陈述称：根据《中华人民共和国地方各级人民代表大会和地方各级人民政府组织法》第六十一条第三项规定，该办事处依法具有作出处理决定的职权依据。员峰经联社以户籍及是否参加农村土地承包作为界定股民资格及股份配置比例的规定，不违反法律的规定。庞某没有参加员峰经联社自1985年开展的第一期农村土地承包责任制和自1999年开展的第二期农村土地承包责任制，不符合员峰经联社有关章程规定的配股资格。员峰经联社没有配股给庞某，没有违反同等条件同等对待、男女平等原则。该办事处作出的处理决定系依法调查，在查明事实的基础上，依据法律、法规以及员峰经联社有关章程规定作出，程序合法。请求维持215号处理决定。

本院经审查认为，根据1987年1月1日施行的《中华人民共和国土地管理法》第八条、第十二条第一款的规定，集体所有的土地依照法律属于村农民集体所有，由村农业生产合作社等农业集体经济组织或者村民委员会经营、管理；集体所有的土地，全民所有制单位、集体所有制单位使用的国有土地，可以由集体或者个人承包经营，从事农、林、牧、渔业生产。《中华人民共和国农村土地承包法》第五条规定："农村集体经济组织成员有权依法承包由本集体经济组织发包的农村土地。任何组织和个人不得剥夺和非法限制农村集体经济组织成员承包土地的权利。"我国自1983年农村土地第一轮承包以来，逐步实行并推广了土地承包经营制度，农村的土地属于村农民集体所有，集体经济组织的成员享有平等的承包经营权，法律并未设置其他限制条件。根据《中华人民共和国村民委员会组织法》的规定，我国农村村民实行自治，由村民依法办理自己的事情，村民会议或者经村民会议授权的村民代表会议讨论可以对涉及村民利益包括村集体经济所得收益的使用、土地承包经营方案等事项作出决定，村民会议可以制定和修改村民自治章程、村规民约。但是，村民自治章程、村规民约以及村民会议或者村民代表会议的决定不得与宪法、法律、法规和国家的政策相抵触，不得有侵犯村民的人身权利、民主权利和合法财产权利的内容。本案中，员峰村制定的《员峰村年终利益分配办法》《员峰村民承包责任田方案》《员峰村级股份合作制股东确权界定草案》等，属于该村村民会议或村民代表大会的权限范围。针对庞某提出的处理申请，石岐区办事处作出的215号处理决定与中山市政府作出的226号复议决定，得出了截然相反的评判。本案的争议焦点即在于判断员峰村的上述分配办法及股权配置方案是否违反法律法规和国家政策。

实行男女平等是我国的基本国策，我国正在采取必要措施，逐步完善保障妇女权益的各项制度，以保障妇女的合法权益，促进男女平等。《中华人民共和国妇女权益保障法》第三十二条、第三十三条明确规定，妇女在农村土地承包经营、集体经济组织收益分配等方面，享有与男子平等的权利；任何组织和个人不得以妇女未婚、结婚、离婚、丧偶等为由，侵害妇女在农村集体经济组织中的各项权益；因结婚男方到女方住所落户的，男方和子女享有与所在地农村集体经济组织成员平等的权益。《广东省农村集体经济组织管理规定》第十五条第二款规定："实行以家庭承包经营为基础、统分结合的双层经营体制时起，集体经济组织成员所生的子女，户口在集体经济组织所在地，并履行法律法规和组织章程规定义务的，属于农村集体经济组织的成员。"《广东省实施〈中华人民共和国妇女权益保障法〉办法》第二十四条规定："农村集体组织成员中的妇女，结婚后户口仍在原农村集体经济组织所在地，或者离婚、丧偶后户口仍在男方家所在地，并履行集体经济组织章程义务的，在土地承包经营、集体经济组织收益分配、股权分配、土地征收或者征用补偿费使用以及宅基地使用等方面，享有与本农村集体经济组织其他成员平等的权益。符合生育规定及户口与妇女在同一农村集体经济组织所在地的子女，履行集体经济组织章程义务的，享有前款规定的各项权益。"权利与义务是对等的，没有无义务的权利。是否属于集体经济组织成员、能够享有相应的权益，除了户籍条件以外，还要结合其是否履行集体经济组织章程要求的义务予以确定。一般而言，户口在集体经济组织所在地，但不履行集体经济组织章程义务的，则不应享有与该集体经济组织其他成员平等的权益。但是，如果村民自治章程、村民会议决定中的相关条款违反法律规定，对某些成员履行义务设置障碍或者不当限制，导致集体经济组织成员无法履行集体经济组织章程义务的，则不能以此为由剥夺该成员的权益。

本案中，庞某系其父母按照计划生育政策合法生育的第二胎子女，户口随母亲入户在员峰经联社所在地，故庞某属于该集体经济组织的成员，依法应当享有集体经济组织的权利和义务，包括土地的承包经营权以及股权分配。员峰村1992年制定的《员峰村年终利益分配办法》第十条对于女性股民与非农业人员结婚所生两个子女中只有一人能配置股份的规定，对半工农家庭所生二胎子女的区别对待，客观上侵犯了女性集体经济组织成员合法生育的二胎子女作为集体组织成员的权利，不符合我国宪法、土地管理法及妇女权益保障法的立法精神和原则，侵犯了集体经济组织女性成员所生子女的合法权益，应予责令改正。员峰村2002年制定的《员峰村级股份合作制股东确权界定草案》，以户籍及是否参加农村土地承包作为界定股东资格及股份配置比例的规定，以家庭人员与农村土地的依附、联系密切程度为分配宗旨，体现了权利与义务相对等原则，单独来看并不违反法律规定。但是，该草案是否合法还要结合该村制定的其他章程、决定来分析。该草案中第四条第二点关于不符合股东条件的规定，是以1999年是否承包土地作为前提的。根据前述《员峰村年终利益分配办法》的相关规定，庞某的姐姐已经参与土地承包，享受股东权利，庞某不符合土地二轮承包的条件，未能在1999年二轮承包中分配承包地。故庞某未承包土地，进而无法达到股东条件，丧失股民资格，仍是由员峰经联社1992年制定的违反法律规定的相关决定所致。中山市政府作出226号复议决定，认为员峰经联社将庞某作为因女性村民婚嫁所生子女而股权受影响的情形，要求石岐区办事处重新作出处理决定并无不当。一、二审判决驳回员峰经联社的诉讼请求，认定事实清楚，适用法律正确，应予维持。

员峰经联社主张该社当年以家庭中夫妻双方的户籍性质以及在农村集体中履行义务为基础配置股权的政策，目的之一是减轻在家务农妇女的负担，半工农家庭的孩子跟随工人户口一方不参加责任田的承包。按照员峰经联社的陈述，不让庞某参与二轮土地承包是为了减轻其负担而主动减免其义务，但是在进行股权分配时又以未履行义务为由剥夺其股权分配资格，在逻辑上是自相矛盾的。如前所述，庞某未参与二轮土地承包、履行相关义务并非由于其自身原因，而是因为员峰经联社的不当限制所致，庞某作为集体经济组织成员应当享有的平等权益应予保护。员峰经联社的该项主张缺乏事实根据和法律依据，本院不予支持。石岐区办事处主张“男性村民与非农村户籍的女方婚嫁不允许生二胎，故女性村民与非农村户籍的男方所生的二胎子女不享有股权是公平的”。根据各方的陈述及当时的政策文件，员峰经联社关于半工农家庭股权配置的规定，确有其历史原因及政策背景。根据当时的计划生育及户籍政策，男性村民与非农村户籍的女方婚嫁不允许生二胎，且1998年7月22日以前出生的小孩户籍均随母，故当时并不存在男性村民与非农村户籍的女方所生二胎的股权配置问题。庞某是女性村民半工农户的二胎子女，根据当时的计划生育政策符合落户条件。计划生育政策调整在各地区以及城乡之间存在一定的差别，这种差别的存在具有历史原因，但是不应由此剥夺合法生育的子女的土地承包权及股权。石岐区办事处的该项主张不能成立，本院亦不予支持。

综上，员峰经联社提起本案再审申请不符合《中华人民共和国行政诉讼法》第九十一条第三、四项规定的情形。依照《最高人民法院关于执行〈中华人民共和国行政诉讼法〉若干问题的解释》第七十四条的规定，裁定如下：

驳回中山市石岐区员峰股份合作经济联合社再审申请。

审判长：熊俊勇；审判员：龚斌、陈宏宇；法官助理：牛延佳；书记员：黄雅媚

二〇一七年六月三十日

045

对与被诉行政行为合法性相关的基础民事争议，人民法院应当作为行政案件的主要事实进行审查认定

【裁判要旨】

当事人未申请一并解决相关民事争议，亦未另行提起民事诉讼，人民法院审理行政案件时，应当将与被诉行政行为合法性相关联的民事争议，作为被诉行政行为的主要事实进行审查和判断，不得以基础民事纠纷属于另一法律关系为由，裁定不予立案或驳回起诉，或者对基础民事争议事实不予审理直接作出实体判决。

中华人民共和国最高人民法院

行政裁定书

（2017）最高法行申6349号

再审申请人（一审原告、二审上诉人）：陈某。

委托代理人：李爱民、罗才平，海南惠海律师事务所律师。

被申请人（一审被告、二审被上诉人）：三亚市人民政府。

法定代表人：吴岩峻，市长。

委托代理人：周丽，三亚市法制办工作人员。

委托代理人：陈世鸥，海南中贯律师事务所律师。

被申请人（一审被告、二审被上诉人）：三亚市住房和城乡建设局。

法定代表人：黎觉行，局长。

委托代理人：冯建晓，该局工作人员。

委托代理人：陈世鸥，海南中贯律师事务所律师。

原审第三人：孙某。

再审申请人陈某因诉被申请人海南省三亚市人民政府（以下简称三亚市政府）、海南省三亚市住房和城乡建设局（以下简称三亚市住建局）及原审第三人

孙某房屋征收补偿协议一案，不服海南省高级人民法院于2016年12月23日作出的（2016）琼行终530号行政判决，向本院申请再审。本院于2017年8月14日立案受理本案，依法组成合议庭进行审查，并于2017年10月17日下午在本院第一巡回法庭第三法庭组织各方当事人进行询问，再审申请人陈某的委托代理人李爱民、罗才平，被申请人三亚市住建局的委托代理人冯建晓、陈世鸥，被申请人三亚市政府的委托代理人周丽到庭参加询问活动。案件现已审查终结。

涉案房屋位于三亚市邮电局宿舍第三幢702房，系陈某参加其所在单位集资所建房屋，产权证号为三土房（1997）字第××号，权利人为陈某，建筑面积81.32平方米，占有份额为80%。2008年9月5日，陈某与孙某签订《协议书》，主要内容为："一、因孙某借给陈某18万元，陈某将现有单位住房抵偿给孙某作为还款金额。二、孙某依据本协议享受该房屋权证规定的所有权益（包括以后房屋拆迁重建或国家征用土地造成房屋被破坏的赔偿或其他因素造成的赔偿等）。"2008年9月7日，陈某给孙某出具收据，其主要内容为收到孙某购买其单位住房款18万元。2015年9月30日，三亚市政府作出三府（2015）193号《关于原武装部片区改造项目房屋征收决定》，涉案房屋在征收范围内。根据三府办（2015）266号《关于印发原武装部片区棚户区改造项目房屋征收补偿安置方案的通知》（以下简称266号补偿安置方案），该方案明确被征收人为房屋及其他建筑物、地面附着物的合法产权人。依266号补偿安置方案确定的货币补偿标准，涉案房屋各项征收补偿款计1407800元。2015年10月15日，征收实施单位三亚市住建局与孙某签订房屋征收货币安置协议，将登记在陈某名下、位于三亚市邮电局宿舍楼第三栋702房的补偿权利给予孙某。2015年10月20日，陈某以其系该被征收房屋产权人为由，提出异议。后三亚市住建局申请对房屋所有权进行仲裁，海南仲裁委员会于2015年12月10日立案受理，案号为（2016）海仲（三）立字第56号。现尚未作出仲裁裁决。2016年3月15日，陈某以不存在仲裁协议或者仲裁条款，且其本人不愿意参加仲裁程序为由，向海南仲裁委员会提出仲裁管辖异议申请。该仲裁尚无仲裁结论。2016年3月24日，陈某提起本案行政诉讼，请求确认三亚市住建局与孙某签订的房屋征收货币安置协议无效；判令三亚市住建局和三亚市政府履行给付陈某房屋安置补偿费1407800元的补偿义务。

海南省三亚市中级人民法院（2016）琼02行初311号行政判决认为，首先，虽然陈某与孙某于2008年9月5日签订住房抵偿协议及该协议第二条约定关于拆补偿权利转让的内容。但依据《中华人民共和国合同法》第七十九条、第八十条第一款之规定，陈某拆迁补偿权利要产生有效转让给孙某的法律效果，必须同时具备两个条件：一是陈某与孙某拆迁补偿权利转让的约定合法有效；二是以债权人通知债务人转让为构成要件，未经通知，该转让对债务人不发生效力。本案中，陈某虽与孙某有拆迁补偿权利转让的约定，但陈某不但未向三亚市住建局发出将补偿权利全部转让给孙某的通知，而且以异议书的方式作出相反的意思表示。故陈某的拆迁补偿权利尚未产生有效转让给孙某的法律效果。其次，三亚市住建局以孙某于2008年9月5日与陈某签订的《协议书》，作为其应取得全部补偿权利的依据。因陈某及孙某对该协议的性质、效力及房屋应占有的份额尚有争议，不具有《中华人民共和国物权法》第二十八条规定物权变更的效力，物权变更的效力应自法律文书生效时才能发生。仅凭孙某于2008年9月5日与陈某签订的《协议书》，不能作为该被征收房屋所有权已发生变更、孙某取得全部补偿权利的依据。该争议应由当事人通过民事途径予以解决，经生效法律文书确认各方权利后，再通过合法途径另行主张权利。故三亚市住建局以孙某作为被征收房屋所有权人，并与其于2015年10月15日签订房屋征收货币安置协议的行政行为，主要证据不足，适用法律、行政法规错误，违反法定程序，依法应确认无效。对陈某要求三亚市住建局与三亚市政府履行给付陈某征收补偿款共计1407800元的诉讼请求，因陈某及孙某对该协议的性质、效力及房屋应占有的份额尚有争议，应先通过民事途径予以解决，经生效法律文书确认各方权利后，再通过合法途径另行主张权利，本院依法不予支持。依照《中华人民共和国行政诉讼法》第七十五条、《最高人民法院关于适用〈中华人民共和国行政诉讼法〉若干问题的解释》第十五条第二款之规定，判决确认三亚市住建局与孙某签订的房屋征收货币安置协议无效并驳回陈某的其他诉讼请求。三亚市住建局不服一审判决，提起上诉。

海南省高级人民法院（2016）琼行终530号行政判决认为，本案的争议焦点在于三亚市住建局与孙某签订征收协议的行为是否违法以及三亚市政府、三亚市住建局是否负有向陈某作出房屋征收安置补偿义务的问题。根据本案查明的事实，涉案房屋原为陈某的单位集资房，直至被征收前，该房屋产权仍登记在陈某名下。然而，陈某与孙某于2008年9月5日签订的《协议书》中已经明确约定，涉案房屋如被国家征收，所获补偿权益由孙某享有。该协议系双方真实有效的约定，应受法律保护，协议双方均应按照诚实信用的原则，依法予以履行。此外，根据266号补偿安置方案，涉案房屋征收补偿安置方案关于被征收人的主体资格并未仅限定为登记的房屋所有权人。该方案中第三条第三项规定："被征收人没有房屋所有权证书但有合法手续的房屋，可予确认并进行补偿。"孙某虽然没有通过办理不动产变更登记取得涉案房屋的所有权，但根据其与陈某达成的协议约定，孙某有权取得包括房屋征收补偿受益权在内的相关权益。在此情况下，三亚市住建局与孙某就涉案房屋的征收补偿安置事宜签订征收协议，具有事实根据，也符合房屋征收补偿安置方案的规定，并未违反法律规定。一审认为陈某和孙某虽然签订协议书，但陈某作为债权人没有通知作为债务人的三亚市住建局，导致相关拆迁补偿权利没有产生转让的法律效果，从而认定三亚市住建局与孙某签订的征收协议无效。该院认为，陈某与孙某于2008年9月5日签订协议书时，尚未发生涉案房屋征收补偿行为，且三亚市住建局也并非协议书的签订主体，故一审依据《中华人民共和国合同法》第七十九条、第八十条第一款的规定认定被诉征收协议无效，属适用法律错误。综上，三亚市政府和三亚市住建局作出的被诉房屋征收补偿安置行为，事实清楚，证据充分，不违反法律规定。陈某的主张缺乏事实根据和法律依据，其诉讼主张违反协议约定和诚实信用原则，不予支持。一审判决认定事实清楚，但适用法律错误，处理结果不当，应予纠正。依照《中华人民共和国行政诉讼法》第八十九条第一款第二项、第六十九条之规定，判决撤销一审判决并改判驳回陈某的全部诉讼请求。

陈某申请再审称：1. 二审未对266号补偿安置方案的内容进行合法性审查就径直适用属于适用法律错误；2. 查明和认定民事争议错误，本案中没有任何一方请求在本案的行政诉讼中一并处理该民事争议。故二审法院在本案中一并处理涉案房屋的民事所有权争议错误；3.《协议书》只涉及涉案房屋80%物权交易，三亚市住建局认定孙某享有100%的所有权益，认定事实严重错误。请求撤销二审判决，依法维持一审判决或者发回重审。

三亚市政府答辩称：1. 一审判决错误适用《中华人民共和国合同法》规定认定物权关系，二审判决依法纠正并无不当；2. 二审法院以征收协议的合法性为争议焦点进行判决并无不当；陈某在一、二审期间均未提出合法性审查问题，应不予支持；266号补偿安置方案的相应内容符合相关规定；3. 对孙某进行补偿符合266号补偿安置方案的规定。请求驳回陈某的再审申请。

三亚市住建局提交书面答辩意见。庭审中答辩称，同意三亚市政府的意见，并认为陈某与孙某2008年9月5日签订的协议书存在两个法律关系，一个是房屋所有权转让关系，另一个是房屋征收补偿权益。只要双方签订的协议书成立、生效，房屋的征收补偿权益归孙某享有。三亚市住建局和三亚市政府作为棚改项目征收实施单位在尊重历史、事实、尊重契约精神的原则下，认定孙某为涉案房屋征收补偿权益权利人符合事实、法律规定。

本院经审查认为，《国有土地上房屋征收与补偿条例》第二条规定，为了公共利益的需要，征收国有土地上单位、个人的房屋，应当对被征收房屋所有权人（以下称被征收人）给予公平补偿。《中华人民共和国物权法》第九条第一款规定，不动产物权的设立、变更、转让和消灭，经依法登记，发生效力；未经登记，不发生效力，但法律另有规定的除外。一般而言，实施国有土地上房屋征收，被征收人应当为被征收房屋的所有权人。但在实践中，被征收房屋已经进行交易但未办理过户登记的现象较为常见。依据《中华人民共和国物权法》第九条之规定，房屋所有权的变更以登记为要件，故房屋买卖未办理过户登记的房屋所有权仍归房屋出卖人所有，买受人仅享有根据合同约定要求出卖人交付房屋、配合办理过户的债权。征收房屋时房屋已经进行交易但未办理过户登记的，如果房屋征收部门直接对房屋出卖人给予补偿，可能会导致房屋买受人拒绝搬迁的现象出现，而且房屋买受人支付购房款却无法获得房屋征收补偿，进而只能再通过其他途径向出卖人主张债权，也不利于减少社会矛盾，人为增加诉累，不利于社会的和谐稳定。对于这种情况，如果买卖双方存在争议，房屋征收部门应当依据人民法院或者仲裁机构作出的生效司法文书的内容确定房屋所有权人，如果补偿方案确定的签约期限届满争议仍未解决的，则可按房屋所有权人不明确，由房屋征收部门报请作出房屋征收决定的市、县级人民政府作出补偿决定。本案中，涉案房屋登记在陈某名下，三亚市住建局未通过法定程序对被征收人进行确认，直接与房屋买受人孙某签订货币安置协议，确有不妥。其后三亚市住建局虽提出对涉案房屋的确权仲裁，但海南仲裁委并未作出具有法律效力的裁决文书，涉案房屋的所有权事实上仍存在争议。

陈某直接提起本案行政诉讼，请求确认三亚市住建局与孙某签订的补偿协议无效。如前所述，判断该补偿协议是否有效，应当取决于陈某与孙某签订的《协议书》中约定的将该房屋权证规定的所有权益（包括房屋拆迁或征用时的补偿）转让的条款是否有效。房屋买卖协议及房屋所有权是否转移，应当通过民事途径予以解决，一般情况下不属于房屋征收补偿案件的审查范围。根据《中华人民共和国行政诉讼法》第六十一条第一款的规定，在涉及行政许可、登记、征收、征用和行政机关对民事争议所作的裁决的行政诉讼中，当事人申请一并解决相关民事争议的，人民法院可以一并审理。但是，即使当事人未申请一并解决相关民事争议亦未另行提起民事诉讼，法院也可以在行政诉讼案件审理过程中，将与被诉行政行为相关联的民事争议一并进行审查，并对该民事争议作出裁断，以此为基础对被诉行政行为的合法性进行审查。这种审理方式符合新修订的行政诉讼法第一条所确定的立法目的，有利于公正、及时审理行政案件，解决行政争议，既可以提高审判效率，又可以实质性化解争议，减少当事人诉累，保障公民的合法权益。本案中，虽然陈某未就房屋所有权的归属及房屋买卖协议的效力问题另行提起民事诉讼，亦未在本案中申请一并解决相关民事争议，但一、二审法院直接对买卖协议条款的效力进行认定并进而对补偿协议的合法性作出裁判，符合上述裁判思路，并无不当，本院予以支持。陈某提出的本案没有任何一方请求一并处理该民事争议，原审查明和认定民事争议错误的主张，没有法律根据，本院不予支持。

本案中，涉案房屋征收补偿的权益应当归于孙某。首先，《中华人民共和国合同法》第四十四条规定，依法成立的合同，自成立时生效。本案中，陈某与孙某签订的《协议书》明确约定，涉案房屋如被征收，所获补偿权益由孙某享有。被征收人因房屋征收获得补偿的权利，实际上是一种财产权，现行法律法规并未限制或禁止对该项权利的转让、变更或者放弃。陈某与孙某签订的《协议书》中关于房屋征收补偿权益转让的条款，系协议双方当事人真实意思的表示，亦不存在违反《中华人民共和国合同法》第五十二条有关合同无效的法定情形，并不违反法律、法规的强制性规定，应属有效。其次，《最高人民法院关于人民法院办理执行异议和复议案件若干问题的规定》第二十八条规定，在金钱债权执行中，买受人对登记在被执行人名下的不动产提出异议，符合下列情形且其权利能够排除执行的，人民法院应予支持：（一）在人民法院查封之前已签订合法有效的书面买卖合同；（二）在人民法院查封之前已合法占有该不动产；（三）已支付全部价款，或者已按照合同约定支付部分价款且将剩余价款按照人民法院的要求交付执行；（四）非因买受人自身原因未办理过户登记。参照上述规定，房屋买受人已经交付全部价款并实际入住，即使未办理过户登记，也可以排除对房屋的执行，即在此情况下应优先保护买受人对房屋的占有和使用等相关权益。进一步而言，对于此种情况下基于房屋征收取得的补偿权益也应归于房屋买受人。最后，涉案房屋买卖协议已成立多年，且孙某居住多年，事实上已形成对该房屋社会观念上和生活上的依赖。征收补偿的目的是对现实居住人丧失居住场所的补偿和安慰，货币补偿安置方式是给现实居住人另觅住所或过渡性安置的经济支持，将被征收房屋补偿给现实居住人符合房屋征收补偿的目的。从陈某的角度而言，其于2008年已将涉案房屋出卖给孙某，且已获得相应价款，其利益并不会因房屋被征收而受损或得不到保护。涉案房屋在征收时的评估价格远超该房屋出卖时的价款，陈某要求获得安置补偿价款，亦有违公平原则。

鉴于陈某与孙某有关涉案房屋征收补偿权益转让的条款合法有效，三亚市住建局根据266号补偿安置方案第三条第三项的规定，与孙某签订补偿协议，补偿对象并无不当，程序合法，应予维持。一审以房屋所有权未完成转让、三亚市住建局以孙某为房屋所有权人与其签订安置补偿协议主要证据不足，适用法律、行政法规错误，违反法定程序为由，判决确认三亚市住建局与孙某所签订的安置补偿协议无效，属适用法律错误，二审依法予以改判，认定事实清楚，适用法律正确，本院予以支持。

陈某主张《协议书》只涉及涉案房屋80%物权交易，三亚市住建局认定孙某享有100%的所有权益，认定事实严重错误。涉案房屋系陈某原所在单位修建的集资房，囿于当时政策原因在办理房产证时只注明80%产权。经本院询问，陈某及三亚市住建局均认可涉案房屋在征收时系依照100%产权予以补偿，且陈某所在单位并未对20%产权部分提出权益主张，而陈某亦未提供任何证据证明其对另20%产权补办过相关手续或者交付相应价款。故陈某的该项主张没有事实根据，本院不予支持。陈某还主张二审未对266号补偿安置方案的内容进行合法性审查，适用法律错误。根据《国有土地上房屋征收与补偿条例》第十条、第十一条、第十三条的规定，房屋征收部门拟定征收补偿方案，市（县）级人民政府组织对征收补偿方案的论证及征求公众意见、组织听证会并修改方案等工作均应当在作出房屋征收决定之前进行，市（县）级人民政府作出房屋征收决定后应当及时公告，公告应当载明征收补偿方案。在审理房屋征收补偿决定或房屋征收补偿协议的案件中，征收补偿方案与房屋征收决定等行为是作出补偿的前置行为，除非该征收补偿方案具有重大且明显违法的情形，一般情况下不属于审查范围。266号补偿安置方案并无重大且明显违法的情形，二审未对该补偿安置方案进行审查，并不违反法律规定。陈某的该项主张缺乏事实及法律根据，本院不予支持。

综上，陈某的再审申请不符合《中华人民共和国行政诉讼法》第九十一条第三、四项规定的情形。依照《最高人民法院关于执行〈中华人民共和国行政诉讼法〉若干问题的解释》第七十四条的规定，裁定如下：

驳回陈某的再审申请。

审判长：熊俊勇；审判员：龚斌、王毓莹；法官助理：牛延佳；书记员：余逸纯

二〇一七年十一月五日

046

裁判中既有程序性裁定又有实体判决的，应以“行政判决书”作为裁判文书的名称

【裁判要旨】

人民法院将原告对多个相互关联的行政行为提出的诉讼合并一案立案审理，并在审理和裁判中对每一个被诉行政行为分别作出相应的实体判决和程序性驳回起诉裁定，不违反法律规定。但是，在裁判文书中既有程序性裁定，又有实体判决的情形下，人民法院应以“行政判决书”作为裁判文书的名称。

中华人民共和国最高人民法院
行政裁定书

（2017）最高法行申6897号

再审申请人（一审原告、二审上诉人）：周丙。

再审申请人（一审原告、二审上诉人）：旷某。

再审申请人（一审原告、二审上诉人）：周丁。

再审申请人（一审第三人、二审上诉人）：周甲。

被申请人（一审被告、二审被上诉人）：涟源市人民政府。

法定代表人：刘杰，市长。

被申请人（一审被告、二审被上诉人）：娄底市人民政府。

法定代表人：杨懿文，市长。

第三人：涟源市桥头河镇花枝村村民委员会。

法定代表人：周连民，村委会主任。

再审申请人周丙、旷某、周丁、周甲（以下简称周丙等人）因诉被申请人涟源市人民政府（以下简称涟源市政府）、娄底市人民政府（以下简称娄底市政府）、第三人涟源市桥头河镇花枝村村民委员会（以下简称花枝村委会）土地征收及复议决定一案，不服湖南省高级人民法院于2017年5月22日作出的（2016）

湘行终1319号行政判决，向本院申请再审。本院于2017年9月4日立案受理本案，依法组成合议庭进行审查。案件现已审查终结。

为建成长沙、韶山、娄底高速公路（以下简称长韶娄高速公路），2010年9月6日，国土资源部办公厅作出国土资厅函（2010）927号复函，同意长韶娄高速公路控制工期单体工程先行用地。该项目在涟源市境内征地拆迁共涉及桥头河镇等三个乡镇及花枝村等29个行政村。2011年7月15日，湖南省人民政府对长韶娄高速公路（娄底段）作出（2011）政国土字第895号农用地转用、土地征收审批单。2011年8月2日，涟源市政府发布涟政土工（2011）23号《涟源市政府征地公告》，并于8月5日进行张贴。2011年11月25日，涟源市政府发布《征地补偿安置方案公告》并进行张贴。周丙等人系涟源市桥头河镇花枝村周家组世居户，属于该工程项目用地范围内。周甲与大儿子周乙（妻子旷某）、二儿子周丙、女儿周丁居住在一起，房屋土地登记使用权人为周甲，当时全家共四户13人。2011年4月30日，周甲与涟源市国土局签订了房屋拆迁协议书，拆迁安置补偿费（包括房屋补偿费、三通一平及超深基础补偿费、附属物补偿费及13人搬家过渡费等）共计225475元，该笔补偿款存入农村信用社周甲专户。2011年5月27日，周甲领取该存折。2011年6月3日，花枝村委会与涟源市国土局签订征收土地协议，并领取补偿款。其中周甲户（包括旷某与周丁）共有水田2.156亩、旱土0.929亩在此项目中被征收，其在花枝村共领取土地补偿费123278元；周丙有0.619亩承包水田也在此项目中被征收，其在花枝村领取土地补偿费21186元；二人领取的补偿费中均包含50元的丈量工资。2011年5月下旬，土地登记使用权人为周甲与周丙、旷某、周丁共同居住的房屋被拆除，当时周甲与周丙在拆迁现场；5月底，旷某和周丁也知道房屋已被拆迁的事实。周丙、旷某、周丁为房屋拆迁之事不断上访，于2015年9月23日通过政府信息公开方式知道涟源市政府组织实施长韶娄高速公路征收花枝村土地的有关情况，并于当日向娄底市政府提出行政复议申请，请求确认涟源市政府组织实施长韶娄高速公路征地过程中，征收周丙等人承包的集体土地和拆除周丙等人共同所有的房屋且未将其房屋后栋纳入红线范围内进行整体拆除行为违法并赔偿损失。娄底市政府当日受理后，因情况复杂，于2015年11月18日经负责人批准延期审理期限三十日。2015年12月16日，娄底市政府作出娄府复决字（2015）41号行政复议决定（以下简称41号复议决定)，以周丙、旷某、周丁超过复议期限为由，驳回其的复议申请，并于2015年12月21日邮寄送达给周丙等人。在此期间，周丙、旷某、周丁于2015年12月2日起诉涟源市政府组织实施长韶娄高速公路征地、拆迁房屋违法，2015年12月4日起诉娄底市政府行政不作为。2016年1月7日，周丙、旷某、周丁提起本案行政诉讼，请求撤销41号复议决定，确认涟源市政府先行组织实施、组织实施长韶娄高速公路用地项目征地、征地拆迁补偿安置等行为违法，责令涟源市政府赔偿经济损失100万元。

另查明，周丁住址为娄底市××区××办事处××组，系非农业户口，在周甲集体土地承包经营权证中有集体土地。周丙、旷某在本组另有宅基地也已另建新房，周甲夫妇现与旷某夫妇居住在一起。

娄底市中级人民法院（2016）湘13行初1号行政裁定认为，花枝村委会于2011年6月3日与涟源市国土局签订征收土地协议，并领取和分发补偿款，且该协议中被征收的只涉及集体土地，未涉及房屋，土地所有权人为××桥头河镇花枝村。周丙、旷某、周丁以其个人名义起诉土地征收行为，不符合行政诉讼原告主体资格要求。关于周丙、旷某、周丁共同居住的房屋拆迁补偿安置问题。因该房屋土地登记使用权人为周甲，而周甲与涟源市国土局于2011年4月30日签订房屋拆迁协议，并于5月27日领取该房屋的拆迁安置补偿款225475元，且2011年5月下旬拆除该房屋时，周丙与周甲都在拆迁现场，当月底旷某和周丁也知道房屋已被拆迁的事实。因此，周丙、旷某、周丁在2011年6月就知道或应当知道其共同居住的房屋被拆迁的事实，其于2015年12月2日才提起诉讼，早已超过2年的起诉期限。周丙等三人于2015年9月23日申请娄底市政府对土地征收和房屋拆迁行为的行政复议，已超过《中华人民共和国行政复议法》第九条规定的复议申请期限，且该行政复议程序并不违法。故娄底市政府作出的41号行政复议决定并无不当。依照《中华人民共和国行政诉讼法》第六十九条、《最高人民法院关于执行〈中华人民共和国行政诉讼法〉若干问题的解释》第四十一条第一款、第四十四条第一款第二项之规定，驳回周丙、旷某、周丁对涟源市政府的起诉；驳回周丙、旷某、周丁对娄底市政府的诉讼请求。周丙等人不服一审裁判，提起上诉。

湖南省高级人民法院（2016）湘行终1319号行政判决认为，一审认为周丙、旷某、周丁以其个人名义起诉土地征收行为，不符合行政诉讼原告主体资格要求，并以此裁定驳回其起诉符合法律规定。周丙、旷某、周丁于2015年9月23日申请娄底市政府对土地征收和房屋拆迁的行为进行行政复议，娄底市政府以申请超过《中华人民共和国行政复议法》第九条规定的复议申请期限为由，作出41号复议决定，驳回周丙、旷某、周丁的行政复议申请，该行政复议程序并不违法且无不当。周丙、旷某、周丁、周甲2011年5月底就知道或应当知道房屋被拆的事实，其于2015年12月2日才提起诉讼，已超过2年的起诉期限。一审依据《最高人民法院关于执行〈中华人民共和国行政诉讼法〉若干问题的解释》第四十一条第一款规定，并以周丙、旷某、周丁超过诉讼时效为由，判决驳回诉讼请求，符合法律规定。依照《中华人民共和国行政诉讼法》第八十九条第一款第一项的规定，判决驳回上诉，维持一审裁判。

周丙等人申请再审称：1. 一、二审认为本案已过起诉期限，系事实认定不清，采信证据错误，缺乏法定依据。涟源市政府未经依法公告、确认等程序，剥夺申请人知情权，申请人仅仅知道是承包地基本农田在2011年被长韶娄高速公路业主单位占用修路，在同年5月被长韶娄业主拆除共体的前栋，8月村组长告知长韶娄业主下发钱，才领了21186元补偿款，而对于该具体行政行为内容一概不知。2. 一、二审认为申请人不是本案适格原告，是认定事实不清，采信证据错误，缺乏法定依据。申请人所承包的土地及房屋被涟源市国土资源局征收拆迁，与涟源市政府先行组织实施长韶娄高速公路用地项目征地拆迁补偿安置等具体行政行为有着法律上的利害关系。3. 一、二审违反法律规定的诉讼审判程序。4. 本案未超过行政复议申请期限。申请人不知道该具体行政行为内容，于2015年9月3日得到申请人向涟源市国土局政府公开申请信息的两公告等具体行为内容，在当月就依法申请复议，未超过法定的60日复议申请期限。请求撤销一、二审裁判，撤销娄底市政府作出的41号复议决定；确认涟源市政府先行组织实施长韶娄高速公路用地项目征地拆迁补偿安置等行政行为违法；判令涟源市政府赔偿损失100万元及精神损害费，偿还宅基地。

涟源市政府答辩称：1. 长韶娄高速公路建设项目征地合法，所有步骤都是按法定程序进行的。2. 长韶娄高速公路建设项目拆迁安置合法。该府拆迁人与申请人充分协商，签订房屋拆迁协议，申请人也签字认可并领取拆迁补偿款。3. 申请人提起行政诉讼已超过法定起诉期限，申请人于2011年就参与征地实物量的调查，领取征地补偿费用和拆迁安置补偿费用，且均知道房屋被拆迁的事实，而其直到2015年才起诉，明显超过两年的法定起诉期限。请求维持一、二审裁判，驳回申请人的再审申请。

娄底市政府及花枝村委会均未提交书面答辩意见。

本院经审查认为，根据《中华人民共和国行政诉讼法》第四十九条第三项的规定，提起行政诉讼应当有具体的诉讼请求和事实根据。所谓具体的诉讼请求，在行政诉讼中就是起诉应当指向一个明确的被诉行政行为。人民法院受理行政案件，应当要求原告明确对征地过程中的哪一个行为提起行政诉讼，笼统对征地行为提起诉讼的，属于没有明确的诉讼请求的情形，经释明当事人拒不予以明确的，应当裁定不予立案或者驳回起诉。本案中，周丙等人在一审提出的诉讼请求为“确认涟源市政府先行组织实施长韶娄高速公路用地项目征地、征地拆迁补偿安置等具体行政行为违法，组织实施长韶娄高速公路用地项目征地、征地拆迁补偿安置等具体行政行为违法”，在二审上诉状中周丙等人称“诉求为确认涟源市政府组织实施长韶娄高速公路土地征收、房屋拆迁等一系列具体行政行为违法”，该具体行政行为包括征收决定、征收公告、安置公告、土地丈量，签订土地补偿协议、房屋拆迁等一系列行为。周丙等人的诉讼请求不明确，不符合行政诉讼的受理条件，一审应当予以释明并要求其予以明确。但一审未予以释明，而是直接将周丙等人的该项诉讼请求确定为“土地征收行为”及“周丙、旷某、周丁共同居住的房屋拆迁补偿安置问题”，确有不当。周丙等人在一、二审过程中并未对一审法院确定的诉讼请求提出异议，应视为对法院对其诉讼请求予以固定的认可，一、二审进而对两项诉讼请求作出裁判，并未影响周丙等人的诉权行使。

周丙等人诉请确认涟源市政府土地征收行为违法，如前所述，属于诉讼请求不明确，不符合行政诉讼法规定的起诉条件。一、二审裁定对该诉讼请求驳回起诉，处理结果并无不当，应予维持。2011年4月30日周甲与涟源市国土局签订房屋拆迁协议，该协议上已写明“因长韶娄高速公路建设需要，甲方（涟源市国土资源局）受涟源市政府指派与乙方（周甲）协商拆迁补偿事宜”，周甲于同年5月27日领取拆迁安置补偿费。2011年5月案涉房屋被拆除，周甲与周丙在拆迁现场，之后旷某和周丁也知道房屋已被拆迁的事实。故周丙等人至迟在2011年5月底已经知道其房屋予以拆迁安置的事实，但其到2015年12月才提起诉讼，已明显超过《最高人民法院关于执行〈中华人民共和国行政诉讼法〉若干问题的解释》第四十一条第一款规定的2年法定起诉期限。一、二审裁定驳回对房屋拆迁补偿安置问题的起诉，事实清楚，适用法律正确，亦应予以维持。二审判决对于行政诉讼中的起诉期限以“诉讼时效”描述不妥，本院予以指正。周丙等人提出的确认涟源市政府土地征收及房屋拆迁安置行为违法的诉讼请求，被裁定驳回起诉，故一并提出的赔偿请求亦不能成立，亦应驳回起诉。一、二审裁判未对该赔偿诉讼请求作出裁判，确有不当，但并未对周丙等人的实体权益产生影响，尚不构成引起再审的法定事由。

根据《中华人民共和国行政复议法实施条例》第四十八条第一款第二项规定，受理行政复议申请后，发现该行政复议申请不符合行政复议法和本条例规定的受理条件的，行政复议机关应当决定驳回行政复议申请。如前所述，周丙等人在2011年5月底已经知道其案涉房屋被拆迁安置的事实；同年6月周甲、周丙分别在花枝村委会领取土地补偿费，且费用中包含丈量土地的工资，周丙等人对于其土地被征收的事实也是知道的。周丙等人于2015年9月3日提起行政复议申请，明显超过《中华人民共和国行政复议法》第九条第一款规定的提出行政复议申请的期间。娄底市政府据此作出41号复议决定，驳回行政复议申请，证据确凿，程序合法，应予维持。一、二审判决驳回周丙等人的诉讼请求，认定事实清楚，适用法律正确，本院予以支持。

需要指出的是，一审将周丙等人对娄底市政府、涟源市政府的数个诉讼请求予以合并审理，并在裁判中分别作出相应的实体判决和程序性驳回起诉裁定，减少当事人诉累，节约司法资源，提高司法效率，本院予以支持。但是在裁判文书中既有程序性裁定又有实体判决的情形下，应以“行政判决”作为裁判文书的形式为宜。

综上，周丙等人的再审申请不符合《中华人民共和国行政诉讼法》第九十一条第一、三项规定的情形。依照《最高人民法院关于执行〈中华人民共和国行政诉讼法〉若干问题的解释》第七十四条的规定，裁定如下：

驳回周丙、旷某、周丁、周甲的再审申请。

审判长：熊俊勇；审判员：奚向阳、龚斌；书记员：余逸纯

二〇一七年十一月三十日

047

被诉行政行为轻微程序违法对原告权利不产生实际影响的，应当判决确认违法，但不撤销，保留其效力

【裁判要旨】

《中华人民共和国行政诉讼法》第六十九条判决驳回原告诉讼请求的适用条件是被诉行政行为合法。行政行为程序轻微违法但对原告权利不产生实际影响的，人民法院应当依照行政诉讼法第七十四条第一款第二项规定，判决确认被诉行政行为违法，但不撤销，保留其法律效力。

中华人民共和国最高人民法院
行政裁定书

（2017）最高法行申6054号

再审申请人（一审第三人、二审第三人）：平果华商清洁能源有限公司。

法定代表人：张馨文。

再审申请人（一审第三人、二审第三人）：广西田阳华商清洁能源有限公司。

法定代表人：张馨文。

两再审申请人的共同委托代理人：黄学荣。

被申请人（一审原告、二审上诉人）：田阳新山新能燃气有限责任公司。

一审被告、二审被上诉人：广西壮族自治区田阳县人民政府。

法定代表人：黄国哲。

再审申请人平果华商清洁能源有限公司（以下简称平果华商公司）、广西田阳华商清洁能源有限公司（以下简称田阳华商公司）因被申请人田阳新山新能燃气有限责任公司（以下简称田阳新山公司）诉一审被告广西壮族自治区田阳县人民政府（以下简称田阳县政府）管道燃气特许经营行政许可一案，不服广西壮族自治区高级人民法院于2016年10月9日作出的（2015）桂行终字第21号行政判决，向本院申请再审。本院于2017年8月7日立案，依法组成合议庭进行审查。

案件现已审查终结。

2009年3月1日，田阳县政府通过招商引资与广州富都管道燃气有限公司（以下简称富都公司）签订《田阳县管道燃气特许经营协议》。富都公司签订协议后终止协议。2009年12月28日，百色市机构编制委员会根据百色市委文件精神成立百色新山铝产业示范园管理委员会（以下简称新山管委会），统一负责园区的规划、开发、建设、招商、管理等工作。2010年2月3日，百色市人民政府决定成立百色新山开发投资有限责任公司（以下简称新山投资公司）。2010年7月3日，田阳县政府组织建设局、市政管理局、消防大队、财政局、发改委、招商局等部门，联合考察平果华商公司的燃气经营业务，通过招商方式引进平果华商公司。2010年9月15日，田阳县政府与平果华商公司签订《田阳县管道燃气特许经营协议》（以下简称华商田阳协议），约定特许经营权期限为30年（含建设期），地域范围为田阳县行政区域内；平果华商公司享有独家运营、维护市政管道燃气设施、以管道输送形式向用户供应燃气等管理燃气业务的权利，并在第8.4条第1项约定："乙方（平果华商公司）在田阳县注册成立公司后，依法经营，依法纳税。"同日，田阳县政府向平果华商公司颁发《城市管道燃气特许经营项目授权证书》，授权内容为：授予平果华商公司为田阳县行政区域管道燃气统一经营企业，经营权期限为30年，从2010年9月15日至2040年9月14日。2010年12月6日，根据上述约定，平果华商公司在田阳县工商局注册成立田阳华商公司，田阳华商公司的组成人员是平果华商公司的原班人马。平果华商公司与田阳华商公司的股东（发起人）均为金振芳、陶俊、张馨文、赵剑华。2010年12月19日，田阳县发展和改革局作出阳发改（2010）183号《关于田阳县天然气利用项目核准的批复》，同意建设田阳县天然气利用项目，建设内容为在新山铝产业示范园内建设液化天然气储配站，在县城内建设天然气汽车加气站，项目法人为田阳华商公司。田阳华商公司按照协议及田阳县燃气专项规划的要求，在田阳县组织投资、进行管道建设等工作。签订协议后，田阳华商公司在田阳县行政区域内累计完成项目投资4547万元，建成供气站两座，敷设市政管网40多公里，实现工业、商业用气每日8235方，完成居民用户合同安装7862户，工程安装入户2385户，居民置换用气1051户。

2010年12月30日，新山管委会与田阳新山公司就管道燃气入园经营签订

《合作框架协议》。2011年3月16日，新山管委会作出《授权委托书》，授权新山投资公司代表新山管委会与田阳新山公司签订《百色新山铝产业示范园管道燃气特许经营协议》。2011年3月18日，新山投资公司与田阳新山公司签订《百色新山铝产业示范园管道燃气特许经营协议》，约定特许经营权行使的地域范围为百色新山铝产业示范园区规划范围，特许经营权期限为30年。2012年，中石油西气东输广西管理处在南宁至百色支线××专××行政区域××气阀室，中石油广西天然气管网公司与田阳华商公司签订供气协议，为田阳县行政区域提供足够的供气规模。2014年6月17日，田阳新山公司提起本案行政诉讼，请求依法撤销田阳县政府于2010年9月15日授予平果华商公司田阳县管道燃气特许经营权的行政许可行为。

另查明，2014年1月22日，平果华商公司提起行政诉讼，请求撤销新山管委会授予田阳新山公司在百色新山铝产业示范园管道燃气特许经营权的行政许可行为。2014年6月16日，田阳县人民法院作出（2014）阳行初字第5号行政判决（以下简称5号一审判决），撤销新山管委会授予田阳新山公司的管道燃气特许经营权。田阳新山公司和新山管委会不服，提起上诉。百色市中级人民法院作出（2014）百中行终字第59号行政判决（以下简称59号二审判决），驳回上诉，维持原判。2015年4月2日，广西壮族自治区人民检察院以桂检行监（2015）22号行政抗诉书提起抗诉，广西壮族自治区高级人民法院以（2015）桂行抗字第8号行政裁定，裁定提审该案，并于2016年5月27日作出（2015）桂行再字第10号再审行政判决（以下简称10号再审判决），撤销59号二审判决；变更5号一审判决的内容为：确认新山管委会授权田阳新山公司百色新山铝产业示范园管道燃气特许经营权的行政许可行为违法，以南昆铁路线为界，撤销新山管委会授予田阳新山公司的管道燃气特许经营行政许可中南昆铁路以南区域的行政许可。

百色市中级人民法院（2014）百中行初字第1号行政判决认为，田阳县政府在管道经营空缺的前提下，组织多部门对平果华商公司进行考察后，通过招商方式引进该公司经营管道燃气，签订华商田阳协议，并予以公示，平果华商公司取得田阳县管道燃气特许经营权合法。平果华商公司成立田阳华商公司，两公司在田阳县行政区域进行相当数量的管道建设等工作，并于2012年与中石油广西天然气管网公司签订供气协议，为田阳县行政区域提供足够的供气规模。在当时特定的投资环境下，没有通过招投标方式授予管道燃气特许经营权的行为违法，但撤销该行政许可将导致广西管道燃气市场面临全部推倒重来的重大风险，会对田阳县人民群众的公共利益造成重大损害，根据《中华人民共和国行政许可法》第六十九条第三款规定，不应该撤销。平果华商公司以原班人马在田阳县注册成立新公司是根据协议约定，应田阳县政府的要求，保证该项目在田阳县纳税。田阳华商公司依法成立，并经过田阳县工商局工商登记，具有法人资格，不存在以协议方式默许非法转让特许经营权。59号二审判决已经认定平果华商公司取得田阳县管道燃气特许经营权是合法的，合法性已有定论，田阳新山公司作为第三人参加该案审理活动。因此，田阳新山公司又以田阳县政府赋予平果华商公司田阳县管道燃气特许经营权行为违法为由再次提起诉讼，属于重复诉讼。依照《最高人民法院关于执行〈中华人民共和国行政诉讼法〉若干问题的解释》第十二条、第十三条第一、四项，修改前的《中华人民共和国行政诉讼法》第二条的规定，判决驳回田阳新山公司的诉讼请求。田阳新山公司不服，提起上诉。

广西壮族自治区高级人民法院（2015）桂行终字第21号行政判决认为，田阳新山公司提起本案行政诉讼，被诉行政行为是田阳县政府授予平果华商公司管道燃气特许经营权的行政许可行为，与10号再审判决指向的新山管委会对田阳新山公司授予管道燃气特许经营权的行为，是两个完全不同的行政行为，不属于重复起诉。根据《中华人民共和国行政许可法》第五十三条及《市政公用事业特许经营管理办法》第八条规定，田阳县政府未经招投标方式选择管道燃气项目的投资者或经营者，该行政许可应确认违法，但在田阳华商公司已完成大量投资，田阳县居民已大量使用管道燃气情况下，撤销该行政许可将影响田阳县的燃气供应和使用，有损公共利益，根据《最高人民法院关于执行〈中华人民共和国行政诉讼法〉若干问题的解释》第五十八条、《中华人民共和国行政许可法》第六十九条第三款，应不予撤销。本案与10号再审判决相关联，出于统筹考虑，应撤销本案部分行政许可。已生效10号再审判决确认新山管委会作出的行政许可行为违法，并基于维护公共利益的考虑，保留新山管委会作出的新山铝产业示范园区南昆铁路以北的管道燃气特许经营行政许可。根据管道燃气特许经营的独占性、排他性的性质，应相应撤销田阳县政府作出的在该地域范围内的管道燃气特许经营行政许可，以保证两案所涉两个行政许可在地域范围上不再重叠。一审判决适用法律错误，判决结果错误，予以纠正。依据《中华人民共和国行政诉讼法》第八十九条第一款第二项、《中华人民共和国行政许可法》第六十九条第三款、《最高人民法院关于执行〈中华人民共和国行政诉讼法〉若干问题的解释》第五十八条的规定，判决撤销（2014）百中行初字第1号行政判决；确认田阳县政府授予平果华商公司田阳县管道燃气特许经营权的行政许可行为违法；撤销田阳县政府授予平果华商公司田阳县管道燃气特许经营行政许可中百色新山铝产业示范园区范围内南昆铁路以北区域的行政许可。

平果华商公司、田阳华商公司申请再审称：1. 在特定的投资环境下，基于管道燃气不普及，广西大部分县、区政府均采取招商引资优惠政策方式吸引企业投资管道燃气经营项目，田阳县政府授予平果华商公司管道燃气特许经营权行为，未经招投标程序，虽然存在瑕疵，但尚不构成违法。2. 二审法院判决以南昆铁路南北为界划分管道燃气特许经营区域，严重超越职权，行使了地方人民政府的职权，且南昆铁路以南区域基本无企业入园，该划分有违公平原则。请求撤销二审判决，维持一审判决。

田阳县政府、田阳新山公司均未提交书面答辩意见。

本院经审查认为，《中华人民共和国行政许可法》第十二条第二项、第五十三条规定，实施有限自然资源开发利用、公共资源配置以及直接关系公共利益的特定行业的市场准入等事项行政许可的，行政机关应当通过招标、拍卖等公平竞争的方式作出决定。《市政公用事业特许经营管理办法》第八条规定，市政公用事业特许经营项目，应当向社会公开发布招标条件，通过公开招标，择优选择特许经营权授予对象，并向社会公示中标结果。《中华人民共和国行政诉讼法》第七十四条第一款第二项规定，行政行为程序轻微违法，但对原告权利不产生实际影响，人民法院判决确认违法，但不撤销行政行为。根据该项规定，即便是被诉行政行为存在轻微程序违法的，为严格监督行政机关依法行政，人民法院也要判决确认被诉行政行为违法，不能驳回原告诉讼请求。本案中，田阳县政府未经招投标程序，授予平果华商公司管道燃气特许经营权，违反法定程序。但是，由于平果华商公司取得管道燃气特许经营权在先，田阳新山公司取得在后，上述违反法定程序行为并未对田阳新山公司的合法权益造成损害，二审判决确认田阳县政府授予平果华商公司管道燃气特许经营权行为违法，符合法律规定。同时，鉴于10号再审判决已经将百色新山铝产业示范园区内南昆铁路线以北的管道燃气特许经营权保留给田阳新山公司，为保持与生效的10号再审判决一致，避免关联判决之间发生冲突，二审判决同时撤销田阳县政府授予平果华商公司在百色新山铝产业示范园区内南昆铁路以北区域的管道燃气特许经营权，并无不当。平果华商公司、田阳华商公司主张，特定投资环境下未经招投标程序授予其管道燃气特许经营权虽然存在瑕疵，但尚不构成违法，不符合《中华人民共和国行政诉讼法》第七十四条第一款第二项规定。平果华商公司、田阳华商公司还主张，二审法院判决以南昆铁路为界划分管道燃气特许经营区域超越职权，行使了地方人民政府的职权，有违公平原则。但是，以南昆铁路为界划分管道燃气特许经营区域，系生效的10号再审判决结论，本案受该生效判决拘束。以此为由申请再审，理由不能成立。

综上，平果华商公司、田阳华商公司的再审申请不符合《中华人民共和国行政诉讼法》第九十一条第四、七项规定的情形。依照《最高人民法院关于执行〈中华人民共和国行政诉讼法〉若干问题的解释》第七十四条的规定，裁定如下：

驳回平果华商清洁能源有限公司、广西田阳华商清洁能源有限公司的再审申请。

审判长：郭修江；审判员：曹刚、熊俊勇；法官助理：黄宁晖；书记员：陈清玲

二〇一七年十一月二十四日

048

不符合起诉条件的案件，终审判决驳回原告诉讼请求的实体处理结果并无不当，原告申请再审的，不宜再审改判裁定驳回原告起诉

【裁判要旨】

起诉不符合法定条件的，人民法院不应进行实体审理和判决。但是，如果一、二审错误受理原告起诉，终审判决驳回原告诉讼请求，实体处理结果并无不当，原告申请再审的，考虑到再审撤销一、二审判决，改判裁定驳回原告起诉，将会造成对申请人更为不利的法律后果。为减少诉累、实质化解行政争议，人民法院应当对该案不予再审，在指出一、二审判决错误受理问题的同时，裁定驳回申请人的再审申请。

复议机关不予受理复议申请的，起诉人既可以直接起诉原行政行为，也可以起诉复议机关的不予受理复议申请行为。但是，两种救济方式只能选择其一。同时起诉原行政行为和复议机关不受理行为的，有违一事不再理原则，人民法院应当向起诉人指导和释明，引导其对能够实质化解行政争议的原行政行为提起诉讼。

中华人民共和国最高人民法院
行政裁定书

（2017）最高法行申6092号

再审申请人（一审原告、二审上诉人）：朱某。

被申请人（一审被告、二审被上诉人）：常德市鼎城区人民政府。

法定代表人：朱金平，区长。

被申请人（一审被告、二审被上诉人）：常德市人民政府。

法定代表人：曹立军，代市长。

再审申请人朱某因诉被申请人常德市鼎城区人民政府（以下简称鼎城区政府）、常德市人民政府（以下简称常德市政府）征收土地公告一案，不服湖南省

高级人民法院于2017年1月22日作出的（2016）湘行终983号行政判决，向本院申请再审。本院于2017年8月7日立案受理，依法组成合议庭审查本案。案件现已审查终结。

朱某为常德市鼎城区武陵镇报国村（以下简称报国村）村民，在该村修建房屋一栋。2013年4月25日，常德市鼎城区国土资源局对报国村作出《拟征收土地告知书》。2014年1月22日，湖南省人民政府（以下简称湖南省政府）对鼎城区政府作出（2014）政国土字第165号《湖南省人民政府农用地转用、土地征收审批单》，申请用地总面积为12.6684公顷，被用地单位包括报国村，建设项目名为鼎城区武陵镇西区排水管道及道路（永丰路、杨家港路）一期工程。2014年2月14日，鼎城区政府作出常鼎政公告（2014）2号《常德市鼎城区人民政府征收土地公告》（以下简称2号《征收土地公告》），并于2月18日送达报国村，在村部进行张贴公示，公告内容包括：被征收土地用途及位置；被征收土地的所有权人、地类、面积和补偿，其中征地补偿标准按湖南省政府湘政发（2012）46号《关于调整湖南省征地补偿标准的通知》的规定执行，地上附着物补偿标准和青苗补偿标准按常德市政府常政发（2010）9号文件的规定执行；被征收土地农业人员安置途径；办理征地补偿登记；征地拆迁实施；征地拆迁管理与协调。征地拆迁实施机构为常德市鼎城区征地拆迁管理处，征地拆迁实施机构管理单位为常德市鼎城区国土资源局。2015年9月7日，朱某向常德市政府邮寄《行政复议申请书》，请求：1. 撤销鼎城区政府作出的2号《征收土地公告》和369595元行政补偿协议的具体行政行为；2. 解决行政协议争议；3. 一并审查规章以下的规范性文件即常德市政府（2015）2号文件。2015年11月18日，常德市政府作出常政复决第（2015）53号《行政复议决定》（以下简称53号复议决定），认为朱某至迟于2015年1月17日得知鼎城区政府作出的2号《征收土地公告》，2015年9月7日提出复议申请明显超过《中华人民共和国行政复议法》第九条规定的期限；朱某所称行政协议《杨家港路建设项目征地拆迁补偿结算明细表》，系常德市鼎城区国土资源局的派出机构即常德市鼎城区征地拆迁管理处制作，不能向常德市政府申请行政复议；因朱某的行政复议申请不符合法定受理条件，故要求“一并对常德市政府（2015）2号文件进行审查”的理由不能成立；朱某的行政复议申请不符合申请时限和行政复议管辖的规定，根据《中华人民共和国行政复议法实施条例》

第四十八条第一款第二项之规定，决定驳回朱某的行政复议申请。2015年12月18日，朱某认为征地报批前未经被征地农民知情确认，未告知听证权利及召开听证会，欠缺报批必备材料；补偿安置不到位，违反先安置后拆迁的政策，不符合交地的法定条件；补偿安置明显违法且不合理，补偿安置措施不足以保障基本生产生活水平不下降；涉案项目没有立项文件、建设用地规划许可文件、城乡规划和专项规划文件，征地目的违法，提起本案行政诉讼，请求：1. 撤销鼎城区政府作出的2号《征收土地公告》和行政补偿协议；2. 撤销常德市政府53号复议决定；3. 请求解决行政协议争议；4. 请求一并审查规章以下的规范性文件即常德市政府（2015）2号文件。本案一审判决后，2016年11月30日，朱某与常德市鼎城区拆迁管理处签订《杨家港路建设项目范围拆迁安置补偿协议》，并分别于2015年6月25日、2016年10月30日领取补偿款人民币共计918870元。

湖南省常德市中级人民法院（2015）常行初字第101号行政判决认为，常德市政府不是本案适格被告，朱某对常德市政府的行政复议决定不服，应另行起诉。根据《中华人民共和国行政诉讼法》第二十六条第二款及《最高人民法院关于适用〈中华人民共和国行政诉讼法〉若干问题的解释》第六条第一款的规定，常德市政府驳回复议申请，依据的是《中华人民共和国行政复议法实施条例》第四十八条第一款第二项之规定，属于程序性驳回，不能作本案共同被告。朱某对常德市政府的行政复议决定不服，应另行起诉。本案中，2号《征收土地公告》作出时间为2014年2月14日，于2014年2月18日送达报国村并在村部张贴公示，从当天开始朱某就应当知道具体行政行为的内容，朱某于2015年12月18日提起诉讼，没有超过法定起诉期限。《中华人民共和国土地管理法》第四十六条第一款规定："国家征收土地的，依照法定程序批准后，由县级以上地方人民政府予以公告并组织实施。"湖南省政府依法批准该项土地征收，鼎城区政府具有公告和组织实施的法定职权。2号《征收土地公告》的内容符合《征收土地公告办法》第五条的规定，送达给报国村并在村部以书面形式公示。鼎城区政府作出2号《征收土地公告》主体适格，程序合法，内容符合法律规定。朱某与鼎城区政府、常德市政府都未提交由双方签订的行政补偿协议，不能证明行政补偿协议的存在。本案无权审查常德市政府（2015）2号文件。根据《中华人民共和国行政诉讼法》第六十四条的规定，人民法院对规范性文件合法性审查属于附带性审查。本案所诉2

号《征收土地公告》中所适用的规范性文件为湘政发（2012）46号《湖南省政府关于调整湖南省征地补偿标准的通知》和常政发（2010）9号文件，没有适用常德市政府（2015）2号文件，本案无权对这份文件的合法性进行审查。依据《中华人民共和国行政诉讼法》第六十九条的规定，驳回其诉讼请求。朱某不服一审判决，提起上诉。

湖南省高级人民法院（2016）湘行终983号行政判决认为，根据《中华人民共和国土地管理法》第四十六条第一款的规定和《中华人民共和国土地管理法实施条例》第二十五条第一款的规定，鼎城区政府将经湖南省政府批准征收集体土地的公告，在被征用土地所在地的乡（镇）、村予以公告、张贴，是履行法定职责的行为。鼎城区政府作出的2号《征收土地公告》，主体适格，程序合法。常德市政府依法受理朱某的行政复议申请，查明鼎城区政府2014年2月14日作出的2号《征收土地公告》，于2014年2月18日已经依法送达、张贴。朱某2015年9月7日才提出行政复议申请，超过《中华人民共和国行政复议法》第九条规定的行政复议申请期限，作出53号复议决定，程序合法，适用法律正确。根据《中华人民共和国行政诉讼法》第八十九条第一款第一项之规定，判决驳回上诉，维持一审判决。

朱某申请再审称：1. 2号《征收土地公告》土地行政征收公告违反相关法律法规，朱某所在村民小组或农户，根本未接触公告。现实中，征地人员与村干部联手将公告张贴拍照后随即撕掉等大量事实存在，根本看不到公告内容，鼎城区政府应举证证明张贴公告的期限；鼎城区政府并未举行听证；征收公告作出已三年，并未对朱某进行安置房安置。2. 一、二审审判程序违法，对项目立项、环评、土地审批等本案基础性行政行为尚处于诉讼、复议进行中，应待基础性行政行为诉讼、复议生效结果形成后，再恢复本案审理。请求撤销一、二审行政判决；撤销2号《征收土地公告》；撤销常德市政府53号复议决定。

鼎城区政府、常德市政府未提交书面答辩意见。

本院经审查认为，朱某以鼎城区政府和常德市政府为被告，在一审中分别提出四项诉讼请求，一、二审经过审理后作出实体判决，驳回朱某的诉讼请求。但是，朱某提出的四项诉讼请求，均不符合行政诉讼法规定的起诉条件，不应进行实体审理。下面分述如下：

一、关于要求撤销2号《征收土地公告》

根据《最高人民法院关于执行〈中华人民共和国行政诉讼法〉若干问题的解释》第一条第二款第六项的规定，对公民、法人或者其他组织的权利义务不产生实际影响的行政行为，不属于行政诉讼的受案范围。县级以上地方人民政府根据《中华人民共和国土地管理法》第四十六条及《中华人民共和国土地管理法实施条例》第二十五条的规定，依法发布征收土地公告的行为，仅仅是将批准征地机关、批准文号、征用土地的用途、范围、面积以及征地补偿标准、农业人口安置办法和办理征地补偿的期限等批准事项，在征用土地所在地的乡（镇）、村予以公告的行为，对被征收人权利义务产生实际影响的是征收土地批复以及后续相关征收土地的行为，而非征收公告行为。因此，征收公告原则上属于不可诉的行政行为。本案中，朱某请求确认2号《征收土地公告》违法，但结合其理由来看，实质上是对征地批复程序及补偿安置实施等行为不服，而非对2号《征收土地公告》本身的合法性提出质疑，对朱某的该项诉讼请求应裁定不予立案或者驳回起诉。

本案中，一、二审对于朱某的第一项诉讼请求已通过实体审理作出判决，对于案涉的2号《征收土地公告》的合法性已经作出评判。鼎城区政府具有对本案被征收土地进行公告和组织实施征收的法定职权，2号《征收土地公告》的内容与湖南省政府批准征收土地的范围、用途、面积等内容一致，且已经以书面形式公示。2号《征收土地公告》程序合法，内容符合法律规定，一、二审确认该公告的合法性并据此判决驳回朱某的该项诉讼请求。一、二审判决对于应当裁定驳回起诉的案件作出实体审理，虽有不妥，但对被诉行为合法性的评判，认定事实清楚、适用法律正确，处理结果并未侵害朱某的实体权益，且该判决对于朱某实际要求解决的安置补偿等问题不产生实际影响。故本院从诉讼经济的角度出发，为减少当事人诉累，不将该问题作为提起再审的事由。

朱某主张鼎城区政府未举行听证，违反法律规定。根据《征收土地公告办法》第九条、第十条的规定，被征地农村集体经济组织、农村村民或者其他权利人对征地补偿、安置方案有不同意见的或者要求举行听证会的，应当在征地补偿、安置方案公告之日起10个工作日内向有关市、县人民政府土地行政主管部门提出；有关市、县人民政府土地行政主管部门应当研究被征地农村集体经济组织、农村村民或者其他权利人对征地补偿、安置方案的不同意见。对当事人要求听证的，应当举行听证会。也就是说，被征收人享有在规定时间内申请要求听证的权利，只有在被征收人申请听证之后，市、县人民政府土地行政主管部门才负有举行听证的义务。本案中，朱某并未提交证据证明其曾在规定期间内申请听证，故其该项主张没有事实根据，本院不予支持。朱某另主张其所在村民小组或农户根本未接触公告，要求鼎城区政府举证张贴公告的期限。一、二审业已查明，鼎城区政府于2014年2月18日将2号《征收土地公告》送达给报国村并进行张贴公示，并提交张贴的照片作为证据。朱某并未提供证据证明鼎城区政府未张贴过公告，其该项主张亦缺乏事实根据，本院不予采信。

二、关于要求撤销常德市政府的53号复议决定

根据《中华人民共和国行政诉讼法》第二十六条第二款及《最高人民法院关于适用〈中华人民共和国行政诉讼法〉若干问题的解释》第六条第一款的规定，经复议的案件，复议机关决定维持原行政行为的，作出原行政行为的行政机关和复议机关是共同被告；复议机关决定维持原行政行为，包括复议机关驳回复议申请或者复议请求的情形，但以复议申请不符合受理条件为由驳回的除外。本案中，常德市政府作出53号复议决定，依据《中华人民共和国行政复议法实施条例》第四十八条第一款第二项之规定，驳回朱某的复议申请。53号复议决定系以朱某的复议申请不符合受理条件为由作出的驳回，既不属于维持原行政行为，也不属于改变原行政行为，并未对被申请行政行为的合法性作出实体认定和处理。在复议机关不予受理复议申请的情况下，当事人既可以直接起诉原行政行为，也可以起诉复议机关不作为，要求复议机关受理其复议申请。不管当事人选择何种救济途径，都不涉及另一机关作共同被告的问题。应当指出的是，两种救济不能同时进行，只能择一而为。直接起诉原行政行为，目的是要求人民法院对原行政行为的合法性作出认定和处理，起诉复议机关不作为，直接的诉求虽然是要求人民法院撤销不予受理复议申请的决定，但撤销不予受理复议申请决定的效果，则必然导致复议机关要对原行政行为的合法性作出认定和处理。如果同时起诉原行政行为和复议机关不作为，有违一事不再理原则，造成人民法院和复议机关的重复劳动。本案中，朱某对2号《征收土地公告》提起诉讼，同时又要求撤销常德市政府作出的53号复议决定，不符合法律和司法解释的规定。对于朱某的该项诉讼请求，一审认定不属于复议决定维持原行政行为的情形、不符合共同被告的法定条件，

告知应另行提起诉讼，并无不当。根据“一案一诉”的诉讼原则，对于不符合行政诉讼法规定的可以合并审理的情形，当事人应当分别起诉，人民法院应当在立案阶段进行释明，引导当事人正确行使诉权。已经作为一个案件立案的，在审理中如发现针对不同被告的不同诉讼请求中存在不符合法定起诉条件的，则应当采用“一裁一判”的方式，对不符合起诉条件的诉讼请求以裁定方式驳回起诉，对符合起诉条件的诉讼请求进行审理并作出判决。一审虽指出朱某要求撤销53号复议决定的诉讼请求不符合起诉条件，但并未单独作出驳回朱某该项起诉的裁定，亦未在判决主文中作出表述，处理方式不当，本院予以指正。

二审未对一审中关于“常德市政府不是本案适格被告，原告对常德市政府作出的行政复议决定不服，应另行提起诉讼”的意见是否正确作出分析，但是对53号复议决定的合法性进行了评判。朱某对于2014年2月18日已依法送达、张贴的2号《征收土地公告》，直至2015年9月7日才提出行政复议申请，超过《中华人民共和国行政复议法》第九条规定的行政复议申请期限。常德市政府作出53号复议决定，程序合法，适用法律正确，二审确认该复议决定的合法性并据此判决驳回朱某的该项诉讼请求。二审判决对于应当裁定驳回起诉的诉讼请求作出实体审理，确有不妥，但如之前在对第一项诉讼请求的分析中已经论及的处理原则，基于减少当事人诉累的考虑，二审已经对53号复议决定的合法性作出评判，且认定事实清楚、适用法律正确，处理结果并未侵害朱某的实体权益，没有必要撤销该判项要求当事人就该项诉讼请求再行提起诉讼。

三、关于要求撤销行政补偿协议和请求解决行政协议争议

根据《最高人民法院关于行政诉讼证据若干问题的规定》第四条第一款的规定，公民、法人或者其他组织向人民法院起诉时，应当提供符合起诉条件的相应的证据材料。《中华人民共和国行政诉讼法》第四十九条第三项则规定，提起行政诉讼应当有具体的诉讼请求和事实根据。朱某第一项诉讼请求还包括要求撤销行政补偿协议，第三项诉讼请求为请求解决行政协议争议，但是朱某在一审时并未提交任何行政补偿协议。二审已查明，朱某于2016年11月30日与常德市鼎城区拆迁管理处签订了拆迁安置补偿协议，并领取了补偿款。也就是说，朱某在本案一审判决作出后才签订补偿协议，其在一审中提出要求撤销及解决的行政补偿协议没有事实根据。朱某有关行政协议的诉讼请求没有事实根据，亦不符合起诉条

件。朱某在申请再审时还主张2号《征收土地公告》作出已三年，并没有对其进行安置房安置。如前所述，朱某业已签订拆迁安置补偿协议，其安置问题已得到解决。朱某的该项主张没有事实根据，本院不予采信。

四、关于请求一并审查常德市政府（2015）2号文件

《中华人民共和国行政诉讼法》第五十三条规定，公民、法人或者其他组织认为行政行为所依据的国务院部门和地方人民政府及其部门制定的规范性文件不合法，在对行政行为提起诉讼时，可以一并请求对该规范性文件进行审查。据此，人民法院对规范性文件合法性审查属于附带性审查，当事人要求一并审查的必须是行政行为所依据的规范性文件。本案中，朱某所诉的2号《征收土地公告》中所适用的规范性文件分别为湖南省政府湘政发（2012）46号《关于调整湖南省征地补偿标准的通知》和常德市政府常政发（2010）9号文件，并没有适用常德市政府（2015）2号文件，并不包括常德市政府（2015）2号文件。朱某要求一并审查常德市政府（2015）2号文件没有事实根据和法律依据，一、二审不予审查并无不当，本院予以支持。

综上，一、二审判决虽存在部分瑕疵，但并不构成法定的再审事由。朱某的再审申请不符合《中华人民共和国行政诉讼法》第九十一条第三、四项规定的情形。依照《最高人民法院关于执行〈中华人民共和国行政诉讼法〉若干问题的解释》第七十四条的规定，裁定如下：

驳回朱某的再审申请。

审判长：熊俊勇；审判员：奚向阳、龚斌；法官助理：牛延佳；书记员：余逸纯

二〇一七年九月十二日

四、赔偿补偿

049

人民法院受理赔偿案件后，赔偿义务机关和复议机关不再享有赔偿事项的处理权

【裁判要旨】

《中华人民共和国国家赔偿法》第十四条第一款规定，赔偿义务机关在规定期限内未作出是否赔偿的决定，赔偿请求人可以自期限届满之日起三个月内，向人民法院提起诉讼。赔偿义务机关逾期未作出赔偿决定，当事人提起行政赔偿诉讼，人民法院依法受理行政赔偿诉讼后，案件的审理权限已经转移至人民法院，赔偿义务机关不再享有对相关赔偿事项的法定处理职权。

中华人民共和国最高人民法院
行政裁定书

（2017）最高法行赔申195号

再审申请人（一审原告、二审上诉人）：苏某。

被申请人（一审被告、二审被上诉人）：海南省文昌市人民政府。

法定代表人：王晓桥。

再审申请人苏某因诉被申请人海南省文昌市人民政府（以下简称文昌市政府）行政赔偿一案，不服海南省高级人民法院于2016年12月5日作出的（2016）琼行赔终28号行政赔偿裁定，向本院申请再审。本院于2017年8月21日立案受理，

依法组成合议庭进行审查。案件现已审查终结。

1982年8月30日，苏某向其所在的农村集体经济组织承包300亩土地造林。2007年，海南省人民政府对文昌市政府递交的《关于审批〈文昌铜鼓岭国际化生态旅游区总体规划〉的请示》，作出琼府函（2007）80号《关于文昌铜鼓岭国际化生态旅游区总体规划的批复》（以下简称80号批复），同意海南文昌铜鼓岭国际化生态旅游区规划总面积为86.64平方公里。苏某承包的土地被划入生态旅游区用地范围。2008年后，苏某未经规划主管部门批准，擅自在其承包地上建设2幢混合结构生活用房和3幢构筑物及围墙（建筑面积总计为178.09平方米）。2013年9月18日，文昌市城市管理综合执法局（以下简称文昌市城管局）对苏某作出文综法罚决字龙（2013）第61号《行政处罚决定书》（以下简称61号处罚决定），责令苏某在9月22日前自行拆除。2013年9月21日，文昌市政府依据《中华人民共和国行政强制法》第四十四条和《海南省城乡规划条例》第七十六条的规定，作出文府（2013）291号《强制拆除决定》（以下简称291号强拆决定），责成文昌市城管局强制拆除违法建筑物。2013年9月27日，文昌市城管局在对建筑物内物品进行清点登记，交由铜鼓岭生态旅游区项目指挥部保管后，对苏某建设的违法建筑物实施强制拆除，文昌市公证处对拆除违法建筑及内部物品情况予以公证保全。2013年11月29日，苏某提起行政诉讼，请求撤销61号处罚决定。文昌市人民法院作出（2013）文行初字第48号行政判决，维持该处罚决定。苏某上诉，海南省第一中级人民法院于2015年3月31日作出（2015）海南一中行终字第1号行政判决，驳回上诉，维持原判。2014年1月6日，苏某提起行政诉讼，请求撤销291号强拆决定。海南省第一中级人民法院作出（2014）海南一中行初字第47号行政判决，驳回苏某的诉讼请求。苏某上诉，海南省高级人民法院作出（2015）琼行终字第208号行政判决，以文昌市政府在61号处罚决定送达苏某仅3日后就作出291号强拆决定，违反《中华人民共和国行政强制法》第四十四条规定为由，撤销一审判决，确认291号强拆决定违法。2016年1月12日，苏某向文昌市政府提出行政赔偿申请，请求恢复被拆除的农业生产用房、围墙的原状；赔偿因拆除行为导致灌溉设备、4个水池、鸡棚、养蜂棚、生活设施等和部分花果苗木被毁损的损失共计76.29万元；赔偿因诉讼支出的律师代理费、差旅费共计8.8万元。2016年3月16日，文昌市城管局作出文综执函（2016）36号《关于领取物品的通知》，通知苏某领取被保管于铜鼓岭生态旅游区项目指挥部的全部物品，但苏某未予领取。2016年4月18日，苏某提起另案行政诉讼，请求文昌市政府恢复苏某被拆除的农业生产用房、围墙及其周边被毁损苗木的原状，赔偿因其违法拆除行为导致水井1个、水池4个、灌溉设备1套、鸡棚、养蜂棚、生活设施等被毁损给苏某造成的经济损失和误工损失及精神损失共计426440元，赔偿因诉讼而产生的律师代理费、差旅费、误工费共计88000元。2016年4月22日，文昌市政府通过邮寄方式向苏某送达制作时间标注为2016年4月15日的文府（2016）57号《行政赔偿决定书》（以下简称57号赔偿决定），决定不予赔偿。2016年7月11日，苏某提起本案行政诉讼，请求撤销57号赔偿决定，赔偿损失4.5万元。

海南省第一中级人民法院（2016）琼96行赔初12号行政赔偿判决认为，涉案建筑物属违法建筑的事实，已经生效的（2015）海南一中行终字第1号行政判决确认。（2015）琼行终字第208号行政判决，是以当事人对61号处罚决定申请行政复议、提起行政诉讼的期限尚未届满，文昌市政府即实施强制拆除，违反《中华人民共和国行政强制法》第四十四条规定为由，确认291号强拆决定违法，该判决不能作为认定涉案建筑物不属违法建筑的依据。苏某基于违法建筑物被拆除请求恢复原状，缺乏法律依据。苏某还请求赔偿灌溉设备、水池、鸡棚、养蜂棚和部分花果苗木被毁损以及室内物品损失，没有事实根据。苏某请求赔偿律师代理费、差旅费，不属于国家赔偿范围，请求缺乏法律依据。57号赔偿决定的结果符合法律规定，但因违反《中华人民共和国国家赔偿法》第十三条关于“赔偿义务机关应当自收到申请之日起两个月内，作出是否赔偿的决定”的规定，应确认违法。依照《中华人民共和国行政诉讼法》第七十四条第一款第二项和《最高人民法院关于审理行政赔偿案件若干问题的规定》第三十三条之规定，判决确认57号赔偿决定违法，驳回苏某的赔偿请求。苏某不服，提起上诉。

海南省高级人民法院（2016）琼行赔终28号行政赔偿裁定认为，行政机关作为赔偿义务机关依据《中华人民共和国国家赔偿法》所作的行政赔偿决定的性质为行政赔偿程序中的一项中间程序，并不是依照行政法律法规行使行政职权所作出的行政行为。因此，57号赔偿决定不是行政行为，不属于行政诉讼的受案范围。一审对57号赔偿决定进行实体审理，并判决确认违法属适用法律错误。依照《中华人民共和国行政诉讼法》第八十九条第一款第二项、第三款及《最高人民法院关于适用〈中华人民共和国行政诉讼法〉若干问题的解释》第三条第一款第十项之规定，裁定撤销一审判决，驳回苏某的起诉。

苏某申请再审称：(2015) 海南一中行终字第1号行政判决是伪造的。苏某所建房屋为农业生产用房，不需要规划审批。请求撤销二审判决，依法对本案予以再审。

文昌市政府未提交书面答辩意见。

本院经审查认为，《中华人民共和国国家赔偿法》第二条第一款规定，国家机关和国家机关工作人员行使职权，有本法规定的侵犯公民、法人和其他组织合法权益的情形，造成损害的，受害人有依照本法取得国家赔偿的权利。也就是说，国家赔偿的前提条件是，公民、法人或者其他组织的合法权益受到国家公权力的侵害。没有合法权益受到损害，或者损害并非国家公权力行为造成，均不符合国家赔偿的法定条件。本案中，虽然（2015）琼行终字第208号行政判决以违反《中华人民共和国行政强制法》第四十四条规定为由，判决确认291号强拆决定违法。但是，291号强拆决定强制拆除的是已被（2015）海南一中行终字第1号行政判决确认为违法建筑的房屋及围墙，苏某请求恢复违法建筑物的原状，没有合法权益可保护，57号赔偿决定不予赔偿并无不当。苏某申请赔偿律师代理费、差旅费。但是，该部分费用并非291号强拆决定造成的直接损失，亦不符合法定赔偿条件。因此，57号赔偿决定对该部分赔偿请求不予赔偿，亦无不当。《中华人民共和国行政诉讼法》第三十八条第二款规定，在行政赔偿案件中，原告应当对行政行为造成的损害提供证据。本案中，苏某申请赔偿因拆除行为导致灌溉设备、水池、鸡棚、养蜂棚、生活设施、部分花果苗木被毁损的损失，但本案强制拆除行为全程公证，没有证据证明其所主张的上述损失存在，57号赔偿决定不予赔偿该部分损失，符合本案证据证明的事实。苏某主张（2015）海南一中行终字第1号生效判决是一个虚假判决，不能作为本案的判决依据；本案被拆除的建筑物属于农业生产用房，不需要办理规划审批手续。但是，(2015) 海南一中行终字第1号生效判决是因苏某诉61号处罚决定不服一审判决上诉的二审终审判决，这是一个不可否定的客观事实，该终审判决认定被拆除的房屋、围墙等属于未经规划审批擅自建设的违法建筑，不属于农业生产用房。根据《最高人民法院关于行政诉讼证据若干问题的规定》第七十条规定，生效判决确认的事实，可以作为定案依据。一、二审采信该生效判决的认定事实和结论，符合法律规定。苏某以生效判决虚假、结论不正确为由，对本案申请再审，理由不能成立。

应当指出的是，《中华人民共和国国家赔偿法》第十四条第二款规定，赔偿请求人对赔偿义务机关作出的不予赔偿决定不服，可以自赔偿义务机关作出不予赔偿决定之日起三个月内，向人民法院提起诉讼。二审认为57号赔偿决定不是行政行为，不属于行政诉讼的受案范围，裁定驳回苏某的起诉不妥。一审判决以57号赔偿决定作出时间超过2个月法定期限，存在程序违法，但该决定处理结果对苏某权利不产生实际影响，判决确认57号赔偿决定违法但保留效力，裁判理由和结果更为妥当。鉴于再审程序的主要功能在于维护申请人的合法权益，苏某并没有实体合法权益可保护，再审徒增司法审判程序，本案不予再审。

还应当指出的是，《中华人民共和国国家赔偿法》第十四条第一款规定，赔偿义务机关在规定期限内未作出是否赔偿的决定，赔偿请求人可以自期限届满之日起三个月内，向人民法院提起诉讼。也就是说，赔偿义务机关逾期未作出赔偿决定，当事人提起行政诉讼，人民法院依法受理后，案件的审理权限已经转移至人民法院。就同一争议，赔偿义务机关不再享有处理权。本案中，2016年1月12日，苏某向文昌市政府提出行政赔偿申请，在法定2个月期限内文昌市政府没有作出赔偿决定，同年4月18日，苏某单独提起行政赔偿诉讼，人民法院受理该案。此时，赔偿机关已经丧失作出赔偿决定的职权，应当依法终止赔偿程序。文昌市政府在人民法院已经受理相关争议的情形下，继续作出并向苏某送达57号赔偿决定不妥，本院予以指正。

综上，苏某的再审申请不符合《中华人民共和国行政诉讼法》第九十一条第三、四项规定的情形。依照《最高人民法院关于执行〈中华人民共和国行政诉讼法〉若干问题的解释》第七十四条的规定，裁定如下：

驳回苏某的再审申请。

审判长：郭修江；审判员：奚向阳、龚斌；法官助理：黄宁晖；书记员：陈清玲

二〇一七年九月二十九日

050

强制交付土地行为违法造成被征收人直接财产损失的，行政机关应当依法承担行政赔偿责任

【裁判要旨】

集体土地征收过程中，即便土地征收行为本身合法，但强制交付土地行为违法造成当事人直接财产损失的，当事人仍可申请行政赔偿，人民法院应当依法判决或者调解解决当事人的行政赔偿诉讼请求。

中华人民共和国最高人民法院
行政裁定书

（2017）最高法行申1254号

再审申请人（一审原告、二审上诉人）：苏某、韦某、张甲、张乙。

被申请人（一审被告、二审被上诉人）：广西壮族自治区都安瑶族自治县人民政府。

法定代表人：蓝如帅，县长。

再审申请人苏某、韦某、张甲、张乙（以下简称苏某等四人）诉广西壮族自治区都安瑶族自治县人民政府（以下简称都安县政府）行政强制行为及行政赔偿一案，广西壮族自治区河池市中级人民法院于2015年12月11日作出（2015）河市行初字第43号行政判决。苏某等四人不服提起上诉，广西壮族自治区高级人民法院于2016年5月17日作出（2016）桂行终204号行政判决。苏某等四人仍不服，在法定期限内向本院申请再审。本院依法组成合议庭对本案进行了审查，现已审查终结。

一、二审法院查明，苏某持有都安县政府颁发的第03020324号土地承包经营权证，该证登记的承包户主为苏某，承包水田1.1亩，承包旱地0.79亩，承包耕地合计1.89亩。苏某户的承包地被征收前，都安县政府工作人员曾于2008年4月3日对苏某户承包地进行丈量并填写《征地外业丈量调查记录表》，该表记载苏

某户承包的水田面积共计0.763亩，表上有被征地单位都安县安阳镇镇北社区和兴二队队长陆某的签名。2011年11月21日，广西壮族自治区人民政府（以下简称广西自治区政府）作出桂政土批函［2011］734号《关于都安瑶族自治县2011年第八批次城市建设用地的批复》，同意将包括苏某户的承包地在内的集体农用地28.3665公顷转为建设用地并征收为国有。2012年9月21日，都安县政府作出《征收土地公告》，对征收土地权属、面积、四至范围及征收补偿标准予以公告。2012年9月24日，都安县国土资源局作出《土地补偿安置方案公告》，对土地补偿安置标准、各被征地社区（队）征地补偿安置费用、农业人员安置办法等事项进行公告。都安县政府在办理征收用地的过程中，未能与苏某户就征地补偿、安置问题达成协议。2014年9月30日，都安县政府组织公安、国土、住建、综合执法等相关部门对苏某户的承包地强制使用并进行维护性施工，现苏某户的承包地已被建设成为城区道路。苏某等四人不服都安县政府强行实施征收其承包地的行为，提起本案行政诉讼，请求：1. 确认都安县政府未按照法律程序征用和动用苏某户土地的行为违法；2. 判令都安县政府返还土地、恢复土地原状并赔偿地上财产及土地收益1.5万元，或者按照都安县国土资源局出让苏某户土地所得价款给付赔偿金87万元。

广西壮族自治区河池市中级人民法院一审认为，苏某等四人起诉的行政行为是2014年9月30日都安县政府组织相关部门对其承包地强行实施征收并进行维护性施工的强制行为。依照《最高人民法院关于执行〈中华人民共和国行政诉讼法〉若干问题的解释》第四十一条第一款的规定，苏某等四人于2015年7月1日向该院提起行政诉讼，并未超过起诉期限。苏某等四人以其家庭承包的土地被违法征收为由提起本案诉讼，诉讼主体资格适格。依照《中华人民共和国土地管理法实施条例》第二十五条第三款、第四十五条的规定，都安县政府在实施征地的过程中与苏某等四人就征地补偿、安置争议达不成协议，应当进行协调和裁决，如果苏某等四人存在违反土地管理法律、法规规定，阻挠国家建设征用土地的行为，亦应由都安县政府土地管理部门责令交出土地，拒不交出土地的，才能申请人民法院强制执行。现都安县政府在尚未作出责令交出土地行政行为并申请人民法院强制执行的情况下，自行组织相关部门对苏某户的承包地强行实施征收并进行维护性施工，明显违反上述行政法规的规定，属超越职权的行为，应当确认违法。根据《中华人民共和国国家赔偿法》第二条第一款的规定，都安县政府在实施土地征收的过程中存在超越职权的违法行为，本应承担退还违法占地并予以恢复原状的行政赔偿责任，但鉴于苏某户的承包地已经批准征收为国有，且涉案的土地已被开发修建为城区道路，不具有返还的可能性。因此，苏某等四人已经依法获得征地补偿、安置的权利，行政赔偿请求已不存在事实和法律基础，对其要求都安县政府恢复土地原状并赔偿地上财产及土地收益1.5万元或者给付赔偿金87万元的行政赔偿请求，不予支持。由于都安县政府尚未对苏某户被征收的承包地进行补偿，因此应当依法给予补偿，并根据《中华人民共和国土地管理法实施条例》第二十五条的规定对苏某等四人被征收承包地的补偿、安置争议进行协调并作出协调决定，如苏某等四人不服协调决定，可依照该规定向批准征用土地的广西自治区政府申请裁决。依照《中华人民共和国行政诉讼法》第七十四条第二款第一项、第七十六条和《最高人民法院关于审理行政赔偿案件若干问题的规定》第三十三条之规定，判决：一、确认2014年9月30日都安县政府对苏某等四人的承包地强行实施征收并进行维护性施工的强制行为违法；二、责令都安县政府自判决生效之日起十日内对苏某等四人被征收承包地的补偿问题依法作出协调决定；三、驳回苏某等四人要求都安县政府返还土地、恢复土地原状并赔偿地上财产及土地收益1.5万元或者给付赔偿金87万元的诉讼请求。

广西壮族自治区高级人民法院二审认为，关于被诉土地行政征收行为和强制交付土地行为是否合法的问题。本案行政强制行为涉及苏某等四人的土地，对该土地的征收已经广西自治区政府批准，都安县政府进行了征地公告，都安县国土资源局公告了征地补偿和安置方案，并已履行征地的一系列实施程序，政府征收涉案土地的行为合法。根据《中华人民共和国土地管理法实施条例》第二十五条第三款的规定，不应以协商或协商成功而否定政府的征地行为，苏某等四人以在征地过程中没有与其协商为由主张征地行为违法，不符合法律规定，该上诉理由不成立。对于强制交付土地的行为，根据《中华人民共和国土地管理法实施条例》第四十五条的规定，都安县政府既没有作出责令交出土地的决定，也没有向人民法院申请执行，而直接对苏某等四人的承包地强制交付使用，违反法定程序，超越法定权限，一审法院确认都安县政府进行维护性施工的强制行为违法正确。由于政府实施的土地征收行为已经过一系列程序，属于合法征收，一审判决对“强行实施征收并进行维护性施工的强制行为违法”的表述不清，予以纠正。关于苏某等四人是否应当得到赔偿的问题。根据《中华人民共和国国家赔偿法》第二条第一款的规定，公民在合法权益受到损害的情况下，有取得国家赔偿的权利。对于苏某等四人要求都安县政府返还土地、恢复土地原状的诉讼请求，由于该土地已被开发作为城区道路使用，不具备返还的现实可能性，一审判决根据实际情况，不予支持此项诉讼请求并无不当。苏某等四人还提出要求赔偿地上财产及土地收益1.5万元或给付赔偿金87万元，根据《中华人民共和国土地管理法》第四十七条的规定，征收集体土地过程中，土地和青苗补偿属于征地补偿范畴。都安县政府实施强制行为虽然违反程序性规定，但其强制使用的是被依法批准征收的集体土地，苏某等四人的合法权益可通过征地补偿安置的途径来实现，其再请求都安县政府给予国家赔偿，没有法律依据。至于苏某等四人提交都安县国土资源局公开出让土地成交公示的证据，以证明都安县政府公开拍卖并高价出让涉案土地造成其土地损失，因其土地已被合法征收，其利益仅体现在补偿安置费用上，其对被征收的土地已不存在法律上的权益，故都安县政府征收土地后的出让行为不损害其合法权益。一审判决驳回苏某等四人的行政赔偿请求正确。一审根据《中华人民共和国土地管理法实施条例》第二十五条第三款的规定判决责令都安县政府对苏某等四人被征收承包地的补偿问题作出协调决定，系明确了土地补偿的救济途径，并不违反法律法规的规定。至于苏某等四人提出都安县政府一审拒不到庭，法院未依法缺席判决错误的意见。都安县政府负责人虽未到庭，但已委托相应的工作人员出庭应诉，根据《中华人民共和国行政诉讼法》第三条第三款的规定，都安县政府不存在拒不到庭参加诉讼的情形，因此一审法院审判程序合法，对苏某等四人的主张不予支持。综上所述，一审判决认定事实清楚，适用法律正确，程序合法。虽然一审法院对判决主文的表述不清，但并不影响实体处理的正确性。依照《中华人民共和国行政诉讼法》第八十九条第一款第一项的规定，判决：一、变更一审判决第一项为“确认2014年9月30日都安县政府对苏某、韦某、张甲、张乙实施强制交付土地的行为违法”；二、维持一审判决第二、三项。

苏某等四人申请再审称，请求撤销一、二审判决，确认都安县政府非法占用土地违法，判决都安县政府恢复土地原貌，返还水田1.1亩或支付相应赔偿金560万元，支付自2014年9月30日起占用土地期间苏某等四人门面租金收入损失

60.8万元，并支付一、二审诉讼费用。主要理由为：1. 都安县政府侵占土地构成侵权损害民事责任。被申请人未经必经的法定程序办理，征收土地行为不能成立。遭受的损失包括被侵占的土地市值和可建商品房价值。申请人遭受损害的结果与都安县政府的侵占行为存在因果关系。2. 都安县政府并非因追求公共利益而行使行政权力，对申请人造成的损害应当适用民事赔偿标准。综上，一、二审法院认定事实不清，适用法律错误，应当予以纠正。

都安县政府提交书面意见称，一、二审判决认定事实清楚，适用法律正确，审判程序合法，判决结果适当。征收苏某等四人的承包地已获广西自治区政府批准，都安县政府已履行并实施大部分征收土地程序，虽存在缺陷，但对苏某等四人的合法权利不产生实际影响。苏某等四人据以申请再审的事实不存在，理由不充分。请求驳回苏某等四人的再审申请。

本院认为，关于涉案土地征收行为是否合法的问题。广西自治区政府于2011年11月21日作出桂政土批函［2011］734号《关于都安瑶族自治县2011年第八批次城市建设用地的批复》，批准将包括苏某户的承包地在内的河池市都安瑶族自治县安阳镇集体农用地28.3665公顷作为建设用地。都安县政府于2012年9月21日作出《征收土地公告》，将征收土地权属、面积、四至范围及征收补偿标准予以公告。苏某户的承包地在本次征收范围内。据此，再审申请人的承包地已被依法征收。再审申请人提出都安县政府侵占土地的申请再审理由不能成立。

关于都安县政府对再审申请人实施强制交付土地的行为违法是否应予赔偿的问题。根据《中华人民共和国国家赔偿法》第二条第一款规定："国家机关和国家机关工作人员行使职权，有本法规定的侵犯公民、法人和其他组织合法权益的情形，造成损害的，受害人有依照本法取得国家赔偿的权利。"《中华人民共和国行政强制法》第八条规定，公民、法人或者其他组织因行政机关违法实施行政强制受到损害的，依法有权要求赔偿。本案中，都安县政府在土地行政主管部门既未作出责令交出土地决定，也未申请人民法院强制执行的情况下，即组织相关部门强制交付使用，二审判决确认强制交付土地的行为违法是正确的。但在一审判决作出后，都安县政府即于2016年1月18日作出《关于安阳镇镇北社区和兴二组（队）村民苏某、韦某、张甲、张乙不服征地补偿安置的协调决定》，确定征收苏某等四人的0.668亩承包地，支付土地、青苗补偿费共计42880.92元，并预留0.0763亩作为生产生活安置用地。如不服该决定，可向广西自治区政府申请裁决。据此，都安县政府对再审申请人的损失给予了补偿，明确了救济途径，再审申请人的合法权益已得到保障。再审申请人提出适用民事侵权赔偿标准的请求，缺乏事实和法律依据，本院不予支持。

综上，再审申请人的再审申请不符合《中华人民共和国行政诉讼法》第九十一条规定的情形。依照《最高人民法院关于执行〈中华人民共和国行政诉讼法〉若干问题的解释》第七十四条之规定，裁定如下：

驳回苏某、韦某、张甲、张乙的再审申请。

审判长：龚斌；审判员：熊俊勇、陈宏宇；法官助理：李竺娉；书记员：潘海蓉

二〇一七年六月三十日

051

当事人请求对被违法强制拆除的房屋损失一并予以行政赔偿的，人民法院应当予以支持

【裁判要旨】

为实质性化解行政争议，在当事人已经对被违法强制拆除的房屋损失一并提出行政赔偿请求的情况下，人民法院应当对房屋损失和屋内物品损失等一并依法作出行政赔偿判决，无需将房屋损失视为另一法律关系，判决当事人另行通过征收补偿程序解决。

中华人民共和国最高人民法院
行政判决书

（2017）最高法行再97号

再审申请人（一审原告、二审上诉人）：段甲。

委托代理人：段乙，段甲之子。

再审申请人（一审原告、二审上诉人）：段乙。

被申请人（一审被告、二审被上诉人）：衡阳市人民政府。

法定代表人：郑建新，市长。

委托代理人：肖精华、刘冬生，该府法制办工作人员。

被申请人（一审被告、二审被上诉人）：衡阳市石鼓区人民政府。

法定代表人：刘浪，区长。

委托代理人：何作刚，该府工作人员。

委托代理人：肖洋洋，湖南居安律师事务所律师。

原审第三人：衡阳市石鼓区城管执法局。

法定代表人：曾鸿，局长。

再审申请人段甲、段乙因诉被申请人衡阳市人民政府（以下简称衡阳市政府）行政复议决定、衡阳市石鼓区人民政府（以下简称石鼓区政府）及原审第三人衡

阳市石鼓区城管执法局（以下简称城管执法局）强制拆除行为及行政赔偿一案，不服湖南省高级人民法院于2017年2月20日作出的（2016）湘行终674号行政判决，向本院申请再审。本院于2017年8月1日立案，并于2017年9月28日作出（2017）最高法行申5767号行政裁定，提审本案。2017年12月11日，本院编立提审案号，依法组成合议庭审理本案。案件现已审理终结。

衡阳市中级人民法院经审理查明，1994年11月29日，衡阳县国土资源局颁发《衡阳县城乡个人建房用地许可证》，批准段甲在茅茶亭村××组集体土地上的住房用地195平方米，其中改建88平方米，扩建107平方米。段甲在该土地上建有二层住房，建筑面积共390平方米。2010年至2012年，段甲、段乙未经任何报批手续，又自行在该房旁建房430平方米。2015年6月17日，衡阳市石鼓区控规拆违大队（以下简称石鼓区拆违大队）向段甲、段乙作出石控违字0000151号《违章通知书》。段甲、段乙不服该通知书，申请行政复议。2015年9月11日，石鼓区政府作出石府复决字（2015）10号行政复议决定，撤销石鼓区拆违大队作出的《违章通知书》。2015年7月10日及13日，衡阳市城乡规划局分别向段甲、段乙送达《行政处罚听证告知书》《行政处罚事先告知书》，限段甲、段乙在15日内自行拆除430平方米违章建筑。同年7月14日，段甲、段乙向衡阳市城乡规划局提交听证申请，衡阳市城乡规划局于7月24日就段甲、段乙的违章建筑举行听证会，段甲委托子女段乙、段丙参加听证会。2015年7月25日，石鼓区政府组织对段甲的390平方米二层房屋及段甲、段乙的430平方米建筑予以拆除。石鼓区城管执法局与石鼓区拆违大队系“二块牌子，一套人马”。根据段甲、段乙提供的强制拆除房屋照片显示，实施强制拆除段甲、段乙房屋的人员均穿着城管人员制服或公安人员制服。段甲、段乙对强拆行为不服，申请行政复议。2015年9月30日，衡阳市政府作出衡府复决字（2015）60号行政复议决定（以下简称60号复议决定），确认石鼓区政府拆除段甲合法建设的310平方米房屋的行政行为违法，责令依法予以赔偿；维持石鼓区政府拆除段甲、段乙违法建设的430余平方米房屋的行政行为。2015年10月20日，段甲、段乙提起行政诉讼，请求撤销衡阳市政府作出的60号复议决定，确认石鼓区政府强制拆除其740平方米合法房屋的行政行为违法并赔偿因违法强制拆除行为造成的经济损失1880140.9元。

衡阳市中级人民法院（2015）衡中法行初字第230号行政判决认为，石鼓区政府辩称其不是案涉房屋被强制拆除的行为人，根据段甲、段乙提供的强制拆除现场照片分析，对案涉房屋实施强制拆除行为的人员均穿着城管人员制服或公安人员制服，石鼓区城管执法局及衡阳市公安局石鼓区分局均系石鼓区政府的组成部门，城管执法局无权调动公安人员，而石鼓区政府依照《中华人民共和国城乡规划法》第六十八条具有责成其所属部门采取强制措施的职责，且60号复议决定中明确载明石鼓区政府为答复人，答复称“答复人拆除申请人的房屋行为有据、合法”，应视为石鼓区政府对其实施强拆案涉房屋的自认。段甲经批准的建房占地面积为195平方米，其在该土地上建房二层。石鼓区政府在拆除该房前，未对面积进行测量，60号复议决定在认定事实时，认定段甲、段乙的“被拆房屋总面积739.38平方米，合法建筑面积为约310平方米，多出430余平方米系近两年抢建的违法建筑”，该认定房屋总面积明显与认定的合法建筑面积与违章建筑面积不符，属于认定事实不清。鉴于石鼓区政府在强拆前未对段甲的房屋面积进行测量，结合段甲房屋为二层的事实，确认段甲经批准建设的房屋建筑面积为390平方米（195平方米×2）。段甲、段乙不能证明其兴建的430平方米房屋经过有关部门批准和依法办理了相关手续，故衡阳市城乡规划局对段甲、段乙擅自兴建的430平方米房屋为违法建设，具有查处职责。《中华人民共和国行政强制法》第四十四条规定，对违法的建筑物、构筑物、设施等需要强制拆除的，应当由行政机关予以公告，限期当事人自行拆除；当事人在法定期限内不申请行政复议或者提起行政诉讼，又不拆除的，行政机关可以依法强制拆除。衡阳市城乡规划局针对段甲、段乙的违法建筑，作出《行政处罚听证告知书》《行政处罚事先告知书》，但在举行听证后，并未作出行政处罚决定，故段甲、段乙所建违章建筑尚不具备《中华人民共和国城乡规划法》第六十八条规定的强制拆除条件。石鼓区政府于2015年7月25日对段甲、段乙所建的违法建筑进行强制拆除，既未进行公告，也未向段甲、段乙告知陈述、申辩及诉讼权利，程序违法；段甲所建房屋390平方米拥有合法所有权，受《中华人民共和国物权法》保护，石鼓区政府未经法定程序，将该部分房屋与段甲、段乙的违章建筑一并拆除，违反法律规定。段甲、段乙请求确认石鼓区政府对其房屋进行强拆的行为违法，具有事实及法律依据。衡阳市政府作出的60号复议决定，确认石鼓区政府强制拆除段甲、段乙的430平方米房屋“依据充分，行为正当”缺乏法律依据，应予纠正。鉴于段甲被拆除的390平方米涉案房屋为合法建筑，且该房已无法恢复原状，应当由石鼓区政府按照《衡阳市集体土地上房屋拆迁补偿安置办法》的相关规定，对段甲予以赔偿；对于段甲、段乙的违章建筑，也应按照《衡阳市集体土地上房屋拆迁补偿安置办法》的相关规定进行处理。综上所述，衡阳市政府作出的60号复议决定，认定事实不清，适用法律及处理错误。依照《中华人民共和国行政诉讼法》第七十条第二项之规定，判决：1. 撤销衡阳市政府2015年9月30日作出的60号复议决定；2. 确认石鼓区政府对段甲所有的390平方米房屋及段甲、段乙的430平方米违法建设房屋予以强制拆除的行为程序违法；3. 由石鼓区政府按照《衡阳市集体土地上房屋拆迁补偿安置办法》的相关规定，对强制拆除段甲、段乙涉案房屋的相关财产及安置补偿作出行政行为。段甲、段乙不服一审判决，提起上诉。

湖南省高级人民法院对一审法院认定的事实予以确认，并查明：段甲、段乙和石鼓区政府均认可被拆房屋总面积739.38平方米。

湖南省高级人民法院（2016）湘行终674号行政判决认为，石鼓区政府在拆除房屋前，未对面积进行测量，一审确认段甲经批准建设的房屋建筑面积为390平方米（195平方米×2）是正确的。一审判决第二项“确认区政府对段甲所有的390平方米房屋及段甲、段乙的430平方米违法建设房屋予以强制拆除的行为程序违法”中的430平方米是针对石鼓区政府认定的面积。衡阳市政府作出60号复议决定，确认石鼓区政府强制拆除段甲、段乙的430平方米房屋“依据充分，行为正当”缺乏法律依据，应予纠正。段甲、段乙请求确认石鼓区政府对其房屋进行强拆的行为违法，具有事实及法律依据。一审对段甲被拆除的房屋已经责令石鼓区政府按照《衡阳市集体土地上房屋拆迁补偿安置办法》的相关规定作出行政行为，但一审未明确合理期限不妥。石鼓区政府应在合理期限内对强制拆除段甲、段乙涉案房屋的相关财产及安置补偿作出行政行为。至于段甲、段乙提出的赔偿损失问题，一审在判决的第三项已明确对强拆段甲、段乙的涉案房屋的相关财产应予赔偿，一审判决认定事实基本清楚，虽然在表述上存在瑕疵，但实体处理正确。根据《中华人民共和国行政诉讼法》第八十九条第一款第一项的规定，判决驳回上诉，维持一审判决。

段甲、段乙申请再审称：1. 衡阳市城乡规划局未依职权认定段甲、段乙的房屋为违法建筑，一审直接认定涉案430平方米房屋为违法建筑超越职权，二审未发回重审或者改判属于法律适用错误。2. 二审遗漏对段甲、段乙进行赔偿的上诉请求。请求撤销二审判决，发回重审或查明事实后予以改判。

衡阳市政府答辩称：一、二审判决认定事实清楚，适用法律正确；二审已对段甲、段乙全部上诉请求作出判决。请求依法驳回段甲、段乙的再审申请。

石鼓区政府答辩称：1. 一、二审判决结合案件事实依法就段甲、段乙名下430平方米的房屋性质作出认定法律适用正确。2. 二审已对段甲、段乙全部上诉请求作出判决。3. 段甲、段乙的房屋已严重妨碍衡阳市重点市政工程建设。请求依法驳回段甲、段乙的再审申请。

城管执法局未提交书面陈述意见。

本院经审查对二审认定的事实予以确认。

本院认为，《中华人民共和国城乡规划法》第四十条第一款规定，在城市、镇规划区内进行建筑物、构筑物、道路、管线和其他工程建设的，建设单位或者个人应当向城市、县人民政府城乡规划主管部门或者省、自治区、直辖市人民政府确定的镇人民政府申请办理建设工程规划许可证。本案中，段甲、段乙被强制拆除的房屋包括两部分，即经过批准建造的房屋390平方米和未经过批准建造的房屋430平方米。对于经过批准建造的房屋390平方米，石鼓区政府无任何依据即予以拆除，一、二审确认该拆除行为违法，并无不当，双方当事人对此不存在异议，本院予以认可。至于段甲、段乙在宅基地以外另行建造的430平方米房屋，既没有土地证明文件，亦无建设工程规划许可证，一、二审认定该部分房屋属于违章建筑，于法有据，并无不当。二审判决认定段甲、段乙未经许可所建的房屋尚不具备《中华人民共和国城乡规划法》第六十八条规定的强制拆除条件，石鼓区政府对该部分房屋进行强制拆除程序违法，认定事实清楚，适用法律正确，本院亦予以认可。

本案中，案涉房屋系在征收拆迁范围内，在案涉房屋被强制拆除后，原有的补偿问题依法可以通过赔偿解决，法院应该直接进行实体审理并就赔偿问题作出判决。段甲、段乙的第三项诉讼请求是请求石鼓区政府赔偿因违法拆除行为造成的经济损失，系一并提起的赔偿请求，人民法院已予受理，应当依法对赔偿请求进行审理和裁判。石鼓区政府违法强制拆除段甲的390平方米房屋及段甲、段乙的430平方米违法建设房屋，应当依法予以赔偿。具体到赔偿的数额，为确保当事人获得及时、公平、公正的救济，在行政机关违法强制拆除当事人房屋，难以对房屋及其他损失进行鉴定的情况下，人民法院可以根据原告提出的行政赔偿诉讼请求，结合案件具体情况，参照征收补偿方案确定的征收补偿标准，全面、充分考虑当事人的各项损失，确定损失数额，直接判决行政机关对房屋及其他人身、财产损失一并予以行政赔偿，法院在判令赔偿时的标准至少不应低于补偿标准。行政案件审理应当以实质性化解纠纷为宗旨，及时解决行政争议，在当事人已经提出明确的赔偿请求的情况下，无需将房屋损失视为另一法律关系，判决当事人另行通过征收补偿程序解决。人民法院直接判决赔偿更有利于公平、公正解决问题，避免行政机关在行政行为被确认违法后对补偿问题不予处理、拖延处理或者作出不合理的补偿，最后当事人仍然需要通过司法裁判寻求救济，增加当事人的诉累。本案中，一、二审虽判决责令石鼓区政府予以安置补偿，但是在本院再审审查阶段经过询问查明，从二审判决作出至今，石鼓区政府未就补偿问题作出任何补救措施或者行政行为。一、二审判决未对段甲、段乙提出的赔偿请求进行审理、作出判决，适用法律错误，裁判方式不当，应予纠正。

综上，段甲、段乙的再审申请符合《中华人民共和国行政诉讼法》第九十一条第四项规定的情形。依照《最高人民法院关于执行〈中华人民共和国行政诉讼法〉若干问题的解释》第七十六条第一款、第七十八条之规定，判决如下：

一、维持衡阳市中级人民法院2016年4月13日作出的（2015）衡中法行初字第230号行政判决的第一、二项，即撤销衡阳市政府2015年9月30日作出的60号复议决定，确认石鼓区政府对段甲所有的390平方米房屋及段甲、段乙430平方米违法建设房屋予以强制拆除的行为程序违法。

二、撤销衡阳市中级人民法院2016年4月13日作出的（2015）衡中法行初字第230号行政判决的第三项，即由石鼓区政府按照《衡阳市集体土地上房屋拆迁补偿安置办法》的相关规定，对强制拆除段甲、段乙涉案房屋的相关财产及安置补偿作出行政行为。

三、撤销湖南高级人民法院2017年2月20日作出的（2016）湘行终674号行政判决。

四、赔偿部分发回衡阳市中级人民法院重新审理。

审判长：熊俊勇；审判员：曹刚、龚斌；法官助理：牛延佳；书记员：余逸纯

二〇一七年十一月三十日

052

因被告原因导致原告对损失事实举证不能的，人民法院应当酌情判决予以行政赔偿

【裁判要旨】

《中华人民共和国行政诉讼法》第三十八条第二款规定，在行政赔偿、补偿的案件中，原告应当对行政行为造成的损害提供证据。因被告的原因导致原告无法举证的，由被告承担举证责任。行政机关在强制拆除过程中，本应依法对相关物品进行清点，登记造册，妥善保管。但行政机关未进行登记造册，野蛮违法强制拆除，造成被征收人对相关物品损失的具体数额无法举证的，人民法院应当根据案件实际情况，遵循法官职业道德，运用逻辑推理和生活经验，结合原告的诉讼请求，合理酌定被征收人的实际损失，判决予以赔偿。

中华人民共和国最高人民法院
行政判决书

（2017）最高法行再68号

再审申请人（一审原告、二审上诉人）：苏某。

被申请人（一审被告、二审被上诉人）：南宁高新技术产业开发区管理委员会。

法定代表人：李耕，主任。

委托代理人：吴东机，该管委会工作人员。

委托代理人：王德臻，广西创想律师事务所律师。

再审申请人苏某因诉被申请人南宁高新技术产业开发区管理委员会（以下简称高新区管委会）强制拆除及行政赔偿一案，不服广西壮族自治区高级人民法院于2016年3月15日作出的（2015）桂行终字第190号行政判决，向本院申请再审。本院于2017年5月8日立案，并于2017年6月30日作出（2017）最高法行申3448号行政裁定，提审本案。2017年10月10日，本院编立提审案号，依法组

成合议庭审理本案，并于2017年11月3日在本院第一巡回法庭第二法庭公开开庭审理本案。再审申请人苏某，被申请人高新区管委会的委托代理人吴东机、王德臻，到庭参加诉讼。案件现已审理终结。

南宁市中级人民法院经审理查明，根据南发（2001）54号《中共南宁市委、南宁市人民政府关于进一步加快开发区发展的决定》和南发（2001）55号《中共南宁市委、南宁市人民政府关于深化开发区体制改革实行特区式封闭管理的意见》精神，南宁市规划管理局将其部分职能授予高新区管委会。2001年12月28日，南宁市规划管理局与高新区管委会签订《授权书》，将建设项目选址意见书、建设用地规划许可证、建设工程规划许可证的审批以及违章建筑处罚权等授予高新区管委会行使。1996年至1998年间，苏某未经城乡规划主管部门审批同意，在南宁绕城高速公路北面明华村大巷坡七队建设房屋用于养殖。2014年7月15日，高新区管委会以苏某未经城乡规划行政主管部门批准，擅自在上述地点建设房屋的行为违反《中华人民共和国城乡规划法》第四十条的规定，已构成违法建设为由，作出《限期搬离拆除违法建（构）筑物通知书》，要求苏某于2014年7月20日前将建筑物内物品搬运完毕并自行拆除，逾期将进行强制拆除，并言明由此造成的财产损失一律不予赔偿。该通知书于同日送达苏某。2014年7月21日，高新区管委会对苏某的上述房屋进行强制拆除。2015年2月16日，苏某提起本案行政诉讼，请求确认高新区管委会强制拆除其房屋违法，判令高新区管委会赔偿其相应损失共计18万元。

南宁市中级人民法院（2015）南市行一初字第90号行政判决认为，高新区管委会具有辖区范围内的城乡规划行政管理职权；高新区管委会认定涉案房屋属于违法建筑并限期拆除正确，但拆除该房屋违反程序；苏某就违法建筑要求赔偿无法律依据，在强拆过程中造成其他损失请求赔偿的问题，由于苏某举证不充分，不能证明损害事实，不予支持其赔偿主张。依照《中华人民共和国行政诉讼法》第七十四条第二款第一项、《最高人民法院关于审理行政赔偿案件若干问题的规定》第三十三条规定，判决确认高新区管委会2014年7月21日对苏某涉案房屋实施强制拆除的行为违法；驳回苏某要求高新区管委会赔偿其经济损失18万元的赔偿请求。苏某不服一审判决，提起上诉。

广西壮族自治区高级人民法院（2015）桂行终字第190号行政判决认为，高新区管委会具有辖区范围内城乡规划行政管理职权，涉案建筑物所在地为规划区，仍属高新区管委会的城乡规划行政管理职权实施的地域范围。高新区管委会拆除涉案建筑物存在违法情形，在实施强制拆除前未依法催告，未作出行政强制执行决定，一审判决确认高新区管委会对涉案房屋实施强制拆除的行政行为违法并无不当。涉案建筑物建设于1996年，位于城市规划区内，应当取得建设工程规划许可证方可建设。苏某不能提供建设建筑物的合法手续，主张涉案建筑物属合法建筑没有事实依据。涉案建筑物建设后至高新区管委会作出行政处罚时一直存在，具有连续状态情形，苏某主张涉案建筑物于1996年建成使用，不应再处以行政处罚的理由没有法律依据。苏某不能证明涉案建筑物属于合法财产，故其请求对涉案建筑物给予国家赔偿没有法律依据。苏某在涉案建筑物内的养殖物及其他动产是其合法财产，受法律保护。对违法建筑物进行拆除时，应给予适当时间以搬离动产，对于仍未搬离的动产，实施拆除行为的行政机关应依法进行处置并保全证据。苏某对赔偿主张依法有举证责任。虽然高新区管委会未提供证据以证实拆除时室内动产已清空，但苏某仅仅提供财产损失清单作为证据，尚不足以证实动产损失的存在。故对于苏某赔偿室内物品损失的赔偿请求，该院不予支持。综上所述，一审判决确认高新区管委会行政强制执行行为违法，对苏某的赔偿请求不予支持正确，但是一审判决主文中所述的强制执行的时间为“2014年10月24日”有误，予以更正。依据《中华人民共和国行政诉讼法》第八十六条、第八十九条第一款第一项规定，判决维持一审判决第二项；变更一审判决第一项为“确认被告南宁高新技术产业开发区管理委员会2014年7月21日对原告苏某建设的位于南宁绕城高速公路北面明华村大巷坡七队的养殖房屋实施强制拆除行为违法”。

苏某申请再审称：1. 高新区管委会在没有强制拆除的法律文件的情况下，对其养殖棚、住房及相关设施进行强制拆除，造成各种损失18万元。2. 高新区管委会不具备行政强制实施主体资格。3. 一、二审判决没有判处高新区管委会赔偿其动产损失，违背事实且缺乏依据。请求撤销二审判决，支持其赔偿请求。

高新区管委会答辩称：1. 高新区管委会是合法的行政主体，具有辖区内城乡规划行政管理职权。2. 苏某的房屋为违法建筑，依法应予拆除。3. 高新区管委会的强拆行为认定事实清楚，程序合法，适用法律正确。4. 苏某请求赔偿损失18万元没有事实和法律依据。请求驳回苏某的再审申请。

本院经审查对一、二审认定的事实予以认可。

本院认为，高新管委会的强制拆除行为违反《中华人民共和国行政强制法》第三十五条以及第三十七条第一款的规定，程序违法，一、二审判决确认违法正确，本院予以支持。关于高新区管委会是否有权实施涉案强拆行为的问题，根据《中华人民共和国城乡规划法》第六十四条及第六十八条之规定，县级以上人民政府城乡规划主管部门具有城乡规划行政处罚权。另根据《广西壮族自治区高新技术产业开发区条例》第十三条关于“高新区所在地的市人民政府设立高新区管理委员会，作为管理高新区具体事务的派出机构，根据市人民政府的授权，对高新区的发展规划、科技创新、城市建设、土地、财政、外事、项目审批、劳动人事等事项进行统一管理”以及第十四条第一款第七项关于高新区管理委员会“履行所在地的市人民政府授予的其他职权”的规定，南宁市人民政府可以对高新区管委会等派出机构予以明确授权，由其履行法律赋予南宁市人民政府的有关行政管理职权。在此前提下，中共南宁市委办公厅、南宁市人民政府办公厅印发的《中共南宁高新技术开发区工作委员会南宁高新技术产业开发区管理委员会主要职责、内设机构和人员编制规定》第一点主要职责第九项也已明确授权高新区管委会负责高新区城市管理综合行政执法工作。案涉农业养殖设施所在地属于高新区管委会的城乡规划行政管理职权实施的地域范围，因此高新区管委会有权实施涉案强拆行为。

《中华人民共和国国家赔偿法》第二条第一款规定：“国家机关和国家机关工作人员行使职权，有本法规定的侵犯公民、法人和其他组织合法权益的情形，造成损害的，受害人有依照本法取得国家赔偿的权利。”也就是说，获得国家赔偿的前提是公民、法人和其他组织的合法权益受到侵害造成损失的。苏某被拆除的建筑物不属于合法财产，一、二审对涉案建筑物不给予国家赔偿依法有据，本院予以支持。

《中华人民共和国行政诉讼法》第三十八条第二款明确规定：“在行政赔偿、补偿的案件中，原告应当对行政行为造成的损害提供证据。因被告的原因导致原告无法举证的，由被告承担举证责任。”本案中，高新区管委会在强制拆除过程中，本应依法妥善处置并保全证据，以证明其在强制拆除过程中已尽慎重、妥善之注意义务，对苏某所建违法建筑物中的合法财产已予清空并妥善处理。但高新区管委会未能提供任何相关证据，未尽到举证责任。由于高新区管委会的违法强制拆除，苏某仅能提供相关现场照片及财产损失清单，业已穷尽举证手段以证明动产损失的存在，虽然其对于动产损失的具体数额无法举证，但是基于公平原则，对于案涉动产损失及赔偿数额的确定，应适用上述法律所规定的举证责任倒置，即由高新区管委会承担举证不能的不利后果并负相应的赔偿责任。一、二审判决适用《最高人民法院关于执行〈中华人民共和国行政诉讼法〉若干问题的解释》第二十七条第三项的规定，而未适用《中华人民共和国行政诉讼法》第三十八条第二款的规定，属于适用法律错误，应予纠正。在本院庭审中，苏某主张其所养生猪被驱离房屋，无处安置产生相应损失的事实，高新区管委会亦未提出相反证据。对于苏某养殖物及屋内合理物品的损失等相关事实，应当进一步核实后依据证据规则予以确定。

综上，苏某的再审申请符合《中华人民共和国行政诉讼法》第九十一条第三、四项的规定，一、二审判决认定事实不清，适用法律错误。依照《中华人民共和国行政诉讼法》第七十条第一、二项，《最高人民法院关于执行〈中华人民共和国行政诉讼法〉若干问题的解释》第七十六条第一款、第七十八条之规定，判决如下：

一、撤销广西壮族自治区高级人民法院2016年3月15日作出的（2015）桂行终字第190号行政判决第一项，维持广西壮族自治区高级人民法院2016年3月15日作出的（2015）桂行终字第190号行政判决第二项；

二、撤销广西壮族自治区南宁市中级人民法院2015年9月15日作出的（2015）南市行一初字第90号行政判决；

三、赔偿部分发回广西壮族自治区南宁市中级人民法院重新审理。

审判长：熊俊勇；审判员：龚斌、陈宏宇；法官助理：牛延佳；书记员：余逸纯

二〇一七年十一月三十日

053

逾期支付赔偿金所产生的利息属于直接损失，依法应当予以行政赔偿

【裁判要旨】

《中华人民共和国国家赔偿法》第三十六条第八项规定，对财产权造成其他损害的，按照直接损失给予赔偿。行政机关逾期支付赔偿金所产生的利息损失，属于直接损失的范围，应当予以行政赔偿。

中华人民共和国最高人民法院
行政赔偿判决书

（2017）最高法行再5号

再审申请人（一审原告、二审上诉人）：海口市海联区造船厂。

法定代表人：谢佩南，厂长。

委托代理人：王国仲，海南泽田律师事务所律师。

被申请人（一审被告、二审上诉人）：海口市人民政府。

法定代表人：倪强，市长。

委托代理人：殷建军，海口市法制局副局长。

委托代理人：张晋项，北京大成（海口）律师事务所律师。

再审申请人海口市海联区造船厂（以下简称海联造船厂）因诉被申请人海口市人民政府（以下简称海口市政府）土地行政赔偿一案，不服海南省高级人民法院于2016年3月30日作出的（2015）琼行终字第318号行政赔偿判决，向本院申请再审。2016年12月29日，本院作出（2016）最高法行赔申372号行政赔偿裁定，提审本案。2017年2月16日，本院编立案号（2017）最高法行再5号，依法组成合议庭，并于2017年3月24日下午在海南省高级人民法院第三法庭巡回审判，公开开庭审理了本案。再审申请人海联造船厂的法定代表人谢佩南及委托代理人王国仲，海口市政府的委托代理人殷建军、张晋项到庭参加诉讼。本案现已审理终结。

本院经审理查明：海联造船厂开业日期为1966年，属社队集体所有制企业。登记地址曾为：海口市白沙路、海口市振动区过港村、白沙新桥路1号、白沙仙桥路1号。登记名称曾有：广东省海口市海联公社造船厂、海口市海联区造船厂。使用公章有：“海口市海联人民公社造船厂”和“海口市新埠镇造船厂”。2001年5月因逾期未参加年检被吊销企业法人营业执照至今。1976年，海联造船厂为迁址建厂申请征地，当时的海口市革命委员会于同年12月25日正式行文，同意征用原红旗公社白沙大队过港生产队在海甸新安坡拦海五号闸门右边9亩土地给海联造船厂使用。1984年4月，海联造船厂已在原仙桥路北部和原红旗路（现白龙北路）东西两侧三块厂区用地建有车间、厂房及办公用房等。三块用地分别为：原仙桥路以北地块2985.65平方米，其中东部面积2206.03平方米，西部面积779.62平方米；原红旗路以东地块1314.4平方米；原红旗路以西地块1903.67平方米，其中西部面积1055.5平方米，东部面积848.17平方米；合计6203.72平方米（约9.306亩）。1986年，海口市政府实施长堤路至新埠大桥××慢车道、人行道扩建工程，征用拆迁海联造船厂位于仙桥路北地块的东部厂区，即现三角形“花池”位置2206.03平方米用地及地上建筑物，支付补偿费10万元。同时批准海联造船厂在北地块的西部厂区旧址建8层以上的综合楼，批准用地200平方米。1988年，因海口市政府计划建海甸桥和弯道尚未设计问题，被暂缓建楼至今。

1992年6月29日，海口市政府作出海府［1992］61号《关于拆迁改造长堤路、沿江一路的决定》，对海口市长堤路、沿江一路沿街规划拆迁范围内的所有建筑物一律拆迁，并对被拆迁户给予补偿和安置。同年10月19日，海口市政府下属海口市长堤路沿江一路拆迁改造指挥部与海联造船厂签订《拆迁协议》，约定：“一、被拆迁人房屋及其附属物坐落于海口市××号，厂办公（房）混合结构319.28平方米，单价500元/平方米，合计159640元；砖瓦结构247.67平方米，单价400元/平方米，合计99068元；阳台83.03平方米，单价250元/平方米，合计20757.50元。二、征用被拆迁人土地面积共计0.996亩，即663.28平方米，一次性作价补偿人民币1294800元。三、拆迁人补偿给被拆迁人的一、二项费用合计1574265.50元。四、被拆迁人的土地被征用后，已无法继续进行生产的，可向市政府提出选址征地报告，新征地的手续由市规划，土地部门协助办理，尽快解决。五、被拆迁人（单位）在拆迁协议签订后，其在职员工的居住过渡，工资待遇，设备迁移等由本单位自行安置处理。六、被拆迁人必须在一九九二年十月三十日前搬迁完毕，未经同意或无故拖延期限，拆迁人将按规定强行拆迁，其造成的后果及费用由被拆迁人负责。七、需拆迁的房屋经补偿后由拆迁人统一处理。”海联造船厂于1992年10月和1993年3月两次收到拆迁指挥部支付的拆迁补偿费1574265.50元，其房屋及附属物遂被拆除。因长堤路改造，海联造船厂需要整体搬迁。按照海口市政府规划和土地管理部门的统一安排，拆迁指挥部拟定海口市长流镇永桂工业区备用地范围内，代造船厂征用搬迁所需的土地。海联造船厂依拆迁指挥部的通知，于1994年2月16日缴纳代征地款20万元。后因政策的调整等原因，长流征地及造船厂整体搬迁事宜被搁置。根据海口市政府海府办（2006）255号文件，拆迁指挥部的工作移交给海口市城市发展有限公司。2009年2月16日，海口市城市发展有限公司与海联造船厂签订《退还征地款协议》，约定：造船厂共计缴纳代征地款20万元，已退还10万元，现在还应退还10万元，应退还的长流代征地款自此全部退还并结清，代征地事宜自此终止，双方再无任何争议。2009年3月9日，海口市城市发展有限公司向海联造船厂退还征地款10万元。

因原新埠镇造船厂职工对长堤路拆迁改造的遗留问题向海口市政府多次上访，2009年8月5日、11月13日海口市政府秘书长办公会议作出第33期、第51期《会议纪要》，议定：一、鉴于新埠镇海联造船厂拆迁安置补偿资金政府已补偿给原企业，如职工对上述资金的使用提出异议，可依照法律程序追索；二、职工提出的养老保险问题可按照海口市乡镇企业职工养老保险有关政策申请办理，具体由市人力资源社会保障局负责解释，区人力资源社会保障局负责指导；三、关于上访群众反映的原企业发展用地问题，鉴于原长堤路拆迁指挥部在签署拆迁协议时，曾承诺协助包括海联造船厂等5家企业在秀英永桂开发区进行征地用于发展，已向农民支付了部分补偿款，但未能完善相关用地手续，为妥善解决历史遗留问题，同意在我市的工业园区内，按现行土地政策通过招拍挂方式解决原企业发展用地问题。原企业职工应研究依照有关法定程序参与竞买；四、原新埠镇海联造船厂属乡镇企业，按照属地管理、谁主管谁负责的信访工作原则，有关信访工作由海口市美兰区人民政府（以下简称美兰区政府）负责受理，美兰区政府要积极做好搬迁户思想工作，消除不稳定因素，对个别重点人员的闹访和过激行为，要依法进行处理。

2011年至2012年，美兰区政府多次将原新埠镇造船厂职工的上访诉求、调查情况、处置意见及建议向海口市政府书面报告及请示。2011年9月2日，美兰区政府作出市美府报（2011）41号《关于解决原海口市新埠镇造船厂职工上访问题的请示》，建议海口市政府本着“事要解决”的原则，从实际情况出发，合理考虑群众的诉求，从1992年11月开始至问题解决为止，按照每人每月200元的标准给予一次性生活补贴，合计约需资金500万元，以妥善化解该信访积案。2011年12月12日，美兰区政府作出市美府报（2011）57号《关于解决新埠镇造船厂历史遗留问题的请示》，建议海口市政府根据市长专题办公会议精神，按照现行社保政策和该厂职工的现实情况，将该厂职工的上访诉求作为征地拆迁历史遗留问题，按照遣散集体企业模式，以每人3万元的标准安排经费，让该厂职工自行购买社会保险及帮助个别特困户解决生活、医疗等困难问题，预计共需400万元，以彻底解决该厂职工的上访问题。2011年5月16日，美兰区政府作出市美府报（2012）19号《关于尽快落实资金解决新埠造船厂历史遗留问题的请示》，建议海口市政府根据实际情况重新考虑从市财政资金中拨付，以确保400万元资金，尽快妥善解决新埠造船厂历史遗留问题。2012年5月24日，海口市政府通过财政资金支付400万元到海口市××区新埠街道办事处，后分配给原新埠镇造船厂职工。

2012年8月22日，海联造船厂提起行政诉讼，请求确认海口市政府行政征地行为违法，提供20亩土地作为安置用地，补偿因实际征用其他厂区土地5121.74平方米及沙场3亩的经济损失，补办尚未征用土地779.62平方米的征地手续并按市值进行补偿。2012年11月21日，海口市中级人民法院作出（2012）海中法行初字第79号行政判决，驳回海联造船厂的诉讼请求。海联造船厂不服提起上诉，海南省高级人民法院于2013年12月10日作出（2013）琼行终字第18号行政判决（以下简称18号判决），认定海口市政府违法征占海联造船厂剩余用地3334.41平方米，判决撤销一审判决，确认海口市政府未依法补偿而占用海联造船厂剩余用地的行为违法，责令采取补救措施。2015年1月9日，海联造船厂向海口市政府下属的海口市信访局递交《申请书》，申请海口市政府采取补救措施，向其支付补偿金本金650万元及利息1150万元，合计1800万元，海口市政府未对海联造船厂的申请作出答复。2015年3月10日，海联造船厂提起本案行政赔偿诉讼，请求判令海口市政府支付本金650万元及利息1175万元。2015年4月16日，海联造船厂将诉讼请求增加变更为依法判决海口市政府支付违法占地赔偿金1725万元，支付过渡生活费1242万元。在海口市中级人民法院庭审中，海联造船厂及海口市政府均确认，按照1992年海口市政府征用涉案土地的方案，补偿标准为130万元/亩。

海口市中级人民法院（2015）海中法行初字第56号判决认为：行政机关应当依法履行人民法院生效判决确定的义务，因拒不履行生效判决所确定的义务而造成当事人财产损失的，应当承担相应的赔偿责任。海南省高级人民法院于2013年12月10日作出的18号判决发生法律效力后，海口市政府已从财政资金中拨付人民币400万元作为解决海联造船厂征地拆迁历史遗留问题的补偿款。但在海联造船厂于2015年1月9日申请海口市政府采取补救措施，向其支付补偿金本金及利息后，海口市政府至今仍未对征占海联造船厂剩余3334.41平方米土地全部作出补偿，亦未对海联造船厂的申请作出答复，海联造船厂提起本案诉讼请求赔偿，符合法律规定。因长堤路、沿江一路改造工程已完成，返还土地已客观不能实现，海口市政府应当根据被征占土地的价值对海联造船厂进行补偿。根据双方当事人在庭审中确认的事实，按照1992年海口市政府征用涉案土地的方案，补偿标准为130万元/亩，故海联造船厂主张按每亩130万元请求赔偿650万元，合理合法，但海口市政府已向海联造船厂支付的人民币400万元补偿款，应从赔偿款650万元中扣除。海联造船厂主张海口市政府已支付的400万元不属于涉案补偿款，没有事实和法律依据。扣除已支付的400万元后，海口市政府仍应向海联造船厂支付赔偿金250万元。对支付赔偿金利息应从海联造船厂主张占地赔偿金之日，即其于2012年8月22日向原审法院提起征用土地纠纷之诉时起算。海联造船厂主张利息自1992年11月1日起算及海口市政府主张不支付利息，均无法律依据，不予支持。对于海联造船厂在诉讼中增加的诉讼请求，系在原审法院向海口市政府送达起诉状副本及应诉通知书后提出，且未能说明正当理由，根据《最高人民法院关于执行〈中华人民共和国行政诉讼法〉若干问题的解释》第四十五条的规定，决定不予准许。依照《中华人民共和国国家赔偿法》第四条第三项、第三十六条第四项之规定，判决海口市政府于本判决生效之日起六十日内，向海联造船厂支付赔偿金250万元及利息（自2012年8月22日起至本判决限定的履行之日止，按中国人民银行规定的同期一年期贷款利率计付）。海联造船厂、海口市政府均不服一审判决，提起上诉。

海南省高级人民法院（2015）琼行终字第318号判决认为，本案的争议焦点：关于海口市政府提交证据以证明没有违法征用海联造船厂的土地。18号判决已认定海口市政府违法占用海联造船厂用地3334.41平方米，该判决为生效判决，应当作为定案依据。海口市政府提交的与生效判决相矛盾的证据，其证明力不予采信。根据双方当事人在一审庭审确认的按照1992年海口市政府征用涉案土地的方案，补偿标准为130万元/亩，事实清楚，予以确认。一审判决海口市政府按每亩130万元赔偿海联造船厂650万元，并无不当。关于海口市政府支付的400万元是否是土地赔偿款的问题。首先，该款项是因海口市政府征用海联造船厂土地后，未能在海口市工业园区内通过招拍挂方式解决原企业发展用地问题的情况下，因海联造船厂职工多次上访，为解决职工问题而拨付的款项。其次，从美兰区政府多次向海口市政府呈报的关于解决海联造船厂遗留问题的文件内容看，400万元的用途是解决职工的困难问题，用于该厂职工自行购买社会保险及帮助个别特困户解决生活、医疗等困难问题。且400万元于2012年5月支付到海口市美兰区××办事处后××新埠镇造船厂职工，与海口市政府拨付该款项的用途是一致的。最后，该院确认海口市政府违法占用海联造船厂土地的18号判决是2013年12月10日才作出，系在400万元拨付之后的一年半。也就是说，在支付400万元时，海口市政府的占地行为还未被确认违法，也就不存在支付土地赔偿款的问题。且海口市政府在双方纠纷中一直坚持合法征用海联造船厂土地，不存在因违法征地的赔偿问题，与其抗辩称400万元属于土地赔偿款又相矛盾。因此，400万元应是实际用于解决该厂职工安置等历史遗留问题的款项，不应是土地赔偿款。海联造船厂的此项上诉有理，应予支持。一审判决认定海口市政府已向海联造船厂支付的人民币400万元为补偿款，应从赔偿款650万元中扣除不当，应予以纠正。关于海口市政府是否应向海联造船厂支付赔偿款利息的问题。本案系行政赔偿诉讼案件，应适用《中华人民共和国国家赔偿法》的规定。海联造船厂上诉称应赔偿650万元的利息损失，时间自侵权行为发生之日起算。海口市政府上诉称国家赔偿只能赔偿直接损失，不能赔偿利息。该院认为，双方当事人争议的是造成财产损害的赔偿范围问题，根据《中华人民共和国国家赔偿法》第三十六条之规定，国家赔偿中只有返还执行的罚款或者罚金、追缴或者没收的金钱，以及解除冻结的存款或者汇款的，才应当支付银行同期存款利息。本案系违法征地的赔偿问题，不属于国家赔偿法规定的应支付利息损失的情形。海口市政府的此项上诉有理，一审判决海口市政府支付利息不当，应予纠正。根据《中华人民共和国国家赔偿法》第四条、第三十六条及《中华人民共和国行政诉讼法》第八十九条之规定，判决撤销一审判决；海口市政府于判决生效之日起六十日内向海联造船厂支付赔偿金650万元；驳回海联造船厂的其他诉讼请求。

海联造船厂申请再审称：二审判决引用《中华人民共和国国家赔偿法》第三十六条，但是并未引用该条第八项，即对财产权造成其他损害的，按照直接损失给予赔偿。海口市政府占有使用土地赔偿款会产生法定孳息，银行利息的损失也是海联造船厂的直接损失。海口市政府违法占用海联造船厂5亩土地应当赔偿，违法占用海联造船厂650万元土地赔偿款的利息依法也应当赔偿。请求提审本案，由海口市政府赔偿1992年11月1日起至实际支付日的利息，按照一年期贷款利息计算。

海口市政府答辩称：1. 本案二审判决生效后，双方已达成执行协议并履行完毕，参照《最高人民法院关于适用〈中华人民共和国民事诉讼法〉审判监督程序若干问题的解释》，应当对海联造船厂提出的再审申请裁定终结审查。2. 海联造船厂关于要求赔偿利息损失的请求没有事实和法律依据。依据《中华人民共和国国家赔偿法》第三十六条规定，侵犯公民、法人和其他组织的财产权造成其他损害的，按照直接损失给予赔偿。返还执行的罚款或者罚金、追缴或者没收的金钱，解除冻结的存款或者汇款情形的，才需要支付银行同期存款利息。本案属于违法征地的赔偿问题，不属于国家赔偿法规定的应支付利息损失的情况。而且，国家赔偿的应是当事人已经取得的利益而不是可得利益，利息是未来可获得的利益即所失利益，性质上属间接损失。3. 二审采信18号判决作为定案依据错误，有新证据足以推翻18号判决，请求提审后全面审查纠正错误。4. 经对海联造船厂厂区土地及征地情况进行调查，不支持其拥有6203.72平方米厂区土地的主张。但为了解决征地拆迁历史遗留问题，同意财政支出400万元。二审未将该款从应付赔偿款中扣除不公平，应当纠正。海联造船厂申请再审的事由不成立，应依法予以驳回；二审判决确有错误，请求提审后全面审查纠正错误。

海口市政府在再审期间向本院提交了以下证据：《付款委托书》《海口市海联

区造船厂及全体职工强烈要求将650万元土地赔偿款转入我厂指定账户的函》《协调会会议纪要及附件》、2016年9月28日《海联厂650万元款项支付协议书》（以下简称《支付协议》）、2016年9月29日和2016年10月25日《中国农业银行进账单》两份、2016年10月20日《收据》证据。以证明本案二审判决作出后，海口市政府依海联造船厂的要求，经协商已经达成协议且履行完毕，本案应终结审查。海联造船厂对海口市政府提供证据的真实性予以确认，但认为《海联厂650万元款项支付协议书》是履行生效判决的协议，并不属于执行和解协议。对海口市政府提供的证据，经庭审质证，本院对其真实性予以确认。

本院另查明，2016年5月24日，海联造船厂向海口市政府出具《付款委托书》，要求海口市政府履行海南高院2016年3月30日的生效判决，支付土地赔偿金650万元。2016年7月10日，海联造船厂发函要求海口市城市发展有限公司按时将650万元转入指定账户。2016年9月9日，美兰区信访局、海口市城市发展有限公司、新埠街道办事处、海联造船厂员工形成会议纪要，议定650万元分两笔拨付给造船厂指定账户。2016年9月28日，美兰区新埠街道办事处（甲方）、海联造船厂（乙方）、海口市城市发展有限公司（丙方）签订《支付协议》，就（2015）琼行终字第318号行政赔偿判决执行事宜达成协议，约定："1. 根据市政府会议纪要要求，甲方牵头与丙方共同负责解决乙方650万元款项支付等相关问题；2. 甲丙方对本协议内容的合法性和可操作性负责，并保持工作的连续性和完整性；3. 本协议签订后，乙方承诺，该厂内部分配或使用该款项所产生的一切争议及后果概由乙方自行解决，并承担一切法律责任，与甲丙双方无关；4. 乙方按本协议约定撤离长堤明珠安置小区；5. 丙方对650万元款项的真实合法性负责；6. 丙方配合甲方履行本协议义务，直至本协议条款全部履行完毕为止。"具体款项支付方式：由丙方支付650万元至甲乙双方共同指定账户。海口市城市发展有限公司于2016年9月29日将500万元、2016年10月25日将150万元汇入海南新埠造船有限公司账户。2016年10月20日，海联造船厂和海南新埠造船有限公司出具收到海口市城市发展有限公司代海口市政府转来土地赔偿款650万元的《收据》。

本院认为：海口市政府在1992年征用海联造船厂663.28平方米用地后，没有依法办理征用及补偿手续而实际占用海联造船厂剩余用地3334.41平方米的行为，已由海南省高级人民法院作出的（2013）琼行终字第18号生效行政判决确认违法，该违法征地行为给海联造船厂造成了损失，海口市政府应当承担国家赔偿责任。一、二审判决根据海联造船厂的请求，依据1992年征用土地时每亩130万元的标准确定赔偿金额，海口市政府及海联造船厂对于该判项并无异议，本院予以支持。海口市政府主张其有新证据足以推翻18号判决，请求本院提审后全面审查纠正错误。18号判决系生效判决，海口市政府对该判决提出再审申请及监督申请，海南省高级人民法院（2014）琼行监字第76号驳回再审申请通知、海南省人民检察院琼检民（行）监（2015）46000000087号不支持监督申请决定，均未支持海口市政府的申请。海口市政府的该项主张不属于本案审查范围。本案争议的主要焦点问题是：海口市政府支付的400万元是否属于土地赔偿款并应从判决的650万元赔偿款中予以扣除；海口市政府是否应向海联造船厂支付赔偿款利息；《支付协议》是否属于和解协议。

一、关于海口市政府支付的400万元是否属于土地赔偿款并应从650万赔偿款中予以扣除的问题

2012年5月24日，海口市政府通过财政资金将400万元支付到美兰区新埠街道办事处，并由街道办分配给原新埠镇造船厂职工。海口市政府答辩主张400万元系土地赔偿款，应当从其应承担的650万元赔偿金中予以扣除。结合美兰区政府2011年9月2日、2011年12月12日，两次向海口市政府作出的关于解决原海口市新埠镇造船厂职工上访问题、历史遗留问题的两份请示的内容来看，海口市政府2012年5月支付的400万元款项，是实际用于发放生活补贴、解决海联造船厂职工自行购买社会保险及帮助个别特困户解决生活、医疗等困难问题。该款项属于海口市政府为了解决海联造船厂职工信访问题而拨付的款项，其性质不同于土地赔偿款。一审认定400万元款项的支付时间在18号判决作出的时间之后，但是二审经过审理，对此事实认定错误予以纠正。二审据此认为，在海口市政府支付400万元款项时，确认海口市政府的占地行为违法的18号判决尚未作出，当时也不存在支付土地赔偿款的问题，本院亦予以认可。故二审认为该400万元款项不应从违法征地的赔偿款中扣除，认定事实清楚，并无不当。海口市政府的该项主张没有事实根据，本院不予支持。

二、关于海口市政府是否应向海联造船厂支付赔偿款利息的问题

《中华人民共和国国家赔偿法》第三十二条规定："国家赔偿以支付赔偿金为主要方式。能够返还财产或者恢复原状的，予以返还财产或者恢复原状。"参照《最高人民法院关于审理民事、行政诉讼中司法赔偿案件适用法律若干问题的解释》第十二条第二款的规定，财产不能恢复原状或者灭失的，应当按照侵权行为发生时的市场价格计算损失。根据《中华人民共和国国家赔偿法》第二条第二款规定，赔偿义务机关应当及时履行赔偿义务。本案中，涉案土地确已无法返还，应当以违法占地不能返还时的土地价值为赔偿金基数的方式进行国家赔偿。海口市政府作为赔偿义务机关，有及时支付赔偿金的法定义务。海口市政府违法征占土地不能返还后，理应及时履行赔偿义务，尽快支付违法损害赔偿金，以使赔偿金的孳息尽早归于受害人，尽可能减少受害人的损失。根据《中华人民共和国国家赔偿法》第三十六条第八项"对财产权造成其他损害的，按照直接损失给予赔偿"的规定，本案应当以赔偿直接损失为原则。若违法损害赔偿金不计付利息，则会使受害人的直接损失无法得到全部赔偿，甚至可能促使加害人拖延履行赔偿义务。故本院认为，未及时支付赔偿金所产生的利息亦属于直接损失的范围，应予赔偿。海联造船厂的申请再审理由部分成立。二审判决认定本案不属于我国赔偿法规定的应支付利息损失的情形，属适用法律错误，应予纠正。

对于利息的计算标准，在目前法律并未作出明确规定的情况下，可以通过类比国家赔偿法最相近似的具体规定，来衡平赔偿标准。根据《中华人民共和国国家赔偿法》第三十六条第七项"返还执行的罚款或者罚金、追缴或者没收的金钱，解除冻结的存款或者汇款的，应当支付银行同期存款利息"的规定，违法损害赔偿金应当计付银行同期存款利息。参照《最高人民法院关于审理民事、行政诉讼中司法赔偿案件适用法律若干问题的解释》第十五条第一款规定，《中华人民共和国国家赔偿法》第三十六条第七项规定的银行同期存款利息，以作出生效赔偿决定时中国人民银行公布的一年期人民币整存整取定期存款基准利率计算，不计算复利。根据1992年10月19日的《拆迁协议》中关于"被拆迁人必须在一九九二年十月三十日前搬迁完毕"的约定，可以认定1992年11月1日为海口市政府违法征占土地的起始时间。海口市政府应当以650万元赔偿金为基数，以1992年11月1日为起始时间计算银行利息，利息以作出生效赔偿决定时中国人民银行公布

的一年期人民币整存整取定期存款基准利率计算，不计算复利。鉴于在本案二审判决作出后，海口市政府已经于2016年9月29日将500万元、2016年10月25日将150万元支付给海联造船厂，则自2016年9月29日后以150万元计算利息，自2016年10月25日后不再计算利息。海联造船厂主张的一年期贷款利息缺乏法律依据，本院不予支持。

三、关于《支付协议》是否可以视为和解协议的问题

海口市政府主张，二审判决已经通过与海联造船厂达成的《支付协议》履行完毕，应当依据《最高人民法院关于适用〈中华人民共和国民事诉讼法〉审判监督程序若干问题的解释》第二十五条第三项的规定终结审查。《最高人民法院关于人民法院执行工作若干问题的规定（试行）》第八十六条规定："在执行中，双方当事人可以自愿达成和解协议，变更生效法律文书确定的履行义务主体、标的物及其数额、履行期限和履行方式。和解协议一般应当采取书面形式……"《最高人民法院关于适用〈中华人民共和国民事诉讼法〉审判监督程序若干问题的解释》第二十五条第三项规定，当事人达成执行和解协议且已履行完毕的，人民法院可以裁定终结审查，但当事人在执行和解协议中声明不放弃申请再审权利的除外。执行人员应将和解协议副本附卷。无书面协议的，执行人员应将和解协议的内容记入笔录，并由双方当事人签名或盖章。所谓执行和解协议，是在法院的执行过程中，双方当事人经过自愿协商，达成协议，结束执行程序的活动。执行和解的应有之义，应当是一方自愿放弃一部分或者全部权利，或者是一方满足另一方的要求，也可以是双方均作出一定的让步。一般而言，考虑到行政机关的主体特殊性和国家公共利益不得随意处置，执行和解不得适用于行政案件中。在司法实践中，如果行政机关与相对人自愿协商，行政相对人全部放弃或部分放弃应得的赔偿数额并达成和解协议的，虽无不可，但法院仍需审查执行和解协议是否违背法律规定和社会公共道德，是否具有自愿性与合法性。本案作为行政赔偿诉讼，有别于调整平等民事主体之间纠纷的民事诉讼程序，并不当然适用民事诉讼司法解释中有关执行和解协议达成后终结再审审查的规定。而且，本案中海口市政府提交的《支付协议》，也不属于执行和解协议。首先，《支付协议》是对生效判决的履行，该协议并未变更生效法律文书中确定的履行义务主体、标的物及赔偿数额，亦没有类似于"执行和解"或者"双方权利义务终结"的表述。其次，根据《支

付协议》的条款，海联造船厂应履行的义务是撤离长堤明珠安置小区，而非放弃其诉讼权利。故，海口市政府关于双方已达成执行协议并履行完毕，应当对海联造船厂提出的再审申请裁定终结审查的请求，没有事实根据和法律依据，本院不予支持。

综上，海联造船厂的申请再审理由部分成立，二审判决适用法律错误，应予纠正。依照《中华人民共和国国家赔偿法》第二条、第九条第一款、第三十六条第八项、《中华人民共和国行政诉讼法》第八十九条第一款第二项之规定、《最高人民法院关于适用〈中华人民共和国行政诉讼法〉若干问题的解释》第七十六条、第七十八条之规定，判决如下：

一、撤销海口市中级人民法院（2015）海中法行初字第56号行政赔偿判决；

二、撤销海南省高级人民法院（2015）琼行终字第318号行政赔偿判决；

三、海口市人民政府于本判决生效之日起三十日内，向海口市海联区造船厂支付赔偿金650万元及利息［利息计算方法：1992年11月1日至2016年9月28日，以650万元为基数，按照中国人民银行一年期同类存款基准利率计算；自2016年9月29日至2016年10月24日，以150万元（650万元扣除2016年9月29日已支付的500万元）为基数，按照中国人民银行一年期同类存款基准利率计算］；

四、驳回海口市海联区造船厂其他诉讼请求。

如果未按本判决指定的期间履行给付金钱义务，应当依照《中华人民共和国民事诉讼法》第二百五十三条之规定，加倍支付迟延履行期间的债务利息。

本案不收取案件受理费，海口市海联区造船厂在一、二审期间预交的案件受理费予以退还。

本判决为终审判决。

审判长：熊俊勇；审判员：龚斌、张颖新；法官助理：刘月；书记员：余逸纯

二〇一七年五月十六日

054

判决返还违法收取的土地闲置费的同时，应当判决赔偿同期银行的利息损失

【裁判要旨】

《中华人民共和国国家赔偿法》第三十二条第二款规定，能够返还财产或者恢复原状的，予以返还财产或者恢复原状。第三十六条第八项规定，对财产权造成其他损害的，按照直接损失给予赔偿。上述两项规定不存在冲突。行政机关违法扣缴土地闲置费的，单纯判决行政机关返还土地闲置费，并不足以弥补当事人的损失，违法扣缴土地闲置费期间造成当事人该笔款项的银行同期存款利息损失，也属于直接损失的范围，应当一并予以行政赔偿。

中华人民共和国最高人民法院
行政裁定书

（2017）最高法行申103号

再审申请人（一审原告、二审上诉人）：茂名市金泓发展有限公司。

法定代表人：郭明，总经理。

委托代理人：杨文良，广东文业律师事务所律师。

委托代理人：迟祖光，北京市汉鼎联合律师事务所律师。

被申请人（一审被告、二审被上诉人）：茂名市国土资源局。

法定代表人：柯小兵，局长。

一审被告、二审被上诉人：茂名市人民政府。

法定代表人：李红军，市长。

行政机关负责人：孙波，副市长。

上述被申请人共同的委托代理人：黄海东，茂名市国土资源局工作人员。

上述被申请人共同的委托代理人：阮传欣，广东海日律师事务所律师。

再审申请人茂名市金泓发展有限公司（下称金泓公司）因诉被申请人茂名市

国土资源局（以下简称茂名市国土局）及一审被告、二审被上诉人茂名市人民政府（以下简称茂名市政府）行政赔偿一案，不服广东省高级人民法院2016年7月26日作出的（2015）粤高法行终字第759号行政判决，向本院申请再审。本院于2017年1月18日立案受理，依法组成合议庭审查，并于2017年2月16日上午在本院第一巡回法庭第一法庭组织各方当事人进行询问，再审申请人金泓公司的法定代表人郭明及委托代理人杨文良、迟祖光，被申请人茂名市国土局法定代表人柯小兵，一审被告、二审被上诉人茂名市政府的负责人孙波，茂名市国土局及茂名市政府的委托代理人黄海东、阮传欣，均到庭参加询问活动。案件现已审查终结。

2004年9月，金泓公司通过有偿转让取得位于茂名市电白区××谭××村委会田洋村的两宗土地，面积分别为22587.85平方米和22748.16平方米，并于2004年9月15日领取了茂国用（2004）第01104号、茂国用（2004）第01105号《国有土地使用证》。该两证分别办理了土地他项权证（证号分别为茂地他项［2005］第121号、茂地他项［2005］第122号）。因金泓公司与广东发展银行股份有限公司茂名分行借款合同纠纷一案，金泓公司未能履行还款义务，茂名市中级人民法院于2008年9月12日裁定拍卖上述涉案土地，并于2008年10月21日委托茂名市土地矿产交易中心对这两宗土地使用权进行评估、挂牌转让。在茂名市中级人民法院执行过程中，茂名市国土局于2008年12月31日向茂名市中级人民法院作出茂国土资函（2008）129号《关于对（2008）茂中法审执字第56－3号文的复函》，该函内容是："认定上述两宗土地属闲置土地，暂不作回收处理，并同意法院拍卖该两宗闲置土地，拍卖所得款应依法扣缴土地闲置费上缴国库。"2009年2月24日，茂名市骏业土地评估有限公司作出茂骏估字（2009）009号《土地估价报告》，估得两宗土地总地价为1156.6576万元。2009年4月14日，茂名市中级人民法院委托拍卖机构茂名市土地矿产交易中心以起拍价1156.6576万元对该两宗土地进行第一次公开拍卖。流拍后，茂名市中级人民法院决定对这两宗土地价格下调至925.32608万元，委托拍卖机构于2009年5月12日进行第二次公开拍卖，但该次拍卖仍流拍。2009年5月27日，茂名市中级人民法院对这两宗土地价格再次下调至740.260864万元，准备委托拍卖机构第三次拍卖。茂名市国土局经茂名市政府批复同意后，于2009年7月7日作出茂国土资函（2009）49号

《关于回收闲置土地的函》，第二次致函茂名市中级人民法院，该函内容是：“金泓公司名下位于茂港区××谭××村委会田洋村的两宗土地面积45336.01平方米，（土地使用证号：茂国用［2004］第01104号、茂国用［2004］第01105号；土地他项权利证：茂地他项［2005］第121号、第122号）被我局确认为闲置土地后，已由贵院依法进行了二次公开拍卖，但没有成交。我局决定由茂名市土地储备中心按第二次拍卖底价925.32608万元进行回收，作为市政府储备用地。我局依法扣除应缴纳的土地闲置费204.0038万元后，余下土地价款721.32228万元由茂名市土地储备中心迳付贵院账户。”2009年7月20日，茂名市中级人民法院作出（2008）茂中法审执字第56-6号《执行裁定书》，准许茂名市土地储备中心以第二次流拍底价回收该闲置土地，并裁定被执行人金泓公司的两块土地使用权（土地使用证：茂国用［2004］第01104号、茂国用［2004］第01105号）归茂名市土地储备中心所有；土地价款（扣缴土地闲置费）由茂名市土地储备中心迳付茂名市中级人民法院，由茂名市中级人民法院支付给申请执行人广东发展银行股份有限公司茂名分行。2009年7月27日，茂名市国土局作出茂国土资函（2009）51号《关于同意（2008）茂中法审执字第56-6号〈执行裁定书〉的函》，第三次致函茂名市中级人民法院，同意法院裁决，土地由茂名市土地储备中心接收，作为茂名市政府储备用地。2009年9月15日，茂名市中级人民法院向申请执行人广东发展银行股份有限公司茂名分行和被执行人金泓公司发出（2008）茂中法审执字第56-8号《结案通知》，告知涉案两宗土地经两次挂牌转让未成交，后由茂名市土地储备中心按第二次挂牌底价925.32608万元回收（扣缴土地闲置费204.0038万元），余款721.32228万元；金泓公司应清偿广东发展银行股份有限公司茂名分行借款本金300万元及利息674378.55元，应负担诉讼费32700元，评估费25360元，公告费4320元，执行费39143.78元，尚有余款3437330.47元属金泓公司所有，退回金泓公司；茂名市中级人民法院生效法律文书确定的内容全部执行完毕，作执行结案。

2011年6月29日，金泓公司向茂名市中级人民法院提起行政诉讼，请求撤销茂名市国土局收回涉案两宗土地的使用权的行政行为。2011年9月29日，茂名市中级人民法院作出（2011）茂中法行初字第14号行政判决，以茂名市国土局认定涉案土地为闲置土地及决定回收的主要证据不足、违反法定程序为由，判决撤销茂名市国土局将金泓公司位于茂港区××谭××村委会田洋村的两宗土地作为闲置土地回收的行政行为；驳回金泓公司的其他诉讼请求。茂名市国土局提起上诉，广东省高级人民法院于2011年12月20日作出（2011）粤高法行终字第199号行政判决，判决驳回上诉，维持一审判决。

2011年3月4日，广东省茂名市质量计量监督检测所（以下简称茂名质监所）在土地交易机构以公开挂牌出让方式竞得涉案两宗土地中的33635.6平方米土地使用权。2011年3月24日，茂名市政府向茂名质监所核发茂国用（2011）第03000006号《国有土地使用证》。2011年5月20日，金泓公司提起行政诉讼，请求撤销茂名市政府向茂名质监测所核发的茂国用（2011）第03000006号《国有土地使用证》。2012年6月12日，茂名市中级人民法院作出（2011）茂中法行初字第10号行政判决，驳回金泓公司的诉讼请求。金泓公司提起上诉，广东省高级人民法院于2012年11月27日作出（2012）粤高法行终字第160号行政判决，驳回上诉，维持一审判决。

2012年12月29日，金泓公司基于涉案两宗土地被确认为闲置土地并回收的行为已被生效判决予以撤销、无法追回已发证给茂名质监所的33635.6平方米土地，向茂名市国土局提出赔偿申请。2013年1月10日，茂名市国土局向金泓公司发出《行政赔偿申请不予受理通知书》。金泓公司不服，向茂名市中级人民法院提起国家赔偿申请，茂名市中级人民法院于2013年6月18日作出（2013）茂中法委赔字1号决定书，驳回金泓公司的赔偿申请。2013年9月17日，金泓公司提起本案行政赔偿诉讼，请求判决茂名市政府、茂名市国土局履行国家赔偿责任，赔偿购买相同地段33635.6平方米土地的价款1亿元和赔偿金泓公司前期建设投入的460万元。

在本案审理过程中，因金泓公司不服茂名市中级人民法院作出的（2008）茂中法审执字第56－6号《执行裁定书》，向茂名市人民检察院提出申诉。2013年9月29日，茂名市人民检察院发出茂检民行执建字［2013］1号《检察建议书》，茂名市中级人民法院收到后决定立案审查。金泓公司和茂名市国土局均认为本案的审判须以该案的审理结果为依据，先后向茂名市中级人民法院提出中止诉讼申请。茂名市中级人民法院经审查后于2014年3月18日作出（2013）茂中法行初字第57－1号行政裁定，中止本案诉讼。2014年7月30日，茂名市中级人民法院作出（2013）茂中法检建字第1号《通知书》，告知对金泓公司的申诉请求予以驳回。经金泓公司申请，茂名市中级人民法院于2015年3月17日恢复本案审理。

茂名市中级人民法院（2013）茂中法行初字第57号行政判决认为：1. 关于茂名市国土局认定原属金泓公司的两宗涉案土地为闲置土地的行政行为被生效判决所撤销，其扣缴的土地闲置费应否予以退还的问题。经查，（2011）粤高法行终字第199号《行政判决书》已确认茂名市国土局认定金泓公司位于茂港区××谭××村委会田洋村的两宗土地为闲置土地予以回收的行政行为属证据不足、程序违法，并予以撤销。根据修正前的《中华人民共和国行政诉讼法》第六十七条第一款的规定，金泓公司对茂名市国土局错误认定原属金泓公司的两宗涉案土地为闲置土地并扣缴204.0038万元土地闲置费的行政行为有取得行政赔偿的权利。茂名市国土局应就其违法行为所造成的损害结果承担相应的法律责任。根据《中华人民共和国国家赔偿法》第三十二条第二款的规定，茂名市国土局应返还错误扣缴金泓公司的土地闲置费204.0038万元及支付该款银行同期存款利息。2. 关于金泓公司主张茂名市国土局应赔偿与涉案土地相同地段33635.6平方米土地的价款1亿元和其公司前期建设投入的460万元的问题。从茂名市中级人民法院（2008）茂中法审执字第56号民事执行案看，金泓公司与广东发展银行股份有限公司茂名分行之间借款合同纠纷，因金泓公司未能履行还款义务，广东发展银行股份有限公司茂名分行向本院提出执行申请，茂名市中级人民法院受理后裁定查封并拍卖金泓公司涉案两宗土地。经两次挂牌转让未成交，后由茂名市土地储备中心按第二次挂牌底价925.32608万元回收，该执行案已结案。在整个执行案中，虽然茂名市国土局认定涉案土地为闲置土地并扣缴土地闲置费的行政行为已被生效判决所撤销，但这并不影响整个执行案的合法性。而且，金泓公司不服（2008）茂中法审执字第56－6号《执行裁定书》提出申诉，茂名市人民检察院发出检察建议，茂名市中级人民法院经审查后驳回了金泓公司的申诉请求。因此，对金泓公司要求茂名市国土局、茂名市政府赔偿与涉案土地相同地段33635.6平方米土地的价款1亿元和前期建设投入的460万元的主张，因缺乏法律依据，不予支持。3. 关于茂名市政府是否为本案适格被告的问题。由于已生效的（2011）茂中法行初字第14号《行政判决书》认定茂名市政府不是作出闲置土地回收决定的行政机关，金泓公司起诉茂名市政府显属被告主体不适格。因此，对金泓公司在本案中请求茂名市政府作为行政赔偿的共同被告同样不适格，对该程序问题茂名市中级人民法院另行处理。经茂名市中级人民法院审判委员会讨论决定，依照修正前的《中华人民共和国行政诉讼法》第六十八条第一款、《中华人民共和国国家赔偿法》第三十二条第二款和第三十六条第七项之规定，判决茂名市国土局于该判决生效之日起十日内向金泓公司返还错误扣缴的土地闲置费204.0038万元及支付该款利息，利息按中国人民银行同期存款利率计付，自2009年7月27日起至该判决限定履行之日止；驳回金泓公司的其他诉讼请求。金泓公司不服一审判决，提出上诉。

广东省高级人民法院（2015）粤高法行终字第759号行政判决认为：1. 根据修正前的《中华人民共和国行政诉讼法》第六十七条第一款规定，由于广东省高级人民法院（2011）粤高法行终字第199号行政判决已确认茂名市国土局作出认定金泓公司位于茂港区××谭××村委会田洋村的两宗土地为闲置土地予以回收的行政行为属证据不足、程序违法，并予以撤销，故金泓公司对茂名市国土局错误认定原属金泓公司的两宗涉案土地为闲置土地并扣缴土地闲置费的行政行为有取得行政赔偿的权利。根据《中华人民共和国国家赔偿法》第三十二条第二款规定，一审判决茂名市国土局返还错误扣缴金泓公司的土地闲置费204.0038万元及支付该款银行同期存款利息正确。2. 由于已经发生法律效力的茂名市中级人民法院（2011）茂中法行初字第14号行政判决认定茂名市政府不是作出闲置土地回收决定的行政机关，金泓公司起诉茂名市人民政府显属主体不适格。因此，一审认定金泓公司请求茂名市政府作为行政赔偿的共同被告同样不适格，对该程序问题另行处理，并无不妥。3. 关于金泓公司主张茂名市国土局应赔偿与涉案土地相同地段33635.6平方米土地的价款1亿元和前期建设投入460万元的问题。因金泓公司未履行还款义务，广东发展银行股份有限公司茂名分行向茂名市中级人民法院提出执行申请，该执行案已结案。茂名市人民检察院发出的《检察建议书》，茂名市中级人民法院审查后予以驳回。一审判决驳回金泓公司要求赔偿与涉案土地相同地段33635.6平方米土地的价款1亿元和前期建设投入460万元的诉讼请求，并无不当。4. 金泓公司上诉主张退还土地闲置费不足以弥补其丧失土地使用权和前期投入的损失，茂名市政府承担连带赔偿责任，请求撤销一审判决，支持其诉讼请求等，缺乏事实根据和法律依据，该上诉理由不能成立，不予采纳。依照《中华人民共和国行政诉讼法》第八十九条第一款第一项的规定，判决驳回上诉，维持一审判决。

金泓公司申请再审称：茂名市国土局回收闲置土地的行政行为已被判决确认违法，应当履行赔偿义务。1. 二审适用了《中华人民共和国国家赔偿法》第三十二条第二款，而没有依照第三十六条第八项的规定按直接损失判处赔偿，适用法律错误。2. 一、二审将金泓公司的损失仅限定为被征收的土地闲置费，金泓公司的损失还包括土地使用权价值的损失以及对涉案土地前期建设投入损失。茂名市国土局回收涉案土地后，拍卖其中的32062.71平方米土地给他人取得的1008万元，扣除金泓公司应被执行的款项后，余额的本金及利息，应予赔偿；因拍卖32062.71平方米土地的价款明显偏低于市场价格，购买同地段同面积土地价款与拍卖价款之间的差价，应予赔偿；金泓公司的土地价格随着市场价格的上涨，至今已经远远超出被收回时的价值，金泓公司要求赔偿1亿元的土地赔偿金是合法合理的。3. 金泓公司对涉案土地前期投入了460余万元，茂名市国土局应予赔偿。综上，请求撤销一、二审判决，判令茂名市国土局赔偿金泓公司购买相同地段33635.6平方米土地的价款1亿元及前期建设投入460万元。

茂名市国土局、茂名市政府答辩称：1. 涉案土地使用权登记至茂名市土地储备中心名下，是茂名市中级人民法院（2008）茂中法审执字第56－6号《执行裁定书》和（2008）茂中法审执字第56－7号《协助执行通知书》的效力所致，并非行政机关回收闲置土地行为所致。2. 行政机关并未造成金泓公司土地使用权价值损失。金泓公司的涉案土地价值并未因回收或拍卖而灭失，而是经拍卖以拍卖款清偿借款本金和利息、扣除相关费用后，余款仍属金泓公司所有。不存在行政机关的行为造成金泓公司损失的事实。3. 金泓公司请求行政机关赔偿土地价款1亿元及前期建设投入460万元，没有依据，行政机关认定金泓公司涉案土地为闲置土地的直接后果仅是扣缴了其公司204.0038万元土地闲置费，故行政机关所应承担责任范围应仅限于此。综上，请求驳回金泓公司的再审申请。

本院经审查认为，根据修正前的《中华人民共和国行政诉讼法》第六十七条第一款的规定，公民、法人或者其他组织的合法权益受到行政机关或者行政机关工作人员作出的具体行政行为侵犯造成损害的，有权请求赔偿。《中华人民共和国国家赔偿法》第九条第二款规定，赔偿请求人要求赔偿，应当先向赔偿义务机关提出，也可以在申请行政复议或者提起行政诉讼时一并提出。本案中，茂名市国土局的闲置土地回收决定已经生效行政判决撤销，金泓公司向茂名市国土局申请行政赔偿，茂名市国土局不予受理。金泓公司向人民法院提起行政赔偿诉讼，符合上述法律、法规的规定。金泓公司主张茂名市政府应承担赔偿责任，根据《中华人民共和国国家赔偿法》第三、四条之规定，取得行政赔偿的前提是违法行政行为的存在，因生效行政判决认定的违法主体系茂名市国土局而非茂名市政府，故一、二审认定茂名市政府非适格被告，并依据法律规定另行处理该程序问题，并无不当。根据《中华人民共和国国家赔偿法》第三十二条第二款的规定，茂名市国土局对因其违法行政行为导致错误扣缴的费用，依法应当予以返还。一、二审判决茂名市国土局返还错误扣缴金泓公司的土地闲置费204.0038万元及支付该款银行同期存款利息，结果并无不当，本院予以支持。金泓公司的再审申请理由均不能成立，本院不予支持。

一、金泓公司主张一、二审适用《中华人民共和国国家赔偿法》第三十二条第二款返还财产的规定错误，其主张应当根据《中华人民共和国国家赔偿法》第三十六条第八项规定，按照直接损失给予赔偿。本院认为，国家赔偿法中该两条法律规定并不存在冲突，第三十二条是关于损失赔偿方式的规定，而第三十六条是关于损失赔偿范围的规定，一、二审适用法律并无不当。根据《中华人民共和国国家赔偿法》第三十六条的规定，对财产权造成损害的，按照直接损失给予赔偿。本案中，原属金泓公司两宗土地依法被法院执行后，执行后剩余款项应当给付金泓公司，金泓公司的直接财产损失就是茂名市国土局错误扣缴的204.0038万元土地闲置费及该款银行同期存款利息。就损失赔偿的方式而言，一、二审认定茂名市国土局错误扣缴土地闲置费，适用返还财产方式赔偿的法律规定，判决茂名市国土局返还错误扣缴的土地闲置费及该款银行同期存款利息，并无不当。

二、金泓公司主张茂名质监所竞得原属金泓公司名下两宗土地中的33635.6平方米土地使用权的价款1008万元，扣除其公司应被执行的款项后，余额的本金及利息，应予赔偿；且竞拍的价格1008万元低于市场价，应当就差额部分予以赔偿；另外，就土地价格随着市场价格的上涨的差额也应当赔偿。本院认为，根据《最高人民法院关于人民法院民事执行中拍卖、变卖财产的规定》第八条、第二十八条，《最高人民法院关于适用〈中华人民共和国民事诉讼法〉若干问题的意见》第二百八十一条规定，在两次拍卖均流拍后，按照法定程序应当将财产交申请执行人抵债，申请执行人不同意抵债的，应当进行第三次拍卖，在第三次拍卖流拍之后，依法可以变卖，变卖前应就价格问题征求物价等有关部门的意见，作价应当公平合理。本案中，茂名市中级人民法院在两次流拍后，未将涉案两宗地进行抵债，也未进行第三次拍卖，而是以第二次拍卖的底价925.32608万元将涉案两宗地变卖给茂名市土地储备中心。该执行程序虽有瑕疵，但茂名市中级人民法院在两次拍卖均流拍、准备以740.260864万元进行第三次拍卖的情况下，以第二次拍卖的底价925.32608万元将涉案土地变卖给茂名市土地储备中心，该执行行为业已终结。茂名市土地储备中心向茂名市中级人民法院给付了土地变卖价款后，土地权属已经发生了改变，金泓公司即丧失了涉案土地的使用权。茂名市土地储备中心取得土地使用权系通过法院的执行变卖行为，虽然茂名市国土局收回闲置土地决定的行政行为被撤销，但并不能改变涉案土地使用权的归属。茂名市国土局2011年挂牌出让涉案土地中的33635.6平方米土地使用权，该挂牌出让行为及出让价格高低，与金泓公司不存在利害关系。金泓公司的该项主张没有事实根据，本院不予支持。

三、金泓公司主张其在涉案土地上前期投入的460万元应予赔偿。根据《中华人民共和国国家赔偿法》第十五条的规定，人民法院审理行政赔偿案件，赔偿请求人和赔偿义务机关对自己提出的主张，应当提供证据。金泓公司主张前期投入460万元应予赔偿，但未能提供充分的证据证实其前期投入的具体数额。本案中，茂名市中级人民法院在执行程序中，对涉案两宗土地进行拍卖前，曾委托茂名市骏业土地评估有限公司对涉案土地进行价格评估，该评估价格已经充分考虑了金泓公司的前期投入。故金泓公司的该项主张亦不能成立。

综上，金泓公司提起本案再审申请不符合《中华人民共和国行政诉讼法》第九十一条第三、四项规定的情形。依照《最高人民法院关于执行〈中华人民共和国行政诉讼法〉若干问题的解释》第七十四条的规定，裁定如下：

驳回茂名市金泓发展有限公司的再审申请。

审判长：熊俊勇；审判员：龚斌、钱小红；法官助理：闵天挺；书记员：余逸纯

二〇一七年五月十六日

055

征收鱼塘应当按照地上构筑物的补偿标准予以补偿

【裁判要旨】

对征收鱼塘的补偿，属于土地征收中的其他构筑物的补偿，不是土地价值的补偿，也不是青苗补偿，应当按照市县政府制定的地上构筑物的补偿标准依法予以补偿。

中华人民共和国最高人民法院

行政裁定书

（2017）最高法行申6500号

再审申请人（一审原告、二审上诉人）：崔某。

委托代理人：李昭山。

委托代理人：杨丹。

被申请人（一审被告、二审被上诉人）：海南省琼中黎族苗族自治县人民政府。

法定代表人：王琼龙。

委托代理人：王俊美。

委托代理人：廖波。

被申请人（一审被告、二审被上诉人）：海南省琼中黎族苗族自治县国土资源局。

法定代表人：王芳敏。

被申请人（一审被告、二审被上诉人）：海南省琼中黎族苗族自治县营根镇人民政府。

法定代表人：程锋。

再审申请人崔某因诉被申请人海南省琼中黎族苗族自治县人民政府（以下简称琼中县政府）、琼中黎族苗族自治县国土资源局（以下简称琼中国土局）、琼中黎族苗族自治县营根镇人民政府（以下简称营根镇政府）搬迁通知及征地补偿一案，不服海南省高级人民法院于2016年12月22日作出的（2016）琼行终478号行政判决，向本院申请再审。本院于2017年8月21日立案受理，依法组成合议庭进行审查。案件现已审查终结。

2009年12月15日，琼中县政府为确保营根河综合治理工程项目征地工作顺利进行，作出琼中府（2009）68号《关于印发琼中县营根河综合治理工程项目征地补偿标准的通知》（以下简称68号补偿标准），该文件第三部分规定，房屋及附属设施的征收补偿标准参照百花岭体育公园征地拆迁补偿标准执行（详见其附件二），附件二序号8关于鱼塘的补偿标准是每亩2000元。崔某经营的百花繁殖场，在征地拆迁范围内。2010年3月9日、2010年12月11日、2011年1月29日，琼中国土局分别与崔某签订《青苗、构筑物及附着物补偿协议书》《琼中县百花廊桥旅游公路建设征收土地青苗、地上构筑物及附着物补偿协议书》《琼中县营根洋开发项目征收土地青苗、地上构筑物及附着物补偿协议书》（以下简称3份补偿协议），对被征收土地上崔某所有的青苗、构筑物及附着物等予以补偿。其中，对面积分别合计为34.87亩和10.7亩的两口鱼塘，均以每亩3600元予以补偿。上述3份补偿协议签订后，琼中国土局已按照协议约定，向崔某支付全部补偿款。上述3份补偿协议均约定："本协议签订后的5天内，乙方（崔某）应将甲方（琼中国土局）用地范围内的所有青苗、构筑物及附着物自行处理干净，如不按时清理，甲方一旦动工清理平整，所造成的损失甲方概不负责。"2011年3月2日，琼中县渔业局根据百花繁殖场的要求，邀请海南省水产技术推广站，对该繁殖场的养殖生物的损失进行补偿评估。2011年3月5日，海南省水产技术推广站作出《关于琼中县营根镇项目建设征地造成百花鱼苗繁殖场养殖生物损失补偿的评估报告》，该报告称根据繁殖场的正常培育苗种能力，以征地可能引起一年苗种培育利润损失作为计算补偿的标准，将繁殖场现有的七个品种，以每个品种分为亲鱼和苗种两种类型，参照目前市场价格，分别评估，计算出相应的价值。其中，草鱼价值160尾×13公斤/尾×70元/公斤=14.56万元，鱼苗年产值为24.57万元；鳙鱼价值120尾×10公斤/尾×60元/公斤=7.2万元，鱼苗年产值为9.72万元；鲢鱼价值320尾×3公斤/尾×50元/公斤=4.8万元，鱼苗年产值为3.276万元；家鲮鱼价值230尾×1.5公斤/尾×60元/公斤=2.07万元，鱼苗年产值6.075万元；淡水白鲳鱼价值196尾×9公斤/尾×80元/公斤=14.112万元，鱼苗年产值81万元；印度鲮鱼价值150尾×2.5公斤/尾×50元/公斤=1.875万元，鱼苗年产值3.6万元；新吉富罗非鱼10500尾×0.6公斤/尾×25元/公斤=15.75万元，鱼苗年产值30万元。2016年2月20日，崔某向琼中县政府提交《关于琼中县营根洋项目建设造成百花鱼苗繁殖场养殖生物损失的补偿要求报告》，要求按照3倍补偿苗种年产值，共计535.09万元。2016年3月8日，营根镇政府作出营府通（2016）01号《搬迁通知》（以下简称1号搬迁通知），要求繁殖场于2016年3月22日前自行完成搬迁工作，逾期政府将组织有关部门实施强制搬迁，届时所造成的一切损失由其自负，限期内可向具有管辖权的法院起诉或向县人民政府提交新的补偿依据。营根镇政府至今未对崔某的鱼塘实施强制搬迁。2016年4月25日，崔某提起本案行政诉讼，请求撤销营根镇政府作出的1号搬迁通知，并要求琼中县政府、琼中国土局、营根镇政府共同补偿其鱼亲本及鱼苗种产值经济损失535.087万元。

海南省第一中级人民法院（2016）琼96行初83号行政判决认为，2010年，琼中国土局与崔某签订3份补偿协议，并已按照3份补偿协议的约定支付补偿款，但崔某未按照协议的约定完成鱼塘搬迁工作。2016年，营根镇政府作为具体负责土地征收工作的单位，作出1号搬迁通知主体适格，程序合法。琼中国土局支付的补偿金额明显高于68号补偿标准规定的鱼塘按每亩2000元进行补偿的标准，且崔某仅为被征收土地的承包经营者，无权主张琼中县政府给其支付土地补偿费。自琼中国土局于2010年与崔某达成3份补偿协议起至2016年要求崔某自行搬迁止，6年来崔某一直在被征土地上养殖各类鱼亲本及鱼苗种，其主张的各类鱼亲本及鱼苗种的产值损失系因其自身行为造成，应由其对自身的损失予以负责。依照《中华人民共和国行政诉讼法》第六十九条之规定，判决驳回崔某的诉讼请求。崔某不服，提起上诉。

海南省高级人民法院（2016）琼行终478号行政判决认为，崔某主张鱼亲本及鱼苗种年产值损失，属青苗补偿范畴，应按征收土地被征收前3年平均年产值的6～10倍补偿。崔某所指的补偿标准，实际是土地补偿费的支付标准，一审判决驳回其该项请求，并无不当。崔某还主张1号搬迁通知违法。但根据3份补偿协议的约定，崔某理应自行将包括鱼塘在内的青苗、构筑物及附着物清理干净，逾期不履行搬迁义务，营根镇政府受琼中国土局委托，作出1号搬迁通知，主体适格，程序合法。崔某未就征收土地行为及清理鱼塘行为提起诉讼，征收土地及清理鱼塘行为的合法性问题不属本案审查范围。依照《中华人民共和国行政诉讼法》第八十九条第一款第一项的规定，判决驳回上诉，维持原判。

崔某申请再审称：1. 鱼亲本及鱼苗种属青苗补偿范畴，琼中县政府、琼中国土局、营根镇政府应参照《海南经济特区土地管理条例》第二十九条规定，对鱼塘按平均年产值6～10倍的标准支付补偿费535.087万元。2. 1号搬迁通知作出的依据不明确，一、二审应审查征收土地是否合法，是否出于社会公共利益需要。3. 本案诉讼过程中，琼中县政府强行清理鱼塘，未停止行政行为执行，程序违法。请求撤销一、二审判决，依法对本案予以再审。

琼中县政府答辩称：双方就青苗、附着物、构筑物、鱼塘等达成3份补偿协议，琼中国土局已支付全部补偿款。鱼塘里的鱼亲本及鱼苗不是附着在土地上不可迁移的生物，不属于补偿范围。崔某亦非土地所有权人，不是土地补偿款的补偿对象，其诉请没有事实和法律依据。请求驳回崔某的再审申请。

琼中县国土局、营根镇政府均未提交书面答辩意见。

本院经审查认为，《中华人民共和国土地管理法》第四十七条第一、二、四款规定，征收土地的，按照被征收土地的原用途给予补偿。征收耕地的补偿费用包括土地补偿费、安置补助费以及地上附着物和青苗的补偿费。征收耕地的土地补偿费，为该耕地被征收前三年平均年产值的六至十倍。被征收土地上的附着物和青苗的补偿标准，由省、自治区、直辖市规定。《海南经济特区土地管理条例》第二十九条第二款第一项、第五款规定，征收水田、旱田、菜地、园地和鱼塘，土地补偿费补偿标准按该土地被征收前3年平均年产值的6～10倍支付。征地统一年产值标准、青苗补偿标准及地上附着物补偿标准，由市、县、自治县人民政府组织测算，报省人民政府批准后公布执行，并应当定期调整。琼府（2009）41号通知的《海南省征地青苗及地上附着物补偿标准》第一条规定，青苗补偿标准是指国家征收农民集体所有土地时，对其地上短期农作物、中长期经济作物以及林木等苗木给予产权人的经济补偿。根据上述规定，鱼塘补偿属于土地征收中的其他构筑物补偿，不是土地补偿，也不是青苗补偿，应当按照市、县政府制定的地上构筑物的补偿标准依法予以补偿。本案中，通过协议方式，琼中县政府已经对崔某被征收的鱼塘予以每亩3600元的构筑物价值补偿，该补偿标准高于68号补偿标准确定的每亩2000元的补偿标准，崔某的鱼塘已经得到充分补偿。崔某主张应参照《海南经济特区土地管理条例》第二十九条鱼塘按年产值6～10倍的标准支付补偿费。但是，上述规定是对被征收鱼塘的土地补偿费补偿标准的规定，崔某并非本案集体土地的所有权人，主张土地补偿费缺乏法律根据。同时，被征收鱼塘中的各类鱼的价值，在鱼塘被拆除之前，崔某完全可以自行捕捞出售，不会产生鱼的损失；鱼苗年产值属于将来可得利益，不属于征收补偿范围。对崔某的上述主张，本院不予支持。崔某还主张，本案诉讼中琼中县政府强行清理鱼塘，该行为不是本案被诉行政行为，不属于本案审查范围，如果对该行为有异议，可以另行通过法定途径予以救济。

应当指出的是，《最高人民法院关于执行〈中华人民共和国行政诉讼法〉若干问题的解释》第一条第二款第六项规定，对公民、法人或者其他组织权利义务不产生实际影响的行为，不属于行政诉讼的受案范围。土地征收过程中，行政机关与被征收人达成征收补偿协议，约定自行搬迁期限后，被征收人未在约定期限内自行搬迁，行政机关依法发出催告履行通知书催告履行的行为，仅仅是对征收补偿协议约定义务的重复告知行为，并未对被征收人设定新的权利义务，属于对当事人权利义务不产生实际影响的程序性告知行为，是不可诉的行政行为。一、二审受理崔某对1号搬迁通知的起诉并进行实体审理不妥。但是，鉴于本案系崔某申请再审，人民法院不宜作出对申请人更为不利的裁判，本案不予再审。

综上，崔某的再审申请不符合《中华人民共和国行政诉讼法》第九十一条第三、四、五项规定的情形。依照《最高人民法院关于执行〈中华人民共和国行政诉讼法〉若干问题的解释》第七十四条的规定，裁定如下：

驳回崔某的再审申请。

审判长：郭修江；审判员：司明灯、龚斌；法官助理：黄宁晖；书记员：陈清玲

二〇一七年十二月四日

056

被征收人因行政机关违法强制拆除被征收房屋获得的行政赔偿，不应低于合法拆除被征收房屋时给予的行政补偿。

【裁判要旨】

在土地、房屋征收过程中，对因行政机关违法强制拆除被征收房屋而造成被征收人房屋等相关财产损失的，应当参照合法进行土地、房屋征收时的行政补偿标准予以行政赔偿。要确保被征收人因违法强制拆除行为造成损失获得的行政赔偿，不低于行政机关合法征收拆除房屋时给予被征收人的行政补偿。

中华人民共和国最高人民法院
行政裁定书

（2017）最高法行申8578号

再审申请人（一审原告、二审上诉人）：长沙市星城家俱实业有限公司。

法定代表人：陈和建。

委托代理人：王正端。

被申请人（一审被告、二审上诉人）：湖南省长沙市岳麓区人民政府。

法定代表人：刘汇。

委托代理人：李明清。

委托代理人：王乐军。

被申请人（一审被告、二审上诉人）：湖南省岳麓区城市管理综合执法大队。

法定代表人：周永。

委托代理人：李湘黔。

委托代理人：肖斌。

再审申请人长沙市星城家俱实业有限公司（以下简称星城公司）因诉被申请人湖南省长沙市岳麓区人民政府（以下简称岳麓区政府）、岳麓区城市管理综合执法大队（以下简称岳麓区城管大队）强制拆除及行政赔偿一案，不服湖南省高级人民法院于2017年6月22日作出的（2016）湘行终313号行政判决，向本院申请再审。本院于2017年11月13日立案受理，依法组成合议庭进行审查。案件现已审查终结。

星城公司位于长沙市××××办事处靳江村，原名长沙市岳麓区星城钢木家俱厂，后更名为长沙市星城家俱实业有限公司。1985年，星城公司在岳麓区××与××交界处建厂，建设一栋一层砖木结构房屋，占地2000余平方米。1997年12月，岳麓区政府为星城公司核发岳麓集建（1997）字第4000213号《集体土地建设用地使用证》，批准用地面积为3177.1平方米，使用期限为长期，用途为工厂。批准用地中，部分为新批，其余为星城公司1985年所建房屋部分用地。1998年12月8日，星城公司向岳麓区建委提交《关于办理房屋报建手续的报告》，靳江村民委员会（以下简称靳江村委会）和岳麓街道办事处经济贸易办公室（以下简称岳麓经贸办）均在报告上签署“请予支持办理”的意见。之后，星城公司在新批准用地范围内修建部分房屋。2002年1月，经岳麓经贸办和靳江村委会、靳江河村民小组同意，星城公司与周甲等五户相邻村民签订协议，将途经星城公司厂区的原村民通行道路封闭，村民改由星城公司已修好的道湖院（垸）中间公路及厂房东向简易通道通行，原道路（占地551.5平方米）由星城公司使用。2003年3月4日，经岳麓经贸办和靳江村委会、靳江河村民小组同意，星城公司与周甲、周乙二户签订协议，由星城公司按当时的长沙市征地补偿标准对周甲、周乙的房屋、设施进行测算征用，街、村、组配合负责周甲、周乙住房重建的选址、腾地及建房手续，费用由星城公司负责。2004年4月，星城公司向岳麓街道办事处、岳麓街道办事处国土管理所和靳江村委会提交《关于旧厂房改造的请示报告》，拟对1985年建造的旧厂房拆除重建。岳麓经贸办签署“急需改造”的意见，岳麓街道办事处国土管理所签署“情况属实”的意见。之后，星城公司对1985年所建房屋部分进行加层，部分进行原基改建；在原周家老屋占地范围，和厂区内原用于村民通行的道路占地范围，新建部分房屋。2006年3月9日，长沙市勘测设计院出具取放线回单、数字定位红线图凭证，通知星城公司凭此单到市政府服务中心规划局窗口领取回单。2007年7月20日，长沙市规划服务中心出具道路上线服务单，收取星城公司规划调查蓝线的相关文件。

2009年，岳麓区征地拆迁事务所对星城公司的房屋进行调查，并绘制私人房屋征地调查表（以下简称调查表），认定共10处房屋，房屋面积共计8915.21平方米，分别为：S1为3138.12平方米，S2为1524.27平方米，S3为399平方米，S4为448.4平方米，S5为1864.68平方米，S6为231平方米，S7为23.8平方米，S8为252.34平方米，S9为1012平方米，S10为21.6平方米；占地面积分别为S1为1046.04平方米，S2为508.09平方米，S3为199.5平方米，S4为448.4平方米，S5为1864.68平方米，S6为231平方米，S7为23.8平方米，S8为252.34平方米，S9为253平方米，S10为21.6平方米。对于各处房屋的具体建设年代，调查表未予认定。2010年1月20日，湖南省人民政府下发（2010）政国土字第69号《农用地转用、土地征收审批单》，批准征用岳麓区靳江村集体土地21.8410公顷，用于长沙市洋湖医院建设，星城公司位于该征地范围内。2010年4月9日，洋湖垸水利综合整治工程拆迁指挥部（以下简称指挥部）、岳麓区人民政府征地办公室（以下简称岳麓区征地办）、长沙市国土资源局岳麓分局、长沙市规划局岳麓分局、区建设局、区房产局、拆迁指挥部岳麓分指挥部等单位，就星城公司拆迁补偿问题形成会议纪要，主要内容："一、补偿原则：由于该企业用地手续完备，工商、税务手续完备，且为区域经济社会发展作出了积极的贡献，会议一致认为，对于该企业的补偿应按照依法依规、尊重历史和注重现实的原则进行补偿。二、补偿标准：由区规划分局按照规划部门进窗报批的相关手续认定房屋的补偿面积，剔除路幅上的建筑物面积后，参照国标系数进行计算，区征地办、区国土分局、区建设局、区房产局、区国土折迁事务所联合进行认定。面积依上述标准实勘后，确认补偿3177.1×1.2=3812.52平方米。"2010年4月13日，岳麓区征地办在会审表上签署意见，同意会审意见，并加注说明："另外，5102.69平方米按结构80%进行认定补偿。"2010年6月10日，岳麓区征地拆迁事务所对星城公司下达《征地补偿告知书》，认定房屋总建筑面积8915.210平方米，以区征地办组织四家职能部门会审，按证认定合法补偿面积3812.520平方米，征地补偿费用共计10196331.84元。星城公司对征地部门认定的房屋总建筑面积以及合法补偿面积和补偿金额有异议，双方协商未达成补偿协议。

2011年4月29日，指挥部出具证明，认为陈庆武、陈和建两户位于靳江河组的建房占用洋湖医院项目的用地，并影响工程进度。2011年5月1日，岳麓区城管大队以接指挥部举报为由，对星城公司立案查处。2011年5月18日，岳麓区城管大队作出岳城综罚字（2011）第053号行政处罚决定（以下简称053号处罚决定），责令星城公司在收到处罚决定书之日起二日内拆除其所建设的建（构）筑物，逾期不拆除，将报请岳麓区政府决定，组织强制拆除。星城公司不服，于2011年5月26日提起行政诉讼。2011年5月30日，岳麓区政府组织岳麓区城管大队对星城公司的房屋（以下简称涉案房屋）全部予以强制拆除。拆除过程未进行公证，拆除前也未进行相关财产清点登记，拆除后，被搬离的物品中，机器设备存放于靳江小学内露天空地，其他物品存放于靳江村二处房屋内。

星城公司不服053号处罚决定，提起行政诉讼。2011年8月10日，长沙市岳麓区人民法院作出（2011）岳行初字第49号行政判决，驳回星城公司的诉讼请求。星城公司不服，向长沙市中级人民法院提起上诉。2014年6月25日，长沙市中级人民法院作出（2011）长中行终字第0204号行政判决，判决撤销一审判决，撤销053号处罚决定。2014年7月27日、28日，星城公司向岳麓区政府及岳麓区城管大队分别提出行政赔偿请求。岳麓区政府及岳麓区城管大队在法定期限内均未作出赔偿决定。2014年9月28日，星城公司提起本案行政诉讼，请求确认岳麓区政府、岳麓区城管大队强制拆除行为违法，赔偿强拆造成的损失共计54970761.37元（过渡费最终按实际过渡期计算确定），及其因违法强拆造成的其他损失；赔偿利息4134888.43元；登报赔礼道歉，恢复名誉，并追究相关责任人的法律责任。

一审期间，星城公司请求对室外设施和现存物品等价值进行鉴定，一审法院委托长沙市价格鉴定中心作出长价认鉴（2015）0356号价格鉴定结论书（以下简称356号鉴定报告），鉴定结论为：1. 长沙市星城家俱实业有限公司现存物品价差无法鉴定；2. 丢失物品在拆迁时段的价值、露天货场、麻石护坡（1）、麻石护坡（2）、征收周家老屋费用，在鉴定基准日的鉴定价格为人民币伍佰柒拾叁万柒仟捌佰柒拾柒元整（￥5737877元）。

二审期间，星城公司请求对涉案房屋价值进行评估。经当事人双方协商，共同选定湖南志成房地产评估有限公司（以下简称志成公司）对涉案房屋进行评估。2016年12月26日，志成公司作出志成估字（2016）第1102AHDA号《房地产估价报告》（以下简称1102AHDA号估价报告），估价结果为：参照长沙市人民政府令第103号《长沙市征地补偿实施办法》（以下简称103号令）规定的补偿标准，房屋补偿金额为20789905元（其中2年过渡费为5500530元）。参照长沙市人民政府发布的长政发（2013）23号《关于调整征收农村集体土地地上附着物及青苗补偿标准的通知》（以下简称23号通知），房屋补偿金额为26465878元（其中2年过渡费为7040678元）。此外，调查表上涉及的仓库部分，因房屋已经灭失，无法确认该部分的装修装饰，故没有列入上述补偿金额范围，参照上述两个标准，涉及该仓库部分的装修装饰补偿金额分别为993921.50元和1283062.30元。

长沙市中级人民法院（2014）长中行初字第00113号行政判决认为，53号处罚决定已被生效的（2011）长中行终字第0204号行政判决撤销，星城公司诉请确认执行该处罚决定的强制拆除行为违法符合法律规定。在涉案房屋及室外设施已灭失的情况下，实施强制拆除行为的岳麓区政府、岳麓区城管大队应当按23号通知规定予以行政赔偿。对于星城公司提出的赔偿请求，认定如下：涉案房屋的合法占地面积按4848.45平方米计算，合法建筑面积按9167.55平方米计算，结构及用途以调查表为准，建成年代均按超过5年计算；室外设施和周家老屋等赔偿，与103号令的补偿规定不符，不予支持；过渡补助费与103号令的计算时点不同，内在逻辑矛盾，不予支持；企业建设用地补助费、搬迁补助费、搬迁奖励费、机械拆除费、特殊补助等，由岳麓区政府、岳麓区城管大队按照实践做法、相同情况相同处理为原则予以处理；房屋内财产以拆除前十日对星城公司屋内物品所作的公证书为准予以赔偿，无法鉴定的物品，参照类似物品的鉴定价格，酌定为5万元；本案的鉴定费用因违法强拆行为而引发，由岳麓区政府、岳麓区城管大队承担。依照《中华人民共和国行政诉讼法》第七十四条第二款第一项，《中华人民共和国国家赔偿法》第三十二条、第三十六条第三、四、八项，《最高人民法院关于审理行政赔偿案件若干问题的规定》第三十三条的规定，判决如下：一、确认岳麓区政府、岳麓区城管大队强制拆除行为违法；二、由岳麓区政府、岳麓区城管大队在判决生效后的六十日内，按照103号令的现行补偿标准，共同赔偿星城公司涉案房屋及其室外设施的损失；三、由岳麓区政府、岳麓区城管大队在判决生效后六十日内，共同赔偿星城公司涉案房屋被拆除时的屋内财产损失5179878元及鉴定费用47600元，共计5227478元；四、驳回星城公司的其他赔偿请求。双方当事人均不服，提起上诉。

湖南省高级人民法院（2016）湘行终313号行政判决认为，一审判决对违法拆除行为给星城公司造成财产损失范围认定不当，且没有具体赔偿金额，依法应予纠正。根据二审期间所作1102AHDA号估价报告和356号鉴定报告，对因违法拆除造成的被拆除房屋、其他室外设施、物品损失等三项损失综合认定，按照给付赔偿金的形式予以赔偿，共计27870584.5元，并支付相应利息。星城公司要求登报赔礼道歉、恢复名誉及追究相关人员责任的其他诉讼请求，以及要求支付过渡费的方式赔偿停产停业损失的上诉理由，和岳麓区政府、岳麓区城管大队的其他上诉理由，均于法无据，不予支持。一审鉴定费和二审评估费，因违法拆除造成损失的客观需要产生，应由岳麓区政府、岳麓区城管大队负担。依据《中华人民共和国行政诉讼法》第八十九条第一款第二项，《中华人民共和国国家赔偿法》第三十二条、第三十六条第三、四、八项，《最高人民法院关于审理行政赔偿案件若干问题的规定》第三十三条的规定，判决如下：一、维持一审判决的第一项和第四项；二、撤销一审判决的第二项和第三项；三、由岳麓区政府、岳麓区城管大队在本判决生效后十五日内，共同赔偿星城公司涉案房屋、相关设施和物品损失共计27870584.5元，及该笔款项自2011年5月30日房屋被拆除之日起至款项付清之日止按人民银行同期人民币整存整取五年期定期存款利率计算的利息。一、二审案件受理费共计100元、一审鉴定费47600元、二审评估费123898元，由岳麓区政府、岳麓区城管大队共同负担。

星城公司申请再审称：二审判决在认定赔偿款时，没有包含延期过渡补助费，延期过渡补助费应当参照103号令和23号通知的补偿标准进行分段计算。过渡补助费不仅包括正常的24个月的过渡补助费，还包括因违法强拆造成的延期过渡补助费。具体为：1. 延期过渡补助费从违法强拆的行政行为作出的次月开始起算，到赔偿款支付之月止。即2011年6月至2013年9月，25元（单价）×2（倍数）×28个月（过渡期）×9167.55平方米（房屋合法面积）=12834570元；2. 正常的24个月过渡补助费，从赔偿款支付之日的次月起至24个月满止。即2013年10月至2017年9月，32元（单价）×2（倍数）×48个月（过渡期）×9167.55平方米（房屋合法面积）=28162713.6元。共计40997283.6元。请求撤销二审判决，对本案进行再审，改判增加延期过渡补助费40997283.6元。

岳麓区政府答辩称：按照103号令的规定，补偿过渡补助费仅限于乡（镇、街道）、村企业房屋，而星城公司是自然人出资设立的有限责任公司，不属于过渡补助费的补偿范围。并且岳麓区政府已经按时履行生效的二审判决所确定的赔偿款。请求驳回星城公司的再审申请。

岳麓区城管大队答辩称：二审审理期间，双方协商确定的评估公司进行评估，房产补偿款中已经包含过渡补助费。现在星城公司针对过渡补助费再次提出请求，于法无据。请求驳回星城公司的再审申请。

本院经审查认为，《中华人民共和国国家赔偿法》第四条规定，行政机关及其工作人员在行使行政职权时违法，侵犯公民、法人或者其他组织合法财产权益的，受害人有取得赔偿的权利。第三十二条规定，国家赔偿以支付赔偿金为主要方式。第三十六条第四、八项规定，侵犯公民、法人和其他组织的财产权造成侵害，应当返还的财产灭失的，给付相应的赔偿金；对财产权造成损害的，原则上应当按照直接损失给予赔偿。在土地、房屋征收过程中，对因违法强制拆除造成被征收人房屋等相关财产损失的，参照土地征收补偿标准予以行政赔偿，确保被征收人因违法强制拆除行为造成损失获得的行政赔偿，不低于行政机关合法征收拆除房屋给予被征收人的行政补偿，这一做法符合国家赔偿法关于“直接损失”补偿的基本原则，不违反法律规定。一、二审判决参照长沙市有关土地征收补偿标准，对星城公司作出行政赔偿，适用法律并无不当。星城公司主张，二审判决在认定赔偿款时，应当参照103号令和23号通知，支付延期过渡补助费。但是，103号令附件“关于企业房屋补偿标准”表4－3中，对过渡补助费的标准为，乡（镇、街道）、村企业房屋每平方米每月补助25元，过渡期为24个月。其中并没有所谓“延期过渡补助费”的规定。并且，在1102AHDA号估价报告中，已经明确将2年的过渡补助费计算在内，二审判决赔偿金额已经包含24个月的过渡补助费。星城公司请求参照103号令和23号通知规定，增加“延期过渡补助费”，缺乏法律根据。以此为由申请再审，本院不予支持。

综上，星城公司的再审申请不符合《中华人民共和国行政诉讼法》第九十一条第四项规定的情形。依照《最高人民法院关于执行〈中华人民共和国行政诉讼法〉若干问题的解释》第七十四条的规定，裁定如下：

驳回长沙市星城家俱实业有限公司的再审申请。

审判长：郭修江；审判员：龚斌、曹刚；法官助理：黄宁晖；书记员：陈清玲

二〇一七年十二月二十八日

最高人民法院第一巡回法庭
2018 年典型行政案件

一、起诉条件

001

订立行政协议行为可诉

【裁判要旨】

行政机关与公民、法人或者其他组织订立行政协议的行为，可能侵犯当事人的人身权、财产权等合法权益，会对当事人的权利义务产生实际的不利影响，属于可诉的行政行为。

中华人民共和国最高人民法院
行政裁定书

（2018）最高法行申222号

再审申请人（一审起诉人、二审上诉人）：广西壮族自治区昭平县黄姚镇黄姚街居民共201人（名单及基本信息本书予以省略）。

诉讼代表人：古某。

诉讼代表人：莫某。

委托代理人：程某。

再审申请人广西壮族自治区昭平县黄姚镇黄姚街居民共201人（以下简称黄姚街居民）因诉广西壮族自治区昭平县人民政府（以下简称昭平县政府）、广西桂能电力有限责任公司（以下简称桂能电力公司）、广西昭平黄姚古镇文化旅游有限公司（以下简称黄姚旅游公司）、广西贺州黄姚古镇投资有限公司（以下简称黄姚投资公司）签订行政协议行为一案，不服广西壮族自治区高级人民法院于2017年5月5日作出的（2016）桂行终108号行政裁定，向本院申请再审。本院于2018年1月9日立案受理，依法组成合议庭进行审查。案件现已审查终结。

黄姚街居民诉称：2002年8月，昭平县政府与广西桂东电力股份有限公司（以下简称桂东电力公司）签订《共同开发经营黄姚古镇旅游项目协议》，又与桂东电力公司的子公司——桂能电力公司，签订《关于出让昭平县黄姚景区旅游资源开发经营管理权协议书》，双方约定：昭平县政府同意昭平县旅游公司与桂能电力公司共同成立“广西昭平黄姚景区旅游开发有限公司”（以下简称黄姚景区旅游公司），对黄姚景区旅游资源进行开发、管理、经营，并负责组织实施昭平县政府颁布的《黄姚风景旅游区管理暂行办法》；昭平县政府将黄姚景区旅游资源以8万元的价格出让给黄姚景区旅游公司开发建设、经营管理50年；桂能电力公司应当在黄姚景区旅游公司成立后开始进行重新规划和设计，利用5年时间完成项目开发建设，并根据市场定位投入约5000万元资金；桂能电力公司在建设期间免交任何行政事业收费，无偿使用非建设用地（如用于游客观赏的人行道、地坪及用于绿化美化的荒地、河岸等）。之后，桂能电力公司成立黄姚旅游公司，并由该公司开始开发经营黄姚古镇旅游项目。2004年5月26日，黄姚旅游公司与黄姚镇政府、黄姚镇黄姚街村民委员会（以下简称黄姚街村委会）、昭平县黄姚街旅游开发协会（以下简称黄姚旅游协会）签订《关于做好黄姚古镇风景名胜区旅游开发经营管理的协议书》，就补偿问题及后三方配合黄姚旅游公司做好景区经营管理作出约定。2011年1月1日，黄姚旅游公司与昭平县黄姚古镇风景名胜区管理局、黄姚街村委会、黄姚旅游协会签订《黄姚古镇风景名胜区旅游设施及资源使用补偿协议书》，就补偿问题及后三方配合黄姚旅游公司做好景区经营管理进行重新约定。2014年年初，黄姚投资公司接替黄姚旅游公司与昭平县政府共同开发经营黄姚古镇旅游项目至今。黄姚投资公司未与黄姚街居民委员会签署任何协议。2015年11月26日，黄姚街居民提起本案行政诉讼，请求：1. 确认昭平县政府许可桂东电力公司对黄姚古镇五十年的旅游共同开发经营权的具体行政行为违法；2. 确认黄姚旅游公司和黄姚投资公司承继桂东电力有限公司对黄姚古镇五十年的旅游共同开发经营权的具体行政行为违法；3. 撤销昭平县政府的共同经营开发权许可行为以及停止侵害；4. 确认昭平县政府与桂东电力公司和黄姚旅游公司、黄姚投资公司在黄姚旅游经营开发中所获收益为侵权违法所得，不受法律保护。

贺州市中级人民法院（2015）贺立行初字第3号行政裁定认为，昭平县政府与桂东电力公司签订的《共同开发经营黄姚古镇旅游项目协议》合同属于行政协议，但不属于“认为行政机关不依法履行、未按照约定履行或者违法变更、解除政府特许经营协议、土地房屋征收补偿协议等协议”的情形。故，黄姚街居民的诉请不属于行政诉讼的受案范围，黄姚街居民起诉不符合法定条件。依据《中华人民共和国行政诉讼法》第十三条第一项、第四十九条第四项、第五十一条第二款之规定，裁定对黄姚街居民的起诉不予立案。黄姚街居民不服，提起上诉。

广西壮族自治区高级人民法院（2016）桂行终108号行政裁定认为，根据黄姚街居民起诉状中所列事实和理由及所提供的证据，黄姚街居民系起诉要求确认昭平县政府批准桂东电力公司、黄姚旅游公司、黄姚投资公司等三家公司与昭平县政府共同开发经营黄姚古镇的决定违法，本案案由应定为行政许可。根据黄姚街居民提供的《关于做好黄姚古镇风景名胜区旅游开发经营管理的协议书》《黄姚古镇风景名胜区旅游设施及资源补偿协议书》等证据可以看出，黄姚街居民在领取补偿款的情况下，不再是相关土地房屋的权利人，与被诉行政许可不具有利害关系，不是本案适格原告，一审裁定不予立案并无不当。依照《中华人民共和国行政诉讼法》第八十九条第一款第一项之规定，裁定驳回上诉，维持原裁定。

黄姚街居民申请再审称：黄姚古镇的土地、房屋归黄姚村民集体、个人所有，其权属不能因设置景区而改变。昭平县政府未经黄姚街居民的同意，私自授权桂能电力公司、黄姚旅游公司、黄姚投资公司经营景区，侵犯黄姚街居民的合法权益。请求撤销一、二审裁定，依法对本案予以再审。

本院经审查认为，《最高人民法院关于执行〈中华人民共和国行政诉讼法〉若干问题的解释》第四十一条规定，行政机关作出行政行为时，未告知公民、法人或者其他组织诉权或者起诉期限的，起诉期限从公民、法人或者其他组织知道或者应当知道行政行为内容之日起最长不得超过2年。本案中，2002年8月，昭平县政府与桂东电力公司签订《共同开发经营黄姚古镇旅游项目协议》，与桂东电力公司的子公司桂能电力公司签订《关于出让昭平县黄姚景区旅游资源开发经营管理权协议书》。2004年5月26日和2011年1月1日，黄姚旅游公司、黄姚镇政府、黄姚街村委会、黄姚旅游协会又先后签订两份补偿协议，约定由黄姚旅游公司经营开发黄姚古镇景区，且每年给予黄姚街村委会、黄姚旅游协会及黄姚街村委会辖区的古镇居民一定补偿，黄姚街居民在协议签订后已经实际领取补偿款。最迟自领取补偿款之日起，黄姚街居民应当知道昭平县政府、黄姚镇政府与各方签订行政协议，将黄姚古镇风景区经营权出让给黄姚旅游公司开发经营的事实，至2015年11月26日对上述签订行政协议的行为提起行政诉讼，已经超过法定2年的起诉期限，一、二审裁定驳回黄姚街居民起诉，处理结果并无不当。黄姚街居民主张黄姚古镇的土地、房屋归黄姚村民集体、个人所有，昭平县政府未经黄姚街居民同意，私自授权桂能电力公司、黄姚旅游公司、黄姚投资公司经营景区，侵犯黄姚街居民的合法权益，但是，本案查明的事实是，将黄姚古镇风景区经营权出让给黄姚旅游公司开发经营，经过包括黄姚街村委会在内的各方当事人协商同意，其主张与事实不符，以此为由申请再审，本院不予支持。

应当指出的是，行政机关签订行政协议的行为，可能侵犯当事人的人身权、财产权等合法权益，会对当事人的权利义务产生实际的不利影响，根据《中华人民共和国行政诉讼法》第十二条第一款第十二项的规定，属于可诉的行政行为。一审裁定认为，签订行政协议的行为不在行政诉讼法第十二条第一款第十一项列举的可诉行政协议行为范围，不属于行政诉讼的受案范围，是对行政诉讼法第十二条行政诉讼受案范围规定的误解。二审否定一审上述理由，并无不当。但是，二审认为黄姚街居民领取补偿款后，与被诉签订行政协议行为没有利害关系，裁定驳回黄姚街居民的起诉，裁判理由亦属不当。黄姚街居民系黄姚街村委会的村民，领取补偿款并未丧失黄姚古镇风景区范围内房屋、土地的所有权和使用权，与签订行政协议出让黄姚古镇风景区经营权的行政行为，具有利害关系。但是，根据《最高人民法院关于审理涉及农村集体土地行政案件若干问题的规定》第三条第一款规定，在黄姚街村委会对签订行政协议行为不起诉的情况下，只有过半数的村民才能对该行为提起诉讼。本案二审未查明一审起诉的黄姚街居民是否超过黄姚街村委会村民半数，仍不能以此为由裁定驳回黄姚街居民的起诉。鉴于本案黄姚街居民起诉超过法定2年起诉期限，一、二审裁定驳回其起诉的处理结果并无当，若再审本案变更裁判理由后再次裁定驳回起诉，只能徒增诉累，浪费司法资源，不利于纠纷的化解，本案不予再审。

综上，黄姚街居民的再审申请不符合《中华人民共和国行政诉讼法》第九十一条第三项规定的情形。依照《最高人民法院关于适用〈中华人民共和国行政诉讼法〉的解释》第一百一十六条第二款的规定，裁定如下：

驳回广西壮族自治区昭平县黄姚镇黄姚街居民共201人的再审申请。

审判长：郭修江；审判员：龚斌、熊俊勇；法官助理：黄宁晖；书记员：陈清玲

二〇一八年三月二十九日

002

当事人请求上级机关履行层级监督法定职责，属于申诉上访行为

【裁判要旨】

《最高人民法院关于执行〈中华人民共和国行政诉讼法〉若干问题的解释》第一条第二款第六项规定，对公民、法人或者其他组织权利义务不产生实际影响的行为，不属于行政诉讼的受案范围。根据上述规定，当事人向上一级行政机关投诉，请求上一级行政机关履行对下监督法定职责，实质是向上级行政机关的申诉上访行为。上级行政机关基于内部层级监督关系，对下级行政机关作出的听取报告、执法检查、督促履责等未改变原行政行为内容的行为，系行政机关对当事人的申诉上访作出的重复处理，对当事人的权利义务不产生实际影响，属于不可诉的行政行为。对当事人权利义务不产生实际影响的行为，同样不属于行政复议的受案范围。

中华人民共和国最高人民法院
行政裁定书

（2018）最高法行申948号

再审申请人（一审原告、二审上诉人）：刘某。

被申请人（一审被告、二审被上诉人）：广西壮族自治区北海市人民政府。

法定代表人：蔡锦军。

委托代理人：陈广明。

再审申请人刘某因诉被申请人广西壮族自治区北海市人民政府（以下简称北海市政府）不履行层级监督法定职责一案，不服广西壮族自治区高级人民法院于2017年6月2日作出的（2017）桂行终451号行政裁定，向本院申请再审。本院于2018年2月26日立案受理，依法组成合议庭进行审查。案件现已审查终结。

2016年4月，北海市保民候鸟养老服务有限公司（以下简称候鸟公司）向北海市工商行政管理局工业园区分局（以下简称园区分局）申请办理法定代表人、

住所、经营范围、名称、股东、注册资本等事项的变更登记。园区分局对候鸟公司的变更登记申请进行审查后，认为候鸟公司提交的申请材料不符合法律规定、不规范，并当场告知修改意见。其后，候鸟公司修改申请变更登记材料，两次向园区分局提交，园区分局审查后均认为，材料不符合法定条件，不能受理其变更登记申请，但未作出书面的不予受理文书。同年4月19日，候鸟公司的股东、申请变更登记的拟任法定代表人刘某，向北海市工商行政管理局（以下简称北海市工商局）监察室投诉园区分局办事效率低下问题。次日，北海市工商局转交企业注册管理科和园区分局进行核实。2016年5月17日，园区分局作出《关于北海市保民候鸟养老服务有限公司变更登记材料的修改意见》（以下简称修改意见），并送达给候鸟公司。修改意见的主要内容是：1. 申请变更公司名称为“北海市保民候鸟享老有限公司”，“享老”的行业特征表述不够明确，建议变更为“北海市保民候鸟享老服务有限公司”；2. 申请变更经营范围为“多功能养老业一条龙配套服务”，“一条龙配套服务”的表述不够具体明确，不符合国民经济行业分类规范要求，建议变更为“养老服务”；3. 申请新增股东北海南源投资有限公司（以下简称南源公司）的土地、房产出资期限问题，申请材料中公司章程、股东会决议中表述为“土地、房产2016年3月15日已到账”或“到位”，但候鸟公司无法提供相关土地、房屋过户的证明材料，建议该公司与股东之间约定一个出资期限。为此，要求候鸟公司尽快修改相关材料提交园区分局，园区分局将快速办理。2016年6月14日，北海市工商局作出北工商函（2016）42号《北海市工商局关于刘某投诉问题的答复》（以下简称42号答复），主要内容是：园区分局已经于2016年5月17日向候鸟公司送达修改意见，对需要修改的内容予以指导修改，现等候该公司提交申请材料；对刘某提出的园区分局办事效率低下问题，经调查不存在慢作为和不作为的情况；关于候鸟公司变更登记申请存在的问题，经查，南源公司虽然将土地、房产作为出资，但是目前仅仅是将土地、房屋交付候鸟公司使用，没有把产权过户到候鸟公司名下，没有证据证明相关房产、土地出资已经到位；候鸟公司多次咨询变更登记事宜，拒绝接受建议修改申请材料，至今也未向园区分局提交申请变更材料。候鸟公司不服42号答复，申请行政复议。2016年8月13日，北海市政府作出北政复字（2016）36号《行政复议决定书》（以下简称36号复议决定），认为北海市工商局对候鸟公司提出的公司变更登记申请，没有完全按照《中华人民共和国行政许可法》第三十二条第二款、第三十八条规定的法定程序办理，未出具书面的受理或者不予受理文书，依据《中华人民共和国行政复议法》第二十八条第一款第二项规定，决定自收到本复议决定书之日起5日内，北海市工商局对候鸟公司提出的公司变更登记申请按照行政许可法定程序进行审查，依法决定是否受理；予以受理的，依法在规定的期限内决定。2016年8月25日，园区分局作出〈桂〉登记内不予受理字（2016）第11号《不予受理通知书》（以下简称11号不受理通知），以候鸟公司的变更（备案）登记申请材料不齐全、不符合法定形式为由，决定不予受理其申请，退回已收到的相关申请材料，并于当日送达候鸟公司。2016年8月29日，刘某提起本案行政诉讼，请求撤销36号复议决定，责令北海市政府为候鸟公司的申请变更事项备案登记发照。

北海市中级人民法院（2016）桂05行初73号行政裁定认为，向北海市政府提出复议申请的是候鸟公司，刘某没有单独作为复议申请人或者一并作为复议申请人提出申请，且候鸟公司已经对36号复议决定提起行政诉讼，刘某作为候鸟公司的股东之一，其利益已经被候鸟公司的利益完全吸收，不能以股东名义与候鸟公司作为共同原告提起本案行政诉讼。依照《中华人民共和国行政诉讼法》第四十九条第一项及《最高人民法院关于适用〈中华人民共和国行政诉讼法〉若干问题的解释》第三条第一款第一项之规定，裁定驳回刘某的起诉。刘某不服，提起上诉。

广西壮族自治区高级人民法院（2017）桂行终451号行政裁定认为，刘某既不是公司变更登记的申请人，也不是行政复议的当事人，不能以“行政行为的相对人”身份提起行政诉讼。公司作为法人，有独立的主体资格，股东（包含法定代表人在内）的利益由公司统一代表。候鸟公司已经以自己的名义起诉，刘某不具有原告资格。依照《中华人民共和国行政诉讼法》第八十九条第一款第一项的规定，裁定驳回上诉，维持原裁定。

刘某申请再审称：候鸟公司申请变更登记的事项，其中就有变更法定代表人为刘某，北海市政府的行为侵害的不仅是候鸟公司的权益，还侵害了刘某的个人合法权益。请求撤销一、二审裁定，依法对本案予以再审。

北海市政府答辩称：36号复议决定认定事实清楚，证据充分，适用法律、法规正确，符合法定程序。园区分局未完全按照法定程序办理，复议决定责令其限期审查作出决定，符合法律规定。请求驳回刘某的再审申请。

本院经审查认为，《最高人民法院关于执行〈中华人民共和国行政诉讼法〉若干问题的解释》第一条第二款第六项规定，对公民、法人或者其他组织权利义务不产生实际影响的行为，不属于行政复议的受案范围。根据上述规定，当事人向上一级行政机关投诉，请求上一级行政机关履行对下监督法定职责，实质是向上级行政机关的申诉上访行为。上级行政机关作出的责令下级行政机关限期履责行为，系行政机关的内部层级监督行为，对当事人的权利义务不产生实际影响，属于不可诉的行政行为。为此，《最高人民法院关于适用〈中华人民共和国行政诉讼法〉的解释》第一条第二款第八项亦明确规定，上级行政机关基于内部层级监督关系对下级行政机关作出的听取报告、执法检查、督促履责等行为，不属于行政诉讼的受案范围。本案中，候鸟公司申请变更登记，刘某作为股东和申请变更登记的拟任法定代表人，认为园区分局未依法履行变更登记法定职责，向北海市工商局投诉。北海市工商局经审查作出42号答复，认为园区分局不存在慢作为和不作为的情况。刘某仍不服并申请行政复议，实质是对申诉信访答复意见的再申诉，北海市政府以行政复议程序作出的36号复议决定，本质上是对申诉处理的复查意见，复查结论是责令登记机关限期对候鸟公司的变更登记申请作出处理，实质是行政机关内部层级监督行为，对候鸟公司、刘某的权利义务均不产生实际影响，属于不可诉的行政行为。一、二审裁定驳回刘某的起诉，处理结果并无不当。

应当指出的是，《中华人民共和国行政诉讼法》第二十五条第一款规定，行政行为的相对人以及其他与行政行为有利害关系的公民、法人或者其他组织，有权提起行政诉讼。本案中，候鸟公司申请法定代表人、股东等事项的变更登记，刘某作为候鸟公司的股东及申请变更登记的拟任法定代表人，园区分局不受理变更登记申请行为可能侵犯刘某担任候鸟公司法定代表人的合法权益，刘某与该行政行为具有利害关系。一、二审以刘某不具有原告资格为由，裁定驳回起诉理由不妥，本院予以指正。

再需要指出的是，参照行政诉讼法的上述规定，当事人向上级行政机关申请层级监督的行为，属于申诉上访行为，上级行政机关对当事人的申诉上访作出的答复、复核、复查意见或不予立案及督促下级机关履责的层级监督行为，均属于对当事人权利义务不产生实际影响的信访处理行为，不属于行政复议的受案范围。

刘某对层级监督的信访事项申请行政复议，不属于行政复议的受案范围，北海市政府受理刘某的复议申请不妥，本院予以指正。鉴于刘某申请再审，人民法院不宜作出对申请人更为不利的裁判，本案不予再审。

综上，刘某的再审申请不符合《中华人民共和国行政诉讼法》第九十一条第三、四项规定的情形。依照《最高人民法院关于适用〈中华人民共和国行政诉讼法〉的解释》第一百一十六条第二款的规定，裁定如下：

驳回刘某的再审申请。

审判长：郭修江；审判员：龚斌、熊俊勇；法官助理：黄宁晖；书记员：陈清玲

二〇一八年五月二十八日

003

未作出具体权利义务承诺、意向性协商订立行政协议的行为不属于行政诉讼的受案范围

【裁判要旨】

《最高人民法院关于适用〈中华人民共和国行政诉讼法〉的解释》第一条第二款第六项规定，行政机关为作出行政行为而实施的准备、论证、研究、层报、咨询等过程性行为，对当事人的权利义务不产生实际影响，不属于行政诉讼的受案范围。行政协议案件中，行政机关为订立行政协议，事先与行政相对人进行会晤、商谈，或召开会议形成政府会议纪要，仅是对双方签订行政协议的意向性表达，未对双方具体权利义务作出承诺或约定的，属于对当事人权利义务不产生实际影响的过程性行政行为，不可诉。反之，订立意向性协议已经为当事人设定具体明确的义务，可能对当事人人身权、财产权等合法权益造成损害的，属于可诉的订立行政协议的行为。

中华人民共和国最高人民法院
行政裁定书

（2018）最高法行申 8174 号

再审申请人（一审原告、二审上诉人）：益阳华龙垃圾焚烧发电有限公司。

法定代表人：李河清，董事长。

被申请人（一审被告、二审被上诉人）：湖南省益阳市人民政府。

法定代表人：张值恒，市长。

委托代理人：王晓纯，益阳市住建局工作人员。

委托代理人：刘政雄，湖南麓和律师事务所律师。

再审申请人益阳华龙垃圾焚烧发电有限公司（以下简称华龙公司）因诉被申请人湖南省益阳市人民政府（以下简称益阳市政府）行政赔偿一案，不服湖南省高级人民法院于 2018 年 4 月 27 日作出的（2017）湘行终 1405 号行政判决，向本

院申请再审。本院于2018年9月11日立案受理，依法组成合议庭进行审查。案件现已审查终结。

2003年11月16日，益阳市城市生活垃圾焚烧发电特许经营项目由湖南省沅江市人民政府（以下简称沅江市政府）提议，拟在沅江市××、三眼塘建设30万吨垃圾发电处理厂，北京久富投资管理有限公司有意向投资建设。2003年12月30日，沅江市发展计划物价局向益阳市发展计划委员会（以下简称益阳市发计委）请示。2004年2月6日，益阳市发计委作出益计字（2004）第20号《关于批复〈湖南沅江垃圾焚烧发电厂项目建议书〉的请示》，向湖南省发展改革委员会（以下简称湖南省发改委）请示批复。2004年4月26日，湖南省发改委作出湘发改基础（2004）330号《关于益阳生活垃圾焚烧发电厂项目建议书的批复》，同意益阳市发计委批复立项。2006年2月6日，沅江市湘晖垃圾焚烧发电有限公司经沅江市工商行政管理局注册登记成立，后变更为华龙公司。2006年2月10日，华龙公司先后与沅江市、赫山区、资阳区相关部门联系，进行招商引资活动。2008年5月31日，益阳市政府时任副秘书长与华龙公司邀请的合作伙伴中国航空发展集团总公司和深圳德圣（香港）实业有限公司，就益阳市城市生活垃圾焚烧发电特许经营项目进行会谈，形成《关于投资垃圾焚烧发电项目的会议纪要》（以下简称会议纪要），主要内容：1. 益阳市政府副秘书长受益阳市政府委托，代表益阳市政府热烈欢迎投资方来益阳投资，向投资方表示衷心的感谢！2. 双方就2008年4月7日投资方第二次来益阳与益阳市政府、益阳市政府对外联络科、益阳市环保局、益阳市环卫处等，就垃圾焚烧发电项目相关问题认真进行商谈，并达成合作共识，愿紧密配合，继续做好垃圾焚烧发电的后续工作。3. 投资方非常满意益阳市政府对该项目的支持，双方讨论很坦诚，达到此行目的，对项目投资意向明确，回去以后，将组织专家和技术人员来益阳对该项目进行最终勘察、评估和市场调查等前期工作。同时表达对益阳污水处理等环保项目的投资意向。4. 益阳市政府要求项目方抓紧完成一些细节事项，配合投资方做好各项前期工作，争取尽快签订合作投资协议，启动项目建设。益阳市政府办明确，由秘书五科对该项目跟踪服务，协调处理相关事项。2012年3月1日，《益阳日报》刊登益阳市委书记与中能佳程环保科技能源有限公司签订《垃圾处理项目战略合作协议》，但该协议未履行。益阳市政府决定，以BOT模式采取招投标方式，确定益阳市城市生活垃圾焚烧发电厂工程项目的特许经营主体；2013年10月，授权益阳市住房和城乡建设局（以下简称益阳市住建局）牵头负责本项目建设。益阳市住建局根据《中华人民共和国招投标法》的有关规定，委托湖南中投项目管理有限公司为招标代理机构进行公开招投标，并发布《益阳市城市生活垃圾焚烧发电特许经营项目招标公告》，告知项目概况、招标内容、投标人资格条件、报名时间和地点、报名材料、投标保证金、招标文件的发售、发布公告的媒体、联系方式。2014年1月14日，根据评标结果，相关单位确定中国光大国际有限公司为中标人。华龙公司因其引资的合作伙伴未能中标，向有关部门上访，并于2013年12月10日向益阳市政府出具《关于请求市人民政府酌情处理解决困难的报告》。2014年2月28日，益阳市信访局与华龙公司法定代表人李河清签订《停访息诉协议书》。2014年3月11日，益阳市赫山区人民法院作出（2013）赫刑初字第445号刑事判决书，判决李河清犯合同诈骗、虚报注册资本罪，两罪并罚，判处有期徒刑四年。李河清被关押在湖南省德山监狱，2017年3月24日被释放。2017年6月2日，华龙公司提起行政诉讼，以益阳市政府不履行政府特许经营协议行为造成损失为由，请求行政赔偿。华龙公司在该案一审中提交两份行政起诉状，将赔偿理由由不履行特许经营行政允诺，变更为不履行特许经营协议，诉讼请求均为请求益阳市政府赔偿其在该项目上前期投入的经济损失2553471.81元。

益阳市中级人民法院（2017）湘09行初32号行政判决认为，华龙公司的法定代表人李河清因被限制人身自由不能提起诉讼，被限制人身自由的2014年3月11日至2017年3月24日不计算在起诉期间内，华龙公司的起诉并未超过起诉期限。益阳市政府以BOT特许经营的模式通过招投标确定特许经营对象符合法律规定，华龙公司与益阳市政府的会谈纪要并非双方协商订立的具有行政法上权利义务内容的协议，双方并未签订《政府特许经营协议》。华龙公司获得益阳市生活垃圾焚烧发电厂项目采用BOT特许经营的模式进行建设的信息后，积极招商引资，这是华龙公司的商业决策，由此产生的费用是市场竞争结果。依照《最高人民法院关于执行〈中华人民共和国行政诉讼法〉若干问题的解释》第五十六条第四项、《最高人民法院关于审理行政赔偿案件若干问题的规定》第三十三条之规定，判决驳回华龙公司的诉讼请求。华龙公司不服，提起上诉。

湖南省高级人民法院（2017）湘行终1405号行政判决认为，由一审诉讼请求可知，本案是行政赔偿诉讼。本案中，虽然益阳市政府与华龙公司就涉案垃圾焚烧发电项目有过接触并形成会议纪要，但并没有签订行政协议，双方既不存在特许经营协议关系，也不存在行政允诺关系。行政赔偿案件依法不应缴纳案件受理费，一审判决由华龙公司承担案件受理费不当，应予以纠正。依照《中华人民共和国行政诉讼法》第八十九条第一款第一项、《中华人民共和国国家赔偿法》第四十一条、《诉讼费用缴纳办法》第八条第四项之规定，判决驳回上诉，维持原判。

华龙公司申请再审称：益阳市政府和华龙公司形成的会议纪要，是益阳市政府对华龙公司的行政允诺，华龙公司基于对益阳市政府的信赖，为益阳市城市生活垃圾焚烧发电特许经营项目进行大量的前期工作，包括可行性研究报告、项目选址、环评、勘查设计等，耗费大量人力、物力和财力，因此造成的损失，依法属于行政赔偿的范畴。请求撤销一、二审判决，再审本案，依法改判赔偿华龙公司经济损失2553471.81元。

益阳市政府答辩称：1. 涉案工程依法须经招投标，华龙公司招投标前的前期投入是市场竞争行为，依法不属于行政赔偿的范围。2. 会议纪要是益阳市政府与华龙公司的洽谈记录，并未明确承诺华龙公司经营益阳市城市生活垃圾焚烧发电特许经营项目，也没有签订特许经营协议，并非行政允诺。请求驳回华龙公司的再审申请。

本院经审查认为，《中华人民共和国国家赔偿法》第二条规定，国家机关和国家机关工作人员行使职权，有本法规定的侵犯公民、法人和其他组织合法权益的情形，造成损害的，受害人有依照本法取得国家赔偿的权利。第四条规定，行政机关及其工作人员在行使行政职权时有造成财产损害的违法行政行为的，受害人有取得赔偿的权利。存在违法侵权的行政行为，是当事人获得行政赔偿的前提条件。本案中，没有证据证明益阳市政府在签订特许经营协议前，对华龙公司作出具体明确的承诺，并有违背承诺造成华龙公司财产损失的行为，不存在行政赔偿的前提条件。华龙公司作为企业法人主体，拟参与政府特许经营项目的投资经营活动，招投标前进行的项目可行性研究报告、市场调查等前期准备工作，属于市场主体的风险投入，请求行政赔偿，于法无据。一、二审判决驳回其行政赔偿诉讼请求，判决结果并无不当。华龙公司主张，基于对政府信赖为益阳市垃圾焚烧项目进行可行性研究报告、项目选址、环评、勘查设计等造成的损失，属于行政赔偿的范畴。但是，根据《中华人民共和国行政许可法》第五十三条规定，对于直接关系公共利益的特定行业的市场准入行政许可，行政机关应当通过招标、拍卖等公平竞争的方式作出决定。垃圾焚烧行业属于直接关系公共利益的政府特许经营行业，市场准入依法需要通过招标、拍卖等竞争方式决定。华龙公司进行的前期工作，是为获得竞争优势进行的前期投入，属于市场主体的风险投资，并非基于政府信赖而产生的信赖利益损失。以此为由申请再审，缺乏事实法律依据。

应当指出的是，《最高人民法院关于适用〈中华人民共和国行政诉讼法〉的解释》第一条第二款第六项规定，行政机关为作出行政行为而实施的准备、论证、研究、层报、咨询等过程性行为，对当事人的权利义务不产生实际影响，不属于行政诉讼的受案范围。本案中，华龙公司获悉益阳市城市生活垃圾焚烧发电特许经营项目后，主动与益阳市政府相关部门联系招商引资活动。益阳市政府与华龙公司进行会晤、商谈，并召开会议，形成政府会议纪要，仅是对双方开展政府特许经营项目合作的意向性表达，并不存在益阳市政府对华龙公司做出任何具体承诺的事实根据，对华龙公司的权利义务不产生实际影响，属于不可诉的行政行为。在被诉行为实际不可诉的情形下，应当依法裁定驳回起诉。一、二审未对被诉行为的可诉性进行审查，直接判决作出驳回华龙公司的行政赔偿诉讼请求不妥，本院予以指正。鉴于一、二审判决驳回华龙公司行政赔偿请求的处理结果并无不当，再审本案无实际意义，本案不予再审。

综上，华龙公司的再审申请不符合《中华人民共和国行政诉讼法》第九十一条第三、四项规定的情形。依照《最高人民法院关于适用〈中华人民共和国行政诉讼法〉的解释》第一百一十六条第二款的规定，裁定如下：

驳回益阳华龙垃圾焚烧发电有限公司的再审申请。

审判长：郭修江；审判员：龚斌、刘艾涛；法官助理：黄宁晖；书记员：陈清玲

二〇一八年十二月二十九日

004

县级以上人民政府“责成”有关部门采取查封、强制拆除等措施的行为，不属于行政诉讼受案范围

【裁判要旨】

县级以上地方人民政府依照《中华人民共和国城乡规划法》第六十八条规定，“责成”有关部门采取查封施工现场、强制拆除等措施的行为，属于政府依法对行政机关内部职权的分配行为，对当事人的权利义务不产生实际影响，不属于行政诉讼的受案范围。

中华人民共和国最高人民法院
行政裁定书

（2018）最高法行申1790号

再审申请人（一审原告、二审上诉人）：杨某。

委托代理人：曹某，系杨某之妻。

被申请人（一审被告、二审被上诉人）：湖南省长沙市芙蓉区人民政府。

法定代表人：于新凡，区长。

再审申请人杨某因诉被申请人长沙市芙蓉区人民政府（以下简称芙蓉区政府）行政强制一案，不服湖南省高级人民法院（2016）湘行终963号行政裁定，向本院申请再审。本院依法组成合议庭对本案进行了审查，现已审查终结。

杨某申请再审称，请求撤销一、二审裁定，依法改判支持杨某的诉讼请求。主要理由：1. 被诉的两份《长沙市芙蓉区人民政府关于责成强制拆除火炬村征收拆迁项目范围内违法建（构）筑物的通知》（以下简称《责成通知》）虽然是芙蓉区政府向长沙市芙蓉区城市管理综合执法大队（以下简称芙蓉区执法大队）发出，但该通知对杨某的权利造成实际影响，并不能机械地认为《责成通知》系过程性行为。芙蓉区执法大队确认涉案建筑物为无主财产的公告期严重违反法律规定。2.《责成通知》严重违反《中华人民共和国行政强制法》的相关规定，应当对其

进行实质审查。3. 本案不属于重复诉讼，前后两诉的被告和诉讼标的都不同，不符合法律规定的重复起诉条件。

本院认为，《最高人民法院关于适用〈中华人民共和国行政诉讼法〉的解释》第一条第八项规定，下列行为不属于人民法院行政诉讼的受案范围：（八）上级行政机关基于内部层级监督关系对下级行政机关作出的听取报告、执法检查、督促履责等行为。本案中，被诉《责成通知》系征收拆迁过程中芙蓉区政府发给芙蓉区城管大队的内部文件，该责成行为属于上级行政机关的督促履责行为，不具有可诉性。一审裁定驳回再审申请人的起诉，二审驳回上诉、维持原裁定，并无不当。因本案一、二审结果系裁定驳回起诉，杨某提出执法大队确认涉案建筑物为无主财产的公告期严重违反法律规定及要求对《责成通知》进行审查等主张，不属于本案的审查范围，以此为由申请再审，理由不能成立。

综上，杨某的再审申请不符合《中华人民共和国行政诉讼法》第九十一条规定的情形。依照《最高人民法院关于适用〈中华人民共和国行政诉讼法〉的解释》第一百一十六条第二款的规定，裁定如下：

驳回杨某的再审申请。

审判长：龚斌；审判员：熊俊勇、刘艾涛；书记员：陈钿

二〇一八年六月二十九日

005

以旧换新的换发林权证行为，不属于行政诉讼受案范围

【裁判要旨】

以旧换新、未改变原证的权利义务关系的换证行为，对当事人的权利义务不产生实际影响。依照《最高人民法院关于适用〈中华人民共和国行政诉讼法〉的解释》第一条第二款第十项的规定，不属于行政诉讼的受案范围。

中华人民共和国最高人民法院
行政裁定书

（2018）最高法行申949号

再审申请人（一审原告、二审上诉人）：李甲。

委托代理人：唐甲。

委托代理人：颜德新。

被申请人（一审被告、二审被上诉人）：慈利县人民政府。

法定代表人：高靖生，县长。

行政机关负责人：朱新，副县长。

委托代理人：王海滨，该府法制办工作人员。

委托代理人：金山花，湖南慈姑律师事务所律师。

被申请人（一审被告、二审被上诉人）：慈利县林业局。

法定代表人：谭国富，局长。

行政机关负责人：张立斌，副局长。

委托代理人：张会志，该局工作人员。

委托代理人：吴新元，湖南慈姑律师事务所律师。

再审申请人李甲因诉被申请人慈利县人民政府（以下简称慈利县政府）、慈利县林业局不予换发林权证及行政赔偿一案，不服湖南省高级人民法院于2017年9月12日作出的（2016）湘行终832号行政裁定，向本院申请再审。本院于2018

年2月26日立案受理，依法组成合议庭审查本案，并于2018年3月16日上午在本院第一巡回法庭第三法庭进行公开询问。再审申请人李甲及其委托代理人唐甲、颜德新，被申请人慈利县政府的行政机关负责人朱新及委托代理人王海滨、金山花，慈利县林业局的行政机关负责人张立斌及委托代理人张会志、吴新元，均到庭参加询问活动。案件现已审查终结。

1984年“林业三定”时，位于慈利县××官××乡界河村境内××（××）、××（××）、××（××）××界河村分给李甲一家五口（李甲及其妻唐甲、女儿唐乙、儿子李乙、岳父唐丙）的自留山，由五人共同使用，林木共同所有，林山登记在户主李甲名下。1986年，因李甲夫妇与唐丙存在家庭矛盾，李甲举家搬迁到慈利县××××村生活居住，唐丙一人在界河村生活居住，后唐丙因年迈便过继唐丁作为继子。2006年开展林地林权登记换发证工作时，界河村及三官寺乡林业站造册将案涉的三块林山登记到唐丁名下，并拟给唐丁核发林权证。李甲得知后，到市、县政府及相关部门，通过申请更正、上访等方式，要求纠正该错误。2009年12月31日，李甲向慈利县政府申请换发林权证，双方形成林权争议。2013年7月30日，三官寺乡政府作出《关于界河村十五组唐甲和唐丙山林矛盾纠纷的处理意见》，称因唐丙不愿到山林现场，不能确定山林界址，以致林权证上的四界不能填出。2014年3月18日，三官寺土家族乡人民调解委员会作出慈三调终字（2014）第1号调解终结书，对李甲、唐甲夫妇与唐丙的林地所有权、林木使用权分割纠纷一案以及由此引发的纠纷予以调解终结，并建议由当事人按1984年林业“三定”及集体林权制度改革的相关规定，向林业主管部门申请换发，林地使用权的分割由家庭内部自行协商处理。2014年，唐丙去世，李甲夫妇主张唐丙名下的林权应由唐甲继承，唐丁则认为自己承担对唐丙晚年的实际照顾和赡养义务，唐丙的山林应由其继承。根据三官寺乡林业站的记录，李甲所称在案涉林地上的砍伐行为，2013年系唐丙砍伐48棵树用作柴薪，2014年系唐丁砍伐5棵树，因权属不明晰当时暂未处理。2015年10月29日，慈利县政府给李甲重新核发28.5亩林权证。随后，李甲向张家界市中级人民法院提起本案行政诉讼，请求确认慈利县政府、慈利县林业局迟延九年办理林权证的行为违法侵权；判令慈利县政府、慈利县林业局向李甲赔偿因迟延九年办理林权证导致的损失共计40万元。

张家界市中级人民法院（2015）张中行初字第141号行政裁定认为，按李甲的起诉，李甲在2006年就已经得知慈利县政府没有将诉争的林地登记在自己名下，李甲从2006年开始多次向慈利县政府提出纠正，直到2015年慈利县政府方才给李甲重新核发林权证。按照《中华人民共和国国家赔偿法》第三十九条的规定，赔偿请求人请求国家赔偿的时效为两年，从其知道或应当知道国家机关及其工作人员行使职权时的行为侵犯其人身权财产权之日起计算，在提起行政诉讼时一并提出赔偿请求的，适用行政诉讼法有关时效的规定。李甲是在提起行政诉讼要求确认慈利县政府迟延办理林权证的行为违法时，一并提起的行政赔偿请求，应适用行政诉讼法有关时效的规定。李甲起诉的是慈利县政府迟延办理林权证，系行政不作为，也就没有告知诉权或起诉期限，应当适用《最高人民法院关于执行〈中华人民共和国行政诉讼法〉若干问题的解释》第四十一条的规定。但李甲2006年既已知道慈利县政府未给自己颁发林权证，到2015年才提起诉讼要求确认慈利县政府行为违法，明显超过规定的期限，人民法院不予受理。依照《最高人民法院关于适用〈中华人民共和国行政诉讼法〉若干问题的解释》第三条第一款第二项的规定，裁定驳回李甲的起诉。李甲不服一审裁定，提起上诉。

湖南省高级人民法院（2016）湘行终832号行政裁定认为，《中华人民共和国行政诉讼法》《最高人民法院关于执行〈中华人民共和国行政诉讼法〉若干问题解释》将对公民、法人或者其他组织权利义务不产生实际影响的行为排除在行政诉讼受案范围之外。就本案而言，李甲自1984年起所持有林权证是由慈利县政府发给的合法有效证件，有效期为70年，慈利县政府自始至终未作改变，即便至2015年10月29日林权制度改革所发新证亦未作出变更。期间，李甲虽因家庭原因，曾一度与家庭其他成员有过纠纷，但发证机关从未作出变更决定，各级调解组织及相关部门所作调解也明确要求“在双方存在争议未处理以前，任何一方不得破坏现场原状”。至于家庭内“林地使用权的分割，由家庭内部自行协商处理”。在2003年开展的林权登记发证工作中，按有关文件规定，只是换发全国统一式样的林权证，其基本原则是“稳定森林、林木、林地权属原则”，不是“重新确定林木、林地权属，不是重新分山分林”，“林地林权证的期限为70年，具体时间从1982年开始计算”。2008年湖南省人民政府发布的《关于全面推进集体林权制度改革的实施意见》中，也明确要求要“保持稳定”，对“权属有争议的林地、林木，要依法调处，纠纷解决后再落实经营主体”。本案两次登记换证工作中，管理机关并未变更李甲的管理和使用的权利，只不过是李甲家庭原因产生纠纷，且当地有关部门多次组织调解。由此可见，行政管理机关慈利县政府的行为并未对管理相对人的权利义务产生不利影响。根据《最高人民法院关于适用〈中华人民共和国行政诉讼法〉若干问题的解释》第三条第八项之规定，行政行为对其合法权益明显不产生实际影响，已经受理的，裁定驳回起诉。此外，根据《中华人民共和国森林法》第三条以及《林木和林地权属登记管理办法》第二条的规定，县级以上地方人民政府具有发放林权证书，确认所有权或者使用权的法定职责，县级以上林业主管部门依法履行林权登记职责。本案李甲一审的诉讼请求系要求确认慈利县政府、慈利县林业局为其颁发林权证的行政行为违法，根据该诉讼请求，慈利县林业局不应是本案的适格被告。结合全案分析，一审法院以超过诉讼期限驳回起诉理由不正当，但驳回起诉的结论并无不妥。一审裁定程序合法，适用法律正确，应予维持。李甲的上诉理由不能成立，应予驳回。根据《中华人民共和国行政诉讼法》第八十九条第一款第一项之规定，裁定驳回上诉，维持一审裁定。

李甲申请再审称：慈利县政府迟延九年发证的根本原因是村、乡、县林权管理系统人员已于2004年实施了违法侵权行为，帮助案外人唐丁侵占了李甲的林权和树木；慈利县政府违法侵权并导致李甲损失40万元，有证据充分证实，依法应当承担赔偿责任。一、二审均存在程序违法、事实不清、证据不足、处理不当等问题，客观上剥夺了公民的诉权和财产权。请求撤销一、二审裁定，确认慈利县政府迟延九年核发林权证行为违法侵权，判令慈利县政府赔偿因迟延发证行为引发上访告状及林木被盗伐等损失40万元，判令慈利县林业局承担连带赔偿责任。

慈利县政府答辩称：一、二审裁定于法有据，李甲申请再审理由不成立。该府直至2015年10月29日才给李甲进行林权登记发证，究其原因是在国家实行集体林权制度改革及林地林权换发证过程中，案涉林地存在纠纷尚未解决，依据政策规定，暂不换发林权证，并非该府行为所致，该府无需承担赔偿责任。案涉三块林地如何分割是家庭内部行为，李甲跟唐丙达成一致协议后才能发证，如何分割不属于行政机关的职权，该府没有改变李甲一家四口对林地的所有权和使用权，并没有对其权利义务造成影响。关于李甲提出的林业补贴款，经县林业局查阅图斑可知，李甲的三块林地不是生态公益林，并不享有林业补贴款。请求驳回李甲的再审申请。

慈利县林业局答辩称：李甲所诉的林权证登记地块存在权属争议，该局在争议解决后予以换证行为合法。根据《中华人民共和国森林法》第三条以及《林木和林地权属登记管理办法》第二条的规定，县级以上地方人民政府具有发放林权证书、确认所有权和使用权的法定职责，县级以上林业主管部门依法履行林权登记职责，故该局不是本案适格被告。请求驳回李甲的再审申请。

本院经审查认为，根据《中华人民共和国行政诉讼法》第四十九条第三项、《最高人民法院关于适用〈中华人民共和国行政诉讼法〉的解释》第一条第二款第十项的规定，提起行政诉讼必须属于人民法院受案范围，对公民、法人或者其他组织权利义务不产生实际影响的行为不属于人民法院行政诉讼的受案范围。本案中，李甲所诉的系慈利县政府在2003年开始的林地林权登记换发证工作过程中，拖延不予颁发案涉林地林权证的行为。2003年4月14日，湖南省林业厅下发《湖南省林地林权登记换发证实施办法》，以确保林权登记换发证工作顺利开展。根据该办法第二部分确定的“基本原则”，本次林地林权登记换发证必须以现有林权为基础，凡在二十世纪八十年代初开展的林业“三定”（即山林定权发证、划定自留山、确定林业生产责任制）和1989年开展的国有林定权发证中已经确权并核发了林权证书的，必须保持稳定，在本次林地林权登记换发证中主要是用原证换发国家林业局印制的全国统一式样的林权证；开展林地林权登记换发证不是重新确定林木、林地权属，不是重新分山分林；任何单位和个人不得利用本次林地林权登记换发证之机，随意变动森林、林木、林地权属。在该办法的第六部分“林地林权登记换发证的工作程序”中则规定，在林地林权登记换发证中仍然存在林木、林地权属争议的，不得受理其权属登记申请。2003年开展的林地林权登记换发证工作，也要符合《中华人民共和国森林法》及《林木和林地权属登记管理办法》等法律、法规和规章的规定。根据《林木和林地权属登记管理办法》第十一条、第十二条的规定，对经审查符合全部条件的登记申请，登记机关应当自受理申请之日起3个月内予以登记，但是对于存在权属争议等不符合登记条件的登记申请，登记机关应当不予登记。本案中，案涉林地1984年登记在李甲户，唐丙作为该户成员亦享有案涉林地及林木的权利。在2006年登记换证过程中，因李甲与唐丙发生家庭内部纠纷，导致产生权属争议，而唐丙去世后，唐丁又提出对部分林地的继承，产生新的权属争议。慈利县政府未能于2006年期间向李甲颁发案涉林地的林权证，原因在于李甲户家庭内部存在权属争议，不符合颁证条件。慈利县政府于2015年10月29日给李甲颁发林权证，不存在拖延不履行职责的情形，且新颁发的林权证并未对1989年的林权证所确定的权属关系作出改变。慈利县政府2015年10月29日的发证行为，没有对李甲的权利义务产生实际影响。二审指正一审适用法律不当的情形，但是维持一审驳回起诉的裁定，认定事实清楚，适用法律正确，本院予以支持。

综上，李甲提起本案再审申请不符合《中华人民共和国行政诉讼法》第九十一条第一项规定的情形。依照《最高人民法院关于适用〈中华人民共和国行政诉讼法〉的解释》第一百一十六条第二款的规定，裁定如下：

驳回李甲的再审申请。

审判长：熊俊勇；审判员：龚斌、刘艾涛；法官助理：牛延佳；书记员：余逸纯

二〇一八年三月三十日

006

县级人民政府对建制村合并的审批行为属于行政诉讼受案范围

【裁判要旨】

《中华人民共和国村民委员会组织法》第三条第二款规定，村民委员会的设立、撤销、范围调整，由乡、民族乡、镇的人民政府提出，经村民会议讨论同意，报县级人民政府批准。建制村的合并涉及村行政区划的调整，同时涉及村集体资产及债务的合并，该行为对合并前的村集体经济组织财产权益必然产生实际影响。县级人民政府批准建制村的合并的行为，属于行政诉讼的受案范围。

中华人民共和国最高人民法院
行政裁定书

（2018）最高法行申8815号

再审申请人（一审原告、二审上诉人）：涟源市六亩塘镇涟冲村沙龙组。

负责人：吴应树，组长。

再审申请人（一审原告、二审上诉人）：涟源市六亩塘镇涟冲村黑泥组。

负责人：吴建升，组长。

再审申请人（一审原告、二审上诉人）：涟源市六亩塘镇涟冲村桃李组。

负责人：吴名响，组长。

再审申请人（一审原告、二审上诉人）：涟源市六亩塘镇涟冲村高义村民组。

负责人：吴桥石，组长。

再审申请人（一审原告、二审上诉人）：涟源市六亩塘镇涟冲村回水组。

负责人：梁经三，组长。

再审申请人（一审原告、二审上诉人）：涟源市六亩塘镇涟冲村八一组。

负责人：吴清名，组长。

再审申请人（一审原告、二审上诉人）：涟源市六亩塘镇涟冲村建新组。

负责人：吴名祖，组长。

再审申请人（一审原告、二审上诉人）：涟源市六亩塘镇湴冲村湴冲组。

负责人：吴新桂，组长。

再审申请人（一审原告、二审上诉人）：涟源市六亩塘镇湴冲村中和组。

负责人：谭达利，组长。

再审申请人（一审原告、二审上诉人）：涟源市六亩塘镇湴冲村建设组。

负责人：刘谷升，组长。

再审申请人（一审原告、二审上诉人）：涟源市六亩塘镇湴冲村长城组。

负责人：吴应庆，组长。

再审申请人（一审原告、二审上诉人）：涟源市六亩塘镇湴冲村刘一组。

负责人：刘洁平，组长。

再审申请人（一审原告、二审上诉人）：涟源市六亩塘镇湴冲村刘二组。

负责人：刘兆淞，组长。

被申请人（一审被告、二审被上诉人）：涟源市人民政府。

法定代表人：刘杰，市长。

委托代理人：肖徇姿、肖平，该府法制办工作人员。

被申请人（一审被告、二审被上诉人）：涟源市六亩塘镇人民政府。

负责人：吴伍意，镇长。

行政机关负责人：卢喜华，副镇长。

委托代理人：葛蔓红，该镇司法所工作人员。

再审申请人涟源市六亩塘镇湴冲村沙龙组、黑泥组、桃李组、高义村民组、回水组、八一组、建新组、湴冲组、中和组、建设组、长城组、刘一组、刘二组（以下简称湴冲村十三个村民小组）因诉被申请人涟源市人民政府、涟源市六亩塘镇人民政府行政管理一案，不服湖南省高级人民法院于2018年4月27日作出的（2017）湘行终1166号行政裁定，向本院申请再审。本院于2018年10月9日立案受理本案，依法组成合议庭进行审查，并于2018年11月23日上午10时在本院第一巡回法庭第二法庭组织各方当事人进行询问。再审申请人湴冲村高义村民组的负责人吴桥石、回水组的负责人梁经三，被申请人涟源市人民政府的委托代理人肖徇姿、肖平，被申请人涟源市六亩塘镇人民政府的负责人卢喜华及委托代理人葛蔓红，到庭参加询问。案件现已审查终结。

湖南省娄底市中级人民法院一审查明：原涟源市六亩塘镇湴冲村共有21个村民小组，人口2026人，519户；瓦坵村共有12个村民小组，人口1420人，369户。2015年9月29日，中共湖南省委、湖南省人民政府下发湘发（2015）15号《关于开展乡镇区划调整改革工作的意见》，决定在全省开展新一轮乡镇区划调整改革，包括建制村合并工作。随后，中共娄底市委、娄底市人民政府下发《关于开展乡镇区划调整改革工作的意见》。2016年1月26日，中共涟源市委、涟源市人民政府下发涟发（2016）2号《关于印发〈涟源市建制村合并工作实施方案〉的通知》，要求将六亩塘镇原有的31个村调整为20个。2016年5月12日，中共六亩塘镇委员会、六亩塘镇人民政府发布六发（2016）29号《关于印发〈六亩塘镇建制村合并工作实施方案〉的通知》。湴冲村、瓦坵村均于2016年5月15日召开并村工作各村组长、党员大会和以户代表形式的村民会议，其中湴冲村村民519户中有326户在“同意并村决议签字表”上签名，但部分户主签名为代签；瓦坵村村民369户中有323户在“同意并村决议签字表”上签名。2016年5月20日，六亩塘镇人民政府向涟源市人民政府报送六政请（2016）5号《关于六亩塘镇建制村合并调整方案的请示》。2016年5月24日，涟源市人民政府作出涟政函（2016）45号《关于同意六亩塘镇建制村合并方案的批复》（以下简称45号《并村方案批复》），同意六亩塘镇由原来的31个村、5个社区居委会，合并调整为l8个村、5个社区居委会；其中第6项为“将‘瓦坵村’‘湴冲村’整建制合并成一个村，新村命名为‘龙湾新村’，辖29个村民小组，总人口3382人，新村活动中心选址原湴冲村活动中心。”2016年5月26日，六亩塘镇人民政府在湴冲小学村办公室外等处张贴《六亩塘镇建制村合并方案公示》。涟源市人民政府于2016年8月31日通过“涟源在线”、2016年9月7日通过“红网论坛微娄底”等媒体向社会发布六亩塘镇建制村合并调整前后对照情况。龙湾新村成立后，于2016年7月开始以龙湾新村的名义为村民提供办理生育登记、出具大病救助证明、受理低保登记、调处邻里矛盾等服务工作。2017年3月22日，湴冲村十三个村民小组提起行政诉讼，请求依法判令撤销涟源市人民政府作出的45号《并村方案批复》第六项，即将“瓦坵村”“湴冲村”成建制合并成一个村，新村命名为“龙湾新村”，辖29个村民小组，总人口3282人，新村活动中心选址原湴冲村活动中心。

湖南省娄底市中级人民法院（2017）湘13行初16号行政裁定认为，涟源市人民政府于2016年5月24日作出45号《并村方案批复》，六亩塘镇人民政府于2016年5月26日在涟冲小学、村办公室外墙等处以张贴《六亩塘镇建制村合并方案公示》形式进行了公示。涟源市人民政府于2016年8月31日通过“涟源在线”，于2016年9月7日通过“红网论坛微娄底”等媒体向社会发布六亩塘镇建制村合并及新村合并调整前后对照的情况公示。且合并新村后，已于2016年7月就开始以“龙湾新村”的名义为村民提供办理生育登记、出具大病救助证明、受理低保登记、调处邻里矛盾等服务工作。因此，涟冲村十三个村民小组至少在2016年9月7日前就应当知道“瓦垅村、涟冲村”合并成“龙湾新村”的事实，即知道45号《并村方案批复》第六项的具体内容。涟冲村十三个村民小组于2017年3月22日起诉，已超过《中华人民共和国行政诉讼法》第四十六条第一款规定的六个月起诉期限。涟冲村十三个村民小组以乡村信息不通达、村民不知情为没有超过起诉期限的理由，不属于逾期起诉的正当理由。据此，依照《中华人民共和国行政诉讼法》第四十六条第一款、《最高人民法院关于适用〈中华人民共和国行政诉讼法〉若干问题的解释》第三条第一款第二项之规定，裁定驳回涟冲村十三个村民小组的起诉。涟冲村十三个村民小组不服一审裁定，提起上诉。

湖南省高级人民法院（2017）湘行终1166号行政裁定认为，根据《中华人民共和国行政诉讼法》第六条、第六十三条的规定，人民法院审理行政案件，以法律和行政法规、地方性法规为依据，参照规章，对行政行为是否合法进行审查。本案所涉45号《并村方案批复》，是落实上级党委政府关于区划调整政策的行为，不属于行政诉讼法规定的受案范围。一审裁定认定事实清楚，虽然一审认为超过起诉期限理由不当，但驳回起诉的结论正确。根据《中华人民共和国行政诉讼法》第八十九条第一款第一项的规定，裁定驳回上诉，维持一审裁定。

涟冲村十三个村民小组申请再审称：1. 涟源市政府作出的45号《并村方案批复》，未依法经过村民会议讨论同意，且存在部分村民代签的情况，违反法律规定，应予撤销。2. 一、二审裁定适用法律错误。十三个村民小组于2017年3月18日才知晓45号《并村方案批复》，于2017年3月22日提起诉讼，没有超过起诉期限。45号《并村方案批复》属于可诉的行政行为。3. 涟冲村原村支书吴玉凤利用成建制合村，侵吞集体资产“芙蓉煤矿”，应依法追究吴玉凤及相关人员责任。请求依法撤销一、二审裁定，撤销45号《并村方案批复》，恢复自然行政村，将相关责任人予以追责，归还村集体资产。

涟源市六亩塘镇人民政府未提交书面答辩意见，庭审中答辩称：关于并村的事情，一、二审查明事实清楚。关于申请人提出的代签问题，一审已经向申请人释明，可以申请笔迹鉴定或者提供证据证明，但申请人放弃该项权利。2016年5月24日涟源市政府批复正式并村，镇政府于同月26日在湴冲小学、村办公室外墙等处以张贴形式对内容进行了公示，有照片予以证实。请求驳回申请人的再审申请。

涟源市人民政府未提交书面答辩意见，庭审中答辩称：该府根据报送的相关材料，进行形式上的审查后作出批复，程序合法，且该批复是上下级行政机关内部的行文。申请人的起诉已经超过起诉期限，应当不予受理。请求驳回申请人的再审申请。

本院经审查认为，本案争议的主要焦点问题有三：一是县级人民政府作出的建制村合并批复是否属于行政诉讼的受案范围，二是对建制村合并提起行政诉讼原告资格的判断，三是申请人提起的行政诉讼是否超过法定起诉期限。

一、关于建制村合并审批行为是否属于行政诉讼受案范围的问题

《中华人民共和国村民委员会组织法》第三条第二款规定，村民委员会的设立、撤销、范围调整，由乡、民族乡、镇的人民政府提出，经村民会议讨论同意，报县级人民政府批准。自然村是由一个或多个家族、户族、氏族或其他原因自然形成的居民聚居点，其起源是由村民经过长时间在某自然环境中人们自发形成的。建制村则是国家为了方便管理按照法律规定而设立的农村基层管理单位，也是农村群众自治组织的区域依托。建制村的显著特征就是需要经过国家行政程序予以认可才能确定。根据前述法律规定，建制村的设立、撤销、范围调整需要由乡镇人民政府提出，经村民会议讨论同意，报县级人民政府批准。因此，县级人民政府作出的同意乡镇人民政府报送的建制村合并方案的批复行为是行使其管理职能的行为，建制村的合并涉及村行政区划的调整以及村资产及债务的合并，该行为对合并前的村集体组织财产权益必然产生实际影响，属于《中华人民共和国行政诉讼法》第十二条第十二项规定的受案范围，人民法院应当依法予以受理。本案中，湖南省人民政府下发的湘发（2015）15号《关于开展乡镇区划调整改革工作的意见》明确规定，村调整撤并方案由乡镇人民政府提出，经村民会议讨论同意后确定；建制村的命名由镇政府提出意见，在广泛听取干部群众意见的基础上，连同并村方案报县市区人民政府审批。其后，娄底市人民政府、涟源市人民政府

逐级印发文件布置相关工作，六亩塘镇人民政府提出建制村合并工作实施方案，辖区内各村召开村民会议讨论通过，最后由六亩塘镇人民政府报涟源市人民政府批准实施。涟源市人民政府作出45号《并村方案批复》，批准湴冲村与瓦坵村合并为龙湾新村，原村集体经济组织的资产资源予以清理处置和财务合并，该行为对原村集体经济组织的财产权利产生实际影响，属于行政诉讼的受案范围。二审认为45号《并村方案批复》是落实上级党委政府关于区划调整政策的行为，不属于行政诉讼法规定的受案范围，适用法律不当，本院予以指正。

二、关于对建制村合并审批行为提起行政诉讼的原告资格问题

根据《中华人民共和国行政诉讼法》第二十五条的规定，行政行为的相对人以及其他与行政行为有利害关系的公民、法人或者其他组织，有权提起诉讼。如前所述，建制村的设立、撤销、范围调整必须经过村民会议讨论同意，依法属于村民自治范围内的事项，乡镇人民政府可以给予指导、支持和帮助，但是不得干预。县级人民政府对建制村合并的审批行为，必将对原村集体经济组织的权利义务产生影响，因此原村集体经济组织对于建制村合并的审批行为可以提起诉讼。参照《最高人民法院关于审理涉及农村集体土地行政案件若干问题的规定》第三条第一款的规定，如果原村集体经济组织对于建制村合并的审批行为不提起诉讼，则过半数的村民可以以集体经济组织名义提起诉讼。综上，对于建制村合并的审批行为，原村集体经济组织或者过半数的村民方有权提起行政诉讼。当然，如果建制村的合并事项对个别村民区别于一般村民的特殊权益产生影响，则该村民有权以自己的名义提起行政诉讼。本案中，原六亩塘镇湴冲村共有二十二个村民小组，其中十三个村民小组依法具有提起本案诉讼的原告资格。

三、关于起诉期限问题

根据《中华人民共和国行政诉讼法》第四十六条第一款规定，公民、法人或者其他组织直接向人民法院提起诉讼的，应当自知道或者应当知道作出行政行为之日起六个月内提出。《最高人民法院关于适用〈中华人民共和国行政诉讼法〉若干问题的解释》第三条第一款第二项规定，超过法定起诉期限且无正当理由的，已经立案的，应当裁定驳回起诉。本案中，湴冲村与瓦坵村合并事项已经过湴冲村各村民小组召开会议表决，对于合并事宜各村民小组均已知悉。涟源市人民政府作出45号《并村方案批复》后，六亩塘镇人民政府于2016年5月26日在湴冲

小学、村办公室外墙等处以张贴《六亩塘镇建制村合并方案公示》形式进行了公示。涖冲村十三个村民小组自六亩塘镇人民政府张贴的公示确定的期满之日即2016年5月30日就应当知道45号《并村方案批复》的内容，包括该批复中第六项的内容。涖冲村十三个村民小组于2017年3月22日起诉，已超过前述法律规定的起诉期限且无正当理由。即使按照一审依据涟源市人民政府通过网络、自媒体等方式发布相关信息的时间计算，涖冲村十三个村民小组的起诉也已超过法定起诉期限。一审以涖冲村十三个村民小组超过法定起诉期限驳回其起诉，认定事实清楚，适用法律正确，本院予以支持。二审裁定虽然适用法律不当，但处理结果并无不当，应予维持。

涖冲村十三个村民小组主张合村事项未依法经过村民会议讨论同意且存在部分村民代签的情况，但并未提交充分的证据证明其主张，对其该项主张本院不予采信。涖冲村十三个村民小组还主张该村原支书吴玉凤侵吞村集体财产芙蓉煤矿，但从其提交的证据来看，芙蓉煤矿从涖冲村转让给吴玉凤发生在2003年，与案涉的建制村合并没有关联性，不属于同一法律关系。涖冲村十三个村民小组的该项主张不属于本案审查范围，本院不予理涉。涖冲村十三个村民小组若认为存在侵吞集体资产问题，可以通过合法途径向有关部门进行检举、举报。

综上，涖冲村十三个村民小组的再审申请不符合《中华人民共和国行政诉讼法》第九十一条第一项规定的情形。依照《最高人民法院关于适用〈中华人民共和国行政诉讼法〉的解释》第一百一十六条第二款的规定，裁定如下：

驳回涟源市六亩塘镇涖冲村沙龙组、涟源市六亩塘镇涖冲村黑泥组、涟源市六亩塘镇涖冲村桃李组、涟源市六亩塘镇涖冲村高义村民组、涟源市六亩塘镇涖冲村回水组、涟源市六亩塘镇涖冲村八一组、涟源市六亩塘镇涖冲村建新组、涟源市六亩塘镇涖冲村涖冲组、涟源市六亩塘镇涖冲村中和组、涟源市六亩塘镇涖冲村建设组、涟源市六亩塘镇涖冲村长城组、涟源市六亩塘镇涖冲村刘一组、涟源市六亩塘镇涖冲村刘二组的再审申请。

审判长：熊俊勇；审判员：龚斌、刘艾涛；法官助理：牛延佳；书记员：余逸纯

二〇一八年十一月三十日

007

集体土地征收补偿方案属于行政复议的受案范围

【裁判要旨】

集体土地征收补偿安置方案，是确定被征收土地的土地补偿费、安置补助费、地上附着物和青苗补偿的标准、支付方式以及其他有关征地补偿、安置具体措施的行政行为，直接影响被征收人的合法权益，属于行政复议的受案范围。根据土地管理法实施条例第二十五条，以及国法〔2011〕35号《国务院法制办公室关于依法做好征地补偿安置行政复议工作的通知》的规定，对市、县人民政府批准的征地补偿、安置方案不服的，由县级以上地方人民政府协调；协调不成，依照行政复议法的规定，向上一级地方人民政府申请行政复议；对复议不服，方可向人民法院提起行政诉讼。

中华人民共和国最高人民法院

行政裁定书

（2018）最高法行再99号

再审申请人（一审原告、二审上诉人）：刘甲。

再审申请人（一审原告、二审上诉人）：刘乙。

再审申请人（一审原告、二审上诉人）：刘丙。

刘乙、刘丙的共同委托代理人：黄某（刘乙之妻、刘丙儿媳）。

被申请人（一审被告、二审被上诉人）：长沙市雨花区人民政府。

法定代表人：刘素月，区长。

委托代理人：朱江梅，该政府法制办工作人员。

委托代理人：张洋菁，湖南湘达律师事务所律师。

被申请人（一审被告、二审被上诉人）：长沙市人民政府。

法定代表人：胡忠雄，市长。

委托代理人：曹泽龙，该政府法制办工作人员。

一审原告、二审上诉人：赵甲。

一审原告、二审上诉人：龙某。

委托代理人：赵乙（龙某的公公）。

一审原告、二审上诉人：赵丙。

再审申请人刘甲、刘乙、刘丙因与赵甲、龙某、赵丙诉被申请人长沙市雨花区人民政府（以下简称雨花区政府）征地补偿安置方案及被申请人长沙市人民政府（以下简称长沙市政府）行政复议一案，不服湖南省高级人民法院于2017年3月23日作出的（2016）湘行终1447号行政裁定，向本院申请再审。本院于2017年10月16日立案受理，并于2017年12月19日作出（2017）最高法行申7743号行政裁定，提审本案。2018年5月10日，本案编立提审案号，并于2018年8月20日下午在本院第一巡回法庭第一法庭组织各方当事人公开开庭，再审申请人刘甲及再审申请人刘乙、刘丙的共同委托代理人黄某，被申请人雨花区政府的委托代理人朱江梅、张洋菁，被申请人长沙市政府的委托代理人曹泽龙，一审原告、二审上诉人赵甲、赵丙，一审原告、二审上诉人龙某的委托代理人赵乙，均到庭参加诉讼。案件现已审理终结。

2010年11月18日，经湖南省人民政府（2010）政国土字第1252号《农用地转用、土地征收审批单》批准，对雨花区黎托乡合丰村、川河村、平阳村、栗塘村集体土地35.2191公顷进行统征，用作黎托片节约集约试点项目（4）建设。2012年4月18日，雨花区政府发布（2012）第004号《征收土地方案公告》。2013年3月21日，长沙市国土资源局雨花分局（以下简称雨花国土分局）发布（2013）第004号《征地补偿安置方案实施公告》（以下简称004号公告），主要内容为该局拟定了征地补偿安置方案并公开征求意见，雨花区政府已批准该方案，现将黎托片节约集约试点项目4号地项目黎托街道办事处平阳社区范围内征地补偿的有关内容和事项予以公告。该公告同时载明，对补偿安置有争议的，请于公告发布之日起10日内向雨花区政府申请协调，协调不成的依法申请裁决。刘甲等人因对补偿安置有异议，于同年3月27日向雨花区政府申请协调，请求就征地补偿安置标准进行协调并提高。因雨花区政府收到申请后没有处理，刘甲等人遂提起行政诉讼。2014年9月2日，长沙市中级人民法院作出（2014）长中行征初字第00083号行政判决，责令雨花区政府在判决生效后30日内对刘甲等人提出的协调请求依法予以处理。2015 年 2 月 26 日，湖南省高级人民法院作出（2015）湘高法行终字第 17 号行政判决，驳回雨花区政府的上诉，维持一审判决。2015 年 7 月 21 日，雨花区政府组织召开 004 号公告征地补偿标准协调会。2015 年 8 月 3 日，雨花区政府作出雨政征协告字（2015）第 2 号《关于征地补偿标准争议协调意见告知书》（以下简称 2 号告知书），主要内容为经协调没有达成一致意见，刘甲等人可向批准征收土地的人民政府申请裁决。刘甲等人遂向湖南省人民政府申请裁决。2015 年 12 月 25 日，湖南省人民政府作出湘府复告（2015）23 号《关于刘甲等 6 人申请征地补偿标准争议裁决的告知书》，告知刘甲等人向长沙市政府申请行政复议。2016 年 1 月 13 日，刘甲等人向长沙市政府申请行政复议，请求撤销雨花区政府批准的案涉征地补偿安置方案。2016 年 4 月 27 日，长沙市政府作出长政复决字（2016）第 28 号行政复议决定（以下简称 28 号复议决定），认为雨花区政府所作批准案涉征地补偿安置方案的行为并无不当，案涉征地补偿安置方案确定的补偿标准符合现行法律、法规及补偿政策的规定，决定维持雨花区政府批准的案涉征地补偿安置方案。2016 年 5 月 4 日，刘甲等人提起本案行政诉讼，请求撤销雨花区政府作出的案涉征地补偿安置方案及长沙市政府作出的 28 号复议决定。

湖南省长沙市中级人民法院（2016）湘 01 行初 277 号行政裁定认为，根据《最高人民法院关于执行〈中华人民共和国行政诉讼法〉若干问题的解释》第十九条的规定，当事人不服经上级行政机关批准的具体行政行为，向人民法院提起诉讼的，应当以在对外发生法律效力的文书上署名的机关为被告。刘甲等人诉请的雨花区政府批准雨花国土分局拟定征地补偿安置方案的行为是行政机关内部批准行为，不属于行政诉讼的受案范围，该批准行为的效力已外化为雨花国土分局发布 004 号公告的行为。刘甲等人如不服该公告行为，应以雨花国土分局为被告向人民法院提起诉讼。《最高人民法院关于执行〈中华人民共和国行政诉讼法〉若干问题的解释》第二十三条第一款规定，原告所起诉的被告不适格，人民法院应当告知原告变更被告；原告不同意变更的，裁定驳回起诉。为此，该院于 2016 年 8 月 9 日在其第五审判庭向刘甲等人就本案被诉行政行为及适格被告等问题进行释明，刘甲等人坚持认为其起诉的被告适格且不同意变更本案被告。据此，依照《最高人民法院关于适用〈中华人民共和国行政诉讼法〉若干问题的解释》第三条第一款第三项、第二款之规定，裁定驳回刘甲等人的起诉。刘甲等人不服一审裁定，提起上诉。

湖南省高级人民法院（2016）湘行终1447号行政裁定认为，经复议的案件，复议机关决定维持原行政行为的，作出原行政行为的行政机关和复议机关是共同的被告，这是修改后的行政诉讼法作出的新的制度设计，目的是促进行政复议功能得到更好的发挥。但在复议机关作共同被告的情况下，审理的焦点通常仍会指向原行政机关的行政行为，这是因为维持原行政行为的复议决定并没有施与当事人新的权利义务，实质上可能对当事人合法权益造成侵害的，仍是原行政机关的行政行为。本案虽然经过复议程序，但是复议机关长沙市政府只是对于雨花区政府原行政行为的合法性予以再次确认，并没有作出影响刘甲等人权利义务的实质性决定。既然雨花区政府的批准行为不是行政诉讼的受案范围，雨花区政府不是本案适格的被告，那么以雨花区政府批准行为为基础的长沙市政府的行政复议行为当然也不是行政诉讼的受案范围，一审依法驳回起诉是对全案起诉的驳回，既包括驳回刘甲等人针对原行政行为的起诉，也包括驳回针对复议决定的起诉。依照《中华人民共和国行政诉讼法》第八十九条第一款第一项之规定，裁定驳回上诉，维持一审裁定。

刘甲等人申请再审称：雨花区政府象征性地组织对案涉征地补偿安置方案的协调会议，与申请人未达成一致意见的情况下，作出2号告知书，证明雨花区政府经协调后仍然确定原征地补偿安置方案。申请人不是“因不服雨花区政府批准雨花区国土局拟定案涉征地补偿安置方案而申请行政复议”，而是不服雨花区政府作出的2号告知书和长沙市政府作出的28号复议决定。一审在长沙市政府和雨花区政府未到庭的情况下，由代理审判员一人进行询问，之后合议庭未组织开庭审理，审理程序违法。请求撤销一、二审行政裁定，改判撤销长沙市政府作出的28号复议决定，撤销雨花区政府作出的2号告知书，责令雨花区政府依法重新对004号公告组织协调。

雨花区政府答辩称：雨花区政府批准涉案《征地补偿安置方案》的行为符合法律规定，且该批准行为系内部审批过程，对申请人权利义务不产生实际影响，不属于行政诉讼受案范围。004号公告的拟定发布主体并非该府，而是雨花国土分局，该府不属于适格被告，且本案起诉已经超过法定起诉期限。该府组织实施的征地补偿协调行为符合法律规定，且已经被长沙市中级人民法院执行终结，补偿标准符合法律及省市区现行征地补偿安置的法规政策规定。(2012) 第004号《征收土地方案公告》及004号公告的合法性已经过法院生效裁判认可。请求驳回再审申请。

长沙市政府答辩称：刘甲等人因不服雨花区政府批准的案涉征地补偿安置方案提出行政复议申请。该府受理后在7日内将复议答复通知书及复议申请书副本发送给雨花区政府。2016年2月5日，雨花区政府提交行政复议答复书及相关证据材料，因案情复杂，该府将行政复议审理期限延长30日。经书面审理后，该府认定案涉征收补偿标准适用法律正确，并无不当，遂作出28号复议决定并邮寄送达。该府行政复议认定事实清楚、程序合法，一、二审裁定于法有据，请求驳回刘甲等人的再审申请。

一审原告、二审上诉人赵甲、龙某、赵丙陈述称，雨花区政府协调过程不合法，本案没有错列被告，请求法院公正审理。

本院经审查认为，《中华人民共和国土地管理法实施条例》第二十五条第三款规定，征地补偿、安置方案报市、县人民政府批准后，由市、县人民政府土地行政主管部门组织实施。对补偿标准有争议的，由县级以上地方人民政府协调；协调不成的，由批准征用土地的人民政府裁决。国法〔2011〕35号《国务院法制办公室关于依法做好征地补偿安置争议行政复议工作的通知》则规定，被征地集体经济组织和农民对有关市、县人民政府批准的征地补偿、安置方案不服要求裁决的，应当依照行政复议法律、法规的规定向上一级地方人民政府提出申请。根据上述规定，被征地集体经济组织和农民如果对征地补偿安置方案确定的补偿标准不服，应当首先向批准该征地补偿安置方案的市、县人民政府申请协调，协调不成的可向上一级地方人民政府申请行政复议，对复议仍不服的则可以提起行政诉讼。

《中华人民共和国物权法》第四十二条第二款规定，征收集体所有的土地，应当依法足额支付土地补偿费、安置补助费、地上附着物和青苗的补偿费等费用，安排被征地农民的社会保障费用，保障被征地农民的生活，维护被征地农民的合法权益。根据《中华人民共和国土地管理法实施条例》第二十五条第三款、《征用土地公告办法》第七条、第十一条之规定，市、县人民政府土地行政主管部门会同有关部门拟订的征地补偿安置方案，须经市、县人民政府批准后，由土地行政主管部门组织实施。也就是说，征地补偿安置方案经过市、县人民政府的批准才具有法律效力，土地行政主管部门根据市、县人民政府批准的征地补偿安置方案开展具体的组织实施工作。在集体土地征收过程中，征地补偿安置方案是确定被征收土地的土地补偿费、安置补助费、地上附着物和青苗的补偿标准和支付方式、农业人员的具体安置途径以及其他有关征地补偿、安置具体措施的依据，直接影响到被征收土地权利人的实体权益，属于行政复议范围和行政案件的受案范围。市、县级人民政府具有对征地补偿安置方案中确定的补偿标准进行调整的权利，被征收土地权利人如对补偿标准不服，可以依照申请协调、申请复议、提起行政诉讼的路径寻求救济，该行政诉讼中的适格被告为市、县人民政府。有关市、县人民政府土地行政主管部门发布征地补偿安置方案公告的行为，仅仅是将征地补偿安置方案在被征收土地所在的乡（镇）、村予以公示告知的行为，对被征收人权利义务产生实际影响的是征地补偿安置方案以及后续相关征收土地的补偿安置等行为，而非该公告行为。土地行政主管部门发布公告的行为原则上属于不可诉的行政行为，但是被征收人以公告内容与征地补偿安置方案内容不相符为由提起诉讼的，属于行政诉讼的受案范围。

本案中，刘甲等人因对案涉征地补偿安置方案中的补偿标准有异议，向雨花区政府申请协调，在雨花区政府协调不成并作出2号告知书后，刘甲等人按照湖南省人民政府的指引向长沙市政府申请复议，并在长沙市政府作出复议决定后提起本案行政诉讼。刘甲等人提起诉讼符合法定起诉条件，人民法院应予依法受理。一审认为“雨花区政府批准雨花国土分局拟定征地补偿安置方案的行为是行政机关内部批准行为，不属于行政诉讼的受案范围，该批准行为的效力已外化为雨花国土分局发布004号公告的行为，刘甲等人如不服该公告行为，应以雨花国土分局为被告向人民法院提起诉讼”。如前所述，雨花区政府批准征地补偿安置方案的行为并非内部行为，属于行政复议范围及行政诉讼的受案范围。刘甲等人一审诉讼请求为“请求撤销雨花区政府作出的案涉征地补偿安置方案及长沙市政府作出的28号复议决定”，并非不服雨花国土分局作出004号公告的行为，且该公告行为一般情况下也不属于行政诉讼的受案范围。一审以刘甲等人错列被告且拒绝变更为由裁定驳回起诉，认定事实不清，对于刘甲等人作出的释明指引缺乏法律依据，应予纠正。

根据《中华人民共和国行政复议法》第二条的规定，行政机关受理行政复议申请、作出行政复议决定，应当以行政复议法为依据。行政复议法及其实施条例则对行政复议申请条件包括行政复议范围作出相应规定。一般情况下，行政复议范围和行政诉讼受案范围是一致的，公民、法人或者其他组织对行政复议决定不服的，可以提起行政诉讼。新修订的行政诉讼法也专门设计了作出维持复议决定的复议机关作为共同被告的制度设计。但是，在实践中确实存在申请人的复议申请本不属于行政复议范围或不符合其他申请条件，复议机关仍然予以受理并作出复议决定的情形。为此，《最高人民法院关于适用〈中华人民共和国行政诉讼法〉的解释》第一百三十六条第七款规定，原行政行为不符合复议或者诉讼受案范围等受理条件，复议机关作出维持决定的，人民法院应当裁定一并驳回对原行政行为和复议决定的起诉。人民法院对于经复议机关作出维持决定，是否可以作出一并驳回起诉的裁定，应该建立在对原行政行为可诉性判断的基础之上。如果原行政行为不属于行政诉讼受案范围，则对原行政行为予以维持的复议决定当然也不可诉，人民法院可以作出一并驳回起诉的裁定。本案中，雨花区政府批准案涉征地补偿安置方案的行为属于行政复议范围，同时也属于行政诉讼受案范围。刘甲等人系不服案涉征地补偿安置方案，向长沙市政府提出行政复议申请。刘甲等人依照法定程序申请行政复议，进而将雨花区政府及长沙市政府作为共同被告提起行政诉讼，符合法律规定。二审认为“以雨花区政府批准行为为基础的长沙市政府的行政复议行为当然也不是行政诉讼的受案范围”，认定事实不清、适用法律错误，亦应予以纠正。

综上，刘甲、刘乙、刘丙的再审申请符合《中华人民共和国行政诉讼法》第九十一条第一、四项规定的情形。一、二审裁定适用法律错误，依照《最高人民法院关于适用〈中华人民共和国行政诉讼法〉的解释》第一百二十三条第三项之规定，裁定如下：

一、撤销湖南省长沙市中级人民法院（2016）湘01行初277号行政裁定；

二、撤销湖南省高级人民法院（2016）湘行终1447号行政裁定；

三、指令湖南省长沙市中级人民法院继续审理本案。

审判长：熊俊勇；审判员：龚斌、刘艾涛；法官助理：牛延佳；书记员：余逸纯

二〇一八年八月二十二日

008

起诉人为维护自身合法权益举报他人违法行为，相关职能部门以信访答复形式作出处理的行为属于行政诉讼受案范围

【裁判要旨】

起诉人为维护自身合法权益，向职能部门举报公民、法人或者其他组织的行政违法行为，请求予以立案、查处。具有法定职权的部门，以信访答复形式作出处理，该处理行为是行政机关履行或拒绝履行法定职责的行为，属于可诉的行政行为，不是对当事人权利义务不产生实际影响的、对信访事项作出的重复处理行为。起诉人作为所举报的行政违法行为的受害人、竞争权人、消费者或服务的接受者，为维护自身合法权益，对该项处理行为提起行政诉讼的，起诉人与处理行为有利害关系，具有原告资格。

中华人民共和国最高人民法院
行政裁定书

（2018）最高法行再103号

再审申请人（一审起诉人、二审上诉人）：余某。

再审申请人余某因诉中国银行业监督管理委员会广东监管局（以下简称广东银监局）不履行法定职责一案，不服广东省高级人民法院（2016）粤行终1241号行政裁定，向本院申请再审。本院作出（2017）最高法行申2856号行政裁定，提审本案。本院依法组成合议庭审理了本案，现已审理终结。

余某向广州铁路运输中级法院起诉称，其不服广东银监局于2016年7月1日作出的《信访事项答复意见书》，认为该局未能依照《中华人民共和国银行业监督管理法》《信访条例》的规定，对其提交的中国民生银行广州分行违规发放贷款，伪造贷前《授信审批书》，恶意修改审批日期，侵害其合法权益的投诉举报信认真调查及客观公正处理，属于未依法正确履行监管职责，该局的行政执法不作为构成对其合法权益的持续侵害。据此请求法院判令广东银监局履行法定职责，

对其投诉举报事项予以认真调查处理。

广州铁路运输中级法院认为，根据《中华人民共和国行政诉讼法》第四十九条第四项和第五十一条第二款及《最高人民法院关于执行〈中华人民共和国行政诉讼法〉若干问题的解释》第一条第二款第六项的规定，余某向广东银监局举报投诉行为属于信访行为，信访机构根据《信访条例》的相关规定对信访人的信访事项作出的信访答复，对信访人不具有强制力，对信访人的权利义务不产生实际影响，余某的起诉不属于行政诉讼受案范围，遂作出（2016）粤71行初508号行政裁定，对余某的起诉不予立案。余某不服，提起上诉。

广东省高级人民法院查明，根据余某起诉提交的材料，广东银监局于2016年7月1日向余某作出《信访事项答复意见书》，内容为："您反映中国民生银行广州分行（以下简称'该分行'）违规办理100万元信用贷款问题的信访事项已办理完毕，现答复如下：一、关于该100万元信用贷款的审批问题，经查，你于2012年11月28日填写《商户借款申请表》，由该分行营业部经办客户经理根据业务操作流程对你提供的资料进行审核，对贷款保证人广州澳熠进出口贸易有限公司开展贷前调查，于2013年4月27日向该分行零售银行授信评审部提交《授信资料核实声明》和贷款申请材料。根据民生银行《关于新核心零售贷款系统小微授信评审系统（2.0版）上线的通知》（民银办发［2012］562号）规定，该分行经营性贷款（包含小微企业个人类授信贷款，小微企业法人类授信贷款，其他经营性贷款以及小微委托类贷款）的贷前审批流程均实现电子化管理。2013年6月24日，该分行授信评审部录入岗按照上述制度将相关资料录入系统，相关评审人员按制度要求进行逐级审批，授信审批日期为2013年6月24日。二、关于该100万元信用贷款的合同签订问题，经查，2013年6月25日你与该分行签订借款合同，借款金额100万元，由你担任董事长的广州澳熠康进出口贸易有限公司作为保证人，约定借款期限一年，还款方式为按月结息，到期一次性偿还本金，还款日为每月15日，还款账号为62××48。三、关于该100万元信用贷款的发放和还款记录问题，经查，该笔贷款于2013年7月5日发放，执行受托支付（开户行：中国民生银行广州分行，账号62×××83）。根据该分行提供的还款账户（账号62×××48）的流水显示，你自2013年7月15日开始还息，至2014年1月15日共还息七期，其中2013年12月15日和2014年1月15日的还息均不足额，自2014年2月15日起，你未再支付本息，也未发现他人代还款记录。如对此处理意见不服，可以自收到之日起30日内向我局上级机关申请复查。特此告知。”

广东省高级人民法院认为，本案上诉人向广东银监局投诉举报中国民生银行广州分行违规办理信用贷款、伪造贷前《授信审批书》等问题，广东银监局对此作出《信访事项答复意见书》。因广东银监局依照《信访条例》对上诉人的投诉事项作出的上述答复对上诉人不具有强制力，未对上诉人设定新的权利义务，对上诉人的实体权利义务不产生实际影响，故上诉人不服《信访事项答复意见书》，以广东银监局未依法履行监管职责为由，向一审法院提起本案诉讼，请求判令广东银监局履行职责，依法不属于人民法院行政诉讼的范围。一审法院对余某的起诉裁定不予立案并无不当。依照《中华人民共和国行政诉讼法》第八十九条第一款第一项之规定，裁定驳回上诉，维持原审裁定。

余某申请再审称，请求撤销一、二审裁定；裁定由一审法院对本案予以立案、审理或裁定由广东省高级人民法院对本案依法立案、审理。主要理由：一、再审申请人请求广东银监局依照法定职责依法查处中国民生银行广州分行违规放贷及变造《授信审批书》等行为，广东银监局故意以信访形式回复再审申请人，规避行政诉讼，规避其监督不力的法定职责。是否属于信访案件，取决于当事人举报投诉事项是否属于该行政机关监管范围之内的职责，不能因行政机关用信访形式回复，即视为信访事项而不予立案。二、本案属于行政诉讼受案范围。根据《最高人民法院关于执行〈中华人民共和国行政诉讼法〉若干问题的解释》第一条、第十二条、第十三条以及《中华人民共和国行政诉讼法》第三十八条、第四十九条等规定，再审申请人对广东银监局不履行法定职责、造成再审申请人合法权益遭受中国民生银行广州分行持续侵害的行为提起行政诉讼，属于行政诉讼的受案范围。一、二审裁定适用法律错误。三、一、二审裁定超审限及违法裁判，使再审申请人的合法诉讼权利被剥夺。再审申请人收到中国银行业监督管理委员会（以下简称中国银监会）《行政复议决定书》后，以广东银监局、中国银监会为共同被告，向北京市西城区人民法院提起行政诉讼，北京市西城区人民法院当即受理立案。四、根据《中华人民共和国银行业监督管理法》《金融违法行为处罚办法》及《贷款通则》的相关规定，广东银监局应依法履行法定职责，对再审申请人的投诉举报事项予以认真查处，而不应隐藏已查明的事实证据搪塞再审申请人。审判机关应对广东银监局未依法履行法定职责的行为，依法立案审理并予以纠正。

本院认为，《中华人民共和国行政诉讼法》第十二条第六项规定，人民法院受理公民、法人或者其他组织提起的下列诉讼：（六）申请行政机关履行保护人身权、财产权等合法权益的法定职责，行政机关拒绝履行或者不予答复的。《最高人民法院关于适用〈中华人民共和国行政诉讼法〉的解释》第一条第一款规定，公民、法人或者其他组织对行政机关及其工作人员的行政行为不服，依法提起诉讼的，属于人民法院行政诉讼的受案范围。《中华人民共和国商业银行法》第六十二条第一款规定，国务院银行业监督管理机构有权随时对商业银行的存款、贷款、结算、呆账等情况进行检查监督。商业银行应当按照国务院银行业监督管理机构的要求，提供财务会计资料、业务合同和有关经营管理方面的其他信息。《中华人民共和国银行业监督管理法》第八条规定，国务院银行业监督管理机构根据履行职责的需要设立派出机构。国务院银行业监督管理机构对派出机构实行统一领导和管理。国务院银行业监督管理机构的派出机构在国务院银行业监督管理机构的授权范围内，履行监督管理职责。本案中，余某认为中国民生银行广州分行违规放贷、侵犯其合法权益，向广东银监局投诉，要求予以查处，实质是申请行政机关履行保护财产权的法定职责。广东银监局具有对商业银行的贷款等情况进行检查监督的法定职责，其对余某的投诉进行核查并作出处理，虽然采用《信访事项答复意见书》的形式，但实际上是履行监督管理职责的行为，对余某的权利义务产生实际影响，故余某的起诉属于人民法院行政诉讼的受案范围。

综上所述，第二审人民法院维持第一审人民法院不予立案裁定错误，应予纠正。依照《最高人民法院关于适用〈中华人民共和国行政诉讼法〉的解释》第一百一十九条、第一百二十三条第二项的规定，裁定如下：

一、撤销广东省高级人民法院（2016）粤行终1241号行政裁定及广州铁路运输中级法院（2016）粤71行初508号行政裁定；

二、指令广州铁路运输中级法院受理本案。

审判长：龚斌；审判员：曹刚、熊俊勇；法官助理：寇秉辉；书记员：陈钿

二〇一八年十一月六日

009

公房承租人与房屋征收行为有利害关系

【裁判要旨】

国有土地上房屋征收补偿、安置中，享受国有公房租赁权的承租人，对被征收的房屋享有以低于市场价格占有、使用的权利。这种权利是一种合法的社会福利权利，不同于平等主体之间的房屋租赁关系。征收决定不仅造成公租房租赁关系的解除，而且对承租人依法享有的社会福利权利也会产生现实的、直接的不利影响。因此，公房承租人与征收决定、征收补偿决定等房屋征收行为有利害关系，具有原告资格。

中华人民共和国最高人民法院
行政裁定书

（2018）最高法行申4934号

再审申请人（一审原告、二审上诉人）：舒某。

被申请人（一审被告、二审被上诉人）：湖南省长沙市天心区人民政府。

法定代表人：谢进。

被申请人（一审被告、二审被上诉人）：湖南省长沙市人民政府。

法定代表人：胡忠雄。

再审申请人舒某因诉被申请人湖南省长沙市天心区人民政府（以下简称天心区政府）、长沙市人民政府（以下简称长沙市政府）房屋征收决定一案，不服湖南省高级人民法院于2017年11月25日作出的（2017）湘行终690号行政裁定，向本院申请再审。本院于2018年7月10日立案受理，依法组成合议庭进行审查。案件现已审查终结。

2006年6月23日，长沙市人民政府国有资产监督管理委员会印发长国资改革（2006）154号《关于同意长沙机床厂由湖南友谊阿波罗股份有限公司承债式兼并的批复》（以下简称154号批复），同意由湖南友谊阿波罗股份有限公司（以下简称友阿公司）承债式兼并长沙机床厂，并将长沙机床厂十一宗经营性行政划拨用地变性为商业、住宅等用途的出让土地，用土地评估价值、土地出让金依次弥补长沙机床厂净资产负数和理顺职工劳动关系提留费用，长沙机床厂变性土地必须以挂牌、拍卖方式进行处置。经长沙市第十四届人大第二、三次会议审议通过，长沙市机床厂及周边零星地块棚改项目列入长沙市2014年、2015年国民经济和社会发展计划，且经发改立项、规划、国土等部门审批同意，被征收人选定评估机构，征收补偿方案经公告征求意见、修改、公示，制定社会稳定风险评估报告，项目征收补偿资金专户储存等程序。2015年8月20日，天心区政府作出天政征（2015）5号《房屋征收决定》（以下简称5号征收决定），发布《长沙市天心区人民政府关于长沙机床厂及周边零星地块棚改项目房屋征收决定的公告》，以改善老城区居民的生活条件、提升城市品位为目的，决定对包括长沙机床厂用地在内的国有土地上房屋实施征收。舒某承租的长沙机床厂自管产权房屋，在本次征收范围内。2015年10月，舒某申请行政复议，请求撤销5号征收决定。2015年11月27日，长沙市政府作出长政复决字（2015）第673号《行政复议决定书》（以下简称673号复议决定），维持5号征收决定。2015年12月31日，舒某提起本案行政诉讼，请求撤销5号征收决定和673号复议决定。

另查明，2016年12月25日，友阿公司与舒某签订《原长沙机床厂自管住宅补偿安置协议》，协议中约定四种安置方式：第一种安置方式，解除房屋承租关系货币补偿安置，选择在其他地方购买房屋；第二种安置方式，解除房屋承租关系货币补偿安置，选择购买就近配建的装饰商品房（暂定名新新花园）；第三种安置方式，不解除房屋承租关系，由友阿公司实行异地房屋安置，即将现承租房屋（即本协议第一条所述的房屋）退还给友阿公司，由友阿公司提供就近配建的商品房（暂定名新新花园）供其继续居住；第四种安置方式，解除房屋承租关系，实行货币补偿安置。舒某选择第四种货币补偿安置方式，其房屋合法计租面积22平方米，房屋、装饰装修、附属设施、各项奖励补助等，补偿金额共计350009.30元。

还查明，同属本次征收范围的被征收房屋所有权人于某，因不服天心区政府作出的5号征收决定申请行政复议，长沙市政府作出长政复决字（2015）第690号《行政复议决定书》，维持5号征收决定。于某仍不服，提起行政诉讼。长沙市中级人民法院作出（2015）长中行征初字第00317号行政判决，判决驳回于某的诉讼请求。于某不服，提起上诉。2017年6月30日，湖南省高级人民法院作出（2017）湘行终450号行政判决，驳回上诉，维持原判。

长沙市中级人民法院（2015）长中行征初字00333行政裁定认为，舒某是单位被征自管产权房的承租人。根据涉案被征房屋权属登记，舒某不是被征收房屋的所有权人，其与5号征收决定没有利害关系，不具备原告主体资格。依照《最高人民法院关于适用〈中华人民共和国行政诉讼法〉若干问题的解释》第三条第一款第一项的规定，裁定驳回舒某的起诉。舒某不服，提起上诉。

湖南省高级人民法院（2017）湘行终690号行政裁定认为，舒某的合法权利应当在补偿安置阶段得到保障，作为单位自管产权房的承租人，不享有对被征地房屋的所有权，不具有本案原告主体资格。依照《中华人民共和国行政诉讼法》第八十九条第一款第一项之规定，裁定驳回上诉，维持原裁定。

舒某申请再审称：涉案房屋是计划经济时期国有企业投资兴建、自行管理的自管公房，舒某是涉案房屋的承租人，是福利分房的享有者，不等同于普通的承租人，与5号征收决定具有利害关系。请求撤销一、二审裁定，依法再审本案。

天心区政府答辩称：5号征收决定作出前，经人大审议批准，并履行公告、评估、征求意见等法定程序，认定事实清楚，程序合法，适用法律正确。舒某已经与产权单位签订补偿协议，补偿金额已经发放到位。请求驳回舒某的再审申请。

长沙市政府答辩称：673号复议决定程序合法，认定事实清楚，适用法律正确。请求驳回舒某的再审申请。

本院经审查认为，《中华人民共和国行政诉讼法》第二十五条第一款规定，行政行为的相对人以及其他与行政行为有利害关系的公民、法人或者其他组织，有权提起诉讼。也就是说，只要与被诉行政行为有利害关系，就应当具有原告主体资格。所谓“有利害关系”，应当是指被诉行政行为有可能直接对起诉人的权利义务造成损害或者不利影响。房屋征收案件中，房屋所有权人是征收决定的行政相对人，与征收决定当然有利害关系，具有原告主体资格；同时，享受国有公房或国有单位产权房租赁权的承租人，对被征收的国有公房或国有单位产权房实际享有以低于市场价格占用、使用的权利，这种权利是一种合法的社会福利权利，完全不同于平等主体之间的房屋租赁关系。征收决定不仅造成房屋租赁关系的解除，而且对承租人依法享受的低价租赁房屋的社会福利权利将会产生现实的、直接的影响。因此，公房或国有单位产权房的承租人，与征收决定有利害关系，具有原告主体资格。一、二审裁定以国有公房或国有单位产权房的承租人不是被征收房屋的所有权人，否定其对征收决定提起行政诉讼的原告资格，不符合法律规定，本院予以指正。但是，鉴于本案被诉行政行为5号征收决定，已经在于某诉天心区政府案中，经人民法院实体审理，终审判决驳回原告的诉讼请求，舒某请求撤销5号征收决定和673号复议决定的诉讼请求受生效裁判所羁束，再审本案没有实际意义，本案不予再审。

综上，舒某的再审申请不符合《中华人民共和国行政诉讼法》第九十一条第一项规定的情形。依照《最高人民法院关于适用〈中华人民共和国行政诉讼法〉的解释》第一百一十六条第二款的规定，裁定如下：

驳回舒某的再审申请。

审判长：郭修江；审判员：龚斌、熊俊勇；法官助理：黄宁晖；书记员：陈清玲

二〇一八年十月三十日

010

不得以村委会主任、村民小组组长未提经村民会议或村民小组会议讨论为由，否定主任、组长以村委会、村民小组名义起诉的法律效力

【裁判要旨】

《中华人民共和国村民委员会组织法》第二十八条规定的重大事项须经村民会议或村民代表会议半数同意才能作出决定，属于村委会、村民小组的内部议事程序。村主任、组长，作为村委会、村民小组的负责人，为维护村集体利益，有权在未经村民小组会议讨论的情况下，以村民小组的名义提起行政诉讼。除非在村主任、组长起诉后，经村民委员会、村民小组全体村民会议或村民代表会议过半数讨论决定，以村民小组名义申请撤回起诉，人民法院不得以村主任、组长未经村委会、村民小组会议讨论为由，否定村主任、组长以村委会、村民小组名义起诉的法律效力。

中华人民共和国最高人民法院
行政裁定书

（2018）最高法行申4653号

再审申请人（一审原告、二审上诉人）：广西壮族自治区兴安县溶江镇千家村委田洞村第13村民小组。

诉讼代表人：满甲。

委托代理人：满乙，系村民。

委托代理人：熊立超。

被申请人（一审被告、二审被上诉人）：广西壮族自治区兴安县人民政府。

法定代表人：黄钦。

委托代理人：吴庆华。

委托代理人：龙能强。

再审申请人广西壮族自治区兴安县溶江镇千家村委田洞村第13村民小组（以

下简称田洞13组）因诉被申请人广西壮族自治区兴安县人民政府（以下简称兴安县政府）征地补偿一案，不服广西壮族自治区高级人民法院于2017年10月18日作出的（2017）桂行终552号行政裁定，向本院申请再审。本院于2018年7月5日立案受理，依法组成合议庭进行审查，并于2018年10月11日在本院第一巡回法庭（深圳）第三法庭组织各方当事人开庭询问，再审申请人田洞13组的委托代理人满乙、熊立超，被申请人兴安县政府的委托代理人吴庆华、龙能强，到庭参加询问活动。兴安县政府的行政机关负责人未到庭。案件现已审查终结。

田洞13组系兴安县溶江镇千家村民委员会下属的村民小组，田洞13组内部又分为满家1组和张家2组、张家3组三个组。本案争议山场地块编号为BL×6、P3×2、BL×1，位于鱼梁滩的苞谷岭，面积约30亩，土地所有权属于田洞13组。争议土地已经被征收为国有，各方争议的主要是征地补偿款。2011年11月，因修建小溶江水库需征用苞谷岭山场土地，满家1组的满丙等七人，申请确定苞谷岭山场的土地使用权及林木权属，争议地四至范围为：上凭石斩边势头起沿笔竹到松树兜；下凭磊路；左凭大涔；右凭磊路。上述争议地范围，包括本案BL×6、P3×2地块。2013年5月3日，兴安县溶江镇人民政府作出溶政发（2013）13号《山林使用权权属处理决定书》（以下简称13号处理决定），将苞谷岭山场的土地使用权及林木所有权确权归满丙等七人。满家1组的满乙、满甲等二十八人不服，申请行政复议。兴安县政府作出兴政复决字（2013）第06号行政复议决定（以下简称6号复议决定），维持13号处理决定。满乙等人不服，提起行政诉讼。兴安县人民法院作出（2013）兴行初字第32号行政判决，维持13号处理决定。满乙等人仍不服，提起上诉。2014年4月25日，桂林市中级人民法院作出（2014）桂市行终字第36号行政判决（以下简称36号行政判决），驳回上诉，维持原判。

2015年3月20日，兴安县国土资源局依照36号行政判决及小溶江水库公路指挥部的意见，并根据以往土地补偿费支付给土地承包人的分配习惯，将BL×6、P3×2地块土地补偿费支付给满丙等七人。2015年下半年，满家1组的满乙等人不服前述土地补偿费分配行为，提起行政诉讼，终审裁定驳回其起诉。2016年9月8日，满甲等人又以田洞13组名义，提起本案行政诉讼，认为满家1组未将BL×6、P3×2、BL×1三块集体公山承包到户，兴安县政府在没有向田洞13组村民进行任何公示，也没有征得村民同意的情况下，将BL×6、P3×2地块的土地补偿费支付给满丙等七户，将BL×1地块的土地补偿费、青苗费支付给张家2组的××星，侵犯其合法权益，请求确认兴安县政府给付BL×6、P3×2、BL×1征地补偿款行为违法，并将三地块的土地补偿费及BL×1的青苗补偿费支付给田洞13组。

桂林市中级人民法院（2016）桂03行初258号行政裁定认为，田洞13组提起本案行政诉讼，属于《中华人民共和国村民委员会组织法》第二十八条规定的应当召开村民小组会议决定的情形。但田洞13组起诉不符合该条规定。依照《最高人民法院关于适用〈中华人民共和国行政诉讼法〉若干问题的解释》第三条第一款第十项的规定，裁定驳回田洞13组的起诉。田洞13组不服，提起上诉。

广西壮族自治区高级人民法院（2017）桂行终552号行政裁定认为，本案被诉行政行为是兴安县政府给付征地补偿款的行为，涉及田洞13组对征地补偿款分配方案的变更，属于村民小组对集体财产的经营管理事项。根据《中华人民共和国村民委员会组织法》第二十八条规定，田洞13组应当依法召开村民小组会议，经集体讨论同意后，方可提起本案诉讼。田洞13组的组长满甲以集体名义提起本案行政诉讼，但未提供证据证明已召开民主议定程序。依照《中华人民共和国行政诉讼法》第八十六条、第八十九条第一款第一项之规定，裁定驳回上诉，维持原裁定。

田洞13组申请再审称：本案上诉阶段，田洞13组已按照一审裁定要求，组织召开村民会议，同意上诉。但是，二审依旧维持一审裁定，认定事实错误。法律并未规定村民监督政府行政行为，必须召开村民代表大会，一、二审法院适用法律错误。请求撤销一、二审裁定，依法再审本案。

兴安县政府答辩称：1. 田洞13组没有召开村民大会讨论变更土地补偿费分配方案，满甲利用其小组长身份，以田洞13组名义提起本案行政诉讼，未经村民小组会议讨论决定。2. 田洞13组认可，土地补偿费由土地使用权人领取，在补偿公示期间，没有农户对分配方式提出异议，若改变全村已经达成一致且履行多年的分配方案，应召开村民大会通过。请求驳回田洞13组的再审申请。

本院经审查认为，《中华人民共和国行政诉讼法》第二十五条第一款规定，行政行为的相对人以及其他与行政行为有利害关系的公民法人或者其他组织，有权提起行政诉讼。本案中，根据田洞13组以往对征地补偿款的分配习惯，包括土地补偿费在内的征地补偿款分配给承包人或土地使用权人。生效的36号行政判决已经确认，BL×6、P3×2地块的土地使用权和林木所有权属于满丙等七人，田洞13组或满家1组不具有分配土地补偿费或青苗补偿费的事实基础，与土地补偿费分配行为不具有利害关系，没有原告资格；田洞13组和满家1组对兴安县政府将BL×1地块的土地补偿费、青苗补偿费支付给××星的行为不服，但没有申请对该地块土地使用权和地上附着物所有权归属的确权，亦未提供初步证据证明，兴安县政府向××星发放该块土地补偿费、青苗补偿费行为侵犯其合法权益，同样不具有原告主体资格。一、二审裁定驳回田洞13组起诉，处理结果并无不当。

应当指出的是，《中华人民共和国村民委员会组织法》第二十八条第一、三款规定，办理有关村民小组集体所有的土地、企业和其他财产的经营管理以及公益事项，应当召开村民小组会议，由本村民小组十八周岁以上的村民三分之二以上，或者本村民小组三分之二以上的户的代表参加，并经到会人员过半数同意，才能作出决定。对政府分配土地补偿费的行为不服提起行政诉讼，属于该条第一款规定的有关村民小组集体所有的土地征收补偿款分配公益事项，应当经过村民小组会议讨论决定。但是，该程序属于村民小组的内部议事程序。村民小组组长，作为村民小组的负责人，为维护村民小组的集体利益，有权在未经村民小组会议讨论的情况下，以村民小组的名义提起行政诉讼，除非在组长起诉后，经村民小组会议讨论决定，以村民小组名义请求撤回起诉，人民法院不得以村民小组组长未经村民小组会议讨论为由，否定组长以村民小组名义起诉的法律效力。一、二审裁定仅以起诉未经田洞13组村民会议讨论决定为由，否定该小组起诉的效力不妥，本院予以指正。鉴于田洞13组不具有原告资格，一、二审裁定结果并无不当，再审徒增诉累。

还应当指出的是，《中华人民共和国土地管理法实施条例》第二十六条第一款规定，土地补偿费归农村集体经济组织所有；地上附着物及青苗补偿费归地上附着物及青苗的所有者所有。土地补偿费应当由集体经济组织按照其成员集体讨论形成的分配方案，另行分配给其成员，并非由政府直接支付给集体经济组织成员。本案中，兴安县政府仅仅按照既往的分配惯例，直接将土地补偿费支付给集体土地使用权人不妥，本院予以指正。鉴于本案满甲等人以田洞13组名义提起行政诉讼，主要是对涉案土地的使用权归属不服，而非对土地补偿费分配规则有异议，再审本案亦没有实际意义，本案不予再审。

综上，田洞13组的再审申请不符合《中华人民共和国行政诉讼法》第九十一条第一项规定的情形。依照《最高人民法院关于适用〈中华人民共和国行政诉讼法〉的解释》第一百一十六条第二款之规定，裁定如下：

驳回广西壮族自治区兴安县溶江镇千家村委田洞村第13村民小组的再审申请。

审判长：郭修江；审判员：龚斌、刘艾涛；法官助理：黄宁晖；书记员：陈清玲

二〇一八年十一月二十一日

011

村民个人没有区别于其他人的可能受到被诉行政行为侵害或不利影响的特别利益，不具有原告资格

【裁判要旨】

村民委员会或者农村集体经济组织对涉及农村集体土地的行政行为不起诉的，过半数的村民可以以集体经济组织名义提起诉讼。村民个人没有区别于其他人的特别利益，不可能受到被诉行政行为侵害或不利影响的，不具有原告资格。

中华人民共和国最高人民法院
行政裁定书

（2018）最高法行申2881号

再审申请人（一审原告、二审上诉人）：黄某。

被申请人（一审被告、二审被上诉人）：广西壮族自治区南宁市人民政府。

法定代表人：周红波，市长。

被申请人（一审被告、二审被上诉人）：广西壮族自治区人民政府。

法定代表人：陈武，主席。

一审第三人：广西壮族自治区南宁市西乡塘区安宁街道办事处连畴村一组。

负责人：黄勇，组长。

再审申请人黄某因诉被申请人广西壮族自治区南宁市人民政府（以下简称南宁市政府）、广西壮族自治区人民政府（以下简称广西自治区政府）土地行政管理及行政复议一案，不服广西壮族自治区高级人民法院（2017）桂行终433号行政裁定，向本院申请再审。本院依法组成合议庭对本案进行了审查，现已审查终结。

黄某申请再审称，请求再审本案，撤销一、二审裁定。主要理由：1. 再审申请人为南宁市西乡塘区连畴村（以下简称连畴村）一组村民，因连庄路、高新区工业项目储备用地及北湖北路延长线项目建设，连畴村一组的集体土地被征收为

项目建设用地，再审申请人的房屋及土地位于被征收土地范围之内，涉案南宁市政府［2015］南国土批字第07－274号《建设用地批准书》（以下简称《建设用地批准书》）是针对连畴村一组农民住宅回建用地的批准文件，再审申请人作为连畴村一组成员，享有安置用地权利，该行政行为对再审申请人权利义务产生实际影响，再审申请人具有诉讼主体资格。原审裁定认为《建设用地批准书》对再审申请人没有实际影响，属于认定事实和适用法律错误。2.《中华人民共和国行政诉讼法》第二十五条规定，行政行为的相对人以及其他与行政行为有利害关系的公民、法人或者其他组织，有权提起诉讼。原审裁定以再审申请人与《建设用地批准书》没有直接的法律上的利害关系为由，认定再审申请人主体不适格。法律并未规定必须具备“直接”法律关系才为适格主体。3.《建设用地批准书》的作出未履行公示公告和听证程序，违反法定程序，应当依法撤销。

本院认为，《最高人民法院关于审理涉及农村集体土地行政案件若干问题的规定》第三条规定，村民委员会或者农村集体经济组织对涉及农村集体土地的行政行为不起诉的，过半数的村民可以以集体经济组织名义提起诉讼。本案中，被诉的《建设用地批准书》是南宁市政府对连畴村一组农民住宅回建用地建设项目用地的批准文件，是应连畴村一组集体申请作出的，涉及连畴村一组全体村民权益的行政行为。依照上述司法解释的规定，再审申请人作为村民个人，无权对涉及全体村民权益的《建设用地批准书》提起诉讼。原审以该行政行为对再审申请人权利义务不产生实际影响为由裁定驳回起诉，理由虽有不妥，但是结论并无不当。再审申请人的相关主张可以通过村民民主自治程序提出。再审申请人以原裁定认定事实和适用法律错误等为由申请再审，理由不能成立。

综上，黄某的再审申请不符合《中华人民共和国行政诉讼法》第九十一条规定的情形。依照《最高人民法院关于适用〈中华人民共和国行政诉讼法〉的解释》第一百一十六条第二款的规定，裁定如下：

驳回黄某的再审申请。

审判长：龚斌；审判员：熊俊勇、刘艾涛；书记员：陈钿

二〇一八年六月二十九日

012

被诉行政行为不可能侵犯起诉人主张的合法权益的，起诉人与被诉行政行为没有利害关系

【裁判要旨】

《中华人民共和国行政诉讼法》第二十五条规定的“利害关系”，需要综合考虑被诉行政行为与原告请求保护的合法权益之间的关系确定。被诉行政行为不可能侵犯起诉人主张的合法权益，起诉人与被诉行政行为没有利害关系的，不具有原告资格。在诉颁发土地证的案件中，起诉人认为颁证行为侵犯其通风、采光权。因颁证行为不涉及地上建筑物的高度以及与相邻建筑的间距问题，不可能侵犯当事人的通风、采光权，起诉人与被诉颁发土地证行为之间没有利害关系，不具有原告资格。

中华人民共和国最高人民法院

行政裁定书

（2018）最高法行申2411号

再审申请人（一审原告、二审上诉人）：郑小甲。

再审申请人（一审原告、二审上诉人）：郑小乙。

再审申请人（一审原告、二审上诉人）：郑小丙。

被申请人（一审被告、二审被上诉人）：贵港市人民政府。

法定代表人：农融，市长。

原审第三人：林某。

再审申请人郑小甲、郑小乙、郑小丙（以下简称郑小甲等三人）因诉被申请人贵港市人民政府（以下简称贵港市政府）及原审第三人林某土地行政登记一案，不服广西壮族自治区高级人民法院于2017年11月6日作出的（2017）桂行终1028号行政裁定，向本院申请再审。本院于2018年4月18日立案受理本案，依法组成合议庭进行审查。案件现已审查终结。

郑小甲等三人的房屋与林某房屋相邻。2016年11月8日，郑小甲等三人以贵港市住房和城乡规划建设委员会向林某核发的贵城规管私建字第1664号建设工程规划许可证违法、侵犯其合法权益为由，向贵港市港北区人民法院提起行政诉讼，该院于2017年3月22日作出一审判决，驳回郑小甲等三人的诉讼请求。郑小甲等三人不服上诉至贵港市中级人民法院，贵港市中级人民法院于2017年7月20日作出二审判决，驳回上诉，维持一审判决。2017年1月，郑小甲等三人就贵港市政府向林某核发的贵国用（2000）字第2919号国有土地使用证（以下简称2919号国有土地使用证）向广西壮族自治区人民政府申请行政复议。2017年4月13日，复议机关以郑小甲等三人与涉案土地登记行政行为无利害关系，不符合法律规定的受理条件为由，驳回郑小甲等三人的行政复议申请。2017年4月27日，郑小甲等三人向贵港市中级人民法院提起本案诉讼，请求撤销2919号国有土地使用证。

贵港市中级人民法院（2017）桂08行初67号行政裁定认为，根据《中华人民共和国行政诉讼法》第二十五条第一款规定，郑小甲等三人与涉诉土地行政登记行为是否具有利害关系，是解决本案的关键。贵港市政府向林某核发的2919号国有土地使用权证，只是对登记土地使用权的归属作出确认，不涉及该宗土地的规划建设问题，与相邻权益无涉，郑小甲等三人不具备提起本案诉讼的主体资格。至于林某取得建设工程规划许可这一与郑小甲等三人相邻权益相关的行政行为，郑小甲等三人已先于本案另行提起行政诉讼，郑小甲等三人的诉权已在该案中得到实现。根据《最高人民法院关于适用〈中华人民共和国行政诉讼法〉若干问题的解释》第三条第一款第一项的规定，裁定驳回郑小甲等三人的起诉。郑小甲等三人不服一审裁定，提起上诉。广西壮族自治区高级人民法院作出（2017）桂行终1028号行政裁定，以相同的理由裁定驳回上诉，维持一审裁定。

郑小甲等三人申请再审称：一、二审对贵港市政府对第三人颁发土地使用权证的行政登记行为的认定罔顾客观事实及其因果关系。贵港市政府涉案颁证行为势必使得申请人合法有效的房屋所有权受到严重侵害。行政复议机关和一、二审裁定，掩盖贵港市政府和林某的造假事实，袒护和包庇贵港市政府和林某的违法行为。请求撤销一、二审裁定，撤销广西壮族自治人民政府桂政行复（2017）9号驳回行政复议申请决定，撤销2919号国有土地使用证。

本院经审查认为,《中华人民共和国行政诉讼法》第二十五条规定,行政行为的相对人以及其他与行政行为有利害关系的公民、法人或者其他组织,有权提起诉讼。上述法条规定的“有利害关系的公民、法人或者其他组织”,既不能过分扩大理解,认为所有直接或者间接受行政行为影响的公民、法人或者其他组织都有利害关系,也不能过分限制理解,将“可能性”扩展到必须有充分证据证实被诉行政行为影响其实体权利。对于“利害关系”的认定需要综合考虑案件情况以及当事人的诉讼请求来予以确定,首先,应将当事人是否具有法律保护的权益作为判定当事人是否具有原告主体资格的重要标准;其次,在当事人确有法律可保护权益的情况下,还需要考虑该权益是否应当通过本案的行政诉讼来保护。在有些情况下,即使当事人具有可保护的法律权益,但该权益应当通过民事诉讼或者直接对其设定权利义务的行政行为提起行政诉讼等方式来保护,则当事人虽然有法律保护的权益,但针对本案不具有原告主体资格。本案中,郑小甲等三人请求撤销贵港市政府给林某颁发的国有土地使用证,作为原告其应当提供初步证据证明该发证行为侵害其合法权益。也就是说,郑小甲等三人要证明其具有可保护的法益。根据一审的诉讼请求,郑小甲等三人认为贵港市政府的颁证行为侵犯其采光、通行权利,但并无相应证据显示该发证行为侵犯其土地或者与其合法的土地证有交叉、重叠等情况,故其所要求保护的法益不应通过撤销土地证的方式来寻求救济。根据一、二审查明的事实,郑小甲等三人已经就林某取得建设工程规划许可这一行政行为另行起诉,通过该诉讼可以实现其相关权益的保护。在本案诉讼中,郑小甲等三人并非与被诉发证行为具有利害关系的当事人,不具备原告主体资格。一审裁定驳回起诉,二审予以维持,认定事实清楚,适用法律正确,应予维持。

郑小甲等三人主张贵港市政府为林某颁发土地证存在造假行为并向本院提交新的证据材料以证明该造假行为存在。本案系以郑小甲等三人没有原告主体资格为由裁定驳回起诉,并未进入实体审理,对于郑小甲等三人的该项主张,本院不予理涉。郑小甲等三人还主张撤销广西壮族自治区人民政府的驳回复议申请决定。郑小甲等三人一审所诉被告系贵港市政府,诉请系撤销该府的土地登记。故对于郑小甲等三人在再审中增加的诉讼请求,本院同样不予理涉。而且,根据《中华人民共和国行政诉讼法》第二十六条第二款规定,经复议的案件,复议机关决定维持原行政行为的,作出原行政行为的行政机关和复议机关是共同被告;复议机关改变原行政行为的，复议机关是被告。《最高人民法院关于适用〈中华人民共和国行政诉讼法〉的解释》第一百三十三条规定，行政诉讼法第二十六条第二款规定的“复议机关决定维持原行政行为”，包括复议机关驳回复议申请或者复议请求的情形，但以复议申请不符合受理条件为由驳回的除外。本案中，广西壮族自治区人民政府以郑小甲等三人的复议申请不符合受理条件为由驳回复议申请，该复议行为并非法定的应当由复议机关作为共同被告的案件，一、二审仅将贵港市政府作为被告而不追加广西壮族自治区人民政府为共同被告，于法有据。郑小甲等三人在再审中提出请求撤销驳回复议申请决定的主张，没有法律依据，本院不予支持。

综上，郑小甲等三人的再审申请不符合《中华人民共和国行政诉讼法》第九十一条第一、四项规定的情形。依照《最高人民法院关于适用〈中华人民共和国行政诉讼法〉的解释》第一百一十六条第二款的规定，裁定如下：

驳回郑小甲、郑小乙、郑小丙的再审申请。

审判长：熊俊勇；审判员：龚斌、刘艾涛；法官助理：牛延佳；书记员：余逸纯

二〇一八年五月三十一日

013

复议机关对超过法定期限的复议申请违法受理后作出维持决定，当事人不服提起行政诉讼的，人民法院应当裁定不予立案

【裁判要旨】

复议机关对超过复议期限的复议申请立案审查后作出维持决定，当事人不服，一并对原行政行为和复议决定提起行政诉讼的，实质上是对当事人就原行政行为申诉的重复处理，对申请人的权利义务不产生实际影响，人民法院应当裁定不予立案；已经立案的，裁定驳回起诉。

中华人民共和国最高人民法院

行政裁定书

（2018）最高法行申528号

再审申请人（一审原告、二审上诉人）：王一。

再审申请人（一审原告、二审上诉人）：王二。

再审申请人（一审原告、二审上诉人）：王三。

再审申请人（一审原告、二审上诉人）：王四。

再审申请人（一审原告、二审上诉人）：王五。

被申请人（一审被告、二审被上诉人）：全州县人民政府。

法定代表人：廖照德，县长。

被申请人（一审被告、二审被上诉人）：桂林市人民政府。

法定代表人：秦春成，市长。

被申请人（原审第三人）：唐某。

再审申请人王一、王二、王三、王四、王五（以下简称王一等人）因诉被申请人全州县人民政府（以下简称全州县政府）、桂林市人民政府（以下简称桂林市政府）及第三人唐某土地行政登记及行政复议一案，不服广西壮族自治区高级人民法院于2017年8月31日作出的（2017）桂行终125号行政裁定，向本院申

请再审。本院于2018年1月25日立案受理，依法组成合议庭进行审查。案件现已审查终结。

王一等人诉称，全州县政府为唐某办理全国用（1995）字第010301164号国有土地使用证（以下简称1995年国土证）的行政行为违法，该证没有经相邻人及王一等人的签字认可其四至界线，该证土地范围包含了王一等人房屋的西边墙体及留有的宅基地。全州县政府在没有查清土地来源，将王一等人的宅基地办在唐某的国有土地证里，严重侵犯王一等人的合法权益。王一等人于2015年12月25日向桂林市政府提出行政复议申请，桂林市政府于2016年2月5日作出维持全州县政府行政行为的市政复议字（2016）34号行政复议决定（以下简称34号复议决定）。2016年4月13日，王一等人提起行政诉讼，请求撤销唐某持有的1995年国土证及桂林市政府作出的34号复议决定。

广西壮族自治区桂林市中级人民法院经审查认定，全州县政府为唐某办理1995年国土证的时间为1995年8月。

广西壮族自治区桂林市中级人民法院（2016）桂03行初95号行政裁定认为，本案系因宅基地不动产权属登记引起的行政纠纷，全州县政府颁发给唐某的1995年国土证的时间是1995年8月。王一等人向桂林市政府提出行政复议申请的时间是2015年12月25日，向法院提起行政诉讼时间为2016年4月，其起诉已经超过《中华人民共和国行政诉讼法》第四十六条规定的20年最长起诉期限。依照《中华人民共和国行政诉讼法》第四十六条、《最高人民法院关于适用〈中华人民共和国行政诉讼法〉若干问题的解释》第三条第二项之规定，裁定驳回王一等人的起诉。王一等人不服一审判决，提起上诉。

广西壮族自治区高级人民法院（2017）桂行终125号行政裁定认为，本案被诉行政行为系全州县政府向唐某颁发1995年国土证的行为。1995年国土证首页加盖“广西壮族自治区全州县人民政府土地证专用章”处记载的落款时间为“1995年8月”，该时间与该宗地土地登记审批材料中“县级以上人民政府审批意见”栏中签章时间“1995年8月28日”相吻合。王一等人在一审庭审中质证称被诉颁证行为属于先颁证后审批，全州县政府篡改审批时间，在上诉陈诉中进一步坚持应对上诉审批材料记载的审核时间进行笔迹鉴定，并主张审核时间应为1997年10月，但对上述1995年土地证首页记载内容并没有提出质疑，且未能提供证据证实否定被诉行政行为作出时间为“1995年8月”。故一审认定被诉行政行为作出时间为1995年8月有证据证实，予以确认。自1995年8月被诉颁证行为作出之时起，至王一等人2015年12月25日向桂林市政府申请复议、2016年4月13日提起本案诉讼时止，均已超过二十年。根据《中华人民共和国行政诉讼法》第四十六条第二款的规定，一审裁定驳回王一等五人的起诉正确。二十年是提起行政诉讼的最长起诉期限，不适用行政诉讼法关于扣除、延长的规定，王一等人主张其请求没有超过二十年，缺乏法律依据，不予支持。至于被诉颁证行为合法性审查范畴，不属于本程序案件审理范围，不予审查。此外，本案属程序驳回王一等人的起诉，未涉及实体权利义务，唐某是否参与诉讼，对本案的处理结果没有实质性影响，且本案亦无相关证据证实唐某死亡的事实，故对此不予评判。综上，一审驳回王一等人的起诉正确，予以维持。依照《中华人民共和国行政诉讼法》第八十九条第一款第一项的规定，裁定驳回上诉，维持一审裁定。

王一等人向本院申请再审称：原审行政裁定认定事实不清。王一等人的父亲王某晖曾向全州县国土资源局申请过土地使用证登记，但该局以其与唐某相邻之间的宅基地界线有异议，暂不准两家丈量登记，待土地纠纷处理后方可进行。2000年期间，唐某因欠债务等其他原因，宅基地被全州县人民法院拍卖。王一等人得知唐某持有的国有土地使用证上占有属于王一等人所使用的宅基地50多平方米面积，向全州县人民法院提出异议，后又向全州县国土局反映并要求查阅唐某土地登记的档案资料，均遭拒绝。2015年12月24日，王一等人才在全州县国土资源局查看到唐某的土地登记档案，并抄写国有土地使用证编号和土地登记审批表的时间和内容。王一等人次日即申请行政复议，在复议决定下发后又在法定期限内提起行政诉讼。一审法院受理本案后，王一等人在领取唐某的土地登记档案等资料后才发现《土地登记审批表》上时间被篡改了，即将1997年10月21日、1997年10月28日篡改为1995年8月21日、1995年8月28日。在一审庭审质证时，王一等人要求进行司法笔迹鉴定，均未被采纳，故该审批表不能作为合法的证据采信。王一等人对全州县国土资源局何时颁证这一事实不知情且一直向政府反映，2015年12月提出行政复议申请，2016年4月提起行政诉讼，均没有超过二十年的诉讼时效。行政诉讼法第四十六条第一款规定是指从知道或者应当知道权利被侵害时开始计算。请求撤销一、二审裁定，裁定重新审理本案。

本院经审查认为，法律规定起诉期限的目的，是督促当事人及时提起诉讼，尽早解决行政纠纷，尽快稳定社会关系。当事人因法律救济期限届满等原因，不能通过诉讼途径请求撤销或废止行政行为，转而请求行政机关进入复议程序，进而对复议决定和原行政行为一并提起诉讼，实质上是通过申请复议达到规避起诉期限的目的，人民法院对此应当不予立案或者驳回起诉。根据《中华人民共和国行政复议法》第二条的规定，行政机关受理行政复议申请、作出行政复议决定，应当以行政复议法为依据。《中华人民共和国行政复议法实施条例》第二十七条、《中华人民共和国行政复议法》第十七条则规定，复议机关受理行政复议申请的条件之一就是在法定申请期限内提出，对不符合规定的行政复议申请，则应当决定不予受理。也就是说，行政机关受理当事人的复议申请不能采取意思自治原则，应当受到法律规定的期限等条件的约束，其效力应当接受司法审查。复议机关受理超出法定期限的复议申请并作出相应复议决定的行为，不符合法律规定。当然，对此情况也要进行区分并作出不同的处理。如果复议机关对于超出申请期限的复议申请予以受理，并作出维持原行政行为的复议决定，实质上是对当事人对原行政行为申诉的重复处理行为，对申请人的权利义务不会产生实际影响。申请人对复议决定提起行政诉讼，人民法院应当裁定不予立案或者驳回起诉。如果复议机关受理超出法定期限的复议申请后，认为原行政行为根据的事实或法律状态发生变化，或者出现了足以推翻原行政行为的新证据，进而作出复议决定自行撤销或废止原行政行为，此时属于行政机关自行纠错的行为，人民法院应当予以尊重并可以对该纠错行为进行实体审查。当然，行政机关采用这种纠错方式必须做到足够的审慎。

《中华人民共和国行政复议法》第九条虽然规定了行政复议的申请期限，但行政复议法和行政复议法实施条例均未规定申请行政复议的最长期限。参照《中华人民共和国行政诉讼法》第四十六条第二款“因不动产提起诉讼的案件自行政行为作出之日起超过二十年，其他案件自行政行为作出之日起超过五年提起诉讼的，人民法院不予受理”的规定，因不动产申请行政复议的，自行政行为作出之日起超过二十年，行政机关应决定不予受理。二十年申请期限的起算点是“行政行为作出之日起”，该期限为不变期间，无论申请人何时知道行政行为的内容，或者因其他原因耽误申请，从行政行为作出之日起超过二十年，即丧失申请复议的权利，不能再通过复议的方式寻求救济。本案中，全州县政府于1995年8月向唐某颁发土地证，未告知王一等人申请复议的权利和申请期限，王一等人的申请期限应当从其知道或者应当知道案涉土地证内容之日起计算，但最长不得超过该行为作出之日起二十年。王一等人至2015年12月申请行政复议，显然超过二十年的最长期限。王一等人主张行政诉讼法第四十六条第二款规定是指从知道或者应当知道权利被侵害时开始计算，系其对于法律的错误理解，本院对其该项主张不予支持。同理，王一等人提起行政诉讼亦已超过法定的起诉期限。一、二审裁定驳回王一等人的起诉，认定事实清楚，适用法律正确，处理结果并无不当，本院予以支持。王一等人主张《土地登记审批表》登记发证时间和《国有土地使用证》颁证时间不一致，全州县政府对《土地登记审批表》进行了篡改。一审业已查明，1995年土地证首页加盖“广西壮族自治区全州县人民政府土地证专用章”处记载的落款时间为“1995年8月”，该时间与该宗地土地登记审批材料中“县级以上人民政府审批意见”栏中签章时间“1995年8月28日”相吻合。王一等人并未提供任何证据证明其主张，其主张缺乏事实根据，本院不予采信。

综上，王一等人的再审申请不符合《中华人民共和国行政诉讼法》第九十一条第一、三、四项规定的情形。依照《最高人民法院关于适用〈中华人民共和国行政诉讼法〉的解释》第一百一十六条第二款的规定，裁定如下：

驳回申请人王一、王二、王三、王四、王五的再审申请。

审判长：熊俊勇；审判员：龚斌、刘艾涛；法官助理：牛延佳；书记员：余逸纯

二〇一八年二月二十八日

014

有证据初步证明同一组织内部利益对立方知晓被诉行政行为的时间，不能认定为起诉方知晓行政行为的时间

【裁判要旨】

法定起诉期限从提起诉讼的公民、法人或者其他组织，知道或者应当知道被诉行政行为主要内容之日起开始计算。集体经济组织的负责人知晓被诉行政行为但不起诉，与该负责人利益对立的二分之一以上村民起诉时，不能以该负责人知道或者应当知道被诉行政行为的时间，作为认定二分之一以上村民知道或者应当知道被诉行政行为的时间。二分之一以上村民的起诉期限应当从提起诉讼的村民知道或者应当知道被诉行政行为主要内容之日起计算。

中华人民共和国最高人民法院
行政裁定书

（2018）最高法行申467号

再审申请人（一审原告、二审上诉人）：广东省德庆县德城街道香山村鸦翅埇村民小组。

诉讼代表人：梁某。

委托代理人：周耀文。

委托代理人：李燕。

被申请人（一审被告、二审被上诉人）：广东省德庆县人民政府。

法定代表人：江泽全。

委托代理人：陈湛中。

委托代理人：张少英。

被申请人（一审被告、二审被上诉人）：广东省德庆县国土资源局。

法定代表人：冯水贤。

委托代理人：李子敏。

委托代理人：张少英。

被申请人（一审被告、二审被上诉人）：广东省德庆县德城街道办事处。

法定代表人：龙小霞。

委托代理人：梁柱洲。

再审申请人广东省德庆县德城街道香山村鸦翅埇村民小组（以下简称鸦翅埇村小组）因诉被申请人广东省德庆县人民政府（以下简称德庆县政府）、德庆县国土资源局（以下简称德庆县国土局）、德庆县德城街道办事处（以下简称德城街道办）集体土地征收协议、非法征地强制拆除及行政赔偿一案，不服广东省高级人民法院于2016年9月9日作出的（2016）粤行终993号行政裁定，向本院申请再审。本院于2018年1月23日立案受理，依法组成合议庭进行审查。案件现已审查终结。

2012年10月20日，德城街道办、德庆县国土局与鸦翅埇村小组签订《承诺书》和《关于承诺德城香山村委会鸦翅埇村办理完善征地后解决被征地农民出路的承诺书》（以下简称两份承诺），主要内容是：根据德庆县县城西区开发需要，拟征收鸦翅埇村小组集体土地66.06亩，为解决好征地后该村农民生活出路问题，经县政府批准，承诺给鸦翅埇村小组办理20亩留用土地手续。2014年5月27日，德城街道办和德庆县县城西区开发征地拆迁工作指挥部（以下简称西区开发指挥部）对鸦翅埇村小组被征土地上的农作物进行强制清除。根据德府办（2013）9号《德庆县人民政府办公室关于成立德庆县县城西区开发征地拆迁工作指挥部的通知》规定，西区开发指挥部属于德庆县政府下设的临时机构。2015年7月13日，鸦翅埇村小组提起本案行政诉讼，请求撤销两份承诺书，确认征地、强制拆除行为违法并进行行政赔偿。

肇庆市中级人民法院（2015）肇中法行初字第36号行政裁定认为，鸦翅埇村小组于2012年10月20日签订两份承诺时已经知道被诉行政行为内容，2015年7月13日起诉，超过法定2年起诉期限，强制拆除行为侵害的是土地承包人的合法权益，鸦翅埇村小组起诉不具有原告资格。依照《最高人民法院关于适用〈中华人民共和国行政诉讼法〉若干问题的解释》第三条第一款第一、二项的规定，裁定驳回鸦翅埇村小组的起诉。鸦翅埇村小组不服，提起上诉。

广东省高级人民法院（2016）粤行终993号行政裁定认为，一审以超过起诉期限为由，裁定驳回鸦翅埇村小组对两份承诺的起诉并无不当，应予维持。但是，西区开发指挥部系德庆县政府下设的临时机构，不具有行政主体资格，德庆县政府才是强制拆除行为的适格被告，应当驳回鸦翅埇村小组对西区开发指挥部的起诉。鸦翅埇村小组作为涉案集体土地的所有权人，认为被上诉人非法征收土地侵犯其合法权益，并请求行政赔偿，起诉符合法律规定。一审裁定驳回该项起诉，认定事实不清，适用法律错误。依照《中华人民共和国行政诉讼法》第八十九条第一款第二项之规定，裁定：一、维持一审关于驳回鸦翅埇村小组请求撤销两份承诺起诉的裁定内容；二、撤销一审关于驳回鸦翅埇村小组对非法征地及请求赔偿损失起诉的裁定内容，由肇庆市中级人民法院依法继续审理；三、驳回鸦翅埇村小组对西区开发指挥部的起诉。

鸦翅埇村小组申请再审称：1. 两份承诺的内容在2014年5月8日鸦翅埇村小组新旧村委交接时才公开，村民于签名同意起诉书时才知晓这两份承诺的存在，起诉未超过期限。2. 两份承诺是原村小组长同其他村小组成员在未召开村民大会的情况下签订，未征求村民意见，存在冒签、骗签的情形，违反法定程序，损害村集体利益。3. 西区开发指挥部与德城街道办暴力征地，违法剥夺承包农户的经营收益权，是本案适格被告。请求依法再审，撤销二审裁定第一、三项内容，依法再审本案。

德庆县政府、德庆县国土局、德城街道办答辩称：1. 2012年征地期间鸦翅埇村小组负责人代表鸦翅埇村小组签订《建设用地协议》，承诺书为该协议附件。当时村民即已经清楚知晓该协议。2.《建设用地协议》签订，经过全村三分之二户代表签名同意。征地经预通告、进村征求意见等工作，依法对农户补偿，不存在侵害农户合法利益情形。3. 西区开发指挥部是临时机构，不具有独立的诉讼主体资格。请求驳回鸦翅埇村小组的再审申请。

本院经审查认为，《最高人民法院关于执行〈中华人民共和国行政诉讼法〉若干问题的解释》第一条第二款规定，对公民、法人或者其他组织权利义务不产生实际影响的行为，不属于行政诉讼的受案范围。本案中，两份承诺是德城街道办、德庆县国土局与鸦翅埇村小组前任负责人签订的拟征收集体土地并给予部分留用地的意向性协议，两份承诺对土地征收补偿主要内容并未作出明确具体的约定。两份承诺签订后，德庆县政府及其相关职能部门应当依法申请办理集体土地征收审批手续，并根据征地批准文书确定的征地范围和征地补偿方案规定的征收补偿标准，与村集体经济组织签订正式的征收补偿安置协议。因此，两份征收集体土地的意向性承诺，尚未发生征收的法律效力，对村民的权利义务不产生实际影响。一、二审裁定驳回鸦翅埇村小组的该项起诉，并无不当。鸦翅埇村小组主张，两份承诺未征求村民意见，存在冒签、骗签情形，损害村集体利益。其主张是对两份承诺法律效力的误解，本院不予支持。鸦翅埇村小组还主张，西区开发指挥部是强制拆除行为的适格被告。但是，根据《最高人民法院关于执行〈中华人民共和国行政诉讼法〉若干问题的解释》第二十条规定，行政机关组建并赋予行政管理职能但不具有独立承担法律责任能力的机构，以自己的名义作出的行政行为，组建该机构的行政机关为被告。西区开发指挥部属于德庆县政府下设的临时机构，不具有独立承担法律责任的权利能力，没有被告主体资格，二审不认可其被告主体资格，于法有据。鸦翅埇村小组的上述主张缺乏法律依据，本院不予支持。应当指出的是，原告在对符合法定条件的被告起诉同时，坚持对不具有被告主体资格的临时机构一并提起诉讼的，人民法院在裁判理由部分予以说明即可，不应当将该临时机构亦列为裁判文书的诉讼主体，对此本院予以指正。

还应当指出的是，根据《最高人民法院关于执行〈中华人民共和国行政诉讼法〉若干问题的解释》第四十一条第一款规定，行政机关作出行政行为时，未告知公民、法人或者其他组织诉权或者起诉期限的，起诉期限从其知道或者应当知道行政行为内容之日起，最长不得超过2年。法定起诉期限的起算点，是从提起诉讼的公民、法人或者其他组织，知道或者应当知道被诉行政行为主要内容之日起开始计算。本案中，两份承诺签订时间为2012年10月20日。签订承诺时，鸦翅埇村小组原负责人已经知道两份承诺的主要内容。但是，鸦翅埇村小组原负责人对签署两份承诺行为不起诉，提起本案行政诉讼的是与村小组原负责人利益和观点根本对立的二分之一以上村民。从本案目前认定的事实来看，没有证据证明签订承诺书时，提起本案行政诉讼的二分之一以上村民，当时已经知道或者应当知道两份承诺的主要内容。一、二审裁定以签订两份承诺的鸦翅埇村小组原负责人知道被诉行政行为的时间，作为认定二分之一以上村民知道或者应当知道被诉行政行为主要内容的时间，进而以起诉超过法定期限为由裁定驳回起诉，裁判理由不妥，本院予以指正。鉴于两份承诺不属于行政诉讼受案范围，一、二审裁定结果并无不当。撤销二审裁定，提审后经审理再次驳回原告起诉，徒增诉累，没有实际意义，本案不予再审。

综上，鸦翅埇村小组的再审申请不符合《中华人民共和国行政诉讼法》第九十一条第三、五项规定的情形。依照《最高人民法院关于适用〈中华人民共和国行政诉讼法〉的解释》第一百一十六条第二款的规定，裁定如下：

驳回广东省德庆县德城街道香山村鸦翅埇村民小组的再审申请。

审判长：郭修江；审判员：龚斌、熊俊勇；法官助理：黄宁晖；书记员：陈清玲

二〇一八年三月二十九日

015

行政机关处理、人民法院审理相关纠纷的期间应予扣除

【裁判要旨】

《最高人民法院关于执行〈中华人民共和国行政诉讼法〉若干问题的解释》第四十三条规定的“不属于起诉人自身的原因”，是指在法定的起诉期限内，如果发生不能归结于起诉人自身的原因耽误起诉期限的，被耽误的期限应当从法定起诉期限内予以扣除。起诉人就被诉行政行为向相关政府及其职能部门反映，政府及其职能部门受理、审查、作出相应处理的期间，以及起诉人就基础民事争议提起民事诉讼，人民法院受理至作出终审裁判的期间，均不属于起诉人自身原因耽误起诉期限的情形，应予以扣除。

中华人民共和国最高人民法院
行政裁定书

（2018）最高法行申2012号

再审申请人（一审原告、二审被上诉人）：邓某。

再审申请人（一审原告、二审被上诉人）：王某。

二再审申请人的共同委托代理人：李日弟，海南富岛律师事务所律师。

被申请人（一审第三人、二审上诉人）：叶某。

被申请人（一审第三人、二审上诉人）：杜甲，系叶某长女。

被申请人（一审第三人、二审上诉人）：杜乙，系叶某长子。

被申请人（一审第三人、二审上诉人）：杜丙，系叶某次子。

四被申请人的共同委托代理人：王先民。

一审被告：海南省屯昌县人民政府。

法定代表人：匡文胜，县长。

委托代理人：曾垂枢，该县不动产登记局局长。

委托代理人：王玮玲，海南信达律师事务所律师。

再审申请人邓某、王某因诉被申请人海南省屯昌县人民政府（以下简称屯昌县政府）土地行政登记一案，不服海南省高级人民法院于2017年11月7日作出的（2017）琼行终1248号行政裁定，向本院申请再审。本院于2018年4月12日立案，依法组成合议庭进行审查，并于2018年4月24日上午在本院第一巡回法庭第三法庭组织各方当事人进行询问。再审申请人邓某、王某及其共同委托代理人李日弟，被申请人杜乙及四被申请人共同委托代理人王先民，一审被告屯昌县政府的委托代理人曾垂枢、王玮玲，均到庭参加询问活动。案件现已审查终结。

1989年，杜某（叶某之夫，杜甲、杜乙、杜丙之父，已故）以家庭住房困难为由，向藤寨工作站松坡村委会第十五经济社（以下简称第十五经济社）和松坡村委会申请建房用地，第十五经济社和松坡村委会予以同意，并上报原藤寨乡人民政府（后合并为南坤镇人民政府，以下简称南坤镇政府）审批。南坤镇政府经审核于1990年3月20日给杜某颁发《土地房屋契约》，该契约载明："兹有藤寨墟房屋贰目120平方米，东至公路，西至王某进地界，南至张甲地界，北至张乙合墙为界。"2004年7月25日，在再次征得第十五经济社和松坡村委会同意后，杜某向屯昌县政府的土地管理部门申请土地登记发证。屯昌县土地管理部门填写地籍调查表、土地登记审批表等材料后报屯昌县政府审批，屯昌县政府于2004年9月6日为杜某颁发屯集用（2004）字第06－00001号《集体土地使用证》（以下简称06－00001号《集体土地证》），该《集体土地证》及附图载明："土地所有者第十五经济社，坐落南坤镇藤××路，四至为东至张甲隔墙；南至自北至南15米处止；西至张乙隔墙；北至藤××路界。长15米，宽9.7米，面积145.5平方米。"2005年2月3日，屯昌县国土资源局（以下简称屯昌县国土局）以第十五经济社和松坡村委会已声明作废杜某的土地权属来源证明为依据，向杜某发出屯土字（2005）4号《关于收回第06－00001号〈集体土地证〉的通知》，要求杜某在接到通知之日起7日内将06－00001号《集体土地证》交回进行复查，但杜某逾期未将该证交回。屯昌县国土局于2005年6月24日在《海南日报》发布《关于注销第06－00001号土地证的通告》。杜某不服，向原海南省海南中级人民法院（后更名为海南省第一中级人民法院，以下简称海南一中院）提起行政诉讼。海南一中院以屯昌县国土局在没有屯昌县政府授权或委托的情况下即擅自注销杜某土地证的行为属越权行为为由，于2006年5月20日作出（2006）海南行终字第40

号行政判决，撤销屯昌县国土局2005年6月24日的注销行为。2006年5月10日，屯昌县政府根据屯昌县国土局《关于注销第06－00001号土地证的请示》，以屯府函（2006）33号《批复》授权屯昌县国土局登报发布公告注销杜某的06－00001号《集体土地证》。2006年7月6日，屯昌县国土局向杜某发出屯土环资函（2006）10号《通知》，决定注销杜某06－00001号《集体土地证》，同时要求杜某在接到通知后的15日内到该局办理注销手续。2006年8月29日，屯昌县国土局在《海南日报》发布《关于注销土地证书的通告》。杜某不服，向海南一中院提起行政诉讼，请求撤销屯昌县政府屯府函（2006）33号《批复》、屯昌县国土局屯土环资函（2006）10号《通知》和《关于注销土地证书的通告》。海南一中院以第十五经济社和松坡村委会于2004年12月2日出具的《声明》不能作为注销06－00001号《集体土地证》的合法依据，于2008年11月19日作出（2008）海南行初字第141号行政判决，撤销屯昌县政府授权屯昌县国土局2006年7月6日作出的屯土环资函（2006）10号《关于注销第06－00001号土地证的通知》，撤销屯昌县政府授权屯昌县国土局2006年8月29日在《海南日报》上发布的《关于注销土地证书的通告》，驳回杜某的其他诉讼请求。屯昌县政府不服一审判决，提起上诉。海南省高级人民法院于2009年1月12日作出（2009）琼行终字第10号行政判决，驳回上诉，维持一审判决。2012年9月19日，海南省高级人民法院向邓某、王某作出（2012）琼信复字第112号《信访答复函》，载明："（2009）琼行终字第10号案件是针对屯昌县国土局作出注销杜某持有的《集体土地证》的行为是否合法进行审查，故在该案的诉讼程序中人民法院未追加邓某、王某作为第三人参加诉讼并无不当。如你们认为第06－00001号《集体土地证》侵犯你们的合法权益，可以通过提起行政诉讼来维护你们的合法权益。"2015年10月，叶某以邓某、王某在06－00001号《集体土地证》的土地上开工建房侵犯其土地使用权为由向屯昌县人民法院提起民事诉讼，要求邓某、王某停止侵权。屯昌县人民法院认为叶某的诉请证据不足，不予支持，判决驳回叶某的诉讼请求。叶某不服提起上诉。海南一中院经审理后认为该案双方当事人均依各自持有的土地证主张对争议地享有使用权，根据《中华人民共和国土地管理法》第十六条第一款的规定，该案争议应由政府相关部门处理，叶某的起诉不属于人民法院受理民事诉讼的范围，遂于2016年7月1日作出（2016）琼96民终823号民事裁定

（以下简称823号民事裁定），驳回叶某的起诉。2017年5月，邓某、王某提起本案行政诉讼，请求判决撤销06－00001号《集体土地证》。

另查明，2001年4月，南坤镇政府分别给邓某颁发藤集建（2001）字第1号《集体土地建设用地使用证》（以下简称1号《集体土地证》）、给王某颁发藤集建（2001）字第2号《集体土地建设用地使用证》（以下简称2号《集体土地证》），两证记载的地址均为藤寨农商街，用地面积均为158.4平方米。邓某的1号《集体土地证》四至为：东至公路界，西至水田边，南至王某合墙，北至邻居甲合墙；王某的2号《集体上地证》的四至为：东至公路界，西至水田边，南至邻居乙合墙，北至邓某合墙。2016年10月，叶某向屯昌县人民法院提起行政诉讼，请求撤销邓某、王某持有的1号、2号《集体土地证》。2016年12月7日，屯昌县法院作出（2016）琼9022行初21号、22号行政判决，判决撤销南坤镇政府给邓某、王某颁发的1号、2号《集体土地证》。邓某、王某不服提起上诉。海南一中院于2017年3月29日作出（2017）琼96行终17、18号行政判决，驳回上诉，维持一审判决。

还查明，823号民事裁定载明：邓某、王某在诉争土地上已打好地基，其中王某的地基长18米，宽4.7米；邓某的地基长18米，宽4.48米。与诉争土地相邻的邻居甲于1994年搬来居住至今，邻居乙于2003年搬来居住至今。2001年5月，原藤寨乡人民政府给邻居乙颁发藤国用（2001）字第4号《国有土地建设用地使用证》，该证载明："地址藤寨农商街，面积158.4平方米，其四至中北至王某交界。"

海南省第一中级人民法院（2017）琼96行初76号行政判决认为，本案的争议焦点是邓某、王某是否具有本案原告主体资格、邓某与王某的起诉是否超过法定起诉期限及屯昌县政府给杜某颁发06－00001号《集体土地证》的行政行为是否合法。

关于邓某、王某是否具有本案原告主体资格的问题。虽然南坤镇政府给邓某、王某颁发的1号、2号《集体土地证》已于2017年3月被法院生效判决所撤销，但是根据823号民事裁定查明的事实以及诉争土地的现状可以认定，目前诉争土地上有邓某、王某在其持有的《集体土地证》被撤销之前就已经打好的地基，故邓某、王某与06－00001号《集体土地证》具有利害关系。根据《中华人民共和国行政诉讼法》第二条第一款、第二十五条第一款的规定，邓某、王某具有本案原告主体资格。关于邓某、王某的起诉是否超过法定起诉期限的问题。屯昌县政府主张邓某、王某于2004年已经知道该府给杜某颁发06－00001号《集体土地证》，因此其起诉已经超过行政诉讼法规定的两年起诉期限。经审查，虽然生效的（2009）琼行终字第10号行政判决载明“2004年9月6日屯昌县政府给杜某颁发06－00001号《集体土地证》后，二原告曾以其已购买诉争土地为由向第十五经济社和松坡村委会提出异议”，但是二原告并非（2009）琼行终字第10号行政案件的当事人，且屯昌县政府在本案中提交的证据不能证明二原告于2004年已经见过并知道06－00001号《集体土地证》的具体内容，屯昌县政府亦未提交二原告何时知道其原持有的1号、2号《集体土地证》项下的土地与06－00001号《集体土地证》项下的土地存在重叠的证据材料。此外，尽管在（2015）屯民初字第835号《民事判决书》及823号民事裁定中已载明06－00001号《集体土地证》的具体内容，但是从该证登记的内容来看，06－00001号《集体土地证》记载的四至、面积与诉争土地的实际现状、面积等情况并不相符。综合本案的所有证据来看，只有（2017）琼96行终17号、18号行政判决中认定二原告使用的土地与06－00001号《集体土地证》项下的土地存在重叠；在此之前，二原告并不确定其使用的土地与06－00001号《集体土地证》的土地是否重叠。根据《中华人民共和国行政诉讼法》第四十六条第一款之规定，二原告自（2017）琼96行终17号、18号行政判决于2017年3月作出后知道屯昌县政府颁发06－00001号《集体土地证》行政行为侵犯其权益，至二原告于同年5月提起本案诉讼时未满6个月，故屯昌县政府认为二原告的起诉已超过法定起诉期限的理由不能成立。

根据本案查明的事实，2004年，杜某提交《土地房屋契约》以及1989年、2004年的2份《申请书》向屯昌县政府申请土地登记颁证。屯昌县政府的国土部门根据杜某的申请对诉争土地进行地籍调查并制作《地籍调查表及附图》《土地登记申请书审批表》等，但是《地籍调查表及附图》《土地登记申请书审批表》记载的土地四至、面积均与1989年《申请书》以及1990年《土地房屋契约》记载的土地四至、面积不相符；且根据823号民事裁定查明的事实及诉争土地相邻人的现实居住情况，屯昌县政府2004年颁发06－00001号《集体土地证》时的实际相邻人为邻居甲与邻居乙，故地籍调查表及06－00001号《集体土地证》记载张乙、张甲为颁证土地的相邻人，明显错误。同时，从勘查现场的情况来看，诉争土地的西边为二原告在其与第三人发生纠纷前已建好的房子。而06－00001《集体土地证》记载的东至与西至均为相邻人的隔墙，并未留有通道。从二原告的正常通行来考虑，假设第三人在诉争土地上建设房屋，二原告将没有道路进出其已建好于诉争土地西边的房屋。综上，屯昌县政府颁发的06－00001号《集体土地证》认定事实不清、证据不足、明显不当，应予撤销。依照《中华人民共和国行政诉讼法》第七十条第一、六项之规定，判决撤销屯昌县政府于2004年9月给杜某颁发的06－00001号《集体土地证》。叶某等4人不服一审判决，提起上诉。

海南省高级人民法院二审查明，被诉土地证项下土地“西至张乙隔墙”，各方当事人确认张乙将其宅基地转让给邻居甲且未办理变更登记，故被诉土地证项下土地“西至张乙隔墙”的记载，与被诉土地证项下土地的实际相邻情况相符。一审判决对该事实认定错误，予以纠正。

海南省高级人民法院（2017）琼行终1248号行政裁定认为，《最高人民法院关于执行〈中华人民共和国行政诉讼法〉若干问题的解释》第四十一条第一款规定：“行政机关作出具体行政行为时，未告知公民、法人或者其他组织诉权或者起诉期限的，起诉期限从公民、法人或者其他组织知道或者应当知道诉权或者起诉期限之日起计算，但从知道或者应当知道具体行政行为内容之日起最长不得超过2年。”根据本案查明的事实，邓某、王某至迟于2012年9月知道被诉颁证行政行为，其应当在知道该行政行为之日起2年内提起本案行政诉讼，故其于2017年5月提起本案行政诉讼，超过法定起诉期限，依法应当驳回起诉。一审认为邓某、王某于2017年3月才知道其所使用的土地与被诉土地证项下土地存在重叠，因而未超过起诉期限，适用法律错误。一审判决认定事实不清，适用法律错误，处理结果不当，应予撤销。叶某等人的上诉请求和上诉理由成立，应予支持。依照《中华人民共和国行政诉讼法》第八十九条第一款第二项、《最高人民法院关于适用〈中华人民共和国行政诉讼法〉若干问题的解释》第三条第一款第二项之规定，裁定撤销一审行政判决；驳回邓某、王某的起诉。

邓某、王某申请再审称：二审裁定认定事实不清、证据不足，适用法律错误。1. 申请人在2012年9月前，并不知道屯昌县政府于2004年9月颁发给杜某06－00001号《集体土地证》的内容，直到2015年11月叶某提起宅基地使用权纠纷一案，申请人从法院送达的诉讼证据中，才知道该行为的内容。申请人从2015年11月知道该行为内容到2017年5月提起行政诉讼，没有超过法定起诉期限。二审裁定推测申请人至迟在2012年9月知道被诉颁证行政行为内容，并认定申请人的起诉超过法定起诉期限，没有事实与法律依据。2. 在2017年3月海南一中法院作出的（2017）琼96行终17号、18号行政判决中认定申请人使用的土地与杜某的《集体土地证》项下土地存在部分重叠，故申请人于2017年5月向人民法院提起行政诉讼，符合《中华人民共和国行政诉讼法》第四十六条第一款的规定，处于法定起诉期限内。3. 本案被诉颁证行政行为涉及不动产，应适用20年起诉期限的规定。4. 二审裁定认为被诉土地证项下土地“西至张乙隔墙”与实际相邻情况相符，不符合客观事实。该房屋的实际相邻权人为杜某吉、邻居甲，认定案涉土地界址应由相邻宗地实际使用者亲自到现场共同指界。5. 06－00001号《集体土地证》土地来源不明，四至及面积与现状不符且与申请人居住使用的土地面积重合，申请人使用该地已有17年，土地来源清楚并经政府发证。如案涉土地由被申请人使用，申请人的房屋将没有通行通道。二审判决认定事实错误，损害申请人的权益，应予纠正。请求撤销二审裁定；依法支持申请人的诉请，维持一审判决。

叶某等人答辩称：2004年12月2日，邓某、王某以其购买案涉土地为由，向十五经济社和松坡村委会提出异议。2012年9月19日，海南省高级人民法院信访答复函答复邓某、王某：“如你们认为屯昌县国土管理局颁发06－00001号《集体土地证》程序违法，侵犯你们的合法权益，可以通过提起行政诉讼来维护你们的合法权益。”足以说明申请人从2004年就已经知道被诉《集体土地证》，二审裁定认为至少在2012年9月申请人就应该知道该颁证行为，并认定申请人的起诉超过法定起诉期限，认定事实清楚，适用法律正确。请求驳回邓某、王某的再审申请。

屯昌县政府陈述称：1. 根据823号民事裁定查明，2004年9月6日，屯昌县政府为杜某颁发06－00001号《集体土地证》后，申请人以其购买该宗土地为由，向第十五经济社和松坡村委会提出异议，说明申请人在2004年就已经知道被诉行政行为，也知道杜某的土地与其所购买的土地存在重叠。2. 2012年9月19日，海南省高院向申请人作出（2012）琼信复字第112号《信访答复函》，证明申请人至迟于2012年9月已经明确知道被诉行政行为及其内容。3. （2015）屯民初字第835号民事判决和823号民事裁定记载，诉讼中叶某提交被诉《集体土地证》，申请人应该再次知道该土地与自己所持有的《集体土地证》的土地相重叠。申请人于2017年5月提起本案诉讼，已经超过法定的起诉期限，依法应驳回其起诉。二审裁定驳回起诉，并无不当。该府颁发的被诉《集体土地证》认定事实清楚，证据确凿，适用法律法规正确，程序合法，应予维持。杜某递交《土地登记申请书》《土地房屋契约》《申请书》等资料，申请颁发《集体土地证》，该府受理后，组织相关人员进行地籍调查，在案涉土地权属清晰、四至清楚，土地相邻人均对指界没有异议，安置程序刊登异议征询公告且异议期内无人提出异议后，颁发被诉《集体土地证》。发生法律效力的海南省高级人民法院（2009）琼行终字第10号判决已认定该府给杜某颁发的被诉《集体土地证》认定事实清楚、证据确凿，适用法律法规正确，内容适当，程序合法，应予维持。请求驳回邓某、王某的再审申请。

本院认为，《最高人民法院关于执行〈中华人民共和国行政诉讼法〉若干问题的解释》第四十一条第一款、第四十三条规定："行政机关作出具体行政行为时，未告知公民、法人或者其他组织诉权或者起诉期限的，起诉期限从公民、法人或者其他组织知道或者应当知道诉权或者起诉期限之日起计算，但从知道或者应当知道具体行政行为内容之日起最长不得超过2年。""由于不属于起诉人自身的原因超过起诉期限的，被耽误的时间不计算在起诉期间内……"这里的"不属于起诉人自身的原因"是指，如果起诉期限被耽误不能归结于起诉人自身原因，就不能让起诉人承担不利的法律后果，应当尽可能地对起诉人起诉予以受理或尽可能地提高救济机会。从本案查明的事实看，海南省高院生效的（2009）琼行终字第10号行政判决认定，2004年9月6日屯昌县政府给杜某颁发06－00001号《集体土地证》后，邓某、王某以其已购买诉争土地为由向第十五经济社和松坡村委会提出异议。第十五经济社及松坡村委会于2004年12月出具《声明》，证明安排给杜某的建房用地证明无效，希望上级有关部门注销06－00001号《集体土地证》。随后，屯昌县国土局两次作出注销06－00001号《集体土地证》的通知，均被法院判决撤销。邓某、王某提出异议后，相关政府及政府部门根据其异议对被诉颁证行为作出相应处理，以及杜某提起相关诉讼的时间，均不属于起诉人自身的原因导致的耽误起诉期限，上述时间应予以扣除。但是在2012年9月19日，海南省高级人民法院向邓某、王某作出的（2012）琼信复字第112号《信访答复函》中，已明确告知邓某、王某如认为杜某持有的06-00001号《集体土地证》侵犯其合法权益，可以通过提起行政诉讼维权。因此，至迟应当以2012年9月19日为起算点，开始计算起诉期限。邓某、王某直至2017年5月才提起本案诉讼，已经超过法定的2年起诉期限。即使扣除2015年10月叶某提起停止侵权的民事至2016年7月1日作出823号民事裁定、2016年10月至2017年3月29日叶某请求撤销1号、2号《集体土地证》的行政诉讼期间，邓某、王某的起诉仍然超过起诉期限。二审认定邓某、王某的起诉超过法定起诉期限，裁定驳回其起诉，处理结果并无不当，应予维持。

邓某、王某主张二审裁定推测其至迟在2012年9月知道被诉颁证行政行为内容，没有事实与法律依据，申请人直到2015年11月叶某提起宅基地使用权纠纷一案，在法院送达的诉讼证据中才知道该行为的内容。如前所述，海南省高院生效的（2009）琼行终字第10号行政判决已经认定邓某、王某在2004年9月6日屯昌县政府给杜某颁发06-00001号《集体土地证》后，即向第十五经济社和松坡村委会提出异议。邓某、王某在被诉《集体土地证》颁发后即提出异议，且异议内容为颁证土地已为其购买，足以证明二人在当时就已经知道被诉《集体土地证》的内容，应当以二人提出异议的时间作为起算点。二审以海南省高院作出信访答复的时间作为起算点，实际上是将不属于起诉人自身原因予以扣除后的时间作为起算点，对邓某、王某起诉期限的计算不存在错误。邓某、王某的该项主张没有事实根据，本院不予支持。邓某、王某还主张在2017年3月海南一中院作出的（2017）琼96行终17号、18号行政判决中认定申请人使用的土地与杜某的《集体土地证》项下土地存在部分重叠，申请人才知道被诉《集体土地证》侵犯其权益，应从此时开始计算起诉期限。《最高人民法院关于执行〈中华人民共和国行政诉讼法〉若干问题的解释》第四十一条第一款规定，起诉期限从公民、法人或者其他组织知道或者应当知道诉权或者起诉期限之日起计算，但从知道或者应当知道具体行政行为内容之日起最长不得超过2年。新修订的《中华人民共和国行政诉讼法》第四十六条第一款则规定，公民、法人或者其他组织直接向人民法院提起诉讼的，应当自知道或者应当知道作出行政行为之日起六个月内提出。也就是说，行政诉讼法及当时有效的司法解释均规定，行政诉讼中的起诉期限自起诉人知道行政行为作出或行政行为内容之日起算，而非从知道行政行为侵犯其权益之日起算。邓某、王某的该项主张缺乏法律依据，不能成立。邓某、王某另主张本案被诉颁证行政行为涉及不动产，应适用20年起诉期限的规定。但是，行政诉讼中最长起诉期限的适用前提是当事人不知道被诉行政行为的内容，本案明显不符合该情形，故邓某、王某的该项主张亦缺乏法律依据，本院不予支持。

应当指出的是，根据《中华人民共和国土地管理法》第十六条的规定，土地所有权和使用权争议，由当事人协商解决；协商不成的，由人民政府处理；个人之间的争议，由乡级人民政府或者县级以上人民政府处理。本案中，邓某、王某根据其原持有的1号、2号《集体土地证》，在2001年即在争议地内建房并使用至今。海南一中院作出的（2017）琼96行终17号、18号行政判决，认定邓某、王某使用的土地与06－00001号《集体土地证》项下土地存在部分重叠。在本院询问过程中，屯昌县政府亦认可诉争土地存在部分重叠，具体情况需要进一步予以核实。邓某、王某二人的《集体土地证》虽被撤销，但二人已建有房屋并长期居住，且在诉争土地上已打好地基准备继续修建房屋，其与第三人的土地权属争议如不及时解决，双方的矛盾有可能进一步升级。屯昌县政府应根据邓某、王某的申请及诉争土地的实际使用状况，确定诉争土地的权属，并及时作出处理决定，实质性化解双方关于诉争土地的权属纠纷。

综上所述，邓某、王某的再审申请不符合《中华人民共和国行政诉讼法》第九十一条第三、四项规定的情形。依照《最高人民法院关于适用〈中华人民共和国行政诉讼法〉的解释》第一百一十六条第二款的规定，裁定如下：

驳回邓某、王某的再审申请。

审判长：熊俊勇；审判员：龚斌、刘艾涛；书记员：余逸纯

二〇一八年六月二十九日

016

人民法院裁定准予撤回起诉后，无正当理由起诉人不得基于同一事实和理由再行申请行政复议

【裁判要旨】

公民、法人或者其他组织认为行政行为侵犯其合法权益的，除法律、法规规定必须先行向行政机关申请行政复议外，均可以选择申请行政复议或提起行政诉讼。选择行政复议，对复议仍不服的，可以依法提起行政诉讼。但是，选择直接提起行政诉讼，人民法院作出行政判决后，不得再申请行政复议。当事人选择直接起诉后申请撤诉，人民法院裁定准许撤诉后，无正当理由，当事人又以同一事实和理由再次提起行政诉讼的，属于重复起诉，人民法院裁定不予立案。同理，当事人选择直接起诉，人民法院裁定准予撤诉后，无正当理由，当事人又以同一事实和理由申请行政复议的，复议机关比照重复起诉，决定不予受理的，人民法院应予支持。

中华人民共和国最高人民法院
行政裁定书

（2018）最高法行申5683号

再审申请人（一审原告，二审上诉人）：龙某。

再审申请人（一审原告，二审上诉人）：黄某。

法定代理人：龙某，系黄某丈夫。

被申请人（一审被告，二审被上诉人）：湖南省郴州市北湖区人民政府。

法定代表人：王洪灿，区长。

再审申请人龙某、黄某因诉被申请人湖南省郴州市北湖区人民政府（以下简称北湖区政府）行政复议一案，不服湖南省高级人民法院（2017）湘行终1342号行政判决，向本院申请再审。本院依法组成合议庭对本案进行了审查，现已审查终结。

龙某、黄某申请再审称：（一）再审申请人以北湖区华塘镇人民政府（以下简称华塘镇政府）的强拆行为已被生效判决确认违法为由，向被申请人北湖区政府申请行政复议，要求确认华塘镇政府的拆除行为违法，并赔偿损失90万元，属于行政复议的受理范围。（二）再审申请人提起行政复议申请未超过法定复议期限，二审判决已对此予以确认。（三）一、二审法院未通知第三人华塘镇政府参加诉讼。综上，请求撤销一、二审行政判决，追加华塘镇政府为第三人，对本案予以再审。

本院经审查认为，《中华人民共和国行政复议法实施条例》第三十八条规定，申请人在行政复议决定作出前自愿撤回行政复议申请的，经行政复议机构同意，可以撤回。申请人撤回行政复议申请的，不得再以同一事实和理由提出行政复议申请。但是，申请人能够证明撤回行政复议申请违背其真实意思表示的除外。一、二审时有效的《最高人民法院关于执行〈中华人民共和国行政诉讼法〉若干问题的解释》第三十六条第一款规定，人民法院裁定准许原告撤诉后，原告以同一事实和理由重新起诉的，人民法院不予受理。原审查明，再审申请人龙某、黄某的房屋以其2015年7月1日至8月3日被华塘镇政府拆除为由，于2016年3月18日向湖南省桂阳县人民法院提起行政诉讼，请求确认华塘镇政府的拆除房屋行为违法，桂阳县人民法院作出（2016）湘1021行初17号行政判决，确认华塘镇政府拆除房屋行为违法。再审申请人不服提起上诉，后经法院释明，再审申请人于2016年12月8日以涉案房屋不是华塘镇政府拆除而是其村委会拆除为由，申请撤回上诉及一审起诉。湖南省郴州市中级人民法院作出（2016）湘10行终176号行政裁定，准许龙某、黄某撤回上诉；准许龙某、黄某撤回起诉；一审判决视为撤销。2017年8月4日，龙某、黄某又以华塘镇政府强拆其房屋为由，向北湖区政府申请行政复议，本次行政复议的请求与（2016）湘10行终176号案的诉讼标的及诉讼请求基本一致。北湖区政府以龙某、黄某的申请超过法定复议期限，且其申请事项已于2016年3月18日提起行政诉讼并经审理裁判为由，对龙某、黄某的行政复议申请不予受理。根据上述查明的事实，再审申请人系在提起行政诉讼撤回起诉后，又以同一事实、同一理由提起行政复议申请。我国设立行政复议与行政诉讼制度，虽然解决纠纷的机关及程序有所不同，但其目的均是对行政行为的合法性进行审查并实质性化解行政争议。关于行政复议与行政诉讼的关系，《中华人民共和国行政诉讼法》第四十四条规定，对属于人民法院受案范围的行政案件，公民、法人或者其他组织可以先向行政机关申请复议，对复议决定不服的，再向人民法院提起诉讼；也可以直接向人民法院提起诉讼。法律、法规规定应当先向行政机关申请复议，对复议决定不服再向人民法院提起诉讼的，依照法律、法规的规定。也就是说，公民、法人或者其他组织认为行政机关和行政机关工作人员的行政行为侵犯其合法权益的，除法律、法规规定必须先行向行政机关申请行政复议外，均可以选择提起行政复议或是提起行政诉讼，即以当事人选择为原则，行政复议前置为例外。关于行政复议和行政诉讼的具体衔接，《中华人民共和国行政复议法》第十六条第二款规定，公民、法人或者其他组织向人民法院提起行政诉讼，人民法院已经依法受理的，不得申请行政复议。《中华人民共和国行政复议法实施条例》第二十八条第七项规定，行政复议申请的受理，应以其他行政复议机关尚未受理同一行政复议申请，以及人民法院尚未受理同一主体就同一事实提起的行政诉讼为前提。综合上述规定可知，当事人寻求权利救济时，既可以选择行政复议，也可以选择行政诉讼，如果同时选择二者，一般应以行政复议在先，行政诉讼在后，不能在行政诉讼之后再申请行政复议，更不能两种程序同时进行。就本案而言，再审申请人于2016年提起过与本案被诉行政复议请求相同的行政诉讼，但二审时当事人申请撤诉并被法院准予撤诉，其一审判决亦被撤销。其于2017年8月4日提起行政复议申请，所提申请的当事人、诉讼标的、诉讼请求均与前次诉讼基本一致，该情形与重复提起诉讼或者重复提起复议并无二致，其实质是请求人民法院和行政复议机关就同一行政行为重复启动审查程序，不仅有违相关法律法规规定，也会造成司法资源的极大浪费。北湖区政府对其行政复议申请不予受理及一、二审法院判决驳回其诉讼请求，并无不当，本院予以维持。

综上，龙某、黄某的再审申请不符合《中华人民共和国行政诉讼法》第九十一条规定的情形。依照《最高人民法院关于适用〈中华人民共和国行政诉讼法〉的解释》第一百一十六条第二款的规定，裁定如下：

驳回龙某、黄某的再审申请。

审判长：刘艾涛；审判员：龚斌、熊俊勇；法官助理：徐超；书记员：唐劲松

二〇一八年十一月三十日

二、审理规则

017

重复起诉与受生效判决羁束的主要区别在于起诉人是否属于同一人

【裁判要旨】

《最高人民法院关于适用〈中华人民共和国行政诉讼法〉的解释》第六十九条第一款第六、九项以及第一百零六条规定，重复起诉和受生效判决羁束，均是不符合法定起诉条件的情形。重复起诉应当符合前后两次起诉的起诉人和诉讼标的完全一致，诉讼请求相同或后一次诉讼请求为前一次所包含；而受生效判决羁束，只要前后两次起诉的被诉行政行为是同一个即可，无需起诉人完全一致。但是，无论是重复起诉，还是受生效判决羁束，被诉行政行为相同，都是必备要件。

中华人民共和国最高人民法院
行政裁定书

（2018）最高法行申1741号

再审申请人（一审原告、二审上诉人）：肖某。
再审申请人（一审原告、二审上诉人）：蒋某。
再审申请人（一审原告、二审上诉人）：卢某。
再审申请人（一审原告、二审上诉人）：刘甲。
再审申请人（一审原告、二审上诉人）：黄某。

上述五再审申请人共同委托代理人：杨新辉。

再审申请人（一审原告、二审上诉人）：陈某。

被申请人（一审被告、二审被上诉人）：广西壮族自治区玉林市人民政府。

法定代表人：苏海棠，市长。

被申请人（一审被告、二审被上诉人）：广西壮族自治区玉林市国土资源局。

法定代表人：封寅芳，局长。

一审原告、二审上诉人（一审原告、二审上诉人）：刘乙。

原审第三人：广西玉林黄河房地产开发有限公司。

法定代表人：何少斌，董事长。

再审申请人肖某、蒋某、卢某、刘甲、黄某、陈某六人（以下简称肖某等六人）与一审原告、二审上诉人刘乙因诉被申请人广西壮族自治区玉林市人民政府（以下简称玉林市政府）、广西壮族自治区玉林市国土资源局（以下简称玉林市国土局）及原审第三人广西玉林黄河房地产开发有限公司（以下简称黄河公司）行政赔偿一案，不服广西壮族自治区高级人民法院于2017年6月22日作出的（2016）桂行终669号行政裁定，向本院申请再审。本院于2018年4月9日立案受理，依法组成合议庭进行审查。案件现已审查终结。

2002年11月14日，玉林市国土局作出玉国土资函（2002）45号《关于同意办理玉林市东门商业广场建设用地拆迁手续的复函》，同意黄河公司到有关部门办理相关拆迁手续。2003年3月7日，玉林市建设局给黄河公司颁发玉建拆许字（2003）第001号《房屋拆迁许可证》，批准黄河公司对大观巷、天主堂、玉林镇盛誉商场以东（不包含天主堂）至南环路16964.35平方米范围内的住宅和非住宅实施拆迁。肖某等六人和刘乙（以下简称肖某等七人）的房屋，在拆迁范围内。肖某等七人因与拆迁人黄河公司未达成拆迁补偿协议，经黄河公司申请，玉林市建设局（现为玉林市建设规划委员会）针对涉案不同房屋，分别作出房屋拆迁行政裁决。肖某、蒋某于2005年5月8日对玉建裁字（2005）2号、卢某于2005年9月13日对玉建裁字（2005）34号、陈某于2007年对玉建裁字（2005）46号《房屋拆迁行政裁决书》，分别向玉林市中级人民法院起诉，请求撤销玉林市建设局作出的房屋拆迁裁决，人民法院分别作出相关行政裁判，且已发生法律效力。2005年1~8月期间，玉林市政府对肖某等七人的房屋实施强制拆除。2015年12

月4日，肖某等七人提起本案行政诉讼，请求返还国有土地使用权，赔偿因拆迁、上访维权、精神损害产生的损失。

玉林市中级人民法院（2016）桂09行初6号行政裁定认为，以请求返还国有土地使用权、赔偿损失的诉讼请求与拆迁裁决有关，受生效行政判决的拘束，其余诉讼请求已在前述生效判决的诉讼中提出过，再次起诉属于重复起诉为由，裁定驳回肖某等七人的起诉。肖某等七人不服，提出上诉。

广西壮族自治区高级人民法院（2016）桂行终669号行政裁定认为，以肖某等七人2005年房屋被拆除时就已经知道被诉行政行为的内容，至2015年12月起诉，超过两年法定起诉期限，且肖某等七人起诉涉及五户拆迁裁决，应当按户分别起诉为由，裁定驳回上诉，维持原裁定。

肖某等六人申请再审称：1. 自强拆之日起，肖某等人一直在申诉、主张权利，应当适用民事诉讼关于诉讼时效中断的规定，且对于不动产提起的行政诉讼，应当适用20年的最长诉讼期限，起诉未超过起诉期限。2. 前后两次起诉的诉讼主体和诉讼请求都不相同，不存在重复起诉的问题。请求撤销一、二审裁定，依法裁定原审法院继续审理此案。

玉林市国土资源局答辩称：肖某等六人提起本案行政诉讼，已超过法定起诉期限，且诉讼标的为生效裁判所拘束，依法应当驳回其起诉。请求驳回肖某等六人的再审申请。

玉林市政府、黄河公司均未提交书面答辩意见。

本院经审查认为，《中华人民共和国行政诉讼法》第四十九条第三项规定，提起行政诉讼，应当具有具体的诉讼请求和事实根据。《最高人民法院关于审理行政赔偿案件若干问题的规定》第二十一条第四、五项规定，赔偿请求人单独提起行政赔偿诉讼，加害行为已被确认为违法，且赔偿义务机关已先行处理或超过法定期限不予处理。本案中，肖某等六人一审诉讼请求为：请求返还国有土地使用权，赔偿因拆迁、上访维权造成的损失。该诉讼请求实质是单独提起的行政赔偿诉讼。但是，并没有证据证明涉案的拆迁许可被依法撤销，也没有证据证明起诉前肖某等六人向赔偿义务机关先行申请行政赔偿，赔偿义务机关已经作出处理或存在逾期不处理的情形。因此，肖某等六人单独提起本案行政赔偿诉讼缺乏事实根据，不符合法定受理条件。一、二审裁定驳回其起诉，结果并无不当。肖某等六人主张，应当适用民事诉讼关于诉讼时效中断的规定。但是，根据《中华人民共和国行政诉讼法》第一百零一条规定，人民法院审理行政案件，只有在行政诉讼法无规定时，才可以适用民事诉讼法的相关规定。行政诉讼法对起诉期限制度已经作出明确规定，其该项主张缺乏法律依据，本院不予支持。肖某等六人又主张，应当适用20年的最长起诉期限。根据《最高人民法院关于执行〈中华人民共和国行政诉讼法〉若干问题的解释》第四十一、四十二条的规定，当事人不知道行政行为内容的，适用20年起诉期限。但是，当事人在20年内的任何一个时点知道被诉行政行为内容的，应当从其知道或者应当知道行政行为内容之日2年内提起诉讼，不适用20年的起诉期限。本案中，强制拆迁行为发生在2005年1~8月期间，肖某等六人当时即知道该行政行为的主要内容，显然不符合20年最长起诉期限的法定条件，其该项主张亦不能成立。

应当指出的是，《最高人民法院关于适用〈中华人民共和国行政诉讼法〉的解释》第六十九条第一款第六、九项以及第一百零六条规定，重复起诉和受生效判决羁束，均是不符合法定起诉条件的情形。重复起诉应当符合前后两次起诉的起诉人和诉讼标的完全一致，诉讼请求相同或后一次诉讼请求为前一次所包含；而受生效判决羁束，只要前后两次起诉的被诉行政行为是同一个即可，无需起诉人是完全一致。但是，无论是重复起诉，还是受生效判决羁束，被诉行政行为相同，都是必备要件。本案中，肖某等六人第一次起诉的被诉行政行为是拆迁补偿决定，与本次单独提起的行政赔偿诉讼，两次起诉诉讼请求和被诉行政行为并不相同。一审判决以重复起诉和受生效判决羁束为由裁定不予立案，理由显属不当。二审裁定未采纳一审裁定理由，本院予以支持。

还需要指出的是，人民法院可以结合当事人的诉讼请求和理由，合理归纳和明确当事人的诉讼请求；认为当事人诉讼请求不明确或者不能实质化解行政争议的，应当向当事人释明，要求其自行明确或变更诉讼请求，不得随意篡改当事人的诉讼请求。本案中，肖某等六人一审请求为返还国有土地使用权，赔偿因拆迁、上访维权造成的损失。该诉讼请求显然是一个单独的行政赔偿请求，诉讼请求是明确的。一、二审却以自己的理解确定当事人的诉讼请求，一审认为其诉讼请求指向的被诉行政行为是拆迁补偿决定，二审认为是强制拆除行为，未尊重当事人的意愿，据此作出的审查判断理由显属不妥，本院予以指正。鉴于一、二审裁定驳回起诉的结果并无不当，再审没有实际意义，本案不予再审。

综上，肖某等六人的再审申请不符合《中华人民共和国行政诉讼法》第九十一条第一、四项规定的情形。依照《最高人民法院关于适用〈中华人民共和国行政诉讼法〉的解释》第一百一十六条第二款的规定，裁定如下：

驳回肖某、蒋某、卢某、刘甲、黄某、陈某的再审申请。

审判长：郭修江；审判员：龚斌、熊俊勇；法官助理：黄宁晖；书记员：陈清玲

二〇一八年六月二十七日

018

在复议前置案件中，复议机关逾期不予答复或作出不予立案、程序性驳回复议申请的，申请人起诉原行政行为不符合法定起诉条件

【裁判要旨】

在复议前置案件中，只有复议机关作出实体审理，对原行政行为的合法性作出复议决定后，才能认为已经过复议程序。复议机关对复议申请不予答复，或作出程序性驳回复议申请的决定，不能视为已经过复议。未经复议，申请人只能对复议机关不予答复或驳回复议申请行为提起行政诉讼，不能对原行政行为提起行政诉讼。在非复议前置案件中，复议机关对复议申请不予答复，或作出程序性驳回复议申请决定的，申请人可以选择对复议机关不答复、驳回复议申请行为提起行政诉讼，也可以选择对原行政行为提起行政诉讼。但是，不能同时对复议机关不予答复、驳回复议申请行为和原行政行为一并提起行政诉讼。理由是，复议程序和诉讼程序是两个具有承接关系的救济程序。申请人选择起诉复议机关的不予答复、驳回复议申请行为，实质是选择先行行政复议救济程序，在复议机关依法审理复议案件期间，人民法院对该行政争议无管辖权；申请人选择直接起诉原行政行为，实质是放弃复议救济程序，让人民法院对原行政行为的合法性进行审理，如果同时又对复议机关不予答复、驳回复议申请行为提起行政诉讼，人民法院则无法既判决复议机关限期对原行政行为的合法性进行审查并作出复议决定，又由自己对原行政行为的合法性进行审理并作出行政判决。

中华人民共和国最高人民法院

行政裁定书

（2018）最高法行申947号

再审申请人（一审原告、二审上诉人）：北海市宝美有限公司。

法定代表人：刘某，董事长。

被申请人（一审被告、二审被上诉人）：广西壮族自治区北海市工商行政管

理局。

法定代表人：邓金雄。

委托代理人：李季芳。

委托代理人：杨能盛。

再审申请人北海市宝美有限公司（以下简称宝美公司）因诉被申请人广西壮族自治区北海市工商行政管理局（以下简称北海市工商局）吊销营业执照行政处罚一案，不服广西壮族自治区高级人民法院于2017年6月13日作出的（2017）桂行终448号行政裁定，向本院申请再审。本院于2018年2月26日立案受理，依法组成合议庭进行审查。案件现已审查终结。

1998年6月25日，北海市工商局以宝美公司1994年至1997年连续四年未年检，经催告逾期仍未补办年检为由，在没有告知行政处罚的事实、理由和依据，未听取陈述、申辩，未征求是否要求举行听证的情况下，作出北工商个处（1998）第268号行政处罚决定（以下简称268号处罚决定），吊销宝美公司的营业执照，并于同年8月14日进行公告送达，但公告没有附被吊销营业执照单位的名单，仅注明“具体名单张贴于北海市工商局公告栏内”。宝美公司起诉，请求确认268号处罚决定无效。庭审时，宝美公司增加诉讼请求，要求判令北海市工商局履行法定职责，成立清算组对宝美公司进行清算。诉讼期间，北海市工商局以行政处罚决定听证程序欠缺为由，自行撤销268号处罚决定。宝美公司认为没有满足其诉讼请求，没有撤回起诉。2000年3月29日，北海市海城区人民法院作出（1999）北城行初字第16号行政判决，确认268号处罚决定违法。宝美公司不服，提起上诉，北海市中级人民法院于2000年9月20日作出（2000）北行终字第10号行政判决，驳回上诉，维持原判。2000年8月11日，北海市工商局在《北海日报》上刊登公告，要求宝美公司等426户企业自公告发布之日起30日内补办1999年度的企业年检手续。2000年10月10日，北海市工商局作出北工商私处字（2000）第1号《关于对北海市宝美有限公司等426户企业吊销营业执照的处罚决定》（以下简称1号处罚决定）。宝美公司不服并起诉，诉讼中经两次合法传唤，宝美公司拒不到庭，海城区人民法院裁定按撤诉处理，该裁定书送达宝美公司，并已发生法律效力。2003年9月27日，宝美公司再次起诉，请求撤销1号处罚决定。2003年11月28日，海城区人民法院作出（2003）海行初字第44号行政裁定，驳回其起诉。宝美公司不服，提起上诉，北海市中级人民法院于2004年3月18日作出（2004）北立行终字第2号行政裁定，驳回上诉，维持原裁定，宝美公司仍不服，申请再审。2004年11月25日，北海市中级人民法院作出（2004）北行申字第10号《驳回申请再审通知书》，驳回其再审申请。2014年5月22日，广西壮族自治区高级人民法院作出（2014）桂行监字第5号《驳回申诉通知书》，驳回其申诉。2015年3月25日，宝美公司向北海市工商局递交《主动纠错请求书》，请求恢复宝美公司的营业执照及注册登记档案、确认1号处罚决定违法。2015年4月10日，北海市工商局出具北工商函（2015）18号《关于刘某要求主动纠错的答复》（以下简称18号答复），主要内容是：刘某不服北海市工商局吊销营业执照行政申诉案尚处于司法处理阶段，该申诉案件包含刘某请求书中所列的诉求，对请求书请求事项暂不处理。司法程序结束后，北海市工商局将执行司法部门的处理意见。宝美公司不服，于2015年6月11日申请行政复议。北海市政府于2015年8月5日作出北政复字（2015）第29号《行政复议决定书》（以下简称29号复议决定），认为18号答复没有涉及宝美公司的权利义务，不属于行政复议的受案范围，依照《中华人民共和国行政复议法实施条例》第四十八条第一款第二项规定，决定驳回宝美公司的复议申请。宝美公司不服，于2015年8月25日提起本案行政诉讼，请求：1. 撤销29号复议决定；2. 责令北海市工商局为宝美公司补发企业营业执照；3. 确认北海市工商局丢失宝美公司注册登记档案的行为违法；4. 确认北海市工商局吊销宝美公司企业营业执照行为违法；5. 认定北海市工商局拒绝查处其伪造宝美公司注册登记资料的行为系行政不作为，应予以纠正；6. 判决北海市工商局赔偿损失；7. 判决北海市工商局牵头组成清算组，对宝美公司进行清算。

北海市中级人民法院（2015）北行初字第39号行政裁定认为，29号复议决定不属于《中华人民共和国行政诉讼法》第二十六条第二款“复议机关决定维持原行政行为”，复议机关与原行政行为机关作共同被告的情形。本案被告是北海市政府，北海市工商局不是适格被告。宝美公司针对北海市工商局提出的诉讼请求，不属于本案审理范围。依照《最高人民法院关于适用〈中华人民共和国行政诉讼法〉若干问题的解释》第三条第一款第一项规定，裁定驳回宝美公司的起诉。宝美公司不服，提起上诉。

广西壮族自治区高级人民法院（2017）桂行终448号行政裁定认为，北海市政府以宝美公司的行政复议不属于行政复议法规定的法定受案范围为由，驳回宝美公司的申请，不属于“复议机关决定维持原行政行为”，复议机关与原行政行为机关作共同被告的情形。复议机关以申请不符合受理条件为由驳回行政复议申请的，应当由复议机关作被告。本案适格被告是北海市政府，不是北海市工商局。依照《中华人民共和国行政诉讼法》第八十九条第一款第一项之规定，裁定驳回上诉，维持原裁定。

宝美公司申请再审称：一、二审裁定回避宝美公司的诉讼请求，没有审理北海市工商局的违法行为及不作为行为。请求撤销一、二审裁定，依法对本案予以再审。

北海市工商局答辩称：宝美公司递交《主动纠错请求书》，北海市工商局作出18号答复，决定“暂不处理”其请求事项，宝美公司申请行政复议，北海市政府作出29号复议决定，以不属于复议受案范围为由，决定驳回宝美公司的复议申请。该申请不属于维持原行政行为，复议机关与原行政行为机关作共同被告的情形，北海市工商局不是本案适格被告。一、二审裁定驳回宝美公司起诉，并无不当。请求驳回宝美公司的再审申请。

本院经审查认为，《中华人民共和国行政诉讼法》第二十六条第二、三款规定，经复议的案件，复议机关决定维持原行政行为的，作出原行政行为的行政机关和复议机关是共同被告；复议机关改变原行政行为的，复议机关是被告。复议机关在法定期限内未作出复议决定，公民、法人或者其他组织起诉原行政行为的，作出原行政行为的行政机关是被告；起诉复议机关不作为的，复议机关是被告。《最高人民法院关于适用〈中华人民共和国行政诉讼法〉若干问题的解释》第六条第一款规定，行政诉讼法第二十六条第二款规定的“复议机关决定维持原行政行为”，包括复议机关驳回复议申请或者复议请求的情形，但以复议申请不符合受理条件为由驳回的除外。根据上述规定，复议机关程序性驳回复议申请的，不属于复议机关维持原行政行为、复议机关与原行政行为机关作共同被告的情形。同时，在法律、法规规定复议机关对申请人的复议申请不予答复，或者程序性驳回复议申请的复议前置案件中，复议申请人只能起诉复议机关的不答复或驳回复议申请行为，不能一并或单独对原行政行为提起行政诉讼。理由是，复议前置案件经过复议程序实体处理，才能视为经过复议。复议机关对复议申请不予答复，或程序性驳回复议申请，不能视为已经经过复议，未经复议当然也就不能一并或单独对原行政行为提起行政诉讼。而在不是法律、法规规定的复议前置案件中，复议机关对申请人的复议申请不予答复，或者程序性驳回复议申请的，申请人只能选择针对复议机关不答复、驳回复议申请的行为或者原行政行为两者之一提起行政诉讼，不能对两者同时提起行政诉讼。理由是，复议程序和诉讼程序是两个具有承接关系的救济程序，申请人选择起诉复议机关的不予答复、驳回复议申请行为，实质是选择先行对复议进入救济程序，在针对复议机关的复议决定作出处理之前，人民法院对相关行政争议无管辖权，所以不能同时起诉原行政行为；如果复议申请人已选择直接起诉原行政行为，实质是放弃复议程序的救济，同时又起诉复议机关不予答复、驳回复议申请行为的，人民法院则无法既判决复议机关限期对被诉行政行为作出实质的复议决定，又由自己对被诉原行政行为的合法性进行实体审理并作出判决。本案中，北海市政府以宝美公司的申请不符合行政复议受案范围为由，驳回其复议申请，不属于复议机关维持原行政行为、复议机关与原行政行为机关作共同被告的情形。宝美公司不能以北海市政府和北海市工商局为共同被告提起本案行政诉讼。根据《最高人民法院关于执行〈中华人民共和国行政诉讼法〉若干问题的解释》第二十三条规定，人民法院应当向起诉人释明，要求其更换正确的被告；起诉人坚持不予变更的，人民法院可以依法裁定不予立案，已经立案的，裁定驳回起诉。同时，本案不属于法律、法规规定的复议前置案件，宝美公司选择起诉29号复议决定后，则丧失对原行政行为18号答复的起诉权。而宝美公司一审提出的2～7项诉讼请求，实质是不服18号答复。为此，一、二审裁定对宝美公司就北海市工商局提起诉讼请求驳回起诉，主要事实清楚，适用法律、法规正确，审判程序合法。宝美公司主张一、二审裁定驳回其诉讼请求，没有审理北海市工商局的违法行为及不作为行为。但是，本案一、二审认为宝美公司针对北海市工商局的起诉不符合法定受理条件，裁定驳回起诉，并未进入实体审理。北海市工商局作出的18号答复是否合法，以及是否应当为宝美公司补发营业执照等实体诉求，不属于本案的审理范围。一、二审没有审理相关实体争议，符合法律规定。宝美公司以此为由申请再审，理由不能成立。

综上，宝美公司的再审申请不符合《中华人民共和国行政诉讼法》第九十一条第一、五项规定的情形。依照《最高人民法院关于适用〈中华人民共和国行政诉讼法〉的解释》第一百一十六条第二款的规定，裁定如下：

驳回北海市宝美有限公司的再审申请。

审判长：郭修江；审判员：龚斌、熊俊勇；法官助理：黄宁晖；书记员：陈清玲

二〇一八年五月二十八日

019

必要的共同诉讼应当合并一案审理

【裁判要旨】

两个以上的原告对同一行政行为提起行政诉讼的，属于必要的共同诉讼，人民法院应当合并一案审理、判决；两个以上的原告对同类行政行为提起行政诉讼的，属于普通的共同诉讼，从节约司法资源的角度考虑，人民法院可以合并一案审理、判决，也可以分别立案，合并开庭审理，分别判决。

中华人民共和国最高人民法院
行政裁定书

（2018）最高法行申3189、3192、3193、3195－3207号

再审申请人（一审原告、二审上诉人）：钟某等16人（名单及基本信息本书予以省略）。

委托代理人：陈新强，广东龙新律师事务所律师。

被申请人（一审被告、二审被上诉人）：广东省深圳市罗湖区人民政府。

法定代表人：聂新平，区长。

委托代理人：吴雪明，罗湖区土地整备中心职员。

委托代理人：张东煜，北京德恒（深圳）律师事务所律师。

一审原告、二审上诉人：崔某等21人（名单及基本信息本书予以省略）。

一审原告：徐某、郑某。

再审申请人钟某等16人因与一审原告、二审上诉人崔某等21人以及一审原告徐某、郑某2人，共计39人因诉被申请人广东省深圳市罗湖区人民政府（以下简称罗湖区政府）房屋征收决定、行政赔偿一案，不服广东省高级人民法院于2016年11月26日作出的（2016）粤行终150－180号行政判决，向本院申请再审。本院于2018年5月14日立案受理，依法组成合议庭进行审查。案件现已审查终审。

2011年，国家发展和改革委员会作出发改基础（2011）852号《国家发展改革委关于深圳市城市轨道交道近期建设规划（2011－2016年）的批复》，批准深圳市城市轨道交通地铁×号线项目立项。2013年6月21日，深圳市规划和国土资源委员会印发《深圳市2013年度土地整备计划》，其中轨道三期工程地铁×号线项目用地规模90.9公顷。2013年8月6日，深圳市发展和改革委员会作出深发改（2013）1101号《深圳市发展改革委关于轨道×号线工程可行性研究报告的批复》，批准同意建设地铁×号线项目工程。2013年11月6日，深圳市罗湖区重建局发布《轨道交通×号线（大鹿区间）房屋征收提示》，并予以公告。2014年1月29日，深圳市规划和国土资源委员会第一直属管理局作出深规土选ZS－2014－0006号《深圳市建设项目选址意见书》，核准地铁×号线项目工程大剧院站至鹿丹村站的选址用地，竖向标高为－20.030米至－2.118米。2014年2月24日，深圳市罗湖区重建局致函深圳市地铁集团有限公司，要求其将滨苑小区×－×栋房屋征收补偿资金拨付至罗湖区财政局国库支付中心（土地整备中心）账户。2014年3月10日，深圳市地铁集团有限公司复函深圳市罗湖区重建局，表示3亿元补偿资金已准备，待确定征收数量后，再报市政府审定费用及支付方式。2014年3月27日，中建南方投资有限公司组织专家评审会，形成《深圳地铁×号线大鹿区间盾构施工重难点及对策专家会评审意见》，主要内容为：因地铁×号线项目工程大鹿区间滨苑小区×－×栋房屋共××根沉管灌注桩桩基侵入盾构隧道，盾构掘进及切桩作业必然会对上述房屋结构安全产生不利影响，后期地铁运营还将会对上述房屋带来持续的影响，建议在盾构施工掘进通过前将上述房屋拆迁。2014年4月，深圳市英联土地房地产估价顾问有限公司作出《轨道交通×号线大剧院站－鹿丹村站区间房屋征收项目社会稳定风险评估报告》，社会稳定风险的综合评价值为0.49，属于有风险的等级区间，需要审慎实施。2014年4月9日，深圳市罗湖区土地整备中心作出《关于公布〈地铁×号线涉及滨苑小区×－×栋房屋征收补偿方案〉的通告》，并将通告在征收范围内进行公布，征求社会公众及业主的意见。2014年5月5日，深圳市规划和国土资源委员会第一直属管理局作出深规土一局函（2014）510号《市规划国土委第一直属管理局关于进一步明确地铁×号线大剧院站至鹿丹村站区间房屋征收范围的复函》，对深圳市地铁集团有限公司要求明确征收范围的请示作出答复，认为如该区间竖向工程与已建建筑物基础存在冲突，经专家评审认定基于安全确需拆除的，建议可参考附件所示范围确定房屋征收范围，并要求深圳市地铁集团有限公司与罗湖区房屋征收部门协商确定具体的房屋征收范围。2014 年 6 月 13 日，深圳市规划和国土资源委员会作出深规土函（2014）1320 号《市规划国土委关于〈地铁×号线涉及滨苑小区×－×栋区域土地整备实施方案〉意见的复函》，函复罗湖区政府：一、建议将实施方案中的征收范围确定为滨苑小区×－×栋全体业主；二、实施方案中补偿金额估算符合相关规定。2014 年 6 月 23 日，深圳市罗湖区土地整备中心作出《〈地铁×号线涉及滨苑小区×－×栋房屋征收补偿方案〉征求公众及业主意见与修改情况的通告》。2014 年 7 月 4 日，深圳市地铁集团有限公司×号线建设分公司作出《关于地铁×号线大鹿区间涉及滨苑小区拆除房屋原址回建有关问题的说明》，主要内容为：一、滨苑小区×－×栋居民楼桩基侵入地铁×号线大鹿区间隧道结构，其桩基为沉管灌注桩，侵入隧道长度 0.5～3 米，共计 137 根。根据设计方案及多次专家的评估意见，需将×－×栋建筑物拆除后进行桩基处理，才能确保盾构机正常通过。二、目前因拆迁无法满足地铁工期要求，经反复论证，通过采取盾构在洞内换刀、管片变更为钢管片等措施，拟采取空楼盾构切桩方式下穿，但施工过程中必须空楼，以确保小区住户安全。三、对于部分拆迁户提出原地建住宅的建议，经与相关单位核实后，与罗湖区片区整体规划不符，且不具备原地建住宅的条件。2014 年 7 月 6 日，罗湖区政府作出罗府函（2014）179 号《房屋征收决定书》（以下简称 179 号征收决定），主要内容为：因深圳市轨道交通三期地铁×号线大剧院站－鹿丹村站区间工程建设的需要，根据《国有土地上房屋征收与补偿条例》第八条第二项以及《深圳市房屋征收与补偿实施办法（试行）》第八条第一款第二项等规定，根据深规土一局函（2014）510 号《市规划国土委第一直属管理局关于进一步明确地铁×号线大剧院站至鹿丹村站区间房屋征收范围的复函》确定的房屋征收范围，决定征收 H101－0014 宗地上滨苑小区第×－×栋未按城市更新程序签订《搬迁补偿安置协议》的 51 户业主房屋。钟某等 27 人不服 179 号征收决定，于 2014 年 9 月 25 日直接向深圳市中级人民法院提起行政诉讼；朱某等 12 人不服 179 号征收决定，向深圳市人民政府申请行政复议。2014 年 10 月 24 日，深圳市人民政府作出行政复议决定，维持 179 号征收决定。朱某等 12 人不服，亦分别于 2014 年 11 月 12 日至 19 日向深圳市中级人民法院提起行政诉讼。钟某等 27 人与朱某等12人（以下简称钟某等39人）的诉讼请求是：请求撤销179号征收决定，赔偿钟某等39人房屋被强制清走租房经济损失（从2014年7月至恢复房屋出租期间的每月6000元租金损失及每日5%的滞纳金），赔偿因采用非法逼签手段造成降低39人生活质量及精神损失费5万元。另查明，2015年7月28日，罗湖区政府作出罗府函（2015）118号《关于撤销房屋征收的决定书》，主要内容为：2015年7月10日，深圳市地铁集团有限公司复函我区，地铁×号线盾构施工掘进已安全穿越滨苑小区，该小区×－×栋居民楼建筑结构处于安全状态。鉴于179号征收决定所依据的事实基础已发生重大变化，决定撤销该房屋征收决定。

深圳市中级人民法院（2014）深中法行初字第56－75、77、78、81－88、90、91、94号行政判决认为，根据《国有土地上房屋征收与补偿条例》第八条第二项、《深圳市房屋征收与补偿实施办法（试行）》第八条第一款第二项的规定，因地铁×号线交通基础设施建设需要，罗湖区政府作出179号征收决定于法有据。钟某等39人主张涉案房屋不妨碍地铁建设，但提交的证据不足以否定专家评审意见。需要说明的是，罗湖区政府作出179号征收决定的基础系地铁工程建设实际施工前的设计方案及专家评审意见，在地铁建设单位改进施工方案后，作出179号征收决定的基础事实发生改变，罗湖区政府撤销179号征收决定，并不因此否定根据之前方案需征收涉案房屋的合法性。罗湖区政府作出179号征收决定前，地铁×号线项目取得立项批复和规划选址意见，土地整备实施方案获得国土部门批准，并事先进行征收社会稳定风险评估，制定、公布征收补偿方案，广泛征求意见，征收补偿资金落实到位。因此，罗湖区政府作出179号征收决定，符合法定程序。钟某等39人主张涉案房屋征收项目未列入2014年深圳市房屋征收计划和全市土地整备年度计划。但是，地铁×号线项目已经纳入深圳市××年度土地整备计划，并启动征收程序，2014年作出179号征收决定，不属于应依照次年度房屋征收计划再次启动征收程序的情形。钟某等39人主张，涉案房屋征收项目没有取得规划选址和土地预审文件。但涉案房屋征收项目属于地铁×号线项目的组成部分，地铁×号线项目已经取得规划选址和土地预审文件，钟某等39人的上述主张没有事实依据。根据《中华人民共和国国家赔偿法》第二条第一款的规定，取得国家赔偿的前提是行政行为违法，罗湖区政府作出179号征收决定并不违法，故钟某等39人提出的赔偿请求缺乏事实和法律依据。依照《中华人民共和国行政诉讼法》第六十九条规定，判决驳回钟某等39人的全部诉讼请求。除徐某、郑某外的钟某等37人不服，提起上诉。

广东省高级人民法院（2016）粤行终150－180号行政判决认为，根据专家评审意见，罗湖区政府以地铁工程建设需要为由，作出179号征收决定，认定事实清楚，适用法律正确。因地铁建设单位改进施工方案后无需拆除涉案房屋，罗湖区政府撤销179号征收决定，但并不因此否定之前征收涉案房屋决定的合法性。钟某等人主张179号征收决定作出时，深圳市地铁集团有限公司未将征收补偿资金储存到指定的专户。经查，179号征收决定作出前，深圳市地铁集团有限公司已经准备资金足额，只是由于征收数量需待确定，而未能存储至指定专户。如果钟某等人认为罗湖区政府实施179号征收决定导致其可能存在租金等合理经济损失应给予行政补偿，可另寻救济途径。依照《中华人民共和国行政诉讼法》第八十九条第一款第一项规定，判决驳回上诉，维持原判。

钟某等16人申请再审称：1. 罗湖区政府没有证据证明，地铁×号线设计方案需经滨苑小区×－×栋地下穿过。2. 罗湖区政府作出179号征收决定时，深圳市地铁集团有限公司未将征收补偿资金存储到指定专户，违反“作出房屋征收决定前，征收补偿费用应当足额到位、专户存储、专款专用”的规定。请求撤销一、二审行政判决，依法对本案予以再审。

罗湖区政府答辩称：1. 根据深圳市国土部门作出的地铁×号线建设项目选址意见书、专家评审意见等证据材料。足以证明地铁×号线穿过滨苑小区×－×栋地下的事实。2. 根据2014年2月24日深圳市罗湖区重建局给深圳市地铁集团有限公司的拨付补偿资金函，及2014年3月10日深圳市地铁集团有限公司给罗湖区重建局的复函，可以证明179号征收决定作出之前补偿资金已经足额到位，专户储存。请求驳回钟某等16人的再审申请。

本院经审查认为，《国有土地上房屋征收与补偿条例》第八条第二项规定，为保障政府组织实施的交通基础设施建设的需要，确需征收房屋的，由市、县级人民政府作出房屋征收决定。本案中，为地铁×号线项目建设需要，罗湖区政府作出179号征收决定，对滨苑小区×－×栋房屋实施征收，征收符合公共利益需要的目的。后因地铁建设单位改进施工方案，无需拆除滨苑小区×－×栋房屋，因情势变更原因，罗湖区政府自行撤销179号征收决定，并不能够否定作出该征收决定的合法性。钟某等16人主张，没有证据证明地铁×号线设计方案需经滨苑小区×－×栋地下穿过。但是，专家评审意见等证据表明，“地铁×号线项目工程大鹿区间滨苑小区×－×栋房屋共××根沉管灌注桩桩基侵入盾构隧道，盾构掘进及切桩作业必然会对上述房屋结构安全产生很不利影响”，上述证据足以证明×号线设计方案需经过滨苑小区×－×栋地下。钟某等16人还主张，罗湖区政府作出179号征收决定时，征收补偿资金未储存到指定专户，违反了《国有土地上房屋征收与补偿条例》第十二条第二款规定，该项申诉理由的事实确实存在，不容否认。一、二审判决未指出该项程序违法问题不妥，本院予以指正。但是，鉴于征收补偿资金确已足额准备，只是由于征收补偿资金的具体数额未能确定而未存入指定专户，且没有证据证明因该项轻微程序违法对当事人的合法权益产生实际影响，再审撤销一、二审判决，改判确认179号征收决定违法、不撤销保留其效力，徒增诉累，不利于行政争议的实质化解，本案不予再审。至于钟某等39人提出的租金损失问题，因该项损失并非179号征收决定违法造成，不属于一并提起行政赔偿的情形。对合法行政行为造成的损失，单独提起行政补偿诉讼的，补偿请求人应当先行向补偿义务机关提出申请。二审判决向钟某等人释明，另寻救济途径，并无不当。

应当指出的是，本案39名原告的第一个诉讼请求都是撤销179号征收决定，属于必要的共同诉讼，人民法院应当合并审理；第二个诉讼请求均为要求赔偿从2014年7月至交还房屋、恢复出租期间的每月6000元租金损失并承担每日5%的滞纳金及精神损失费5万元，原告的赔偿请求基本一致，属于可以合并审理的情形。本案应当合并一案审理，一、二审将案件按原告人数分别立案不妥，本院予以指正。鉴于该程序问题未影响公正审判，本案不予再审。

综上，钟某等16人的再审申请不符合《中华人民共和国行政诉讼法》第九十一条第三、四、五项规定的情形。依照《最高人民法院关于适用〈中华人民共和国行政诉讼法〉的解释》第一百一十六条第二款的规定，裁定如下：

驳回钟某等16人的再审申请。

审判长：郭修江；审判员：龚斌、熊俊勇；法官助理：黄宁晖；书记员：陈清玲

二〇一八年六月二十六日

020

行政机关未告知复议期限的，当事人申请行政复议的期限参照适用行政诉讼司法解释的相关规定执行

【裁判要旨】

参照原国务院法制办公室发布的国法（2014）40 号《关于认定被征地农民“知道”征收土地决定有关问题的意见》第六条的规定，行政机关作出行政行为时未告知当事人申请复议的期限的，当事人申请行政复议的期限参照适用司法解释有关行政诉讼起诉期限的规定执行。

中华人民共和国最高人民法院
行政裁定书

（2018）最高法行申 4646 号

再审申请人（一审原告、二审上诉人）：杨某。

被申请人（一审被告、二审被上诉人）：广东省人民政府。

法定代表人：马兴瑞，省长。

再审申请人杨某因诉被申请人广东省人民政府（以下简称广东省政府）行政复议一案，不服广东省高级人民法院于 2017 年 2 月 27 日作出的（2017）粤行终 17 号行政判决，向本院申请再审。本院于 2018 年 7 月 5 日立案受理本案，依法组成合议庭进行审查。案件现已审查终结。

杨某申请再审称：申请人合法拥有位于广东省兴宁市宁新街道办事处文星村上杨屋 27 号的房屋。广东省国土资源厅 2013 年 7 月 30 日作出粤国土资（建）字（2013）667 号《关于兴宁市 2013 年度第八批次城镇建设用地的批复》（以下简称 667 号《建设用地批复》），征收申请人的房屋及所占土地。兴宁市人民政府称其于 2013 年 8 月 26 日将兴市府（2013）42 号《关于征收宁新街道城南居委等集体土地补偿安置方案的公告》（以下简称 42 号征地补偿安置方案公告）张贴在宁新街道文星村公告栏，该公告列明 667 号《建设用地批复》的批准文号、被征收单

位、被征收土地等基本情况，但其未提交充分证据予以证明。申请人2016年1月6日通过政府信息公开申请得知广东省政府作出667号《建设用地批复》，于2016年2月3日向广东省政府申请行政复议，是在法定期限内提起行政复议。广东省政府2016年3月21日作出粤府行复（2016）55号《驳回行政复议申请决定书》（以下简称55号复议决定），以申请人超过法定期限为由驳回复议申请有误。一、二审驳回申请人的诉讼请求错误。请求撤销一、二审判决，撤销广东省政府作出的55号复议决定。

本院经审查认为，根据《中华人民共和国行政复议法》第二条的规定，行政机关受理行政复议申请、作出行政复议决定，应当以行政复议法为依据。《中华人民共和国行政复议法》第九条第一款规定，公民、法人或者其他组织认为具体行政行为侵犯其合法权益的，可以自知道该具体行政行为之日起六十日内提出行政复议申请；但是法律规定的申请期限超过六十日的除外。《中华人民共和国行政复议法实施条例》第十七条规定，行政机关作出的具体行政行为对公民、法人或者其他组织的权利、义务可能产生不利影响的，应当告知其申请行政复议的权利、行政复议机关和行政复议申请期限。行政复议法虽然规定了行政复议的申请期限，但行政复议法和行政复议法实施条例均未规定在行政机关作出行政行为时未告知申请复议权利及申请期限的，应当如何确定行政复议申请期限。为了更好地保护公民、法人或者其他组织申请复议的权利，强化行政机关作出行政行为时的教示义务，对行政机关作出涉及当事人重大权益的行政行为，未告知申请复议权利和申请复议期限且公民、法人或者其他组织的确不知道申请复议权利和申请期限又无其他救济渠道的，应当坚持有利于保护行政复议申请权的原则。此时应当兼顾到行政复议和行政诉讼的衔接，参照行政行为发生时行政诉讼法及司法解释的相关规定来确定行政复议的申请期限。根据本案被诉行为作出时有效的《最高人民法院关于执行〈中华人民共和国行政诉讼法〉若干问题的解释》第四十一条第一款的规定，行政机关作出具体行政行为时，未告知公民、法人或者其他组织诉权或者起诉期限的，起诉期限从公民、法人或者其他组织知道或者应当知道诉权或者起诉期限之日起计算，但从知道或者应当知道具体行政行为内容之日起最长不得超过2年。在行政机关未告知申请复议权利和申请期限的情形下，当事人申请行政复议的期限从知道或者应当知道行政行为内容之日起最长不得超过2年。其中，2 年复议申请期限的起算点是“知道或者应当知道”行政行为内容之日起计算。如果当事人“应当知道”的时点已经确定，从“应当知道”之日起超过2 年申请行政复议的，属于超过法定申请复议期限的复议申请。本案中，2013 年 7 月 30 日，经广东省政府同意，广东省国土资源厅向梅州市人民政府作出667 号《建设用地批复》。2013 年 8 月 20 日，兴宁市人民政府发布42 号征地补偿安置方案公告，该公告中列明667 号《建设用地批复》的批准机关、批准文号、征收土地四至范围、被征地村及面积、征地补偿安置标准及办法和办理征地补偿的期限以及权利人提出意见的途径和方式等主要内容。同年 8 月 26 日，兴宁市人民政府将42 号征地补偿安置方案公告在兴宁市宁新街道文星村进行张贴。兴宁市宁新街道办事处文星村民委员会、上杨经济合作社、下杨经济合作社、黄屋经济合作社、老人大经济合作社、胡屋经济合作社等被征地单位出具《兴宁市2013 年第八批次城镇建设用地张贴征收土地及土地补偿安置方案公告证明》，证明 42 号征地补偿安置方案公告在宁新街道文星村进行张贴的真实性。杨某作为兴宁市宁新街道办事处文星村上杨经济合作社的村民，自上述公告张贴之日起即应当知道667 号《建设用地批复》的内容以及提出异议的途径和方式，但其直到 2016 年 2 月 3 日才向广东省政府提起行政复议申请，明显已经超过 2 年的申请期限。广东省政府以杨某超过行政复议期限为由，作出驳回行政复议申请决定，处理结果并无不当。一、二审判决驳回杨某的诉讼请求，认定事实清楚，处理结果正确，本院予以支持。

综上所述，杨某的再审申请不符合《中华人民共和国行政诉讼法》第九十一条第四项规定的情形。依照《最高人民法院关于适用〈中华人民共和国行政诉讼法〉的解释》第一百一十六条第二款的规定，裁定如下：

驳回杨某的再审申请。

审判长：熊俊勇；审判员：员龚斌、刘艾涛；书记员：余逸纯

二〇一八年八月三十一日

021

为维护国家利益、公共利益或他人合法权益，二审法院可依职权向行政机关调取证据

【裁判要旨】

在涉及国家利益、公共利益或者他人合法权益的事实认定的情形下，人民法院有权向有关行政机关以及其他组织、公民调取证据。二审中，为了维护国家利益、公共利益或者他人合法权益，人民法院向行政机关调取证据，不违反法律规定。

中华人民共和国最高人民法院
行政裁定书

（2018）最高法行申2871号

再审申请人（一审原告、二审上诉人）：沈甲等121人（名单及基本信息本书予以省略）。

诉讼代表人：沈甲。

诉讼代表人：沈乙。

诉讼代表人：沈丙。

诉讼代表人：赵某。

委托代理人：肖文君。

被申请人（一审被告、二审被上诉人）：湖南省株洲市人民政府。

法定代表人：阳卫国。

委托代理人：叶贤德。

委托代理人：刘斌。

被申请人（一审被告、二审被上诉人）：湖南省株洲市国土资源局。

法定代表人：蒋开建。

再审申请人沈甲等121人因诉被申请人湖南省株洲市人民政府（以下简称株

洲市政府)、株洲市国土资源局(以下简称株洲市国土局)征收集体土地行为一案，不服湖南省高级人民法院于2017年8月31日作出的(2016)湘行终794号行政判决，向本院申请再审。本院于2018年5月3日立案受理，依法组成合议庭进行审查。案件现已审查终结。

叫鸡岭、田心村、田心3个社区同为株洲市石峰区田心街道办管辖的集体经济组织。沈甲等××人是叫鸡岭社区红岭组村民。涉案土地面积48.7285亩，原属叫鸡岭社区红岭组集体所有，与田心村社区土地相邻。2011年4月19日，因征收集体土地需要，株洲市政府、株洲市国土局将包括叫鸡岭社区红岭组所有的涉案48.7285亩土地，以及田心村社区部分土地，共计4.1064公顷，登记在田心村社区名下，并向田心村社区核发株集有(2011)第019号《集体土地所有权证》(以下简称第019号土地证)，土地所有权人登记为株洲市××田心街道田心村内集体经济组织。2011年7月14日，湖南省人民政府以(2011)政国土字第888号《农用地转用、土地征收审批单》(以下简称第888号审批单)，批准同意株洲市国土局征收九郎山村、时代社区、田心村社区的7.1245公顷集体土地，用于株洲市2010年重金属污染土地治理第十批次打捆项目实施方案的田心安置小区项目用地。登记在田心村社区名下的48.7285亩土地，在本次征收集体土地范围内。2011年9月26日，株洲市政府发布《征收土地公告》。2011年11月8日，株洲市国土局发布《征地拆迁补偿安置方案》。2012年，田心安置小区项目征地拆迁指挥部公示叫鸡岭社区红岭组48.7285亩土地补偿款为4231924元(其中专业菜地4085778元，地面设施费××元)，并于2012年4月23日向叫鸡岭社区支付3776699元。后株洲市政府对田心安置小区项目征地补偿标准在原有文件规定的基础上，又按照株政发(2013)2号《株洲市人民政府关于公布征地补偿标准的通知》的规定，进行土地补偿款补差，并于2014年1月31日，又向叫鸡岭社区支付1222586元。株洲市政府先后向叫鸡岭社区支付补偿款共计4999285元。叫鸡岭社区收到补偿款后，将补偿款支付给红岭组，并由红岭组向其所属成员发放。大部分村民已经领取土地补偿款，少数村民尚未领取。2013年，沈甲等121人提起行政诉讼，认为第019号土地证将属于红岭组所有的48.7285亩土地错误登记在田心村社区名下，侵犯其合法权益，请求撤销该土地证。2013年10月24日，株洲市天元区人民法院作出(2013)株天法行初字第22号行政判决，认定颁证行为程序违法，但鉴于该项目涉及田心安置小区项目的公共利益，株洲市国土局已向法院提交采取补救措施的承诺，撤销该证将会给国家利益和社会公共利益造成重大损失，遂以《中华人民共和国行政诉讼法》第七十四条第一款第一项规定，判决确认颁发第019号土地证行为违法，并责令株洲市政府、株洲市国土局采取补救措施。沈甲等121人不服，提出上诉。2013年12月23日，株洲市中级人民法院作出（2013）株中法行终字第63号行政判决，驳回上诉，维持原判。沈甲等121人提出申诉，湖南省高级人民法院于2014年8月26日作出（2014）湘高法行监字第56号通知书，驳回申诉。2015年，沈甲等121人又以株洲市政府和株洲市国土局征收叫鸡岭社区红岭组集体所有的48.7285亩土地行为违法为由，提起本案行政诉讼，请求确认征收集体土地行为违法。另查明，2017年8月9日，湖南省国土资源厅向湖南省高级人民法院提交《关于（2011）政国土字第888号〈农用地转用、土地征收审批单〉权属单位有关说明的函》（以下简称《说明函》），主要内容为：株洲市国土局在填报该项目电子报批单时，误将被用地单位“田心村社区”填报为“田心社区”。经查阅原始报批资料，该项目的被用地单位确属田心村社区，现已将该审批单中被用地单位“田心社区”纠正为“田心村社区”。湖南省国土资源厅随后将第888号审批单上的被用地单位“田心社区”修改为“田心村社区”。

株洲市中级人民法院（2015）株中法行初字第126号行政判决认为，第888号审批单批准征收九郎山村、时代社区、田心村社区的7.1245公顷集体土地用于田心安置小区项目。虽然第888号审批单上没有叫鸡岭社区红岭组的名字，但红岭组的48.7285亩土地已经登记在田心村社区名下，该土地在田心安置小区项目征收范围内。征收土地已经进行公告、登记，并按照当时的征收标准进行补偿，补偿款也支付到叫鸡岭社区。依照《中华人民共和国行政诉讼法》第六十九条规定，判决驳回沈甲等121人的诉讼请求。沈甲等121人不服，提起上诉。

湖南省高级人民法院（2016）湘行终794号行政判决认为，第019号土地证错误将涉案土地登记在田心村社区名下，该证虽经人民法院判决确认违法，但并未撤销。因此，株洲市国土局向湖南省国土资源厅上报项目时，涉案土地仍属于田心村社区范围内。第888号审批单显示被用地对象不是田心村社区，但湖南省国土资源厅来函确认系株洲市在填报项目电子报批单时，误将权属单位“田心村社区”填报为“田心社区”所致。二审中，经各方当事人确认，涉案地块确在批复征地红线图范围内。株洲市政府按照规定的征收程序公布张贴《征收土地公告》《征地拆迁补偿安置方案》，并对叫鸡岭社区红岭组的相关权利人给予补偿，征收行为合法。一审判决认定事实虽然有误，但处理结果并无不当。依照《中华人民共和国行政诉讼法》第八十九条第一款第一项规定，判决驳回上诉，维持原判。

沈甲等121人申请再审称：1. 二审调取湖南省国土资源厅《说明函》并作为定案依据，违反行政诉讼法第四十条的规定。2. 2014年6月23日株洲市规划局法规信访科出具《关于田心安置小区建设工程项目的情况说明》，证明至2014年6月田心安置小区建设工程项目仍因资料不齐全，未经过规划局审批，说明被申请人对涉案土地的征收程序违法。请求撤销一、二审判决，依法对本案予以再审。

株洲市政府答辩称：1. 二审调取《说明函》是湖南省国土资源厅对第888号审批单被用地权属单位作出的补正说明，并非行政诉讼法第四十条规定的“被告作出行政行为时未收集的证据”。2. 土地征收只是土地出让的前期工作，土地出让后的项目建设过程中，还有很多相关建设事项需要规划部门审批，规划部门未批准项目报建，与土地征收程序是否合法没有关系。请求驳回沈甲等121人的再审申请。

株洲市国土局未提交书面答辩意见。

本院经审查认为，《中华人民共和国土地管理法实施条例》第二十五、二十六条规定，征收土地方案经依法批准后，由被征收土地所在地的市、县人民政府组织实施，并将批准征地机关、批准文号、征收土地的用途、范围、面积以及征地补偿标准、农业人员安置办法和办理征地补偿的期限等，在被征收土地所在地的乡（镇）、村予以公告。市、县人民政府土地行政主管部门根据经批准的征收土地方案，会同有关部门拟订征地补偿、安置方案并予以公告，听取被征收土地的农村集体经济组织和农民的意见。征地补偿、安置方案报市、县人民政府批准后，由市、县人民政府土地行政主管部门组织实施。土地补偿费归农村集体经济组织所有；地上附着物及青苗补偿费归地上附着物及青苗的所有者所有。本案中，涉案的48.7285亩土地经湖南省人民政府作出的第888号审批单批复予以征收，株洲市政府和株洲市国土局依法进行征收土地公告、征地拆迁补偿安置方案公告、听证告知、作出征地拆迁补偿安置方案、对征地拆迁各项补偿进行登记和公示，并对相关权利人进行相应补偿，且在原有补偿基础上进行补差。株洲市政府和株洲市国土局的上述征收行为符合法律规定，一、二审判决驳回沈甲等121人的诉讼请求并无不当。沈甲等121人主张，二审调取湖南省国土资源厅《说明函》作为定案依据，违反法律规定。但是，《最高人民法院关于行政诉讼证据若干问题的规定》第二十二条第一项规定，在涉及国家利益、公共利益或者他人合法权益的事实认定的情形下，人民法院有权向有关行政机关以及其他组织、公民调取证据。本案涉及征地补偿款的发放，属于国家利益和公共利益的范畴，二审为查明涉案48.7285亩土地是否在第888号审批单范围内，依职权向湖南省国土资源厅调取相关案件事实的证据，并将该证据作为查明事实的证据，符合法律规定。沈甲等121人的该项再审理由不能成立，本院不予支持。沈甲等121人还主张，田心安置小区项目未经过规划局审批，征收行为程序违法。但是，根据《中华人民共和国土地管理法实施条例》第十九、二十条规定，建设项目占用土地符合规划要求，是省级政府作出征地批复时应当审查的内容，本案第888号审批单已经批准征收涉案土地，证明建设项目用地符合规划土地利用总体规划。至于土地征收并出让后，具体建设项目实施过程中还应当履行的相关规划审批手续问题，与征收集体土地行为的合法性并无关联。沈甲等121人以建设项目未经过规划审批为由，否定土地征收行为的合法性，理由不能成立。

应当指出的是，《中华人民共和国行政诉讼法》第四十九条第三项规定，提起行政诉讼应当要有具体的诉讼请求和事实根据。所谓“具体的诉讼请求”，首先是要有明确的被诉行政行为。征收土地行为包括一系列行政行为，包括省级人民政府批准征收集体土地的批复、发布征收公告和征收补偿方案公告、签订征收补偿协议、发放征收补偿款、强制搬迁等许多各自独立的行政行为，各个行政行为的作出主体、行为内容、程序和依据等均不相同。以征收土地行为为对象提起行政诉讼，被诉行政行为不明确，人民法院应当向起诉人释明，要求其明确被诉行政行为，否则起诉不符合行政诉讼法第四十九条第三项规定，依法应当裁定不予立案。本案中，沈甲等121人一审诉讼请求是确认征收集体土地行为违法，属于典型的被诉行政行为不明确情形。一审本应先向沈甲等121人释明，要求其明确被诉行政行为。在被诉行政行为明确后，进行立案审查，符合起诉条件的，才能进行实体审理和判决。一、二审未经释明，简单判决驳回原告诉讼请求不妥，本院予以指正。但是，鉴于沈甲等121人所在村组于2014年已经获得全部土地征收补偿款，部分村民已经实际领取土地补偿款，且其申请再审的理由不能成立，再审本案没有实际意义，本案不予再审。

综上，沈甲等121人的再审申请不符合《中华人民共和国行政诉讼法》第九十一条第三、五项规定的情形。依照《最高人民法院关于适用〈中华人民共和国行政诉讼法〉的解释》第一百一十六条第二款的规定，裁定如下：

驳回沈甲等121人的再审申请。

审判长：郭修江；审判员：龚斌、刘艾涛；法官助理：黄宁晖；书记员：陈清玲

二〇一八年六月二十九日

022

土地登记公告不能作为推定起诉人知道或应当知道颁发土地证行为的依据

【裁判要旨】

土地登记公告是初始土地登记的必经前置程序。土地登记公告的目的在于通过公告方式，督促土地使用者、土地所有者、他项权利拥有者及其他土地权益有关者，对土地申请登记审核结果提出异议。发布土地登记公告，并不意味着必然产生颁发土地证书的结果，且公告与颁发土地证书之间往往也存在一定的时间差，不能以发布土地登记公告推定起诉人知道或应当知道颁发土地证行为。

中华人民共和国最高人民法院
行政裁定书

（2018）最高法行申5405号

再审申请人（一审原告、二审上诉人）：海丰县梅陇镇梅尖村委会坐阳村民小组。

负责人：陈智宋，村长。

委托代理人：唐腾晖。

被申请人（一审被告、二审被上诉人）：海丰县人民政府。

法定代表人：郑俊雄，县长。

委托代理人：吴建林。

委托代理人：陈清君。

被申请人（一审被告、二审被上诉人）：海丰县国土资源局。

法定代表人：林建军，局长。

行政机关负责人：黄明，副局长。

委托代理人：郭智明。

原审第三人：广东省梅陇农场。

法定代表人：李梅生，场长。

委托代理人：郭伟长、陈贤井。

再审申请人海丰县梅陇镇梅尖村委会坣阳村民小组（以下简称坣阳村民小组）因诉被申请人海丰县人民政府（以下简称海丰县政府）、海丰县国土资源局（以下简称海丰县国土局）以及原审第三人广东省梅陇农场（以下简称梅陇农场）土地行政登记一案，不服广东省高级人民法院于2017年7月25日作出的（2016）粤行终1572号行政裁定，向本院申请再审。本院于2018年7月17日立案受理本案，依法组成合议庭进行审查，并于2018年9月10日上午在本院第一巡回法庭第一法庭组织公开询问活动。再审申请人坣阳村民小组的委托代理人唐腾晖，被申请人海丰县政府的委托代理人吴建林、陈清君，海丰县国土局行政机关负责人黄明、委托代理人郭智明，原审第三人梅陇农场的委托代理人郭伟长到庭参加询问。案件现已审查终结。

2006年9月10日，广东省梅陇农场东关管区向海丰县国土局申请位于梅陇农场东关管区108.3483公顷的土地使用权设定登记。海丰县国土资源局受理后，开展相关调查核实工作，于2006年9月22日发出土地登记审核结果公告，公告载明："现将海丰县国土资源局对梅陇农场土地登记界址及审核结果予以公告（详见附表及附图），若对公布的权属界线、土地使用权、所有权及他项权利等有异议者，请于2006年10月8日前到县国土资源局地籍管理股申请办理复查手续，逾期没有提出异议的，即认为上述公布的权益及权属界线有效，将准予登记注册。"在附表中载明："单位名称：东关村管理区；单位地址：梅陇农场东关村管理区；土地坐落：梅陇农场东关村管理区；土地权属情况：国有；土地用途：农用地；土地面积（公顷）：108.3483。"公告张贴于宗地所在地的管理区及相邻的村委会。在公告发出后，坣阳村民小组未向海丰县政府提出异议。2007年7月4日，海丰县政府核发海府国用（2007）第00388701700118号《国有土地使用证》（以下简称2007年国土证），案涉的14亩土地，在2007年国土证登记范围内。2016年5月10日，坣阳村民小组提起行政诉讼，请求撤销2007年国土证。

广东省汕尾市中级人民法院（2016）粤15行初5号行政裁定认为，海丰县国土局于2006年9月22日发出公告，公告期限届满后，海丰县政府核发2007年国土证，而坣阳村民小组于2016年5月10日才向法院提起诉讼，认为办证行政行为违法，要求撤销2007年国土证。坣阳村民小组从2006年发出公告期限届满之日起，知道或者应当知道海丰县政府为涉案土地颁发国有土地使用证的行政行为内容，坣阳村民小组的起诉超过《最高人民法院关于执行〈中华人民共和国行政诉讼法〉若干问题的解释》第四十一条第一款规定的2年起诉期限。依照《最高人民法院关于适用〈中华人民共和国行政诉讼法〉若干问题的解释》第三条第一款第二项的规定，裁定驳回坣阳村民小组的起诉。坣阳村民小组不服一审裁定，提起上诉。

广东省高级人民法院（2016）粤行终1572号行政裁定认为，涉案土地长期由梅陇农场管理使用，2006年海丰县国土局受理梅陇农场的登记申请，开展相关调查核实工作，并于2006年9月22日发布土地登记审核结果公告。该公告张贴于宗地所在地的管理区和村委会，公告期间，相关当事人并未提出异议。海丰县政府于2007年7月4日向梅陇农场核发2007年国土证，坣阳村民小组直至2016年5月10日才向一审法院提起诉讼，一审认定坣阳村民小组的起诉超过法定起诉期限，并据此裁定驳回起诉，符合《最高人民法院关于执行〈中华人民共和国行政诉讼法〉若干问题的解释》第四十一条第一款的规定，亦符合《最高人民法院关于适用〈中华人民共和国行政诉讼法〉若干问题的解释》第三条第一款第二项关于“超过法定起诉期限且无正当理由的”，“应当裁定驳回起诉”的规定。坣阳村民小组认为本案起诉期限应从2016年春节前后起计算等，请求撤销一审裁定并发回重审，缺乏事实根据和法律依据，上诉理由不成立。依照《中华人民共和国行政诉讼法》第八十九条第一款第一项的规定，裁定驳回上诉，维持一审裁定。

坣阳村民小组申请再审称：1. 一、二审单方采信被申请人的证据，没有对本案相关证据进行全面审查，认定事实错误。该组基于1968年与梅陇农场签订的《立签订订用基建园地合约》将涉案土地交付给农场使用，农场却未依约履行缴纳公粮的义务，梅陇农场以其使用和管理的状态确认土地使用权的权属变更于法无据；《立签订订用基建园地合约》只是租地协议，案涉土地的使用权未发生转移。2. 海丰县政府颁证依据不是根据1968年合约，而是根据梅陇农场提供的1992年《土地权属界线核定书》，该核定书没有该组的公章，核定界线时没有该组村民代表在场。3. 该组不知道梅陇农场向海丰县国土局申请土地登记一事，其行政区划内的村民没有看到过海丰县国土局2006年9月22日发布的土地登记审核结果公告。海丰县政府提供其发布公告的相片无法证实该公告已经张贴在该组行政区划内，不足以使该组的负责人或者村民知晓公告内容，现有证据不能推定该组自公告发布期限届满之日起知道或应当知道涉案土地颁发国有土地使用权证的内容。海丰县国土局在庭审后才提交《关于土地登记公告的情况说明》已过举证期限，不能作为定案依据。请求撤销一、二审裁定，再审本案。

海丰县政府、海丰县国土局口头答辩称：坐阳村民小组的起诉超过起诉期限，一、二审裁定驳回起诉正确。请求驳回坐阳村民小组的再审申请。

梅陇农场口头答辩称：坐阳村民小组称在2016年春节前才知道颁证没有事实根据。海丰县政府在2007年7月4日就核发2007年国土证给梅陇农场，但是坐阳村民小组直到2016年5月10日才提起诉讼，超过起诉期限。请求驳回坐阳村民小组的再审申请。

本院经过询问另查明，1968年11月1日，梅陇农场与梅尖大队坐阳村签订《立签订订用基建园地合约》，约定将坐阳村集体所有的14亩园地订用给农场作为建设基地，农场给予梅尖大队坐阳村三年产量作为土地费并负担该14亩园地公粮。原海丰县梅陇人民公社梅尖大队对该合约作了鉴证。梅陇农场后将该幅土地作为卫生医疗建设用地，一直到2016年，梅陇农场拆除旧医院，重新建新医院时引发纠纷。1992年土地详查时，梅陇农场东关管理区与梅陇镇梅尖管理区核定土地界线，并制作《土地权属界线核定书》。东关管理区与梅尖管理区的土地权属界线经双方实地核定，其基本走向为东西，南边为东关管理区，北边为梅尖管理区。该《土地权属界线核定书》有东关管理区与梅尖管理区负责人签字及盖章确认，确定涉案土地属梅陇农场所有。此次核定界线是以办事处为单位进行核定，涉及村小组的再由村小组进行核定。按照行政区域划分，坐阳村民小组是梅尖管理区的一个小组。

本院经审查认为，《中华人民共和国行政诉讼法》第二十五条规定，与具体行政行为有法律上利害关系的公民、法人或者其他组织对该行为不服的，可以依法提起行政诉讼。也就是说，与被诉行政行为有法律上利害关系的公民、法人或者其他组织，才具有提起行政诉讼的原告资格。《确定土地所有权和使用权的若干规定》第十六条第二款规定，《六十条》[①] 公布时起至1982年5月《国家建设征用土地条例》公布时止，全民所有制单位、城市集体所有制单位使用的原农民集体所有的土地，有下列情形之一的，属于国家所有：1. 签订过土地转移等有关协议的；2. 经县级以上人民政府批准使用的；3. 进行过一定补偿或安置劳动力的；4. 接受农民集体馈赠的；5. 已购买原集体所有的建筑物的；6. 农民集体所有制企事业单位转为全民所有制或者城市集体所有制单位的。本案中，1968年11月1日，梅陇农场与梅尖大队坣阳村签订《立签订订用基建园地合约》，约定将坣阳村集体所有的14亩园地订用给农场作为建设基地，农场给予梅尖大队坣阳村三年产量作为土地费并负担该14亩园地公粮作为补偿对价。其后梅陇农场一直使用案涉土地。根据前述规定，《立签订订用基建园地合约》签订后，案涉土地的所有权由集体所有转为国家所有，坣阳村民小组不再拥有涉案土地的所有权。此外，1992年6月20日，东关管理区与梅尖管理区签署《土地权属界线核定书》再一次明确案涉土地属梅陇农场所有。核定书上虽未载明有坣阳村民小组村民代表的参与，但有该组上级梅尖管理区的负责人签字和盖章，界线核定也符合案涉土地一直由梅陇农场管理使用的事实。综合上述事实，案涉土地在1968年时已属于国家所有，海丰县政府2007年为梅陇农场颁发包括案涉土地在内的国有土地使用证的行为，与坣阳村民小组没有利害关系。根据《最高人民法院关于适用〈中华人民共和国行政诉讼法〉若干问题的解释》第三条第一款第一项的规定，一、二审法院裁定驳回坣阳村民小组的起诉，处理结果并无不当，应予维持。

坣阳村民小组主张1968年《立签订订用基建园地合约》只是租地协议，明显与该合约的条款不符，该项主张没有事实根据。坣阳村民小组还主张梅陇农场没有履行《立签订订用基建园地合约》约定的义务，但在本案诉争之前，坣阳村民小组从未就该合约的履行问题提出争议或纠纷，其该项主张亦缺乏证据支持，本院不予采信。坣阳村民小组在本院询问时主张案涉土地权属一直存在争议，但亦未提交任何证据予以证明，本院对其该项主张亦不予支持。

应当指出的是，《土地登记规则》第七条规定，初始土地登记程序为：1. 申报；2. 地籍调查；3. 权属审核；4. 注册登记；5. 颁发土地证书。该规则第十八

---

① 《六十条》即1962年《农村人民公社工作条例修正草案》。

条规定，登记申请的审核结果由土地管理部门予以公告。公告的主要内容如下：1. 土地使用者、土地所有者、他项权利拥有者的名称、地址；2. 准予登记的土地权属性质、面积、坐落；3. 土地使用者、土地所有者、他项权利拥有者及其他有关土地权益者，提出异议的期限、方式和受理机关；4. 其他事项。第二十一条第一款规定，公告期满，土地使用者、土地所有者、他项权利拥有者及其他土地权益有关者，对土地申请登记审核结果未提出异议的，报经人民政府批准后，进行注册登记。根据上述规定，土地登记公告是由土地管理部门将土地登记申请审核结果公布于众，是初始土地登记的必经程序。土地登记公告的目的在于通过公告方式，督促土地使用者、土地所有者、他项权利拥有者及其他土地权益有关者对土地申请登记审核结果提出异议，避免对尚存在权属争议的土地颁发证书，保证登记审核的正确性和可靠性。但是，发布土地登记公告仅是颁发土地证书的前置程序，发布公告并不意味着必然产生颁发土地证书的结果，而且土地登记公告与颁发土地证书之间往往也存在一定的时间差，因此不能以土地登记公告的发布作为推定相关权利人知道或应当知道颁发土地证书的依据。《最高人民法院关于执行〈中华人民共和国行政诉讼法〉若干问题的解释》第四十一条第一款规定，行政机关作出具体行政行为时，未告知公民、法人或者其他组织诉权或者起诉期限的，起诉期限从公民、法人或者其他组织知道或者应当知道诉权或者起诉期限之日起计算，但从知道或者应当知道具体行政行为内容之日起最长不得超过2年。在土地行政登记案件中，不能仅以土地管理部门公告土地登记申请审核结果即推定相关权利人知道或者应当知道颁发土地证书的行为，并以公告时间作为起诉期限的起算点。本案中，坣阳村民小组请求撤销海丰县政府于2007年7月4日向梅陇农场颁发国有土地使用证的行为。坣阳村民小组诉称其于2016年春节前才拿到梅陇农场提供的2007年国土证的复印件，在此之前，该组不知道案涉土地的颁证行为。根据本案现有证据，不能推定坣阳村民小组自海丰县国土局于2006年9月22日发出公告期限届满之日起即知道或应当知道海丰县政府颁发2007年国土证的行为。一、二审均以审核结果公告时间作为认定坣阳村民小组知道或应当知道案涉土地发证行为的依据，以超过起诉期限为由，裁定驳回起诉，属认定事实不清，本院予以指正。

综上，坣阳村民小组的再审申请不符合《中华人民共和国行政诉讼法》第九十一条第一项规定的情形。依照《最高人民法院关于适用〈中华人民共和国行政诉讼法〉的解释》第一百一十六条第二款的规定，裁定如下：

驳回海丰县梅陇镇梅尖村委会坐阳村民小组的再审申请。

审判长：熊俊勇；审判员：龚斌、刘艾涛；法官助理：牛延佳；书记员：余逸纯

二〇一八年九月二十五日

023

被诉行政行为的前置行为应作为证据审查

【裁判要旨】

当事人对土地转移登记行为提起行政诉讼，转移登记之前的颁发土地证行为是被诉转移登记行为的主要证据。当事人以被诉土地转移登记行为之前的颁发土地证行为违法，进而主张转移登记行为违法的，人民法院应当对该前置颁发土地证行为进行证据审查。只有在前置颁发土地证行为存在重大且明显违法的瑕疵，颁发土地证行为无效的情形下，才能否定该颁发土地证行为在转移登记行为中的证据证明效力。

中华人民共和国最高人民法院
行政裁定书

（2017）最高法行申4613号

再审申请人（一审原告、二审上诉人）：河北省外贸资产经营有限公司。

法定代表人：张元贞，董事长。

委托代理人：杨建卓。

委托代理人：李金星。

被申请人（一审被告、二审被上诉人）：海口市人民政府。

法定代表人：丁晖，市长。

委托代理人：龚晓琴。

委托代理人：张礼。

原审第三人：海南大成房地产开发有限公司。

法定代表人：邹省荣，总经理。

委托代理人：吴昊、王心萍。

原审第三人：海南燕丰实业公司。

法定代表人：白庆润，总经理。

委托代理人：王玉平。

原审第三人：河北粮油食品进出口有限公司。

法定代表人：白庆润，董事长。

委托代理人：王玉平。

原审第三人：海口市农村信用合作联社。

法定代表人：辛全龙，理事长。

委托代理人：周敏。

委托代理人：冯国焯。

再审申请人河北省外贸资产经营有限公司（以下简称外贸公司）因诉被申请人海口市人民政府（以下简称海口市政府）及第三人海南大成房地产开发有限公司（以下简称大成房地产公司）、第三人海南燕丰实业公司（以下简称燕丰公司）、第三人河北粮油食品进出口有限公司（以下简称河北粮油公司）、第三人海口市农村信用合作联社（以下简称农信联社）颁发国有土地使用证一案，不服海南省高级人民法院于2016年9月27日作出的（2016）琼行终260号行政判决，向本院申请再审。本院于2017年6月20日立案受理，依法组成合议庭进行审查。2017年7月25日，本院组织各方当事人在本院第一巡回法庭第一法庭公开询问，再审申请人外贸公司的委托代理人李金星及变更前的委托代理人李培智（河北厚正律师事务所律师），被申请人海口市政府的委托代理人张礼及变更前的委托代理人王季彪（海口市政府法律顾问），原审第三人河北粮油公司的委托代理人王玉平，到庭参加询问。2017年12月12日，本院再次组织各方当事人在本院第一巡回法庭第二法庭进行询问及调解，再审申请人外贸公司的委托代理人李金星、李培智，被申请人海口市政府变更前的委托代理人吴如翔（海口市政府法制局工作人员）、黄琼生（海口市国土局工作人员），原审第三人大成房地产公司的委托代理人王心萍及变更前的委托代理人董学智（海南中邦律师事务所律师），原审第三人河北粮油公司的委托代理人王玉平，原审第三人农信联社的委托代理人周敏，到庭参加询问及调解。2018年6月12日，本院再次组织各方当事人在本院第一巡回法庭第一法庭进行调解，再审申请人外贸公司的委托代理人杨建卓、李培智，被申请人海口市政府的委托代理人龚晓琴、张礼，原审第三人大成房地产公司的委托代理人吴昊、王心萍，原审第三人燕丰公司及河北粮油公司的共同委托代理人王玉平，原审第三人农信联社的委托代理人冯国煌，到庭参加调解。2018年7月19日，本院至海南省海口市中级人民法院组织各方当事人调解。2018年7月24日，本院再次组织各方当事人至本院第一巡回法庭第一法庭进行调解。案件现已审查终结。

燕丰公司是1992年5月22日经原河北省对外经济贸易委员会批准成立的全民所有制企业，隶属于河北粮油公司，为全资二级独立法人。在林树清担任燕丰公司法定代表人、总经理期间，燕丰公司于1993年投资1400余万元购买海南大通房地产总公司房产时，因海南大通房地产总公司未履行交付房屋的合同义务，燕丰公司要求海南大通房地产总公司还本付息，并引发一系列诉讼。由于燕丰公司缺乏诉讼费等费用，2000年9月10日，燕丰公司与深圳泰利源投资公司（以下简称泰利源公司）达成协议，约定泰利源公司出资500万元给燕丰公司作为诉讼费用。其后因涉案土地又面临诉讼，燕丰公司与泰利源公司于2001年8月9日签订协议，约定燕丰公司如能胜诉收回涉案40.78亩土地权益，将该土地权益全部转让给泰利源公司，转让价格2500万元，泰利源公司已投入的500万元折抵给燕丰公司，泰利源公司再将其关联公司名下的上海房产作价500万元折抵给燕丰公司，余款1500万元在该土地开发后按市价折合1500万元权益给燕丰公司。后燕丰公司胜诉，2001年12月4日，李文博（代表泰利源公司）、涂继新、燕丰公司签订协议合作成立海南创展房地产开发有限公司（以下简称创展公司），燕丰公司以上述土地投资，占20%股份，并负责将该土地过户至创展公司名下。

2001年12月13日，燕丰公司取得上述40.78亩土地权属，取得海口市国用（籍）字第Q3810号国有土地使用证（以下简称Q3810号土地证）。2001年12月15日，林树清以合作开发为名代表燕丰公司与海南第一投资招商股份有限公司签订合同成立大成房地产公司，开发建设房地产项目，燕丰公司提供Q3810号土地证，占20%股权。2001年12月21日，燕丰公司与大成房地产公司订立《土地使用权转让合同》，约定燕丰公司将Q3810号土地证项下土地转让。同日，燕丰公司与大成房地产公司共同向海口市国土资源局申请，称燕丰公司通过联营的方式将涉案土地转让给大成房地产公司。同年12月24日，海口市国土资源局对燕丰公司转让土地给大成房地产公司相关事项予以公示。同年12月28日，海口市国土资源局委托海南国佳房地产交易评估公司评估，涉案土地评估价值为每亩61.36

万元，总价2499.58万元。林树清未将该结果报主管部门，擅自代表燕丰公司将Q3810号土地证项下土地过户至大成房地产公司名下。2002年1月8日，海口市政府为大成房地产公司颁发海口市国用（籍）字第S0792号国有土地使用权证（以下简称S0792号土地证），确认大成房地产公司对海口市××大道西侧02-02-01-19地号的27159.31平方米的土地享有土地使用权，用途为商业服务业用地。

2002年12月5日，泰利源公司、燕丰公司、创展公司签订协议，燕丰公司将其在大成房地产公司享有的20%股权全部转让给泰利源公司指定的创展公司名下，泰利源公司保证在该土地开发后燕丰公司享有1500万元货币或出资（该1500万元权益至今未实现）。2003年2月20日，进行股权转让登记。

2005年6月14日，海口市规划局向大成房地产公司发出市规函（2005）493号函，称大成房地产公司用地位于滨海北侧，世纪大桥引桥东侧，滨海公园西侧，属于《海口外滩控制性详细规划》控制范围，该用地规划确定为公共绿化用地，与世纪大桥引桥东侧的原滨海高层区用地、世纪广场用地及滨海公园用地统一规划为世纪公园，无法开发建设房地产项目，并告知大成房地产公司可到海口市国土局办理相应的土地置换手续。随后，大成房地产公司请求进行公平置换或赔偿。2006年3月14日，海口市中级人民法院在执行申请执行人汉江综合开发公司与被执行人海南华信物业有限公司借款合同纠纷一案中，作出（2000）海中法执字第219-4号民事裁定，准许大成房地产公司将S0792号土地证项下的11亩（7333.37平方米）土地使用权无偿让与汉江综合开发公司，作为被执行人海南华信物业有限公司清偿其所欠申请执行人汉江综合开发公司人民币7356864.20元的债务。同日，海口市中级人民法院向海口市国土资源局发出（2000）海中法执字第219-4号协助执行通知，要求办理上述土地使用权的过户手续。在扣除上述协助执行的土地使用权后，大成房地产公司仍实际拥有S0792号土地证项下19825.94平方米的土地使用权。2006年7月13日，外贸公司作为出让方，与受让方中粮河北国际贸易有限公司和河北粮油公司原管理层白庆润等17名自然人签订《河北省粮油进出口公司整体产权转让合同》，河北粮油公司的整体国有产权转让价款为人民币300万元。其后，河北粮油公司性质由全民所有制企业变更为有限责任公司。在河北粮油公司整体产权转让过程中，燕丰公司、河北粮油公司均未如实申报燕丰公司曾拥有Q3810号土地证项下土地和相关权益情况，而是将该土地原对应的国有资产申报为不良债权。河北省国有资产委员会、外贸公司均不知燕丰公司曾拥有Q3810号土地证项下土地，也不知该土地转移登记至大成房地产公司名下，后来又将在大成房地产公司的股权转让给案外人的事实，因此Q3810号土地证项下土地衍生形成的相关权益也未纳入整体产权转让范围。2010年1月28日，外贸公司与中粮河北国际贸易有限公司签订《不良资产划转移交协议》，包括Q3810号土地证项下土地所对应的国有资产在内的其他未改制国有资产均被视为不良债权，由外贸公司接收。

2009年10月15日，海口市国土资源局向大成房地产公司作出市土环资储字（2009）596号复函，同意将海口市西海岸长流起步区0501号地块26389.587平方米居住用地以等值置换的方式与大成房地产公司S0792号土地证项下的19825.94平方米商服用地进行置换，同时收回该商服用地土地权属。2009年10月20日，大成房地产公司与海口市国土资源局就上述土地置换签订《国有土地使用权置换协议书》并签订《国有建设用地使用权出让合同》，约定向大成房地产公司出让上述26389.587平方米土地。上述合同签订后，大成房地产公司申报土地登记发证。经地籍调查、权属调查、勘丈、审批等程序后，海口市政府于同日向大成房地产公司颁发海口市国用（2009）第010065号国有土地使用权证（以下简称010065号土地证）。

农信联社与昌海公司于2010年3月15日签订《借款合同》，借款合同金额为1.4亿元整，贷款期限为36个月，贷款利率按基准利率上浮10%+诚信奖励金率=9%执行，借款起止时间为2010年3月15日至2013年3月15日，借款用途为海口市博爱南片区旧城改造前期的拆迁、安置和其他费用。2010年3月19日，农信联社将1.4亿元贷款发放至昌海公司在农信联社开立的账户。之后，昌海公司申请将贷款展期至2014年9月15日。2013年3月12日，农信联社与昌海公司、海南大成投资开发有限公司（以下简称大成投资公司）、大成房地产公司、蒋会成共同签署《展期协议》，约定展期金额为1.38亿元整，展期期限2013年3月15日至2014年9月15日，展期利率为7.04%+诚信奖励金率=9%，并约定由大成投资公司、大成房地产公司、蒋会成为昌海公司向农信联社贷款承担连带责任，抵押物之一系大成房地产公司010065号土地证项下位于海口市××大道南侧，面积26389.59平方米的土地。2010年3月18日，上述抵押物办理抵押登记，农信联社取得海口市国土资源局颁发的他项权证。后因该借款合同发生纠纷，农信联社提起诉讼，经海南省高级人民法院一审作出（2014）琼民一初字第10号民事判决，最高人民法院二审作出（2015）民二终字第75号民事判决，确认农信联社对大成房地产公司010065号土地证项下的土地使用权享有优先受偿权。

2011年12月23日，外贸公司提起诉讼，请求撤销海口市政府为大成房地产公司颁发的010065号土地证。海口市中级人民法院于2012年3月19日作出（2012）海中法行初字第3号行政裁定，驳回外贸公司的起诉。外贸公司不服一审裁定，提起上诉，海南省高级人民法院于2012年6月21日作出（2012）琼立一终字第67号行政裁定，驳回外贸公司上诉，维持一审裁定。外贸公司不服二审裁定，向本院申请再审。本院于2014年8月14日作出（2014）行提字第10号行政裁定，撤销海口市中级人民法院（2012）海中法行初字第3号行政裁定和海南省高级人民法院（2012）琼立一终字第67号行政裁定，指令海口市中级人民法院继续审理。因被诉行政行为与燕丰公司、河北粮油公司、农信联社有利害关系，海口市中级人民法院审理期间追加上述三家单位作为第三人参加诉讼。并于2015年8月26日作出（2015）海中法行初字第11号行政判决，判决驳回外贸公司的诉讼请求。外贸公司不服，提起上诉。海南省高级人民法院于2016年9月27日作出（2016）琼行终260号行政判决，维持一审判决。外贸公司不服该二审判决，向本院申请再审。

本院另查明：大成房地产公司现有股东为大成投资公司及创展公司。因燕丰公司的原法定代表人林树清涉嫌贪污罪被河北省石家庄市人民检察院提起公诉，涉案土地被河北省新乐县检察院查封。2017年12月19日，河北省石家庄市中级人民法院（2015）石刑初字第00167号、（2017）冀01刑初31号刑事判决，认定林树清犯国有公司、企业人员滥用职权罪，判处有期徒刑四年。2017年10月31日，农信联社签订《资产转让协议》将涉案土地上的债权转让给中国东方资产管理股份有限公司海南省分公司。

海口市中级人民法院（2015）海中法行初字第11号行政判决认为，大成房地产公司与海口市国土资源局进行协商办理相应的土地置换手续，并于2009年10月20日就土地置换签订《国有土地使用权置换协议书》，约定用海口市西海岸长流起步区0501号地块26389.587平方米土地等值置换大成房地产公司S0792号土地证项下的19825.94平方米土地，签订《国有建设用地使用权出让合同》向大成房地产公司出让上述26389.587平方米土地，并未违反法律规定。上述合同签订后，大成房地产公司申报土地登记发证。经地籍调查、权属调查、勘丈、审批等程序后，海口市政府于2009年10月20日向大成房地产公司颁发010065号土地证，符合法律规定。外贸公司提起本案诉讼，其诉讼请求为撤销海口市政府为大成房地产公司颁发010065号国有土地使用证的具体行政行为，故本案仅对海口市政府为大成房地产公司颁发010065号土地证的行政行为是否合法问题进行审查，而海口市政府为大成房地产公司颁发S0792号土地证的行政行为属于另一行政行为，不属本案审理范围。在S0792号土地证未经法定程序被确认违法、无效或撤销之前，其具有确定力、拘束力和执行力，外贸公司以海口市政府为大成房地产公司颁发S0792号土地证违法为由，请求撤销海口市政府为大成房地产公司颁发010065号土地证的行政行为没有事实和法律依据，不予支持。关于大成房地产公司主张外贸公司提起本案诉讼已超过起诉期限问题，因已发生法律效力的最高人民法院（2014）行提字第10号行政裁定已指令对本案继续进行审理，故对此不予审查。依照《中华人民共和国行政诉讼法》第六十九条之规定，判决驳回外贸公司的诉讼请求。外贸公司不服一审判决，提起上诉。

海南省高级人民法院（2016）琼行终260号行政判决认为，本案被诉行政行为是010065号土地证，该证是S0792号土地证项下土地因政府规划调整原因与政府协商置换而颁发，是独立的行政行为。《中华人民共和国行政诉讼法》第六条规定，人民法院审理行政案件，对行政行为是否合法进行审查。外贸公司诉的是010065号土地证的颁证行为，故一审仅对该颁证行为的合法性进行审理，并无不当。外贸公司对S0792号土地证不服可依法另行提起诉讼。外贸公司主张010065号土地证和S0792号土地证具有内在的牵连性和不可分割性，且最高人民法院再审本案时对S0792号土地证的行政行为也进行了全面而公正的审理，并依法作出裁定，认定S0792号土地证违法，一审无视最高人民法院的生效裁定，枉法裁判。该院认为，最高人民法院再审本案过程中，仅对外贸公司的诉讼主体资格进行审查，并未涉及本案实体法律关系，最终裁定结果也是撤销原驳回起诉裁定、指令原审法院继续审理，并未作出S0792号土地证是否违法的认定。因此，一审未审查S0792号土地证合法性并无不当，外贸公司该主张不能成立。根据本案查明事实，海口市政府于2009年10月20日向大成房地产公司颁发010065号土地证，土地权属来源清楚、程序合法，符合法律规定。外贸公司主张S0792号土地证为010065号土地证的基础性证据，其是否合法是决定010065号土地证来源是否合法的关键，相关证据可以证明S0792号土地证的颁发是违法的，因此010065号土地证的颁发也是违法的。该院认为，作为证据的合法性审查与作为行政行为的合法性审查不能混淆。本案S0792号土地证确为010065号土地证项下土地权属来源的证据，该院仅对该国有土地使用证作为证据的合法性进行审查，因该证是行政机关通过一系列法定程序作出的土地行政登记行为，在该证被依法撤销、确认违法或确认无效之前，该证都具有行政行为的公定力，是合法有效的。海口市政府依据该证为大成房地产公司办理土地置换颁发新国有土地使用证，土地权属来源清楚，并未违反法律规定。依照《中华人民共和国行政诉讼法》第八十九条第一款第一项之规定，判决驳回上诉，维持一审判决。

外贸公司申请再审称：1. 一、二审将颁发010065号土地证的行政行为与颁发S0792号土地证的行政行为割裂开来。二者具有内在的牵连性和不可分割性。2. 最高人民法院再审时对海口市政府为大成房地产公司颁发S0792号土地证的行政行为进行了全面而公正的审理，并认定该行政行为违法。3. S0792号土地证作为海口市政府为大成房地产公司换发010065号土地证的基础性证据必须合法，否则颁发010065号土地证就失去合法性基础。请求撤销一、二审判决，依法撤销010065号土地证。

海口市政府未提交书面答辩意见，庭询中答辩称：一、二审认定事实清楚，适用法律正确，S0792号土地证与本案土地证分别是两个行政行为，最高人民法院裁定中并没有对S0792号土地证行为进行认定，只是审查外贸公司的主体资格。请求驳回外贸公司的再审申请。

大成房地产公司答辩称：最高人民法院（2014）行提审第10号行政裁定系程序性裁定，而非实体性裁定，不具有认定S0792号土地证颁证行为合法性的效力。S0792号土地证的颁证行为，符合国有资产管理相关法律、行政法规的规定，符合现行《海南经济特区土地管理条例》的规定，海口市政府核发S0792号土地证的行政行为没有造成国有资产流失。大成房地产公司并非无偿取得涉案土地，该公司系双方约定开发 Q3810 号土地证项下土地的项目公司，燕丰公司因合作开发而将 Q3810 号土地证项下土地过户至大成房地产公司名下。农信联社依生效判决享有 010065 号土地证项下土地的抵押优先受偿权，外贸公司诉请撤销 010065 号土地证与民事判决的既判力相悖。撤销 010065 号土地证，不仅危及市场交易安全，更严重损害无过错交易人的正当权益。请求驳回外贸公司的再审申请。

燕丰公司未发表答辩意见。

粮油公司答辩称：同意外贸公司的意见。外贸公司为本案的适格原告。海口市政府为大成房地产公司颁发 S0792 号土地证严重违规，外贸公司要求撤销 010065 号土地证等同于要求撤销 S0792 号土地证。

农信联社答辩称：该社依法对 010065 号土地使用权享有优先受偿权。请求驳回外贸公司的再审申请。

本院认为，本案审查的重点是 010065 号土地证的合法性以及前证 S0792 号土地证的审查程度。根据一、二审查明的事实，2002 年 1 月 8 日，海口市政府为大成房地产公司颁发 S0792 号土地证。因涉及规划问题，大成房地产公司与海口市国土资源局进行协商办理相应的土地置换手续，并就土地置换签订《国有土地使用权置换协议书》《国有建设用地使用权出让合同》。后大成房地产公司申报土地登记发证，经地籍调查、权属调查、勘丈、审批等程序后，海口市政府于 2009 年 10 月 20 日向大成房地产公司颁发 010065 号土地证。该发证程序本身符合法律规定，土地权属来源于 S0792 号土地证的置换，权属来源清晰。

对 S0792 号土地证的审查程度不应仅仅局限于形式，如二审所言，对该证应当作为证据审查，而非单独将其作为被诉行政行为进行合法性审查。一般情况下，对前置颁证行为的审查都是以证据的标准来审查，即是否符合证据的三性，是否能够达到其证明目的，从而决定是否可以在案件中予以采信。但不能简单地认为，只要前置颁证行为没有被撤销或者确认违法，在后续的颁证行为案件中就可以作为土地权属来源的合法性证据从而采信，并以此作为认定后续颁证行为合法性的依据和基础。当前置登记发证行为存在重大明显违法时，就可以排除该证据的效力，即后续的登记发证行为没有依据。尤其是在当事人对前置登记发证起诉可能已经超过法定起诉期限的情况下，要求当事人另行对前置发证行为起诉，不在本案中进行实体审查，也不利于行政争议的实质性化解。

本案中，S0792号土地证来源于燕丰公司将涉案土地通过联营方式转让给大成房地产公司，该土地约定价格为2500万元。实际履行过程中，大成房地产公司及其关联公司实际付给燕丰公司1000万元，还有1500万元可得利益尚未兑现。根据已生效的刑事判决认定的事实，燕丰公司的原法定代表人林树清虽存在滥用职权，将案涉土地予以处置的情形，但尚未构成贪污或侵吞国有资产的后果，S0792号土地证的转让价格并不存在明显低于当时市场价格的情形，转让的股权及相关收益也归属于燕丰公司。因此，S0792号土地证的颁证并不存在重大且明显违法的情形。外贸公司及河北粮油公司关于海口市政府颁发S0792号土地证存在严重违规的主张不能成立，本院不予支持。

因燕丰公司隶属于河北粮油公司，在企业改制过程中，燕丰公司、河北粮油公司均未如实申报燕丰公司曾拥有涉案土地和相关权益情况，而是将涉案土地原对应的国有资产申报为不良债权。鉴于涉案土地及相关权益的资产已整体转让给外贸公司，因此涉案土地其后衍生形成的相关权益也应归于外贸公司。对于原属燕丰公司的1500万元收益，外贸公司享有合法权利。在本院第一次对本案提审期间，外贸公司与大成投资公司、大成房地产公司之间曾就案涉土地权益及股权问题达成过调解协议，但并未最后履行。燕丰公司在创展公司中拥有的股份及可得收益的民事争议尚未解决，而因刑事案件导致涉案土地被查封，也造成该土地无法及时开发利用，上述状况给各方均造成较大的损失，鉴于各方存在和解的意愿和可能性，为减少诉累，实质性化解行政争议，一并解决相关的民事争议，合议庭多次组织各方当事人进行调解。经过多轮磋商，2018年7月24日，再审申请人外贸公司（甲方）与燕丰公司（乙方）、大成房地产公司（丁方）、案外人大成投资公司（丙方）、创展公司（戊方）达成调解协议如下：

一、大成投资公司同意支付人民币5000万元给外贸公司，作为大成投资公司受让燕丰公司所持创展公司20%股权的转让价款。大成投资公司支付5000万元后10个工作日内，外贸公司及燕丰公司应向其移交所能够提供的股权转让所需要的相关文件及资料，并配合办理将上述20%股权变更登记至大成投资公司指定的海口万思康盛投资咨询有限公司（以下简称康盛公司）。

无论燕丰公司所持创展公司20%股权何时变更过户至康盛公司名下，自大成投资公司全部支付及提存5000万元之日起，康盛公司即享有燕丰公司所持创展公司20%股权的全部股东权益，外贸公司、燕丰公司及燕丰公司现股东不再享有与该20%股权相关的任何权益。

二、在本协议签订之后五个工作日内，大成投资公司应将1000万元付至外贸公司账户，将4000万元提存至最高人民法院指定的海口市中级人民法院账户。外贸公司负责在收到1000万元款项后30日内促成河北省新乐市人民检察院解除对海口市国用（2009）第010065号国有土地使用权证项下土地（以下简称涉案土地）的查封（以海口市国土资源局收到相关检察机关解除涉案土地查封的法律文书为准）。检察机关解除对涉案土地的查封后，由最高人民法院指令海口市中级人民法院向外贸公司支付提存款4000万元。外贸公司在收到该提存款4000万元后三个工作日内向最高人民法院提交撤诉申请，撤回对海南省高级人民法院（2016）琼行终260号行政判决的再审申请。外贸公司收到任一笔款项后5个工作日内给大成公司指定的康盛公司开具合法凭据。

外贸公司收款账户如下：账户名：河北省外贸资产经营有限公司；账号：10×××95；开户行：中国银行石家庄市机场路支行。

海口市中级人民法院收款账户如下：账户名：海南省海口市中级人民法院；账号：10×××17；开户行：海口市农村信用合作联社营业部。

三、外贸公司在收到上述5000万元款项后，外贸公司和燕丰公司及其股东不得再以任何理由、任何方式向大成投资公司、大成房地产公司、创展公司、康盛公司及相关单位等主张与涉案土地相关的任何权益（包括燕丰公司所持创展公司20%股权权益）或责任。外贸公司、燕丰公司依约履行促成解除查封涉案土地后，大成投资公司、大成房地产公司、创展公司、康盛公司及相关单位等亦不得再向外贸公司、燕丰公司及相关单位主张与本协议相关的任何权益或责任。

四、大成投资公司如逾期履行付款义务，每逾期一日，应按本协议约定需支付给外贸公司的款项（5000万元）的万分之五支付逾期履约违约金，逾期超过30日，违约方应在前述违约金的基础上加倍支付违约金。违约金的总额不得超过应付款项（5000万元）的30%。

外贸公司如逾期未促成对涉案土地的解封，每逾期一日，应按本协议约定需支付给外贸公司的款项（5000万元）的万分之五支付逾期履约违约金，逾期超过30日，违约方应在前述违约金的基础上加倍支付违约金。违约金的总额不得超过应付款项（5000万元）的30%。

五、本协议签订于最高人民法院第一巡回法庭第一法庭。本协议书一式七份，各方当事人各一份，最高人民法院及海口市中级人民法院各一份。本协议自各方当事人签字或者盖章后成立并生效。

大成投资公司已按照协议约定支付5000万元股权转让价款，同时，在外贸公司的协助下，涉案土地的刑事查封亦已解除。因该协议的主要条款已履行完毕，外贸公司于2018年9月3日向本院书面申请撤回再审申请。

外贸公司撤回再审申请的行为系其真实意思表示，其申请符合法律规定，本院予以照准。依照《中华人民共和国行政诉讼法》第六十二条之规定，裁定如下：

准许河北省外贸资产经营有限公司撤回再审申请。

审判长：熊俊勇；审判员：曹刚、龚斌；法官助理：牛延佳；书记员：余逸纯

二〇一八年九月二十八日

024

原告提供向政府办公室邮寄申请材料的单据，可以作为其曾向政府提出申请的证据

【裁判要旨】

起诉被告不履行法定职责案件中，原告应当提供证据证明其曾向被告提出申请的事实。原告提交了政府办公室签收其邮寄申请材料邮件的单据，除非政府能够提供相反证据证明其收到邮件中的材料不是原告本案所交申请材料，否则应推定其已经收到相关申请材料。

中华人民共和国最高人民法院

行政裁定书

（2018）最高法行申 5064 号

再审申请人（一审被告、二审被上诉人）：深圳市龙岗区人民政府。

法定代表人：戴斌，区长。

委托代理人：陈锐彬。

委托代理人：彭钢。

被申请人（一审原告、二审上诉人）：李甲。

被申请人（一审原告、二审上诉人）：李乙。

被申请人（一审原告、二审上诉人）：李丙。

上述被申请人共同委托代理人：王学连、孟军。

再审申请人深圳市龙岗区人民政府（以下简称龙岗区政府）因被申请人李甲、李乙、李丙（以下简称李甲等三人）诉其不履行法定职责一案，不服广东省高级人民法院于 2017 年 11 月 30 日作出的（2017）粤行终 1430 号行政判决，向本院申请再审。本院于 2018 年 7 月 11 日立案受理，并于 2018 年 7 月 27 日在本院第一巡回法庭第二法庭组织各方当事人进行公开询问。再审申请人龙岗区政府的委托代理人陈锐彬、彭钢，被申请人李甲、李乙及共同委托代理人孟军，到庭参加询

问。案件现已审查终结。

2016年7月7日，李甲等三人通过邮政EMS向龙岗区政府邮寄《请求对华侨祖屋权益及土地使用权确权的申请书》及证据材料一份，认为龙城街道拆迁办将李氏祖屋错误确权至个人名下，请求确认位于深圳市龙岗区龙城街道办回龙埔社区松元头居民小组测绘编号6#、9#、10#、11#华侨祖屋四间、土地使用权及果场一块为李甲等李氏后人共同所有。李甲等三人提交的上述邮件投递查询结果显示：该邮件于2016年7月8日投递并签收，签收人注明为“他人收同事”。龙岗区政府于2017年1月11日向邮政部门查询上述邮件投递结果时，邮政部门服务热线反馈的结果是，邮政系统记录显示上述邮件正在运输途中，尚无邮件妥投信息。龙岗区政府工作人员于2017年2月20日再次补充查询李甲等三人邮件投递情况，查询到的信息与李甲等三人所述一致。因龙岗区政府未对李甲等三人的申请作出处理，李甲等三人提起行政诉讼，请求判决确认龙岗区政府未在法定期限内对其提出的土地使用权确权申请作出处理决定的行为违法，判令龙岗区政府限期履行法定职责（对土地权属纠纷作出处理）。在一审庭审中，龙岗区政府主张对李甲等三人的邮件是否真正投递成功存疑，基于现有的行政职能划分，李甲等三人的申请事项应由深圳市规划和国土资源委员会龙岗管理局具体受理。李甲等三人则述称，进行土地使用权和房屋确权的主体应该是县区级人民政府，而非下属工作部门；李甲等三人一直有向各部门递交书面申请，除亲自递交外，也有向包括国土部门在内的部门邮寄书面申请，在未获得任何回应的情况下，才委托律师通过邮寄方式向龙岗区政府寄送申请书。

广东省深圳市中级人民法院（2016）粤03行初184号行政判决认为，虽然龙岗区政府一直坚持主张其未曾收到李甲等三人邮寄的申请材料，对李甲等三人邮件是否实际投递成功有异议，但李甲等三人已提供邮件投递查询结果证明其邮寄的申请材料已投递成功。在没有其他相反证据的情况下，应认定李甲等三人邮寄的申请材料已由龙岗区政府工作人员签收。本案在诉讼类型上属于履行职责之诉，而履行职责之诉是否成立的前提条件之一就是相关请求事项是否属于龙岗区政府法定职责范围。《土地权属争议调查处理办法》第四条第一款、第五条、第十三条第一款至第四款规定，针对本案涉及的土地权属争议调查处理申请事项，龙岗区政府与龙岗区国土资源主管部门之间在具体办理程序上有明确的职责分工。虽然不予受理决定最终仍是由龙岗区政府作出，但这不意味着有关土地权属争议调查处理工作涉及的全部事项均属于龙岗区政府职责范围。尤其是在《土地权属争议调查处理办法》明确规定有关权属争议处理申请的受理审查、调查取证、证据核实、调解、出具调查处理意见等均属于国土资源行政主管部门的职责的情况下，无论是李甲等三人，还是相关行政机关，其行为均应遵循法定的行政执法程序规定和职责分工。本案中，鉴于行使受理相关确权申请（包括对是否受理进行审查）并进行调查处理职能的部门是龙岗区国土资源主管部门，并非龙岗区政府。因此，李甲等三人的确权申请依法应当向龙岗区国土资源主管部门提交。至于李甲等三人提出的其已向相关国土部门递交申请但未获回应、所以才向龙岗区政府提交申请的主张，李甲等三人完全可以依据上述所引规定就相关国土部门不作为一事通过行政复议或行政诉讼等途径寻求救济，但不能据此推导出龙岗区政府应当代替龙岗区国土资源主管部门履行职责，也不能仅凭龙岗区政府未对李甲等三人的申请作出处理就推导出龙岗区政府构成不履行法定职责。考虑到本案具体情况，为实质性解决争议，该院在案件审理过程中曾尝试协调由李甲等三人重新提交申请及证据材料给龙岗区国土资源部门，然后龙岗区政府负责协调龙岗区国土资源部门优先调查处理，或者由李甲等三人重新向龙岗区政府提交申请材料后再由龙岗区政府代为转交龙岗区国土资源部门优先调查处理，但李甲等三人均未同意，坚持要求判决确认龙岗区政府不作为违法并判令龙岗区政府履行法定职责对土地权属纠纷作出处理。龙岗区政府并不负有直接审查是否受理李甲等三人确权申请的职责，因此李甲等三人关于判决确认龙岗区政府未对土地使用权确权申请作出处理行为违法以及判令龙岗区政府限期履行法定职责对土地权属纠纷作出处理的诉讼请求，缺乏法律依据，不予支持。依照《中华人民共和国行政诉讼法》第六十九条的规定，判决驳回李甲等三人的全部诉讼请求。李甲等三人不服一审判决，提起上诉。

广东省高级人民法院（2017）粤行终1430号行政判决认为，对于一审认定李甲等三人邮寄的申请材料已由龙岗区政府工作人员签收的事实，该院予以确认。根据《广东省土地权属纠纷处理条例》第三条、第八条及第十条的规定，龙岗区政府对涉案土地权属确权申请具有受理和调处的法定职责，现该府收到涉案申请后未在上述条例规定的期限内作出是否受理的决定，应认定为违法。一审援引

《土地权属争议调查处理办法》第四条、第五条之规定认定龙岗区政府无法定调处职责（包括对是否受理进行审查的职责）适用法律错误，应予纠正。根据《土地权属争议调查处理办法》第九条的规定，对于向龙岗区政府或龙岗区国土资源行政主管部门提出涉案申请，李甲等三人具有选择权。现李甲等三人已向龙岗区政府提出调处申请，该府以其与所辖区国土资源主管部门之间存在职能分工为由辩称其无受理职责欠缺法律依据。龙岗区政府本应在法律规定的期限内对是否受理涉案申请作出行政行为并通知李甲等三人，但却未履行上述法定职责，应认定该不作为行为违法并限期处理。依照《中华人民共和国行政诉讼法》第八十九条第一款第二项、第八十九条第三款的规定，判决撤销一审判决；确认龙岗区政府未在法定期限内对李甲等三人作为共同申请人提出的涉案土地权属确权申请进行处理违法；责令龙岗区政府自收到本判决之日起15日内对李甲等三人作为共同申请人提出的涉案土地权属确权申请作出是否受理的行政行为。

龙岗区政府申请再审称：1. 本案存在争议的关键事实是该府是否签收被申请人所称邮寄的房屋权属确认申请书等材料，一、二审对该部分事实认定不清。该府未曾收到该份邮件，因而就不存在未在法定期限内作出处理的情形，且根据现有证据材料，不能仅仅依据邮政系统显示妥投即简单认定邮件已签收。该府网站已经公示正确的联系地址和相关指引，被申请人未按照该指引邮寄材料。2. 该府向邮政部门调取的本案邮政的签收回执属新的证据，被申请人的邮件是否真正投递成功明显存疑。3. 二审未经询问该府，不开庭审理，不符合行政诉讼法的程序性规定。请求撤销二审判决，依法改判。

李甲、李乙未提交书面答辩意见，在参加询问时口头答辩称：二审未开庭并不违反法律的强制性规定，程序合法；龙岗区政府是否收到案涉的申请材料，一审已经对该部分事实予以认定，龙岗区政府并未上诉，也就是对该部分事实并未提出异议，不应在再审申请阶段再次提起；龙岗区政府提交的不属于新证据。请求驳回龙岗区政府的再审申请。

本院经审查认为，本案在原一、二审期间主要存在两个焦点问题：一是龙岗区政府是否收到李甲等三人邮寄的申请材料，二是龙岗区政府对李甲等三人提出的土地权属确权申请是否具有受理及调处的法定职责。对于第二个焦点问题，二审判决进行了充分论述，认为龙岗区政府对涉案土地权属确权申请具有受理和调处的法定职责，龙岗区政府以其与辖区国土资源主管部门之间存在职能分工为由辩称其无受理职责欠缺法律依据，一审适用法律错误应予纠正。龙岗区政府在再审申请中并未对该府是否具有相关法定职责问题提出异议，而且在本院询问时，龙岗区政府代理人称该府在二审判决要求的时限内对李甲等三人提出的土地权属确权申请作出处理决定，已经履行了法定职责。关于龙岗区政府是否具有相关法定职责问题，二审判决的分析和认定说理充分，适用法律正确，双方当事人均无异议，本院亦予以认可。龙岗区政府向本院申请再审，主要是对一、二审均认定该府收到邮寄的申请材料这一事实问题不服，故本院主要就该焦点问题予以审查。

《中华人民共和国行政诉讼法》第三十四条第一款规定，被告对作出的行政行为负有举证责任，应当提供作出该行政行为的证据和所依据的规范性文件。第三十八条第一款规定，在起诉被告不履行法定职责的案件中，原告应当提供其向被告提出申请的证据。但有下列情形之一的除外：（一）被告应当依职权主动履行法定职责的；（二）原告因正当理由不能提供证据的。在行政诉讼中，被告应当对作出的行政行为的合法性承担举证责任。但是，该规定并不意味着原告在行政诉讼中无需承担任何举证责任。根据“谁主张，谁举证”的原则，对于其余待证事实，作为行政诉讼当事人的原告也要承担相应的举证责任。在原告起诉被告不履行应申请履行法定职责的案件中，原告应当提供证据证明其曾向行政机关提出申请的事实。被告如果对于原告的主张不认可，则应提供相反的证据予以证明。本案中，李甲等三人在一审中提交其向龙岗区政府邮寄申请的快递单及邮寄送达查询单，能够证明其已经向龙岗区政府提出申请。龙岗区政府认为其并未收到该申请，并提出邮单查询结果前后不一致，怀疑邮政部门通过后台操作自行录入信息，但并未提供有效证据证明。一、二审对龙岗区政府的主张不予认可，符合证据规则，并无不当。

龙岗区政府主张李甲等三人未按照指引邮寄材料。龙岗区政府称在“龙岗政府在线”网站上已经公示了其收件的正确联系地址为“深圳市龙岗区龙城龙翔大道8027号龙岗区信访局”。但是，经查询，该网站在其首页显示内容为：“投诉地址：深圳市龙岗区龙城龙翔大道8027号龙岗区信访局（信访大厅）。”李甲等三人邮寄的材料系土地权属确权申请，而且龙岗区政府在再审申请中也认可该府办公室具有承担文电、信访、政务公开等工作职能，李甲等三人向龙岗区政府办公室邮寄材料亦无不可。龙岗区政府办公室收到相关材料后如何进行移送转交，属于龙岗区政府的内部流程，不应由申请人承担不利后果。龙岗区政府的该项主张缺乏法律依据，本院不予支持。龙岗区政府在再审过程中提供邮政签收回执，认为该证据属于新证据。《最高人民法院关于行政诉讼证据若干问题的规定》第五十二条规定，"新的证据"是指以下证据：（一）在一审程序中应当准予延期提供而未获准许的证据；（二）当事人在一审程序中依法申请调取而未获准许或者未取得，人民法院在第二审程序中调取的证据；（三）原告或者第三人提供的在举证期限届满后发现的证据。龙岗区政府作为政府部门，相较于普通公民具有更强的举证能力。龙岗区政府在一、二审中并未提供该证据，在申请再审时提供该证据，不属于新证据的范畴。该回执单所记载的内容与一、二审认定的事实并无区别，龙岗区政府提交该回执单无法证明其未收到邮件，对于龙岗区政府的该项申请理由，本院亦不予支持。龙岗区政府还主张二审未经询问即不开庭审理违反法定程序。根据《中华人民共和国行政诉讼法》第八十六条之规定，人民法院对上诉案件，应当组成合议庭，开庭审理；经过阅卷、调查和询问当事人，对没有提出新的事实、证据或者理由，合议庭认为不需要开庭审理的，也可以不开庭审理。本案中，二审对一审认定的事实予以确认，并不存在有新的事实和证据的情形，撤销一审判决并予以改判的原因是一审存在适用法律错误的情形。故二审未开庭审理，并不违反相关程序规定，龙岗区政府的该项主张不能成立。

综上，龙岗区政府的再审申请不符合《中华人民共和国行政诉讼法》第九十一条第二、三、五项规定的情形。依照《最高人民法院关于适用〈中华人民共和国行政诉讼法〉的解释》第一百一十六条第二款的规定，裁定如下：

驳回深圳市龙岗区人民政府的再审申请。

审判长：熊俊勇；审判员：龚斌、刘艾涛；法官助理：牛延佳；书记员：余逸纯

二〇一八年八月二十四日

025

房屋征收补偿决定或补偿协议案件中，人民法院应当在查明损失后，判决被告向被征收房屋的实际权利人支付补偿款、交付安置房屋

【裁判要旨】

被告行政机关作出错误的安置补偿决定或协议行为，原告提起行政诉讼的，人民法院对补偿决定或协议行为享有司法变更权，应当查明损失情况，判决被告向被征收房屋的实际权利人支付补偿款、交付安置房屋，原则上不得判决撤销被诉补偿决定或协议行为或责令被告限期重新作出补偿决定或达成补偿协议。

中华人民共和国最高人民法院
行政裁定书

（2018）最高法行申325号

再审申请人（原审第三人）：符某。

委托代理人：卢家轩。

被申请人（一审原告，二审被上诉人）：郭某。

委托代理人：郭刻盛。

委托代理人：王燕。

被申请人（一审被告，二审上诉人）：海南省海口市琼山区人民政府。

法定代表人：王和娇，区长。

委托代理人：吴海滨。

委托代理人：张鑫彤。

再审申请人符某因被申请人郭某诉一审被告海南省海口市琼山区人民政府（以下简称琼山区政府）拆迁行政补偿一案，不服海南省高级人民法院（2017）琼行终420号行政判决，向本院申请再审。本院依法组成合议庭对本案进行了审查。2018年5月9日，本院在海南省高级人民法院对本案公开询问，再审申请人符某及委托代理人卢家轩，被申请人郭某及委托代理人王燕，被申请人琼山区政

府及委托代理人吴海滨、张鑫彤到庭参加询问。现已审查终结。

本案涉案房屋位于××206号（以下简称206号房）。2010年2月3日，案外人韩某、阮某签订《“旭华”综合楼项目合作合同》，约定由韩某提供土地，阮某负责资金，合作建设米铺村“旭华楼”，待项目建成后，双方分得不同楼层房屋的所有权，其中206号房分给阮某。2012年3月1日，阮某与韩某签订协议，就（2011）琼海民二初字第161号民事调解书确认的二人共同债权，约定韩某以30万元价格将共同债权中属于自己的部分转让给阮某，阮某以206号房作为支付该30万元的抵押担保。2012年6月20日，再审申请人符某与韩某签订《房产转让合同》，约定韩某将206号房转让给符某，总价款为405000元，阮某在该合同第二页底部手写“同意韩某处理206号房”并签名。合同签订后，符某于2012年8月16日将约定的购房款支付完毕。2013年10月13日，阮某因欠被申请人郭某的债务到期，二人签订《合作建房合同》，约定旭华楼项目建好后，郭某分得涉案争议房屋（即206号房）。2015年12月2日，琼山区政府作出琼山府（2015）15号《关于海口市琼山区红城湖片区棚户区（城中村）改造项目房屋征收的决定》，决定对红城湖片区棚户区（城中村）改造项目范围内的国有土地上房屋实施征收。涉案的206号房位于征收范围内，根据一、二审查明，争议各方均承认涉案房屋在被征收前由郭某占有使用。

另查明，2014年6月30日，海南省海口市琼山区人民法院就符某起诉韩某、阮某房屋买卖合同纠纷一案，作出（2014）琼山民一初字第51号民事判决书（以下简称51号民事判决），确认符某与韩某于2012年6月20日签订的《房产转让合同》合法有效。阮某不服该判决申请再审，海口市琼山区人民法院于2015年8月13日作出（2015）琼山民申字第2号民事裁定，驳回阮某的再审申请。2015年9月10日，海南省澄迈县人民法院就郭某起诉案外人李东、阮某民间借贷纠纷一案，作出（2015）澄民初字第891号民事调解书（以下简称891号民事调解书），调解协议第二项为“被告阮某抵押给原告郭某的206号（面积约120平方米）和1006号（面积约120平方米）房屋抵债给原告郭某，其产权归郭某所有，在条件成熟时协助原告郭某办理过户手续”。2016年1月4日，符某向海口市琼山区人民法院提起民事诉讼，要求确认阮某、郭某于2013年10月13日签订的《合作建房合同》无效。2016年5月11日，海口市琼山区人民法院向海口市琼山区红城湖片区棚户区（城中村）改造项目指挥部发出《关于妥善处理海口市米铺新村295号（旭华楼）206号房屋拆迁补偿事宜的函》，函请该部在上述案件审结前，谨慎处理涉案房屋的征收补偿协议，并暂停向任何主张权属的当事人支付拆迁补偿款。2016年7月26日，琼山区政府下属海口市琼山区重点项目推进管理委员会与符某签订《海口市红城湖片区棚户区（城中村）改造项目征收货币化安置协议》，约定因海口市红城湖片区棚户区（城中村）改造项目建设，需要征收涉案206号（现场编号：B21－206）房屋及附属物，拆迁补偿总额为710184元，并随后将该拆迁补偿款支付给符某。2016年9月30日，海口市琼山区人民法院作出（2016）琼0107民初15号民事判决，确认阮某、郭某于2013年10月13日签订的《合作建房合同》合法有效。符某提出上诉后，海口市中级人民法院于2017年4月25日作出（2017）琼01民终782号民事判决（以下简称782号民事判决），驳回符某的上诉，维持一审判决。

海南省海口市中级人民法院（2016）琼01行初317号行政判决认为，《国有土地上房屋征收与补偿条例》第二条规定，为了公共利益的需要，征收国有土地上单位、个人的房屋，应当对被征收房屋所有权人（以下称被征收人）给予公平补偿。符某与案外人韩某就涉案房屋签订的《房产转让合同》经生效的51号民事判决确认合法有效，而案外人阮某将涉案房屋抵偿给郭某的抵债行为亦经生效的891号民事调解书予以确认。上述两次房屋转让关系中，相关当事人均未就涉案房屋办理过户登记，但涉案房屋已经由郭某实际占有使用，而郭某依据生效的民事调解书所确认的抵债行为，对涉案房屋进行占有使用并未违反法律规定，目前琼山区政府及符某所提交的证据也不足以证明郭某对涉案房屋的占有使用已被确认违法，故一审法院对琼山区法院及符某关于郭某违法占有涉案房屋的主张不予支持。鉴于郭某与符某均未对涉案房屋取得房屋权属证书，而郭某已经实际占有使用涉案房屋，且目前没有证据否定郭某对涉案房屋权益的合法性，在此情况下，琼山区政府应向郭某支付涉案房屋的征收补偿款。琼山区政府与符某签订的征收补偿安置协议中约定涉案房屋补偿款总额为710184元，对于该补偿款总额各方当事人均无异议，一审法院对此予以确认，郭某以此主张涉案房屋的征收补偿款数额，一审法院予以支持。琼山区政府在海口市琼山区人民法院明确函告其暂停向任何主张涉案房屋权属当事人支付拆迁补偿款的情况下，仍然向符某全额支付了涉案房屋的拆迁补偿款，其行为不当。此外，郭某、符某、案外人阮某、韩某等人之间的债权债务纠纷应通过民事等其他途径解决，一审法院不予审理。依照《中华人民共和国行政诉讼法》第七十三条之规定，判决责令琼山区政府于判决生效之日起15日内向郭某支付征收位于海口市琼山区国兴街道米铺村旭华楼206号房屋的征收安置补偿款人民币710184元。琼山区政府不服一审判决，提起上诉。

海南省高级人民法院（2017）琼行终420号行政判决认为，本案的争议焦点是郭某和符某于206号房被征收时，何人是该房屋的适合被征收人。根据二审法院查明的事实，阮某是206号房的原所有权人，2012年6月20日，经阮某同意，符某与案外人韩某签订了针对206号房的《房产转让合同》，该合同被生效的51号民事判决确认合法有效，而郭某与案外人阮某为抵债而于2013年10月13日签订的《合作建房合同》也被生效的782号民事判决确认合法有效，且该抵债行为亦经生效的891号民事调解书予以确认。至此，基于206号房屋所有权人阮某的处分行为，符某和郭某分别依据《房产转让合同》《合作建房合同》取得了平等的债权。因206号房两次转让行为均未办理权属变更登记，在现实情况下，亦不可能再办理相关权属登记，故只能依据相关合同的实际履行情况来确定涉案房屋的权利人。本案中，符某尽管提交了其与韩某签订的《房屋交接手续》，但是该交接手续并无206号房原所有权人阮某签字确认，亦无证据证明阮某实际将房屋交付给韩某或符某，且符某事实上亦未占有使用过该房屋，也未在郭某占有使用该房屋期间提出过侵权之诉，故符某与韩某签订的《房产转让合同》未得到实际履行，符某也就未据此取得涉案房屋的权属。而从郭某方面来说，其与阮某签订合同的《合作建房合同》，名为合作建房，实为抵债而进行的房屋权属转让行为。在协议签订后，阮某将涉案房屋交付给郭某，郭某亦对房屋进行装修并出租给他人使用，郭某已实际占有了该房屋并行使了占有、收益等部分物权权能，故其与阮某签订的《合作建房合同》已实际得到履行，郭某据此已取得涉案房屋的权属，是该房屋的被征收人，其有权得到该房屋的拆迁补偿款。一审判决琼山区政府向郭某支付206号房拆迁补偿款，并无不当。至于符某与韩某之间的债权债务关系，可另寻途径解决。琼山区政府上诉认为，在206号房被征收且拆除的前提下，一审法院判决其向郭某支付拆迁补偿款于法无据。然而，《国有土地上房屋征收与补偿条例》第二条规定，为了公共利益的需要，征收国有土地上单位、个人的房屋，应当对被征收房屋所有权人（以下称被征收人）给予公平补偿。根据上述规定，支付补偿款的对象应当是房屋的所有权人。因此，尽管琼山区政府已与符某就206号房签订征收安置协议并向其支付了房屋补偿款，但一审法院对郭某的诉请予以审查并认定其是该房屋的被征收人后，判决琼山区政府向其支付拆迁补偿款，符合上述行政法规规定。

符某不服二审裁定，向本院申请再审称：一、二审认定事实不清，请求撤销海南省高级人民法院（2017）琼行终420号行政判决和海南省海口市中级人民法院（2016）琼01行初317号行政判决。1. 申请人确为涉案房屋的权利人，琼山区政府向申请人支付拆迁补偿的行为并无不当。本案存在两个购房合同，但是申请人所持的合同成立在先，且已经得到履行。郭某与阮某在后针对同一房产签订合同的行为违法，其合同应属无效。2. 符某自付清房款后，就已经合法地占有206号房并上锁管理，而郭某等人通过拆锁等不法手段强行占有该房屋，不能作为判定涉案房屋属郭某所有的依据。3. 琼山区政府向申请人支付拆迁补偿款的行为，亦证明了申请人是涉案房屋的所有权人。

被申请人郭某答辩称：一、二审判决认定事实准确，适用法律正确，审判程序合法，申请人符某的申请再审理由不能成立，应予以驳回。1. 涉案房屋由阮某以抵债的方式给了郭某，且得到相关民事判决的确认，郭某是涉案房屋的合法权利人。2. 郭某合法地占有并居住使用了涉案房屋，此节亦得到相关裁判文书的认定。3. 申请人主张其是该房屋的合法占有人，答辩人是通过敲墙换锁行为才占有206号房的情况并不存在，申请人所提供的证据不具备合法有效性，无法证明符某已交接房屋。4. 一、二审法院将涉案房屋确认为答辩人所有，并依此责令海口市政府向答辩人支付拆迁补偿款，符合最高人民法院第八次全国民商事审判会议纪要中关于“一房数买”合同的履行问题相关规定及《国有土地上房屋征收与补偿条例》第二条的规定。5. 琼山区在未举行听证调查程序，且明知涉案房屋存在争议的情况下，与符某签订补偿协议，并将拆迁补偿款支付给符某，该行为应予以撤销。请求维持一、二审判决。

被申请人琼山区政府答辩称：一、二审判决认定事实有误，适用法律不当，应予以撤销。1. 申请人符某确为涉案房屋的合法所有权人，其诉讼请求应予以支持。符某在付清房款时即得到涉案房屋的钥匙，完成交付，符某已取得房屋所有权，阮某违反合同约定将房屋卖给郭某，属无权处分，应认定为无权处分行为，相关民事裁判文书认定事实不清，不应作为定案依据。2. 答辩人经详细摸底调查后与符某签订征收补偿协议，是严格按照规定进行的征收处置行为，并无不当。3. 一、二审法院适用法律不当。依照行政诉讼法的相关规定，人民法院只能对行政行为的合法性作出审查，无权直接替代行政部门职责判令行政机关支付征收补偿款，一、二审法院不顾涉案房屋已拆除的事实，判令答辩人对涉案房屋重复支付拆迁补偿款，有违法律和国家政策的规定，且超越了法院的职能范围。

本院经审查认为，本案争议焦点主要有以下两个问题：一是206号房的适格被征收人为何人；二是原审法院是否有权判决琼山区政府向适格被征收人支付拆迁补偿款。分别阐述如下：

一、关于206号房的适格被征收人问题

根据一、二审查明的事实，206号房的原所有人是案外人阮某。2012年6月20日，经阮某同意，韩某与再审申请人符某签订《房产转让合同》，约定将206号房转让给符某，该《房产转让合同》经生效的51号民事判决确认合法有效；2013年10月13日，阮某与被申请人郭某签订《合作建房合同》，该《合作建房合同》亦经生效的782号民事判决确认合法有效，且该抵债行为还被生效的891号民事调解书予以确认。在原审庭审及申请再审阶段，符某、郭某均确认206号房在被征收前由郭某占有使用。基于生效民事判决和调解书的羁束力，符某和郭某分别依据各自签订的合同取得了对涉案206号房的合法债权。在一物二卖的情况下，如果两个涉及共同标的物的合同均合法有效，则已经办理房地产登记的优于未办理房地产登记的；均未办理登记，占有使用的优于未占有使用的；均未占有使用的，先交付全部价款的优于未交付全部价款的；均交付全部价款的，先签订合同的优于后签订合同的。本案中，首先，涉案206号房从未办理过房产登记，且从目前情况看，该房屋已被征收拆迁，已不可能再办理房产登记；其次，阮某与郭某签订《合作建房合同》后，阮某依据891号民事调解书将206号房交付给郭某，而后，郭某对206号房装修后予以出租，实际占有使用争议房屋，此节事实，争议双方均无异议；最后，根据相关民事案件庭审笔录及一、二审查明的事实，符某与韩某签订的《房屋交接手续》并无206号房原所有权人阮某签字确认，亦无证据证明阮某实际将房屋交付给符某，符某本人对891号民事调解书及郭某占有房屋的行为亦未提起过相关诉讼，因此，符某与韩某签订的《房产转让合同》并未得到实际履行。综上，一、二审认为郭某实际取得206号房的权属，是本案的适格被征收人，该认定并无不当。关于符某与韩某之间的债权债务纠纷，可另寻途径解决。

二、关于一、二审法院是否有权判决琼山区政府向适格被征收人支付拆迁补偿款的问题

《国有土地上房屋征收与补偿条例》第二条规定，为了公共利益的需要，征收国有土地上单位、个人的房屋，应当对被征收人给予公平补偿。本案中，一、二审法院在认定206号房的适格被征收人为郭某后，依照《国有土地上房屋征收与补偿条例》第二条的规定，判决琼山区政府向本案的适格被征收人即郭某支付拆迁补偿款，这正是一、二审法院严格依法裁判，实质性化解行政争议的职责所在。需要指出的是，根据《国有土地上房屋征收与补偿条例》第十五条的规定，房屋征收部门应当对房屋征收范围内房屋的权属、区位、用途、建筑面积等情况组织调查登记。也就是说，在征收过程中，房屋征收部门负有将征收房屋的权属调查清楚的职责。本案中，因涉案206号房存在权属争议，为防止琼山区政府出现错误支付拆迁补偿款的情形，海口市琼山区人民法院于2016年5月11日作出《关于妥善处理海口市米铺新村295号（旭华楼）206号房屋拆迁补偿事宜的函》，告知改造项目指挥部，有关206号房权属争议的案件正在审理当中，函请指挥部在该案审结前，谨慎处理涉案房屋的征收补偿协议，并暂停向任何主张权属的当事人支付拆迁补偿款。但琼山区政府未采纳建议，而是执意将拆迁补偿款支付给符某，导致出现一系列后续纠纷，对于琼山区政府未能恰当履行法定职责的问题，本院予以指出。

综上，符某的再审申请不符合《中华人民共和国行政诉讼法》第九十一条规定的情形。依照《最高人民法院关于适用〈中华人民共和国行政诉讼法〉的解释》第一百一十六条第二款的规定，裁定如下：

驳回符某的再审申请。

审判长：刘艾涛；审判员：龚斌、熊俊勇；法官助理：徐超；书记员：唐劲松

二〇一八年七月十二日

026

被征收房屋存在产权争议的情况下，征收管理部门不得与任何一方签订征收补偿协议

【裁判要旨】

被征收房屋产权存在争议的情况下，争议任何一方均不是确定的被征收房屋所有权人，征收管理部门不能与争议的任何一方签订征收补偿协议。应当由县、市级以上人民政府依法作出征收补偿决定，并将征收补偿款及安置房屋予以提存。在各方就被征收房屋产权民事争议依法解决后，人民政府依照生效的法律文书，向权利人发放征收补偿款、交付安置房屋。

中华人民共和国最高人民法院
行政裁定书

（2018）最高法行申2011号

再审申请人（一审原告、二审上诉人）：荣某。

委托代理人：张宗发。

被申请人（一审被告、二审被上诉人）：海南省三亚市人民政府。

法定代表人：阿东。

委托代理人：郭海云。

委托代理人：蒲成艺。

再审申请人荣某因诉被申请人海南省三亚市人民政府（以下简称三亚市政府）不履行签订房屋征收补偿协议法定职责一案，不服海南省高级人民法院于2017年12月1日作出的（2017）琼行终1225号行政判决，向本院申请再审。本院于2018年4月12日立案受理，依法组成合议庭进行审查，并于2018年5月10日在三亚市中级人民法院第一法庭组织各方开庭询问。再审申请人荣某的委托代理人张宗发，被申请人三亚市政府的委托代理人郭海云、蒲成艺，到庭参加询问活动。三亚市政府行政机关负责人因工作原因不能到庭，并提交书面材料予以说明。案

件现已审查终结。

涉案房号为403、404号的两套房屋，坐落在海南省××市××滨海××区××楼内，每套面积约92平方米。A2栋楼原属三亚飞天工贸公司（以下简称三亚飞天公司），产权登记证号为三公房证字第187号，整栋共24套房屋，建筑面积为××2.13平方米。1994年1月18日，因三亚飞天公司向中国投资银行三亚市分行（后变更为中国光大银行股份有限公司三亚分行，以下简称光大银行三亚分行）借款300万元，即用A2栋中15套房屋，共1470平方米作为借款抵押，并办理抵押登记，设定抵押日期为1994年1月19日至1994年3月30日，抵押登记号为三公房他证字第××号。但是，抵押登记未标明15套房屋的具体房号。

后因三亚飞天公司未能按期还清借款，光大银行三亚分行于2001年提起民事诉讼，要求三亚飞天公司偿还本金64万元及利息。三亚市城郊人民法院作出（2001）城经初字第101号民事判决，判决支持光大银行三亚分行的诉讼请求。因三亚飞天公司未能履行判决义务，光大银行三亚分行申请人民法院强制执行用于抵押的A2栋中15套房屋（房号分别为101、102、201、202、301、302、501、502、602、103、104、303、304、403、404），三亚市城郊人民法院于2002年7月4日在报刊上公告，拟执行上述15套房屋。2002年7月10日，甘肃地质工程总公司海南公司以上述15套房屋中的103、104、303、304、403、404号共6套房屋，属于1997年4月25日《三亚飞天疗养度假中心分立协议书》项下，该公司与兰州军区后勤部分离后获得的国有资产为由，提出执行异议。2002年8月1日，三亚市城郊人民法院作出（2002）城执字第72－1号民事裁定，查封A2栋中101、102、201、202、301、302、501、502、602号共9套房屋，并通过拍卖，偿还光大银行三亚分行债务。因其余6套房屋存在权属争议，三亚市城郊人民法院至今未予执行。

另查明，1999年1月19日，三亚飞天公司（甲方）与荣某（乙方）签订《商品房转让合同》，约定以每套4.5万元、两套共9万元的价格，将涉案403、404号房屋转让给荣某。《商品房转让合同》下方标注："一切手续费用由乙方自己承担，与甲方无关，甲方负责提供相关手续。此合同由飞天公司代表地矿局销售。"合同签订后，荣某交付全部购房款，三亚飞天公司将上述两套房屋交由荣某管理、使用。但该两套房屋一直未进行变更登记，仍登记在三亚飞天公司名下。

2004年8月18日，海南省政府国有资产监督管理委员会作出琼国资（2004）222号《关于三亚飞天工贸公司改制的批复》，同意海南焱方实业有限公司对三亚飞天公司进行清算，实施关闭破产，不再保留国有股权，并由原法定代表人荣贵福自行办理工商变更、国有产权注销登记等手续，处理公司一切遗留问题。2005年4月25日，三亚飞天公司变更登记为三亚飞天工贸有限公司，法定代表人为荣贵福。

2013年11月18日，因三亚市政府实施三亚市胜利路工程扩建项目，征收包括涉案两套房屋在内的A2栋楼。荣某将403、404号两套房屋交由三亚市政府拆除。2013年12月4日，三亚市政府下属三亚市河西区管理委员会向光大银行三亚分行发出区管委函（2013）473号《关于对三亚飞天工贸公司抵押房源主张权利的函》，主要内容：因光大银行三亚分行主张对包括涉案房屋在内的6套房屋有抵押权，要求其15日内提交合法材料，明确6套房屋的房号，并向人民法院、仲裁机构主张该6套房屋的权利，若逾期未提交相关材料，将依法与现居住人签订房屋征收补偿协议。2013年12月9日，光大银行三亚分行复函并提交相关材料，主张其为该6套房屋的抵押权人，要求不得与现居住人签订征收补偿协议。2016年12月，A2栋楼被拆除，三亚市政府未就包括403、404号在内的6套争议房屋，与荣某等现居住人或光大银行三亚分行签订房屋征收补偿协议。荣某认为，三亚市政府未履行与其签订房屋征收补偿协议的法定职责，提起本案行政诉讼，请求判令三亚市政府履行征收荣某A2栋楼中403、404号房屋的征收补偿义务，并赔偿经济损失10万元。

三亚市中级人民法院（2016）琼02行初523号行政判决认为，荣某作为403、404号房屋的买受人，已交付全部购房款，并实际占有该房屋。现因房屋征收，在原产权人没有提出异议的情形下，荣某应属征收补偿的权利人，有取得征收补偿的权利。因抵押权属担保物权，如该抵押权成立且有效，则在债务人没有履行债务的情况下，光大银行三亚分行可以向担保物权登记地人民法院提出实现担保物权的申请，经人民法院审查裁定，可优先执行荣某应取得的征收补偿款。荣某是否应取得征收补偿款与抵押权人能否实现担保物权属两种不同的法律关系，相互之间并无因果关系。三亚市政府不与荣某签订补偿协议，有缔约过失责任。但经人民法院确定三亚市政府应采取补救措施，签订房屋征收补偿协议后，便可实现荣某的合法权益，荣某要求三亚市政府赔偿其经济损失10万元，没有事实和法律依据，不予支持。依照《中华人民共和国行政诉讼法》第七十二条、第七十三条规定，判决三亚市政府在判决发生法律效力之日起三十日内，与荣某签订房屋征收补偿安置协议并履行补偿义务。荣某不服，提出上诉。

海南省高级人民法院（2017）琼行终1225号行政判决认为，按照《中华人民共和国物权法》第九条、《国有土地上房屋征收与补偿条例》第二条规定，确认被征收人应以其拥有被征收房屋所有权为基础。本案三亚飞天公司因借款已于1994年1月将A2栋楼中包括涉案房屋在内的15套房屋抵押给光大银行三亚分行，并办理抵押权登记。荣某虽于1999年1月19日从三亚飞天公司购买并实际占有涉案房屋，但涉案房屋一直登记在三亚飞天公司名下，并未变更登记到荣某名下。且在三亚市政府实施征收过程中，光大银行三亚分行主张其为涉案房屋的抵押权人。上述事实证明，涉案房屋的所有权人尚无法确定，征收人因此没有与荣某签订征收补偿协议，并告知先通过民事争议救济途径确定涉案房屋的所有权后再依法进行补偿，理由正当。荣某请求三亚市政府对其进行补偿并赔偿损失，缺乏事实和法律依据，不予支持。依照《中华人民共和国行政诉讼法》第八十九条第一款第二、三项规定，判决撤销一审判决，驳回荣某的诉讼请求。

荣某申请再审称：1. 二审只询问当事人，未开庭审理，审判程序违法，导致实体判决错误。2. 三亚市城郊人民法院（2016）琼0271执恢470号执行通知书、三亚市城郊人民法院（2017）琼0271执恢00000099号执行通知书、三亚市中级人民法院（2016）琼02执复11号通知书等三份新证据，均证明因抵押登记未标明具体房号，三亚市城郊人民法院始终未对涉案房屋查封执行，荣某对涉案房屋有所有权。请求撤销一、二审判决，依法对本案予以再审。

三亚市政府答辩称：1. 根据行政诉讼法第八十六条规定，二审经过阅卷、调查和询问当事人，对没有新的事实、证据或者理由的上诉案件，可以不开庭审理，二审程序合法。2. 荣某购买的403、404号房屋，一直登记在三亚飞天公司名下，并未变更登记至甘肃地质工程总公司海南公司或荣某名下。请求驳回荣某的再审申请。

本院经审查认为，《中华人民共和国物权法》第九条规定，不动产物权的变更和转让，经依法登记才发生效力，未经登记不发生物权变动的法律效力。《国有土地上房屋征收与补偿条例》第二条规定，征收国有土地上的房屋，应当对被征收房屋所有权人给予补偿。在被征收房屋产权存在争议的情况下，征收管理部门不能与争议的任何一方签订征收补偿协议，只能由作出征收决定的人民政府依法对被征收的房屋作出征收补偿决定，并将征收补偿款及补偿安置房屋予以提存。在相关争议各方就被征收房屋产权民事争议依法解决后，作出征收补偿决定的人民政府依照生效的法律文书，向权利人发放征收补偿款，进行安置补偿。本案中，三亚飞天公司因借款将A2栋楼中15套房屋抵押给光大银行三亚分行，并办理抵押权登记。1999年，荣某与三亚飞天公司签订房屋转让合同，但并未依法办理产权变更登记。荣某虽然交付全部购房款，并实际占有购买的房屋，但并未依法取得涉案房屋全部所有权。在房屋征收过程中，光大银行三亚分行以涉案房屋属于三亚飞天公司所有的房屋，该行对涉案房屋享有抵押权为由，对涉案房屋的权属提出异议，并提供相关证据。在涉案房屋权属存在争议的情况下，三亚市房屋征收管理部门未与荣某签订征收补偿协议，并告知荣某通过法定途径以解决涉案房屋权属问题，并无不当。二审判决驳回荣某的诉讼请求符合行政诉讼法第六十九条规定。荣某主张，二审未经开庭，程序违法。但是，根据《中华人民共和国行政诉讼法》第八十六条、第八十七条规定，二审法院审理上诉案件，经阅卷、调查和询问当事人，案件事实清楚，合议庭认为可以不开庭审理的，可以不开庭审理。二审不开庭审理，不违反法律规定，荣某的该项主张于法无据，本院不予支持。荣某还主张，有新证据证明其为涉案房屋的权利人。但根据荣某提交的新证据，只能证明三亚市城郊人民法院要求三亚飞天公司偿还光大银行三亚分行欠款及其利息，以及三亚市中级人民法院对三亚飞天工贸有限公司法定代表人荣贵福就荣某等人购买的涉案房屋提出执行异议，因荣贵福不是执行案件的当事人和利害关系人而认定异议不能成立的事实，并不能证明涉案房屋的实际权利人已经确定为荣某。以此为由申请再审，理由同样不能成立。

应当指出的是，在被征收房屋存在权属争议的情况下，作出征收决定的人民政府应当就被征收房屋依法及时作出征收补偿决定，并予以提存。三亚市政府至今未对被征收房屋作出征收补偿决定，更未对补偿款和安置房屋予以提存，确有不妥，本院予以指正。三亚市政府应当尽快依法作出征收补偿决定，并依法提存相关征收补偿款和安置房屋。同时，作为被征收房屋权属异议人，荣某应当依照三亚市中级人民法院（2016）琼02执复11号通知书的指引，及时向受理光大银行三亚分行欠款及其利息执行案件的人民法院提出执行异议，通过执行异议等法定途径，依法解决涉案房屋的产权归属问题。产权明确后，三亚市政府应当依照生效法律文书发放征收补偿款，交付安置房屋。

综上，荣某的再审申请不符合《中华人民共和国行政诉讼法》第九十一条第三、四、五项规定的情形。依照《最高人民法院关于适用〈中华人民共和国行政诉讼法〉的解释》第一百一十六条第二款的规定，裁定如下：

驳回荣某的再审申请。

审判长：郭修江；审判员：龚斌、刘艾涛；法官助理：黄宁晖；书记员：陈清玲

二〇一八年五月三十一日

027

判决撤销被诉行政行为，当事人的权利义务并非当然恢复至被诉行政行为作出之前的状态

【裁判要旨】

审判实践中，判决撤销被诉行政行为后，并非意味着一律应当将当事人的权利义务恢复到被诉行政行为作出之前的状态。是否恢复到被诉行政行为作出之前的状态，要结合人民法院作出撤销判决的理由和判决结果来确定。人民法院在判决说理部分撤销的理由是被诉行政行为认定的事实根本不存在，或者被诉行政行为适用法律错误、当事人的行为根本不属于违法、无需作出对其不利行政行为，彻底否定被诉行政行为法律效力的，可以认为当事人各方的权利义务应当恢复到被诉行政行为作出之前的状态；如果生效判决仅仅是以主要证据不足、事实不清为由撤销被诉行政行为，需要行政机关进一步查明事实重新作出处理，或者以超越职权为由撤销被诉行政行为，由有权机关依法重新作出处理的，当事人的权利义务并不当然恢复至被诉行政行为作出之前的状态。

中华人民共和国最高人民法院

行政裁定书

（2018）最高法行申4932号

再审申请人（一审原告、二审上诉人）：北京北大教育投资有限公司。

法定代表人：许振东，董事长。

再审申请人（一审原告、二审上诉人）：北京北大公学教育投资有限公司。

法定代表人：李明春，董事长。

上述两再审申请人共同委托代理人：林蔚、刘伟英。

被申请人（一审被告、二审被上诉人）：海南省工商行政管理局。

法定代表人：陈楷，局长。

原审第三人：海南京灏实业有限公司。

法定代表人：张冬贵，董事长。

委托代理人：朱晓东、严浩。

原审第三人：国浩房地产（中国）有限公司。

法定代表人：张冬贵，董事。

再审申请人北京北大教育投资有限公司（以下简称北大教育公司）、北京北大公学教育投资有限公司（以下简称北大公学公司）因诉被申请人海南省工商行政管理局（以下简称海南省工商局）及原审第三人海南京灏实业有限公司（以下简称京灏公司）、国浩房地产（中国）有限公司（以下简称国浩公司）工商登记一案，不服海南省高级人民法院于2017年11月8日作出的（2017）琼行终1132号行政裁定，向本院申请再审。本院于2018年7月10日立案受理，依法组成合议庭进行审查。案件现已审查终结。

2007年2月17日，北京北大青鸟有限责任公司（以下简称北大青鸟公司）、北京北大青鸟环宇科技股份有限公司、京灏公司、北京城建东华房地产开发有限责任公司（以下简称城建东华公司）、北大教育公司、北大公学公司、国浩公司七家公司共同签署一份《合作框架协议》，主要内容是就国浩公司通过并购方式收购城建东华公司开发的东直门交通枢纽暨东华国际广场房地产项目做框架性约定，具体合作约定以国浩公司尽职调查后与有关各方签署的股权转让协议、增资协议及其他相关协议为准。协议还约定，北大教育公司、北大公学公司需要将其所持京灏公司100%股权转让给国浩公司指定的京灏公司股东。2007年2月28日，北大教育公司、北大公学公司与国浩公司签订《股权转让协议》，约定股权转让后，国浩公司拥有京灏公司100%的股权，并根据公司章程及《中华人民共和国公司法》的规定，享有相应京灏公司的债权债务及权利和承担相应的义务，股权转让后，京灏公司的债权债务仍归京灏公司享有和承担。2007年3月16日，海南省商务厅作出琼商务批字（2007）27号《关于海南京灏实业有限公司股权并购设立外资企业的批复》，同意京灏公司股权并购，北大教育公司、北大公学公司分别将其持有内资企业京灏公司80%、20%的股份转让给国浩公司，根据2007年2月28日三方签订的《股权转让协议》，自领取外资企业营业执照之日起22个工作日内支付全部对价。转让完成后，京灏公司即转为外资企业。批复明确外资企业京灏公司由百慕大的国浩公司投资设立。2007年3月19日，北大教育公司、北大公学公司、北大青鸟公司、国浩公司签订《承诺书》。主要内容为：北大教育公司、北大公学公司对于国浩公司承诺，截至本协议签署之日，北大教育公司、北大公学公司合法持有京灏公司100%股权已经按照中国法律和京灏公司、北大教育公司、北大公学公司现行章程规定，获得各项必要的同意和批准。2007年3月29日，经海南省工商局核准，京灏公司办理股权变更登记，登记企业类型为“有限责任公司（外国法人独资）”，投资者名称为“国浩房地产（中国）有限公司”，并领取《企业法人营业执照》（外国法人独资）。2007年4月11日，国浩公司通过香港花旗银行向香港青鸟科技有限公司付款64592807美元。次日，北大教育公司、北大公学公司分别向国浩公司出具收据，收到人民币800万元和200万元。同年4月13日，北大青鸟公司、京灏公司、城建东华公司、北大教育公司、北大公学公司、国浩公司、北京北大青鸟安全系统技术有限公司签订《股权转让及增资协议》，该协议“鉴于”部分第5点中明确记载：国浩公司已经从北大教育公司、北大青鸟公司受让京灏公司100%股权，且国浩公司已向北大青鸟公司支付人民币5亿元整，对此股权转让国浩公司不再承担其他付款义务。

2007年10月24日，北大青鸟公司、京灏公司、城建东华公司、国浩公司、北京北大青鸟安全系统工程技术有限公司、北大教育公司、北大公学公司七方签订《股权转让及增资补充协议二》，主要内容：1. 北京北大青鸟安全系统工程技术有限公司将其所持有的城建东华公司45%股权一次性转让给京灏公司，国浩公司向北大青鸟公司及其关联方支付人民币1920764804.00元，除《股权转让及增资协议》第2.4条约定所涉及的人民币20亿元及第2.5条约定所涉及的人民币5.8亿元资金外，基于《股权转让及增资协议》及相关补充协议约定，国浩公司及其关联方应付的款项已经全部支付完毕。2. 为了完善之前的交易，各方同意国浩公司从本次支付的收购款中扣除人民币1000万元的等值美元后，分别直接支付至北大教育公司境内账户人民币800万元的等值美元，支付至北大公学公司境内账户人民币200万元的等值美元。2007年10月25日，北大教育公司向国浩公司发出的《付款指令函（五）》，要求国浩公司按其指定的路径向其支付人民币800万元的等值美元；同日，北大公学公司向国浩公司发出的《付款指令函（四）》，要求国浩公司按其指定的路径向其支付人民币200万元的等值美元。2007年11月16日，华夏银行北京中关村支行向国家外汇管理局出具两份收汇说明，称该支行收到两笔境外汇入款，金额分别为 269146.4 美元和 1076585.61 美元，户名分别为北大公学公司和北大教育公司。2007 年 11 月 29 日，北大公学公司和北大教育公司分别向华夏银行出具退款申请，称该行 2007 年 11 月 16 日收到两笔金额分别为 269146.4 美元和 1076585.61 美元的境外汇入款，因国资委未批准该股权转让，特申请退回该款项。2008 年 2 月 18 日，海南省工商局向京灏公司作出琼工商企外字（2008）1 号《关于撤销海南京灏实业有限公司变更登记的决定》（以下简称 1 号撤销变更登记），认为国浩公司未在海南省商务厅批复规定的期限内支付全部对价。2008 年 1 月 31 日，经海南省商务厅琼商务函（2008）24 号《关于海南京灏实业有限公司股权并购有关问题的复函》（以下简称 24 号复函）确认，京灏公司的外商投资企业批准证书已自动失效。根据《中华人民共和国行政许可法》第六十九条第一款第四项的规定，决定撤销 2007 年 3 月 29 日海南省工商局的变更登记，京灏公司的登记事项恢复到变更登记之前的状态。国浩公司提起行政诉讼，请求撤销 1 号撤销变更登记。2008 年 10 月 17 日，海口市中级人民法院作出（2008）海中法行初字第 24 号行政判决，驳回国浩公司的诉讼请求。国浩公司不服并提起上诉，海南省高级人民法院于 2014 年 9 月 1 日作出（2009）琼行终字第 1 号行政判决，认为国浩公司已从北大教育公司、北大公学公司受让京灏公司 100% 的股权，并按约定向北大青鸟公司支付人民币 5 亿元整，不再为并购京灏公司承担其他付款义务，且海南省商务厅 24 号复函是两个行政机关之间的内部往来公文，不能看作撤销国浩公司并购京灏公司行政许可的决定，1 号撤销变更登记事实不清、超越职权、程序违法，判决撤销一审判决、撤销 1 号撤销变更登记。北大教育公司、北大公学公司不服，申请再审。2015 年 12 月 28 日，最高人民法院作出（2015）行监字第 1284 号行政裁定，驳回北大教育公司、北大公学公司的再审申请。2014 年 9 月 24 日，海南省工商局作出琼工商企（2014）24 号《撤销〈关于撤销海南京灏实业有限公司变更登记的决定〉的决定》（以下简称 24 号决定），主要内容为：根据（2009）琼行终字第 1 号行政判决，决定撤销 1 号撤销变更登记，同时撤销海南省工商局分别于 2008 年 2 月 20 日、2008 年 7 月 15 日和 2011 年 1 月 19 日核准的海南京灏实业有限公司的变更登记。2014 年 10 月 10 日，海南省工商局将工商行政管理信息系统中京灏公司的工商登记信息恢复至 2007 年 3 月 29 日的登记状态，即登记企业类型为“有限责任公司（外国法人独资）”，投资者名称为“国浩房地产（中国）有限公司”，认缴出资额为“1000万元人民币”，比例为“100%”，实缴出资额为“1000万元人民币”。2014年11月，北大教育公司、北大公学公司提起本案行政诉讼，请求撤销海南省工商局于2014年10月10日将京灏公司的股东由北大教育公司、北大公学公司登记为国浩公司的行为。

另查明，国浩公司董事会通过决议，自2014年8月1日起，张冬贵辞去国浩公司集团董事经理的职务，但将仍然作为公司的董事和法定代表人，处理和公司利益有关的东直门项目以及和东直门项目有关的公司在中华人民共和国境内投资的下属企业事务。

海口市中级人民法院（2015）海中法行初字第2号行政裁定认为，1号撤销变更登记已被生效行政判决撤销，海南省工商局将京灏公司的工商登记信息恢复至2007年3月29日的登记状态，是根据生效判决作出的，且不存在与生效判决书内容不一致的情况。根据《最高人民法院关于适用〈中华人民共和国行政诉讼法〉若干问题的解释》第三条第一款第一项的规定，裁定驳回北大教育公司、北大公学公司的起诉。北大教育公司、北大公学公司不服，提起上诉。

海南省高级人民法院（2017）琼行终1132号行政裁定认为，海南省工商局作出的恢复京灏公司股东变更登记行为，属根据生效判决作出的行政行为，且该恢复登记行为不存在与生效判决书内容不一致的情况，不属于行政诉讼的受案范围。依照《中华人民共和国行政诉讼法》第八十九条第一款第一项之规定，裁定驳回上诉，维持原裁定。

北大教育公司和北大公学公司申请再审称：1. 二审裁定认定事实错误。（2009）琼行终字第1号行政判决撤销的是1号撤销变更登记，不是工商变更登记行为；海南省工商局根据24号决定，而非生效行政判决，作出被诉恢复京灏公司股东变更登记行为。2. 24号复函已确认京灏公司的外商投资企业批准证书自动失效，京灏公司未取得海南省商务厅关于外资企业的批准，恢复变更登记行为不符合法律规定。3. 国浩公司提交的法定代表人为张冬贵的身份证明材料与事实不符，且授权委托材料不合法。张冬贵于2014年8月1日已不再是国浩公司的法定代表人，其作出的委托授权也不合法，一、二审审判程序违法。4. 张冬贵与本案被诉行政行为有利害关系，一、二审未将其列为当事人，遗漏必须参加诉讼的第三人。

请求撤销一、二审裁定，依法再审本案。

京灏公司答辩称：1. 海南省工商局依据生效行政判决，将本案股权登记到国浩公司名下，完全正确。2. 海南省商务厅的24号复函，不具有将京灏公司《外商投资企业批准证书》作废的效力，恢复股东变更登记行为合法。3. 国浩公司的代理手续合法有效，且张冬贵不需要被列为第三人参加诉讼。请求驳回北大教育公司和北大公学公司的再审申请。

海南省工商局、国浩公司均未提交书面答辩意见。

本院经审查认为，《中华人民共和国行政诉讼法》第四十九条规定，提起行政诉讼应当符合属于人民法院受案范围和受诉人民法院管辖的条件。《最高人民法院关于适用〈中华人民共和国行政诉讼法〉的解释》第一条第二款第七项的规定，行政机关根据人民法院的生效裁判、协助执行通知书作出的执行行为不属于行政诉讼的受案范围。第六十九条第一款第一项规定，不符合行政诉讼法第四十九条规定的法定起诉条件，已经立案的，应当裁定驳回起诉。行政诉讼中，人民法院判决撤销被诉行政行为后，是否意味着应当将当事人的权利义务恢复到撤销之前的状态，行政机关作出将当事人权利义务恢复到撤销前状态的行政行为，是否属于执行人民法院生效判决的行为，应当根据生效判决认定的事实和作出撤销判决的理由具体判断。如果生效行政判决彻底否定据以作出被诉行政行为的事实认定或法律适用，从根本上否定被诉行政行为存在的合法性，则当事人的权利义务应当恢复到撤销前的状态，行政机关根据该生效行政判决，作出将当事人权利义务恢复到撤销前状态的行政行为，属于执行人民法院生效判决的行为；如果生效行政判决撤销被诉行政行为的理由，仅仅是认为被诉行政行为认定事实不清，主要证据不足，或者认为行政行为适用法律、法规错误，违反法定程序，超越职权等，需要有权的行政机关重新作出行政行为的，则不能认为生效判决已经确认当事人的权利义务需要恢复到撤销前的状态，即便是撤销判决未在判决主文中作出责令被告重新作出行政行为的判项，也是需要行政机关依职权重新进行处理。在此情形下，行政机关作出行政行为，将当事人的权利义务恢复到撤销之前状态，与生效行政判决内容不一致，是行政机关自行判断作出的新的行政行为，不属于执行人民法院生效判决的行政行为。本案中，1号撤销变更登记行为撤销2007年3月29日海南省工商局变更登记的理由是，国浩公司未在海南省商务厅批复规定的期限内支付全部对价，24号复函确认京灏公司的外商投资企业批准证书自动失效；(2009）琼行终字第1号生效行政判决撤销1号撤销变更登记行为的主要理由是，国浩公司已经按约定向北大青鸟公司支付人民币5亿元整，不再为并购京灏公司承担其他付款义务，且24号复函是两个行政机关之间的内部往来公文，不能看作撤销国浩公司并购京灏公司行政许可的决定。两相对照，生效行政判决显然是彻底否定了被诉1号撤销变更登记行为的全部事实和理由，撤销判决的法律后果应当是将当事人的权利义务恢复到撤销前的状态。据此，一、二审判决认为海南省工商局于2014年10月10日作出的恢复工商登记行为，是执行人民法院生效判决的行为，不属于行政诉讼的受案范围，符合本案的事实和法律规定，本院予以支持。北大教育公司和北大公学公司主张，(2009）琼行终字第1号行政判决撤销的是1号撤销变更登记，并不是工商变更登记行为，海南省工商局根据24号决定而非生效行政判决作出被诉恢复京灏公司股东变更登记行为。但是，由于（2009）琼行终字第1号行政判决是彻底否定1号撤销变更登记行为的事实认定和决定理由，判决结果是要将当事人的权利义务恢复至撤销前的状态。所以，无论是24号决定，还是被诉恢复京灏公司股东变更登记行为，都是根据（2009）琼行终字第1号行政判决作出的行政行为，均属于不可诉的行政行为。以此为由申请再审，理由不能成立。北大教育公司和北大公学公司又主张，24号复函已确认批准证书自动失效，京灏公司未取得海南省商务厅关于外资企业的批准。但是，24号复函确实属于行政机关内部往来文件，未对外发生法律效力，不能作为海南省商务厅自行撤销国浩公司外商投资企业批准证书的根据。同时，根据《关于外国投资者并购境内企业的规定》第三十六条规定，只有在境外公司自营业执照颁发之日起六个月内没有完成股权变更手续的情况下，外商投资企业批准证书才自动失效。本案国浩公司已经完成股权变更手续，不存在批准证书自动失效的前提条件。以此为由申请再审，理由同样不能成立。北大教育公司和北大公学公司还主张，国浩公司提交的法定代表人为张冬贵的身份证明材料与事实不符，授权委托不合法。但是，根据查明的事实，国浩公司董事会通过决议，自2014年8月1日起，张冬贵辞去国浩公司集团董事经理的职务，但将仍然作为公司的董事和法定代表人。其该项主张与事实不符，本院不予支持。北大教育公司和北大公学公司再主张，一、二审未将张冬贵列为第三人参加诉讼，属于遗漏必须参加诉讼的第三人。但是，参照《最高人民法院关于适用〈中华人民共和国行政诉讼法〉的解释》第一百零九条第三款规定，只有原审判决遗漏了必须参加诉讼的当事人，人民法院才撤销原审判决，发回重审。张冬贵作为国浩公司股东，其利益已经被国浩公司代表，并非必须参加诉讼的当事人，不参加诉讼并不影响案件的公正审判，不属于审判程序违法的情形。北大教育公司和北大公学公司以此为由申请再审，理由亦不能成立。

综上，北大教育公司和北大公学公司的再审申请不符合《中华人民共和国行政诉讼法》第九十一条第一、三、五项规定的情形。依照《最高人民法院关于适用〈中华人民共和国行政诉讼法〉的解释》第一百一十六条第二款的规定，裁定如下：

驳回北京北大教育投资有限公司、北京北大公学教育投资有限公司的再审申请。

审判长：郭修江；审判员：龚斌、熊俊勇；法官助理：黄宁晖；书记员：陈清玲

二〇一八年十一月二十六日

028

行政机关应综合判决说理和判决主文履行生效判决义务

【裁判要旨】

人民法院生效行政判决责令被告行政机关限期履行法定职责的，行政机关在执行人民法院生效判决、履行法定职责的过程中，不仅要符合生效行政判决主文中的判项内容，而且要符合生效判决“本院认为”部分中的说理内容。

中华人民共和国最高人民法院
行政裁定书

（2018）最高法行申6904号

再审申请人（一审被告，二审上诉人）：湖南省怀化市人民政府。

法定代表人：雷绍业，市长。

委托代理人：彭小东。

委托代理人：林鑫。

被申请人（一审原告，二审被上诉人）：丁甲。

再审申请人湖南省怀化市人民政府（以下简称怀化市政府）与被申请人丁甲确认房屋征收安置对象及行政补偿一案，不服湖南省高级人民法院（2017）湘行终343号行政判决，向本院申请再审。本院依法组成合议庭对本案进行了审查，现已审查终结。

2009年9月至2010年1月，因怀化经济开发区（以下简称怀化经开区）“一路一桥”项目建设，怀化市国土资源局怀化经济开发区分局与丁甲先后3次签订《收购（拆迁）房屋补偿协议》，对丁甲的房屋、碎石道路、生活用水池、水管等进行征收。至2015年2月2日，怀化经开区征收安置办公室对丁乙、丁甲等七户拟安置名单，连续进行了三轮公示。公告中规定安置对象必须同时符合下列三个条件：1. 户籍在被征地集体经济组织；2. 系该被征地集体经济组织成员，依法享有农村土地承包经营权利，参与被征地集体经济组织分配，在被征地集体经济组织内部享有权利并承担义务；3. 有合法建房手续的住宅房屋被征收。其后怀化经开区认为丁甲系怀化公共交通集团有限责任公司职工，不符合安置条件，仅确定丁甲的父亲丁乙、母亲彭某、姐丁丙、长女丁小一、次女丁小二为安置对象。2015 年 6 月 25 日，丁乙在怀化经开区拟定的《房屋拆迁安置协议》上签名确认。2015 年 6 月 29 日，丁乙因丁甲房屋征收安置一事上访，怀化市信访局将此事转办给怀化经开区，怀化经开区对此未作处理。另查明，经怀化市人力资源和社会保障局备案，丁甲与怀化公共交通集团有限责任公司签订劳动合同，期限自 2013 年 11 月 15 日起至 2016 年 11 月 14 日止，现无业。

湖南省怀化市中级人民法院（2016）湘 12 行初 212 号行政判决认为，本案为确认房屋征收安置对象及行政补偿纠纷。怀化经开区是怀化市政府的派出机构，虽是独立的机关法人，但不具备独立的行政主体资格。本案中，怀化经开区以自己的名义与丁甲的家人就房屋拆迁安置事项达成合意，是受怀化市政府的委托和总体授权而实施的行政行为。《中华人民共和国行政诉讼法》第二十六条第五款规定：“行政机关委托的组织所作的行政行为，委托的行政机关是被告。”且本案在开庭审理中，怀化市政府委托代理人自认确认丁甲是否为房屋征收安置对象的行政主体应该是怀化市政府，因此怀化市政府具备确认丁甲为房屋征收安置对象并依法进行补偿安置法定职责，是本案适格被告。

怀化公共交通集团有限责任公司与丁甲签订的劳动合同系固定期限的劳动合同，该公司证明丁甲系不在编的“临时工”，可见丁甲的被征地集体经济组织成员身份没有改变，怀化市政府并未举证证明丁甲已经不享有农村土地承包经营权利，且不参与被征地集体经济组织分配的证据。同时，怀化市政府也没有提供丁甲系《怀化市城市规划区集体土地与房屋征收补偿安置办法》第四十九条第四项规定中不予安置的情形，即“户籍在被征地集体经济组织的国家机关或企、事业单位的在编工作人员及离退休人员”，依据《怀化市城市规划区集体土地与房屋征收补偿安置办法》规定可以确认丁甲为安置对象，怀化市政府拒绝将丁甲列入安置对象，不符合上述规定，故怀化市政府应依法正确履行对丁甲要求确认为安置对象的法定职责，并对丁甲依法进行补偿和安置。

综上所述，怀化经开区未履行对丁甲的补偿和安置义务，在丁甲要求依法安置的情况下，拒绝安置补偿，系不正当履行其应尽的义务，怀化经开区以自己的名义与丁甲的家人就房屋拆迁安置事项达成合意，系受怀化市政府的委托和总体授权而实施的行政行为，故怀化经开区拒绝将丁甲列入安置人员所产生的法律后果由怀化市政府来承担。怀化经开区拒绝将丁甲列入安置人员不符合《怀化市城市规划区集体土地与房屋征收补偿安置办法》相关规定，依法应予纠正。丁甲的诉讼请求成立。依照《中华人民共和国行政诉讼法》第七十二条的规定，判决责令怀化市人民政府在三十日内对丁甲要求确认为房屋征收安置对象并进行补偿和安置依法作出处理。案件受理费50元，由怀化市人民政府负担。

湖南省高级人民法院作出（2017）湘行终343号行政判决认为，本案为确认房屋征收安置对象及行政补偿纠纷。怀化经开区是怀化市政府的派出机构，但不具备独立的行政主体资格。怀化经开区以自己的名义就房屋拆迁安置事项达成合意，是受怀化市政府的委托和总体授权而实施的行政行为，故怀化经开区拒绝将丁甲列入安置人员所产生的法律后果应由怀化市政府来承担，怀化市政府是本案适格被告。

本案双方争议焦点是怀化市政府是否应该履行对丁甲进行安置和补偿的义务。怀化市政府主张未对丁甲进行安置和补偿有事实及法律依据。怀化市政府认为丁甲不属于安置对象，丁甲有工作单位，且参加了社会保险，系《怀化市城市规划区集体土地与房屋征收补偿安置办法》第四十九条第四项规定中不予安置的情形，即“户籍在被征地集体经济组织的国家机关或企、事业单位的在编工作人员及离退休人员”。但怀化公共交通集团有限责任公司与丁甲签订的劳动合同系固定期限的劳动合同，该公司亦证明丁甲系不在编的“临时工”，故丁甲的被征地集体经济组织成员身份没有改变，怀化市政府并未举证证明丁甲已经不享有农村土地承包经营权利，且不参与被征地集体经济组织分配。怀化市政府亦未提供证据证明丁甲属于其他不予安置的情形。故怀化经开区拒绝对丁甲进行安置和补偿缺乏事实和法律依据。综上，怀化市政府的上诉理由不能成立，依法不予支持。一审判决认定事实清楚，适用法律正确，应予维持。依照《中华人民共和国行政诉讼法》第八十九条第一款第一项之规定，判决驳回上诉，维持一审判决。

怀化市政府不服二审判决，向本院申请再审称：（一）一、二审法院认为被申请人丁甲不属于国家机关或企事业单位的在编工作人员及离退休人员，认定事实和适用法律均存在错误，应予纠正。（二）怀化经开区已对丁甲要求确认安置资格的请求进行了处理，一、二审法院擅自变更丁甲的诉讼请求，属于程序严重违法，应予纠正。（三）丁甲不属于安置对象。征收安置补偿的实质是对无生活保障的被征收人给予安置保障，而丁甲系怀化市公共交通集团有限责任公司的全民制合同工，从2009年就参加购买了企业职工在职人员社会保险，属于是有保障的人员，丁甲不符合有关安置条件。综上，请求撤销一、二审行政判决，驳回被申请人丁甲的诉讼请求。

本院经审查认为，本案的争议焦点为怀化市政府是否应该对丁甲履行安置和补偿义务。根据《最高人民法院关于审理行政案件适用法律规范问题的座谈会纪要》精神，县级以上人民政府及其主管部门制定发布的具有普遍约束力的决定、命令或其他规范性文件，不是正式的法律渊源，对人民法院不具有法律规范意义上的约束力。但是，人民法院经审查认为被诉行政行为依据的规范性文件合法、有效并合理、适当的，在认定被诉行政行为合法性时应承认其效力。也就是说，合法、有效且合理、适当的决定、命令或其他规范性文件，人民法院可以作为判断被诉行政行为是否合法的根据。对于集体土地与房屋的征收补偿安置行为，因目前不同地域存在较大差别，因此可以适用相关的地方法规及规范性文件。本案中，《怀化市城市规划区集体土地与房屋征收补偿安置办法》系怀化市政府根据本地实际情况制定的规范性文件，内容合法、合理，不存在与上位法相冲突的情形，可以作为判断再审申请人是否应该对丁甲履行安置和补偿义务的根据。经查阅，该办法第四十九条第四项规定，不予安置的情形包括“户籍在被征地集体经济组织的国家机关或企、事业单位的在编工作人员及离退休人员”，按照通常理解，“国家机关或企、事业单位的在编工作人员”应限定于编制管理机构确定的人员编制范围，不宜作扩大解释。根据原审查明的事实，怀化公共交通集团有限责任公司与丁甲签订的劳动合同系固定期限的劳动合同，丁甲所从事的工作为驾驶岗位工作，该公司亦证明丁甲系不在编的“临时工”。因此，怀化市中级人民法院和湖南省高级人民法院认为丁甲不具有国家机关或企、事业单位的在编工作人员的身份，事实认定清楚，法律适用正确，本院予以支持。怀化市政府于申请再审阶段提交的证据，即怀化公共交通集团有限责任公司于2018年9月12日出具的《证明》，称“丁甲系该单位正式职工，自2008年11月1日至今一直在我单位参社保”，但该《证明》仅系怀化公共交通集团有限责任公司对其与丁甲签订的劳动合同以及丁甲在该单位参加社保的确认，不能证明丁甲系国家机关或企、事业单位的在编工作人员。综上所述，丁甲虽与怀化公共交通集团有限责任公司签订了劳动合同，但其属于被征地集体经济组织成员的身份没有改变，怀化市政府并未举证证明丁甲已经不享有农村土地承包经营权利，且不参与被征地集体经济组织分配，或者属于其他不予安置的情形。故怀化经开区拒绝对丁甲进行安置和补偿，缺乏事实和法律依据，本院不予支持。

《中华人民共和国行政诉讼法》第四条第一款规定，人民法院依法对行政案件独立行使审判权，不受行政机关、社会团体和个人的干涉。第五条规定，人民法院审理行政案件，以事实为根据，以法律为准绳。第六条规定，人民法院审理行政案件，对行政行为是否合法进行审查。第七十二条规定，人民法院经过审理，查明被告不履行法定职责的，判决被告在一定期限内履行。本案中，因怀化市政府未履行对丁甲的安置和补偿义务，在丁甲要求依法安置的情况下，怀化市政府仍予以拒绝，属于不履行法定职责的行为。因此，一审法院认为，怀化市政府应依法正确履行对丁甲要求确认为安置对象的法定职责，并对丁甲依法进行补偿和安置，判决责令怀化市人民政府在三十日内对丁甲要求确认为房屋征收安置对象并进行补偿和安置依法作出处理，认定事实清楚，适用法律正确。二审法院以怀化市政府拒绝对丁甲进行安置和补偿缺乏事实和法律依据，驳回其上诉，并无不当。再审申请人主张人民法院擅自作出变更原告诉请的判决，属于程序违法，本院认为，行政诉讼制度设立的初衷在于解决行政争议，保护公民、法人和其他组织的合法权益，监督行政机关依法行使职权。人民法院在审理行政案件时，应根据原告所提诉讼请求的实际性质，对被诉行政行为的合法性进行全面审查，并选择最为合适且能最大限度实现行政诉讼立法目的的判决方式。本案中，一、二审法院判决怀化市政府对丁甲依法进行安置和补偿，正是人民法院监督行政机关依法行使职权，实质性解决行政争议的职责所在。再审申请人割裂看待一、二审判决的事实认定、本院认为和判项部分，认为人民法院擅自作出改变原告诉请的判决，是对一、二审裁判文书内容及行政诉讼制度设立目的的曲解，本院不予支持。

《中华人民共和国行政诉讼法》第九十条规定，当事人对已经发生法律效力的判决、裁定，认为确有错误的，可以向上一级人民法院申请再审，但判决、裁定不停止执行。本案中，怀化市政府不服原审生效判决，向本院申请再审，该生效裁判未经审判监督程序启动再审，应当予以执行。怀化市人民政府重新作出处理决定，以丁甲作为国企单位的正式职工，不具备安置资格为由，依法不能予以安置，虽然形式上符合（2017）湘行终343号行政判决维持的（2016）湘12行初212号行政判决的判项“责令怀化市人民政府在三十日内对丁甲要求确认为房屋征收安置对象并进行补偿和安置依法作出处理”，但关于丁甲是否具备安置资格的问题，怀化市中级人民法院（2016）湘12行初212号行政判决在本院认为部分已予以明确，即“依据《怀化市城市规划区集体土地与房屋征收补偿安置办法》规定可以确认丁甲为安置对象，怀化市政府拒绝将丁甲列入安置对象，不符合上述规定”。二审法院对此予以维持。因此，在本案执行过程中，怀化市政府以丁甲不具备安置资格为由，再次拒绝对丁甲进行安置补偿，是以同一事实和理由作出与原行政行为基本相同的行政行为，其实质是拒绝履行人民法院的生效判决。怀化市中级人民法院于2018年10月8日作出（2018）湘12执157号《结案通知书》，认为本案已经执行完毕，并对本案作结案处理，确有不当，本院对此予以指出。

综上，怀化市政府的再审申请不符合《中华人民共和国行政诉讼法》第九十一条规定的情形。依照《最高人民法院关于适用〈中华人民共和国行政诉讼法〉的解释》第一百一十六条第二款的规定，裁定如下：

驳回湖南省怀化市人民政府的再审申请。

审判长：刘艾涛；审判员：龚斌、熊俊勇；法官助理：徐超；书记员：唐劲松

二〇一八年十二月二十八日

三、实体裁判

029

土地证四至不清导致权属争议的，仍属于确权争议

【裁判要旨】

原国土资源部办公厅发布的国土资厅函（2007）60号《关于土地登记发证后提出的争议能否按权属争议处理问题的复函》中，关于“土地登记发证后已经明确土地的所有权和使用权，土地登记发证后提出的争议不属于土地权属争议”的规定，是指已经发证的土地登记对土地权属、四至范围界定清楚明确，无需进行土地权属确权的情形。如果根据已经核发的土地证无法确定争议地权属界限，当事人申请确权的，仍应当属于土地权属确权争议。

中华人民共和国最高人民法院

行政裁定书

（2018）最高法行申2009号

再审申请人（一审原告、二审上诉人）：田甲。

被申请人（一审被告、二审被上诉人）：湖南省张家界市永定区人民政府。

法定代表人：朱法栋。

委托代理人：向昶华。

委托代理人：陈标。

被申请人（一审被告、二审被上诉人）：湖南省张家界市人民政府。

法定代表人：刘革安。

原审第三人：田丙。

再审申请人田甲因诉被申请人湖南省张家界市永定区人民政府（以下简称永定区政府）、张家界市人民政府（以下简称张家界市政府）及原审第三人田丙土地确权行政裁决和行政复议决定一案，不服湖南省高级人民法院于2017年11月30日作出的（2017）湘行终349号行政判决，向本院申请再审。本院于2018年4月12日立案受理，依法组成合议庭进行审查。案件现已审查终结。

田甲与田丙的父亲田乙系亲兄弟关系，两家共享祖辈留下的一栋房屋。分家后，田甲于1983年将祖业老扇屋拆除新建，至今未发生变化。1992年，争议双方均办理了《集体土地建设用地使用证》。田甲的《集体土地建设用地使用证》（以下简称田甲土地证）记载的土地使用面积为209.6平方米，其中建筑面积152.2平方米，四至为东至水沟，南至田乙扇，扇归田乙，西以脚出0.5米止，北至水沟。田丙的《集体土地建设用地使用证》（以下简称田丙土地证）记载的土地使用面积为62.48平方米，建筑面积62.48平方米，四至为东至水沟及道路，南至田乙扇（扇为两家共有），西至脚出1米止，北以脚为止。1993年，田丙拆除老屋建新房。田甲主张，田丙新修房屋的北墙角在原来旧扇的基脚上，为此与田丙就两家房屋南、北墙脚之间巷子土地权属发生争议。2013年，田甲以相邻权侵权纠纷为由起诉田丙，张家界市中级人民法院作出（2013）张中民一终字第58号民事判决，以“田甲提交的证据不能证明该扇所在位置即在田丙改建房屋的北面墙脚处，亦不能证明田丙房屋山尖滴水檐侵占其宅基地使用权”为由，判决驳回田甲的诉讼请求。后田甲申请再审，张家界市中级人民法院作出（2013）张中民一监字第36号民事裁定，驳回田甲再审申请。2015年，田甲向永定区政府提出《土地权属争议案件申请书》，请求对争议土地权属进行处理。2016年3月，张家界市国土资源局永定区国土资源局测绘队对田甲实际使用的土地面积进行测绘，结果为223.79平方米，大于1992年田甲土地证记载的209.6平方米。经调查、现场勘查，政府组织双方进行调解，因田丙拒绝调解，调解未果。2016年4月14日，永定区政府作出张定政土决（2016）1号《土地权属争议行政处理决定书》（以下简称1号处理决定），裁决田甲和田丙房屋南、北墙脚之间巷子土地，以田甲南墙山尖出檐滴水为界，界内归田甲享有，界外以南归田丙享有。田甲不服，申请行政复议。2016年12月27日，张家界市政府作出张政复决字（2016）15号《行政复议决定书》（以下简称15号复议决定），维持1号处理决定。田甲不服，于2017年1月3日提起本案行政诉讼，请求撤销15号复议决定和1号处理决定。

张家界市中级人民法院（2017）湘08行初1号行政判决认为，田甲和田丙1992年土地使用证记载的四至界址，因田丙房屋重建，已无法确认位置，不能作为确定本案双方南北界址的依据。也正因如此，双方才发生争议。永定区政府基于永定区国土资源局测绘队对田甲土地实际使用面积测绘结果并未比1992年土地使用证上登记面积减少的事实，从实际出发，作出1号处理决定，事实清楚。张家界市政府作出15号复议决定并维持1号处理决定正确。依照《中华人民共和国行政诉讼法》第六十九条的规定，判决驳回田甲的诉讼请求。田甲不服，提出上诉。

湖南省高级人民法院（2017）湘行终349号行政判决认为，永定区政府将田甲与田丙之间的土地争议，作为土地权属争议案件受理并无不当。田甲称其向永定区政府提出的是异议登记申请，与其2015年8月12日向永定区政府提交的《土地权属争议案件申请书》事实不符。永定区政府依据双方各自的土地使用证、地籍资料和相邻权纠纷民事案件终审判决，并参照永定区国土资源局测绘队对田甲实际使用面积的测量结果大于1992年田甲土地证登记面积的事实，作出1号处理决定，符合法律规定。张家界市政府作出15号复议决定，维持1号处理决定正确。依照《中华人民共和国行政诉讼法》第八十九条第一款第一项的规定，判决驳回上诉，维持原判。

田甲申请再审称：1. 根据原国土资源部办公厅发布的国土资厅函（2007）60号《关于土地登记发证后提出的争议能否按权属争议处理问题的复函》（以下简称60号复函）关于“土地登记发证后提出的争议不属于土地权属争议”的规定，本案不属于土地权属争议案件。2. 一、二审判决认定以永定区国土资源局测绘队对田甲实际使用面积测量结果大于1992年土地使用证登记面积，认定争议地属于田丙，认定事实不清、证据不足。张家界市中级人民法院作出（2013）张中民一终字第58号民事判决以田甲提交的证据不能证明该扇所在位置即在田丙改建房屋北面墙脚处，亦不能证明田丙房屋山尖檐侵占田甲宅基地使用权为由驳回诉讼请求，与本案1号处理决定无关联，不能作为本案证据采信。请求撤销一、二审判决，对本案予以再审。

永定区政府答辩称：1. 2010年11月30日，原国土资源部修改的《土地权属争议调查处理办法》第十四条的规定，土地登记发证后的争议属于土地权属争议，实际上否决了60号复函。根据新法优于旧法的原则，根据田甲的申请，永定区政府将本案作为土地权属争议，作出1号处理决定，适用法律法规正确。2. 田甲与田丙1992年土地使用证记载的四至界址，因田丙1993年房屋重建，已无法确认位置。永定区国土资源局测绘队对田甲实际使用面积测量的结果大于1992年登记发证面积。因此，争议地中田甲房屋滴水檐以外的土地未包含在其中。政府依据双方的土地使用证和测绘结果，作出1号处理决定，认定事实清楚，证据确凿。请求驳回田甲的再审申请。

张家界市政府答辩称：1. 根据2010年11月30日修改的《土地权属争议调查处理办法》第十四条规定，登记发证后提出土地权属争议案件不在列举的不作为土地权属争议受理的范围，该办法已变更60号复函的规定，田甲认为本案不属于土地权属争议案件的理由不能成立。2. 根据《土地权属争议调查处理办法》第十九条规定，土地权属争议双方对各自提出的事实和理由负举证责任。田甲主张其与田丙两家房屋南北墙脚之间巷子土地全部归其享有，但并不能提供充分证据。永定区政府依据双方1992年的土地使用证、国土部门地籍资料、重新测绘结果、双方相邻纠纷民事案件生效判决等证据，作出1号处理决定，事实清楚、证据充分。请求驳回田甲的再审申请。

原审第三人田丙未提交书面意见。

本院经审查认为，《土地权属争议调查处理办法》第十五、二十、二十一、二十三、二十七条规定，国土资源行政主管部门决定受理土地权属争议后，应当及时指定承办人，对当事人争议的事实情况进行调查。国土资源行政主管部门应当审查双方当事人提供的人民政府颁发的确定土地权属的凭证，人民政府或者主管部门批准征收、划拨、出让土地或者以其他方式批准使用土地的文件，争议双方当事人依法达成的书面协议，人民政府或者司法机关处理争议的文件或者附图，以及其他有关证明文件。对当事人提供的证据材料，国土资源行政主管部门应当查证属实，方可作为认定事实的根据。国土资源行政主管部门对受理的土地权属争议案件，应当在查清事实、分清权属关系的基础上先行调解。调解未达成协议的，国土资源行政主管部门应当及时提出调查处理意见，报同级人民政府作出处理决定。本案中，永定区国土资源局受理田甲提出的与田丙之间的土地权属争议申请后，依法指定承办人对争议事实进行调查处理，审查争议各方提交的证据材料，查阅田甲和田丙的土地登记资料，指派所属测绘队对争议地现状进行实地测绘，并对相关证据进行分析认定，查证属实后，组织各方进行调解。在调解未果的情况下，永定区国土资源局提出调查处理意见，报永定区政府依法作出1号处理决定，该处理决定符合法定程序。1号处理决定依据田甲和田丙的土地证、地籍资料，张家界市中级人民法院（2013）张中民一终字第58号民事判决，并参照永定区国土资源局测绘队对田甲实际使用面积的测量结果大于1992年田甲土地证登记面积的事实，决定田甲和田丙房屋南、北墙脚之间巷子土地，以田甲南墙山尖出檐滴水为界，界内归田甲享有，界外以南归田丙享有，认定事实清楚，主要证据充分。15号复议决定维持1号处理决定程序合法，结果正确。一、二审判决驳回田甲的诉讼请求，并无不当。田甲主张本案不属于土地权属争议。但是，《土地权属争议调查处理办法》第二条规定，土地权属争议，是指土地所有权或者使用权归属争议，且该办法第十四条列举的排除土地权属争议的案件并不包括已经颁发土地证的案件。60号复函关于“土地登记发证后已经明确土地的所有权和使用权，土地登记发证后提出的争议不属于土地权属争议”的规定，是指已经发证的土地登记对土地权属、四至范围界定清楚明确，无需进行土地权属确权的情形。如果根据已经核发的土地证无法确定争议地权属，当事人申请确权的，仍应当属于土地权属确权争议。本案中，仅仅根据田甲和田丙的土地证，不能确定争议地的权利归属。田甲申请土地确权，永定区政府依法受理，并作出土地确权处理决定，符合法律规定。田甲主张本案纠纷不属土地争议纠纷，理由不能成立。田甲又主张，一、二审判决认定以永定区国土资源局测绘队对田甲实际使用面积测量结果大于1992年土地使用证登记面积，认定争议地属于田丙，认定事实不清、证据不足。但是，根据二审判决说理内容，判决依据的证据包含双方土地证、地籍资料、生效民事判决以及测量结果。同时，二审判决还认为，田甲主张争议地使用权归其所有，未提供充分证据证明其主张。据此，田甲的上述主张与事实不符，本院不予支持。田甲还主张，张家界市中级人民法院作出（2013）张中民一终字第58号民事判决与本案无关联，不能作为本案证据采信。但是，该生效民事判决审理的对象就是本案争议地的相邻权侵权争议，判决认定田甲提供的证据不能证明田丙改建房屋山尖滴水檐侵占其宅基地，进而驳回其诉讼请求，该判决与本案对争议地的确权处理决定和复议决定具有直接的关联性。田甲的该项申请再审理由也不能成立。

应当指出的是，行政诉讼证据的采信，在于查明案件事实。机械适用行政诉讼证据规则，完全排除被告超过举证期限提供证据的可采信性，是完全错误的。根据《最高人民法院关于行政诉讼证据若干问题的规定》第二十二条第一项规定，在涉及国家利益、公共利益或者他人合法权益的事实认定的情形下，人民法院有权向有关行政机关以及其他组织、公民调取证据。土地确权案件直接涉及第三人合法权益的保护，行政机关在超过举证期限后，主动向人民法院提交证据，证明案件事实的真实性，经审查该证据符合可定案证据的法定条件，人民法院应当予以采信。本案中，二审判决根据《最高人民法院关于执行〈中华人民共和国行政诉讼法〉若干问题的解释》第二十六条第二款的规定，对永定区政府补充提交的永定区国土资源局出具的《关于对田甲与田丙宅基地争议实地测绘情况的说明》以及田丙和相关测绘人员的签名，简单以二审期间提交的证据为由不予采信，理由不充分，本院予以指正。鉴于不予采信该项证据未对案件的公正审判产生实际影响，本案不予再审。

综上，田甲的再审申请不符合《中华人民共和国行政诉讼法》第九十一条第三、四项规定的情形。依照《最高人民法院关于适用〈中华人民共和国行政诉讼法〉的解释》第一百一十六条第二款的规定，裁定如下：

驳回田甲的再审申请。

审判长：郭修江；审判员：熊俊勇、刘艾涛；法官助理：黄宁晖；书记员：陈清玲

二〇一八年五月三十日

030

不动产登记机构将不动产登记事项记载于登记簿，即产生物权登记的法律效力

【裁判要旨】

不动产登记簿是房屋登记公示公信的载体，只要不动产登记机构将房屋权利和其他应当记载的事项记载于登记簿，房屋登记便发生法律效力。是否向权利人颁发不动产产权证书，不影响不动产登记生效的法律效力。

中华人民共和国最高人民法院
行政判决书

（2018）最高法行再165号

申诉人（原审第三人、再审申请人）：曾某。

委托代理人：朱帆，广东广颂律师事务所律师。

委托代理人：梅书慧，广东广颂律师事务所实习律师。

被申诉人（一审原告、二审上诉人、再审被申请人）：温某。

被申诉人（一审被告、二审上诉人、再审被申请人）：广州市国土资源和规划委员会（原广州市国土资源和房屋管理局）。

法定代表人：彭高峰，主任。

委托代理人：罗嘉瑜，广州市花都区国土资源和规划局副局长。

委托代理人：胡钟烨，广东法制盛邦律师事务所律师。

被申诉人（原审第三人、再审申请人）：谢某。

委托代理人：汤某，系谢某丈夫。

被申诉人（原审第三人）：黄某，现在广东省韶关监狱服刑。

申诉人曾某因温某诉广州市国土资源和房屋管理局房屋行政登记一案，不服广东省广州市中级人民法院（2014）穗中法审监行再字第2号行政判决及广东省人民检察院粤检民（行）监（2016）44000000076号不支持监督申请决定，向本

院申诉。本院于2018年10月15日作出（2016）最高法行监101号行政裁定，提审本案。本院依法组成合议庭，于2018年10月22日公开开庭审理本案。曾某的委托代理人朱帆、梅书慧，温某的委托代理人曾祥辉，广州市国土资源和规划委员会委托代理人罗嘉瑜、胡钟烨，谢某的委托代理人汤某到庭参加诉讼。本案现已审理终结。

曾某申诉称：请求依法撤销广东省广州市中级人民法院（2014）穗中法行终字第34号行政判决及（2014）穗中法审监行再字第2号行政判决，维持广东省广州市花都区人民法院（2013）穗花法行初字第23号行政判决。主要事实和理由是：一、涉案房屋由谢某转让给申诉人，该转让事项已经记载于不动产登记簿，涉案房屋已经在登记簿中登记至申诉人名下，并对外进行公示，原二审及再审判决以申诉人未取得产权证为由认定申诉人未完成涉案房屋转移登记，属适用法律错误。二、申诉人取得涉案房屋所有权符合《中华人民共和国物权法》第一百零六条关于善意取得的规定。申诉人是在查询确认涉案房屋登记在谢某的名下后，基于信赖不动产登记才决定购买涉案房屋的；申诉人以合理价格338万元向谢某购买涉案房屋，高于评估价322.77万元；涉案房屋转让登记已完成并发生效力，申诉人是否拿到房地产权证并不影响其效力。此外，涉案房屋已于2010年交付给了申诉人，且申诉人进行了装修并入住。三、温某的权利已经在生效的广州市中级人民法院（2011）穗中法刑二初字第133号刑事判决中得到救济。该判决书判决将扣押黄某的赃款8万元退回被害人，不足部分予以继续追缴。原二审及再审判决将导致温某在得到黄某的赔偿后，又得到涉案房屋，使其获得不当利益，同时将导致申诉人利益严重损害。四、原二审及再审判决撤销谢某的房地产权证没有事实和法律依据。

温某答辩称：一、广州市国土资源和房屋管理局办理涉案房屋所有权转移登记行为违法。根据《中华人民共和国物权法》第十二条的规定，登记机构应当查验申请人提供的权属证明和其他必要材料。黄某伪造申请材料办理了涉案房屋的过户手续，现经公安机关侦查及刑事判决认定，当时黄某提交的资料全部系伪造，广州市国土资源和房屋管理局未尽合理审查义务，导致登记结果错误。二、谢某不是善意取得涉案房屋，应撤销其房地产权证。三、曾某没有取得房地产权证，并未善意取得涉案房屋，应撤销谢某的房地产权证。

广州市国土资源和规划委员会答辩称：原再审判决认定事实清楚，适用法律正确，依法应予以维持。曾某的申诉缺乏事实和法律依据，依法应予以驳回。一、涉案房屋由谢某转移至曾某名下的登记手续并未全部完成，曾某对涉案房屋的善意取得尚未成立。根据物权法的规定，善意取得的其中一项必要条件是转让的不动产依照法律规定应当登记的已经登记。此处的已经登记应当理解为完成了不动产登记的全部程序。本案中，其在得知涉案房屋出现产权争议后即中止了涉案房屋的转让登记工作，停发了产权证，转让登记工作尚未全部完成。具体体现在：（一）曾某取得涉案房屋产权的事项尚未记载于不动产产权登记簿。由于物权法没有规定产权登记簿的具体形式，在目前的不动产登记实践中，要使不动产产权的设立、变更、转让和消灭在法律上发生效力，必须是不动产登记机关在不动产产权卷宗中对应登记的权利内容予以记载。每宗不动产权利确定后，都必须形成该项不动产权利的卷宗，将权利内容记载于卷宗内。而对外电脑查册信息仅仅是参考信息，如对外查册信息与产权卷宗的记载不一致的，以产权卷宗记载的为准。产权卷宗才是严格法律意义上的产权登记簿。本案中，广州市国土资源和房屋管理局花都区分局在收到公安机关来函而得知涉案房屋涉嫌刑事犯罪和产权纠纷后，依法中止了涉案房屋的转移登记、发证手续，由谢某转移至曾某名下的登记手续并未在产权卷宗中记载，亦未形成以曾某为权利人的房屋产权卷宗。虽然电脑查询系统在涉案房屋转让登记启动后马上显示了产权的变化，但并不代表登记手续的完成。曾某的查册表没有产权登记簿的卷宗档号，曾某的房屋产权未形成产权卷宗，未完成不动产权利记载于登记簿的工作。（二）登记机关尚未向曾某发放产权证。根据《房屋登记办法》第七条的规定，房地产权证未发放，则整个产权转移登记程序应视为尚未完成。本案中，登记机关尚未向曾某发放产权证，登记工作未完成。二、其登记行为没有违法性，其自身就是被黄某的犯罪行为侵害的对象，认定其登记行为属于违法行为不公平。本案的纠纷是由黄某的犯罪行为而导致，法律责任和后果应由犯罪行为人承担，其在涉案房屋转移登记过程中已经尽了合理、审慎审查的义务，登记机关在当时对身份资料和国内公证文书的真实性无能力、无权限进行核实，其依据申请人提交的资料按程序办理登记，并无违法性和过错，犯罪行为导致的后果不应由其来承担。

谢某答辩称：其同意曾某的申诉请求及理由。

一、二审及原再审查明，涉案房屋是位于广州市花都区新华街平步大道中131号雅宝新城内×号的别墅商品房，该房屋原权属人为温某之父梁甲，梁甲系巴拿马籍华人，于2006年7月31日死亡。2008年12月1日，黄某持伪造的委托书及公证书，虚构其为梁甲的弟弟梁乙，以证件遗失为名申请补领了梁甲名下的涉案房屋房地产权证。2009年1月23日，黄某使用虚假资料，约定将涉案房屋出售给谢某，谢某向黄某支付165万元。2009年3月23日，广州市国土资源和房屋管理局将涉案房屋转移登记在谢某的名下，房地产权证号为00××03。2010年4月27日，谢某与曾某的母亲卢某签订购房合同，约定以338万元的价格将涉案房屋出卖给卢某，卢某向谢某支付了购房款。2010年9月13日，广州市国土资源和房屋管理局经审核后将涉案房屋转移登记在曾某的名下，因涉案房屋涉及刑事诉讼，尚未将房地产权证颁发给曾某。广州市中级人民法院作出（2011）穗中法刑二初字第133号刑事判决，认定黄某犯诈骗罪，判处有期徒刑十二年，并处罚金10万元；同时判决扣押黄某的赃款8万元退赔被害人，不足部分予以继续追缴。

温某于2012年11月21日向广州市花都区人民法院提起行政诉讼，请求确认广州市国土资源和房屋管理局为黄某、谢某办理房屋交易过户的具体行政行为违法，判决撤销00××03号房地产权证。广州市花都区人民法院于2013年1月8日作出（2013）穗花法立行初字第1号行政裁定，对温某的起诉不予受理。温某提起上诉。广州市中级人民法院于2013年5月17日作出（2013）穗中法行终字第349号行政裁定，撤销广州市花都区人民法院（2013）穗花法立行初字第1号行政裁定，由广州市花都区人民法院立案受理。广州市花都区人民法院于2013年11月4日作出（2013）穗花法行初字第23号行政判决。温某、广州市国土资源和房屋管理局不服，提起上诉。广州市中级人民法院于2014年9月1日作出（2014）穗中法行终字第34号行政判决。曾某、谢某不服，向广州市中级人民法院申请再审。在申请再审期间，曾某提供2014年9月9日在广州市国土资源和房屋管理局花都区分局查询打印的《房地产登记簿查册表》，记载登记字号花房03674××，地号1180××-7，档案号栏空白，权属人为曾某，产权证号0300041×××，权属来源说明为2010年向谢某购买，登记日期2010年9月13日，是否纳税为已纳税，备注栏空白。广州市国土资源和房屋管理局提供2015年2月13日在广州市国土资源和房屋管理局花都区分局查询打印的《房地产登记簿查册表》，记载登记字号空白，地号118071－7，档案号栏空白，权属人栏空白，产权证号栏空白，权属来源说明栏空白，登记日期空白，是否纳税为其他，备注栏为："2005年1月办理增量房转移登记，权属人梁甲，2009年1月办理遗失补发，2009年3月办理存量房转移登记，购买人谢某；2010年7月存量房转移登记，购买人曾某，未发证，权属有纠纷。2013年8月温某向花都法院提起行政诉讼，2013年11月花都法院作出初审判决，2013年12月温某、国土房管局向中院提出上诉，2014年9月中院作出终审判决。2014年10月曾某、谢某向中院申请再审。"

广东省广州市花都区人民法院一审认为，涉案房屋原登记在梁甲名下，因梁甲已死亡，涉案房屋被转让登记，温某作为梁甲的儿子有权提起行政诉讼。温某在2009年7月10日知道涉案房屋被转让给谢某后报案。温某在广东省广州市中级人民法院于2011年10月18日作出（2011）穗中法刑二初字第133号刑事判决后，于2012年11月21日提起行政诉讼，并未超过起诉期限。黄某与谢某买卖涉案房屋的行为无效。广州市国土资源和房屋管理局依据黄某伪造的材料，将涉案房屋转移登记在谢某的名下，应属主要证据不足，登记错误，该行政行为违法。黄某将涉案房屋以165万元的价格卖给谢某，谢某又以338万元的价格转让给曾某，现涉案房屋由曾某占有使用。曾某是以对价转让取得涉案房屋，并经房管部门登记在其名下。根据《中华人民共和国物权法》第一百零六条的规定，曾某取得涉案房屋应属善意取得，其权利应受到保护。根据《最高人民法院关于审理房屋登记案件若干问题的规定》第十一条第三款等规定，判决：一、确认广州市国土资源和房屋管理局为黄某、谢某办理广州市花都区新华街平步大道中131号雅宝新城内×号别墅转让登记的行政行为违法；二、驳回温某要求撤销广州市国土资源和房屋管理局颁发给谢某的房地产权证的诉讼请求。

广东省广州市中级人民法院二审认为，温某享有行政诉讼原告资格。根据《房屋登记办法》第八十一条、《广东省城镇房地产权登记条例》第十七条第一项、《广州市城镇房地产登记办法》第五十四条第一款的规定，广州市国土资源和房屋管理局为谢某、黄某作出涉案房屋转让登记时所依据的申请人黄某提交的登记材料已被生效的刑事判决证明为虚假材料，且黄某与谢某就买卖涉案房屋的行为已被生效的民事判决确认为无效。因此，涉案房屋转让登记行为的合法性基础已经不存在，应予撤销。温某及其家人发现梁甲名下的别墅被人假冒卖掉，立即报案，寻求公权力予以保护。而谢某在低于市场价格的165万元购买涉案房屋后，将涉案房屋以338万元的价格售与曾某。显然，谢某非善意第三人。而广州市国土资源和房屋管理局在核发房地产权证的过程中，发现涉案房屋存在问题，停发房地产权证，应视为涉案房屋并未完成转让登记。因此，一审法院认为曾某已经善意取得涉案房屋，并确认广州市房管局为黄某、谢某办理涉案房屋转让登记的行政行为违法，处理不当，二审予以纠正。而曾某因涉案房屋所受损失可另循法律途径予以解决。判决撤销广东省广州市花都区人民法院（2013）穗花法行初字第23号行政判决；撤销广州市国土资源和房屋管理局发给谢某的00××××03号房地产权证。

广东省广州市中级人民法院再审认为，广州市国土资源和房屋管理局依据黄某伪造的材料，将涉案房屋转移登记在谢某的名下，该行政行为属主要证据不足，该房屋转移登记的具体行政行为违法。根据《中华人民共和国物权法》第六条、第十四条、第十六条的规定，不动产物权以登记作为物权公示效力，不动产登记簿是物权归属和内容的根据，不动产物权自记载于不动产登记簿时发生效力。《房屋登记办法》第七条规定，房屋产权登记由申请、受理、审核、记载于登记簿、发证五个程序组成。本案中，虽然曾某提供的查册登记情况表反映广州市国土资源和房屋管理局于2010年9月13日将涉案房屋的所有权转移登记在曾某的名下，但因发现涉案房屋存在产权纠纷，广州市国土资源和房屋管理局未向曾某发放房地产权证，房屋产权登记尚未完成，房屋产权登记未完成于登记簿的记载，不能视为涉案房屋已进行不动产物权登记。谢某将涉案房屋以338万元的价格售予曾某，因该房屋尚未完成产权登记于曾某名下，故原审认定曾某未善意取得涉案房产，并无不当，再审予以维持。曾某因涉案房屋所受损失可另循法律途径予以解决。判决维持该院（2014）穗中法行终字第34号行政判决。

本院再审审理查明的事实，与一、二审及原再审判决认定的事实相同，本院予以确认。

另查明，广东省广州市人民政府办公厅于2015年8月12日作出穗府办〔2015〕44号《广州市人民政府办公厅关于印发广州市国土资源和规划委员会主要职责内设机构和人员编制规定的通知》，主要内容为：设立广州市国土资源和规划委员会，增加不动产登记的职责，将原市国土资源和房屋管理局负责的土地矿产资源管理、测绘管理和地理管理职责划入市国土规划委；主要职责包括：负责不动产统一登记管理监督工作；组织拟订不动产统一登记的地方性法规、政府规章、规范性文件及相关技术标准规范，拟订不动产权属争议的调处政策；负责建立不动产登记簿的共享利用机制；负责建设不动产统一登记信息平台。

本院认为，根据《中华人民共和国行政诉讼法》第二十六条第六款的规定，本案申诉期间，原审被告广州市国土资源和房屋管理局的职权发生变更，被申诉人应依法变更为继续行使不动产登记职责的广州市国土资源和规划委员会。

《最高人民法院关于审理房屋登记案件若干问题的规定》第五条规定，同一房屋多次转移登记，原房屋权利人、原利害关系人对首次转移登记行为提起行政诉讼的，人民法院应当依法受理。本案中，涉案房屋存在两次转移登记，首次转移登记至谢某名下，谢某又转移登记至曾某名下。被诉的行政行为是首次转移登记行为，应当依法受理。本案的争议焦点是：一、涉案房屋首次转移登记行为是否合法；二、涉案房屋后续转移登记行为是否依照法律规定已经完成登记，曾某是否善意取得涉案房屋所有权；三、涉案房屋首次转移登记行为及颁发给谢某的房地产权证是否应当被撤销。

一、关于涉案房屋首次转移登记行为是否合法的问题

《中华人民共和国物权法》第十二条规定，登记机构应当履行下列职责：（一）查验申请人提供的权属证明和其他必要材料；（二）就有关登记事项询问申请人；（三）如实、及时登记有关事项；（四）法律、行政法规规定的其他职责。申请登记的不动产的有关情况需要进一步证明的，登记机构可以要求申请人补充材料，必要时可以实地查看。《房屋登记办法》第十八条规定，房屋登记机构应当查验申请登记材料。本案中，广州市国土资源和房屋管理局作出被诉转移登记行为时所依据的黄某提交的登记材料已被生效的广州市中级人民法院（2011）穗中法刑二初字第133号刑事判决确认为虚假材料，且黄某与谢某买卖涉案房屋的行为也已被生效的民事判决确认为无效。被诉转移登记行为主要证据不足，登记结果错误。温某提出广州市国土资源和房屋管理局未尽合理审查义务，办理涉案房屋所有权转移登记行为违法的主张，可以成立。广州市国土资源和规划委员会提出被诉登记行为没有违法性，犯罪行为导致的后果不应由其来承担的答辩意见，缺乏事实根据和法律依据，本院不予支持。

二、关于涉案房屋后续转移登记行为是否依照法律规定已经完成登记，曾某是否善意取得涉案房屋所有权的问题

《房屋登记办法》第二条规定，本办法所称房屋登记，是指房屋登记机构依法将房屋权利和其他应当记载的事项在房屋登记簿上予以记载的行为。第七条规定，办理房屋登记，一般依照下列程序进行：（一）申请；（二）受理；（三）审核；（四）记载于登记簿；（五）发证。《中华人民共和国物权法》第十四条规定，不动产物权的设立、变更、转让和消灭，依照法律规定应当登记的，自记载于不动产登记簿时发生效力。第十七条规定，记载不一致的，除有证据证明不动产登记簿确有错误外，以不动产登记簿为准。根据上述规定，虽然房屋登记程序包括记载于登记簿和发证两个程序，但只要房屋登记机构将房屋权利和其他应当记载的事项记载于登记簿，房屋登记便发生效力。本案中，2010年9月13日，广州市国土资源和房屋管理局将涉案房屋转移登记至曾某名下，已将相关事项记载于登记簿。申诉人至2014年9月9日，仍然能够到房屋登记机构查询打印涉案房屋的《房地产登记簿查册表》，查询到涉案房屋的登记字号、权属人及产权证号等信息，足以证明登记事项已对外产生公信力。广州市国土资源和房屋管理局在此后对已经完成的登记事项进行更改，并不能消除涉案房屋依照法律规定已经登记的法律后果。

根据《中华人民共和国物权法》第一百零六条的规定，善意取得需要具备三个要件：（一）受让人受让该不动产或者动产时是善意的；（二）以合理的价格转让；（三）转让的不动产或者动产依照法律规定应当登记的已经登记，不需要登记的已经交付给受让人。本案中，各方当事人对于曾某受让房屋时是善意的、以合理的价格转让这两个要件，均无异议。涉案房屋是否依照法律规定已经登记就是曾某是否善意取得房屋所有权的关键。根据现已查明的事实，涉案房屋已登记于曾某名下，虽未颁发房地产权证，但已产生公示效力，已经符合《中华人民共和国物权法》第一百零六条第一款第三项的规定。因此，曾某提出涉案房屋已进行不动产权登记且已转移登记在其名下，并对外进行公示，其是否拿到房地产权证并不影响转移登记的效力的主张成立，本院予以支持。广州市国土资源和规划委员会提出涉案房屋由谢某转移至曾某名下的登记手续并未全部完成，曾某对涉案房屋的善意取得尚未成立的答辩意见，理由不能成立。温某认为曾某没有取得房

地产权证，并未善意取得涉案房屋的主张，亦不能成立。

三、关于涉案房屋首次转移登记行为及颁发给谢某的房地产权证是否应当被撤销的问题

《最高人民法院关于审理房屋登记案件若干问题的规定》第十一条第三款规定，被诉房屋登记行为违法，但判决撤销将给公共利益造成重大损失或者房屋已为第三人善意取得的，判决确认被诉行为违法，不撤销登记行为。《房屋登记办法》第八十一条规定，司法机关发生法律效力的文件证明当事人以隐瞒真实情况、提交虚假材料等非法手段获取房屋登记的，房屋登记机构可以撤销原房屋登记，收回房屋权属证、登记证明或者公告作废，但房屋权利为他人善意取得的除外。本案中，已经生效的刑事判决证明黄某以隐瞒真实情况、提交虚假材料等非法手段获取房屋登记，被诉的首次转移登记行为违法，但因曾某已经善意取得涉案房屋所有权，判决确认被诉登记行为违法，不撤销登记行为，符合上述规定。

《中华人民共和国行政诉讼法》第七十四条第一款第一项规定，行政行为有下列情形之一的，人民法院判决确认违法，但不撤销行政行为：（一）行政行为依法应当撤销，但撤销会给国家利益、社会公共利益造成重大损害的。本案中，被诉的首次转移登记行为违法，但涉案房屋已由曾某善意取得。如果撤销首次转移登记行为，取消曾某善意取得的房屋所有权，不仅会损害善意第三人的合法权益，而且违反法律规定的房屋登记的审查认定标准，影响商品房市场相关交易规则的确立，势必破坏交易秩序，将给社会公共利益造成重大损害，故本案确认被诉登记行为违法但不予撤销，亦符合《中华人民共和国行政诉讼法》第七十四条第一款第一项的规定。因被诉房屋登记行为的外化表现形式就是给谢某颁发的房地产权证，温某请求撤销该房地产权证，所诉的行政行为即是房屋登记行为。一审判决确认被诉房屋登记行为违法正确，但同时判决驳回温某要求撤销颁发给谢某的房地产权证的诉讼请求，适用法律有误，故对相关判项予以调整。

综上所述，一审判决确认被诉房屋登记行为违法正确，应予维持，但判决驳回温某的诉讼请求适用法律有误，应予纠正；二审及原再审判决认为曾某未善意取得涉案房屋，撤销被诉房屋登记行为及发给谢某的房地产权证错误，应予撤销。本院依照《中华人民共和国行政诉讼法》第二十六条第六款、第八十九条第一款第二项，《中华人民共和国物权法》第一百零六条，《最高人民法院关于审理房屋

登记案件若干问题的规定》第十一条第三款，《最高人民法院关于适用〈中华人民共和国行政诉讼法〉的解释》第一百一十九条、第一百二十二条的规定，判决如下：

一、撤销广东省广州市中级人民法院（2014）穗中法行终字第34号行政判决及（2014）穗中法审监行再字第2号行政判决；

二、撤销广东省广州市花都区人民法院（2013）穗花法行初字第23号行政判决第二项；

三、维持广东省广州市花都区人民法院（2013）穗花法行初字第23号行政判决第一项。

一、二审案件受理费共100元，由广州市国土资源和规划委员会负担。

本判决为终审判决。

审判长：龚斌；审判员：曹刚、刘艾涛；法官助理：寇秉辉；书记员：陈钿

二〇一八年十一月一日

031

房屋登记机关不得以虚假登记为由撤销善意第三人的抵押登记

【裁判要旨】

房屋登记机关发现因申请人提供虚假资料，造成物权错误登记的，可以依照《房屋登记办法》第八十一条的规定，撤销房屋登记行为。但是，如果第三人已经善意取得涉案房屋所有权的，为维护社会交易的安全性和稳定性，维护公共利益，房屋登记机关不得以虚假登记为由，撤销善意第三人的物权登记。抵押登记适用善意取得制度。

中华人民共和国最高人民法院
行政判决书

（2017）最高法行再95号

再审申请人（一审原告、二审被上诉人）：黄甲。

再审申请人（一审原告、二审被上诉人）：黄乙。

两再审申请人共同委托代理人：曾志刚，广东巨能律师事务所律师。

被申请人（一审被告、二审被上诉人）：佛山市顺德区人民政府。

法定代表人：彭聪恩，区长。

委托代理人：李土源，该府工作人员。

委托代理人：张银安，佛山市顺德区国土城建和水利局工作人员。

被申请人（一审被告、二审被上诉人）：佛山市顺德区国土城建和水利局。

法定代表人：霍兆华，局长。

行政机关负责人：关剑峰，副局长。

委托代理人：张银安、陈晓涛，该局工作人员。

被申请人（一审第三人、二审被上诉人）：黄丙（曾用名：黄丁）。

被申请人（一审第三人、二审上诉人）：中国银行股份有限公司顺德分行。

负责人：张志奋。

委托代理人：肖汉、甘卫东，该行员工。

再审申请人黄甲、黄乙因诉被申请人佛山市顺德区人民政府（以下简称顺德区政府）、佛山市顺德区国土城建和水利局（以下简称顺德区国土局）及第三人黄丙、中国银行股份有限公司顺德分行（以下简称顺德分行）房屋行政登记一案，不服广东省高级人民法院于2016年11月24日作出的（2016）粤行终1129号行政判决，向本院申请再审。本院于2017年6月5日立案，并于2017年10月31日作出（2017）最高法行申4128号行政裁定，提审本案。2017年12月11日，本院编立提审案号，依法组成合议庭审理本案，并于2017年12月21日上午在本院第一巡回法庭第二法庭公开开庭审理本案。再审申请人黄甲、黄乙及共同委托代理人曾志刚，被申请人顺德区政府的委托代理人李土源、张银安，被申请人顺德区国土局的负责人关剑峰及委托代理人张银安、陈晓涛，被申请人顺德分行的委托代理人肖汉、甘卫东，均到庭参加诉讼。案件现已审理终结。

本院经审理查明：黄甲和黄乙系母子关系，黄丙系黄甲之女。2001年之前，黄甲与刘甲因信佛认识，双方互有金钱往来。期间，刘甲一度曾以黄乙的名义（存折由刘甲掌管）向广东发展银行申请50万元贷款做生意，该笔贷款的抵押品为佛山市顺德区伦教街道办事处鸡洲村委会鸡洲长××住宅区××三街27号房产（以下简称27号房产）。2009年11月，黄乙因无力偿还广东发展银行的50万元借款本息而被后者起诉追债。顺德区人民法院（2009）顺法民二初字第03519号民事判决认定，广东发展银行有权对27号房产拍卖或变卖所得价款优先受偿贷款本息计452874.98元、律师费29600元。为应对广东发展银行追债和法院的执行压力，避免抵押房产被拍卖，黄甲决定将该房产转入黄丙名下并以黄丙名义向银行申请贷款，用于清偿上述广东发展银行的贷款。

2010年7月28日，黄甲和黄乙书面委托刘甲全权办理有关“签订买卖合同，办理买卖合同公证，收取出售款及缴纳相关费用，换领新证，产权交易、过户、查档、登记等手续，将上述房屋产权过户到黄丙名下”，委托期限至2010年10月31日止。同日，双方在佛山市顺德区公证处办理书面委托公证。随后，刘甲将上述事项转委托伍某办理。2010年8月10日，黄丙全权委托钟某办理购买27号房产，“代为签订《商品房买卖合同》以及相关补充协议，缴纳相关费用和有关税费，办理上述房屋的按揭、抵押登记及相关手续，与银行签订有关按揭、抵押合同，代理办理任何合法借贷手续，收取相关款项，向相关房地产交易、管理、登记部门办理上述房产的购买、房屋的产权交易、过户、登记手续，代为收楼，并领取房屋产权证、土地证，并缴纳相关费用”等。同日，双方在佛山市顺德区公证处办理委托公证。在此期间，刘甲向黎某借款70多万元，偿还了黄乙向广东发展银行旧存的50万元借款本息、赎回27号房产产权证。伍某接受刘甲的转委托后，找雷州市公安局松竹派出所办了一份证明黄丙的曾用名为“黄丁”的《户籍证明》，后又找到顺德分行工作人员刘乙了解贷款事项并索要有关资料。数日后，伍某将贷款资料，包括个人房屋贷款申请表、身份证、居住证、户口簿、收入证明、银行流水账、首期收据、房产买卖合同等送回刘乙要求贷款。顺德分行经审查后批准该申请，并于2010年8月16日与黄丙签订编号为JSDAB20100758号《购房抵押贷款合同》，约定贷款120万元用于购买27号房产，并以该房产担保清偿。

2010年8月23日，刘甲代理的合同卖方黄甲、黄乙与钟某代理的合同买方黄丙签订一份《房地产买卖合同》，约定黄甲、黄乙将27号房产出售给黄丙，价款163.2万元。随后，刘甲、钟某与刘乙分别向佛山市住房和城乡建设（以下简称佛山市住建局）申请办理房地产权转移登记和土地房产他项权利登记。2010年8月24日、9月3日，佛山市住建局经审核并报请佛山市人民政府批准后予以登记，并分别向黄丙、顺德分行核发粤房地权证佛字第××号《房地产权证》和粤房地他项权证佛字第××号《房地产他项权证》。同时，还在原属黄甲、黄乙的粤房地证字第××号《房地产权证》和粤房地共证字第××号《房地产权共有（用）证》内页中加注“注销”字样的印章。

2010年9月8日，顺德分行向黄乙银行账户（该账户由伍某代为开办）发放贷款120万元。同日，黎某同刘甲一起到银行，从该账户里转出99万元至其夫叶某的账户，黄乙账户内的其余款项则由刘甲存入自己的银行账户并另行作了处分。此后，因黄丙的还款账户在合计偿还121291.59元本息后无力继续清偿，顺德分行于2012年8月9日以黄丙未按合同约定归还欠款本息为由，向顺德区人民法院起诉请求判决解除《购房抵押贷款合同》、支付未还部分本息并主张抵押权。2012年11月28日，顺德区人民法院作出（2012）佛顺法伦民初字第19号民事判决（以下简称19号民事判决），认定JSDAB20100758号《购房抵押贷款合同》合法有效，判决解除合同、判令黄丙归还未到期及逾期贷款本息，并准许顺德分行在黄丙不履行债务时，以抵押房产折价或拍卖、变卖所得价款优先抵偿。该判决生效后，黄丙仍不履行义务。2013年3月19日，顺德分行向顺德区人民法院申请执行。4月7日，顺德区人民法院裁定查封27号房产并决定摇珠拍卖。4月24日，顺德区人民法院公告了公开拍卖决定，黄甲和黄乙知道后提出执行异议。6月24日，顺德区人民法院作出（2013）佛顺法执外异字第24号裁定，驳回黄甲、黄乙提出的异议请求。

2015年8月27日，顺德区人民法院作出（2014）佛顺法刑初字第2703号刑事判决（以下简称2703号刑事判决），以骗取贷款罪判处刘甲有期徒刑一年零九个月，并处罚金人民币一万元。该院认定刘甲使用虚假的户籍证明，将27号房产过户至黄丙名下，并进而持相关的虚假资料骗取银行贷款，其骗取的对象是办理房地产过户的相关部门和办理贷款的银行，最终骗取银行贷款120万元，情节严重，破坏了国家金融管理秩序，其行为符合骗取贷款的犯罪构成要件。该判决同时认定"钟某"的身份是虚假的，黄丙用于申请贷款的银行流水账户和房地产买卖合同也是虚假的。该判决已生效。

2015年11月4日，黄甲、黄乙以其未将涉案房屋卖给黄丙，佛山市人民政府、顺德区国土局对刘甲和黄丙提交的虚假登记资料审查不严，冒然注销其原有的房地产权证，并为黄丙和顺德分行颁发房地产权证和他项权证的行为违法为由，提起本案诉讼，请求：1. 撤销被告作出的注销粤房地证字第××号《房地产权证》和粤房地共证字第××号《房地产权共有（用）证》的行政行为，恢复原权属人房屋档案及房地产权证；2. 撤销被告作出的粤房地权证佛字第××号《房地产权证》；3. 撤销被告作出的粤房地他项权证佛字第××号《房地产他项权证》。

2017年8月18日，顺德区人民法院作出（2017）粤0606民初127号民事判决（以下简称127号民事判决），确认以黄甲、黄乙名义于2010年8月23日签订的《房地产买卖合同》无效。

佛山市中级人民法院（2015）佛中法行初字第67号行政判决认为，根据《广东省城镇房地产权登记条例》第三条第一款规定，佛山市人民政府和佛山市住建局、顺德区政府和顺德区国土局均具有核发涉案房地产权证的法定职权。根据《广东省人大常委会关于促进和保障佛山市顺德区综合改革试验工作的决定》和广东省住房和城乡建设厅发布的《关于顺德区国土城建和水利局相关行政管理事项行使地级市管理权限的批复》，在2011年之后，顺德区政府和顺德区国土局行使核发本行政区域内的房地产权证的法定职权。根据《中华人民共和国行政诉讼法》第二十六条第六款的规定，顺德区政府和顺德区国土局均是本案适格的被告。

关于佛山市政府和佛山市住建局给黄丙颁发房地产权证的行政行为是否撤销的问题。根据《房屋登记办法》第十一条第三款规定，已生效的刑事判决已查明，黄乙、黄甲以公证委托的方式，授权刘甲将涉案房地产出售给黄丙，并授权办理房屋产权过户和二手楼的按揭、抵押手续，但刘甲违反委托事项，通过向房地产登记机关提供虚假的《户籍证明》证实黄丙的曾用名为黄丁，恶意串通黄丙共同申请房屋的过户转移登记，从而将涉案房地产转移登记至黄丙名下。刘甲、黄丙隐瞒真实情况、提供虚假材料、获取房屋登记，根据《房屋登记办法》第八十一条的规定，佛山市政府和佛山市住建局给黄丙颁发“粤房地权证佛字第××号”《房地产权证》的行政行为应予撤销。相应的，佛山市住建局注销“粤房地证字第××号”《房地产权证》和“粤房地共证字第××号”《房地产权共有（用）证》的行政行为亦应撤销。至于两本已被注销的权属证书能否恢复的问题，因原权属证书已被加盖“注销”章，事实上不可恢复，但黄乙、黄甲可持生效的法律文书要求房屋登记机关核发新的权属证书，故对黄乙、黄甲恢复涉案房屋原权属人的房地产权证的诉讼请求不予支持。

关于粤房地他项权证佛字第××号《房地产他项权证》应否撤销的问题。2703号刑事判决表明，刘甲成功骗取120万元贷款、刘甲与黄丙共同提供虚假资料骗取房屋转移登记、抵押登记的关键环节是《户籍证明》，而刘乙在既没有接触涉案房地产的卖方黄乙、黄甲，也没有审核《房屋买卖合同》的真实性、更没有获得《户籍证明》的情况下，就轻率地相信黄丙是涉案房屋合法的买方，对贷款合同、抵押合同未经审慎审查，具有重大过失。《佛山市顺德区房地产他项权利登记申请表》以及刘乙在公安机关的陈述表明，其是顺德分行在涉案房地产之上设立抵押权的业务经办人，其履行工作职责的行为是职务行为，其行为的后果应由顺德分行承担。因此，顺德分行对于刘甲、黄丙骗取抵押权登记的后果具有重大过失，不是善意第三人，案涉粤房地他项权证佛字第××号《房地产他项权证》应予撤销。至于顺德分行的资金损失问题，可另循其他途径依法解决，不在本案审理范围。

综上所述，刘甲作为黄甲、黄乙的委托代理人，在涉案房屋的买卖、过户登记、抵押登记过程中，恶意串通黄丙使用虚假证明材料申请房地产转移登记和房地产抵押登记，致使房屋登记部门作出一系列错误登记行为，该院依法予以纠正。黄甲、黄乙的诉讼请求部分成立，该院仅对其有理的部分予以支持。依据《中华人民共和国行政诉讼法》第七十条第一项，《最高人民法院关于执行〈中华人民共和国行政诉讼法〉若干问题的解释》第四十九条第三款之规定，判决：1. 撤销被告颁发“粤房地权证佛字第××号”《房地产权证》的行政登记行为；2. 撤销被告“粤房地他项权证佛字第××号”《房地产他项权证》的行政登记行为；3. 撤销被告注销“粤房地证字第××号”《房地产权证》和“粤房地共证字第××号”《房地产权共有（用）证》的行政登记行为；4. 驳回黄甲、黄乙的其他诉讼请求。案件受理费50元，由顺德区政府负担25元，顺德区国土局负担25元。顺德分行不服一审判决，提起上诉。

广东省高级人民法院（2016）粤行终1129号行政判决认为，在房屋所有权转移登记法律关系中，顺德区国土局受理刘甲和钟某递交的房屋所有权转移登记申请，经审查申请材料，作出准许登记的决定，将有关事项记录在房屋登记簿中，并制发粤房地权证佛字第××号《房地产权证》。该登记行为符合《房屋登记办法》第七条第一款、第十一条、第十五条第二款、第二十条第一款、第二十三条第一款第一项、第二十五条第一款以及《广东省城镇房地产权登记条例》第七条、第九条和第十四条第一款第二、三项关于办理房屋登记的一般规定。根据《房屋登记办法》第十一条第三款规定，对申请登记材料的真实性、合法性和有效性负有责任的主体是登记申请人，而不是房屋登记机关。顺德区国土局在审核申请登记材料时已尽到审慎义务，特别是在《房屋买卖合同》未经民事审判或者仲裁裁决撤销抑或认定无效的情况下，该局依据申请人提交的买卖合同以及前述《房屋登记办法》第三十三条第一款规定的其他材料，作出涉案房产所有权转移登记决定，并无不当。《最高人民法院关于审理房屋登记案件若干问题的规定》第八条规定：“当事人以作为房屋登记行为基础的买卖、共有、赠与、抵押、婚姻、继承等民事法律关系无效或者应当撤销为由，对房屋登记行为提起行政诉讼的，人民法院应当告知当事人先行解决民事争议……”黄甲和黄乙主张其并未将涉案房屋出售给黄丙，但顺德区人民法院19号民事判决已经确认黄丙将涉案房屋抵押贷款行为的效力，并认定顺德分行对涉案房产依法享有抵押权。黄甲和黄乙并未通过民事争议解决途径取得否定其与黄丙买卖合同效力及顺德分行抵押权效力的生效判决或仲裁裁决，因此其请求撤销粤房地权证佛字第××号《房地产权证》依据不足。由于黄甲和黄乙该项诉讼请求被驳回，其对涉案房屋不享有权利，因此其请求撤销粤房地他项权证佛字第××号《房地产他项权证》的行政行为没有法律依据，该项诉讼请求亦应予以驳回。一审根据《房屋登记办法》第八十一条的规定，判决撤销粤房地权证佛字第××号《房地产权证》和粤房地他项权证佛字第××号《房地产他项权证》的登记行为，适用法律错误，实体处理不当。关于在办理涉案房屋权属登记行为的同时，注销黄甲、黄乙原权利证书问题。因不动产权属证书是权利人享有该不动产物权的证明，房屋过户登记后，给新的权利人颁发房产证，注销原产权人的房产证，符合房屋所有权转移的事实，也与顺德区人民法院19号民事判决相一致，黄甲、黄乙请求撤销该注销登记行为，依据不足，应予驳回。一审判决撤销对粤房地证字第××号《房地产权证》和粤房地共证字第××号《房地产权共有（用）证》作出的注销登记适用法律不当。综上，顺德分行上诉请求撤销一审判决的部分理由和主张成立，该院予以支持。一审判决认定主要事实不清，适用法律部分错误，依法应予纠正。依照《中华人民共和国行政诉讼法》第八十九条第一款第二项规定，判决撤销一审判决，驳回黄甲、黄乙的诉讼请求。一、二审案件受理费各50元，由黄甲、黄乙负担。顺德分行已经预缴的二审案件受理费50元，予以退回。

黄甲、黄乙申请再审称：被申请人为黄丙颁发粤房地权证佛字第××号《房地产权证》没有尽到审慎义务。二审仅以未通过民事争议解决途径认定《房地产买卖合同》的效力错误。二审没有开庭审理，程序违法。请求撤销二审判决，维持一审判决，确认注销粤房地证字第××号《房地产权证》和粤房地共证字第××号《房地产权共有（用）证》行为、颁发粤房地权证佛字第××号《房地产权证》行为和颁发粤房地他项权证佛字第××号《房地产他项权证》行为违法。

顺德区政府及顺德区国土局共同答辩称：黄甲、黄乙认为登记部门办理案涉登记时审查不严，未尽到审慎审查职责，与事实不符。请求依法驳回黄甲、黄乙的再审申请。

顺德分行答辩称：一审撤销《房地产权证》《房地产他项权证》的登记行为错误，二审依法改判合理。该行作为善意第三人，合法取得涉案房产抵押权，应得到法律保护。黄甲、黄乙应对委托刘甲的行为承担相应的法律后果。请求依法驳回黄甲、黄乙的再审申请。

再审庭审中，黄甲、黄乙向法庭补充提交以下证据：证据1，顺德区人民法院2017年8月18日作出的127号民事判决，证明涉案房地产买卖合同已经被法院生效判决确认无效。证据2，黄丙个人房屋贷款申请书，证明顺德分行对抵押贷款没有尽到审查义务，银行对借款申请人提交材料的真实性负有调查核实义务，而非仅仅形式审查。

佛山区政府及佛山区国土局质证认为：证据1真实性无异议，但是判决主文有重大问题，判决书第五页写的是2010年而主文是2013年，且是事后查明的事实，不能证明被申请人在办理登记时未尽到审查义务。证据2真实性无异议，但关联性不予认可，不影响抵押登记的效力，登记资料不需收取。

顺德分行质证认为：证据1系民事判决且系缺席判决，不能证明贷款合同无效，也不能证明房屋所有权、抵押权无效。虚假户籍证明并非贷款审核的资料，二手房贷的申请资料符合贷款申请的要求，银行是进行形式审查，证据2不具有证明力。

本院对上述证据认证如下：证据1系在本案二审行政判决作出后，顺德区人民法院作出的生效民事判决，符合真实性、关联性、合法性的要求，且与2703号刑事判决对事实的认定结果相一致，能够证明房屋登记过程中申请人提交虚假材料的事实，本院予以确认。证据2系案涉房屋贷款合同的附件，并且在生效的19号民事判决中已经对贷款合同进行审查，确认了贷款合同的有效性。故证据2虽然具有真实性，但并不属于《最高人民法院关于行政诉讼证据若干问题的规定》第五十二条规定的新证据，亦不能证明顺德分行未尽审查义务，本院对证据2不予认定。

本院经审理认为，2008年7月1日施行的《房屋登记办法》第十一条规定："申请房屋登记，申请人应当向房屋所在地的房屋登记机构提出申请，并提交申请登记材料。申请登记材料应当提供原件。不能提供原件的，应当提交经有关机关确认与原件一致的复印件。申请人应当对申请登记材料的真实性、合法性、有效性负责，不得隐瞒真实情况或者提供虚假材料申请房屋登记。”根据上述规定，申请人应对申请登记材料的真实性、合法性、有效性负责，房屋登记机构对登记材料的审查究竟仅是形式审查义务还是实质审查义务，法律并无明确规定，但是房屋登记机构应该在其能力范围内尽到审慎的审查义务。也就是说，房屋登记机构在审查登记行为时，主要对于申请材料是否完整和齐备、是否符合法定形式进行审查，对于相关材料的实质真实性、合法有效性，登记机构只能在职责范围内尽审慎的审查义务。在实践中，确实存在由于申请人恶意提供虚假登记材料，欺骗登记机构进而获得房屋登记的情形。房屋登记机构如果在事后发现申请人提供虚假材料的，可以依照《房屋登记办法》第八十一条进行相应处理。

《房屋登记办法》第八十一条规定：“司法机关、行政机关、仲裁委员会发生法律效力的文件证明当事人以隐瞒真实情况、提交虚假材料等非法手段获取房屋登记的，房屋登记机构可以撤销原房屋登记，收回房屋权属证书、登记证明或者公告作废，但房屋权利为他人善意取得的除外。”首先，对于房屋登记过程中当事人提供虚假材料的，房屋登记机构事后发现的，也需要通过调查确认是否应当撤销房屋登记，这种撤销的过错和责任虽然不在房屋登记机构，但符合该条规定情形的，房屋登记机构仍然需要撤销房屋登记。其次，这里规定的是除善意取得外，通过提供虚假材料获得房屋登记的，应予撤销。也就是说，如果存在善意取得的情形，则构成对撤销房屋登记的阻却事由。一般情况下，本条规定所说的善意取得是指房屋为第三人善意取得。那么，在本案中需要进一步讨论的问题则是，无处分权人处分他人房屋并办理了登记，真实的房产权利人主张撤销房屋登记，而第三人主张善意取得房屋抵押权时，能否构成对撤销房屋登记的阻却事由。

《中华人民共和国物权法》第一百零六条第一款规定：“无处分权人将不动产或者动产转让给受让人的，所有权人有权追回；除法律另有规定外，符合下列情形的，受让人取得该不动产或者动产的所有权：（一）受让人受让该不动产或者动产时是善意的；（二）以合理的价格转让；（三）转让的不动产或者动产依照法律规定应当登记的已经登记，不需要登记的已经交付给受让人。”第三款规定：“当事人善意取得其他物权的，参照前两款规定。”根据上述规定，他物权包括抵押权亦可以适用善意取得制度。当然，判断房屋抵押权是否构成善意取得，也要结合善意取得的一般理论和案件实际情况具体分析。如果房屋抵押权符合善意取得的事实构成要素，则该善意取得亦可以构成对撤销房屋登记的阻却事由。

本案争议的焦点问题有三：一是房屋登记机构办理案涉房屋房产登记的合法性问题；二是案涉房屋抵押登记的合法性问题；三是本案的判决方式问题。

一、关于案涉房屋房产登记的合法性问题

如前所述，房屋登记机构在进行房屋登记时具有一定的审查义务。本案中，根据一、二审查明的事实，顺德区国土局在审核申请登记材料时已尽到审慎义务，其登记行为符合《房屋登记办法》的要求。但是，在房屋登记之后，顺德区人民法院作出的2703号刑事判决已经查明，刘甲违反委托事项，向房屋登记机构提供虚假的《户籍证明》证实黄丙的曾用名为黄丁，恶意串通黄丙共同申请房屋过户转移登记，属于隐瞒真实情况、提供虚假材料，从而获取房屋登记的情形。在此情况下，房屋登记机构完全可以依据《房屋登记办法》第八十一条的规定进行审查，决定是否需要行使自行撤销权，撤销对案涉房屋的登记行为。在房屋登记机构未予自行撤销的情况下，当事人诉请法院处理，法院依法应当对登记行为的合法性作出处理，并可以依照该条款的规定认定登记行为的合法性。二审以“黄甲和黄乙并未通过民事争议解决途径取得否定其与黄丙买卖合同效力及顺德分行抵押权效力的生效判决或仲裁裁决，请求撤销粤房地权证佛字第××号《房地产权证》证据不足”为由，驳回黄甲、黄乙要求撤销案涉房产证的诉讼请求，同时一并驳回对房屋抵押登记的诉讼请求，适用法律错误。生效的2703号刑事判决已经确认在办理房屋登记过程中，当事人提供虚假材料，符合应予撤销的事由。至于登记过程中提交的买卖合同是否有效，并非案涉房屋登记是否应予撤销的唯一考量因素。而且根据再审申请人提交的新证据，顺德区人民法院作出的生效127号民事判决也确认案涉房产的买卖合同无效。故本案关于房屋登记的合法性问题，应该以生效的2703号刑事判决以及127号民事判决认定的事实，确认当事人存在提交虚假材料、以非法手段获取房屋登记的情况。根据《中华人民共和国行政诉讼法》第六十九条的规定，行政行为证据确凿，适用法律、法规正确，符合法定程序的，人民法院判决驳回原告的诉讼请求。二审作出驳回再审申请人对房屋登记行为的诉讼请求，适用法律错误，应予纠正。

二、关于案涉房屋抵押登记的合法性问题

由于存在提交虚假材料非法获取房屋登记的情形，案涉房屋登记本应予以撤销。生效的2703号刑事判决已认定黄丙系与刘甲恶意串通骗取房屋登记，因此黄丙并非善意第三人，本案也不存在因第三人善意取得该房屋而阻却撤销房屋登记的事由。那么，案涉房屋抵押登记的合法性问题将直接影响对房屋登记是否应予撤销的判断。

前已述及，根据《中华人民共和国物权法》第一百零六条的规定，受让人受让不动产时是善意的，受让人取得该不动产的所有权；当事人善意取得其他物权的，与善意取得的所有权具有同样的法律后果。抵押权系设立在所有权之外的受法律保护的其他物权之一。抵押权因被担保债权的成立而成立，亦因被担保债权的消灭而消灭。认定善意取得的核心要件是第三人属于善意、有偿取得抵押权。本案中，黄丙与顺德分行之间的担保债权经顺德区人民法院生效的19号民事判决确认，该判决确认了黄丙将涉案房屋抵押贷款行为的效力，并认定顺德分行对涉案房产依法享有抵押权。虽然2703号刑事判决确认刘甲与黄丙共同提供虚假资料骗取房屋转移登记和抵押登记，但顺德分行在与黄丙签订抵押贷款合同时进行了相应的审查，且不存在重大过失，应当认定为善意第三人。而且，顺德分行已向黄乙账户发放贷款120万元，根据贷款合同完成了支付抵押权对价的义务。房屋登记机构作出的案涉房屋的抵押登记行为合法有效，并无不当。

一审认为，顺德分行工作人员刘乙作为设立抵押权的业务经办人“既没有接触涉案房地产的卖方黄乙、黄甲，也没有审核《房屋买卖合同》的真实性，更没有获得《户籍证明》的情况下，就轻率地相信黄丙是涉案房屋合法的买方，对贷款合同、抵押合同未经审慎审查，具有重大过失”。“顺德分行对于刘甲、黄丙骗取抵押权登记的后果具有重大过失，不是善意第三人。”一审作出的上述认定，与生效的19号民事判决已经确认案涉房屋的抵押贷款合同合法有效的结论相悖，在未对生效民事判决启动审判监督程序予以纠正的情况下，一审所认定的该部分事实不能作为认定案件的事实，应予纠正。

银行在签订抵押贷款合同、办理抵押登记时，确实应采用审慎的态度对申请人提供的相关材料进行审查。虽然刘乙没有接触卖方黄乙、黄甲，但是黄甲、黄乙系出具书面委托刘甲办理案涉房屋的过户及抵押手续，且该委托手续经过公证部门的公证，刘乙有理由相信刘甲具有代理资格。至于对《户籍证明》《房屋买卖合同》的审核，作为房屋登记机构的被申请人在进行登记时尚未发现刘甲等人提交的上述材料存在造假或无效的情况，要求银行工作人员作出比政府部门更准确的判断和采用更高的审查强度，没有法律根据和现实可能性。顺德分行在抵押登记的审查中的误信，是刘甲、黄丙等人恶意串通提供虚假材料所致，而且其抵押登记亦是建立在房屋登记机构已经先作出房屋转移登记，基于对房屋登记公信力的信赖基础上作出的。顺德分行作出的抵押登记行为不存在重大过失，其所取得的抵押权属于善意取得，应受法律保护。顺德分行的善意取得构成对房屋登记机构撤销抵押登记的法定阻却事由。一审判决撤销该抵押登记属认定事实不清，适用法律错误。

三、关于本案的判决方式问题

对被诉行政行为作出否定性评价并不意味着该行政行为必须撤销，《中华人民共和国行政诉讼法》第七十四条第一款第一项规定的判决方式，就是对被诉行政行为的合法性作否定性评价却不改变该行政行为所形成的法律关系，该判决方式的适用条件除涉及国家利益或社会公共利益外，也包括涉及善意第三人的情形。《最高人民法院关于审理房屋登记案件若干问题的规定》第十一条第三款则规定，被诉房屋登记行为违法，但判决撤销将给公共利益造成重大损失或者房屋已为第三人善意取得的，判决确认被诉行为违法，不撤销登记行为。本案中，案涉房屋抵押登记应该受到法律保护。如果撤销案涉房屋的房屋登记行为，则抵押登记的物权基础不复存在，抵押权人的合法权利得不到保护，势必造成社会公共利益的损害。

根据上述规定，案涉房屋登记本应判决撤销，但如撤销房屋登记将直接影响抵押登记的效力，影响抵押权的实现。故本案应判决确认案涉房屋的房屋登记行为违法，保留房屋登记的效力，同时驳回对房屋抵押登记行为和注销原房屋登记行为的诉讼请求。

应当指出的是，《中华人民共和国物权法》第一百零六条第二款规定：“受让人依照前款规定取得不动产或者动产的所有权的，原所有权人有权向无处分权人请求赔偿损失。”本案中，黄甲、黄乙因刘甲的骗取贷款行为，导致其所有的案涉房屋被转移登记且被抵押，确实存在一定的损失。但是本院也注意到，黄甲、黄乙委托刘甲办理房屋转移登记并进行抵押，其初衷就是应对法院对其旧存贷款的执行。经过刘甲的运作，顺德分行所发放的贷款，大部分已用于归还给代为偿还黄甲、黄乙旧存贷款的案外人。刘甲提交虚假的户籍证明，假借黄丙的身份骗取房屋登记，而黄丙在一系列的刑事、民事及本案行政诉讼中均未曾出现。本院考虑到上述情况，曾经组织各方当事人进行调解，但在顺德分行提出愿意减少贷款罚息及迟延履行金的条件下，黄甲、黄乙坚持不接受相关调解方案，导致未能达成调解协议。黄甲、黄乙的相关损失可依照物权法的相关规定，向无权处分人请求赔偿损失。案涉房屋的执行程序结束后，黄甲、黄乙亦可对执行后的剩余款项主张权利。

综上，黄甲、黄乙的再审申请符合《中华人民共和国行政诉讼法》第九十一条第三、四项规定的情形。依照《中华人民共和国行政诉讼法》第七十四条第一款第一项，《最高人民法院关于适用〈中华人民共和国行政诉讼法〉的解释》第一百一十九条、第一百二十二条的规定，判决如下：

一、撤销广东省高级人民法院（2016）粤行终1129号行政判决；

二、撤销佛山市中级人民法院（2015）佛中法行初字第67号行政判决；

三、确认佛山市人民政府、佛山市住房和城乡建设局颁发的粤房地权证佛字第××号《房地产权证》违法；

四、驳回黄甲、黄乙的其他诉讼请求。

一、二审案件受理费共100元，由佛山市顺德区人民政府、佛山市顺德区国土城建和水利局各负担50元。

本判决为终审判决。

审判长：熊俊勇；审判员：龚斌、曹刚；法官助理：牛延佳；书记员：余逸纯

二〇一八年四月二十八日

032

当事人已经补正和完善宅基地建房申请材料的，行政机关不得以之前的申请材料虚假为由，撤销宅基地使用权证

【裁判要旨】

第三人提交的申请宅基地建房材料中，确实存在伪造户籍信息的情形。但是，在申报过程中，第三人的户籍已迁入所在村集体经济组织，虚假户籍资料已得到补正和完善。此时，行政机关不得再以申报材料虚假为由，撤销已经给第三人颁发的宅基地使用权证。

中华人民共和国最高人民法院
行政裁定书

（2018）最高法行申3538号

再审申请人（一审被告、二审被上诉人）：株洲县人民政府。

法定代表人：刘克胤，县长。

委托代理人：袁林松、文薇，该府法制办工作人员。

被申请人（一审原告、二审上诉人）：孙甲。

委托代理人：孙乙、朱某。

一审被告、二审被上诉人：株洲市人民政府。

法定代表人：阳卫国，市长。

委托代理人：叶贤德，该府法制办工作人员。

委托代理人：张明明，湖南一星律师事务所律师。

一审第三人：孙乙，系孙甲侄女。

一审第三人：朱某，系孙乙丈夫。

再审申请人株洲县人民政府（以下简称为株洲县政府）因被申请人孙甲诉其与株洲市人民政府（以下简称株洲市政府）、第三人孙乙、朱某土地行政管理及行政复议一案，不服湖南省高级人民法院于2018年1月9日作出的（2017）湘行终

838号行政判决，向本院申请再审。本院于2018年5月23日立案受理，依法组成合议庭进行审查，并于2018年6月19日下午在本院第一巡回法庭第二法庭组织各方当事人进行询问。再审申请人株洲县政府的委托代理人袁林松、文薇，被申请人孙甲的委托代理人孙乙、朱某，株洲市政府的委托代理人叶贤德、张明明，均到庭参加询问活动。案件现已审查终结。

湖南省株洲市中级人民法院一审查明：孙甲原户籍地为湖南省株洲县××桥乡××村火车××组××号，系农业户口，其侄女孙乙、侄女婿朱某均为非农户口。2011年11月，孙乙、朱某将孙甲的户籍地伪造为株洲县南阳桥乡三望冲村袁家塘组，申请在三望冲村袁家塘组建房，该村民小组21户村民和村委会均签名认可，经南阳桥乡政府和株洲县国土资源局审核批准，株洲县政府于2013年1月4日向孙甲颁发株县3B集用（2013）第012号《集体土地使用证》（以下简称012号《集体土地使用证》），使用面积为180平方米。2012年，孙乙、朱某夫妇与孙甲共同出资在孙甲获取的三望冲村袁家塘组的宅基地建成一幢二层楼房，建筑面积约300平方米。2012年1月28日，孙甲将户口从早禾冲村火车塘组28号迁入三望冲村袁家塘组07号附2号谢某的户头（农业户口）上。2013年8月5日，孙甲从谢某户头分户，立为三望冲村袁家塘组07号附2号附1号。2015年7月，株洲县国土资源局发现孙甲申请012号《集体土地使用证》的户籍资料系伪造，请求株洲县政府撤销孙甲的土地使用证。2015年8月31日，株洲县政府作出株县政发（2015）8号《关于撤销南阳桥乡三望冲村袁家塘组孙甲等3户集体土地使用证的决定》，撤销颁发给孙甲的012号《集体土地使用证》。随后株洲市政府作出（2016）株政复字第6号行政复议决定，维持株洲县政府的撤销决定。因株洲县政府未能保障孙乙、朱某的陈述申辩权，程序违法，株洲市中级人民法院（2016）湘02行初3号行政判决撤销株洲县政府作出的撤销决定第一项和株洲市政府的行政复议决定。2016年10月18日，株洲县政府就处理孙甲的土地使用权证举行听证会，并于2016年10月24日重新作出《关于确认株县3B集用2013第012号〈集体土地使用证〉无效的通知》（以下简称《确认无效通知》）。2017年2月21日，株洲市政府作出（2017）株政复字第11号行政复议决定（以下简称11号复议决定），维持《确认无效通知》。

株洲市中级人民法院（2017）湘02行初45号行政判决认为，本案争议焦点为株洲县政府作出的《确认无效通知》和株洲市政府作出的11号复议决定是否合法。株洲县政府的原行政行为因程序违法被撤销，原行政行为被撤销后，株洲县政府就处理孙甲的土地使用证举行听证会，听证后重新作出《确认无效通知》。孙甲认为新行政行为违反《中华人民共和国行政诉讼法》第七十一条规定："人民法院判决被告重新作出行政行为的，被告不得以同一的事实和理由作出与原行政行为基本相同的行政行为。"但人民法院以违反法定程序为由，判决撤销被诉行政行为的，行政机关重新作出的行政行为，不受此限。株洲县政府在充分保障当事人、利害关系人行使合法权益后重新作出《确认无效通知》并无不妥。《中华人民共和国土地管理法实施条例》第四条第二款规定："农民集体所有的土地依法用于非农业建设的，由土地使用者向土地所在地的县级人民政府土地行政主管部门提出土地登记申请，由县级人民政府登记造册，核发集体土地使用权证书，确认建设用地使用权。"孙甲取得的012号《集体土地使用证》系株洲县政府核发，株洲县政府有权对自己核发的集体土地使用权证书作出处理。即便是其所属部门或下级政府作出的行政行为，上级行政机关同样有权对下级行政机关作出的行政行为进行监督并作出处理。《中华人民共和国行政处罚法》第八条规定："行政处罚的种类：(一)警告；(二)罚款；(三)没收违法所得、没收非法财物；(四)责令停产停业；(五)暂扣或者吊销许可证、暂扣或者吊销执照；(六)行政拘留；(七)法律、行政法规规定的其他行政处罚。"第二十九条第一款规定："违法行为在二年内未被发现的，不再给予行政处罚。法律另有规定的除外。"《湖南省土地登记办法》第三十一条规定，采取欺骗手段获取土地权利证书的，或者伪造、涂改土地权利证书的，该土地权利证书无效，并由县级以上人民政府土地管理部门对有关责任人给予警告，可并处500元至1000元的罚款。孙甲伪造户籍信息，采取欺骗手段获取012号《集体土地使用证》属于无效证书，行政行为无效的后果是行政行为自始不发生法律效力，也永远不发生效力。株洲县政府确认孙甲采取欺骗手段获取的012号《集体土地使用证》无效，是对自己所作出的行政行为的处理，并没有对行政相对人进行处罚，不属于行政处罚种类，不受两年处罚期限的羁束。尽管孙甲的户口于2012年1月28日迁入三望冲村袁家塘组谢某户头，但其取得的012号《集体土地使用证》系伪造户籍资料而获，应当认定为无效。株洲县政府作出《确认无效通知》证据确凿，适用法律、法规正确，程序合法。

株洲市政府作出的11号复议决定事实清楚，适用法律、法规正确，程序合法。依照《中华人民共和国行政诉讼法》第六十九条规定，判决驳回孙甲的诉讼请求。孙甲不服一审判决，提起上诉。

湖南省高级人民法院（2017）湘行终838号行政判决认为，株洲县政府原作出的行政行为因程序违法被人民法院判决撤销，虽然人民法院没有同时判决株洲县人民政府重新作出行政行为，但作为县级人民政府，在本辖区内行使土地行政管理权是基于法律的授权，其可以依职权对其核发的《集体土地使用证》进行处理。且株洲县政府的原行政行为系因程序违法被撤销，重新作出行政行为也未与原行政行为基本相同，故孙甲上诉称株洲县人民政府无权重新作出行政行为，新行政行为违反《中华人民共和国行政诉讼法》第七十一条规定的上诉理由不能成立。此外，虽然《湖南省土地登记办法》第三十一条中有警告、罚款等行政处罚内容，但确认无效不是《中华人民共和国行政处罚法》第八条规定的行政处罚种类，不受两年处罚期限的羁束。孙甲等虽在2011年11月伪造个人的户籍信息，申请在三望冲村袁家塘组建房，违反相关法律、法规的规定，但孙甲的户口于2012年1月28日已迁入三望冲村袁家塘组谢某的户头。2012年3月5日，袁家塘组和三望冲村均在孙甲的《个人建房用地申请表》上签署“情况属实”的意见。同日，南阳桥乡政府也签署了“同意按程序报批”的意见。株洲县国土资源局于2012年11月4日批准孙甲个人建房用地，株洲县政府于2013年1月4日向孙甲颁发012号《集体土地使用证》。孙甲在最初申请建房时确无在三望冲村袁家塘组建房的主体资格，但在申请报批过程中，其户籍已迁入三望冲村袁家塘组，成为该集体经济组织成员，其早前提供的个人虚假户籍资料已得到补正和完善。且孙甲的建房用地经过组、村、乡同意和有关行政机关的批准，孙甲和第三人也据此投入资金将房屋建成。若孙甲取得的《集体土地使用证》被确认无效，则其基于行政主体的授益性行为而产生的权益将难以得到保护。本案中，株洲县政府在行使行政职权时，没有根据本案的实际情况充分考虑相对人利益的保护与依法行政之间的权衡问题，没有遵循行政行为必须符合法律的目的，必须有合理的动机并考虑相关因素，应客观、适度、合乎情理的行政合理性原则。在孙甲最初提供的个人虚假户籍资料已在申请程序中得到补正和完善的情况下，株洲县政府仍根据《湖南省土地登记办法》第三十一条的规定，作出《确认无效通知》，超出合理限度，行为明显不当。株洲市政府以11号复议决定予以维持亦属不当。根据《中华人民共和国行政诉讼法》第七十条第六项之规定，本案被诉具体行政行为应予撤销。综上，一审判决认定事实清楚，但适用法律不当，应予纠正。孙甲的上诉理由部分成立，予以支持。依照《中华人民共和国行政诉讼法》第七十条第六项、第八十九条第一款第二项之规定，判决撤销一审行政判决；撤销株洲市政府11号复议决定和株洲县政府《确认无效通知》。

株洲县政府申请再审称：1. 一、二审判决认为孙甲户籍已迁入三望冲村袁家塘组，成为该集体经济组织成员属认定事实错误，孙甲并不具备在三望冲村袁家塘组取得宅基地的法定实质要件。三望冲村袁家塘组的户籍，系孙甲通过虚构事实等不正当的手段取得，该府查清事实后，向一审法院出具株洲县监察局对南洲派出所违规迁户的户籍民警的行政处理决定，且株洲县公安局人口与出入境管理大队于2018年1月23日将上述违规行为予以纠正，现孙甲的户籍已经回到原居住地旱禾冲村火车塘组28号。虽然袁家塘组和三望冲村在孙甲的《个人建房用地申请表》上签署“情况属实”的意见，根据该府查明的事实，孙甲在三望冲村袁家塘组“买地”建房，实为非法的土地交易行为，而并非可成为该集体经济组织成员的实质要件。2. 二审判决适用法律错误。孙甲系先建房，然后通过伪造户籍资料等方式骗取《集体土地使用证》，其权益并不是株洲县政府的授益性行为而产生，而是想通过非法手段使其非法权益披上合法外衣，不应当受到法律保护。“一户一宅基地”是我国土地集约化管理的基本原则，孙乙、朱某在明知其不具备取得宅基地的情况下，假借孙甲名义，在孙甲实际上已建有农居的情况下，通过虚构户籍资料的不法行为，再次骗取“宅基地使用权”之行政许可，其行为悖离我国土地管理的基本原则，损害三望冲村广大村民的集体利益及社会公共利益。该府对该违法取得宅基地行为予以确认无效，是依法行政的具体表现。请求撤销二审判决，维持一审判决。

孙甲及原审第三人孙乙、朱某共同答辩称：孙甲户口是经得三望冲全体村民签字同意，经得辖区派出所批准迁移，办理程序合法合理。孙甲原住房为四十年的老旧房，且偏居山沟，其本人年老多病，为投靠作为医务人员的养女，在离医院就近的规划区外荒山申请建房，征得村组全体签字同意、南阳桥乡同意、县国土部门批准，2013年取得农村土地使用证，程序合法。孙甲的医保和养老保险缴入该村，成为该村民组织成员。孙甲经层报批准取得农村土地证，虽然有瑕疵（虚假复印件），接受法官和各位领导的批评教育，但也应得到包容和宽容，并于2012年得到补正和完善。孙乙身为医务工作者，孝敬、赡养长辈尽心尽力，不存在损害村民公共利益的情况。二审判决客观公正，政府行为明显不当。请求维持二审判决。

株洲市政府没有提交书面答辩意见。

本院经询问另查明，株洲县监察局于2015年12月3日作出县监决（2015）6号《关于给予谭光强撤职处分的决定》，以谭光强在担任南阳桥乡国土员期间不正确履行工作职责，行为构成违纪为由，撤销其县国土局渌口中心所副所长职务；2015年12月21日作出县监决（2015）16号《关于给予肖育林记大过处分的决定》、县监决（2015）17号《关于给予付伟记过处分的决定》，以肖育林在南洲派出所分管户口工作期间，付伟在南洲派出所从事户籍管理工作期间，不正确履行工作职责，致使不符合迁户条件的谢某、孙甲办理户口迁移手续，不符合迁户条件的王某开具正在迁户证明，造成王某违规办理建房手续并建房，影响南洲新区军警营院项目拆迁进程，构成违纪为由，决定给予肖育林行政记大过处分，给予付伟记过处分。中共株洲县纪律检查委员会于2015年12月3日分别作出县纪审（2015）29、30、31号批复，根据中共株洲县南阳桥乡委员会的请示，陈楚华在担任三望冲村原村支部书记期间，杨代全在担任三望冲村村主任和村支部书记期间，黄桂华在担任三望冲村村主任期间，不正确履行职责，行为构成违纪，对三人给予党内严重警告处分。株洲县政府提交的《常住人口登记表》显示，2018年1月23日，孙甲的户口袁家塘组07号附2号附1号迁入南洲镇早竹村火车塘组28号。

本院经审查认为，《中华人民共和国土地管理法》第十一条规定："农民集体所有的土地，由县级人民政府登记造册，核发证书，确认所有权。农民集体所有的土地依法用于非农业建设的，由县级人民政府登记造册，核发证书，确认建设用地使用权……"《湖南省实施〈中华人民共和国土地管理法〉办法》第三十二条第二款规定，农村村民建住宅，应当向集体土地所有者和村民委员会提出书面申请，经乡（镇）人民政府审核，报县级人民政府批准。也就是说，农村村民享有在集体所有土地上取得宅基地使用权的主体资格，且只有本村村民才有资格取得该村的宅基地使用权，并应当先行向集体土地所有权人和所属村民委员会提出书面申请，村民委员会批准同意后，经乡镇政府审核、县级政府批准，方可取得集体土地建设用地使用证。本案中，孙甲于2011年11月申请在三望冲村袁家塘组建房，其提交的材料中存在伪造个人户籍信息的情形，但2012年1月28日孙甲的户籍已从早禾冲村火车塘组迁入三望冲村袁家塘组。在最初申请建房时，孙甲确无在三望冲村袁家塘组建房的主体资格，但在其申请报批过程中，其户籍已迁入该组，成为该集体经济组织成员，享有建房资格，其户籍资料已得到补正和完善。而且在2012年3月5日，袁家塘组和三望冲村均在孙甲的《个人建房用地申请表》上签署“情况属实”的意见，同意孙甲在该组建房。南阳桥乡政府、株洲县国土资源局分别进行审批，株洲县政府颁发《集体土地使用证》。孙甲的建房用地经过组、村、乡同意和有关行政机关的审批，领取《集体土地使用证》，并投入资金建成房屋。虽然孙甲在申请建房时提交的资料存在瑕疵，但该瑕疵在其办理户籍迁入手续后已经得到补正和完善，尚未达到需要撤销该颁证行为的程度。二审认为株洲县政府作出《确认无效通知》撤销孙甲获得的集体土地使用证，没有充分考虑相对人利益的保护与依法行政之间的权衡问题，在行使行政职权时未综合考虑行政合理性原则的观点，本院予以认可。株洲市政府作出11号复议决定维持株洲县政府的《确认无效通知》，亦属不当。二审判决撤销株洲县政府的《确认无效通知》及株洲市政府的复议决定，处理结果并无不当，应予维持。株洲县政府以对孙甲的用地审批存在违规情形，已对相关责任人员作出行政处分为由，要求撤销二审判决，没有事实和法律依据，本院不予支持。

应当指出的是，根据《中华人民共和国行政许可法》第八条的规定，公民、法人或者其他组织依法取得的行政许可受法律保护，行政机关不得擅自改变已经生效的行政许可。行政许可所依据的法律、法规、规章修改或者废止，或者准予行政许可所依据的客观情况发生重大变化的，为了公共利益的需要，行政机关可以依法变更或者撤回已经生效的行政许可。根据我国现有的户籍政策，户籍的变动是依当事人的申请而作出的行政许可行为。在孙甲迁入××户籍××望冲村××组后，株洲县公安局人口与出入境管理大队于2018年1月23日在孙甲未提交申请的情况下，亦未对孙甲履行告知、听取其意见等程序，即将其户籍迁回原居住地。现有在案证据亦不能证明迁回孙甲的户籍是基于公共利益的需要，故该迁回行为不符合法定程序，亦缺乏法律依据。株洲县政府以孙甲的户籍已经迁回原籍为由的主张，缺乏事实根据，本院不予支持。孙甲如对迁回户籍行为不服，可循法律途径寻求救济。

综上所述，株洲县政府的再审申请不符合《中华人民共和国行政诉讼法》第九十一条第四项规定的情形。依照《最高人民法院关于适用〈中华人民共和国行政诉讼法〉的解释》第一百一十六条第二款的规定，裁定如下：

驳回株洲县人民政府的再审申请。

审判长：熊俊勇；审判员：龚斌、刘艾涛；书记员：余逸纯

二〇一八年六月二十九日

033

农村集体土地经征收后才能转国有

【裁判要旨】

原属于农村集体经济组织所有的集体土地，只有在被依法征收后，才能变为国有土地。未经土地征收程序，仅仅是变更规划，将农民所在村、组的集体土地纳入城镇规划区范围，农民的农村集体经济组织成员身份整建制转变为城市居民，原属农村集体经济组织所有的集体土地，仍不能当然地转变为国有土地。

中华人民共和国最高人民法院
行政裁定书

（2018）最高法行申4928号

再审申请人（一审原告、二审上诉人）：程某。

被申请人（一审被告、二审被上诉人）：湖南省长沙市望城区人民政府。

法定代表人：范焱斌。

被申请人（一审被告、二审被上诉人）：湖南省长沙市人民政府。

法定代表人：胡忠雄。

再审申请人程某因诉被申请人湖南省长沙市望城区人民政府（以下简称望城区政府）及长沙市人民政府（以下简称长沙市政府）撤销国有土地使用证及行政复议一案，不服湖南省高级人民法院于2017年10月18日作出的（2016）湘行终1309号行政判决，向本院申请再审。本院于2018年7月10日立案受理，依法组成合议庭进行审查。案件现已审查终结。

2008年12月20日，望城县人民政府给程某颁发望国土建字第0005××3号《个人建房用地许可证》。2009年8月24日，望城县规划管理局向程某颁发建字第2009639号《建设工程规划许可证》、望规地字第2009589号《建设用地规划许可证》。2010年7月15日，程某申请土地确权登记，申请办理国有划拨土地使用权证。经相关部门实地调查、审批，望城县人民政府于2010年11月2日作出望国有划拨（2010）字第022号《望城县人民政府建制镇集镇城镇国有土地使用权初始登记划拨决定书》（以下简称22号划拨决定），决定书记载宗地审核情况为："1. 法律依据：该宗土地位于××镇××路××号，土地利用现状图斑508－1号，依据《中华人民共和国城市规划法》第三条，《中华人民共和国土地管理法》第六条，《关于确定土地所有权和使用权的若干规定》第二条、第三条、第十四条，建设部第44号令第三条规定，该宗土地属于建制镇城镇国有建设用地。2. 用地情况：程某户主于2008年12月经望城县人民政府批准办理个人建房用地许可证，用地面积140平方米，测绘队实测140平方米。3. 审查结论：经高塘岭国土资源中心所现场调查公示，该用地位置、面积准确，可能性无争议，用地符合高塘岭建制镇集镇建设规划、土地利用总体规划、长沙市政府第19号令第18条，建议呈报县人民政府依法审查确认其国有土地权属，并按划拨国有土地使用权方式，为程某同志办理划拨土地使用权初始登记。注：建制镇集镇土地利用现状图斑为1997年全国第一次土地详查数据；整村、整组转户的按《关于确定土地所有权和使用权的若干规定》第十四条申报；本审批单在进窗前申报完毕。"2010年11月30日，望城县人民政府向程某颁发望国用（2010）字第××号《国有土地使用证》（以下简称第××号国有土地证），该证记载内容：土地使用权人为程某，坐落于望城县××镇××路××号，地类（用途）为住宅用地，使用权类型为国有划拨，使用权面积为140平方米。2014年3月26日，湖南省人民政府作出（2014）政国土字第521号《农用地转用、土地征收审批单》（以下简称521号审批单），主要内容："申请用地单位为长沙市望城区国土资源局，被用地单位为长沙市望城区高塘岭街道裕农村、喻家坡街道原佳村、喻家坡社区，建设项目名称为旺旺路城市综合体项目扩征用地，申请用地总面积为0.7742公顷，其中征收耕地、林地、其他农用地合计面积0.3168公顷，征收建设用地0.4574公顷，备注内容是"征地补偿标准根据湘政发（2012）46号《湖南省人民政府关于调整湖南省征地补偿标准的通知》实施"。程某持有的第××号国有土地证项下土地，位于521号审批单所附征地红线图范围内。2014年10月9日，望城区政府向程某作出《撤销第××号国有土地证告知书》，认为颁发给程某第××号国有土地证，错误将集体土地登记为国有土地，将拟作出的行政处理决定的事实、理由及陈述、申辩和听证的权利告知程某。2014年12月5日，望城区政府向程某送达《听证通知书》。2014年12月26日，望城区政府召开听证会，听取程某的陈述和申辩意见。2015年4月1日，望城区政府作出望府案土字（2015）26号《行政处理决定书》（以下简称26号处理决定），主要内容为："经查明，程某于2008年12月20日办理望国土字第0005××3号《个人建房用地许可证》，2009年12月15日程某以该用地许可证申请土地登记，向原望城县国土管理局提交《土地登记申请书审批表》。经地籍调查，实地测量，程某取得第××号国有土地证。另查明，程某取得的第××号国有土地证所载地块，位于原××镇××路××号，系农民集体所有的土地。该证用地未依法办理土地征收审批手续，无用地审批单、红线图，无合法国有土地权属来源。本府认为，未经法定程序，土地权属性质不得随意变更。程某第××号国有土地证所载地块未实施征收，无用地审批单和红线图，土地权属性质实际并未发生改变，该证的土地权属认定错误，应予撤销。如撤销程某第××号国有土地证，对其合法权益造成实际损失的，按照望城区政府区长办公会议（2014）49号会议纪要确定的标准进行补偿。根据《中华人民共和国土地管理法》第八条、第十二条，《湖南省行政程序规定》第一百五十八条第一款、第一百六十二条第一款规定，决定撤销程某持有的第××号国有土地证。如不服本决定，可在收到本决定书之日起六十日内向长沙市政府申请行政复议或在三个月内向长沙市中级人民法院提起行政诉讼。"程某不服，申请行政复议。2015年6月26日，长沙市政府作出长政复决字（2015）第328号行政复议决定（以下简称328号复议决定），维持26号处理决定。2015年7月22日，程某提起本案行政诉讼，请求撤销26号处理决定和328号复议决定。另查明，2011年6月，长沙市望城县撤县设区，长沙市望城县人民政府变更为长沙市望城区人民政府。

长沙市中级人民法院（2015）长中行初字第00313号行政判决认为，程某房屋所在地的土地性质至2014年仍是农民集体所有，但望城区政府于2010年在该集体土地上为程某办理了第××号国有土地证，明显违法。望城区政府26号处理决定以第××号国有土地证所载地块权属来源认定错误，审批程序和审批手续不到位为由，根据《中华人民共和国土地管理法》第八条、第十二条，《湖南省行政程序规定》第一百五十八条第一款、第一百六十二条第一款规定，撤销第××号国有土地证是正确的。程某在当时特定的法制环境和特定历史背景下取得国有土地使用证，其信赖利益应予保护，但此系另一法律关系，可通过其他合法途径予以解决。长沙市政府作出328号复议决定维持26号处理决定，程序合法，事实清楚，适用法律正确。依照《中华人民共和国行政诉讼法》第六十九条规定，判决驳回程某的诉讼请求。程某不服，提起上诉。

湖南省高级人民法院（2016）湘行终1309号行政判决认为，程某在未办理土地使用权属变更登记的情况下，取得的第××号国有土地证权，属来源不合法。望城区政府对其错误登记行为予以自行纠正，作出26号处理决定，并无不当。望城区政府在作出处理决定时，告知程某，若合法权益造成损失的，按照望城区政府区长办公会议（2014）49号会议纪要确定的标准进行补偿。鉴于程某一审诉讼请求未涉及补偿或赔偿问题，其可通过其他合法途径寻求救济。根据《中华人民共和国行政诉讼法》第八十九条第一款第一项规定，判决驳回上诉，维持原判。

程某申请再审称：1. 其取得第××号国有土地证经过申请、审批、决定、颁证等一系列程序，系合法取得。2. 22号划拨决定证明涉案土地属于国有建制镇国有建设用地，望城区政府未提交证据证明涉案土地系集体土地。请求撤销一、二审判决，依法对本案予以再审。

长沙市政府答辩称：涉案土地原属农村集体土地，未经法定的农用地转用征收程序，土地权属用途不得随意变更。程某获得第××号国有土地证不符合法律规定，依法应予纠正。请求驳回程某的再审申请。

望城区政府未提交书面答辩意见。

本院经审查认为，《中华人民共和国土地管理法》第八条规定，城市市区的土地属于国家所有。农村和城市郊区的土地，除由法律规定属于国家所有的以外，属于农民集体所有；宅基地和自留地、自留山，属于农民集体所有。《中华人民共和国土地管理法实施条例》第二条第五项规定，农村集体经济组织全部成员转为城镇居民的，原属于其成员集体所有的土地，属于全民所有即国家所有。《确定土地所有权和使用权的若干规定》第十四条亦规定，因国家建设征用土地，农民集体建制被撤销或其人口全部转为非农业人口，其未经征用的土地，归国家所有。继续使用原有土地的原农民集体及其成员享有国有土地使用权。为进一步明确上述规定的具体含义，2005年3月4日，原国务院法制办公室、原国土资源部联合发布《关于对〈中华人民共和国土地管理法实施条例〉第二条第（五）项的解释意见》。该行政解释规定，《中华人民共和国土地管理法实施条例》第二条第五项规定，是指农村集体经济组织土地被依法征收后，其成员随土地征收已经全部转为城镇居民，该农村集体经济组织剩余的少量集体土地可以依法征收为国家所有。根据上述法律和行政解释规定，原属于农村集体经济组织所有的集体土地，只有在被依法征收后，才能变为国有土地。未经土地征收程序，仅仅是规划变更，将农民所在村、组的集体土地纳入城镇规划区范围，农民的农村集体经济组织成员身份整建制转变为城市居民，原属农村集体经济组织所有的集体土地，并不能当然地转变为国有土地。本案中，尽管程某所在村、组已经整体被纳入高塘岭建制镇集镇规划的城市市区范围，其原来农业人口身份已经转变为城市居民，但是没有证据证明，在2014年，湖南省政府作出521号审批单，决定对程某所在村、组的集体土地实施征收前，该村、组土地已经被依法征收为国有的事实。2010年望城县政府给程某颁发第××号国有土地证时，包括程某使用并颁证的涉案土地在内的村、组土地，性质上都应当是集体所有的土地。给集体所有的土地颁发国有土地使用证，显然不符合法律规定。望城区政府发现违法颁证的事实后，依法自我纠错，告知程某拟作出撤销颁证行为的事实、理由及陈述、申辩和听证的权利，召开听证会，听取程某的陈述和申辩意见，依法作出26号处理决定。程某不服，申请行政复议。长沙市政府依法作出328号复议决定，维持26号处理决定。26号处理决定和328号复议决定，证据确凿，适用法律、法规正确，符合法定程序。一、二审判决驳回程某的诉讼请求，并无不当。程某主张，第××号国有土地证经过申请、审批、决定、颁证等一系列程序，合法取得，且22号划拨决定证明涉案土地属于建制镇国有建设用地。但是，涉案土地原属集体所有，且未经征收程序依法征收为国家所有。根据国法函（2005）36号文及相关法律、法规规定，未经征收程序的原集体土地，即便划归城镇规划区范围内、农村村民身份变为城镇居民，原集体土地的性质仍然不能改变。2010年望城区政府给集体所有的土地颁发国有土地使用证，当然不合法。22号划拨决定仅仅是颁发第××号国有土地证的程序之一，望城区政府撤销第××号国有土地证行为，实质上已经否定22号划拨决定的效力。程某以22号划拨决定，来否定被诉26号处理决定关于涉案土地属于集体所有土地的事实认定，理由不能成立。

综上，程某的再审申请不符合《中华人民共和国行政诉讼法》第九十一条第

三、四项规定的情形。依照《最高人民法院关于适用〈中华人民共和国行政诉讼法〉的解释》第一百一十六条第二款的规定，裁定如下：

驳回程某的再审申请。

审判长：郭修江；审判员：熊俊勇、刘艾涛；法官助理：黄宁晖；书记员：陈清玲

二〇一八年十一月二十六日

034

征收补偿中，应以生效裁判确定的实际权利人为被征收人

【裁判要旨】

物权法第二十八条规定，根据人民法院生效裁判取得不动产物权的，涉及的不动产物权自裁判文书生效之日起发生物权变动。土地、房屋征收过程中，因生效裁判确定的权利人未办理产权变更登记手续，不动产权登记簿上登记的产权人与实际产权人不一致的，征收补偿过程中行政机关应当以生效裁判确定的实际权利人为被征收人予以征收补偿安置。

中华人民共和国最高人民法院

行政裁定书

（2018）最高法行申4561号

再审申请人（一审原告、二审上诉人）：湖南省益阳市赫山区碧云食品厂。

法定代表人：蔡家杰。

委托代理人：卜桃龙，湖南理定明律师事务所律师。

委托代理人：王彪，广东深田律师事务所律师。

被申请人（一审被告、二审被上诉人）：湖南省益阳市赫山区人民政府。

法定代表人：马文才。

原审第三人：臧某。

原审第三人：曾某。

原审第三人：蔡甲。

再审申请人湖南省益阳市赫山区碧云食品厂（以下简称碧云食品厂）因诉被申请人湖南省益阳市赫山区人民政府（以下简称赫山区政府）、原审第三人臧某、曾某、蔡甲（以下简称臧某等人）行政复议一案，不服湖南省高级人民法院（以下简称湖南省高院）（2017）湘行终535号行政判决，向本院申请再审。本院依法组成合议庭对本案进行了审查，现已审查终结。

1997年1月，臧某与碧云食品厂签订《建筑工程承包合同书》，承建碧云食品厂的办公楼、车间及土腌池等，因碧云食品厂拖欠工程款，臧某向湖南省益阳市中级人民法院（以下简称益阳市中院）起诉。该案经湖南省高院二审判决碧云食品厂支付臧某工程款及损失659840.92元。同年，蔡甲、何某（曾某之夫）等6名债权人向益阳市赫山区人民法院（以下简称赫山区法院）提起诉讼，要求碧云食品厂偿还借款及利息。2005年7月3日，益阳市中院作出4份《民事裁定书》，将碧云食品厂土地［国有土地使用证分别为益国用（98）字第A06－D10－97003号和益国用（98）字第A06－D10－97004号］和房产裁定给了臧某等7个债权人抵偿债务165.2565万元，要求臧某等7个债权人60日内到土地、房屋主管部门办理产权过户手续，应缴纳的土地出让金和过户契税按各自份额由7个债权人支付。同年7月8日，益阳市中院向赫山国土分局，赫山区房地产管理处送达《协助执行通知书》。同年10月31日，臧某向益阳市信访局上访，反映法院裁决后，国土部门没有及时办理国土过户手续，益阳市信访局已将来访事项转送给益阳市国土局。但该过户手续一直未办理。2014年9月16日，因修建教育南路需征用涉案土地和房产，湖南省益阳市沧水铺镇人民政府（以下简称沧水铺镇政府）出具了《承诺书》，载明："1999年益阳市中级人民法院判决以厂抵债，但多年未办理房地产过户手续，土地房产权属的确认，土地使用证和房产证是确认唯一合法证件。因此，目前修建的教育南路所涉及的征地拆迁事宜，只能与蔡家杰同志协商。"2014年10月24日，赫山区房屋征收与补偿事务所与沧水铺镇政府签订《协议书》："沧水铺镇政府为整体收购碧云食品厂的工作主体，负责协调各方关系。碧云食品厂整体收购价格暂定600万元，其资金由沧水铺镇政府控管。教育南路建成后，待各方关系理顺后，再进行处置分配……"2015年9月16日，赫山区房屋拆迁与补偿事务所委托沧水铺镇政府与碧云食品厂签订《协议书》，约定：一、根据湖南恒永房地产评估咨询有限公司评估报告，教育南路修建征用碧云食品厂建筑面积800.24平方米，土地面积2328.68平方米，总征用面积3128.92平方米。评估补偿总金额为1395372元整；二、鉴于该宗地有债权债务纠纷，且益阳市中院裁定没有执行到位，涉及债权人臧某、蔡乙没有将土地权属办理过户手续，沧水铺镇政府认为该宗地的权属仍属碧云食品厂，蔡家杰仍为该厂法人代表，其补偿款只能支付给蔡家杰同志。因该宗地涉及的所有债权债务由蔡家杰同志全权负责处理，沧水铺镇政府不予干涉；三、该宗地补偿总金额1395372元，2014年9月付款100万元，本次应付395372元；四、教育南路两侧开发用地沧水铺镇政府仍负责协助碧云食品厂办理相关事宜。协议签订后，沧水铺镇政府将土地和房屋征收款139万元支付给了碧云食品厂职工监督账户，目前该笔款项已开支13万元。2016年3月26日，臧某等人以沧水铺镇政府作出的《承诺书》及与碧云食品厂签订的《协议书》侵犯了其土地使用权和房屋所有权为由，向赫山区政府提起行政复议。赫山区政府于2016年3月30日予以受理，因案情复杂，经批准延期30日，并向当事人送达了行政复议延期审理通知书。2016年6月27日，赫山区政府作出益赫政复决字（2016）6号《行政复议决定书》（以下简称6号复议决定），内容为：一、撤销沧水铺政府于2014年9月16日作出的《承诺书》；二、撤销沧水铺镇政府与碧云食品厂于2015年9月16日签订的《协议书》；三、驳回臧某等人要求沧水铺镇政府赔偿损失的申请。碧云食品厂不服，提起本案诉讼。

益阳市中院（2016）湘09行初64号行政判决认为：（一）关于碧云食品厂是否适格原告的问题。益阳市中院生效民事裁定已将碧云食品厂土地［国有土地使用证分别为益国用（98）字第A06－D10－97003号和益国用（98）字第A06－D10－97004号］和房产裁定给了臧某等7人抵偿债务，涉及的不动产物权自《民事裁定书》生效之日起发生物权变动，而进行产权过户登记只是处分该不动产的必要条件。虽臧某等7人由于种种原因，未办理产权过户手续。根据《最高人民法院关于适用〈中华人民共和国物权法〉若干问题的解释（一）》第二条和第八条之规定，依照法律文书发生的不动产物权变动、尚未完成登记的，也享有相应的物权请求权，可以请求保护其物权。因此，臧某等7人即使在未完成物权过户登记的前提下，仍然享有该不动产物权，碧云食品厂则失去了该不动产的物权。但其在被诉《行政复议决定书》中处于第三人的地位，是本案的利害相关人，有权提起诉讼。（二）赫山区政府下属的沧水铺镇政府出具的《承诺书》及其与碧云食品厂签订的《协议书》，是否属于具体行政行为，是否合法有效的问题。《承诺书》是由沧水铺镇政府以行政主体的身份，对涉案不动产的产权归属作出承诺。根据国务院《国有土地上房屋征收与补偿条例》，明确了行政机关征收国有土地上的房屋是一种具体行政行为。沧水铺镇政府出具的《承诺书》及与碧云食品厂签订《协议书》是其在征收过程中作出的具体行政行为，属行政法调整的范围。虽然这两个行为的内容和形式有不同，但其本质是征收补偿款的分配问题即对涉案不动产的归属问题进行认定。该认定违背了《中华人民共和国物权法》的相关规定，剥夺了臧某等人作为被征收人的主体资格，损害了其合法权益，应当予以撤销。（三）关于赫山区政府作出的6号复议决定认定事实是否清楚，程序是否合法，适用法律是否正确的问题。臧某等人于2016年2月得知《承诺书》，于2016年3月26日向赫山区政府提出行政复议申请，赫山区政府依法受理，符合《中华人民共和国行政复议法》第六条第七项、第九条的规定。沧水铺镇政府作出的《承诺书》及其与碧云食品厂签订的《协议书》均对特定公民的权利和义务产生直接影响，赫山区政府认为沧水铺镇政府符合《中华人民共和国行政复议法》规定的复议被申请人主体资格正确。赫山区政府为碧云食品厂送达了《第三人参加行政复议通知书》、行政复议申请书副本，并根据《中华人民共和国行政复议法》第三十一条的规定，将延期审理通知书送达至申请人和被申请人，该条款并未明确规定送达给第三人。故碧云食品厂提出延期审理通知书未予送达第三人，程序违法的理由不能成立。赫山区政府在《中华人民共和国行政复议法》规定的期限内作出6号复议决定，认定事实清楚，程序合法，适用法律正确。综上所述，依照《中华人民共和国行政诉讼法》第六十九条之规定，判决驳回碧云食品厂的诉讼请求，案件受理费50元，由碧云食品厂负担。碧云食品厂不服一审判决，提起上诉。

湖南省高院（2017）湘行终535号行政判决认为：（一）根据查明的事实，涉案被征收的土地和房产，虽然在2014年被征收时尚登记在碧云食品厂的名下，但实际在2005年时，因碧云食品厂与臧某等人的债务纠纷，益阳市中院生效的法律文书已将该不动产抵偿给臧某等人，物权已发生改变。虽然臧某等人未办理产权过户手续，但根据《最高人民法院关于适用〈中华人民共和国物权法〉若干问题的解释（一）》的相关规定，依照法律文书发生的不动产物权变动、尚未完成登记的，也享有相应的物权请求权，可以请求保护其物权。故臧某等人即使未完成产权过户登记，仍然享有该不动产物权。沧水铺镇政府作出《承诺书》认为土地使用证和房产证是确认权属的唯一合法证件，确认被征收的不动产权属归碧云食品厂所有，与客观事实不符且缺乏法律依据；其与碧云食品厂签订征收补偿

《协议书》的行为，明显损害了臧某等人的合法权益。赫山区政府经复议决定撤销上述《承诺书》《协议书》，处理结果正确。（二）关于碧云食品厂主张臧某等人超过行政复议申请期限，行政复议决定程序违法的问题，碧云食品厂并没有提供合法有效的证据证明臧某等人申请行政复议时已超过法定期限，故其主张不能成立。关于碧云食品厂主张涉案土地房屋原属于湖南省益阳碧云制药厂所有，该厂于1991年贷款180万元将全部厂房、设备抵押给农业银行赫山支行，益阳市中院将涉案土地房屋裁定给臧某等人，剥夺了农业银行赫山支行对该土地房屋优先受偿权的问题。根据查明的事实，2005年益阳市中院裁定将涉案土地房产抵偿给臧某等人时，涉案土地房产的合法所有权人是碧云食品厂，而非湖南省益阳碧云制药厂，碧云食品厂主张的事实与本案无关。综上，碧云食品厂的上诉理由不能成立，其上诉请求二审法院不予支持。一审判决认定基本事实清楚，适用法律、法规正确，依法应予维持。依照《中华人民共和国行政诉讼法》第八十九条第一款第一项之规定，判决驳回上诉，维持一审判决，二审案件受理费50元，由碧云食品厂负担。

碧云食品厂不服二审判决，向本院申请再审称：（一）再审新证据臧某诉张桂云租赁合同纠纷一案的赫山区法院（2014）民二初字第469号庭审笔录、证据材料收据、受理通知书等案卷材料，证明臧某等人早在2014年10月8日就已知悉《承诺书》。臧某等人于2016年3月26日才申请行政复议已超过法定期限，赫山区政府受理该复议申请属程序违法。（二）《承诺书》并非具体行政行为，《承诺书》与《协议书》未改变既存的法律关系，没有侵犯臧某等人的土地使用权和房屋所有权，不属于行政复议受案范围。（三）益阳市中院于2005年7月3日作出的（1999）益中执字第35－2号等民事裁定（以下简称2005年执行裁定）以物抵债，明显违反执行转破产及多个普通债权按顺序受偿的规定，未保留再审申请人所欠职工工资、基本养老保险和医疗保险等部分，损害职工和其他债权人权益。而且将划拨土地裁定以物抵债未经国土部门批准或同意，也未办理出让手续交付土地出让金，显属不当。臧某等人未在该裁定确定的期限及法定一年执行期限内申请执行，其执行权也已归于消灭。根据《中华人民共和国物权法》第二十八条规定因公权力原因导致物权变动的，应根据该法第三十一条办理登记，否则不发生物权效力。益阳市中院2005年执行裁定虽然确定了涉案土地房产抵偿臧某等人债务，但臧某等人未依法办理变更登记，再审申请人仍持有房地权属证书。因此，沧水铺镇政府《承诺书》与《协议书》确认再审申请人为被征收人并无不当，赫山区政府6号复议决定予以撤销，属认定事实和适用法律错误。（四）臧某等人主张涉案土地房产权利所依据的湖南省高院（1999）湘民终字第63号民事判决（以下简称1999年民事判决）明显违法，该判决确认臧某对碧云食品厂的65余万元工程款债权，但在审理和执行中臧某申请保全及保全方式错误造成再审申请人200吨藠头损失却未处理，导致再审申请人的债权本息计算错误，165万元债务却将价值1300万元涉案不动产全部抵偿。再审申请人曾起诉保全侵权赔偿一案，因沧水铺镇政府出具涉案《承诺书》而撤诉。综上，请求依法再审本案，撤销一、二审判决，改判撤销赫山区政府6号复议决定。

赫山区政府答辩称：（一）臧某等人于2014年10月8日知道《承诺书》内容，但《承诺书》未告知申请行政复议的权利和期限。臧某等人于2016年3月提起行政复议并未超过两年的复议期限，赫山区政府受理其复议申请正确。（二）益阳市中院2005年执行裁定已经生效，具有执行力。根据《中华人民共和国物权法》第二十八条及《最高人民法院关于适用〈中华人民共和国物权法〉若干问题的解释（一）》第二条、第八条之规定，依照生效法律文书发生的不动产物权变动，尚未完成登记的，也享有相应的物权请求权，可以请求保护其物权。臧某等人虽未办理过户手续，但并不影响其享有物权。赫山区政府作出6号复议决定并无不当。（三）再审申请人已就财产保全造成的藠头损失向人民法院提起诉讼，后于2014年9月17日撤诉，撤诉申请载明撤诉是“经全厂职工代表研究”，未提及与《承诺书》有关，且再审申请人自愿放弃民事权利，与本案无关。再审申请人提出该厂不动产价值1300万元远超执行标的额的理由不成立，不动产价值应以评估公司的评估结果为依据，且本案是根据已生效的益阳市中院2005年执行裁定和《中华人民共和国物权法》规定确认该厂土地和房屋权属问题，并无不妥。综上，6号复议决定及一、二审判决认定事实清楚，适用法律正确，碧云食品厂的再审申请理由不成立，请求依法予以驳回。

本院经审查认为，本案被诉行政行为是赫山区政府作出6号复议决定的行政复议行为，争议焦点为：（一）沧水铺镇政府作出《承诺书》及其与碧云食品厂签订《协议书》的行为是否属于行政复议的受案范围；（二）臧某等人申请行政复议时，是否已超过法定的复议申请期限，赫山区政府予以受理是否正确；（三）赫山区政府6号复议决定撤销涉案《承诺书》《协议书》是否正确。

（一）关于沧水铺镇政府作出《承诺书》及其与碧云食品厂签订《协议书》的行为是否属于行政复议受案范围的问题

《中华人民共和国行政复议法》第六条第十一项规定，公民、法人或者其他组织认为行政机关的其他具体行政行为侵犯其合法权益的，可以依照本法申请行政复议。《中华人民共和国行政复议法实施条例》第二十八条第五项规定，行政复议申请应属于行政复议法规定的行政复议范围。本案中，沧水铺镇政府作出的《承诺书》，明确承诺"修建的教育南路所涉及的征地拆迁事宜，只能与蔡家杰同志协商"，该承诺行为已对臧某等人的权利义务产生实际影响，属于行政复议受案范围。沧水铺镇政府与碧云食品厂签订的《协议书》，系签订征收补偿协议的行为，该《协议书》将涉案土地和厂房的被征收人确定为碧云食品厂并与其签订协议、支付相应补偿款，已对臧某等人的权利义务产生实际影响，亦属于行政复议受案范围。

（二）关于臧某等人申请行政复议时是否已超过法定的行政复议申请期限，以及赫山区政府予以受理是否正确的问题

《中华人民共和国行政复议法》第九条第一款规定："公民、法人或者其他组织认为具体行政行为侵犯其合法权益的，可以自知道该具体行政行为之日起六十日内提出行政复议申请；但是法律规定的申请期限超过六十日的除外。"《中华人民共和国行政复议法实施条例》第十七条规定："行政机关作出的具体行政行为对公民、法人或者其他组织的权利、义务可能产生不利影响的，应当告知其申请行政复议的权利、行政复议机关和行政复议申请期限。"臧某等人申请复议时有效的《最高人民法院关于执行〈中华人民共和国行政诉讼法〉若干问题的解释》第四十一条第一款规定，在行政机关未告知申请行政复议的权利和申请期限的情形下，当事人申请行政复议的有效期限应当从知道或者应当知道行政行为内容之日起最长不得超过2年。根据《最高人民法院关于适用〈中华人民共和国行政诉讼法〉若干问题的解释》第二十六条第一款的规定，2015年5月1日前起诉期限尚未届满的，适用修改后的行政诉讼法关于起诉期限的规定。即至2015年5月1日，起诉期限尚未届满的，以剩余期限计算起诉期限，但剩余期限超过修改后的行政诉

讼法第四十六条第一款规定的六个月起诉期限的，以六个月为限，至2015年11月1日起诉期限届满。本案中，根据益阳市中院（2014）益赫民二初字第469号案庭审笔录所载，臧某等人于2014年10月8日知道《承诺书》内容，但该《承诺书》未告知申请行政复议的权利、行政复议机关和行政复议申请期限，依据并参照上述法律和司法解释中关于行政复议申请期限和行政诉讼起诉期限的有关规定，臧某等人申请复议的最迟时间为2015年11月1日，但臧某等人于2016年3月26日才就《承诺书》申请行政复议，确已超过法定的复议申请期限。对于沧水铺镇政府于2015年9月16日与碧云食品厂签订《协议书》的行为，经查，该协议并未告知申请行政复议的权利、行政复议机关和行政复议申请期限，且臧某等人不是该协议当事人，因此臧某等人所称2016年3月26日才知道该签订协议行为并申请行政复议，原审法院据此认定其没有超过复议申请期限，并无不当。碧云食品厂主张臧某等人对签订协议行为申请行政复议已超过复议申请期限，但未能提供证据证实臧某等人早已知道签订协议的行为，故该主张不能成立，本院不予支持。

需要指出的是，根据《中华人民共和国行政复议法》第十七条的规定，复议机关受理行政复议申请的条件之一就是在法定申请期限内提出，对不符合规定的行政复议申请，则应当决定不予受理。也就是说，复议机关受理超出法定期限的复议申请并作出相应复议决定的行为，不符合法律规定。但是，对于上述情况需要具体问题具体分析。一方面，如果复议机关受理超出法定期限的复议申请，并作出维持原行政行为的复议决定，其实质是对当事人就原行政行为不服所提出申诉的重复处理行为，对申请人的权利义务不会产生实际影响。申请人对复议决定提起行政诉讼，人民法院应当裁定不予立案或者驳回起诉。但另一方面，如果复议机关受理超出法定期限的复议申请后，认为原行政行为存在认定事实或适用法律错误，或者认为出现了足以推翻原行政行为的新证据，进而作出撤销或废止原行政行为的复议决定，对该复议决定就应视为行政机关自行纠错的行为，人民法院对此应当予以尊重并可以对该纠错行为进行实体审查。本案中，赫山区政府受理臧某等人就《承诺书》提起的行政复议申请，虽然该复议已超过法定的申请期限，但赫山区政府经审查认为，该《承诺书》违反法律规定，剥夺了臧某等人作为被征收人的主体资格，并以此为由决定撤销《承诺书》。该行政复议行为属于行政机关的自行纠错，不属于应当撤销的情形。碧云食品厂对行政机关的自行纠错行为不服，提起行政诉讼，法院应当受理并进行实体审查。综上，赫山区政府受理臧某等人的复议申请并自行予以纠错，该处理并无不当，本院予以支持。

（三）关于赫山区政府6号复议决定撤销《承诺书》与《协议书》是否正确的问题

根据《中华人民共和国物权法》第二十八条的规定，因人民法院、仲裁委员会的法律文书或者人民政府的征收决定等，导致物权设立、变更、转让或者消灭的，自法律文书或者人民政府的征收决定等生效时发生效力。根据《最高人民法院关于适用〈中华人民共和国物权法〉若干问题的解释（一）》第二条、第八条的规定，因生效法律文书导致不动产物权变动，真实权利人尚未完成不动产登记的，也享有相应的物权请求权，可以请求保护其物权。也就是说，根据人民法院生效裁判取得不动产物权的，涉及的不动产物权自裁判文书生效之日起发生物权变动。虽然权利人未于裁判生效后及时办理变更登记，出现不动产权证书登记的权属状态与法院生效裁判确立的权属状态之间存在不一致的情形，但该情形并不影响权利人依据生效裁判享有不动产物权。在此情况下，人民政府在行政征收与补偿过程中，应当以生效裁判确定的权利人为被征收人，而不是以不动产权证书登记的权利人为被征收人。本案中，经原审法院查明，益阳市中院2005年执行裁定已将碧云食品厂的涉案土地使用权和房产所有权裁定归臧某等人以抵偿债务，涉及的不动产物权自民事裁定书生效之日起发生物权变动。虽然臧某等人未于2005年执行裁定生效后及时办理变更登记，出现不动产权证书登记的权属状态与法院生效裁判确立的权属状态之间存在不一致的情形，但该情形并不影响臧某等人依据生效的益阳市中院2005年执行裁定对涉案土地房屋享有不动产物权。沧水铺镇政府在明知益阳市中院2005年执行裁定内容的情况下，仍作出《承诺书》并与再审申请人签订《协议书》，将被征收的不动产物权确认归再审申请人，并与其签订征收补偿协议、支付补偿款，明显违反了《中华人民共和国物权法》及相关法律法规的规定，损害了臧某等人的合法权益。在此情况下，赫山区政府作出6号复议决定，依法撤销该《承诺书》和《协议书》，具有事实和法律依据，一、二审判决维持该复议决定，认定事实清楚，适用法律正确，处理结果得当，本院予以维持。

至于再审申请人主张湖南省高院1999年民事判决及益阳市中院2005年执行裁定存在错误等问题，因湖南省高院1999年民事判决及益阳市中院2005年执行裁定已经发生法律效力，具有既判力和执行力，再审申请人如认为上述生效裁判有错误，应当通过审判监督程序依法寻求救济，该主张不属于本案审查范围，在此不予评判。

综上，碧云食品厂的再审申请不符合《中华人民共和国行政诉讼法》第九十一条规定的情形。依照《最高人民法院关于适用〈中华人民共和国行政诉讼法〉的解释》第一百一十六条第二款的规定，裁定如下：

驳回湖南省益阳市赫山区碧云食品厂的再审申请。

审判长：刘艾涛；审判员：龚斌、熊俊勇；书记员：唐劲松

二〇一八年十二月二十七日

035

征收补偿方案规定的奖励或补助属于附条件的行政行为

【裁判要旨】

《国有土地上房屋征收与补偿条例》第十七条规定，市、县级人民政府应当制定补助和奖励办法，对被征收人给予补助和奖励。市、县级人民政府制定征收补偿方案或者征收补助和奖励办法给予的补助和奖励，并不是普惠性的，属于附条件的行政行为。被征收人只有在符合征收补偿方案规定的补助、奖励条件时，征收部门才有义务给予其相应的奖励或补助。

中华人民共和国最高人民法院

行政裁定书

（2018）最高法行申2398号

再审申请人（一审原告、二审上诉人）：邢某。

被申请人（一审被告、二审被上诉人）：三亚市人民政府。

法定代表人：阿东，市长。

委托代理人：黎永忠，该府法制办工作人员。

被申请人（一审被告、二审被上诉人）：三亚市天涯区人民政府。

法定代表人：江雄标，区长。

委托代理人：麦永取，该府工作人员。

委托代理人：侯孝发，海南同玺律师事务所律师。

再审申请人邢某因诉被申请人三亚市人民政府（以下简称三亚市政府）、三亚市天涯区人民政府（以下简称天涯区政府）行政奖励一案，不服海南省高级人民法院于2017年11月27日作出的（2017）琼行终1226号行政判决，向本院申请再审。本院依法组成合议庭对本案进行审查，并于2018年5月10日下午在本院第一巡回法庭第二法庭进行公开询问。再审申请人邢某，被申请人三亚市政府的委托代理人黎永忠，被申请人天涯区政府的委托代理人麦永取、侯孝发，到庭参加询问。案件现已审查终结。

2015年9月30日，三亚市政府下发三府办（2015）263号《关于印发三亚市金鸡岭四组片区棚户区危房改造征收补偿安置方案的通知》，印发《三亚市金鸡岭四组片区棚户区危房改造征收补偿安置方案》（以下简称《征补安置方案》）第八条“搬迁及奖励”规定，被征收人在2015年10月25日前签订房屋征收安置协议并搬迁腾空房屋的，一次性给予人民币8万元/户的奖励；2015年10月26日至2015年11月11日内签订房屋征收安置协议并搬迁腾空房屋的，一次性给予人民币5万元/户的奖励；被征收人超过规定时间签订房屋征收安置协议和搬迁的，不给予任何货币奖励。天涯区政府在实施征收工作过程中，以“被征收人在2015年10月25日前签订三亚市金鸡岭四组片区棚户区危房改造项目拟房屋征收补偿安置协议（以下简称《拟安置补偿协议》）并搬迁腾空房屋的”，作为给予人民币8万元/户奖励的条件。因邢某认为《拟安置补偿协议》不具有法律效力，未予签订。至2016年6月27日，天涯区政府出具正式协议后，邢某才与天涯区政府签订《三亚市金鸡岭四组片区棚户区危房改造项目房屋征收货币安置协议》（以下简称《房屋征收补偿安置协议》）。该协议第四条第一项约定，乙方（被拆迁人）在2015年10月25日前签订《拟安置补偿协议》并搬迁腾空房屋的，一次性给予人民币8万元/户的奖励；第二项约定，乙方在2015年10月26日至2015年11月11日内签订《拟安置补偿协议》或本协议并搬迁腾空房屋的，一次性给予人民币5万元/户的奖励；第三项约定，乙方超过2015年11月11日后签订《房屋征收补偿安置协议》并搬迁腾空房屋的，一律不给予任何货币奖励。同日，邢某在安置奖励款额为零的房屋综合补偿表上进行签字确认。后因邢某对天涯区政府不给予其8万元/户的搬迁奖励款发生争议，向相关部门报告要求处理。2016年12月12日，邢某向三亚市政府申请行政复议，三亚市政府于2016年12月15日作出三府复不字（2016）27号不予受理决定书，决定不予受理邢某的复议申请。邢某遂提起行政诉讼，请求天涯区政府依三亚市政府下发的《征补安置方案》，履行给予其8万元征收搬迁奖励义务。

三亚市中级人民法院（2017）琼02行初11号行政判决认为，搬迁奖励款不属房屋征收必须补偿项目，而是征收人为了推进征收工作，对符合条件的被征收人给予的奖励。虽然三亚市政府2015年9月30日下发的《征补安置方案》第八条“被征收人在2015年10月25日前签订房屋征收安置协议并搬迁腾空房屋的，一次性给予人民币8万元/户的奖励”中的“房屋征收安置协议”是指正式协议。但天涯区政府根据实际征收工作的需要，在不具备正式签约条件的情形下，以“在2015年10月25日前签订《拟安置补偿协议》并搬迁腾空房屋的，一次性给予人民币8万元/户的奖励”作为奖励的条件。也就是以先行签订拆迁意向书的方式，作为给予被征收人奖励的条件，其目的也是激励被征收人主动配合征收工作，其所附条件并无不当。由于邢某拒绝先行签订拆迁意向书（即《拟安置补偿协议》），故不具备奖励的条件。且邢某与天涯区政府在2016年6月27日签订的《房屋征收补偿安置协议》第四条第三项也作出“乙方超过2015年11月11日后签订《房屋征收补偿安置协议》并搬迁腾空房屋的，一律不给予任何货币奖励”的约定，该协议约定内容并不违反法律、法规的强制性规定，合法有效。因邢某没有提供有效证据证明双方在签订该协议时，存在有胁迫、重大误解、显失公平等法定可撤销、可变更该协议之情形。故其请求变更该协议第四条第三项的约定内容，给予8万元奖励款的诉讼请求，没有事实和法律依据，依法不予支持。综上，依照《中华人民共和国行政诉讼法》第六十九条之规定，判决驳回邢某的诉讼请求。邢某不服一审判决，提出上诉。

海南省高级人民法院（2017）琼行终1226号行政判决认为，三亚市政府于2015年9月30日下发《征补安置方案》，经三亚市委常委会扩大会议、市长办公会议审议通过，并由天涯区政府、三亚市各相关单位具体组织实施棚户区改造工作。三亚市政府为本案的适格被告。根据《征补安置方案》的规定，被征收人在2015年10月25日前签订房屋征收安置协议并搬迁腾空房屋的，一次性给予人民币8万元/户的奖励；2015年10月26日至2015年11月11日内签订房屋征收安置协议并搬迁腾空房屋的，一次性给予人民币5万元/户的奖励。天涯区政府庭审中承认，由于工作进度的安排，在《征补安置方案》规定的条件已经明显不能成就的情况下，天涯区政府为保障被拆迁户的权益，采取变通做法，以签订《拟安置补偿协议》的方式作为获得奖励的依据，且双方当事人均认可该变通做法保障了被拆迁户的利益。根据《征补安置方案》的规定，该征收补偿安置方案由天涯区政府负责解释，因此天涯区政府为保障被拆迁户的权益而对奖励措施采取的变通措施并不违反相关法律及文件的规定。具体到本案中，由于邢某拒绝签订《拟安置补偿协议》，因此无论是根据《征补安置方案》的奖励条件，还是根据天涯区政府变通过的奖励条件，邢某均不符合获得奖励的条件。天涯区政府与邢某签订的《房屋征收补偿安置协议》事实清楚、程序合法。依照《中华人民共和国行政诉讼法》第八十九条第一款第一项之规定，判决驳回上诉，维持一审判决。

邢某申请再审称：二审未开庭审理，仅作了听证就书面审结案，并且其他两名合议庭成员均未到场，当事人也无法行使申请回避的权利。本案2017年7月20日立案二审，到12月14日才收到邮寄判决书，超过法定的三个月审理期限；一审事实认定避实就虚，判决缺乏法律规定支持，对申请人本应获得的奖励诉求避而不谈，同时对申请人提供认定的证据以及本案归纳的焦点没有进行法理梳理阐述。请求撤销一、二审判决并依法再审，判决天涯区政府依《征补安置方案》履行征收安置协议中的给予申请人8万元征收搬迁奖励的诉讼请求。

三亚市政府及天涯区政府答辩称：天涯区政府与邢某签订的《房屋征收补偿安置协议》事实清楚，程序合法。邢某不符合《征补安置方案》和天涯区政府《房屋征收补偿安置协议》中关于获得货币奖励的条件，要求支付奖励款没有事实和法律依据。请求驳回邢某的再审申请。

本院经审查另查明，《征补安置方案》第十条“附则”第一项规定，本方案中未尽事宜，按照《国有土地上房屋征收与补偿条例》（本案以下简称《征补条例》）及省、市有关规定，由征收实施单位与被征收人协商解决；第二项规定，本征收补偿安置方案由天涯区政府负责解释。案涉的金鸡岭四组片区棚户区危房改造项目共涉及250余户，在2015年11月11日前未签订《拟安置补偿协议》的仅有包括邢某在内的三户。三亚楷桦房地产资讯服务有限公司对邢某的房屋作出征收估价分户报告并向邢某送达，邢某于2016年6月6日对评估结果提出异议并申请复核。2016年6月27日，邢某与天涯区政府签订《房屋征收补偿安置协议》，并已全部领取协议中约定的补偿款。

本院经审查认为，根据《征补条例》第十七条之规定，被征收人可以获得的补偿主要包括被征收房屋价值的补偿、因征收房屋造成的搬迁、临时安置的补偿、因征收房屋造成的停产停业损失的补偿。该条同时还规定，市、县级人民政府应当制定补助和奖励办法，对被征收人给予补助和奖励。市、县级人民政府给予的补助和奖励并不是普惠的，根据当地的实际情况，各地制定的补助奖励办法存在不同。一般而言，补助主要是针对生活困难救助、重大疾病救助以及住房困难救助，而奖励的目的则主要是获得被征收人的支持和配合，对提前签订补偿协议或者搬迁的被征收人给予适当的奖励。市、县级人民政府在相关文件或房屋征收补偿方案中就有关补助和奖励作出的规定，均应按照确定的标准予以兑现。奖励属于附条件的行为，被征收人必须符合征收补偿方案或相关文件中所确定的条件才能获得奖励，因此在实际征收中并非所有被征收人都能够获得奖励。本案中，三亚市政府制定的《征补安置方案》第八条“搬迁及奖励”部分明确规定，被征收人在2015年10月25日前签订房屋征收补偿安置协议并搬迁腾空房屋的，一次性给予人民币8万元/户的奖励。但是，天涯区政府在组织实施房屋征收与补偿工作过程中，在前述《征补安置方案》规定的时间段内，尚未完成对被征收房屋的房地产价格评估工作，亦未提供房屋征收补偿安置协议给被征收人，实际上《征补安置方案》中规定的奖励条件无法实现。天涯区政府采用与被征收人先行签订《拟安置补偿协议》的方式代替直接签订房屋征收补偿安置协议，实际上已经调整了获取奖励的条件。案涉征收项目涉及250余户被征收人，但是仅有包括邢某在内的三户未签订《拟安置补偿协议》，可以认定天涯区政府对《征补安置方案》中关于奖励条件的修改，已经获得绝大多数被征收人的同意。邢某未在天涯区政府要求的时间段内签订《拟安置补偿协议》，不符合经调整后的奖励条件，天涯区政府不给予其奖励，并无不当。邢某与天涯区政府签订的《房屋征收补偿安置协议》第四条“搬迁奖励”中，明确约定“乙方在2015年10月25日前签订《拟安置补偿协议》并搬迁腾空房屋的，一次性给予人民币8万元/户的奖励”，该条款的内容与天涯区政府调整后的补偿安置方案中的奖励条件是一致的，应当视为邢某已经认可修改后的奖励条件，事实上已对其获得奖励的权益进行处分。邢某签订《房屋征收补偿安置协议》并领取协议约定的补偿款后，又要求天涯区政府给予8万元奖励，缺乏事实根据和法律依据。一、二审判决驳回邢某的诉讼请求，认定事实清楚，适用法律正确，应予维持。

邢某主张二审未开庭审理，当事人无法行使申请回避的权利，程序违法。根据《中华人民共和国行政诉讼法》第八十六条规定，人民法院对上诉案件，应当组成合议庭，开庭审理。经过阅卷、调查和询问当事人，对没有提出新的事实、证据或者理由，合议庭认为不需要开庭审理的，也可以不开庭审理。二审对本案组织听证并进行书面审理，并不违反法定程序。《中华人民共和国行政诉讼法》第五十五条第一款规定，当事人认为审判人员与本案有利害关系或者有其他关系可能影响公正审判，有权申请审判人员回避。回避权是当事人的法定权利，并不受是否开庭审理影响，且邢某并未提出二审法官有影响公正审判需要回避的事由，故其关于二审程序违法的主张不能成立。

应当指出的是，国有土地上房屋征收与补偿涉及每个被征收人的重大利益，应当严格按照《征补条例》及相关法律法规规定的程序组织实施。因旧城区改造、棚户区改造等需要征收房屋的，往往存在涉及面广、人数众多、征收补偿情况复杂的特点，在征收补偿过程中容易产生矛盾和争议。实践中，部分地方政府及房屋征收部门采用模拟征收的模式具体实施征收补偿工作，即先与被征收人签订拟安置补偿协议，当签约人数达到一定比例后即转为正式征收补偿程序，并重新签订正式的补偿安置协议。模拟征收方式充分尊重被征收人意愿，通过协商方式提前化解征拆矛盾，有利于保护被征收人的合法利益诉求。采用模拟征收方式，市、县级人民政府及房屋征收部门也要严格遵守《征补条例》的相关规定，依法实施征收补偿工作。根据《征补条例》第十条、第十一条、第十三条的规定，市、县级人民政府应当就房屋征收部门拟定的征收补偿方案组织论证并征求公众意见，征求意见情况和根据公众意见修改的情况及时公布；因旧城区改建需要征收房屋的，多数被征收人认为征收补偿方案不符合规定的还应组织听证会；作出房屋征收决定后应及时公告，公告应当载明征收补偿方案。根据前述规定，市、县级人民政府作出征收补偿方案前，可以通过组织有关部门论证及征求公众意见、召开听证会等方式进行修改完善，经确定的征收补偿方案应作为征收决定的附件一同公告，并产生法律效力。本案中，三亚市政府发布案涉《征补安置方案》，天涯区政府在实施过程中对该方案中规定的奖励条款进行修改，明显不符合《征补条例》有关修改征收补偿方案的规定。鉴于该修改事实上得到绝大多数被征收人的同意，且已经全部实施完毕，本院仅对该问题予以指正。

还需要指出的是，根据《最高人民法院关于适用〈中华人民共和国行政诉讼法〉的解释》第二十五条的规定，市、县级人民政府确定的房屋征收部门组织实施房屋征收与补偿工作过程中作出行政行为，被征收人不服提起诉讼的，以房屋征收部门为被告。本案中，邢某诉请的是天涯区政府按照三亚市政府《征补安置方案》规定给予其8万元征收搬迁奖励，其认为天涯区政府签订的协议存在过错导致其未获得该项奖励。根据《征补条例》第十七条、第二十五条之规定，与邢某签订协议的主体系天涯区政府，邢某诉请要求给予奖励的主体也是天涯区政府，故本案的适格被告应当是天涯区政府。邢某要求给予8万元奖励的依据是三亚市政府的《征补安置方案》，但邢某并未对该方案提出异议，也未要求三亚市政府给予其奖励，三亚市政府亦并非法定的补偿义务主体，故一、二审将三亚市政府列为共同被告不当。考虑到本案最终的实体处理结果并无不当，该错列共同被告问题尚不足以构成引起再审的法定事由，故本院仅予以指正。

综上，邢某的再审申请不符合《中华人民共和国行政诉讼法》第九十一条第三、四项规定的情形。依照《最高人民法院关于适用〈中华人民共和国行政诉讼法〉的解释》第一百一十六条第二款的规定，裁定如下：

驳回邢某的再审申请。

审判长：熊俊勇；审判员：龚斌、刘艾涛；法官助理：牛延佳；书记员：余逸纯

二〇一八年六月二十八日

036

征收决定程序违法，但撤销将会给公共利益造成重大损失的，判决确认违法，保留效力

【裁判要旨】

市、县人民政府作出征收决定前，存在未履行社会稳定风险评估义务、征收补偿费用未足额专户存储到位等违法情形，征收决定依法应当予以撤销。但是，撤销征收决定将会对国家利益、公共利益造成重大损害的，人民法院应当依照《中华人民共和国行政诉讼法》第七十四条第一款第一项规定，判决确认征收决定行为违法，不撤销，保留效力。

中华人民共和国最高人民法院
行政裁定书

（2018）最高法行申3529号

再审申请人（一审原告、二审上诉人）：广西柳州地区土产公司。

法定代表人：王晋全，总经理。

委托代理人：覃禄勇，广西华恒信律师事务所律师。

被申请人（一审被告、二审被上诉人）：广西壮族自治区柳州市柳南区人民政府。

法定代表人：何世恰，区长。

委托代理人：阮洋自牧，区政府法制办科员。

委托代理人：朱宁，广西众维律师事务所律师。

原审第三人：柳州市祥源投资发展有限公司。

法定代表人：钟宇，总经理。

再审申请人广西柳州地区土产公司（以下简称土产公司）因诉被申请人广西壮族自治区柳州市柳南区人民政府（以下简称柳南区政府）及原审第三人柳州市祥源投资发展有限公司（以下简称祥源公司）房屋征收决定一案，不服广西壮族

自治区高级人民法院于2017年12月29日作出的（2017）桂行终288号行政判决，向本院申请再审。本院于2018年5月23日立案受理，依法组成合议庭进行审查。案件现已审查终结。

2013年9月6日，柳州市人民政府作出柳政函（2013）524号《关于同意市祥源投资发展有限公司负责实施城邕路周边及柳工大道新云村地块土地一级开发整理的批复》，批复同意由祥源公司负责实施城邕路周边及柳工大道新云村地块总计约1088亩土地的一级开发整理工作。2013年9月29日，柳州市发改委审批同意《项目建议书（立项）审批申请表》，载明："柳州市城邕路片区改造及配套基础设施项目（二期）"的项目单位为祥源公司，拟用地规模约367.143亩（国有土地）。2013年10月22日，柳州市规划局向祥源公司作出柳规用地（2013）169号《关于提供城邕路片区改造及配套基础设施项目（二期）规划意见的复函》，主要内容为：根据《柳州市城邕片控制性详细规划》及《柳州市飞鹅－东站片控制性详细规划》，该地块规划用地性质为居住、商业、医疗卫生、公共设施、水域、中小学、城市道路、城市绿化用地，其中城市道路用地面积53301.82平方米，城市绿化用地面积为27564.5平方米（具体坐标见附件）。2013年11月18日，柳州市国土资源局向祥源公司作出柳国土规（2013）243号《关于柳州市城邕路片区改造及配套基础设施项目（二期）建设用地预审的复函》，主要内容为：该项目用地符合国家的供地政策，符合《柳州市土地利用总体规划（2006－2020年）》，土地前期开发完成后，向具体建设项目供地时，必须按照国家法律、法规、政策的规定实施供地。2013年11月22日，柳州市发改委向祥源公司作出柳发改规划（2013）571号《关于城邕路片区改造及配套基础设施项目（二期）立项的批复》，主要内容为：一、同意城邕路片区改造及配套基础设施项目（二期）建设；二、项目建设地点位于柳工大道东侧、××南侧，总用地面积约244756.45平方米；三、项目工作内容为：进行征地拆迁工作并完成土地开发整理，达到供地条件后，按城市规划依法供地；四、项目匡算投资约29371万元，资金来源：你单位自筹。2014年，柳州市规划局向祥源公司作出柳规用地（2014）123号《柳州市规划局关于重新提供城邕路片区改造及配套基础设施项目（二期）的规划意见》，主要内容为：根据《柳州市城邕片控制性详细规划》及《柳州市飞鹅－东站片控制性详细规划》，该地块规划用地性质为居住、商业、医疗卫生、公共设施、水域、中小学、城市道路、城市绿化用地（具体坐标见附件）。2015年1月23日，柳州市第十三届人民代表大会第七次会议审议通过《关于柳州市2014年国民经济和社会发展计划执行情况及2015年国民经济和社会发展计划的决议》，批准《柳州市2014年国民经济和社会发展计划执行情况及2015年国民经济和社会发展计划（草案）报告》和《2015年国民经济和社会发展计划》。其中，“城邕路片区改造及配套基础设施项目（二期）”属于《2015年国民经济和社会发展计划》确定的柳州市2015年的重大项目建设中“城邕路周边及柳工大道新云村地块土地一级开发整理”项目的部分。2015年4月1日，柳南区政府公布《关于〈城邕路片区改造及配套基础设施项目（二期）房屋征收补偿方案〉》，主要内容为：根据《国有土地上房屋征收与补偿条例》及柳州市有关程序规定，柳南区房屋征收与补偿办公室已于2014年12月5日至2015年1月4日将《城邕路片区改造及配套基础设施项目（二期）房屋征收补偿方案（征求意见稿）》在项目征收范围及政府网站进行公布，征求社会公众和被征收人意见，截至2015年1月4日24时，未收到对补偿方案的书面意见和建议，现按《城邕路片区改造及配套基础设施项目（二期）房屋征收补偿方案》实施。2015年4月27日，柳南区政府作出柳南征告（2015）1号《关于国有土地上房屋征收决定的公告》（以下简称1号征收公告），主要内容为：柳南区政府决定对“城邕路片区改造及配套基础设施项目（二期）”涉及的国有土地上房屋及附属物实施征收，征收范围是根据柳州市规划局柳规用地（2014）123号《柳州市规划局关于重新提供城邕路片区改造及配套基础设施项目（二期）的规划意见》等文件规划红线定点红线图。房屋征收部门为柳州市柳南区住房和城乡建设局，房屋征收实施单位为柳州市柳南区房屋征收与补偿办公室。征收补偿按柳南区政府《城邕路片区改造及配套基础设施项目（二期）房屋征收补偿方案》执行。并载明签约期限为自征收部门正式公布通知签订补偿协议之日起六十日内，搬迁期限为签订房屋征收补偿协议之日起三十日内。如被征收人对征收决定有异议，可在本公告发布之日起六十日内依法向柳州市人民政府申请行政复议，或者在三个月内依法向人民法院起诉。土产公司位于柳州市柳邕路178号的部分房屋在征收范围内。2015年10月26日，土产公司以1号征收公告非因公共利益需要，且征收程序违法为由，提起本案行政诉讼，请求撤销1号征收公告。

柳州市中级人民法院（2015）柳市行初字第166号行政判决认为，1号征收公告是对房屋征收决定的一种公开方式，土产公司起诉1号征收公告，实质是对房屋征收决定不服。因此，本案被诉的行政行为应是柳南区政府作出的房屋征收决定。本案中，柳南区政府在法定期限内未能提交证据证实，在作出房屋征收决定前，已履行社会稳定风险评估、征收补偿费用足额存储到位等法定程序。因此，作出房屋征收决定行为存在违反法定程序情形。但该房屋征收决定并非只针对土产公司一个业主，而是面向涉及“城邕路片区改造及配套基础设施项目（二期）”定点红线范围内的所有业主，且征收工作已经启动，部分业主已与柳南区政府达成征收协议，完成征收行为，撤销该征收决定将会给国家利益和社会公共利益造成损害。依据《中华人民共和国行政诉讼法》第七十四条第一款第一项规定，判决确认1号征收公告违法。土产公司不服，提起上诉。

广西壮族自治区高级人民法院（2017）桂行终288号行政判决认为，一审判决确认1号征收公告违法，有事实和法律依据。“城邕路片区改造及配套基础设施项目（二期）”已经立项批复、用地规划批复、建设用地预审批复，项目符合柳州市土地利用总体规划，符合柳州市国民经济和社会发展规划、土地利用总体规划，符合柳州市市政基础设施建设的需要，属公共利益的需要。根据柳州市规划局作出的规划意见，涉案地块规划用地性质为居住、商业、医疗卫生、公共设施、水域、中小学、城市道路、城市绿化用地。虽然该规划批复载明规划用地性质中有商业用地性质，但是该商业用地属涉案建设项目统一规划的配套基础设施，涉案土地的一级开发整理项目，属柳州市规划局上述用地规划的前期工作，涉案土地的一级开发整理项目的公共利益性质不可否定。依照《中华人民共和国行政诉讼法》第八十九条第一款第一项的规定，判决驳回上诉，维持原判。

土产公司申请再审称：1. 二审采信另案当事人提交的未经质证的《柳州市2014年国民经济和社会发展计划执行情况及2015年国民经济和社会发展计划（草案）报告》作为定案依据，违反法律规定。且柳州市《2015年国民经济和社会发展计划》只有“城邕路周边及柳工大道新云村地块土地一级开发整理”项目，没有“城邕路片区改造及配套基础设施项目（二期）”，该项目并不存在。2. 涉案房屋征收决定不属于公共利益需要，撤销该征收决定不会给国家利益和社会公共利益造成损害。柳南区政府对涉案房屋进行征收是商业开发行为。请求撤销一、二审判决，依法对本案予以再审。

柳南区政府答辩称：1．“城邕路片区改造及配套基础设施项目（二期）”已经柳州市发改委立项批复同意，符合土地利用总体规划，属于柳州市2015年重大项目建设之一，涉案房屋征收决定符合公共利益需要。祥源公司作为国有公司，经政府授权实施土地一级开发整理，按照土地利用总体规划和年度土地一级开发计划，对拟征用土地统一进行征地拆迁和市政道路等基础设施建设的行为，系政府实施“城邕路片区改造及配套基础设施项目（二期）”的前期工作，属于公共利益需要。2．涉案房屋征收已经实际实施，撤销房屋征收决定将会给公共利益造成重大损害。请求驳回土产公司的再审申请。

祥源公司未提交书面答辩意见。

本院经审查认为，根据《国有土地上房屋征收与补偿条例》第九、十、十一、十二、十三条规定，征收房屋的各项建设活动应当符合国民经济和社会发展规划、土地利用总体规划、城乡规划和专项规划；旧城区改建项目应当纳入市、县级国民经济和社会发展年度计划；市、县级人民政府应当组织有关部门对征收补偿方案进行论证并予以公布，征求公众意见，征求意见期限不得少于30日，应将征求意见情况和根据公众意见修改的情况及时公布；作出房屋征收决定前，应当进行社会稳定风险评估，征收补偿费用应当足额到位、专户存储、专款专用；作出房屋征收决定后应当及时公告。本案中，从柳州市人民政府批复、柳州市发改委立项批复、柳州市规划局用地规划批复、柳州市国土资源局建设用地预审批复等证据，足以证明“城邕路片区改造及配套基础设施项目（二期）”作为“城邕路周边及柳工大道新云村地块一级开发整理项目”的部分，已列入柳州市《2015年国民经济和社会发展计划》。该项目作为柳州市旧城区配套基础设施改造工程部分，经过柳州市发改委批准立项，规划、国土部门审查，符合土地利用总体规划和城乡规划要求。柳南区政府依法公布征收范围，对征收范围内的房屋进行调查并公告调查结果；论证征收补偿方案并予以公告，听取公众的意见，并将公众建议意见情况及最终征收补偿方案予以公布，作出1号征收公告行为，主要事实清楚，适用法律法规正确。但是，确实没有证据证明，柳南区政府发布1号征收公告之前，已履行社会稳定风险评估、征收补偿费用足额存储到位的法定程序义务，存在程序违法情形。鉴于1号征收公告涉及征收人众多，项目已经实际实施，撤销该征收公告行为将会对国家利益、公共利益造成重大损害，一、二审判决确认1号征收公告行为违法，不撤销保留效力，符合《中华人民共和国行政诉讼法》第七十四条第一款第一项的规定，本院予以支持。土产公司主张，本案1号征收公告不符合公共利益需要，撤销不会给国家利益、公共利益造成损害。但是，根据《国有土地上房屋征收与补偿条例》第八条第五项规定，依照城乡规划法有关规定组织实施的对危房集中、基础设施落后等地段进行旧城区改造的需要，市、县级人民政府作出房屋征收决定，符合公共利益需要。本案“城邕路片区改造及配套基础设施项目（二期)”作为柳州市旧城区配套基础设施改造工程部分，实质是实施旧城改造，符合公共利益的需要。土产公司以规划批复的规划用地中有部分商业用地，否定本案征收的公共利益性质，理由不能成立。土产公司还主张，二审判决采信另案证据作为本案定案依据违法。但是，根据《最高人民法院关于行政诉讼证据若干问题的规定》第二十二条第一项规定，涉及国家利益、公共利益或者他人合法权益的事实认定的，人民法院有权向有关行政机关以及其他组织、公民调取证据。为弄清涉案项目是否纳入柳州市年度国民经济和社会发展年度计划，二审将不同被征收人、同样诉1号征收公告的另案证据，作为本案证据予以采信，视为二审调取证据，不违反行政诉讼证据规则的规定。以此为由申请再审，理由不能成立。

应当指出的是，两个以上的原告对同一行政行为提起行政诉讼的，属于必要的共同诉讼，人民法院应当合并一案审理和判决。本案土产公司与另案一审原告广西壮族自治区农业机械供应柳州公司，分别对1号征收公告提起行政诉讼，被诉行政行为为同一个，属于必要的共同诉讼，人民法院应当合并一案审理判决。一、二审分别立案、判决不妥，本院予以指正。鉴于上述审判程序违法未影响案件的公正审判，本案不予再审。

综上，土产公司的再审申请不符合《中华人民共和国行政诉讼法》第九十一条第三、四、五项规定的情形。依照《最高人民法院关于适用〈中华人民共和国行政诉讼法〉的解释》第一百一十六条第二款的规定，裁定如下：

驳回广西柳州地区土产公司的再审申请。

审判长：郭修江；审判员：龚斌、熊俊勇；法官助理：黄宁晖；书记员：陈清玲

二〇一八年七月三十一日

037

征收决定作出前组织被征收人选择评估机构不违反法律规定

【裁判要旨】

《国有土地上房屋征收与补偿条例》及国务院相关部门规章，均未对评估机构的选定时间作出明确规定，征收部门在征收决定作出前，组织被征收人选出评估机构，不违反法律规定。

中华人民共和国最高人民法院
行政裁定书

（2018）最高法行申3410号

再审申请人（一审原告、二审上诉人）：张甲。

再审申请人（一审原告、二审上诉人）：张乙。

再审申请人（一审原告、二审上诉人）：龚某。

再审申请人（一审原告、二审上诉人）：李某。

再审申请人（一审原告、二审上诉人）：蒋某。

再审申请人（一审原告、二审上诉人）：周某。

再审申请人（一审原告、二审上诉人）：杨某。

再审申请人（一审原告、二审上诉人）：聂某。

被申请人（一审被告、二审被上诉人）：湖南省常德市武陵区人民政府。

法定代表人：廖可元，区长。

被申请人（一审被告、二审被上诉人）：湖南省常德市人民政府。

法定代表人：曹立军，市长。

一审原告、二审上诉人：辛某。

一审原告、二审上诉人：胡甲。

一审原告、二审上诉人：胡乙。

一审原告、二审上诉人：皮某。

一审原告、二审上诉人：左某。

再审申请人张甲、张乙、龚某、李某、蒋某、周某、杨某、聂某（以下简称张甲等八人）因诉被申请人湖南省常德市武陵区人民政府（以下简称武陵区政府）、湖南省常德市人民政府（以下简称常德市政府）房屋征收决定及行政复议一案，不服湖南省高级人民法院（2017）湘行终1398号行政判决，向本院申请再审。本院依法组成合议庭对本案进行了审查，现已审查终结。

张甲等八人申请再审称，请求撤销一、二审判决，支持再审申请人全部诉讼请求，被申请人承担全部诉讼费用。主要理由为：1. 二审判决认定涉案项目出于公共利益需要错误。《国有土地上房屋征收与补偿条例》第八条规定只有保障性安居工程和旧城区改建才属于公共利益需要。涉案住宅地块出让给开发商建设商品房，并非出于公共利益需要。2. 一、二审违法采信武陵区政府逾期提供的资金证明。《中华人民共和国行政诉讼法》第三十四条规定，无正当理由逾期提供证据，视为没有相应证据。武陵区政府逾期提供的资金证明不应被采信。一审原告的房屋评估总价为1002. 1124万元，而全部征收房屋评估总价2000万元，武陵区政府的1000万元资金无论支付全体被征收人还是一审原告都明显不足。3. 评估机构选定程序违法。武陵区老年大学征收拆除项目选定评估机构的时间在征收决定出台之前，不符合法律规定。4. 常德市国土资源局《关于收回国有土地使用权的公告》与《关于原武陵区老干局储备地块用地符合土地利用总体规划的情况说明》中的土地面积不一致。

本院认为，《国有土地上房屋征收与补偿条例》第八条第三项规定，为了保障国家安全、促进国民经济和社会发展等公共利益的需要，有下列情形之一，确需征收房屋的，由市、县级人民政府作出房屋征收决定：（三）由政府组织实施的科技、教育、文化、卫生、体育、环境和资源保护、防灾减灾、文物保护、社会福利、市政公用等公共事业的需要。本案中，武陵区老干部局院内有办公楼一栋及住宅房屋五十一户（公产三户、私产四十八户），总用地面积12934. 6平方米，其中办公楼占地面积5500平方米，土地性质均为划拨用地。武陵区政府为修建武陵区老年大学，对武陵区老干部局院落内进行整体征收，用于新建教学楼、综合楼及球场、地下停车场等配套设施，满足老干部活动的需要。因老年大学建设项目用地6055平方米，需占用武陵区老干部局院内的私产房屋土地555平方米，故武陵区政府对武陵区老干局院内公产及私产进行整体征收。武陵区政府征收武陵区老干部局院内土地，新建老年大学和原居民的还迁楼房，作出的被诉房屋征收决定符合《国有土地上房屋征收与补偿条例》第八条第三项的规定。再审申请人提出武陵区老年大学征收项目并非出于公共利益的主张不能成立，本院不予支持。

《最高人民法院关于行政诉讼证据若干问题的规定》第二十二条规定，根据行政诉讼法第三十四条第二款的规定，有下列情形之一的，人民法院有权向有关行政机关以及其他组织、公民调取证据：（一）涉及国家利益、公共利益或者他人合法权益的事实认定的。本案中，武陵区政府虽然是在举证期限届满后提交广发银行常德分行《关于武陵区老年大学项目资金专户的设立及补偿资金情况说明》，但由于该证据能够证明涉案建设项目补偿资金的情况，涉及公共利益的事实认定，一审法院审查后予以采信，并不违反法律规定。再审申请人提出采信武陵区政府逾期提交的专项资金证明违法的主张不能成立。关于再审申请人提出专项资金不足的主张。经查，由于该地块上大部分被征收人都有回迁安置的意愿，选择货币补偿是少数，武陵区政府以1000万元资金专户储存可以满足货币补偿的需求，一、二审认定补偿资金已经足额到位，并无不当。

《国有土地上房屋征收与补偿条例》第十九条第一款规定，被征收房屋的价值，由具有相应资质的房地产价格评估机构按照房屋征收评估办法评估确定。《国有土地上房屋征收评估办法》第四条第一款规定，房地产价格评估机构由被征收人在规定时间内协商选定；在规定时间内协商不成的，由房屋征收部门通过组织被征收人按照少数服从多数的原则投票决定，或者采取摇号、抽签等随机方式确定。具体办法由省、自治区、直辖市制定。《湖南省实施〈国有土地上房屋征收与补偿条例〉办法》第九条第五、六项规定，被征收人在规定时间内就选定房地产价格评估机构协商达成一致意见的，将协商结果书面告知房屋征收部门；协商不成的，由房屋征收部门组织不少于三分之二的被征收人按照少数服从多数的原则投票决定，或者通过摇号、抽签等随机选定方式确定。本案中，武陵区政府在发布征收范围公告之后、征收决定公告之前，通知被征收人协商选定评估机构，并且召开超过三分之二多数的39户被征收人代表到场选定评估机构。其中有35户代表选定湖南鸿天房地产土地评估有限公司为涉案项目的评估机构，评估机构选定程序合法。至于评估机构的选定时间问题，《国有土地上房屋征收与补偿条例》

及相关的部门规章、地方政府规章均未作出强制性规定，武陵区政府在征收决定作出前组织被征收人投票选出评估机构，并不违反法律规定。再审申请人提出评估机构选定程序违法的主张不能成立。

关于再审申请人认为常德市国土资源局《关于收回国有土地使用权的公告》与其出具的《关于原武陵区老干局储备地块用地符合土地利用总体规划的情况说明》中的土地面积不一致的主张。经查，常德市国土资源局于2017年10月23日发布的《关于收回国有土地使用权的公告》系征收决定实施后的行为，不是本案被诉征收决定的内容，也不是征收决定的前置要件，不属于本案的审查范围。再审申请人以此为由申请再审，理由不能成立。

综上所述，张甲等八人的再审申请不符合《中华人民共和国行政诉讼法》第九十一条规定的情形。依照《最高人民法院关于适用〈中华人民共和国行政诉讼法〉的解释》第一百一十六条第二款的规定，裁定如下：

驳回张甲、张乙、龚某、李某、蒋某、周某、杨某、聂某的再审申请。

审判长：龚斌；审判员：熊俊勇、刘艾涛；法官助理：寇秉辉；书记员：陈钿

二〇一八年十一月二十一日

038

行政机关以野蛮方式强制拆除违法建筑的，造成屋内物品损失、可回收再利用建筑材料损失的，应当依法承担行政赔偿责任

【裁判要旨】

行政机关强制拆除违法建筑，手段、方式必须科学、合理、适当，符合《中华人民共和国行政强制法》第五条规定的实施行政强制适当原则。对被拆除房屋的屋内物品要进行清点、登记造册，妥善转移、保管，并及时移交物品所有权人。因野蛮强拆造成违法建筑物内当事人合法物品损失的，或者造成可回收再利用的建筑材料合法权益损失的，行政机关应当依法承担行政赔偿责任。

中华人民共和国最高人民法院
行政裁定书

（2018）最高法行申952号

再审申请人（一审原告、二审上诉人）：陈某。

委托代理人：陈军强。

委托代理人：蒋支广。

被申请人（一审被告、二审被上诉人）：临武县人民政府。

法定代表人：朱阳辉，县长。

委托代理人：邓传武、唐云昭，该府法制办工作人员。

被申请人（原审被告）：临武县城市管理行政执法局。

法定代表人：李香文，局长。

委托代理人：邝平安，该局法规室主任。

再审申请人陈某因诉被申请人临武县人民政府（以下简称临武县政府）、临武县城市管理行政执法局（以下简称临武县城管局）强制拆除行为违法及行政赔偿一案，不服湖南省高级人民法院于2017年10月13日作出的（2017）湘行终345号行政判决，向本院申请再审。本院于2018年2月26日立案受理，依法组成合

议庭进行审查，并于2018年3月16日上午在本院第一巡回法庭第三法庭组织各方当事人进行公开询问。再审申请人陈某及其委托代理人陈军强、蒋支广，被申请人临武县政府的委托代理人邓传武、唐云昭，临武县城管局的法定代表人李香文及委托代理人邝平安均到庭参加询问。案件现已审查终结。

2011年，陈某在湖南省××县县环城南路旁工业园区建设有临时建筑，其中一大一小两个临时厂棚，建筑面积86平方米，另有其他一些附属设施。2014年，临武县城管局工作人员巡查发现陈某涉嫌违法建房。临武县城乡规划局认定，该建筑位临武县县城总体规划的规划区范围内，属违法建设行为。2014年7月10日，临武县城管局作出临城执罚告字［2014］3006号行政处罚告知书，限陈某在七日内自行拆除涉案违规临时建筑，并清理好现场。在该告知书中临武县城管局已告知陈某陈述、申辩及申请听证权。2014年7月15日临武县城管局将该告知书送达陈某。之后临武县城管局经过现场勘查、调查询问，认定陈某临时建筑未办理规划许可手续，擅自建设，违反《中华人民共和国城乡规划法》第四十条的相关规定，遂于2014年9月12日作出临城执罚字［2014］第4001号行政处罚决定书，限陈某在收到本决定书七日内自行拆除涉案违法临时厂棚，并清理好现场。在该决定书中临武县城管局已告知陈某申请行政复议权及诉权，并于2014年9月29日将该决定书用挂号信邮寄送达陈某。2015年1月8日，临武县城管局作出临城执催字［2015］第01号履行行政处罚决定催告书，催告陈某在十日内自行拆除涉案违规临时建筑，并清理好现场，告知陈某陈述、申辩权。2015年1月15日，临武县城管局将该催告书当面送达陈某。2015年1月22日，临武县城管局作出临城执拆字［2015］第5001号强制拆除决定书，决定于2015年1月26日起依法强制拆除陈某的涉案违法临时厂棚，并告知陈某有申请复议和提起诉讼的权利，并于2015年1月23日将该决定书当面送达陈某。2015年1月22日，针对涉案违法临时厂棚临武县城管局作出关于强制拆除违法建筑的公告，并于次日将公告张贴并送达陈某。2015年2月5日，临武县城管局对陈某的临时厂房进行财物登记，并进行公证。财产清点为：木材若干根，桶4个，床1铺，油罐1个，凳子2张，被子1床，楼梯1张，塑料袋1个，粗木材2板，碎木材1堆。2015年10月12日，临武县城管局作出搬移财物通知书，限陈某两日内将违法建筑内的私人财务清理、搬移，否则造成的后果自行负责，当日送达该通知书。临武县政府制定

《关于依法对玉屏村陈某的违法建筑实施行政强制拆除的行动方案》。在该方案中，明确：经临武县政府研究决定于2015年10月14日对陈某的涉案违法建设实施强制拆除，并成立强制拆除工作专项领导小组，临武县城管局等部门的工作人员200人参与涉案强制拆除行动。2015年10月14日17时，临武县政府组织临武县城管局等部门工作人员强制拆除涉案违法临时厂棚及附属设施。拆除后，所有建筑材料均被留在现场。2016年9月5日，陈某提起诉讼，请求确认临武县政府、临武县城管局强制拆除其临时厂棚及附属设施的行政行为违法，赔偿各项损失193307元（1. 养殖场的损失84070元，包括桶、脸盆、农具、蚊帐、被等生活、生产用品损失2700元，土鸡、土狗、养殖场、围墙、河沙、水泥、木材、钢材等损失；2. 养鸡场扩建损失109237元，包括水管、电线、电表等损失3895元，建筑材料、人工费等损失）。2017年2月20日，经郴州市中级人民法院释明，陈某撤回临武县城管局的起诉。

郴州市中级人民法院（2016）湘10行初99号行政判决认为，依据《中华人民共和国城乡规划法》第六十八条规定，临武县城管局作出强制拆除决定后，陈某逾期没有拆除涉案临时厂棚及附属设施，临武县政府责成相关部门工作人员强制拆除涉案违法临时厂棚及附属设施。临武县政府作为涉案强制拆除行为的组织者，是本案适格被告。临武县城管局只是受临武县政府的责成，参与涉案强制拆除行为，不是本案适格被告。陈某在庭审后申请撤回对临武县城管局的起诉，系其真实意思表示，没有违反法律、法规的规定，没有损害国家、集体利益和他人的合法权益，应予准许。根据《中华人民共和国城乡规划法》第四十条、第六十四条、第六十八条规定，陈某的临时厂棚没有依法申请办理建设工程规划手续进行建设，且经过规划部门认定，该建筑物属违法建设，应当责令限期拆除。临武县城管局作出行政处罚决定限期拆除后，陈某逾期没有自行拆除。临武县城管局又催告其自行拆除，陈某仍然没有自行拆除后临武县城管局依法作出强制拆除决定书，并公告。之后向陈某发出搬移财物通知书。随后，临武县政府组织城管局等部门工作人员依法对陈某的违法建筑进行强制拆除，临武县政府对陈某违法建筑强制拆除的行政行为证据确凿，适用法律、法规正确，符合法定程序。陈某请求判决确认强制拆除其涉案违法建筑的行政行为违法的诉讼请求，不予支持。《中华人民共和国行政诉讼法》第三十八条第二款规定，在行政赔偿、补偿的案件中，原告应当对行政行为造成的损害提供证据，因被告的原因导致原告无法举证的，由被告承担举证责任。陈某应当对受拆除行为侵害造成的损失承担举证责任。如前所述，被诉强制拆除行为合法，但是因为强制拆除前，针对建筑物内的财产，临武县政府与陈某没有办理财物交接手续，临武县政府没有清点建筑物内的财物，也没有进行相应的证据保全。由此造成财产丢失、损坏的，陈某应当对财产丢失、损坏的事实负初步证明责任。临武县政府认为财产丢失、损坏的事实不存在或不应由其承担赔偿责任的，应当举证证明，举证不能则依法赔偿。陈某提供了财产损失清单，临武县政府未能提供证据否定这些物品的存在，故对陈某主张的建筑物内的财产予以采信。赔偿数额，根据公平、公正及符合常理原则，由临武县政府赔偿陈某两项损失：1. 生活、生产用品损失2700元（包括桶、脸盆、农具、蚊帐、被等）；2. 水管、电线、电表等损失3895元。对陈某主张的其余损失，不予支持。关于土鸡、土狗的损失，陈某未提供任何证据证实。陈某的临时厂棚及附属设施被强制拆除后，所有建筑材料均留在原地，建筑材料损失不在本案行政赔偿范围内。陈某的临时厂棚及附属设施系未经任何部门批准所建，陈某主张的人工费不能列入行政赔偿范围。依照《中华人民共和国城乡规划法》第四十条第一款、第六十四条、第六十八条，《中华人民共和国行政诉讼法》第六十二条、第六十九条，《最高人民法院关于适用〈中华人民共和国行政诉讼法〉若干问题的解释》第三条第一款第三项，《最高人民法院关于审理行政赔偿案件若干问题的规定》第三十三条之规定，判决准许陈某撤回临武县城管局的起诉，驳回陈某请求判决确认临武县政府强制拆除其临时厂棚及附属设施的行政行为违法的诉讼请求，由临武县政府赔偿陈某损失6595元，驳回陈某的其他诉讼请求。陈某不服一审判决，提起上诉。

湖南省高级人民法院（2017）湘行终345号行政判决认为，2011年8月3日湖南省人民政府发布湘政函［2011］94号《湖南省人民政府关于临武县开展相对集中行政处罚权工作的批复》，肯定了临武县集中行使行政处罚权的行政机关为临武县城管局，其职权包括行使城乡规划管理方面法律、法规、规章规定的部分行政处罚权。陈某的临时厂棚没有依法申请办理建设工程规划手续，经过规划部门认定，该建筑物属违法建设，应当责令限期拆除，临武县城管局据此作出行政处罚决定主体合法。临武县城管局作出行政处罚决定后，陈某逾期没有自行拆除其违章建筑，临武县城管局催告，仍未自行拆除，临武县城管局依法作出强制拆除决定，并由临武县政府组织临武县城管局等部门工作人员依法对陈某的违法建筑进行强制拆除。临武县政府对陈某违法建筑强制拆除的行政行为证据确凿，适用法律、法规正确，程序合法。依据《中华人民共和国行政诉讼法》第三十八条第二款规定，违章建筑强制拆除前，临武县政府与陈某没有办理财物交接手续，临武县政府也没有进行相应的证据保全，故陈某主张的合理范围内的损失，临武县政府无法提供证据予以否定的应予支持。临武县政府未能提供证据否定陈某所列清单的下列物品的存在，一审根据公平、公正及符合常理原则，判令临武县政府对陈某生活、生产用品及水管、电线电表等损失酌情赔偿并无不当。陈某提出的其他损失，不属于行政赔偿范围。陈某在一审既然将临武县城管局列为当事人，法院就应该保障当事人的各项权利，包括参加庭审、举证、质证等，因此临武县城管局参加庭审、举证、质证等并不违反法定程序。临武县政府在一审时即表明其与临武县城管局提交的证据一致，以临武县城管局提交的证据为准，故陈某主张临武县政府在一审没有提交证明其行政行为合法的证据，与客观事实不符。依照《中华人民共和国行政诉讼法》第八十九条第一款第一项之规定，判决驳回上诉，维持一审判决。

陈某申请再审称：1. 原审法院遗漏审理“临时厂棚”的性质，以及本案主体适格的问题。2. 原审判决认定事实不清，临武县政府并未提供相应证据，且存在扩大陈某损失的事实。3. 临武县政府强制拆除其厂棚的行为违法。4. 原审判决认定陈某的其他损失不属于行政赔偿范围，驳回其诉请错误。5. 原审法院存在违反法律规定的审理程序，陈某申请审判员回避并未得到准许，一、二审法院存在暗箱操作审理问题，陈某提供新证据，二审法院未予采纳，也未开庭审理，超期作出判决，程序违法。请求撤销一审判决第二、三、四项，撤销二审判决，支持陈某的一审诉讼请求。

临武县政府答辩称：临武县城管局发现陈某违法搭建临时厂棚，作出拟处罚告知。陈某申请行政处罚听证程序，因理由不足，临武县城管局依法作出行政处罚决定，经催告程序，陈某拒不拆除违章建筑，临武县政府实施强拆行为。临武县政府、临武县城管局作出的行政行为合法，陈某的再审理由不能成立。一、二审判决认定事实清楚，适用法律正确，陈某的再审申请应当驳回。

临武县城管局答辩称：被强制拆除的涉案建筑为违法建筑，被诉的行政强制拆除行为合法，该局不是本案适格被告。一、二审判决认定事实清楚，适用法律正确，程序合法，请求驳回陈某的再审申请。

本院经审查认为，程序合法是行政法的基本原则之一，行政机关作出任何行政行为，均应按照相应的法定程序进行，即使行政相对人违法在先，行政机关纠正违法行为也应当严格按照法定程序履行职责。根据《中华人民共和国行政强制法》第五条的规定，行政强制的实施应当适当，该法第四章对行政机关实施强制拆除行为应当遵循的法定程序做了明确、具体的规定，行政机关拆除违法建筑应当严格依照相关规定进行。强制拆除的对象是违法建筑本身，但组成建筑物的建筑材料及建筑物内的物品，则属于当事人的合法财产。当事人因违法建筑所负的法律责任，不应当涉及其合法的私有财产。虽然《中华人民共和国城乡规划法》《中华人民共和国行政强制法》均未对行政强制执行的具体实施程序作出明确规定，但是参照《中华人民共和国行政强制法》第三章关于行政强制措施实施程序的规定，结合《中华人民共和国行政诉讼法》第三十八条第二款关于行政赔偿案件中因被告原因导致原告无法举证时由被告承担举证责任的精神，行政机关对违法建筑实施强制拆除的，手段、方式必须科学、适当，不得以野蛮方式实施强制拆除。对于建筑物内的物品，行政机关应当采用公证、见证等方式，进行清点造册、制作现场笔录、妥善保管并及时移交。如行政机关未依法履行上述程序，造成当事人合法财产损失的，则该强制拆除行为应予确认违法。本案中，涉案建筑位于县城总体规划的规划区范围内，临武县城管局认定该临时建筑未办理规划许可手续，依法作出行政处罚决定，陈某逾期没有自行拆除，临武县城管局作出强制拆除决定，之后由临武县政府组织临武县城管局等部门对违法建筑强制拆除。上述程序符合《中华人民共和国城乡规划法》《中华人民共和国行政强制法》的相关规定，程序并无不当。但是，临武县政府在组织实施强制拆除过程中，针对建筑物内的财产，既未与陈某办理财物交接手续，亦未清点建筑物内的财产或进行相应的证据保全。临武县政府实施强制拆除的行为，不符合法定程序，应予确认违法。一、二审判决对此部分事实予以认定，但却判决驳回陈某请求判决确认临武县政府强制拆除其临时厂棚及附属设施的行政行为违法的诉讼请求，适用法律不当，本院予以指正。一、二审判决虽未确认强制拆除行为违法，但已判决临武县政府对陈某合法财产的损失予以赔偿，陈某的赔偿请求已经过实体审理并作出相应裁判。鉴于案涉建筑已经被拆除，事实上已经无法恢复，陈某的合法权益只能通过赔偿途径予以解决。即使本院对违法诉讼请求的判决方式错误提起再审，其结果仍然是确认强制拆除行为违法后判决予以相应赔偿，徒增诉累，浪费司法资源。一、二审判决有关强制拆除行为合法性的诉讼请求虽然在适用法律上存在错误，但本案已无进行再审的必要性，原审该项裁判结果应予维持。

根据《中华人民共和国行政强制法》第八条第一款的规定，公民、法人或者其他组织因行政机关违法实施行政强制受到损害的，依法有权要求赔偿。《中华人民共和国国家赔偿法》第四条第四项则规定，行政机关及其工作人员违法行使行政职权造成财产损害的，受害人有取得赔偿的权利。当事人请求行政赔偿，只有在合法权益受到损害时，才能够获得行政赔偿；没有合法权益可保护的，将不能获得行政赔偿。本案中，陈某被拆除的建筑物属于违法建筑，且被拆除后的所有建筑材料均留在原地，陈某亦未提交证据证明存在相应建筑材料损失的证据，故一、二审对陈某提出的建筑材料损失及建设建筑物的人工费等赔偿请求不予支持，于法有据，本院予以支持。《中华人民共和国行政诉讼法》第三十八条第二款规定："在行政赔偿、补偿的案件中，原告应当对行政行为造成的损害提供证据。因被告的原因导致原告无法举证的，由被告承担举证责任。"本案中，临武县政府在强制拆除过程中，本应依法妥善处置并保全证据，以证明其在强制拆除过程中已尽慎重、妥善之注意义务，对陈某所建违法建筑物中的合法财产已予清空并妥善处理。但临武县政府未能提供任何相关证据，未尽到举证责任。由于临武县政府的违法强制拆除，陈某未能提供证据证明建筑内财产损失，基于公平原则，应适用上述法律规定，由临武县政府承担举证不能的不利后果并负相应的赔偿责任。一、二审判决结合案件实际和陈某的诉求，采用酌定方式，支持陈某生活、生产用品损失及水管、电线、电表等损失，客观公正，已充分保护陈某的合法财产损失。本案二审系2017年8月16日受理，并于2017年10月13日审结，并未超出法定的审理期限，陈某主张一、二审审判程序违法的主张，缺乏事实根据，本院不予采纳。

综上，陈某的再审申请不符合《中华人民共和国行政诉讼法》第九十一条第三、四、五项规定的情形。依照《最高人民法院关于适用〈中华人民共和国行政诉讼法〉的解释》第一百一十六条第二款的规定，裁定如下：

驳回陈某的再审申请。

审判长：熊俊勇；审判员：龚斌、刘艾涛；书记员：余逸纯

二〇一八年三月三十日

039

行政机关强制拆除违法建筑未予公告的，违反法定程序

【裁判要旨】

《中华人民共和国行政强制法》第四十四条规定，对违法的建筑物、构筑物、设施等需要强制拆除的，应当由行政机关予以公告，限期当事人自行拆除。行政机关对违法建筑物、构筑物实施强制拆除，未依法公告的，违反法定程序。

中华人民共和国最高人民法院
行政裁定书

（2017）最高法行申7524号

再审申请人（一审原告、二审上诉人）：周甲。

委托代理人：李顺华、谢瑞青，北京在明律师事务所律师。

被申请人（一审被告，二审被上诉人）：郴州市北湖区人民政府。

法定代表人：王洪灿，区长。

委托代理人：何文生，该府工作人员。

被申请人（一审被告、二审被上诉人）：郴州市城市管理和行政执法局。

法定代表人：袁少雄，局长。

委托代理人：伍军，该局工作人员。

委托代理人：胡良福，湖南宏法律师事务所律师。

被申请人（一审被告、二审被上诉人）：郴州市公安局北湖分局。

法定代表人：李红群，局长。

委托代理人：吴乙军，该局民警。

被上诉人（一审被告）：郴州市北湖区北湖街道办事处。

法定代表人：曹世立，主任。

委托代理人：陈磊，该办事处工作人员。

再审申请人周甲因诉被申请人郴州市北湖区人民政府（以下简称北湖区政

府)、郴州市城市管理和行政执法局（以下简称郴州市城管局)、郴州市公安局北湖分局（以下简称北湖公安分局)、郴州市北湖区北湖街道办事处（以下简称北湖街道办）行政强制拆除一案，不服湖南省高级人民法院于2017年2月27日作出的（2016）湘行终569号行政判决，向本院申请再审。本院于2017年10月10日立案受理，依法组成合议庭进行审查，并于2017年12月19日上午在本院第一巡回法庭第二法庭组织各方当事人进行公开询问。再审申请人周甲及其委托代理人李顺华，被申请人北湖区政府的委托代理人何文生，郴州市城管局的委托代理人伍军、胡良福，北湖公安分局的委托代理人吴乙军，北湖街道办的委托代理人陈磊，均到庭参加询问。案件现已审查终结。

2005年，周甲及其姐周乙与郴州市北湖区北湖街道渔场村第四村民小组（以下简称渔场村四组）签订北站河边选矿厂协议书，租用该组部分土地及该组于二十世纪九十年代建造的九间房屋，并约定“如国家征购九间房屋的补偿费全部归甲方（渔场村四组）所有”。周甲在租用土地上自行搭建厂房开办塑料加工厂。2013年8月7日，郴州市工商行政管理局为周甲核发个体工商户营业执照，名称为郴州市顺发塑料制品经营部，经营范围为塑料制品销售，地址为渔场村四组。2013年10月21日，郴州市城管局对周甲搭建的厂房进行现场勘查，厂房层数为一层，建筑面积360平方米。2013年10月28日，郴州市城乡规划局北湖分局向郴州市城市管理和行政执法局北湖支队（以下简称北湖城管支队）出具复函，说明周甲搭建的厂房未办理规划手续。2013年11月22日，郴州市城管局对周甲下达郴城执行告字（2013）第0007242号行政执法告知书，拟对周甲作出责令限期拆除的行政处罚。2013年11月25日，郴州市城管局对周甲下达听证通知书，拟定于2013年12月4日举行听证，但周甲不要求举行听证。2013年12月10日，郴州市城管局作出郴城执行罚（规）字（2013）第00048号行政处罚决定（以下简称48号处罚决定)，认为周甲在未取得建设工程规划许可证的情况下建设厂房的行为违反《中华人民共和国城乡规划法》第四十四条的规定，并根据该法第六十六条的规定，责令周甲在15日内自行拆除在渔场村四组集体土地上搭建的简易厂房。周甲不服48号处罚决定，申请行政复议。2014年3月3日，郴州市人民政府作出郴政行复决字（2014）11号行政复议决定，维持48号处罚决定。周甲仍不服，提起行政诉讼。2014年6月15日，郴州市北湖区人民法院作出（2014）

郴北行初字第10号行政判决，维持48号处罚决定。周甲不服该一审行政判决，提起上诉。2014年6月23日，郴州市城管局向郴州市人民政府呈报责成北湖区政府拆除周甲的案涉厂房，郴州市人民政府于次日批准同意。2014年6月29日，郴州市城管局将强制拆除违法建（构）筑物事项移交北湖区政府。2014年7月4日，北湖区政府制定关于渔场村塑料厂违法建设拆除行动方案，该方案主要内容为：拆除行动组组长北湖区政府副区长、副组长北湖区政府领导两名、成员相关部门负责人若干名。同日，北湖区政府组织工作人员将周甲的案涉厂房强制拆除。案涉土地上属于渔场村四组的九间住房也被拆除。北湖街道办在本院询问时陈述，该九间房屋已经与渔场村四组签订征收补偿协议。本院查明的其他事实与一、二审查明的事实一致。2014年9月9日，郴州市中级人民法院作出（2014）郴行终字第40号行政判决，判决驳回周甲的上诉，维持（2014）郴北行初字第10号行政判决。周甲又申请检察监督，郴州市人民检察院于2014年10月30日作出不支持监督申请的决定。2014年12月31日，北湖城管支队与周甲、周乙达成调解协议，就2014年7月4日强制拆除行为造成周甲、周乙塑料厂机械设备等物品及看守费损失，赔偿321590元。赔偿款项由北湖街道办银行转账支付。2015年10月26日，周甲提起本案行政诉讼，请求确认被告强制拆除其厂房的行为违法。

郴州市中级人民法院（2015）郴行初字第61号行政判决认为，本案的争议焦点是：一、郴州市城管局、北湖公安分局、北湖街道办是否为本案适格被告；二、周甲的诉讼请求是否应予驳回。关于第一个争议焦点，渔场村塑料厂违法建设拆除行动组强制拆除周甲位于渔场村四组的厂房，该行动组应当对拆除行为负责。因渔场村塑料厂违法建设拆除行动组是北湖区政府组建的临时机构，故北湖区政府是本案被告。郴州市城管局、北湖公安分局、北湖街道办不是本案适格被告。郴州市城管局、北湖公安分局、北湖街道办提出其不是本案适格被告的抗辩理由成立，予以采纳。关于第二个争议焦点，郴州市城管局作出48号处罚决定，认定周甲位于渔场村四组的厂房为违法建筑，该行政处罚决定已被法院生效判决维持。鉴于双方已对行政强制拆除行为造成周甲、周乙塑料厂机械设备等物品及其他损失进行了协商处理，赔偿款项已履行到位，北湖区政府的行政强制拆除行为对周甲的合法权益没有产生实际影响，周甲要求确认行政强制拆除行为违法的诉讼请求应予驳回。综上，判决驳回周甲对郴州市城管局、北湖公安分局、北湖街道办的起诉；驳回周甲的诉讼请求。周甲不服一审判决，提起上诉。

湖南省高级人民法院（2016）湘行终569号行政判决认为，根据查明的事实，涉案的渔场村塑料厂违法建筑系由北湖区政府制定相关违法建设拆除行动方案，成立拆除行动组，具体组织实施，北湖区政府是本案被诉拆除行为的适格被告，一审认为郴州市城管局、北湖公安分局、北湖街道办不是本案适格被告的认定正确。涉案建筑经生效的48号处罚决定认定，系未取得建设工程规划许可证的违法建筑，且在涉案建筑物被拆除后，北湖城管支队与周甲及周乙就相关损失已经达成调解协议。故一审据此驳回该项诉讼请求并无不当。依照《中华人民共和国行政诉讼法》第八十九条第一款第一项之规定，判决驳回上诉，维持一审判决。

周甲申请再审称：1. 北湖区政府之外的其他被申请人均是本案的适格被告。2. 北湖区政府、郴州市城管局、北湖公安分局、北湖街道办均不具有采取强制拆除措施的法定职权；涉案的行政处罚决定明显违法，郴江河治理和污染环境都不能成为强拆周甲厂房的理由，被诉强拆行为的目的违法；行政机关没有依法履行催告、公告程序，被诉强拆行为程序违法；被诉强拆行为存在超范围强拆、殴打周甲丈夫的违法行为。3. 北湖区政府超过举证期限提供证据应当视为没有提交证据。4. 一审认为强拆行为没有对周甲的合法权益产生影响，认定有误。请求撤销一、二审行政判决，指令郴州市中级人民法院重新审理。

北湖区政府答辩称：一、二审判决认定事实清楚，适用法律正确。1. 政府工作人员不存在殴打周甲丈夫的行为。2. 周甲经营用房属于违章建筑，拆除违章建筑是落实郴州市城管局作出的48号处罚决定的必然结果。3. 周甲经营塑料加工证照不全，未经环评审批手续。拆除违章建筑是政府的法定职责。4. 拆除周甲厂房是政府为了维护公共利益，预防洪涝灾害的必然的、法定的要求。5. 拆除过程中造成的财物损毁，已经全部赔偿给周甲并达成调解协议。6. 周甲没有证据证明有超范围强拆的情形。请求驳回周甲的再审申请。

郴州市城管局答辩称：该局作出的行政处罚决定认定事实清楚，适用法律正确，程序合法。该局不是本案的适格被告，应当依法驳回周甲对该局的起诉。

北湖公安分局答辩称：该局并非强制拆除执行主体，不是本案适格被告。周甲提出其丈夫被殴打的事实不成立。请求驳回周甲的再审申请。

北湖街道办答辩称：案涉强制拆除决定经郴州市人民政府批准，北湖区政府具体组织实施，该办不是本案适格被告。请求驳回周甲的再审申请。

本院经审查认为，根据《中华人民共和国行政诉讼法》第二十六条之规定，作出行政行为的行政机关是被告；两个以上行政机关作出同一行政行为的，共同作出行政行为的行政机关是共同被告。《中华人民共和国城乡规划法》第六十八条则规定，城乡规划主管部门作出责令停止建设或者限期拆除的决定后，当事人不停止建设或者逾期不拆除的，建设工程所在地县级以上地方人民政府可以责成有关部门采取查封施工现场、强制拆除等措施。本案中，周甲的诉讼请求为确认强制拆除房屋行为违法。根据一、二审查明的事实，郴州市城管局对周甲的案涉房屋下发48号处罚决定，其后经郴州市人民政府批准同意，责令北湖区政府对案涉房屋实施拆除。北湖区政府制定违法建设拆除行动方案，并成立拆除行动组，具体组织实施强制拆除行为，是本案的适格被告。郴州市城管局、北湖公安分局、北湖街道办未与北湖区政府共同拆除房屋，并非本案的适格被告，一、二审驳回周甲对郴州市城管局、北湖公安分局、北湖街道办的起诉，认定事实清楚，适用法律正确，应予维持。周甲主张郴州市城管局、北湖公安分局、北湖街道办均是本案适格被告，但并未提供证据予以证明，其该项主张缺乏事实根据和法律依据，本院不予支持。

周甲还主张强拆过程中存在超范围强拆、殴打其丈夫等违法行为。关于超范围强拆问题，北湖区政府在实施强制拆除过程中，将渔场村四组所有的九间房屋一并拆除。根据2005年周甲与渔场村四组签订的协议，该九间房屋的补偿费归渔场村四组所有，九间房屋的拆除不属于本案审理范畴，对其该项主张本院不予理涉。周甲并未提供有效证据证明其丈夫在强制拆除过程中遭受殴打，对其该项主张，本院不予采信。周甲另主张数名被告在一审中超过举证期限提供证据。依据《中华人民共和国行政诉讼法》第六十七条规定，被告应当在收到起诉状副本之日起十五日内向人民法院提交作出行政行为的证据和所依据的规范性文件。根据一审判决载明，郴州市中级人民法院于2015年11月20日向北湖区政府、郴州市城管局、北湖公安分局、北湖街道办送达起诉状副本，北湖区政府、郴州市城管局、北湖街道办均在法定期限内提供相应证据，北湖公安分局虽未在15日内提供证据，但周甲在一审时并未提出异议且进行当庭质证，一审据此予以采纳，并无不妥。周甲的该项主张亦缺乏事实根据，本院不予支持。

根据《中华人民共和国行政强制法》第三十四条、第三十五条、第三十六条的规定，行政机关依法作出行政决定后，当事人在行政机关决定的期限内不履行义务的，具有行政强制执行权的行政机关依照本章规定强制执行；行政机关作出强制执行决定前，应当事先催告当事人履行义务；催告应当以书面形式作出，当事人受到催告书后有权进行陈述和申辩。本案中，郴州市城管局经现场勘查认定涉案房屋未办理规划手续，对周甲下达郴城执行告字（2013）第0007242号行政执法告知书，并拟定听证日期，在周甲不要求听证后，再下发48号处罚决定。48号处罚决定载明当事人自行拆除违章建筑的期限及逾期不拆除的后果，并告知当事人救济途径。郴州市城管局已经按照行政强制法的规定，履行了事先催告、给予当事人陈述申辩权，其后再作出48号处罚决定，符合法定程序。48号处罚决定亦有生效判决确认其效力。周甲主张行政机关未作出强制执行决定及履行催告程序，没有事实根据，本院对其该项主张不予采纳。

根据《中华人民共和国行政强制法》第四十四条的规定，对违法的建筑物、构筑物、设施等需要强制拆除的，应当由行政机关予以公告，限期当事人自行拆除；当事人在法定期限内不申请行政复议或者提起行政诉讼，又不拆除的，行政机关可以依法强制拆除。本案中，北湖区政府在实施对案涉房屋的强制拆除，未予以事先公告，且实施拆除时48号处罚决定尚处于行政诉讼二审期间，人民法院尚未对48号处罚决定作出生效裁判。北湖区政府的强制拆除行为，违反《中华人民共和国行政强制法》第四十四条的规定，行政程序缺失，其强制拆除行为应当确认违法。一、二审均以周甲已就相关损失达成调解协议，北湖区政府的强制拆除行为对周甲的合法权益没有产生实际影响为由，判决驳回周甲要求确认强制拆除行为违法的诉讼请求，适用法律不当，本院予以指正。本案中，周甲被强制拆除的案涉房屋已被生效行政判决认定为违法建筑物，不应予以赔偿。北湖城管支队与周甲、周乙就案涉房屋中的损坏物品及看守物品人工费达成调解协议，周甲已领取全部赔偿款项，本案所涉行政争议已得到实质性解决。本案即使进入再审程序，改判确认被诉强制拆除行为违法，对周甲的实体合法权益也并无实际意义，徒增诉累，造成程序空转。故一、二审判决虽然适用法律不当，但处理结论并未对周甲的实体权益产生不利影响，尚无必要以此为由启动再审程序。

综上，周甲的再审申请不符合《中华人民共和国行政诉讼法》第九十一条第

三、四项规定的情形。依照《最高人民法院关于执行〈中华人民共和国行政诉讼法〉若干问题的解释》第七十四条的规定，裁定如下：

驳回周甲的再审申请。

审判长：熊俊勇；审判员：曹刚、龚斌；书记员：余逸纯

二〇一八年一月三十一日

040

行政机关享有自行纠错的法定职权

【裁判要旨】

行政机关发现自己作出的行政行为确有错误的，无需法律、法规或规章另行特别授权，均享有自我纠错的法定职权。但是，行政机关自我纠错要有事实和法律依据，理由要合法、正当，不得朝令夕改、恣意妄为。

中华人民共和国最高人民法院
行政裁定书

（2018）最高法行申2218号

再审申请人（一审原告、二审上诉人）：钟甲。

委托代理人：杨某（曾用名钟乙）。系钟甲堂兄。

被申请人（一审被告、二审被上诉人）：广东省蕉岭县人民政府。

法定代表人：刘彩波。

委托代理人：陈建光。

委托代理人：徐芳辉。

再审申请人钟甲因诉被申请人广东省蕉岭县人民政府（以下简称蕉岭县政府）注销农村土地承包经营权证一案，不服广东省高级人民法院于2017年11月20日作出的（2016）粤行终1303号行政判决，向本院申请再审。本院于2018年4月16日立案受理，依法组成合议庭进行审查。案件现已审查终结。

2014年，广东省蕉岭县以1999年第二轮土地延包底册为依据，开展农村土地承包经营权确权登记、颁证工作。2014年4月9日，发包方蕉岭县广福镇豪岭村绿河经济合作社（以下简称绿河合作社）与钟甲签订《农村土地承包合同》。同年4月18日，蕉岭县政府向钟甲颁发蕉府农地承包权（2014）第4414271072061×××××J号《农村土地承包经营权证》（以下简称第4414271072061×××××J号承包证），该证载明承包地总数6块，其中，争议地“沙坪麦园里”地块面积××.6

亩。2015年9月，蕉岭县广福镇豪岭村村干部发现，登记在豪岭村钟甲等68户承包证上的“沙坪麦园里”土地，共110.59亩，属于国有土地，即向广福镇政府领导报告。2015年9月9日，广福镇政府向蕉岭县农业局提交《关于请求纠正广福镇豪岭村麦园排土地确权证错登的请示》。经向68户承包户做释明工作，其中60户交回《农村土地承包经营权证》，钟甲等8户未交回。2015年11月30日，蕉岭县国土局出具《证明》，主要内容为：依据蕉岭县政府于1990年7月25日颁发的NO.0000157～NO.000159《国有山林证》及《广福茶场界址图》、梅州市人民政府于2000年6月26日作出的梅市府函（2000）29号《关于同意蕉岭县各镇（场区）联合勘定行政区域界线协议书的批复》，和蕉岭县政府于2006年10月27日给广东省蕉岭监狱（以下简称蕉岭监狱）核发的蕉府国用（2006）第060002号《国有土地使用证》（以下简称第060002号国有土地证）、NO.000159《国有山林证》等证据材料，坐落在广福镇豪岭村“沙坪麦园里”，面积为12.82亩的土地，属于蕉岭县政府的国有土地。2015年11月25日，蕉岭县农业局以《关于收回〈农村土地承包经营权证〉证书予以更正登记的通知》，通知钟甲五日内交回第4414271072061×××××J号承包证进行更正，逾期将予以注销。同年12月9日，蕉岭县农业局又向钟甲发出《告知书》，告知第4414271072061×××××J号承包证登记有误。同年12月28日，蕉岭县政府作出蕉府公（2015）33号《关于注销广福镇豪岭村绿河经济合作社8户承包户持有的〈农村土地承包经营权证〉的公告》（以下简称33号注销公告），注销钟甲持有的第4414271072061×××××J号承包证。2016年1月22日，钟甲提起本案行政诉讼，请求撤销33号注销公告。

另查明，2009年1月，蕉岭监狱迁移至广东省××市，蕉岭监狱更名为广东省惠州监狱。2012年4月13日，广东省惠州监狱与蕉岭县政府签订《协议书》，由蕉岭县政府收回蕉岭监狱的8507.25亩原国有土地。土地收回后，蕉岭县国土局依法注销蕉岭监狱持有的第060002号国有土地证和NO.000159《国有山林证》。本案争议地“沙坪麦园里”在蕉岭监狱的国有土地范围内。还查明，1999年农村土地二轮延包底册中，钟甲户承包责任田未记载有“沙坪麦园里”地块。

梅州市中级人民法院（2016）粤14行初40号行政判决认为，蕉岭县政府在开展农村土地承包经营权确权登记颁证工作时，误将不属于钟甲1999年第二轮土地延包底册记载的承包地范围的“沙坪麦园里”1.6亩国有土地，登记到钟甲的土地承包证上。蕉岭县政府发现登记错误后，向钟甲做释明工作，通知其交回土地承包证予以纠正。在钟甲逾期未交回的情况下，蕉岭县政府依法作出33号注销公告，注销钟甲持有的第4414271072061×××××J号承包证，认定事实清楚，程序合法，适用法律正确。依照《中华人民共和国行政诉讼法》第六十九条规定，判决驳回钟甲的诉讼请求。钟甲不服，提起上诉。

广东省高级人民法院（2016）粤行终1303号行政判决认为，钟甲提供的1953年土改时期《土地房产所有证》、2014年《蕉岭县广福镇豪岭经济联合社集体土地所有权权属界线确认公示图》，不能证明涉案土地系集体所有的土地；其提交的1982年3月25日《会议纪要》，反而证明争议地系原蕉岭监狱使用的国有土地，绿河合作社无权将国有土地发包给钟甲，颁发第4414271072061×××××J号承包证显然是错误的。蕉岭县政府发现错误登记后，依法注销该承包证，符合《中华人民共和国农村土地承包经营权证管理办法》第二十、二十一条的规定。依照《中华人民共和国行政诉讼法》第八十九条第一款第一项的规定，判决驳回上诉，维持原判。

钟甲申请再审称：1.“沙坪麦园里”100多亩土地，历来是广福镇豪岭村绿河等村民小组所有，有1953年《土地房产所有证》《蕉岭县广福镇豪岭经济联合社集体土地所有权权属界线确认公示图》为证。二十世纪六十年代，该片土地被蕉岭监狱前身广福农场挤占，但并没有依法征收为国有。2010年广福农场撤离后，绿河合作社村民收回被挤占的土地进行耕种，争议地仍应属于集体土地。2.钟甲依法取得第4414271072061×××××J号承包证，承包经营权应受法律保护。蕉岭县政府以“工作失误、错登误包”为由注销承包证，没有法律依据。蕉岭县政府提供的原蕉岭监狱第060002号国有土地证已经作废，且该证登记蕉岭监狱坐落地址在广福镇石峰村，而涉案土地在豪岭村，二者所指地块不是同一土地。3.二审于2016年7月7日受理，至2017年11月20日作出判决，违反法律规定的三个月审理期限，审判程序违法。请求撤销一、二审判决，依法对本案予以再审。

蕉岭县政府答辩称：1.涉案“沙坪麦园里”土地确系国有土地，早在二十世纪六十年代初期设立广福农场（蕉岭监狱前身）时，“沙坪麦园里”土地即由国家征用，划拨给广福农场使用，土地性质应属国有。2009年蕉岭监狱迁移至惠州市后，蕉岭县政府收回蕉岭监狱原使用的国有土地，“沙坪麦园里”土地属于蕉岭县政府为使用权人的国有土地，不是豪岭村或其下属村民小组集体所有的土地。2. 钟甲提交的土改时期《土地房产所有证》和《蕉岭县广福镇豪岭经济联合社集体土地所有权权属界线确认公示图》，不能作为土地权属的证据；1982年3月25日《会议纪要》所达成的协议，反而证明“沙坪麦园里”土地是国有土地。3. 蕉岭监狱的土地涵盖广福镇的大坝、石峰、乐干、豪岭和铁坑五个村，其中监狱机关坐落于广福镇石峰村，钟甲将第060002号国有土地证中登记的监狱机关驻地，等同于监狱用地范围，明显是偷换概念、混淆视听。请求驳回钟甲的再审申请。

本院经审查认为，《中华人民共和国行政诉讼法》第六十二条规定，人民法院对行政案件宣告判决或者裁定前，被告改变其所作的行政行为，原告同意并申请撤诉的，是否准许，由人民法院裁定。根据该条规定，行政诉讼中，作为被告的行政机关，均有权自我纠正错误的被诉行政行为，至于纠错行为是否正确合法，人民法院应当予以审查认定。推而广之，行政程序中，行政机关发现作出的行政行为确有错误的，同样具有自我纠错的法定职权。至于自我纠错行为是否合法，则应当看行政机关自我纠错的理由是否合法、正当，并依法接受人民法院的司法审查。本案中，蕉岭县政府发现给钟甲颁发第4414271072061×××××J号承包证行为错误后，经释明催告，要求钟甲主动交回错误颁发的承包证，由蕉岭县政府予以更正，钟甲拒不配合纠错，蕉岭县政府依法自我纠错，作出被诉33号注销公告，注销钟甲持有的第4414271072061×××××J号承包证，认定事实清楚、证据充分，适用法律、法规正确，符合法定程序。一、二审判决驳回钟甲的诉讼请求，并无不当。钟甲主张“沙坪麦园里”土地历来是广福镇豪岭村相关村民小组所有，但对二十世纪六十年代蕉岭监狱前身广福农场开始使用争议地的事实并不否认，只是认为当时没有依法征收为国有，所以土地仍属于其集体所有。然而，根据本案查明的事实，广福农场及其继受者蕉岭监狱不仅使用争议地，而且取得国有土地使用证，蕉岭监狱撤出后，注销其持有的国有土地使用证，并非意味着土地所有权回归原集体经济组织，而是收归蕉岭县政府管理。因此，钟甲主张“沙坪麦园里”土地仍属于豪岭村相关村民小组所有，与事实不符，本院不予支持。钟甲又主张，蕉岭县政府以“工作失误、错登误包”为由注销承包证，没有法律依据。如前所述，自我纠错是行政机关的法定职权，蕉岭县政府发现将国有土地给钟甲等人错误颁发集体土地承包证，依法作出33号注销公告，具有法定职权和事实根据，符合法律规定。钟甲自认为该行为没有法律依据，是对行政机关享有自我纠错法定职权的误解，该项申请再审理由不能成立。至于钟甲关于蕉岭监狱持有的第060002号国有土地证不包括位于豪岭村的“沙坪麦园里”的主张，本院同意蕉岭县政府的答辩意见，监狱机关驻地的位置与土地使用权范围显然不是一个概念，根据本案查明的事实，第060002号国有土地证包含争议地“沙坪麦园里”，是不可否认的事实。钟甲还主张二审超审限，审判程序违法。但是，根据行政诉讼法第九十一条第五项规定，违反法律规定的诉讼程序，可能影响公正审判的，才构成再审的充分理由，仅以审判程序违法为由申请再审，理由亦不能成立。

应当指出的是，蕉岭县政府给钟甲颁发的第4414271072061×××××J号承包证，承包地总数6块。其中仅仅是“沙坪麦园里”1.6亩土地属于国有土地，颁证错误应予纠正，其余5块承包地的颁证行为，至今没有证据证明存在颁证错误问题。33号注销公告应当仅仅对“沙坪麦园里”1.6亩土地的颁证行为予以注销，其余不属于国有土地、属于钟甲合法承包并取得承包证的土地承包经营权，依法应当受到保护。33号注销公告注销第4414271072061×××××J号承包证后，相关行政机关应当给钟甲重新核发另外5块享有合法承包权的土地承包证。

综上，钟甲的再审申请不符合《中华人民共和国行政诉讼法》第九十一条第三、四、五项规定的情形。依照《最高人民法院关于适用〈中华人民共和国行政诉讼法〉的解释》第一百一十六条第二款的规定，裁定如下：

驳回钟甲的再审申请。

审判长：郭修江；审判员：熊俊勇、刘艾涛；法官助理：黄宁晖；书记员：陈清玲

二〇一八年五月三十一日

041

复议期间被申请人改变原行政行为，申请人不撤回申请的，复议机关应当继续审理原行政行为并依法作出复议决定

【裁判要旨】

《中华人民共和国行政复议法实施条例》第三十九条规定，行政复议期间被申请人改变原行政行为的，不影响行政复议案件的审理。但是，申请人依法撤回行政复议申请的除外。据此，行政复议期间，被申请人改变原行政行为，申请人不撤回复议申请，复议机关经审理认为原行政行为违法的，应当依法作出复议决定，确认原行政行为违法。

中华人民共和国最高人民法院
行政裁定书

（2018）最高法行申2974号

再审申请人（一审原告、二审上诉人）：王某。

委托代理人：郑继红。

委托代理人：周涛，北京在明律师事务所律师。

被申请人（一审被告、二审被上诉人）：海南省国土资源厅。

法定代表人：陈健春，厅长。

再审申请人王某因诉被申请人海南省国土资源厅（以下简称海南省国土厅）行政复议一案，不服海南省高级人民法院于2017年12月14日作出的（2017）琼行终1741号行政判决，向本院申请再审。本院于2018年5月7日立案受理本案，依法组成合议庭进行审查。案件现已审查终结。

王某申请再审称：1. 一、二审判决适用法律错误。海口市国土资源局（以下简称海口市国土局）撤销《不予受理告知书》不影响行政复议案件的审理。《中华人民共和国行政复议法实施条例》第三十九条规定："行政复议期间被申请人改变原具体行政行为的，不影响行政复议案件的审理……"王某对海口市国土局作

出的《不予受理告知书》申请行政复议后，该局自行撤销告知书，应当视为改变原具体行政行为，海南省国土厅应当继续审理该案，对《不予受理告知书》的合法性作出审查和认定，而不能以原行政行为被撤销为由剥夺申请人的复议权利。即便原行政行为被撤销，复议机关仍然可以对原行政行为的合法性进行审查和认定。只有及时对行政行为的违法性作出确认，才能促使行政机关端正态度，防止违法或者不当的行政行为出现，保障和监督行政机关依法行使职权。海南省国土厅以海口市国土局撤销告知书为由，作出行政复议终止决定，违反《中华人民共和国行政复议法实施条例》第三十九条之规定。请求撤销二审行政判决，改判撤销海南省国土厅作出的琼国土资复决字（2017）12号《行政复议终止决定书》，判令海南省国土厅履行行政复议职责，继续审理王某与海口市国土局行政不作为纠纷行政复议一案。

本院经审查认为，《中华人民共和国行政复议法实施条例》第三十九条规定，行政复议期间被申请人改变原具体行政行为的，不影响行政复议案件的审理。但是，申请人依法撤回行政复议申请的除外。本案中，王某向海口市国土局递交《违法用地行为查处申请书》，申请海口市国土局依法对相关单位在未取得国有土地使用权的情况下，违法占用土地进行培龙后街美食街项目建设的行为进行查处，并作出书面答复。海口市国土局于2017年1月22日对王某的申请作出《不予受理告知书》。王某不服该告知书，向海南省国土厅申请行政复议。在海南省国土厅复议期间，海口市国土局又于2017年3月21日作出海土资琼山字（2017）141号《关于撤销不予受理告知书的通知》，并于同年3月22日作出《海口市国土资源信访事项转送书》，将王某的申请书转送海口市琼山区人民政府。海口市国土局在行政复议期间改变原行政行为，而王某并未撤回行政复议申请，海南省国土厅应当对海口市国土局的原行政行为即《不予受理告知书》进行审理。海南省国土厅作出行政复议终止决定，适用法律错误，处理结果不当，本应予以纠正。一、二审判决均认定海南省国土厅作出终止复议决定的处理结果正确，适用法律不当，本院予以指正。

根据海口市政府2015年第103号令《关于进一步下放行政管理事项的决定》规定，海口市国土资源执法监督权已下放各区政府，由各区政府负责一线执法工作。本案中，王某申请事项所涉及的土地执法权已下放区政府。一、二审业已查明，海口市国土局于2017年3月21日主动撤销其作出的《不予受理告知书》，并于3月22日作出《海口市国土资源信访事项转送书》，将王某的申请书转送至有权处理的琼山区人民政府。王某所反映的土地违法问题已经依法转送有权处理的行政机关，王某寻求救济的程序性权利已经得到保障，海南省国土厅的终止复议决定对其实体权利不产生实质性影响。本案如进入再审程序，要求海南省国土厅恢复对复议案件的审理，海南省国土厅作出的复议决定对于王某要求解决的实体问题并无任何影响，反而导致程序空转，增加当事人诉累。故本院不对本案提起再审。

综上所述，王某的再审申请不符合《中华人民共和国行政诉讼法》第九十一条规定的情形。依照《最高人民法院关于适用〈中华人民共和国行政诉讼法〉的解释》第一百一十六条第二款的规定，裁定如下：

驳回王某的再审申请。

审判长：熊俊勇；审判员：龚斌、刘艾涛；书记员：佘逸纯

二〇一八年六月二十九日

042

行政复议决定对第三人产生不利影响的，应当给予其陈述、申辩的权利

【裁判要旨】

尽管行政复议法及其实施条例没有明确规定行政复议机关必须通知第三人参加复议。但是，根据国务院《全面推进依法行政实施纲要》第二十条规定，复议机关作出对第三人不利的行政复议决定之前，应当告知第三人，并给予其陈述和申辩的机会，否则行政复议行为违反正当程序原则。

中华人民共和国最高人民法院
行政裁定书

（2018）最高法行申2977号

再审申请人（一审原告、二审被上诉人）：广东省罗定市附城街道阳光美域小区业主委员会。

负责人：沈小杰，主任。

被申请人（一审第三人、二审上诉人）：陈甲。

被申请人（一审第三人、二审上诉人）：陈乙。

被申请人（一审第三人、二审上诉人）：陈丙。

被申请人（一审第三人、二审上诉人）：陈丁。

被申请人（一审第三人、二审上诉人）：林某。

被申请人（一审第三人、二审上诉人）：李某。

被申请人（一审被告、二审被上诉人）：广东省罗定市人民政府。

法定代表人：彭仲典，市长。

原审第三人：叶某。

原审第三人：梁某。

再审申请人罗定市附城街道阳光美域小区业主委员会（以下简称阳光美域小区业委会）因诉被申请人广东省罗定市人民政府（以下简称罗定市政府）、被申

请人陈甲、陈乙、陈丙、陈丁、林某、李某（以下简称陈甲等6人）及原审第三人叶某、梁某行政复议一案，不服广东省高级人民法院（2017）粤行终536号行政判决，向本院申请再审。本院依法组成合议庭对本案进行了审查，现已审查终结。

阳光美域小区业委会申请再审称，请求撤销二审判决；改判陈甲等6人不具备上诉资格，依法驳回其上诉；判令罗定市政府重新为阳光美域小区业委会备案；判令罗定市政府赔偿再审申请人维权损失共计3万元。主要理由：1. 二审判决内容由罗定市政府重新作出具体行政行为模棱两可，导致罗定市政府对同一行政复议申请先后两次作出相同的复议决定，先后两次撤销阳光美域小区业委会备案，严重损害小区近500户业主合法权益。2. 陈甲等6人延期缴纳上诉费，应当按撤诉处理，二审不应当受理陈甲等6人的上诉。3. 二审应当认定陈甲等6人及叶某、梁某不具备行政复议申请人资格，认定罗定市政府的复议行为违规，并确认阳光美域小区业委会成立合法。

本院认为，《中华人民共和国行政复议法》第十条第三款规定，同申请行政复议的具体行政行为有利害关系的其他公民、法人或者其他组织，可以作为第三人参加行政复议。《中华人民共和国行政复议法实施条例》第九条第一款规定，行政复议期间，行政复议机构认为申请人以外的公民、法人或者其他组织与被审查的具体行政行为有利害关系的，可以通知其作为第三人参加行政复议。据此，行政复议法及其实施条例虽然没有明确规定行政复议机关必须通知第三人参加复议，但是根据正当程序的法律原则，如果行政复议决定对第三人产生不利后果的，应当听取第三人的意见，给予其陈述和申辩的权利。本案中，阳光美域小区业主陈甲等6人及叶某、梁某以罗定市不动产登记局为被申请人，向罗定市政府提出行政复议申请请求撤销阳光美域小区业委会的备案登记。罗定市政府作出罗府行复〔2016〕8号《行政复议决定书》（以下简称8号复议决定），撤销阳光美域小区业委会的备案登记，但未通知阳光美域小区业委会参加行政复议，未听取阳光美域小区业委会的意见，违反了正当程序的法律原则。二审判决撤销8号复议决定，并责令罗定市政府重新作出复议决定，适用法律正确，并无不当。阳光美域小区业委会提出罗定市政府罗府行复〔2017〕30号《行政复议决定书》再次撤销阳光美域小区业委会备案登记违法的主张，不属于本案的审查范围，阳光美域小区业委会可另行起诉。其以此为由申请再审，本院不予支持。

综上，阳光美域小区业委会的再审申请不符合《中华人民共和国行政诉讼法》第九十一条规定的情形。依照《最高人民法院关于适用〈中华人民共和国行政诉讼法〉的解释》第一百一十六条第二款的规定，裁定如下：

驳回广东省罗定市附城街道阳光美域小区业主委员会的再审申请。

审判长：龚斌；审判员：熊俊勇、刘艾涛；书记员：陈钿

二〇一八年六月二十九日

043

依法变更、撤回行政许可，应当给予行政相对人行政补偿

【裁判要旨】

为了公共利益的需要，行政机关可以依法变更或者撤回已经生效的行政许可。由此给公民、法人或者其他组织造成财产损失的，行政机关应当依法给予补偿。为了加强煤炭安全生产、维护公共利益，市、县人民政府依照国家宏观政策调整，决定关闭正在合法生产经营的小煤矿的，根据信赖保护原则，对由此而造成的业主合法权益损失，应当给予行政补偿。

中华人民共和国最高人民法院
行政裁定书

（2018）最高法行申2010号

再审申请人（一审原告、二审上诉人）：卢某。

再审申请人（一审原告、二审上诉人）：金某。

被申请人（一审被告、二审被上诉人）：广西壮族自治区人民政府。

法定代表人：陈武，主席。

委托代理人：莫耘红，区法制办工作人员。

委托代理人：杜培荣，区工信委法律顾问。

再审申请人卢某、金某因诉被申请人广西壮族自治区人民政府（以下简称广西自治区政府）不履行关闭煤矿行政补偿法定职责一案，不服广西壮族自治区高级人民法院于2017年3月24日作出的（2016）桂行终784号行政判决，向本院申请再审。本院于2018年4月12日立案受理，依法组成合议庭进行审查。案件现已审查终结。

2001年6月13日、9月16日，国务院办公厅先后发布国办发明电（2001）25号《关于关闭国有煤矿矿办小井和乡镇煤矿停产整顿的紧急通知》（以下简称25号通知）和国办发（2001）68号《关于进一步做好关闭整顿小煤矿和煤矿安

全生产工作的通知》（以下简称68号通知）两个文件，要求各地要做到“四个一律关闭”，即国有煤矿采矿登记确认范围内的小煤矿、不具备基本安全生产条件的小煤矿、“四证”（即采矿许可证、煤炭生产许可证、营业执照和矿长资格证书）不全以及生产高灰高硫煤炭（灰分超过40%、含硫超过3%）的小煤矿，必须一律关闭。同时规定，关闭小煤矿过程中发生的费用，原则上由地方承担。关闭小煤矿和职工安置任务重、地方财政确有困难的地区，由中央财政予以适当补助。2001年9月26日，广西自治区政府发布桂政发（2001）79号《关于贯彻国办发（2001）68号文件精神进一步做好关闭整顿小煤矿和煤矿安全生产工作的通知》（以下简称79号通知），要求区内各地政府于2001年年底，对符合关闭条件的小煤矿，依法予以关闭；原都安县百旺乡庭律村那伍大岭（下岭）煤矿、法定代表人卢治荣，原都安县百旺乡庭律煤矿、法定代表人郑中海（又名郑忠海）与原都安县百旺乡庭律村闹油煤矿、法定代表人叶常康三座矿井经多次取样化验分析，含硫量超过3%，属国务院规定的“四个一律关闭”对象。卢某是原都安县百旺乡庭律村那伍大岭煤矿的投资人；金某是原都安县百旺乡庭律煤矿副井和原都安县百旺乡庭律村闹油煤矿副井的投资人。2001年10月25日，广西煤炭工业行业管理办公室向都安县煤炭工业管理局作出桂煤行办字（2001）200号《关于注销都安县澄江乡阳安村地丁南豆岭煤矿等十四对矿井煤炭生产许可证的通知》（以下简称200号通知），要求都安县煤炭工业管理局，及时收回卢治荣、郑中海、叶常康名下矿井的煤炭生产许可证。2002年4月21日，都安瑶族自治县人民政府（以下简称都安县政府）发布都政发（2002）36号《关于取缔非法小煤矿的通告》（以下简称36号通告），决定对卢治荣、郑中海、叶常康名下的矿井予以关闭。矿井关闭后，卢某、金某等煤矿投资人向有关部门反映情况，要求解决被关闭煤矿的行政补偿问题。2009年9月11日，广西自治区政府办公厅下发桂政办发（2009）175号《关于进一步做好全区煤矿整顿关闭工作的通知》（以下简称175号通知），规定“对关闭年产能力（或设计能力）在6万吨以下（不含6万吨）的生产矿井、基建及资源整合（技改）矿井，自治区财政将分别按一定标准给予有关县级人民政府一次性补助，专门用于补偿被关闭矿井的经济损失、职工安置费用、关闭矿井实施费用等，不足部分由当地财政负担”。该文件发布后，卢某、金某等煤矿投资人继续上访，请求对关闭煤矿损失予以行政补偿。2014年9月11

日，广西壮族自治区工业和信息化委员会（以下简称广西工信委）向金某、卢某作出桂工信能源函（2014）1330号《关于对都安、忻城小煤矿关闭经济补偿有关问题的答复》，17日又向金某及有关投资人作出桂工信能源函（2014）1363号《关于都安、忻城19座关闭煤矿经济补偿问题的答复》。两份答复均明确表示，2003年以前关闭的都安、忻城19座小煤矿，未参与2004～2006年开展的煤炭资源整合，不属于175号通知规定的应当给予经济补偿的被关闭矿井范围，有关19座小煤矿关闭的经济补偿问题，待有关机关作出决定后予以回复。2014年11月5日，卢某、金某向广西自治区政府递交《关于请求广西壮族自治区人民政府切实履行法定职责维护合法煤矿被关闭后投资人合法权益的意见书》（以下简称意见书），请求广西自治区政府依法作出行政补偿决定。2014年11月21日，广西自治区政府将意见书转交广西工信委办理。2014年12月9日，广西工信委对卢某、金某作出如下答复：信访诉求一致，该信访事项已经办结，不再办理。2015年2月21日，卢某、金某不服该答复，提起本案行政诉讼，请求判令广西自治区政府在法定期限内对其二人的意见书作出明确答复，补偿19座煤矿投资人1375.892万元，并按同期银行利率支付损失利息。

南宁市中级人民法院（2015）南市行一初字第74号行政判决认为，现行法律、法规以及规范性文件均未明确，广西自治区政府对卢某、金某负有因关闭煤矿应承担行政补偿的法定职责。在此情形下，广西自治区政府指令其下属工作部门对卢某、金某二人的申请予以信访答复，未违反法律规定，也未侵害其二人的合法权益。卢某、金某二人要求撤销被诉答复，并依法履行相应法定职责，没有法律依据，不予支持。依照《中华人民共和国行政诉讼法》第六十九条规定，判决驳回卢某、金某的诉讼请求。

广西壮族自治区高级人民法院（2016）桂行终784号行政判决认为，直接关闭卢某、金某煤矿的文件，是都安县政府作出的36号通告，广西自治区政府没有对关闭卢某等人煤矿进行经济补偿的法定职责。因此，卢某、金某主张广西自治区政府应对其投资煤矿的损失进行经济补偿，没有事实和法律依据。依照《中华人民共和国行政诉讼法》第八十九条第一款第一项的规定，判决驳回上诉，维持原判。

卢某、金某申请再审称：1. 对于卢某、金某在意见书中提出补偿的诉求，广西自治区政府在法定期限内没有作出答复，存在不履行行政补偿的不作为。2. 一审判决遗漏二人请求广西自治区政府对其意见书作出答复的诉讼请求，擅自添加撤销信访答复的诉讼请求，并以本案属信访案件为由作出判决是错误的。请求撤销一、二审判决、依法对本案予以再审。

广西自治区政府答辩称：1. 广西自治区政府没有对卢某、金某二人被关闭煤矿给予经济补偿的法定职责。2. 一、二审不存在遗漏诉讼请求的问题。请求驳回卢某、金某的再审申请。

本院经审查认为，《中华人民共和国行政诉讼法》第三十四条第一款规定，被告对作出的行政行为负有举证责任，应当提供作出该行政行为的证据和所依据的规范性文件。换句话说，行政机关应当对其作出的行政行为承担法律责任。谁作出侵权的行政行为，谁承担行政补偿或赔偿的法律责任。本案中，关闭煤矿造成卢某、金某财产损失，作出36号通告、决定关闭涉案煤矿的是都安县政府。因此，都安县政府应当对关闭涉案煤矿，造成卢某、金某财产损失，依法承担行政补偿法律责任。广西自治区政府不是关闭煤矿侵权行为的实施主体，没有对关闭煤矿造成的损失予以行政补偿的法定职责。卢某、金某一审请求广西自治区政府作出行政补偿决定，补偿其因都安县政府关闭煤矿造成的损失，理由不能成立。一、二审判决驳回二人诉讼请求，符合《中华人民共和国行政诉讼法》第六十九条规定，本院予以支持。卢某、金某主张，对二人意见书中提出的补偿诉求，广西自治区政府在法定期限内没有作出答复，存在不履行行政补偿的不作为。但是，广西自治区政府并非卢某、金某请求补偿事项的行政补偿义务机关，没有作出补偿决定的法定职责。且，卢某、金某等人就此行政补偿事项，已经多次、反复向有关部门反映，广西自治区政府将其意见书转交相关职能部门处理，广西工信委接到区政府转交的意见书后，已经对二人申请事项作出答复。卢某、金某的上述主张缺乏事实和法律根据，本院不予支持。卢某、金某还主张，一审判决遗漏请求广西自治区政府对其意见书作出答复的诉讼请求，擅自添加撤销信访答复的诉讼请求，以本案属信访案件为由作出判决错误。二人上述主张与事实不符。本案一、二审判决均已明确阐释，广西自治区政府没有对关闭卢某、金某煤矿予以行政补偿的法定职责，请求广西自治区政府作出行政补偿决定，没有事实和法律依据，并判决驳回原告诉讼请求。这些阐释和判决，就是对卢某、金某二人关于不履行作出行政补偿决定法定职责诉讼请求作出的审理和裁判，不存在遗漏诉讼请求的情形。但是，一审论理部分确有关于卢某、金某“要求撤销被诉答复”的表述，此段文字与二人一审诉讼请求不符，确有不妥。由于申请再审是对二审生效判决不服提起的申请，而二审判决已经去除该段文字。以此为由申请再审，理由亦不能成立。

应当指出的是，《中华人民共和国行政诉讼法》第四十九条第二项规定，提起行政诉讼要“有明确的被告”。所谓明确的被告，必须是适格的被告。对作出的行政行为提起行政诉讼的，作出行政行为的行政机关是被告；对不履行法定职责行为提起诉讼的，享有相应法定职责而不依法履责的行政机关是被告。当事人向不具有相应法定职责的行政机关提出履责申请，该行政机关未履责，当事人以该行政机关为被告提起行政诉讼的，被告不适格，人民法院应当裁定不予立案；已经立案的，裁定驳回起诉，并向当事人释明，应当向依法享有相应法定职权的行政机关提出申请，对享有法定职权的行政机关逾期不予答复，或对作出的行政行为不服，可以依法向人民法院提起行政诉讼。本案中，卢某、金某向广西自治区政府申请行政补偿，而广西自治区政府并非法定行政补偿义务机关，不享有作出行政补偿决定的法定职责。卢某、金某以广西自治区政府为被告提起本案行政诉讼，被告不适格。一、二审判决驳回原告诉讼请求不妥，本院予以指正。鉴于本案系卢某、金某申请再审，且一、二审判决驳回二人对广西自治区政府提出的行政赔偿诉讼请求，并未侵犯其合法权益，再审改判不宜作出对申请人更为不利的裁判，本案不予再审。

还应当指出的是，《中华人民共和国行政许可法》第八条第二款规定，为了公共利益的需要，行政机关可以依法变更或者撤回已经生效的行政许可。由此给公民、法人或者其他组织造成财产损失的，行政机关应当依法给予补偿。为了加强煤炭安全生产，根据国家政策调整，市、县级人民政府决定关闭正在合法生产经营的小煤矿的，根据信赖保护原则，市、县级人民政府应当依法给予行政补偿。广西自治区政府应当监督下级政府，依法及时解决卢某、金某等人提出的关闭煤矿行政补偿问题。

综上，卢某、金某的再审申请不符合《中华人民共和国行政诉讼法》第九十一条第三、六项规定的情形。依照《最高人民法院关于适用〈中华人民共和国行政诉讼法〉的解释》第一百一十六条的规定，裁定如下：

驳回卢某、金某的再审申请。

审判长：郭修江；审判员：龚斌、熊俊勇；法官助理：黄宁晖；书记员：陈清玲

二〇一八年九月二十八日

044

再审申请人的再审理由不能成立，但是经审查原生效裁判可能损害国家、公共利益的，应当启动再审程序

【裁判要旨】

行政诉讼不仅要保护公民、法人和其他组织的合法权益，同时还应当依法维护国家利益、公共利益。再审申请人的再审理由不能成立，但是，经审查认为生效裁判可能损害国家、公共利益的，人民法院应当依职权主动启动再审程序。

中华人民共和国最高人民法院
行政裁定书

（2018）最高法行赔申314号

再审申请人（一审原告、二审上诉人）：王甲。

委托代理人：王乙（系王甲之子）。

被申请人（一审被告、二审被上诉人）：湖南省石门县人民政府。

法定代表人：郭碧勋。

委托代理人：陈潞。

委托代理人：殷长军。

原审第三人：湖南省电网工程有限公司（原湖南省电网工程公司）。

法定代表人：张金亮。

再审申请人王甲因诉被申请人湖南省石门县人民政府（以下简称石门县政府）行政赔偿一案，不服湖南省高级人民法院（2018）湘行赔终82号行政赔偿判决，向本院申请再审。本院依法组成合议庭对本案进行了审查，现已审查终结。

王甲申请再审称，原判决按房屋重置价格计算再审申请人的房屋拆迁补偿数额错误，原判决对再审申请人的维权损失认定数额过低，原审第三人应共同赔偿损失。请求依法对本案予以再审。

本院认为，王甲主张原判决认定其房屋拆迁补偿数额错误，维权损失数额过

低及原审第三人应共同赔偿损失没有事实和法律依据，不能成立。其再审申请不符合《中华人民共和国行政诉讼法》第九十一条的规定，本院不予支持。但是，本院审查中发现，王甲单独提起本案行政赔偿诉讼，不符合《最高人民法院关于审理行政赔偿案件若干问题的规定》第二十一条规定的受理条件，第一审、第二审人民法院作出行政赔偿判决，可能存在适用法律错误，损害国家利益的情形。依照《中华人民共和国行政诉讼法》第九十二条第二款和《最高人民法院关于适用〈中华人民共和国行政诉讼法〉的解释》第一百一十八条第二款的规定，裁定如下：

一、本案由本院提审；

二、再审期间，中止原判决的执行。

审判长：龚斌；审判员：熊俊勇、刘艾涛；法官助理：寇秉辉；书记员：陈钿

二〇一八年十一月三十日

四、赔偿补偿

045

单独提起行政赔偿诉讼，需以侵权行政行为被确认违法、先行申请赔偿义务机关已作出处理为前提

【裁判要旨】

根据《中华人民共和国国家赔偿法》第九条，《最高人民法院关于审理行政赔偿案件若干问题的规定》第二十一条第四、五项规定，赔偿请求人单独提起行政赔偿诉讼的，应当以加害的行政行为被确认违法，且申请人向赔偿义务机关提出赔偿申请，赔偿义务机关已先行处理或超过法定期限不予处理为前提。侵权的行政行为未被法定程序确认违法，或者未经赔偿义务机关先行处理程序，赔偿请求人单独提起行政赔偿诉讼的，不符合法定起诉条件，人民法院应当裁定不予立案；已经立案的，裁定驳回起诉。

中华人民共和国最高人民法院

行政裁定书

（2018）最高法行申532号

再审申请人（一审原告、二审上诉人）：刘甲。

被申请人（一审被告、二审被上诉人）：广西壮族自治区玉林市人民政府。

法定代表人：苏海棠，市长。

被申请人（一审被告、二审被上诉人）：广西壮族自治区玉林市国土资源局。

法定代表人：封寅芳，局长。

原审第三人：广西玉林黄河房地产开发有限公司。

法定代表人：何少斌，董事长。

一审原告、二审上诉人：肖某。

一审原告、二审上诉人：蒋某。

一审原告、二审上诉人：卢某。

一审原告、二审上诉人：刘乙。

一审原告、二审上诉人：黄某。

一审原告、二审上诉人：陈甲。

再审申请人刘甲因与一审原告、二审上诉人肖某、蒋某、卢某、刘乙、黄某、陈甲六人因诉被申请人广西壮族自治区玉林市人民政府（以下简称玉林市政府）、玉林市国土资源局（以下简称玉林市国土局），原审第三人广西玉林黄河房地产开发有限公司（以下简称黄河公司）行政赔偿一案，不服广西壮族自治区高级人民法院于2017年6月22日作出的（2016）桂行终669号行政裁定，向本院申请再审。本院于2018年1月25日立案受理，依法组成合议庭进行审查。案件现已审查终结。

2002年11月14日，玉林市国土局作出玉国土资函（2002）45号《关于同意办理玉林市东门商业广场建设用地拆迁手续的复函》，同意黄河公司到有关部门办理拆迁手续。2003年3月7日，玉林市建设局给黄河公司颁发玉建拆许字（2003）第001号《房屋拆迁许可证》，批准黄河公司对大观巷、天主堂、玉林镇盛誉商场以东（不包含天主堂）至南环路16964.35平方米范围内的住宅和非住宅实施拆迁。刘甲、肖某、蒋某、卢某、刘乙、黄某和陈甲（以下简称刘甲等七人）的房屋，在拆迁范围内。刘甲等七人与拆迁人黄河公司未达成拆迁补偿协议，经黄河公司申请，玉林市建设局（现为玉林市建设规划委员会）针对涉案不同房屋，分别作出房屋拆迁行政裁决。肖某、蒋某于2005年5月8日对玉建裁字（2005）2号、卢某于2005年9月13日对玉建裁字（2005）34号，陈甲代表其父陈乙于2007年对玉建裁字（2005）46号《房屋拆迁行政裁决书》，分别向玉林市中级人民法院起诉，请求撤销玉林市建设局作出的房屋拆迁裁决，人民法院分别作出相关行政裁判，并已发生法律效力。2005年1~8月期间，玉林市政府对刘甲等七人的房屋实施强制拆除。刘甲未对拆迁裁决、强制拆除房屋行为提起行政诉讼，自

2005年起一直通过信访途径主张权利。2015年12月4日，刘甲等7人提起本案行政诉讼，请求返还国有土地使用权，赔偿因拆迁、上访维权、精神损害产生的损失。

玉林市中级人民法院（2016）桂09行初6号行政裁定认为，以请求返还国有土地使用权、赔偿损失的诉讼请求与拆迁裁决有关，受生效行政判决的拘束，其余诉讼请求已在前述生效判决的诉讼中提出过，再次起诉属于重复起诉为由，裁定驳回刘甲等七人的起诉。刘甲等七人不服，提出上诉。

广西壮族自治区高级人民法院（2016）桂行终669号行政裁定认为，以刘甲等七人2005年房屋被拆除时就已经知道被诉行政行为的内容，至2015年12月起诉，超过法定两年起诉期限，且刘甲等七人起诉涉及五户拆迁裁决应当按户分别起诉，涉诉房屋土地的具体指向不清楚，诉讼请求不具体、不明确为由，裁定驳回上诉，维持原裁定。

刘甲申请再审称：1. 房屋拆迁后，刘甲因无经济能力支付诉讼费用，未提起行政诉讼。2. 玉林市国土资源局违规发放土地证，刘甲也参与了其他几户的集体诉讼，二审裁定认为其重复起诉是错误的。3. 对不动产提起诉讼的期限为20年，2015年12月起诉，未超过法定起诉期限。请求撤销二审行政裁定，依法再审本案，确认征用土地的行为不合法，返还土地并赔偿损失。

本院经审查认为，《中华人民共和国行政诉讼法》第四十九条第三项规定，提起行政诉讼，应当具有具体的诉讼请求和事实根据。《最高人民法院关于审理行政赔偿案件若干问题的规定》第二十一条第四、五项规定，赔偿请求人单独提起行政赔偿诉讼，加害行为已被确认为违法，且赔偿义务机关已先行处理或超过法定期限不予处理。本案中，刘甲一审诉讼请求为：请求返还国有土地使用权，赔偿因拆迁、上访维权造成的损失。该诉讼请求实质是单独提起的行政赔偿诉讼。但是，并没有证据证明涉案的拆迁许可被依法撤销，也没有证据证明起诉前刘甲向赔偿义务机关先行申请行政赔偿，赔偿义务机关已经作出处理或存在逾期不处理的情形。因此，刘甲单独提起本案行政赔偿诉讼缺乏事实根据，不符合法定受理条件。一、二审裁定驳回其起诉，结果并无不当。刘甲主张，应当适用20年的最长起诉期限。根据《最高人民法院关于执行〈中华人民共和国行政诉讼法〉若干问题的解释》第四十一、四十二条的规定，当事人不知道行政行为内容的，适用20年起诉期限。但是，当事人在20年内的任何一个时点知道被诉行政行为内容的，应当从其知道或者应当知道行政行为内容之日2年内提起诉讼，不适用20年的起诉期限。本案中，强制拆迁行为发生在2005年1~8月期间，刘甲当时即知道该行政行为的主要内容，显然不符合20年最长起诉期限的法定条件，其该项主张亦不能成立。

应当指出的是，《最高人民法院关于适用〈中华人民共和国行政诉讼法〉的解释》第六十九条第一款第六、九项以及第一百零六条规定，重复起诉和受生效判决羁束，均是不符合法定起诉条件的情形。重复起诉应当符合前后两次起诉的起诉人和诉讼标的完全一致，诉讼请求相同或后一次诉讼请求为前一次所包含；而受生效判决羁束，只要前后两次起诉的被诉行政行为是同一个即可，无需起诉人是完全一致。但是，无论是重复起诉，还是受生效判决羁束，被诉行政行为相同，这是必备要件。本案中，刘甲第一次起诉的被诉行政行为是拆迁补偿决定，与本次单独提起的行政赔偿诉讼，两次起诉诉讼请求和被诉行政行为并不相同。一审判决以重复起诉和受生效判决羁束为由裁定不予立案，理由显属不当。二审裁定未采纳一审裁定理由，本院予以支持。

还需要指出的是，人民法院可以结合当事人的诉讼请求和理由，合理归纳和明确当事人的诉讼请求；认为当事人诉讼请求不明确或者不能实质化解行政争议的，应当向当事人释明，要求其自行明确或变更诉讼请求，不得随意篡改当事人的诉讼请求。本案中，刘甲一审请求为返还国有土地使用权，赔偿因拆迁、上访维权造成的损失。该诉讼请求显然是一个单独的行政赔偿请求，诉讼请求是明确的。一、二审却以自己的理解确定当事人的诉讼请求，一审认为其诉讼请求指向的被诉行政行为是拆迁补偿决定，二审认为是强制拆除行为，未尊重当事人的意愿，据此作出的审查判断理由显属不妥，本院予以指正。鉴于一、二审裁定驳回起诉的结果并无不当，再审没有实际意义，本案不予再审。

综上，刘甲的再审申请不符合《中华人民共和国行政诉讼法》第九十一条第一、四项规定的情形。依照《最高人民法院关于适用〈中华人民共和国行政诉讼法〉的解释》第一百一十六条第二款的规定，裁定如下：

驳回刘甲的再审申请。

审判长：郭修江；审判员：龚斌、熊俊勇；法官助理：黄宁晖；书记员：陈清玲

二〇一八年二月二十八日

046

土地管理部门在征收补偿方案规定的期限或合理期限内不能与被征收人达成补偿协议的，应当依法及时作出征收补偿安置决定

【裁判要旨】

《征收土地公告办法》第十一条规定，征地补偿、安置方案经批准后，由有关市、县人民政府土地行政主管部门组织实施。第十五条第一款规定，因未按照依法批准的征收土地方案和征地补偿、安置方案进行补偿、安置引发争议的，由市、县人民政府协调；协调不成的，由上一级地方人民政府裁决。集体土地征收过程中，补偿安置方案批准后，土地行政主管部门应当在补偿安置方案规定的协商期内与被征收人协商安置补偿事宜，没有规定协商期的且在合理期间内双方协商不成的，土地管理部门应当及时作出征收补偿安置决定，不得以协调为由，长期拖延不作补偿安置决定。被征收人对土地管理部门作出的补偿安置决定不服的，由其所属市、县人民政府协调；协调不成的，由上一级地方人民政府裁决。

中华人民共和国最高人民法院
行政裁定书

（2018）最高法行申4677号

再审申请人（一审原告、二审上诉人）：苏某。

委托代理人：罗于贤，三亚市天涯法律事务所法律工作者。

被申请人（一审被告、二审被上诉人）：三亚市人民政府。

法定代表人：阿东，市长。

委托代理人：黎永忠、周丽，该府法制办工作人员。

再审申请人苏某因诉被申请人三亚市人民政府（以下简称三亚市政府）土地征收补偿一案，不服海南省高级人民法院于2017年11月25日作出的（2017）琼行终1629号行政判决，向本院申请再审。本院于2018年7月5日立案受理本案，依法组成合议庭进行审查，并于2018年7月20日上午巡回审判，在三亚市中级

人民法院第四法庭组织各方当事人进行询问。再审申请人苏某及其委托代理人罗于贤、被申请人三亚市政府的委托代理人黎永忠，到庭参加询问活动。案件现已审查终结。

三亚市中级人民法院一审查明，2008年10月，因国防1801项目建设需要，三亚市政府拟征收六道村委会全部集体土地和安罗村委会部分集体土地及收回部分国有土地作为该项目建设用地，并安排原三亚市吉阳镇人民政府组织人员对征地范围内土地权属进行调查，并清点青苗及地上附着物，丈量土地面积等。苏某系六道村委会内二村民小组村民，其鲍鱼池占地在该征收范围内。2008年10月至2012年8月期间，由吉阳镇人民政府、六道村委会以及内二村民小组等组成的征地工作组多次对被征土地上的青苗及地上附着物进行清点，并制作了青苗补偿登记表和地上附着物补偿登记表。苏某在上述登记表上签名确认清点结果。其中，2008年10月22日制作的青苗补偿登记表中记载：鲍鱼池18个，均为长3.5米，宽8.4米，高1.8米，但没有关于鲍鱼池生物水体的任何记载，该登记表备注栏为空。2011年9月8日，三亚市政府办公室作出《三亚市人民政府办公室关于1801项目用地征收土地调查有关问题的通知》，告知拟征收土地范围、用途以及吉阳镇人民政府所负责的工作事项等。2012年9月25日，苏某就除鲍鱼池之外的其余青苗及地上附着物等补偿问题签订《征地拆迁房屋补偿协议书》，约定补偿苏某共计796223.9元，苏某已领取该补偿款。2015年1月2日，三亚市撤镇设区，撤销吉阳镇并设立吉阳区，原吉阳镇人民政府的职权由吉阳区人民政府行使。就该鲍鱼池的补偿问题，吉阳区人民政府曾提出以三府（2013）43号《关于印发〈三亚市集体土地征收补偿安置管理规定（2013年修订）〉的通知》（以下简称三府43号文）所规定的补偿标准，按每平米20元进行补偿，苏某认为该补偿标准过低，双方未能达成一致意见。2017年1月20日，苏某提起诉讼，要求三亚市政府按三府办（2011）175号《关于印发三亚市鲍鱼养殖场拆迁生物补偿标准的通知》（以下简称三府办175号文）所规定的每立方米1070.49元的标准赔偿其18个鲍鱼池水体952.56立方米的补偿款共计1019705.95元，并要求吉阳区人民政府对该债务承担连带赔偿责任。

另查明，2011年6月13日，三亚市政府办公室向各镇人民政府、各区管委会、市政府各有关单位发出三府办175号文，要求贯彻执行《三亚市鲍鱼养殖场拆迁生物补偿标准》，该标准第四条规定，三亚市鲍鱼养殖场拆迁的生物补偿标准为每立方米1070.49元。2013年3月25日，三亚市政府向各镇人民政府、各区管委会、市政府直属各单位发出三府43号文，要求贯彻执行《三亚市集体土地征收补偿安置管理规定（2013年修订）》，该规定附件9《常见淡水、海水养殖生物补偿标准表》中规定，鲍鱼养殖池（塘）结构为池深1.3~1.7米，池体厚24厘米，生物体补偿标准按三府办175号文1070.49元/立方米执行，其建筑物及附着物按附表5、附表6执行。

一审庭审中，苏某称其于1998年开始养殖鲍鱼，鲍鱼池占地被征收时，池内具有鲍鱼生物体，但未能提供任何证据予以证明。苏某亦认可其养殖鲍鱼未曾取得相关部门核发的任何证照。一审诉讼过程中，苏某申请向中国人民解放军92304部队调取该部队是否将本案全部土地补偿款支付给三亚市政府以及三亚市政府向部队报送的苏某鲍鱼水体体积，支付补偿款数额的证据，该部队征地负责人答复已将项目土地补偿款支付三亚市政府，但从已补偿名单中未显示有关苏某鲍鱼水体的补偿情况。三亚市中级人民法院经审查，认为吉阳区人民政府不是本案适格被告，作出（2017）琼02行初23号行政裁定，驳回苏某对吉阳区人民政府的起诉。

三亚市中级人民法院（2017）琼02行初23号行政判决认为，根据《最高人民法院关于执行〈中华人民共和国行政诉讼法〉若干问题的解释》第二十七条第三项、《最高人民法院关于行政诉讼证据若干问题的规定》第五条以及《最高人民法院关于审理行政赔偿案件若干问题的规定》第三十二条的规定，苏某应当对其主张承担举证责任。本案中，苏某认为征地工作组在清点登记其鲍鱼池时，未在青苗补偿登记表的“备注”栏中注明池内是否具有生物体，加之其于1998年就开始养殖鲍鱼的事实，应当认定其鲍鱼池内具有生物体，并按三府办175号文关于生物体补偿为每立方米1070.49元的标准给予其补偿。经查，2008年10月22日，征地工作组对苏某被征土地上的附着物进行清点，登记时，对其鲍鱼池规格、数量均作了记载，并制作了青苗补偿登记表，苏某对该清点结果无异议，且在登记表上签字确认，由于该登记表中并无有关鲍鱼生物体的任何记载，且苏某亦不能举证证明其所建鲍鱼池在被征收时已具备正常养殖的条件，可以认定该青苗补偿登记表所登记的内容仅是鲍鱼池设施本身而非鲍鱼池生物体的情况。苏某所主张的每立方米1070.49元的补偿标准是针对池深1.3~1.7米，池体厚24厘米的鲍鱼养殖池内生物体的补偿标准，并非针对鲍鱼池设施本身的补偿标准。苏某诉求对其18个鲍鱼池按每立方米1070.49元的标准进行补偿没有事实根据和法律依据，不予支持。为有效解决争议，三亚市政府应当采取有效措施，依法定程序对苏某的鲍鱼池作出相应补偿，以保护苏某的合法权益。依照《最高人民法院关于执行〈中华人民共和国行政诉讼法〉若干问题的解释》第五十六条第四项之规定，判决驳回苏某的诉讼请求。苏某不服一审判决，提起上诉。

海南省高级人民法院（2017）琼行终1629号行政判决认为，本案中，2008年10月22日征地工作组对苏某被征土地上的附着物进行清点、登记时，对其鲍鱼池规格、数量均作了记载，并制作青苗补偿登记表，苏某对该清点结果无异议，且在登记表上签字确认。该登记表中并无有关鲍鱼生物体的任何记载。庭审中，苏某未能举证证明其所建鲍鱼池在被征收时已具备正常养殖的条件，可以认定该青苗补偿登记表所登记的内容仅是鲍鱼池设施本身而非鲍鱼池生物体的情况。根据三府43号文附件9《常见淡水、海水养殖生物补偿标准表》中注明，淡水、海水养殖塘（池）的补偿，应达到正常养殖标准方能按综合补偿标准给予补偿，正常养殖综合补偿标准必须是连续三年养殖，达不到三年者需经行业主管部门批准，各类手续齐全（工商营业执照、水产养殖证、种苗养殖证、土地租赁合同等）。又根据三府办175号文的规定，鉴于目前三亚市鲍鱼养殖场绝大多数处于停产状态的现实，对养殖生物补偿的内容包含有经营性补偿的含义，即因拆迁造成养殖场的经营性损失的补偿。因此，该文件中的补偿标准是按一年（养殖二造）的生产利润计算。凡持有政府部门批准的鲍鱼养殖项目立项、鲍鱼养殖许可证、鲍鱼苗种生产许可证、建设鲍鱼养殖场的批复、林地使用许可证（用于鲍鱼养殖）鲍鱼养殖生产备案手续等，其中任何一种手续的养殖场，按一般性标准全额补偿。即使没有上述手续的养殖场，也可以采用修正补偿标准，但需由养殖企业（或个人）提供该场在一个连续时间段的用电量证明（如供电部门的证明），连续时间段不小于1年，需征地单位核查无误后执行。具体到本案中，苏某无论是向征地单位还是向该院既没有提供连续三年养殖的相关证据，也没有提供政府部门批准的鲍鱼养殖项目立项、鲍鱼养殖许可证、鲍鱼苗、特种生产许可证、建设鲍鱼养殖场的批复、林地使用许可证（用于鲍鱼养殖）、鲍鱼养殖生产备案手续等其中任何一种手续，也无法提供征地单位核查的连续时间段内用电量的证明。因此，无论是根据三府43号文还是三府办175号文的规定，苏某要求三亚市政府依照三府办175号文规定的每立方米1070.49元的补偿标准支付其鲍鱼生物补偿的诉求都没有事实和法律依据，一审驳回苏某的诉讼请求并无不当，应予维持。依照《中华人民共和国行政诉讼法》第八十九条第一款第一项之规定，判决驳回上诉，维持一审判决。

苏某申请再审称：1. 登记表内容显示有鲍鱼水体，三亚市政府无权单方否认登记表的证明效力，一、二审认为登记表内容仅显示为建筑物部分，而不包括生物水体，认定事实错误。2. 苏某2008年就开始养殖鲍鱼，属于连续三年的正常养殖户，因养殖规模小，无需办理各种证照；苏某鲍鱼池打氧系用小型柴油机发电，未使用供电部门电力，在清点登记时征地小组认为补偿里已经包含未给予登记，现该设备已被处理；养殖鲍鱼的相关证照因被征收登记，苏某认为无需保存就予以销毁。3. 三亚市政府强制苏某搬迁导致固定鲍鱼水体存在的证据灭失，三亚市政府应证明苏某未养殖鲍鱼的证据，一、二审均要求苏某提交属举证责任分配不当。4. 苏琼洪征地拆迁丈量清点登记表，证明苏某的登记表中显示的是生物水体内容。请求撤销一、二审判决，判令三亚市政府补偿苏某鲍鱼水体补偿款990802.72元。

三亚市政府答辩称：苏某曲解补偿登记表的内容，主张该登记表是对鲍鱼生物体体积的记载，应当举证证实其所建鲍鱼池在征收时已具备正常养殖条件并存在鲍鱼生物体。苏某未能提供鲍鱼养殖项目、鲍鱼养殖许可证、鲍鱼苗种生产许可证、鲍鱼养殖生产备案手续等任何能证明其鲍鱼池达到正常养殖标准的证据。苏某关于登记表备注栏为空便说明存在鲍鱼生物体的主张依据不足。请求驳回苏某的再审申请。

本院经审查认为，《中华人民共和国行政诉讼法》第三十八条第二款规定，在行政赔偿、补偿的案件中，原告应当对行政行为造成的损害提供证据，因被告的原因导致原告无法举证的，由被告承担举证责任。《最高人民法院关于行政诉讼证据若干问题的规定》第五十四条规定，法庭应当对经过庭审质证的证据和无需质证的证据进行逐一审查和对全部证据综合审查，遵循法官职业道德，运用逻辑推理和生活经验，进行全面、客观和公正地分析判断，确定证据材料与案件事实之间的证明关系，排除不具有关联性的证据材料，准确认定案件事实。本案争议的主要焦点问题为苏某被征收的鲍鱼池中是否存在生物水体。一、二审根据双方当事人提交的在案证据，认定案涉的鲍鱼池在2008年10月进行清点登记时并无生物水体存在，三亚市政府无须进行鲍鱼水体补偿，分析全面，判断准确。一、二审据此判决驳回苏某的诉讼请求，认定事实清楚，适用法律正确，应予维持。苏某虽在申请再审时坚持主张其鲍鱼池中存在生物水体，但是并未提交任何证据予以证明，其主张明显缺乏事实根据。对于案涉鲍鱼池在清点时是否存在鲍鱼水体问题，本院结合苏某的再审申请具体分析如下：

一、2008年10月22日征地工作组对苏某被征土地上的附着物进行清点、登记时，制作青苗补偿登记表，苏某对该清点结果无异议，且在登记表上签字确认。该登记表中对于案涉鲍鱼池仅记载有“体积：宽8.4m×3.5m×1.8m，数量18”，“平均产值”及“备注”均无任何记载。该登记表中并无该鲍鱼池中存在有鲍鱼生物体的任何记载，苏某关于登记表内容显示有鲍鱼水体的主张没有事实根据。苏某在向本院申请再审时提交六道村委会村民的《附着物补偿登记表》，以此证明其登记表中显示的是生物水体内容。苏某提交的《附着物补偿登记表》系复印件。根据该复印件显示，该表的登记时间为2016年9月20日，在该表中载明：附着物名称“鲍鱼池”，规格部分记载有大小不等的五个鲍鱼池的长宽高数据，备注栏注明“养殖池，厚：24cm”。苏某在本院询问过程中述称，鲍鱼池并未养鲍鱼，因此在备注栏中加上“养殖池”，该记载方式可以反证苏某的鲍鱼池是存在水体的。但是，仅凭登记表备注栏的记载方式，并不能得出在备注栏中没有进行任何记载就是存在鲍鱼水体情形的结论。苏某提交的证据系复印件，三亚市政府亦否认该证据的真实性。即使该证据材料具有真实性，也不能达到证明案涉鲍鱼池存在生物水体的目的，不能作为证据采纳。故本院对于苏某提交的该证据材料不予采信，苏某的该项主张亦不能成立。

二、根据三府43号文附件9《常见淡水、海水养殖生物补偿标准表》中的说明，海水养殖塘（池）的补偿，应达到正常养殖标准方能按综合补偿标准给予补偿，达不到正常养殖的综合补偿费折半计算，闲置或大部分闲置的养殖池的综合补偿标准其闲置池体只按附着物给予补偿。正常养殖综合补偿标准必须是连续三年养殖，达不到三年者需经行业主管部门批准，各类手续齐全，包括工商营业执照、水产养殖证、种苗养殖证、土地租赁合同等。三府办175号文件则规定，凡持有政府部门批准的鲍鱼养殖项目立项、鲍鱼养殖许可证、鲍鱼苗种生产许可证、建设鲍鱼养殖场的批复、林地使用许可证（用于鲍鱼养殖）、鲍鱼养殖生产备案手续等，其中任何一种手续的养殖场，按一般性标准全额补偿。苏某称其自1998年开始养殖鲍鱼，但是并未提交任何前述两个文件中规定的合法手续或证照，也未提交其他可以证明其开展养殖生产的相关证据。苏某在其再审申请中主张，因养殖规模小无需办理各种证照，但同时又主张养殖鲍鱼的相关证照因被征收登记无需保存就予以销毁。苏某的上述主张相互矛盾，缺乏可信度，本院不予采信。苏某还主张因三亚市政府强制搬迁导致固定鲍鱼水体存在的证据灭失，三亚市政府应承担举证不能的不利后果。虽然根据《中华人民共和国行政诉讼法》第三十八条第二款的规定，因被告的原因导致原告无法举证的，由被告承担举证责任。但是，三亚市政府对案涉鲍鱼池的登记清点时间为2008年，2012年9月25日苏某就除鲍鱼池之外的其余青苗及地上附着物等补偿问题签订补偿协议并领取补偿款，其后苏某一直与政府就鲍鱼池补偿问题进行协商未果。根据苏某在询问过程中述称，案涉鲍鱼池自2008年清点后未进行养殖，于2016年9月被强制拆除。三亚市政府对苏某述称的拆除时间予以认可，但否认存在强制拆除行为。三亚市政府对案涉鲍鱼池的拆除时间在苏某与政府签订补偿协议四年之后，拆除行为导致苏某的证据灭失不符合常理，且苏某无法清晰表述三亚市政府的拆除行为导致其哪些证据予以灭失。故苏某的该项主张缺乏事实和法律依据，本院不予采信。

三、三府办175号文第二部分“本补偿标准包含内容的界定及制订补偿标准的基本思路”第二项载明，鉴于目前三亚市鲍鱼养殖场绝大多数处于停产状态现实，本补偿标准包含有经营性补偿的含义，即因拆迁造成养殖场的经营性损失的补偿。从该文件的规定可以看出，三亚市的确存在大量鲍鱼池停产或者闲置状态，不能简单地将鲍鱼池和生物水体补偿画等号。该规范文件还规定，没有合法养殖手续的养殖场，可以采用修正补偿标准，但需由养殖企业（或个人）提供该场在一个连续时间段的用电量证明（如供电部门的证明），连续时间段不小于1年，需征地单位核查无误后执行。苏某并未提供相关的用电量证明，无法证实其存在养殖行为。苏某主张其鲍鱼池打氧系用小型柴油机发电，未使用供电部门电力。但是在清点登记时并无相关发电设备的记载，且苏某述称该设备已被其自行处理，事实上对其该项主张亦无任何证据予以佐证，本院不予采信。

应当指出的是，一审在判决中明确提出，为有效解决争议，三亚市政府应当采取有效措施，依法定程序对苏某的鲍鱼池作出相应补偿，以保护苏某的合法权益。但是经本院询问了解，三亚市政府对案涉鲍鱼池的补偿问题与苏某无法协商达成一致，至今仍未采取任何有效措施，未能及时履行补偿义务，确有不当。鉴于苏某对于案涉鲍鱼池补偿问题与三亚市政府分歧巨大，在明显不存在通过协商解决问题的情况下，三亚市政府不应以需要协商为由久拖不决，应当及时依职权作出相应补偿决定，实质性化解行政争议。还需要指出的是，一审依照《最高人民法院关于执行〈中华人民共和国行政诉讼法〉若干问题的解释》第五十六条第四项之规定，判决驳回苏某的诉讼请求，未引用修订后的《中华人民共和国行政诉讼法》第六十九条的规定，适用法律不当，本院予以指正。

综上，苏某的再审申请不符合《中华人民共和国行政诉讼法》第九十一条第三项规定的情形。依照《最高人民法院关于适用〈中华人民共和国行政诉讼法〉的解释》第一百一十六条第二款的规定，裁定如下：

驳回苏某的再审申请。

审判长：熊俊勇；审判员：龚斌、刘艾涛；书记员：余逸纯

二〇一八年八月三十一日

047

搬迁费、临时安置费、应得补助和奖励等，属于违法强制拆除被征收房屋造成的直接损失，应当予以行政赔偿

【裁判要旨】

行政机关将被征收人未经安置补偿的合法房屋违法强制拆除，人民法院在裁量对房屋损失等应给予的行政赔偿时，为确保被征收人因行政机关违法强制拆除获得的行政赔偿数额，不低于被征收人在行政机关合法拆除房屋情形下获得的行政补偿数额，不仅要按照房屋征收决定公告之日被征收房屋类似房地产的市场评估价格，判决行政机关赔偿被征收人的房屋价值损失和违法强制拆除造成的屋内物品损失，还应当将依照《国有土地上房屋征收与补偿条例》第十九条和涉案补偿安置方案相关规定，对被征收人依法应当获得的搬迁费、临时安置费、停产停业损失补偿费，以及符合征收补偿方案规定条件应得的补助和奖励等费用，一并作为“直接损失”，判决行政机关予以行政赔偿。

中华人民共和国最高人民法院
行政赔偿判决书

（2018）最高法行赔再4号

再审申请人（一审原告、二审上诉人）：刘某。

委托代理人：张某，系刘某之妻。

委托代理人：余彪，雨湖区弘道法律服务所工作者。

被申请人（一审被告、二审上诉人）：湘潭市雨湖区人民政府。

法定代表人：白云峰，区长。

委托代理人：干建武，雨湖区人民政府工作人员。

委托代理人：李启昊，湖南湘晋律师事务所律师。

再审申请人刘某因诉被申请人湘潭市雨湖区人民政府（以下简称雨湖区政府）行政赔偿一案，不服湖南省高级人民法院于2018年2月28日作出的（2018）湘

行赔终13号行政赔偿判决，向本院申请再审。本院于2018年8月9日立案受理，并于2018年11月30日作出（2018）最高法行赔申319号行政裁定，提审本案。2018年12月18日，本院编立提审案号，依法组成合议庭，并于2018年12月24日上午在本院第一巡回法庭第二法庭组织公开开庭审理本案。再审申请人刘某的委托代理人张某、余彪，被申请人雨湖区政府的委托代理人于建武、李启昊，到庭参加诉讼。案件现已审理终结。

湖南省湘潭市中级人民法院一审查明，刘某原拥有位于湘潭市雨湖区平政路街道中山路9号宏发大厦1栋1单元×号的一套房屋，建筑面积为97.82平方米，设计用途为住宅，并办理了《房屋所有权证》和《国有土地使用证》。2016年10月14日，雨湖区政府作出潭雨政征字（2016）9号《国有土地上房屋征收决定》，决定对湘潭市一大桥河西交通优化及环境综合整治（一期）征收范围内的国有土地上房屋实施征收。该征收决定明确了征收部门、签约期限并附有房屋征收补偿方案，还告知被征收人提起行政复议和行政诉讼的权利。刘某的房屋在征收范围内。2016年12月12日，刘某与湘潭市雨湖区土地和房屋征收事务管理办公室签订《国有土地上房屋征收补偿协议书》，约定征收刘某案涉房屋的各项补偿费用总额为631127元；同时约定对补偿款分期付款，首付35万元，余款待刘某腾空房屋办理水、电、气销户移交给征收部门后3～5个工作日内付清。2017年1月4日，湖南利安达工程造价咨询有限公司出具《一大桥河西交通优化及环境综合整治（一期）项目（刘某）户的房屋征收货币补偿计价审核报告》，审核认定刘某案涉房屋征收补偿金额为631127元。2017年4月20日，湘潭市雨湖区土地和房屋征收事务所通过中国工商银行以转账方式支付35万元至刘某账户，剩余款项至今未予支付。2017年6月15日，刘某的案涉房屋被拆除。刘某主张是雨湖区政府组织实施强制拆除房屋行为。雨湖区政府不认可，并主张是湘潭市雨湖区雨湖路街道办事处实施了拆除行为，但在法定举证期限内未提交充分的证据证实。刘某主张，雨湖区政府在征收决定书违法且没有给予搬迁安置补偿的情况下，对其房屋违法予以强制拆除，造成经济损失。刘某遂提起诉讼，请求判决雨湖区政府立即恢复刘某的房屋原状并赔偿因违法行政造成的各项损失50万元。

另查明，2016年12月11日，刘某以潭雨政征字（2016）9号《国有土地上房屋征收决定》侵犯其合法权益，与其他部分被征收户向该院提起行政诉讼，请求撤销该征收决定。2017年6月15日，该院作出（2016）湘03行初179号行政判决，驳回刘某等的诉讼请求。刘某不服，向湖南省高级人民法院提出上诉，该案尚在二审程序中。

再查明，该院已另行作出（2017）湘03行初71号行政判决，确认雨湖区政府拆除刘某位于湘潭市雨湖区平政路街道中山路9号宏发大厦1栋1单元×号房屋的行政行为违法。

湖南省湘潭市中级人民法院（2017）湘03行赔初23号行政赔偿判决认为，对案涉的被拆除房屋，刘某已与征收部门签订补偿协议，雨湖区政府应当按照补偿协议约定的内容履行支付全额补偿款631127元的义务。该院已另行作出（2017）湘03行初71号行政判决，确认雨湖区政府拆除案涉房屋的行政行为违法。故对刘某因房屋被拆除遭受的损失，雨湖区政府依法应当承担赔偿责任。因刘某已与房屋征收部门签订房屋征收补偿协议，该协议系双方自愿签订，是其真实意思表示。因此，对刘某因房屋被拆遭受的损失，可参照该协议内容予以认定。除刘某已经依照该协议收取的部分补偿款外，雨湖区政府应当赔偿尚未支付部分的补偿款281127元，并按银行同期存款利率标准支付利息。刘某的房屋已被拆除，客观上已不能恢复原状；刘某要求雨湖区政府恢复原状的请求，该院依法不予支持；刘某要求赔偿50万元的损失，因刘某未提供相应证据予以支持，该请求没有事实依据，对超过补偿协议约定部分，该院不予支持。依照《中华人民共和国国家赔偿法》第四条第三项、第十五条第一款、第三十六条第四、八项，《中华人民共和国行政诉讼法》第三十八条第二款之规定，判决由雨湖区政府赔偿拆除刘某房屋造成的各项损失281127元，并按银行同期存款利率标准支付利息（从2017年6月15日起计算至赔偿款实际支付日止）；驳回刘某的其他诉讼请求。刘某及雨湖区政府均不服一审赔偿判决，提起上诉。

湖南省高级人民法院二审另查明，该院以（2017）湘行终803号行政判决维持了湘潭市中级人民法院作出的（2016）湘03行初179号行政判决。刘某于2017年5月向湘潭市中级人民法院起诉，认为从2017年2月起，因其未搬迁房屋，被雨湖区政府停水停电，要求确认该停水停电行为违法并赔偿损失。该院（2017）湘行终1328号行政裁定认为，因停水停电是迫使搬迁的一种方式，该诉讼请求可以在刘某诉雨湖区政府强制拆除房屋一案中并予以审理，不宜就此单独提起诉讼，从而驳回刘某要求确认该停水停电违法的起诉。潭雨政征字（2016）9号《国有土地上房屋征收决定》载明：征收签约期限自2016年10月14日起至2016年12月12日止。2016年12月12日，刘某与湘潭市雨湖区土地和房屋征收事务管理办公室签订《国有土地上房屋征收补偿协议书》载明补偿费用共计631127元，明细计算表为：房屋（97.82平方米）补偿380422元、被征收房屋装饰装修、附属设施设备89736元（包括装饰装修78185元，有线电视、电话机、空调机热水器移装，宽带水电气开户，空调、浴霸、无烟灶台、神台、净水器、整体浴室、简易防盗门共计11551元）、各项奖励补助155426元（包括选择货币补偿奖励97820元、按期签订协议奖励38042元、按期搬迁奖励19564元）、搬迁费978元和临时安置费4565元。该院（2018）湘行终44号行政判决确认案涉的强制拆除行为由雨湖区政府负责，并确认强制拆除程序违法。

湖南省高级人民法院（2018）湘行赔终13号行政赔偿判决认为，雨湖区政府强制拆除刘某房屋的行为被该院判决确认程序违法，应当由雨湖区政府对刘某的合法损失予以赔偿。根据《中华人民共和国国家赔偿法》第三十六条规定，案涉征收项目是湘潭市一大桥河西交通优化及环境综合整治（一期）项目，上述项目的房屋征收决定已经被该院生效判决确认合法，故刘某位于该征收范围内的房屋被拆除后不能恢复原状，也不能原地重建，根据法律规定应当按照违法强拆造成的直接损失予以赔偿。关于刘某的直接损失问题：（一）协议部分。征收部门签订的补偿协议中约定的补偿金额为631127元，其中属于被征收房屋客观价值的部分为：房屋380422元+装饰装修、附属设施设备89736元；属于刘某已经履行约定应得的奖励部分为：选择货币补偿奖97820元+按期签订协议奖38042元；而协议约定的按期搬迁奖、搬迁费、临时安置费等计25107元。因刘某一直居住在案涉房屋内未按期搬迁和另行安置，上述约定费用未实际发生，不宜计算为直接损失，应予扣除。故房屋被强拆后，刘某依协议约定应得的补偿共计606020元。（二）屋内物品损失部分。根据《中华人民共和国行政诉讼法》第三十八条第二款、《最高人民法院关于适用〈中华人民共和国行政诉讼法〉的解释》第四十七条规定，雨湖区政府的拆除行为是在刘某不知情的情况下进行，且未提交已经依法采取相关证据保全措施的依据，由此导致被损毁的屋内物品应当计算在赔偿范围内。虽然刘某在二审中提供了具体物品损失清单，但该清单上记载的物品除有一审提交的屋内物品照片可以佐证的外，仍有部分所称的贵重物品无其他证据予以证明。鉴于刘某的收入、消费属于当地中下水平，根据上述法律规定，其家居物品和金器的重置价格在扣除协议约定已补偿的附属设施设备外，酌情确定为70000元。（三）其他损失。综合考虑本案尚存在拆除房屋前违法停水停电的情形和因征收部门只支付部分房屋补偿款使刘某不能及时购房导致物价上涨等因素，该院酌情确定其他损失的赔偿数额30000元。综上，刘某的直接损失为：协议内损失606020元＋屋内物品损失70000元＋其他损失30000元，扣除征收部门已经支付的350000元，共计356020元。刘某提出房屋主体价值和装饰装修的损失已经包括在协议中，不能另外赔偿；刘某提出的误工损失、精神损害损失属于行政机关侵犯人身权的赔偿范围，不属于本案侵犯财产权的赔偿范围。刘某要求赔偿500000元的上诉理由不能成立，不予支持。雨湖区政府认为不应当承担拆除的法律责任，事实依据不足。雨湖区政府认为刘某未提供损失费用明细和评估结论作为依据，法院酌情认定损失金额不当没有法律依据，不予支持。综上所述，一审判决驳回刘某要求恢复原状的诉讼请求正确，可予以维持，但一审仅参照协议内容认定刘某的直接损失，未考虑强拆造成的屋内物品损失及其他合理损失部分，赔偿金额认定事实依据不足，且混淆了补偿与赔偿的区别，应予以纠正。根据《中华人民共和国国家赔偿法》第三十六条第三、四、八项和《中华人民共和国行政诉讼法》第八十九条第一款第一、二项及第三款之规定，判决维持一审赔偿判决的第二项；变更一审赔偿判决的第一项为“由上诉人湘潭市雨湖区人民政府赔偿拆除上诉人刘某房屋造成的各项损失35万元”。

刘某申请再审称：1.《房屋征收补偿协议书》系被胁迫签订，且协议书关于分期付款等部分约定是伪造的。根据国务院590号令第十九条及住建部（2011）77号《国有土地上房屋征收评估办法》第十条的规定，本案应以审理时的市场价格作为赔偿的依据或参考。最高人民法院（2017）最高法行再101号判决表明，违法征收和拆迁的，政府应承担全面足额的赔偿责任，计算其赔偿金额，以赔偿的时期为时间节点的市场价格作为依据进行赔偿。2.根据《中华人民共和国行政诉讼法》第七十七条及《最高人民法院关于执行〈中华人民共和国行政诉讼法〉若干问题的解释》第五十五条第一款的规定，不能减少申请人的利益或加重对申请人的处罚。根据“不告不理”的原则，雨湖区政府没有提出要核减申请人上述费用的诉讼请求，二审扣除按期搬迁奖、搬迁费、临时安置费是明显错误的。3. 二审认为申请人属于当地收入中低水准的人群，据此认定申请人仅有 70000 元家庭财产，没有相关的事实和理由，也没有按照正常的程序进行调查。4. 租房损失属于直接损失，一、二审未考虑申请人租房损失适用法律错误，应按每月 1000 元赔偿强拆造成的租房损失。请求撤销一、二审判决；依法判决雨湖区政府赔偿财产损失 1500000 元；请求依法提审改判或发回异地重审本案。

雨湖区政府答辩称：1. 征收补偿协议不存在胁迫情形，且协议签订后该府按约定支付 35 万元，刘某已经领取。2. 刘某陈述的屋内财产损失情况与事实不符。征收协议中已对室内空调、浴霸、防盗门、装修费用等予以折算并给予补偿，可移动的相关家电家具已由申请人搬走。房屋腾空、拆除的时候，刘某家中物品基本搬空，有相关的公证人员参与。3. 申请人提出的租赁费等其他费用不属于国家赔偿范畴。4. 奖励不应当计入赔偿部分。请求驳回刘某的再审申请。

在本院再审审查期间，刘某向本院提交以下两组证据：1.《房屋内财产损失清单》，以证明其屋内财产损失。2. 2018 年 1 月、2 月苏绍春、何伏秋与湘潭市雨湖区土地和房屋征收事务管理办公室签订的《湘潭市国有土地上房屋征收补偿协议书》，以证明在二审审理期间，房屋的拆迁价格达到每平方米 7900 元。2016 年雨湖区房价最高为每平方米 4000 元，2018 年均价是每平方米 6000 元。应当以实际成交的房屋价格作为赔偿参考依据。雨湖区政府质证认为，对第一组证据真实性、合法性不予认可，该证据系申请人单方提供，且缺乏证据予以佐证。对第二组证据的合法性不予认可。房屋评估价格受到很多因素影响，除了房屋本身赔偿之外，还包括搬迁、奖励、附属设施等。申请人将所有的赔偿项目加在一起予以计算评估价格不合理。

雨湖区政府在庭审中提供案涉房屋被拆除时的视频，以证明案涉房屋被拆除前申请人已经搬走，并将屋内可移动物品全部搬走。刘某质证认为，申请人直至拆除前并未从案涉房屋搬走，雨湖区政府是将刘某家中物品搬走后才拍摄的视频。

本院对上述证据认证如下：刘某提供的第一组证据，该清单与其在二审期间提供的清单所载内容相同，不属于新证据。对于该清单中与刘某一审时提交的屋内物品照片可以佐证的部分，二审已经予以认可。故本院对该证据的真实性部分予以认可。第二组证据，两份 2018 年的房屋征收补偿协议中所涉地块、房屋类型、评估价值等均与案涉房屋不具可比性，尚不足以证明二审期间当地房屋价格上涨，该证据与本案不具备关联性，本院不予采纳。雨湖区政府提供的视频资料没有拍摄时间、地点、制作人，无法认定该证据的真实性、合法性，对该项证据本院不予采纳。

本院认为，《中华人民共和国国家赔偿法》第三十六条第八项规定，侵犯公民、法人和其他组织的财产权造成其他损害的，按照直接损失给予赔偿。湖南省高级人民法院已作出生效行政判决，确认雨湖区政府拆除刘某房屋的行政行为违法，各方当事人对强制拆除行为违法均无异议。鉴于案涉房屋已被雨湖区政府拆除，且不能恢复原状，对于违法强拆造成的直接损失应当依法予以赔偿。一审判决赔偿刘某房屋各项损失281127元及银行同期存款利息，二审变更赔偿数额为35万元。本案现在的主要争议焦点问题为赔偿金额如何确定。

人民法院在审理行政赔偿案件时，确定赔偿数额时要坚持全面赔偿和公平合理的理念。在房屋征收强制拆除的行政赔偿案件中，依照现行法律规定确定行政赔偿项目和数额时应当秉持的基本原则是，赔偿数额至少应不低于赔偿请求人依照安置补偿方案可以获得的全部征收补偿权益，不能让赔偿请求人获得的赔偿数额低于依法征收可能获得的补偿数额，最大限度地发挥国家赔偿制度在维护和救济因受到公权力不法侵害的行政相对人的合法权益方面的功能与作用。此时，对《中华人民共和国国家赔偿法》第三十六条中关于赔偿损失范围之“直接损失”的理解，不仅包括赔偿请求人因违法拆除行为造成的直接财产损失，还应包括其作为被征收人所可能享有的全部房屋征收安置补偿权益，如产权调换安置房、过渡费、搬家费、奖励费以及对动产造成的直接损失等，如此才符合国家赔偿法的立法精神。具体到本案而言，对于刘某因案涉房屋被拆除的赔偿数额的确定，应当从以下四个方面进行分析。

首先，关于协议约定的房屋损失赔偿价值如何确定问题。《国有土地上房屋征收与补偿条例》第十九条第一款规定，对被征收房屋价值的补偿，不得低于房屋征收决定公告之日被征收房屋类似房地产的市场价格。《国有土地上房屋征收评估办法》第十条第一款规定，被征收房屋价值评估时点为房屋征收决定公告之日。对于被征收人而言，以征收决定公告之日的市场评估价格作为补偿基准，能够体现公平合理补偿原则，保证居民住房水平不因征收行为而发生显著下降。本案中，

2016 年 10 月 14 日，雨湖区政府作出房屋征收决定；2016 年 12 月 12 日，湘潭市雨湖区土地和房屋征收事务管理办公室与刘某签订房屋征收补偿协议，约定补偿事项包括房屋补偿、被征收房屋装饰装修、附属设施设备、选择货币补偿奖励、按期签订协议奖励、按期搬迁奖励、搬迁费和临时安置费，共计 631127 元。2017 年 1 月 4 日，湖南利安达工程造价咨询有限公司审核认定刘某案涉房屋征收补偿金额为 631127 元。刘某主张案涉征收补偿协议约定价格过低，应以审理时的市场价格作为赔偿的依据或参考。但刘某提供的两份 2018 年征收补偿协议并不能证明当地的房屋价格在 2018 年较其签订协议时有显著上涨，故其该项主张缺乏事实根据，本院不予采信。刘某还主张该征收补偿协议系被胁迫签订，且协议中关于分期付款等部分约定是伪造的，但刘某并未提供任何证据予以证明其主张，本院对其该项主张亦不予采信。刘某签订的征收补偿协议具有真实性，该征收补偿协议对被征收人房屋的补偿是按照房屋征收决定公告之日被征收房屋类似房地产的市场价格为基准确定，足以保障刘某房屋产权获得充分补偿。

刘某另主张本案应当参照（2017）最高法行再 101 号判决，以赔偿决定时点有效的房地产市场评估价格为基准计付赔偿款。但是本院作出该判决的前提，主要是因为作出赔偿决定时点的类似房地产市场价格已经比《征收补偿方案》确定的补偿时点的类似房地产市场价格有了较大上涨，仅参照《征收补偿方案》进行赔偿，无法让赔偿请求人有关赔偿房屋的诉讼请求得到支持。而在本案中，发布房屋征收决定公告之日的房屋市场价格与二审判决时的房屋市场价格并无明显的区别，因此，一、二审以房屋征收决定公告之日为基准日作出的被征收房屋评估价值作为房屋损失赔偿的依据，并无不当，本院予以支持。刘某的该项主张亦缺乏事实根据和法律依据，本院不予支持。

其次，关于二审扣除协议约定的按期搬迁奖、搬迁费、临时安置费是否适当的问题。《国有土地上房屋征收与补偿条例》第十七条规定，作出房屋征收决定的市、县级人民政府对被征收人给予的补偿包括：（一）被征收房屋价值的补偿；（二）应征收房屋造成的搬迁、临时安置的补偿；（三）因征收房屋造成的停产停业损失的补偿。第二十二条规定，因征收房屋造成搬迁的，房屋征收部门应当向被征收人支付搬迁费。涉及国有土地上的房屋补偿，按照上述规定，依法应当给予被征收人搬迁、临时安置的补偿。如前所述，在房屋征收强制拆除的赔偿案件中，计算“直接损失”时应当包括当事人因违法强拆行为造成的直接财产损失和其他必得利益。当事人在正常的征收补偿程序中依据安置补偿方案应得的利益，均应认定为其所受到的直接损失，应予赔偿。本案中，2016年12月12日，刘某签订的征收补偿协议中约定的补偿事项包括房屋补偿、被征收房屋装饰装修、附属设施设备、选择货币补偿奖励、按期签订协议奖励、按期搬迁奖励、搬迁费和临时安置费。虽然刘某并未按照约定搬离并腾空其房屋，但是由于雨湖区政府实施的强制拆除行为违法，协议中约定的上述项目包括按期搬迁奖励、搬迁费和临时安置费在内均应纳入赔偿范围，计算为直接损失。二审认为搬迁费和临时安置费“因刘某一直居住在案涉房屋内未按期搬迁和另行安置，上述约定费用未实际发生”，将征收补偿协议中约定的按期搬迁奖励、搬迁费和临时安置费不认定为直接损失，适用法律不当，应予纠正。

再次，关于刘某房屋内物品损失的赔偿问题。《中华人民共和国行政诉讼法》第三十八条第二款规定，在行政赔偿、补偿的案件中，原告应当对行政行为造成的损害提供证据；因被告的原因导致原告无法举证的，由被告承担举证责任。《最高人民法院关于适用〈中华人民共和国行政诉讼法〉的解释》第四十七条第三款规定，当事人的损失因客观原因无法鉴定的，人民法院应当结合当事人的主张和在案证据，遵循法官职业道德，运用逻辑推理和生活经验、生活常识等，酌情确定赔偿数额。本案中，雨湖区政府强制拆除案涉房屋时，未提供证据证明对于案涉房屋内的物品损失妥善处置并保全证据，造成目前无法准确认定刘某屋内物品损失的具体数额，雨湖区政府应当负有相应的责任。尽管刘某不能证明其屋内物品损失的具体情况，但对于合理的物品损失，雨湖区政府应当予以赔偿。二审遵循法律规定和证据法则，并考虑强制搬迁的具体情况，结合刘某主张的生活用品、家具家电等财物损失的情况，酌情支持申请人损失70000元，符合本案实际，合乎情理，本院予以支持。刘某主张其物品损失中包括翡翠手镯价值800000元，但仅提供《房屋内财产损失清单》，另外提供的翡翠手镯、翡翠吊坠截图、吊坠图片等证据均系其通过百度搜索所得，无法证明其翡翠手镯是否存在。在本院询问时，刘某主张该翡翠手镯系祖传，并包裹在案涉房屋内的棉被里，但是刘某对于该翡翠手镯的产地、品质等问题，无法做出清晰准确的说明。刘某认可其房屋所在楼栋2017年春节期间绝大部分住户均已搬离腾空房屋，且其房屋被停水停电，刘某对房屋即将面临拆除的情况是明知的。因刘某患病，刘某夫妇在房屋被强制拆除前大部分时间均在住院治疗，案涉房屋实际处于长期无人居住的状况。结合上述情况，刘某称其房屋内存放有价值800000元的翡翠手镯，明显不符合常理且缺乏证据佐证，本院不予采信。刘某还主张屋内有高电位治疗仪、健身器、健身床垫、金银贵重财物、祖传古代米缸等损失，但是亦未提供有效证据予以证明，本院亦不予采信。

最后，关于刘某主张的其他损失问题。考虑到本案存在拆除房屋前违法停水停电的情形和因征收部门只支付部分房屋补偿款，使刘某不能及时购房导致物价上涨等因素，二审酌情确定其他损失的赔偿数额为30000元，已充分保护刘某的合法权益，本院予以支持。申请人主张租金损失问题。根据《国有土地上房屋征收与补偿条例》第二十一条、第二十二条的规定，被征收人可以选择货币补偿，也可以选择房屋产权调换；选择房屋产权调换的，房屋征收部门应当向被征收人支付临时安置费或者提供周转用房。但上述条款对于选择货币补偿方式的，则未作出相应规定。实践中，为了给出合理的时间让被征收人完成搬迁和安置，市、县级人民政府制定安置补偿方案时，一般会根据实际情况给予被征收人适当的临时安置费。本案中，刘某选择货币补偿方式，在其签订的征收补偿协议中对临时安置费已经进行了明确约定，该临时安置费可以满足刘某搬迁和安置的需要。刘某仍主张租金损失，没有法律依据，本院不予支持。

刘某因雨湖区政府强制拆除其房屋造成的损失包括：协议约定的补偿金额631127元+屋内物品损失70000元+其他损失30000元，扣除征收部门已经支付的350000元，共计381127元。根据《中华人民共和国国家赔偿法》第二条第二款规定，赔偿义务机关应当及时履行赔偿义务。雨湖区政府违法强制拆除案涉房屋后，理应及时履行赔偿义务，尽快支付违法损害赔偿金，以使赔偿金的孳息尽早归于受害人，尽可能减少受害人的损失。若违法损害赔偿金不计付利息，则会使受害人的直接损失无法得到全部赔偿，甚至可能促使加害人拖延履行赔偿义务。故本院认为，未及时支付赔偿金所产生的利息亦属于直接损失的范围，应予赔偿。一审判决虽然对赔偿数额的计算存在错误，但是对赔偿款计付利息的判项并无不当；二审判决未对赔偿款计付利息，亦属适用法律错误，应予纠正。雨湖区政府于2017年6月15日强制拆除案涉房屋，应当以381127元赔偿金为基数，以2017

年6月15日为起始时间计算银行利息，利息以作出生效赔偿判决时中国人民银行公布的一年期人民币整存整取定期存款基准利率计算，不计算复利。

综上，刘某的部分申请再审理由成立，一审判决认定事实不清、适用法律错误；二审判决适用法律错误，均应予以纠正。依照《中华人民共和国国家赔偿法》第四条第三项、第三十六条第八项及《中华人民共和国行政诉讼法》第八十九条第一款第二项之规定，判决如下：

一、维持湖南省高级人民法院（2018）湘行赔终13号行政赔偿判决第一项；

二、撤销湖南省高级人民法院（2018）湘行赔终13号行政赔偿判决第二项；

三、由湘潭市雨湖区人民政府于本判决生效之日起30日内，赔偿拆除刘某房屋造成的各项损失381127元及利息（利息计算方法：以381127元为基数，从2017年6月15日起计算至赔偿款实际支付日止，按照中国人民银行一年期同类存款基准利率计算）。

如果未按本判决指定的期间履行给付金钱义务，应当依照《中华人民共和国民事诉讼法》第二百五十三条之规定，加倍支付迟延履行期间的债务利息。

本判决为终审判决。

审判长：熊俊勇；审判员：龚斌、刘艾涛；法官助理：牛延佳；书记员：李京

二〇一八年十二月二十七日

后 记

人民法院受理的各类案件是经济社会发展的“晴雨表”，是社情民意的“风向标”，是服务党和国家决策、推进国家治理现代化的“参照系”。最高人民法院第一巡回法庭（以下简称第一巡回法庭）地处改革开放最前沿的深圳特区，近年来受理并妥善办理了一批具有典型性和指导意义的行政案件。研究好、总结好、宣传好这些案例，对于充分发挥司法案例在推进法治、实现公正、教育公民方面的示范作用具有重要意义。本书选取了2017年和2018年第一巡回法庭所审理的具有指导参考价值的典型行政案例共103篇，按照一定体例汇编成辑。2020年恰逢第一巡回法庭成立5周年，谨以此书为第一巡回法庭献礼。

本书由最高人民法院审判委员会专职委员、第一巡回法庭分党组书记、庭长裴显鼎最终审定全部书稿；时任第一巡回法庭分党组副书记、副庭长张勇健及现任第一巡回法庭分党组副书记、副庭长胡仕浩负责全书统稿；时任第一巡回法庭分党组成员、副庭长郭修江及现任第一巡回法庭分党组成员、副庭长耿宝建负责文稿审核；第一巡回法庭部分原任及现任行政审判团队负责具体编写。

本书从立项到正式出版历经8个月有余，相关作者在承担繁重审判工作任务的同时，加班加点，尽心竭力完成了写作任务。书中的疏漏和不足在所难免，敬请广大读者批评指正。最后，感谢中国法制出版社社长刘时山先生和陈兴、谢雯等编辑为本书的出版付出的辛劳与心血。

最高人民法院第一巡回法庭

2020年6月

图书在版编目（CIP）数据

最高人民法院第一巡回法庭典型行政案件裁判观点与文书指导．第 1 卷/最高人民法院第一巡回法庭编著．—北京：中国法制出版社，2020. 7

（最高人民法院第一巡回法庭案例指导丛书）

ISBN 978 -7 -5216 -0961 -5

Ⅰ．①最… Ⅱ．①最… Ⅲ．①最高法院 - 行政诉讼 - 审判 - 案例 - 汇编 - 中国 Ⅳ．①D925. 318. 25

中国版本图书馆 CIP 数据核字（2020）第 043005 号

责任编辑：谢 雯 赵律玮　　封面设计：李 宁

最高人民法院第一巡回法庭典型行政案件裁判观点与文书指导（第 1 卷）
ZUIGAO RENMIN FAYUAN DIYI XUNHUI FATING DIANXING XINGZHENG ANJIAN CAIPAN GUANDIAN YU WENSHU ZHIDAO（DI 1 JUAN）

编著/最高人民法院第一巡回法庭
经销/新华书店
印刷/三河市国英印务有限公司
开本/730 毫米×1030 毫米 16 开　　印张/ 41. 5 字数/ 567 千
版次/2020 年 7 月第 1 版　　2020 年 7 月第 1 次印刷

中国法制出版社出版
书号 ISBN 978 -7 -5216 -0961 -5　　定价：176. 00 元

北京西单横二条 2 号
邮政编码 100031　　传真：010 -66031119
网址：**http：//www. zgfzs. com**　　**编辑部电话：010 -66010493**
市场营销部电话：010 -66033393　　**邮购部电话：010 -66033288**

（如有印装质量问题，请与本社印务部联系调换。电话：010 -66032926）